NOVO CURSO DE DIREITO CIVIL 7

DIREITO DAS SUCESSÕES

NOVO CURSO DE DIREITO CIVIL – V. 7

Pablo Stolze Gagliano
Rodolfo Pamplona Filho

1ª edição — set. 2014
2ª edição — jan. 2015
3ª edição — fev. 2016
4ª edição — jan. 2017
5ª edição — jan. 2018
6ª edição — jan. 2019
7ª edição — jan. 2020
8ª edição — jan. 2021, 2ª tiragem — jul. 2021

PABLO STOLZE GAGLIANO

Juiz de Direito. Professor de Direito Civil da Universidade Federal da Bahia. Mestre em Direito Civil pela Pontifícia Universidade Católica de São Paulo — PUC-SP. Especialista em Direito Civil pela Fundação Faculdade de Direito da Bahia. Já ministrou palestras e cursos em diversas instituições brasileiras, inclusive no Supremo Tribunal Federal. Membro da Academia de Letras Jurídicas da Bahia, do Instituto Brasileiro de Direito Contratual e da Academia Brasileira de Direito Civil.

RODOLFO PAMPLONA FILHO

Juiz Titular da 32ª Vara do Trabalho de Salvador-BA. Professor Titular de Direito Civil e Direito Processual do Trabalho da Universidade Salvador — UNIFACS. Coordenador dos Cursos de Especialização em Direito e Processo do Trabalho da Faculdade Baiana de Direito e dos Cursos de Especialização *on-line* em Direito Contratual e em Direito e Processo do Trabalho do CERS Cursos *on-line*. Professor Associado III da graduação e pós-graduação (Mestrado e Doutorado) em Direito da Universidade Federal da Bahia — UFBA. Mestre e Doutor em Direito das Relações Sociais pela Pontifícia Universidade Católica de São Paulo — PUC-SP. Máster em *Estudios en Derechos Sociales* para *Magistrados de Trabajo de Brasil* pela Universidad de Castilla-La Mancha/ Espanha — UCLM. Especialista em Direito Civil pela Fundação Faculdade de Direito da Bahia. Membro e Presidente Honorário da Academia Brasileira de Direito do Trabalho. Membro e Presidente da Academia de Letras Jurídicas da Bahia. Membro (e ex-Presidente) do Instituto Baiano de Direito do Trabalho. Membro da Academia Brasileira de Direito Civil — ABDC, do Instituto Brasileiro de Direito Civil — IBDCivil e do Instituto Brasileiro de Direito de Família — IBDFAM.

NOVO CURSO DE DIREITO CIVIL 7

DIREITO DAS SUCESSÕES

8ª edição
revista, ampliada e atualizada

2ª tiragem
2021

saraiva jur

ISBN 978-85-536-0771-6 obra completa

DADOS INTERNACIONAIS DE CATALOGAÇÃO NA PUBLICAÇÃO (CIP)
ANGÉLICA ILACQUA CRB-8/7057

Gagliano, Pablo Stolze; Pamplona Filho, Rodolfo

Direito das sucessões / Pablo Stolze Gagliano, Rodolfo Pamplona Filho. – Novo curso de direito civil, vol. 7. – 8. ed. – São Paulo: Saraiva Educação, 2021.
480 p.

Bibliografia
ISBN 978-65-5559-480-5 (impresso)

1. Família. 2. Direito civil – Brasil. I. Título. II. Pamplona Filho, Rodolfo.

CDD 340
20-0492 CDU 346.015

Índice para catálogo sistemático:

1. Família : Direito civil

saraiva EDUCAÇÃO | saraiva jur

Av. Paulista, 901, 3º andar
Bela Vista – São Paulo – SP – CEP: 01311-100

SAC | sac.sets@saraivaeducacao.com.br

Diretoria executiva	Flávia Alves Bravin
Diretoria editorial	Renata Pascual Müller
Gerência de projetos e produção editorial	Fernando Penteado
Planejamento	Josiane de Araujo Rodrigues
Novos projetos	Sérgio Lopes de Carvalho Dalila Costa de Oliveira
Edição	Clarissa Boraschi Maria (coord.) Aline Darcy Flôr de Souza
Produção editorial	Daniele Débora de Souza (coord.) Verônica Pivisan Reis Estela Janiski Zumbano
Arte e digital	Mônica Landi (coord.) Camilla Felix Cianelli Chaves Claudirene de Moura Santos Silva Deborah Mattos Guilherme H. M. Salvador Tiago Dela Rosa
Projetos e serviços editoriais	Daniela Maria Chaves Carvalho Kelli Priscila Pinto Laura Paraíso Buldrini Filogônio Marília Cordeiro Nicoly Wasconcelos Razuk
Diagramação	Markelangelo Design e Projetos Editoriais
Revisão	Fernanda Guerriero Antunes
Capa	Paulo Caetano
Produção gráfica	Marli Rampim Sergio Luiz Pereira Lopes
Impressão e acabamento	Vox Gráfica

Data de fechamento da edição: 23-11-2020

Dúvidas? Acesse www.editorasaraiva.com.br/direito

CL 606779 CAE 741423

Dedicamos esta obra

a nosso Senhor Jesus Cristo, pela herança de amor e pelo legado de exemplo que deixou para nossas vidas;

ao Mahavatar Babaji, pois uma existência apenas seria muito pouco para agradecer;

às pequenas Giovanna (Nanna) e Gabriella (Bibi), flores que adornam o jardim de nossas vidas, concebidas, nascidas e crescendo junto com esta obra;

ao amado amigo Hamilton Barros de Vasconcelos (1959-2010), com saudades;

e aos formandos do ano de 2010.2 do Curso de Direito da UFBA — Universidade Federal da Bahia (colação de grau na Reitoria), UNIFACS 2011 (turma matutina), UNIFACS 2012 (turma matutina), UNIFACS 2013 (turma matutina) e Maurício de Nassau 2012.2, que nos concederam a suprema glória acadêmica da paraninfia.

Agradecimentos

Uma vez escrevemos:

"Reconhecer-se grato é o exercício da verdadeira humildade, que é saber que, sozinho, não se consegue nada, pois conquistas isoladas são vitórias de Pirro, em que obter o resultado não significa necessariamente desfrutá-lo...

(...)

Gratidão é a resposta sincera que o afeto exige por coerência!

É a marca que renova a esperança, que não é a última que morre, posto imortal, mas, sim, a certeza de que ainda se pode ter fé na humanidade".

Por isso, agradecemos todos aqueles que estiveram ao nosso lado na redação deste livro, especialmente Pinho, Virgínia e Lourdes (pais), Fred, Camila, Luiz Augusto e Ricardo (irmãos), Kalline e Emília (esposas), Giovanna (Nanna) e Gabriella (Bibi) Stolze, Marina e Rodolfinho Pamplona (filhos), Dra. Célia Stolze Silvany, Fernanda Barretto, Thais Rodrigues, Sarah Raquel Silva Santos, Poliana Albuquerque (queridas amigas da Editora Saraiva), Ana Cecília Rosário Ribeiro (PI), Marina Ximenes, Lueli Santos, Juliana Corbal, Murilo Sampaio, Maurício Branco, Priscylla Just Mariz Costa, Luiz Carlos Vilas Boas, Gabriela Curi, Danilo Gaspar, Talita Moreira Lima, Leandro Fernandez, Renata Tavares de Alcântara, Alexandre Machado, Salominho Resedá, Roberto Figueiredo, Fredie Didier Jr., Paula Sarno Braga, Amanda de Almeida Santos, Edilberto Silva Ramos, Nadialice Francischini, Aloisio Cristovam dos Santos Júnior, Marcos Avallone (MT), Ricardo Aronne (PUCRS), Gonzaga Adolfo (Gravataí/RS), Marcos Catalan (Unisinos/RS), Daniel Boaventura, Lorena Pimenta, Lucas "Pig", Thelma, Adriano e Davi (pela agradável visita em Praia do Forte), Greg, Talita, Fábio, Caio e toda a equipe do "Papeando com Pamplona", Leiliane Ribeiro Aguiar ("Leila"), Paula Cabral Freitas, Edson Saldanha, Marianna Chaves, Charles Barbosa, Eliza Cerutti, Monique Teixeira, Luna Ramacciotti, Flávio Tartuce, Felipe Ventin, Júlia Pringsheim Garcia, Teresa Rodrigues, Carolina Carvalho, Natália Cavalcante, Gilberto Rodrigues Martins, Geórgia Fernandes Lima, Rosângela Lacerda, Silvia Isabelle Teixeira, Murilo Sampaio, Guilherme Ludwig, Andrea Mariani Ludwig, Renato Dantas, Fábio Periandro Hirsch, Bruno Rodrigues, Marcela Freitas e tantos outros amigos do coração.

Registramos um agradecimento especial a todos os formandos em Direito que reservaram um espaço em seus corações para a lembrança de nossos nomes, quando de sua colação de grau, notadamente os formandos de Direito Matutino UNIFACS 2010 (Turma B) e Direito UFBA 2011.2, que nos elegeram "*professor homenageado*".

Agradecimentos

Uma vez escrevemos [illegible]

[illegible]

Mensagem de Abertura

Dois delirantes!

Talvez seja esta a maior característica que aproxima Pablo Stolze e Rodolfo Pamplona.

Sim, ambos são professores, magistrados, doutrinadores, estudiosos, mas têm como diferencial a capacidade de apostar em uma justiça mais rente à realidade da vida.

Esta crença, eles conseguem transmitir com entusiasmo, com paixão, com convicção a todos que os escutam.

E acabam cativando até quem não os quer ouvir...

Quem os ouve com desconfiança...

E até os céticos.

É o que os diferencia dos demais e os aproxima.

Daí o qualificativo de delirantes — que, ao contrário do que parece, de pejorativo, não tem nada.

Bem ao contrário.

Não vejo maior elogio que se possa fazer a alguém.

Aliás, talvez seja esta capacidade de acreditar em sonhos que nos faz tão próximos.

E sonhar junto alimenta a convicção de que somos capazes de mudar o mundo.

Pretensioso, não?

Nem tanto!

Bem, agora estes dois juristas se debruçam sobre o ramo de Direito do qual ninguém gosta muito, quer porque lembre a morte, quer porque, da forma como o tema é tratado na lei civil, é muito, muito ruim.

Mudou o Código Civil e esqueceram de mudar o Direito Sucessório...

Conclusão: não há, no Direito Civil brasileiro, nada mais hermético, com termos para lá de ininteligíveis.

E não é que Pablo e Pamplona conseguem emprestar suavidade ao texto, usando uma linguagem acessível e de fácil compreensão, a tornar este insípido tema palatável?

Bem, deliciem-se todos, pois, com esta leitura e se permitam embarcar no mundo encantado da vida além do Direito que trata da morte.

Bom proveito...

Maria Berenice Dias

Advogada. Desembargadora (aposentada) do TJRS.

Sumário

Capítulo III
Disposições Gerais sobre a Sucessão

Capítulo IV
Administração da Herança

Capítulo V
Aceitação e Renúncia da Herança

Capítulo VI
Cessão de Direitos Hereditários

Capítulo VII
Vocação Hereditária

Capítulo VIII
Excluídos da Sucessão

Capítulo IX
Herança Jacente

Capítulo X
Da Petição de Herança

Capítulo XI
Sucessão Legítima

Capítulo XII
Direito de Representação

Capítulo XIII
Sucessão Testamentária

Capítulo XIV
Formas Ordinárias de Testamento

Capítulo XV
Formas Extraordinárias de Testamento

Capítulo XVI
Codicilo

Capítulo XVII
Disposições Testamentárias

Capítulo XVIII
Legados

Capítulo XIX
Direito de Acrescer e Redução das Disposições Testamentárias

Capítulo XX
Substituições

Capítulo XXI
Extinção do Testamento (Invalidade, Caducidade, Revogação e Rompimento)

Capítulo XXII
Planejamento Sucessório

Capítulo XXIII
Inventário

Capítulo XXIV
Partilha

Capítulo XXV
Resíduos Sucessórios

Prefácio à Primeira Edição

O fundamento do Direito Sucessório está construído em princípios que buscam espelhar os mais diversos pontos de vista, os quais vêm sendo repetidos ao longo dos séculos e pelo transcurso de históricas gerações.

A morte é o ponto de partida do Direito Sucessório e, para explicá-lo, os doutrinadores têm registrado durante eras uma dezena de conhecidas teorias tentando justificar a transmissão hereditária.

As grandes transformações operadas na instituição familiar iluminam, na atualidade, caminhos que o vigente sistema sucessório deveria acolher, diante das novas demandas da sociedade e dos destinatários do Direito das Sucessões.

A herança do presente já não influi tanto como sucedia no passado, com uma concentração imobiliária da riqueza das pessoas, enquanto na atualidade as fortunas encontraram novas frentes e distintos desafios, e costumam, com frequência, estar empregadas em sociedades empresárias, representadas por quotas e ações.

Curiosa e estranhamente, o Código Civil brasileiro não desenhou este caminho, como tampouco tem sido protagonista das novas demandas que reescrevem sensivelmente o Direito Sucessório.

O sistema sucessório brasileiro teve poucas alterações com a assunção do Código Civil em vigor desde 2003, sendo fato digno de registro a inquestionável evidência de haver pretendido melhorar a posição do cônjuge sobrevivente, até bem mais do que a posição do convivente viúvo, ao incluí-los como herdeiros concorrentes, variando, em princípio, em conformidade com o regime de bens eleito pelos cônjuges ou companheiros.

Também não foi muito adiante dos novos instrumentos de concorrência sucessória, que têm gerado incansáveis embates doutrinários e jurisprudenciais, trabalhando os tribunais no propósito de conciliar a participação hereditária do parceiro sobrevivente com os princípios que regem os regimes patrimoniais de bens.

Diferente da ciência jurídica anglo-saxônica, o testamento brasileiro, seguindo a cultura jurídica continental, restringe a livre disposição dos bens de quem tem herdeiros considerados forçosos. Cédulas testamentárias também continuam entre nós como manifestações unilaterais de vontade, com relativo reflexo patrimonial e com parcial projeção para servir como instrumento para uma planificação sucessória, de quem, em regra, só tem parcial poder de distribuição da sua herança.

O Direito Sucessório brasileiro ainda insiste em diferenciar modelos familiares, como resiste em aceitar testamentos mancomunados, ou negócios fiduciários, isto sem falar na expressão rejeição que faz dos pactos sucessórios, que encontram inexplicável proibição no art. 426 do Código Civil, como se sempre eles retratassem abjetos pactos de corvina.

Existe outro Direito Sucessório transitando por detrás do cenário identificado pela reproduzida codificação civil, novo direito que não mais repousa exclusivamente nas antigas instituições. Um bom exemplo dessas novas inquietações pode ser alçado da crescente preocupação com a transmissão das empresas familiares e suas configurações societárias, que precisam ser harmonizadas com as relações afetivas rotas pela morte do cônjuge empresário, nascendo do seu decesso novas titulações hereditárias, com herdeiros e meeiros vindicando para si as antigas posições societárias.

O acerto com que os laureados autores **Pablo Stolze Gagliano** e **Rodolfo Pamplona Filho** uma vez mais introduzem na comunidade jurídica outro trabalho de fôlego, desta feita consubstanciado no VII volume do aplaudido *Novo Curso de Direito Civil*, que trata do Direito das Sucessões, sempre com o selo de qualidade da editora Saraiva, traz à luz o conhecido rótulo de excelência que tem diferenciado os consagrados escritores.

Em tudo que produzem os Professores **Pablo** e **Rodolfo** vão adiante do nosso tempo e dos limites do Código Civil brasileiro, e este é o ponto alto ofertado pelo agraciado e esperado volume, dedicado ao Direito Sucessório, mas sem as conhecidas estreitezas de uma doutrina de repetição, mas, bem ao contrário, desencadeiam os autores capítulos com títulos e temas com inegável visão contemporânea do Direito das Sucessões, cuja obra é impulsionada pelo severo exame e olhar de um clássico Direito Sucessório, mas em completa sintonia com o novo Direito Sucessório, como, por exemplo, quando versam acerca dos princípios do Direito das Sucessões, ou quando abordam a sucessão de pessoas jurídicas, ou tratam do testamento vital, e do planejamento sucessório, também desenvolvido com profundidade e dedicada maestria.

Sou, portanto, sucessiva e eternamente agradecido aos meus diletos amigos **Pablo Stolze Gagliano** e **Rodolfo Pamplona Filho**, pela ventura que me proporcionaram em prefaciar um livro escrito por quem todos conhecem e admiram e dirigido àqueles que há muito admiram o talento destes dois artistas da ciência jurídica, e que, desde o primeiro volume, aguardavam, como eu, que a esplêndida coletânea de Direito Civil fosse agraciada com o presente volume do Direito das Sucessões.

Rolf Madaleno
Advogado especialista em Direito de Família,
Professor em diversas universidades do país
e autor de livros de referência nacional.
<www.rolfmadaleno.com.br>

Apresentação da Primeira Edição

Pablo Stolze Gagliano e Rodolfo Pamplona Filho formam uma parceria que deu certo. Um casamento intelectual sem divórcio. Já produziram muitas e importantes obras jurídicas e servem de referência no plano mais alto e nobre da cultura brasileira. A par de escritores excelentes, são professores renomados, magistrados exemplares, conferencistas requisitadíssimos, que encantam auditórios de todos os pontos de nosso país. Já os assisti muitas vezes e vi, emocionado, plateias inteiras os aplaudirem demoradamente.

Em 2002, após uma longa tramitação, foi aprovado o Código Civil brasileiro para substituir o antigo, de 1916. Rodolfo e Pablo tiveram a feliz ideia de escrever um trabalho completo sobre o tema e logo escolheram o título da obra projetada: *Novo Curso de Direito Civil.* Felizmente para todos nós, o sonho se tornou realidade.

A pedido dos autores, de quem sou admirador, faço a apresentação deste volume, que integra o aludido e vitorioso *Curso*, e descreve, com carinho e altíssima competência, o Direito das Sucessões.

Com arte e engenho, os dois jovens e vitoriosos mestres construíram um trabalho em que assuntos de grande complexidade, recheados de controvérsias, são expostos didaticamente, com simplicidade, facilitando o que à primeira vista parece tão difícil. A análise das matérias é feita cuidadosamente, com máxima competência, numa linguagem compreensível, objetiva, que, sem fugir um milímetro do rigor científico, torna este livro acessível a todos. Como juristas verdadeiros, o objetivo é dividir democraticamente o saber e abominam a linguagem empolada, gongórica, afetada. Terão muito gosto, enorme proveito e grande prazer na leitura tanto os já conhecedores ou especialistas na matéria como os estudantes, que, ansiosos e curiosos, dão os primeiros passos nos caminhos fascinantes do Direito.

Este trabalho não traz uma repetição de temas, alguns deles, aliás, de antiguidade multissecular. Ao contrário, é uma obra que trata — e trata bem —, com uma visão atualizada e prospectiva, dos assuntos que estuda. De forma singular e instigante, os autores analisam alguns aspectos da sucessão hereditária, resultantes da modernidade ou da evolução tecnológica, como a vocação hereditária autônoma do embrião, a questão do testamento vital ou biológico, a crítica à "criatividade" da nova forma extraordinária de testamento, resíduos sucessórios e relação trabalhista, para citar apenas alguns. Destaco a minuciosa e importante abordagem do planejamento sucessório, assunto de magna importância e atualidade, aqui e no mundo inteiro.

Pablo e Rodolfo honram a luminosa tradição de juristas baianos, cujos expoentes, na civilística, são os imortais Augusto Teixeira de Freitas e Orlando Gomes.

Esta produção veio para marcar e chegou para ficar. Nasceu forte e terá vida longuíssima. Não é somente mais um livro nem um livro a mais. Representa uma obra vigorosa, bem pensada e bem escrita — o que os leitores percebem desde as primeiras páginas —, de valor inestimável, de enorme utilidade, que vem prestar um relevante serviço e é fundamental para o conhecimento e a boa compreensão da matéria. Este livro — não tenho dúvidas em afirmar — é um testamento, não como disposição mortuária, mas no sentido de testemunho, que tem efeito em vida, como um dos mais notáveis exemplares da literatura jurídica brasileira.

Rodolfo e Pablo, queridos amigos, como no glorioso Salmo 91, que os anjos os tomem nas suas mãos para que não tropecem seus pés em alguma pedra.

Rio de Janeiro, janeiro de 2014.

Zeno Veloso

Professor de Direito Civil e de Direito Constitucional Aplicado na Universidade Federal do Pará e na Universidade da Amazônia. Diretor do IBDFAM. Membro da Academia Brasileira de Letras Jurídicas.

Nota dos Autores

Neste ano que se inicia, completaremos 19 (dezenove) anos de uma profícua parceria.

Com efeito, ao lançarmos oficialmente o primeiro volume da nossa coleção, na distante data de 3 de abril de 2002, não imaginávamos chegar tão longe.

Mesmo sempre repletos de compromissos, notadamente com nossas atividades na magistratura, conseguimos produzir uma extensa obra, composta, originalmente, dos volumes de *Parte Geral*, *Obrigações*, *Responsabilidade Civil*, *Teoria Geral dos Contratos*, *Contratos em Espécie*, *Direito de Família e Sucessões*. Posteriormente, decidimos fundir os dois tomos sobre Contratos em um volume único, além da chegada do nosso último "filho", *Direitos Reais*.

Como se não bastasse, lançamos uma obra apartada, *O Novo Divórcio* (depois renomeada para *O Divórcio na Atualidade*), publicada quando da promulgação da Emenda Constitucional n. 66; e, alguns anos depois, o nosso robusto *Manual de Direito Civil*, com o curso completo da disciplina, que alcançou grande sucesso.

São várias obras, portanto, que levam a nossa assinatura conjunta, o que muito nos orgulha e eleva a nossa responsabilidade e compromisso com o nosso público leitor.

Mas o ano de 2021 traz ainda mais e novos desafios.

Com efeito, vivemos, em 2020, momentos absolutamente inéditos.

A pandemia e o isolamento presencial fizeram com que repensássemos muito diversos aspectos da vida e também do Direito Civil.

A sociedade brasileira, assistiu, estupefata, a uma guerra contra um inimigo invisível, silencioso e mortal.

Todavia, o único direito absolutamente irrenunciável é o de ter esperança!

E é com o coração inundado de bons sentimentos que atualizamos a nossa obra, incorporando novas ideias, bem como trazendo as novidades do período pandêmico e da jurisprudência nacional.

Nessa toada, desejamos continuar divulgando nosso pensamento, ansiando por voltar a atravessar este país continental, sempre dispostos a compartilhar o conhecimento e aprender com nossos interlocutores, na busca por compreender o novíssimo Direito Civil brasileiro com profundidade, objetividade e leveza.

Por isso, agradecemos, desde já, cada palavra amiga que recebemos no período de falta de contato presencial, reiterando nossa disposição de retribui-las, seja, como já fizemos, nas centenas de *lives* e *webinares* de que participamos, seja, no "novo normal", quando pudermos estar juntos fisicamente, em "aglomerações" de carinho e vontade de crescimento recíproco.

Por fim, como sempre fizemos, divulgamos nossos *e-mails* pessoais para que possamos continuar a interagir com o querido público leitor, por toda a vida que o destino nos proporcionar.

Muito obrigado por tudo!

Com Deus, sempre!

Pablo Stolze Gagliano
pablostolze@gmail.com
Instagram: @pablostolze
Visite: www.pablostolze.com.br

Rodolfo Pamplona Filho
rpf@rodolfopamplonafilho.com.br
Instagram: @rpamplonafilho
Visite: www.rodolfopamplonafilho.com.br

Capítulo I
Introdução ao Direito das Sucessões

Sumário: 1. A morte como um fato jurídico. 2. Compreensão do Direito Sucessório: conceito e fundamentação jurídico-ideológica. 3. Sistemas sucessórios e a questão da legítima. 4. Breve visão histórica do Direito das Sucessões. 5. Noções basilares sobre herança. 5.1. Conceito. 5.2. Natureza jurídica do direito à herança. 6. Sucessão hereditária: conceito e espécies. 6.1. Classificação da sucessão hereditária pela matriz normativa. 6.2. Classificação da sucessão hereditária pelo conjunto de bens transmitidos. 7. O Direito das Sucessões nos Códigos Civis brasileiros de 1916 e 2002.

1. A MORTE COMO UM FATO JURÍDICO

O brasileiro, em geral, não costuma falar da morte.

Muitos dizem que isso traz mau agouro ou pode, até mesmo, propiciar a sua chegada mais precoce, o que ninguém quer[1].

Mas o fato é que a morte faz parte da vida, sendo a única certeza de toda a nossa trajetória, independentemente de credo ou filosofia.

Encerrando o ciclo existencial da jornada humana, a morte desafia, há séculos, a curiosidade de diversos pensadores, em vários ramos do conhecimento, desde a antiga Alquimia, chegando à moderna Física Quântica, singrando os mares da Biologia e atracando no próprio Direito.

Sob o prisma eminentemente jurídico, temos que a morte, em sentido amplo, é um *fato jurídico*, ou seja, um acontecimento apto a gerar efeitos na

---

[1] Lembrando, neste ponto, o imortal Gonzaguinha, na linda letra da música "O que é, o que é":

"*Somos nós que fazemos a vida*
Como der, ou puder, ou quiser...
Sempre desejada
Por mais que esteja errada
Ninguém quer a morte
Só saúde e sorte...".

órbita do Direito. No entanto, a depender da circunstância, o enquadramento deste fato poderá, em nível subtipológico, variar: a morte natural de uma pessoa de avançada idade é, nessa linha, um "fato jurídico em sentido estrito"; ao passo que um homicídio traduz um "ato ilícito"[2].

Outro interessante aspecto atinente à morte é no Plano de Eficácia do Negócio Jurídico, quando se estudam os seus elementos acidentais, especialmente o termo e a condição[3].

A morte, em princípio, não é considerada *condição*: o indivíduo nasce e tem a certeza de que um dia irá morrer, mesmo que não saiba quando (acontecimento *certus an* e *incertus quando*). Trata-se de um *termo* com data incerta. Imagine-se a hipótese de uma doação condicionada ao falecimento de um parente moribundo: *obrigo-me a transferir a terceiro a minha fazenda, quando o meu idoso tio, que lá se encontra, falecer.*

A doutrina, por outro lado, costuma lembrar a hipótese de a *morte vir a ser considerada condição.* Se a doação, figurada linhas acima, for subordinada à morte de meu tio *dentro de um prazo prefixado* (doarei a fazenda, se o meu tio, moribundo, falecer até o dia 5), o acontecimento subsume-se direta e especificamente à categoria de condição, uma vez que, neste caso, haverá incerteza quanto à própria ocorrência do fato dentro do prazo que se fixou.

No estudo dos direitos da personalidade, o tema adquire marcantes tonalidades e matizes, relativizando o antigo adágio segundo o qual a morte tudo apaga *(mors omnia solvit)*, uma vez que, mesmo com o perecimento da pessoa física, importantes aspectos da sua personalidade são preservados, a exemplo da tutela jurídica da sua memória e do seu corpo morto.

Aliás, até mesmo o *natimorto* — ou seja, o nascido morto — para a moderna doutrina, merece amparo jurídico e proteção, como, aliás, foi registrado no Enunciado n. 1 da I Jornada de Direito Civil:

> **1** — Art. 2.º: a proteção que o Código defere ao nascituro alcança o natimorto no que concerne aos direitos da personalidade, tais como nome, imagem e sepultura.

Da mesma forma, no campo do Biodireito e da Bioética, diversos estudos vêm sendo desenvolvidos acerca do fenômeno da morte, inclusive na reflexão quanto à eventual existência de um "direito de morrer", no debate sobre a eutanásia.

---

[2] Sobre o tema Fato Jurídico e a sua classificação, confira-se o Capítulo IX ("Fato Jurídico em Sentido Amplo") do v. I ("Parte Geral") da presente coleção.

[3] Relembrando: a condição é um acontecimento futuro e incerto que subordina a eficácia jurídica do negócio; ao passo que o termo é um acontecimento futuro e certo. Sobre o tema, confira-se também o Capítulo XV ("Plano de Eficácia do Negócio Jurídico") do v. I ("Parte Geral") da presente coleção.

Enfim, sob diversos prismas, a morte repercute na seara jurídica, não se afigurando possível, respeitando-se os limites desta obra, esgotarmos todos eles.

Atendo-nos à proposta metodológica deste volume, importa observar que a morte marca o fim da pessoa física ou natural (art. 6.º do CC/2002).

A morte real deverá ser atestada por profissional da Medicina, à vista do corpo morto, ressalvada a possibilidade de duas testemunhas o fazerem, se faltar o especialista, sendo o fato levado a registro, nos termos dos arts. 77 a 88 da Lei de Registros Públicos (Lei n. 6.015, de 31 de dezembro de 1973).

Vale anotar que, além da *morte real*, o Código Civil admite ainda a denominada *morte presumida*, em duas situações:

a) em caso de ausência (segunda parte do art. 6.º e arts. 22 a 39 do Código Civil);

b) nas situações previstas no art. 7.º do vigente Código Civil (sem equivalente na codificação civil anterior).

A ausência traduz a situação em que o sujeito simplesmente desaparece do seu domicílio sem deixar notícia, representante ou procurador, caso em que o juiz nomeará curador para administrar-lhe os bens[4].

A sentença de ausência é registrada em livro próprio, no Cartório de Registro Civil de Pessoas Naturais, e o seu procedimento observa regras especiais — que não se confundem com as normas de direito hereditário — visando à transmissibilidade do patrimônio deixado, nos termos dos já lembrados arts. 22 a 39 do atual Código Civil.

Diferentemente, nas situações de morte presumida do art. 7.º[5], concorrem *fundados indícios da morte real*, razão por que, com a declaração judicial do falecimento, cuja sentença é registrada no próprio Livro de Óbitos, o procedimento a partir daí a ser observado, em havendo necessidade, será regulado pelas próprias normas sucessórias atinentes ao inventário ou arrolamento e partilha, a serem estudadas oportunamente ainda neste volume[6].

---

[4] Sobre a ausência, confira-se o Subtópico 7.2.1 ("Ausência") do Capítulo IV ("Pessoa Natural") do v. I ("Parte Geral") desta coleção.

[5] CC/2002:

"Art. 7.º Pode ser declarada a morte presumida, sem decretação de ausência:

I — se for extremamente provável a morte de quem estava em perigo de vida;

II — se alguém, desaparecido em campanha ou feito prisioneiro, não for encontrado até dois anos após o término da guerra.

Parágrafo único. A declaração da morte presumida, nesses casos, somente poderá ser requerida depois de esgotadas as buscas e averiguações, devendo a sentença fixar a data provável do falecimento" (sem equivalente no CC/1916).

[6] Confiram-se os Capítulos XXIII ("Inventário") e XXIV ("Partilha") deste volume.

Em resumo, somente no caso de morte real (declarada à vista do corpo morto) ou nas situações de morte presumida constantes no art. 7.º, as normas sucessórias devem ser diretamente aplicadas, visto que, na hipótese de ausência, regras próprias terão incidência.

Nesse ponto, tecidas essas importantes considerações, voltemos a nossa atenção para o específico âmbito da nossa obra, para indagarmos: *o que se entende por Direito das Sucessões? Qual o objeto de investigação científica deste especial ramo do Direito Civil?*

É o que veremos em seguida, convidando você, amigo leitor, a nos acompanhar neste instigante estudo.

2. COMPREENSÃO DO DIREITO SUCESSÓRIO: CONCEITO E FUNDAMENTAÇÃO JURÍDICO-IDEOLÓGICA

Compreende-se por Direito das Sucessões o conjunto de normas que disciplina a transferência patrimonial de uma pessoa, em função de sua morte.

É justamente a modificação da titularidade de bens que é o objeto de investigação deste especial ramo do Direito Civil.

Sua vinculação ao Direito de Propriedade é evidente (embora também esteja ligado potencialmente a aspectos de Direito de Família), motivo pelo qual a sua efetiva compreensão exige alguma reflexão sobre seus fundamentos ideológicos.

No testemunho autorizado de CLÓVIS BEVILÁQUA:

> "Juristas e filósofos há, para os quais o direito hereditário é uma criação obnóxia[7] da lei, que deve, quanto antes, ser eliminada. MONTESQUIEU achava que 'a lei natural ordenava aos pais que alimentassem os seus filhos, mas não os obrigava a fazê-los herdeiros'. AUGUSTO COMTE, julgando imoral a sucessão legítima, dizia, por seu turno, que, no estado normal da civilização, os filhos, 'depois de receberem uma educação completa, não deviam esperar dos pais, qualquer que fosse a sua fortuna, senão o auxílio indispensável para a honrosa inauguração da carreira que escolhessem'. A origem da riqueza, sendo social, em proveito da sociedade deveria ela reverter com o falecimento dos indivíduos, que a detinham. STUART MILL, ao passo que

[7] "**Obnóxio** /cs/ *adj.* (1619 cf Quad) **1** que se submete servilmente à punição **2** que não tem vontade própria; escravo, dependente **3** nefasto, funesto, nefando; ofensivo, nocivo **4** vulgar, corriqueiro; baixo, vil **5** esquisito, estranho ⊙ ETIM lat. *obnoxius,a,um* 'responsável perante a lei, culpado de, submetido, colérico, que não tem vontade própria, indigno, exposto a, perigoso, arriscado, nocivo'; ver '*noc-* ⊙ SIN/VAR, ver sinonímia de *canalha* e antonímia de *favorável* ⊙ ANT altivo, benéfico; ver tb. sinonímia de *elevado, favorável* e *insigne*" (Antônio Houaiss e Mauro de Salles Villar, *Dicionário Houaiss da Língua Portuguesa*, Rio de Janeiro: Objetiva, 2001, p. 2042).

justifica a sucessão testamentária e contratual, opõe-se, tenazmente, à sucessão intestada, principalmente quando esta vai beneficiar parentes colaterais. Outros escritores têm insistido nas mesmas ideias depreciativas do direito hereditário, preparando assim o terreno para a propaganda dos socialistas de todos os matizes que, por seu lado, quebram lanças pela abolição da sucessão *causa mortis* em proveito dos indivíduos"[8].

Ainda na perspectiva histórica, é possível se afirmar que o pensamento socialista partia de uma premissa contrária ao Direito Sucessório, na firme crença de que a transmissibilidade da herança iria de encontro aos fundamentos do Estado que pretendiam implementar.

"*El plan acariciado por algunos socialistas consiste en querer introducir um nuevo régimen social, mediante la supresión del derecho hereditario*", observa ANTON MENGER na monumental obra *O Direito Civil e os Pobres*[9].

Todavia, o renomado professor da Universidade de Viena, em outro trecho, lucidamente, observa:

> "*quien, no obstante, contemple el régimen jurídico como um conjunto de relaciones permanentes de potencialidad, no podrá menos de reconocer, que el derecho hereditario, no es más que una extensión de la propiedad privada más allá de los límites de la vida humana, y por tal motivo la suerte de estas dos instituciones fundamentales no puede separarse, ni ser distinta*"[10].

Em outras palavras, do ponto de vista ideológico, entende-se que a supressão do Direito Sucessório implicaria a negação da própria propriedade privada, na medida em que se trata de institutos umbilicalmente conectados, senão simbióticos.

Nesse contexto, o esfacelamento dos ideais comunistas mais radicais, mormente na segunda metade do século XX, culminaria com o banimento desta ideia supressiva e aniquiladora do Direito Hereditário e, inegavelmente, com uma aproximação ainda maior da propriedade privada.

É então forçoso convir que os sistemas jurídicos que consagram a propriedade privada como um fundamento, acabam, por via oblíqua, justificando a existência do direito hereditário, como projeção *post mortem* do próprio instituto jurídico tutelado[11].

---

[8] Clóvis Beviláqua. *Direito das Sucessões,* 4. ed., Rio de Janeiro-São Paulo: Freitas Bastos, 1945, p. 14-15.

[9] Anton Menger, *El Derecho Civil y Los Pobres*, Granada: Editorial Comares, 1998, p. 341.

[10] Idem, ibidem, p. 342.

[11] "É preciso ter a vista perturbada por algum preconceito para não reconhecer, no Direito Sucessório, um fator poderoso para aumento da riqueza pública; um meio de distribuí-la do modo mais apropriado à sua conservação e ao bem-estar dos indivíduos;

Não é à toa, aliás, que a nossa Constituição Federal, no mesmo artigo, disciplina e alberga *como direitos fundamentais, a propriedade privada (na perspectiva da sua função social)*, e, pouco depois, *o direito à herança* (art. 5.º, XXII, XXIII e XXX[12]), o que mostra o respaldo constitucional ao Direito das Sucessões.

Por isso, entendemos que somente se pode falar em Direito das Sucessões quando a sociedade admite a propriedade individual, não havendo como se conceber a herança em situações de titularidade coletiva.

Nessa mesma linha, no Direito alemão, conforme preleção do Professor RUDOLF MEYER-PRITZL, a propriedade privada atua como vetor funcional do direito hereditário:

> "O Direito das Sucessões vincula-se a um fato social, a morte. Objeto da regulamentação do Livro 5 do Código Civil alemão é a transmissão do patrimônio do falecido para os seus herdeiros: 'o Direito das Sucessões tem a função de não deixar perecer a propriedade privada, deixada pelo falecido, fundamento do núcleo existencial pelo qual se responsabilizou, mas, sim, assegurar a manutenção desta propriedade, conforme a sucessão legal'. Somente a existência do Direito Sucessório já consagra a estabilidade após a morte, contribuindo para o seu desenvolvimento e plena eficácia. A Constituição garante, no art. 14, par. 1.º, a propriedade privada e o Direito Sucessório. O Direito das Sucessões fica, com isso, próximo da constitucional propriedade privada. A partir da estreita união entre a propriedade e o Direito Sucessório resulta também liberdade do testador como um dos princípios sucessórios fundamentais"[13].

---

um vínculo para a consolidação da família, se a lei lhe garante o gozo dos bens de seus membros desaparecidos na voragem da morte; e um estímulo para sentimentos altruísticos, porque traduz sempre um afeto, quer quando é a vontade que o faz mover-se, quer quando a providência parte da lei" (Clóvis Beviláqua, *Direito das Sucessões*, 4. ed., Rio de Janeiro-São Paulo: Freitas Bastos, 1945, p. 16).

[12] Constituição Federal/88:

"Art. 5.º Todos são iguais perante a lei, sem distinção de qualquer natureza, garantindo-se aos brasileiros e aos estrangeiros residentes no País a inviolabilidade do direito à vida, à liberdade, à igualdade, à segurança e à propriedade, nos termos seguintes:

(...)

XXII — é garantido o direito de propriedade;

XXIII — a propriedade atenderá a sua função social;

(...)

XXX — é garantido o direito de herança."

[13] Rudolf Meyer-Pritzl, *Staudinger BGB — Kommentar zum Bürgerlichen Gesetzbuch mit Einführungsgesezt und Nebengesezt — Eckpfeiler des Zivilrechts*, Berlin, 2008, p. 1146. No original alemão: "Das Erbrecht knüpft an ein soziales Faktum, den Tod eines Menschen, an. Regelungsgegenstand des 5. Buches ist der Übergang der privaten Vermögensrechte

Em conclusão, temos que o reconhecimento do direito hereditário encontra a sua razão existencial na projeção jurídica *post mortem* do próprio direito de propriedade privada, constitucionalmente garantido, segundo o princípio da intervenção mínima do Estado nas relações privadas[14].

É a própria manifestação da autonomia privada do indivíduo, direcionada ao âmbito das relações jurídicas constituídas ou derivadas do seu falecimento.

3. SISTEMAS SUCESSÓRIOS E A QUESTÃO DA LEGÍTIMA

Fundamentalmente, é possível visualizar três modalidades bem claras de sistemas de sucessão[15]:

a) **Sistema da Liberdade Testamentária** — segundo este modelo, o Direito Sucessório seria uma manifestação pura da autonomia privada, em que o autor da herança teria a plena liberdade de dispor, como quisesse, do seu patrimônio, independentemente da existência de herdeiros próximos. Se amealhou os seus bens, durante a vida, teria todo o direito de fazer com eles o que bem entendesse, não se admitindo a interferência de terceiros ou do próprio Estado.

b) **Sistema da Concentração Absoluta ou Obrigatória** — diametralmente oposto ao primeiro tipo, este modelo pretende que toda a herança seja deferida a apenas um sucessor. Trata-se de sistema superado, utilizado no passado, quando havia ainda o "benefício do morgadio ou da primogenitura", por força do qual a herança, em sua totalidade ou maior parte, era deferida ao filho mais velho. Na Bíblia, há várias referências aos direitos

des Erblassers auf die Erben: 'Das Erbrecht hat die Funktion, das Privateigentum als Grundlage, der eigenverantwortlichen Lebensgestaltung mit dem Tod des Eigentümers nicht untergehen zu lassen, sondern seinen Forbestand im Wege der Rechtsnachfolge zu sichern'. Erst das Vorhandensein des Erbrechts gewährleistet die Beständigkeit des Privateigentum über den Tod hinaus und trägt so wesentlich dazu bei, dass es seine Wirkung voll entfalten kann. Das Grundgesetz garantiert in Art. 14 Abs 1 Eigentum und Erbrecht. Das Erbrecht steht damit in einem engen Zusammenhang mit der privaten Eigentumsverfassung. Insofern wird gelegentlich auch von der 'Akzessorietät des Erbrechts' gesprochen: Nur in dem Umfang, in dem das Eigentum garantiert ist, kann das Erbrecht die Funktion der Weitergabe des Privateigentums ausüben. Aus der engen Verbindung zwischen Eigentum und Erbrecht ergibt sich auch die Testierfreiheit des Erblassers als eines der erbrechtlichen Grundprinzipien" (Tradução livre de Pablo Stolze Gagliano).

[14] Especificamente no campo das relações de família, já tivemos oportunidade de dissertar sobre tal princípio, motivo pelo qual remetemos o leitor à leitura do subtópico 4.7 ("Princípio da Intervenção Mínima do Estado no Direito de Família") do Capítulo II ("Perspectiva Principiológica do Direito de Família") do v. VI ("Direito de Família — As Famílias em Perspectiva Constitucional") desta coleção.

[15] Sobre o tema, confira-se o insuperável Orlando Gomes, *Sucessões*, Rio de Janeiro: Forense, 2004, p. 9-10.

de primogenitura, como dupla herança (Dt 21,17), supremacia entre os irmãos e chefia da família (Gn 27,29.40; 49,8), havendo vezes, como no caso de Jacó e de Judá (Gn 27,30-37; 49,4-8), em que este direito não foi respeitado[16].

c) **Sistema da Divisão Necessária** — de acordo com este modelo, o autor da herança teria apenas uma relativa margem de disponibilidade dos seus bens, caso existissem herdeiros considerados necessários. Vale dizer, em havendo sucessores desta categoria, parte da herança obrigatoriamente lhes tocaria, não sendo permitido ao seu titular, mesmo em vida, dispor da quota reservada.

Nesse contexto, interessa-nos indagar a respeito de qual foi o sistema sucessório adotado no Brasil.

O último sistema exposto é o acolhido pelo Direito brasileiro, conforme podemos observar da simples leitura dos arts. 1.845 e 1.846 do Código Civil:

> "Art. 1.845. São herdeiros necessários os descendentes, os ascendentes e o cônjuge[17].
>
> Art. 1.846. Pertence aos herdeiros necessários, de pleno direito, a metade dos bens da herança, constituindo a legítima".

O que o legislador pretendeu, ao resguardar o direito dessa categoria de herdeiros, foi precisamente dar-lhes certo amparo patrimonial, impedindo que o autor da herança dispusesse totalmente do seu patrimônio.

Lembra-nos WASHINGTON DE BARROS MONTEIRO:

> "Essa legítima, tão combatida por Le Play e seus sequazes, porque contrária à ilimitada liberdade de testar, é fixa em face do nosso direito, ao inverso do

---

[16] "Direito de Primogenitura. PROTOTOKIA: (primeiro) e (tornar-se): direito do primogênito, primogenitura, direito de primogenitura. O direito de primogenitura constitui-se na porção especial do primogênito. De acordo com a Bíblia, o direito de primogenitura, em seu conjunto, inclui a porção dobrada de terra, a realeza e o sacerdócio. O sacerdócio conduz as pessoas a Deus e a realeza traz Deus às pessoas" (Disponível em: <http://www.desfrute.net/dicionario.php?t=516>. Acesso em: 18 fev. 2012).

[17] Registre-se, desde já, que, por força da decisão proferida no julgamento dos Recursos Extraordinários (REs) 646.721 e 878.694, ambos com repercussão geral reconhecida, foi aprovada a seguinte tese: "No sistema constitucional vigente é inconstitucional a diferenciação de regime sucessório entre cônjuges e companheiros devendo ser aplicado em ambos os casos o regime estabelecido no artigo 1.829 do Código Civil". Embora não haja menção expressa, na tese firmada, se o(a) companheiro(a) se tornou herdeiro(a) necessário(a), parece-nos que essa será a conclusão lógica a se tomar a partir daí. Muito melhor seria, porém, que, para efeito de segurança jurídica, a matéria passasse a ser regulada expressamente por norma legal, evitando a *via crucis* da discussão em processos judiciais.

que ocorre em outras legislações como a francesa, a italiana e a portuguesa, em que varia de acordo com o número das pessoas sucessíveis, e é sagrada, nesse sentido de que não pode, sob pretexto algum, ser desfalcada ou reduzida pelo testador"[18].

De nossa parte, temos sinceras dúvidas a respeito da eficácia social e justiça dessa norma (preservadora da legítima), a qual, na grande maioria das vezes, acaba por incentivar intermináveis contendas judiciais, quando não a própria discórdia entre parentes ou até mesmo a indolência[19].

Poderia, talvez, o legislador resguardar a necessidade da preservação da legítima apenas enquanto os herdeiros fossem menores, ou caso padecessem de alguma causa de incapacidade, situações que justificariam a restrição à faculdade de disposição do autor da herança[20].

Mas estender a proteção patrimonial a pessoas maiores e capazes é, no nosso entendimento, a subversão do razoável.

Essa restrição ao direito do testador, como dito, se já encontrou justificativa em sociedades antigas, em que a maior riqueza de uma família era a fundiária, não se explica mais nos dias que correm.

Pelo contrário.

A preservação da legítima culmina por suscitar, como dito, discórdias e desavenças familiares, impedindo, ademais, o *de cujus* de dispor do seu patrimônio amealhado como bem entendesse.

Ademais, se quisesse beneficiar um descendente seu ou a esposa, que mais lhe dedicou afeto, especialmente nos últimos anos da sua vida, poderia fazê-lo por testamento, sem que isso, em nosso sentir, significasse injustiça ou desigualdade, uma vez que o direcionamento do seu patrimônio deve ter por norte especialmente a afetividade.

Ressalvamos apenas a hipótese de concorrerem à sua herança filhos menores ou inválidos, caso em que se deveria preservar-lhes, por imperativo de solidariedade familiar, necessariamente, parte da herança.

Ademais, essa restrição ao direito do testador implicaria também em afronta ao direito constitucional de propriedade, o qual, como se sabe, por ser

---

[18] Washington de Barros Monteiro, *Curso de Direito Civil — Direito das Sucessões*, 3. ed., São Paulo: Saraiva, 1959, p. 205.

[19] Esta consideração crítica fora apresentada na obra *O Contrato de Doação*, de autoria de Pablo Stolze Gagliano, São Paulo: Saraiva, desde a sua primeira edição (2007), p. 37-39.

[20] Posição defendida pelo inspirado Prof. Dr. Francisco José Cahali em uma das suas fecundas aulas ministradas no Mestrado em Direito Civil da PUCSP, disciplina Direito das Sucessões II, no segundo semestre de 2004.

considerado de natureza complexa, é composto pelas faculdades de usar, gozar/fruir, dispor e reivindicar a coisa. Ora, tal limitação, sem sombra de dúvida, entraria em rota de colisão com a faculdade real de disposição, afigurando-se completamente injustificada.

Se o que justifica o benefício patrimonial *post mortem* é o vínculo afetivo que une o testador aos seus herdeiros, nada impediria que aquele beneficiasse os últimos por testamento, de acordo com a sua livre manifestação de vontade.

Por essas razões, *reputamos injustificada a mantença da reserva absoluta e inflexível da legítima*, embora seja a opção do legislador brasileiro.

4. BREVE VISÃO HISTÓRICA DO DIREITO DAS SUCESSÕES

Embora seja evidente o respaldo ideológico que o sistema capitalista confere ao Direito das Sucessões, é preciso ressaltar que a sua disciplina não é um fenômeno decorrente de uma sistematização ocidental moderna, mas, sim, do reconhecimento, como visto, da propriedade privada como um direito, o que antecede ao surgimento do próprio capitalismo.

De fato, trata-se de uma cultura de tempos imemoriais, que apenas foi modificada (e, sem dúvida, profundamente aperfeiçoada) com o decurso da areia da ampulheta da vida.

É preciso lembrar que a ideia de suceder significa "substituir", ou seja, "tomar o lugar".

E suceder patrimonialmente é assumir o lugar que, outrora, era daquele que não mais convive entre nós.

Logo, sendo a morte a única certeza da vida, toda vez que alguém, que possua algum bem como próprio, vem a falecer, há de se descobrir quem seria o novo titular da coisa.

E esta "apropriação" poder-se-ia dar, na barbárie, pela força de quem mata o antigo titular ou, na tradição de uma cultura civilizada, em favor de quem "continua a obra do falecido", pelos laços de família (herança legítima) ou pela própria indicação de quem já se foi, mediante um testamento.

Em tempos antigos, marcante característica do Direito Hereditário era no sentido de que o herdeiro, normalmente o primogênito masculino, substituía o falecido em todas as suas relações jurídicas, notadamente na continuidade do culto doméstico.

No testemunho abalizado de SÍLVIO DE SALVO VENOSA:

> "Assim, a aquisição da propriedade fora do culto era exceção. Por essa razão, o testamento sempre foi muito importante em Roma e nos demais povos antigos, assim como o instituto da adoção. A morte sem sucessor traria a infelicidade aos mortos e extinguiria o lar, segundo acreditavam. Cada religião familiar era própria e específica de cada família, independia do culto geral da

sociedade. Por meio da adoção e do testamento, o romano impedia que se extinguisse a religião. Segundo lembra Fustel de Coulanges, a felicidade durava enquanto durasse a família; com a descendência continuaria o culto. Também, nessa linha social, a sucessão só se operava na linha masculina, porque a filha não continuaria o culto, já que com seu casamento renunciaria à religião de sua família para assumir a do marido. Isso ocorria na generalidade das civilizações antigas, apresentando resquícios em certas legislações modernas, que dão maiores vantagens ao filho varão, mantendo a tradição arraigada no espírito dos povos latinos atuais de valorizar mais o nascimento do filho homem"[21].

No Direito Romano, a aquisição da herança variava em função do tipo de herdeiro.

Aquele herdeiro da classe dos necessários, responsável natural pela continuidade do culto doméstico, adquiria a herança independentemente de ato seu. Já os demais herdeiros, para adquirirem a herança, precisavam praticar o ato da *additio*. Daí a importância do testamento no Direito Romano, na falta de filhos para a assunção das obrigações da casa do falecido.

Obviamente, tais considerações se referem aos homens livres, aos quais eram aplicáveis as regras gerais do Direito, e não aos escravos, tratados como bens jurídicos.

Já no Direito Medieval, na vigência do regime feudal, o falecimento do servo importava na devolução de suas terras ao seu senhor, somente se admitindo que seus descendentes continuassem na posse com o pagamento de um tributo, que autorizaria a imissão.

Tal estado de coisas começou a se modificar a partir da construção do princípio do *Droit de Saisine*, que implica o reconhecimento de uma transmissão imediata dos bens do falecido a seus herdeiros, tema que aprofundaremos em momento posterior[22].

Esta característica atravessou a modernidade, permanecendo na contemporaneidade como um princípio fundamental, com tendência à generalização.

Feito este relato histórico do Direito das Sucessões, passemos em revista algumas noções fundamentais necessárias para a sua compreensão.

5. NOÇÕES BASILARES SOBRE HERANÇA

Neste tópico, apresentaremos algumas considerações que nos parecem essenciais para poder avançar na disciplina jurídica das sucessões no ordenamento

---

[21] Sílvio de Salvo Venosa, *Direito Civil — Direito das Sucessões*, 3. ed., São Paulo: Atlas, 2003, p. 17. v. 7.

[22] Confira-se o Subtópico 4.1 ("Princípio da *Saisine*") do Capítulo II ("Principiologia do Direito das Sucessões") desta obra.

jurídico brasileiro, quais sejam a delimitação conceitual de herança e sua natureza jurídica.

Vamos a elas.

5.1. Conceito

Em conceituação simples e precisa, a herança nada mais é do que *o patrimônio deixado pelo falecido.*

Por isso, para bem compreendermos o conceito de herança, faz-se necessário passarmos em revista a noção de *patrimônio.*

Na concepção clássica, o patrimônio é *"a representação econômica da pessoa"*, vinculando-o à personalidade do indivíduo, em uma concepção abstrata que se conserva durante toda a vida da pessoa, independentemente da substituição, aumento ou decréscimo de bens[23].

Modernamente, a coesão patrimonial vem sendo explicada apenas pelo elemento objetivo da universalidade de direitos, com a destinação/afetação que lhe der seu titular.

Vale salientar que a noção de patrimônio não se confunde com o mero conjunto de bens corpóreos, mas sim com toda a gama de relações jurídicas (direitos e obrigações de crédito e débito) valoráveis economicamente de uma pessoa, natural ou jurídica. O conceito é de vital importância, por exemplo, para o Direito Penal, sendo todo o Título II (arts. 155 a 183) da Parte Geral do Código Penal brasileiro dedicado aos "crimes contra o patrimônio"[24].

A título de informação terminológica, saliente-se ainda que o patrimônio pode ser tanto *líquido* (conjunto de bens e créditos, deduzidos os débitos) quanto *bruto* (conjunto de relações jurídicas sem esta dedução) — compreendendo-se neste último o ativo (conjunto de direitos) e o passivo (conjunto de obrigações) — não se descaracterizando a noção se os débitos forem superiores aos créditos, pois o patrimônio exprimirá sempre um valor pecuniário, seja positivo ou negativo.

Pois bem.

Reafirmando a premissa supra-apresentada, temos que, com a morte do seu titular, fato este que é denominado, em doutrina, "abertura da sucessão",

---

[23] Sobre o tema, confira-se novamente o Capítulo VIII ("Bens Jurídicos") do v. I ("Parte Geral") desta coleção.

[24] Destaque-se, a propósito, que o art. 155, § 3.º, equipara "à coisa móvel a energia elétrica ou qualquer outra que tenha valor econômico" para efeito da tipificação do chamado "gato" (subtração de energia elétrica) como furto.

o patrimônio passa a ser designado de *herança*, submetendo-se às regras sucessórias que lhe são próprias.

Assim, pouco importa se o patrimônio deixado pelo indivíduo incluía carros, mansões, lanchas, investimentos ou uma única carroça; será considerado, após a sua morte, juntamente com os débitos porventura existentes, a sua herança.

Não integra, todavia, o conceito de herança, aquilo que autores mais modernos costumam, com precisão, denominar "patrimônio moral", o conjunto de direitos personalíssimos atinentes ao indivíduo (o direito à vida, à honra, à privacidade, à vida privada etc.)[25], uma vez que tais interesses jurídicos não são, obviamente, passíveis de transmissão.

Outro aspecto deve ainda ser considerado: a natureza jurídica do *direito à herança*, que, dada a sua especialidade, merece tratamento em tópico específico.

5.2. Natureza jurídica do direito à herança

A adequada compreensão deste tópico exige uma breve incursão no âmbito da teoria geral do Direito Civil.

Dentre as categorias de bens jurídicos, disciplinadas pelo Código Civil, como se sabe, temos, ao lado dos denominados "bens móveis" — passíveis de serem deslocados de um lugar para outro sem fratura ou dano —, os "bens imóveis"[26].

Pois bem.

Dentre esses bens de natureza imobiliária, temos uma peculiar espécie, *os bens imóveis por força de lei.*

Nessa categoria, não prevalece o aspecto naturalístico do bem, senão a vontade do legislador.

---

[25] Vários doutrinadores já admitem, ainda que indiretamente, a expressão "patrimônio moral", embora muitos não a usem expressamente. A título exemplificativo, confiram-se Carlos Alberto Bittar (*Reparação Civil por Danos Morais*, São Paulo: Revista dos Tribunais, 1993), Wilson Melo da Silva (*O Dano Moral e sua Reparação*, 3. ed., Rio de Janeiro: Forense, 1983), Maria Helena Diniz (*Curso de Direito Civil*, 3. ed., São Paulo: Saraiva, 1996, v. 7), Sérgio Severo (*Os Danos Extrapatrimoniais*, São Paulo: Saraiva, 1996), Augusto Zenun (*Dano Moral e sua Reparação*, 4. ed., Rio de Janeiro: Forense, 1996), Clayton Reis (*Dano Moral*, 4. ed., Rio de Janeiro: Forense, 1995), Fabrício Zamprogna Matielo (*Dano Moral, Dano Material e Reparação*, 2. ed., Porto Alegre: Sagra-Luzzatto, 1995), Christino Almeida do Valle (*Dano Moral*, 1. ed., 2. tir., Rio de Janeiro: Aidê, 1994), Rodolfo Pamplona Filho (*O Dano Moral na Relação de Emprego*, 3. ed., São Paulo: LTr, 2002), entre outros.

[26] Mais uma vez, remetemos o leitor ao indicado Capítulo VIII ("Bens Jurídicos") do v. I ("Parte Geral") desta coleção.

Principalmente por imperativo de segurança jurídica, a lei civil optou por considerar tais bens de natureza imobiliária.

Seguindo a linha normativa do Código Civil de 1916, tais bens seriam: os direitos reais sobre imóveis e as ações que os asseguram, as apólices da dívida pública gravadas com cláusula de inalienabilidade e o direito à sucessão aberta (art. 44).

O novo Código, corretamente, excluiu desse rol, por seu evidente aspecto anacrônico, as apólices de dívida pública clausuladas (art. 80, I e II).

É bom que se diga ainda que, com o Código Civil de 2002, tal classificação, apesar de não haver sido desprezada, ganhou contornos mais simples. A disciplina adotada pelo legislador é menos digressiva, limitando-se a considerar imóveis apenas "o solo e tudo quanto se lhe incorporar natural ou artificialmente" (art. 79). Em sequência, consoante se anotou linhas acima, consideraram-se imóveis por força de lei "os direitos reais sobre imóveis e as ações que os asseguram", bem como "o direito à sucessão aberta" (art. 80, I e II).

Por óbvio, interessa-nos salientar, caro leitor, que o *direito à herança (ou direito à sucessão aberta)*, por expressa dicção legal, *tem natureza imobiliária.*

A atribuição desta natureza a este direito tem o principal escopo de imprimir formalismo a sua eventual cessão, pois, como se sabe, a circulação dos bens imóveis dá-se de forma muito mais criteriosa e solene.

Ora, considerando-se que, durante o curso do inventário ou arrolamento, o herdeiro poderá ceder a sua quota hereditária (seu *direito à herança ou à sucessão aberta*) a outro sucessor ou a terceiro, deverá observar determinadas formalidades, a teor do art. 1.793 do CC/2002 (sem equivalente específico no CC/1916), estudado oportunamente[27], como se estivesse realizando a venda ou doação de um imóvel.

Isso porque o direito à herança tem natureza imobiliária, pouco importando a natureza do bem (ou dos bens) deixado(s), se móvel ou imóvel.

Com isso, ainda que toda a herança consista em um único automóvel, o direito hereditário que lhe corresponde será imobiliário, por força de lei.

Em capítulo próprio, quando tratarmos da cessão do direito hereditário[28], voltaremos ao tema, aprofundando interessantes aspectos, como a polêmica em torno da exigência da autorização conjugal em caso de transferência de quota hereditária ou até mesmo de renúncia.

6. SUCESSÃO HEREDITÁRIA: CONCEITO E ESPÉCIES

Primeiramente, faz-se necessário fixar o exato sentido da palavra "sucessão".

---

[27] Confira-se o Capítulo IV ("Administração da Herança") deste volume.

[28] Confira-se o Capítulo VI ("Cessão de Direitos Hereditários") deste volume.

Considerando-se que um patrimônio jamais poderá remanescer sem titular, segundo a própria perspectiva da função social, observamos que os atos de disposição *inter vivos*, como uma venda ou uma doação, implicam a transmissibilidade de determinado bem, operando uma consequente sucessão (substituição de pessoas) em sua titularidade.

Assim, é correto dizer que, em uma primeira acepção, pode a sucessão se dar no âmbito das relações negociais *inter vivos*, quando determinado bem é transferido de uma pessoa a outra, operando-se uma substituição entre elas[29].

Ocorre que a morte também determina essa substituição de pessoas, na medida em que, como dito, patrimônio algum poderá permanecer acéfalo.

Dá-se, pois, a *sucessão hereditária ou "mortis causa"*, quando, em virtude do falecimento de alguém (sucedido ou autor da herança[30]), o seu patrimônio é transferido a determinadas pessoas, legitimadas a recebê-lo (sucessores), as quais, assim, substituem-no na titularidade desses bens ou direitos.

Conheçamos, agora, a primeira classificação das espécies de sucessão hereditária.

6.1. Classificação da sucessão hereditária pela matriz normativa

A depender da sua matriz normativa, a sucessão hereditária pode assim ser dividida:

a) Sucessão Hereditária Legítima (arts. 1.829 a 1.856 do CC).

b) Sucessão Hereditária Testamentária (arts. 1.857 a 1.990 do CC).

A sucessão testamentária, devidamente tratada em momento oportuno[31], é aquela em que a transmissibilidade da herança é disciplinada por um ato jurídico negocial, especial e solene, denominado *testamento*.

---

[29] Vale destacar, neste aspecto, a chamada "*sucessão trabalhista*", prevista nos arts. 10 e 448 da Consolidação das Leis do Trabalho. Sobre o tema, confira-se o tópico 4 ("A Natureza dos Interesses Objeto de Sucessão Hereditária") do Capítulo III ("Disposições Gerais sobre a Sucessão") deste volume.

[30] Outra expressão amplamente utilizada para caracterizar o autor da herança — o falecido — é "*de cujus*". Trata-se de palavra que não admite nenhum tipo de conjugação ou alteração de gênero e que, em verdade, consiste em trecho de uma expressão latina ("*de cujus sucessione agitur*") usada para se referir à pessoa "de cuja" sucessão se trata. Na prática jurídica, acabou se tornando um sinônimo de "pessoa falecida", em um eufemismo para amenizar a dureza de expressões como "defunto" ou "morto".

[31] Confira-se, entre outros, o Capítulo XIII ("Sucessão Testamentária"), em especial, deste volume.

Observa-se, pois, aqui, um espaço de incidência do princípio da autonomia privada, na medida em que o testador, *respeitados determinados parâmetros normativos de ordem pública*, tem a liberdade de escolher, dentre os seus sucessores, aquele(s) a quem beneficiar e, ainda, de determinar quanto do seu patrimônio será transferido após a sua morte.

Ocorre que, como anotamos linhas acima, em geral, não é típica da cultura brasileira a preocupação com o destino do nosso patrimônio após a morte, como se dá em países europeus.

Soa irônico o fato de a sucessão testamentária ser regulada de forma tão abrangente e exaustiva no Código Civil, consagrando inclusive várias espécies de testamento, a despeito da sua menor aplicação prática.

Até mesmo porque, em geral, o brasileiro não tem tanto patrimônio com que se preocupar...

Quando morre, em regra, o que deixa não é propriamente uma herança, mas sim, na melhor das hipóteses, um saldo remanescente de PIS ou PASEP, de FGTS, crédito salarial, enfim, meros *resíduos sucessórios*[32], que desafiam, conforme veremos ainda, um simples procedimento de alvará judicial para levantamento de tais valores, dispensando-se o inventário ou o arrolamento.

Por tudo isso, desde já afirmamos: a sucessão testamentária, a despeito das dezenas de artigos a ela dispensada pelo Código Civil, não teve, não tem e nunca terá a aceitação social e o significado jurídico da sucessão legítima.

Já por sucessão legal ou legítima entenda-se aquela em que a transmissibilidade da herança é regrada não pelas normas do testamento, mas, sim, pela própria lei. Vale dizer, são as regras do Código Civil que cuidam de disciplinar a ordem de chamamento dos sucessores, também denominada ordem de "vocação legal".

Assim, se o autor da herança morre sem fazer testamento (*ab intestato*) — ou sendo este inválido (nulo ou anulável) — é a própria lei que, atuando supletivamente, cuida de dispor a respeito da sucessão hereditária. O mesmo se dá, vale observar, quando, a despeito de existir testamento válido, este não cuida de todos os bens do falecido, de maneira que, no que toca à parcela da herança não tratada, incidirão, também, as regras da sucessão legal[33].

---

[32] Confira-se o Capítulo XXV ("Resíduos Sucessórios") deste volume.

[33] "Art. 1.829. A sucessão legítima defere-se na ordem seguinte:

I — aos descendentes, em concorrência com o cônjuge sobrevivente, salvo se casado este com o falecido no regime da comunhão universal, ou no da separação obrigatória de bens (art. 1.640, parágrafo único); ou se, no regime da comunhão parcial, o autor da herança não houver deixado bens particulares;

Em conclusão, antecipamos que as duas regras fundamentais atinentes à sucessão legal ou legítima encontram-se nos arts. 1.790 e 1.829 do Código Civil, que serão cuidadosamente analisadas em capítulo próprio[34].

6.2. Classificação da sucessão hereditária pelo conjunto de bens transmitidos

Passadas em revista as noções gerais da sucessão legítima e testamentária, é importante consignar que a sucessão hereditária ainda comporta uma outra classificação:

a) Sucessão Hereditária Universal (arts. 1.829 a 1.856 do CC);

b) Sucessão Hereditária Singular (arts. 1.912 a 1.940 do CC).

Sucede a *título universal* o herdeiro, pois a ele é deferida uma fração (quota-parte) ou toda a herança; por outro lado, sucede *a título singular* o legatário, pois a ele é deferido bem ou direito determinado.

Em outras palavras, temos dois tipos de sucessores: o herdeiro, que sucede em caráter universal (a totalidade da herança ou uma fração dela) e o legatário (que sucede em bem ou direito individualizado).

7. O DIREITO DAS SUCESSÕES NOS CÓDIGOS CIVIS BRASILEIROS DE 1916 E 2002

Apenas para encerrar este capítulo introdutório, parece-nos interessante fazer algumas rápidas considerações sobre as modificações do Direito das Sucessões entre o Código Civil brasileiro de 1916 e o Código de 2002.

Com efeito, embora mantida a base ideológica do Direito das Sucessões, umbilicalmente ligada à tutela constitucional da propriedade privada, o vigente texto trouxe significativas mudanças em relação ao ordenamento jurídico revogado.

De fato, inovando o sistema, trouxe a figura da concorrência do cônjuge sobrevivente com os herdeiros legítimos, o que antes inexistia.

Ainda que de forma tímida, atécnica, e, pela limitação, potencialmente inconstitucional (como veremos em vários trechos deste livro), o Código Civil brasileiro vigente reconheceu a possibilidade de participação do(a) companheiro(a) na sucessão do outro, também em concorrência com outros parentes.

II — aos ascendentes, em concorrência com o cônjuge;

III — ao cônjuge sobrevivente;

IV — aos colaterais".

[34] Confira-se o Capítulo XI ("Sucessão Legítima") deste volume.

Trata-se de uma mudança profunda em relação à disciplina codificada anterior, que simplesmente ignorava tais questões, valendo destacar que tal estado de coisas já vinha sendo paulatinamente alterado pela nova ordem de valores da Constituição Federal e por diplomas infraconstitucionais específicos (Leis n. 8.971/94 e 9.278/96).

Grave omissão legislativa houve, em nosso sentir, na ausência de uma regulamentação mais detalhada dos chamados "resíduos sucessórios", aspecto jurídico presente na vida de milhões de famílias brasileiras, quando um ente falece sem deixar herança, mas sim, e tão somente, pequenos créditos de PIS, PASEP, FGTS ou salário, caso em que sérias dúvidas ainda existem no âmbito da legitimação para receber.

E, em todo este livro, abordaremos estas e diversas outras questões polêmicas, sempre na perspectiva superior de respeito aos princípios constitucionais.

E para tanto, não iremos sozinhos.

Estaremos juntos com você.

Capítulo II
Principiologia do Direito das Sucessões

Sumário: 1. Introdução. 2. A dificuldade de uma sistematização principiológica do Direito das Sucessões. 3. Princípios gerais relevantes para o Direito das Sucessões. 3.1. Dignidade da pessoa humana. 3.2. Igualdade. 3.3. Função social da propriedade. 3.4. Boa-fé. 3.5. Autonomia da vontade. 4. Princípios específicos do Direito Sucessório. 4.1. Princípio da *Saisine*. 4.1.1. Considerações etimológicas. 4.1.2. Noções históricas. 4.1.3. Conceito. 4.2. Princípio *(non) ultra vires hereditatis*. 4.3. Princípio da função social da herança. 4.4. Princípio da territorialidade. 4.5. Princípio da temporariedade. 4.6. Princípio do respeito à vontade manifestada.

1. INTRODUÇÃO

A proposta do presente capítulo é fazer uma sistematização principiológica do Direito das Sucessões, de forma a possibilitar ao público leitor uma visão geral das premissas dogmáticas que respaldam a sua normatização.

Ter uma concepção de sistema sempre facilita a compreensão de qualquer ramo do Direito, encarando-o como um esforço do intelecto para destrinchar todo um emaranhado de normas, mesmo levando em conta que, por ser uma construção intelectual (e não necessariamente calcada no direito positivo), a sua apresentação pode variar de acordo com a visão metodológica de cada doutrinador.

A tarefa, porém, no caso concreto do Direito das Sucessões não é das mais fáceis.

Explicaremos o motivo no próximo tópico.

2. A DIFICULDADE DE UMA SISTEMATIZAÇÃO PRINCIPIOLÓGICA DO DIREITO DAS SUCESSÕES

Um dos aspectos mais intrincados do estudo do Direito das Sucessões é a compreensão de sua principiologia.

Isso porque não existe uma positivação expressa de princípios fundamentais (como no Direito Administrativo[1]), o que faz com que haja verdadeira *babel* na compreensão do tema, pouco explorado pela doutrina especializada.

---

[1] Referimo-nos à previsão expressa do *caput* do art. 37 da Constituição Federal:

"Art. 37. A administração pública direta e indireta de qualquer dos Poderes da União, dos Estados, do Distrito Federal e dos Municípios obedecerá aos princípios de legalidade,

Por isso, permitindo-nos uma ousadia na elaboração desta obra, consideramos relevante apresentar, ainda que em voo de pardal, alguns dos mais importantes princípios gerais do Direito Civil (muitos deles já trabalhados por nós em volumes anteriores desta coleção), que encontram especial relevância no Direito das Sucessões.

No mesmo ritmo, colacionamos, em seguida, aqueles que consideramos os mais importantes princípios específicos do Direito Sucessório — tecendo rápidas considerações sobre as previsões normativas que os respaldam e o seu conteúdo jurídico — sem perder a consciência de que se trata de uma matéria cujo aprofundamento valeria, por si só, um outro livro.

Sem mais delongas, é possível apresentar, em uma visão esquemática, a nossa concepção sobre o tema:

- Principiologia do Direito das Sucessões
  - Princípios Gerais (Aplicáveis ao Direito Sucessório)
    - Dignidade da Pessoa Humana
    - Igualdade
    - Função Social da Propriedade
    - Boa-fé
    - Autonomia da Vontade
  - Princípios Especiais (Específicos do Direito Sucessório)
    - *Saisine*
    - *(Non) Ultra Vires Hereditatis*
    - Função Social da Herança
    - Territorialidade
    - Intertemporalidade
    - Respeito à Vontade Manifestada

Enunciados aqueles que consideramos os mais importantes princípios, iniciemos a missão com o estudo da principiologia geral.

3. PRINCÍPIOS GERAIS RELEVANTES PARA O DIREITO DAS SUCESSÕES

Neste tópico, passaremos em revista alguns conceitos fundamentais, cujo assentamento dogmático consideramos essencial para a compreensão do Direito brasileiro das Sucessões.

---

impessoalidade, moralidade, publicidade e eficiência e, também, ao seguinte: (*omissis*)" (*Redação dada pela Emenda Constitucional n. 19, de 1998*).

Iniciemos com aquele que entendemos ser o mais importante princípio constitucional, a saber, o macroprincípio da Dignidade da Pessoa Humana.

3.1. Dignidade da pessoa humana

Trata-se do mais importante princípio constitucional, que respalda todo o ordenamento jurídico, como um valor que disciplina toda a sua aplicação.

Em volume anterior desta coleção[2], revelamos nossa viva preocupação em se ter um cuidado de ourives no tratamento do *princípio da dignidade da pessoa humana*, que se mostra, para nós, inequivocamente, como a maior conquista do Direito brasileiro nos últimos anos.

O receio se explica pela banalização do referido princípio, como se ele, em vez de base de todo o ordenamento jurídico, fosse uma mixórdia de "Panaceia" com "Caixa de Pandora" da qual se retiraria a solução para todos os males, mesmo quando não se saiba direito o que ele implica.

Afinal de contas, o que se entende por dignidade da pessoa humana? Qual é a sua dimensão? Como se dá a sua aplicação social?

Em vão será a tarefa de tentar, o nosso leitor, apreender o seu alcance na obra dos dicionaristas, que, em geral, dão-lhe conotação restrita e essencialmente aristocrática:

> "Dignidade, s.f. (lat. *Dignitatem*). Qualidade de quem ou daquilo que é digno; cargo honorífico; nobreza; decoro; autoridade moral; respeitabilidade"[3].

A dignidade humana é muito mais do que isso.

Princípio solar em nosso ordenamento, a sua definição é missão das mais árduas, muito embora arrisquemo-nos a dizer que a noção jurídica de *dignidade traduz um valor fundamental de respeito à existência humana, segundo as suas possibilidades e expectativas, patrimoniais e afetivas, indispensáveis à sua realização pessoal e à busca da felicidade.*

Mais do que garantir a simples *sobrevivência*, o princípio assegura o *direito de viver plenamente*, sem quaisquer intervenções espúrias — estatais ou particulares — na realização dessa finalidade.

---

[2] Desenvolvemos anteriormente essa ideia no v. VI ("Direito de Família") desta coleção, mais especificamente no subtópico 3.1 ("Princípio da Dignidade da Pessoa Humana") do seu Capítulo II ("Perspectiva Principiológica do Direito de Família"), aqui adaptado.

[3] *Grande Dicionário Enciclopédico RIDEEL*, org. por H. Maia de Oliveira, São Paulo: Rideel, 1978, v. 4, p. 889.

É correto afirmar-se, aliás, que o princípio da dignidade da pessoa humana tem uma dimensão objetiva ou metaindividual.

Traduz, pois, uma diretriz de inegável *solidarismo social*, imprescindível à implantação efetiva do Estado Democrático de Direito.

Não é por outro motivo, aliás, que a Constituição da República, tratando-o como valor fundamental, em seu art. 1.º, III, dispõe:

> "Art. 1.º A República Federativa do Brasil, formada pela união indissolúvel dos Estados e dos Municípios e do Distrito Federal, constitui-se em Estado Democrático de Direito e tem como fundamentos:
>
> (...)
>
> III — a dignidade da pessoa humana".

A sua magnitude constitucional, portanto, denota o seu conteúdo essencialmente político, transcendente, pois, de qualquer tentativa de contenção pelo Direito Público ou Privado.

Nessa linha de raciocínio é o pensamento de GUSTAVO TEPEDINO:

> "Com efeito, a escolha da dignidade da pessoa humana como fundamento da República, associada ao objetivo fundamental de erradicação da pobreza e da marginalização, e de redução das desigualdades sociais, juntamente com a previsão do § 2.º do art. 5.º, no sentido da não exclusão de quaisquer direitos e garantias, mesmo que não expressos, desde que decorrentes dos princípios adotados pelo Texto Maior, configuram uma verdadeira *cláusula geral de tutela e promoção da pessoa humana*, tomada como valor máximo pelo ordenamento"[4].

E, no campo das relações do Direito das Sucessões, não poderia ser diferente.

Considerando a Dignidade da Pessoa Humana como um filtro necessário para a compreensão de todo o ordenamento jurídico, toda e qualquer norma, inclusive no campo do Direito Sucessório, que afrontar esse princípio superior pode ter sua constitucionalidade questionada.

Assim agindo, amigo leitor, pensamos que a concretude da dignidade humana será mais efetiva, permitindo, com mais segurança, a realização de um Estado verdadeiramente democrático de Direito.

E não faltarão exemplos no decorrer do estudo desta obra.

---

[4] Gustavo Tepedino, *A Parte Geral do Novo Código Civil — Estudos na Perspectiva Civil-Constitucional*, Rio de Janeiro: Renovar, 2002, p. XXV.

3.2. Igualdade

Da mesma forma que o princípio da Dignidade da Pessoa Humana, a consagração do princípio da igualdade, em nível constitucional, representou um avanço inegável do Direito brasileiro[5].

Poderíamos analisá-lo sob diversos aspectos, diferentes aplicações e âmbitos de incidência, mas, para não nos afastarmos do nosso objeto de estudo, cuidaremos de aprofundar a sua análise nas relações sucessórias.

A isonomia que se busca constitucionalmente não pode apenas aninhar-se *formalmente* em texto de lei, mas, sim, deve fazer-se *materialmente* presente na sociedade brasileira, que se pretende erigir como solidária, justa e democrática.

Daí reputarmos evidentemente inconstitucional qualquer determinação legal que trate, de forma discriminatória, aqueles que se encontram na mesma categoria de interesses.

Assim, reconhecida a possibilidade de transmissão patrimonial *causa mortis*, pouco importa se o filho é consanguíneo ou adotivo.

De todo o exposto, pode o nosso amigo leitor observar que a aplicação do princípio da igualdade nos remete a uma casuística infindável, não havendo, de nossa parte, a intenção de esgotá-la.

Aliás, qualquer tentativa nesse sentido seria infrutífera.

E aí está a beleza do princípio: contendo uma indeterminação conceitual característica, permitir a sua aplicação em diversos setores da convivência humana.

3.3. Função social da propriedade

Outro importante princípio, de matiz constitucional, que deve ser aplicado ao Direito das Sucessões é o da *função social da propriedade*.

Como já se afirmou em capítulo anterior[6], o Direito Sucessório está umbilicalmente ligado ao direito de propriedade e, como este, no vigente ordenamento constitucional, está vinculado ao exercício de sua função social, as regras hereditárias, consequentemente, também seguem a mesma diretriz.

Trata-se de uma aplicação natural do *princípio da sociabilidade*, um dos princípios gerais do vigente Código Civil brasileiro.

---

[5] Também neste tópico, faz-se uma releitura de ideias expostas anteriormente a esta obra, mais especificamente no subtópico 3.2 ("Princípio da Igualdade") do Capítulo II ("Perspectiva Principiológica do Direito de Família") do v. VI ("Direito de Família") desta coleção.

[6] Confira-se o tópico 2 ("Compreensão do Direito Sucessório: Conceito e Fundamentação Jurídico-Ideológica") do Capítulo I ("Introdução ao Direito das Sucessões") deste volume.

Todavia, um aparente paradoxo a aplicação da função social nos traz.

Isso porque, por um lado, sob sua égide, não é dado, do ponto de vista teórico, que a propriedade remanesça sem titular, pela aplicação do *Droit de Saisine*[7], princípio próprio que ainda será tratado neste capítulo e ao qual remetemos o leitor[8].

---

[7] "PROCESSUAL CIVIL E ADMINISTRATIVO. RECURSO ESPECIAL. DESAPROPRIAÇÃO PARA FINS DE REFORMA AGRÁRIA. MANDADO DE SEGURANÇA COM O OBJETIVO DE SUSPENDER/ARQUIVAR PROCESSO ADMINISTRATIVO INSTAURADO PARA VERIFICAR O CUMPRIMENTO DA FUNÇÃO SOCIAL DA PROPRIEDADE. IMPOSSIBILIDADE DE UTILIZAR CRITÉRIOS DE NATUREZA TRIBUTÁRIA COMO FORMA DE DIMENSIONAR IMÓVEIS RURAIS PASSÍVEIS, OU NÃO, DE EXPROPRIAÇÃO. FALECIMENTO DO PROPRIETÁRIO DO IMÓVEL RURAL. NÃO EFETIVAÇÃO DA PARTILHA. ART. 1.791 E PARÁGRAFO ÚNICO DO CÓDIGO CIVIL VIGENTE. PRINCÍPIO DA *SAISINE*. NÃO INCIDÊNCIA. PRESUNÇÃO *JURIS TANTUM* DE QUE GOZA O REGISTRO IMOBILIÁRIO. NÃO OCUPAÇÃO IRREGULAR DA FAZENDA À ÉPOCA DA VISTORIA. ALEGAÇÃO DE AFRONTA AO ART. 535 DO CPC NÃO CARACTERIZADA. 1. Caso em que se impetra mandado de segurança contra ato administrativo do Superintendente do Incra em Marabá/PA, a fim de suspender e arquivar o processo administrativo n. 54600.001152/2003-41, que foi instaurado para verificar o efetivo cumprimento da função social do imóvel rural denominado 'Fazenda Tibiriçá, Pimenteira' ou 'Nossa Senhora de Nazaré' e, se for o caso, declarar o interesse social para fins de reforma agrária quanto ao imóvel aludido. 2. Inexiste afronta ao art. 535 do CPC quando o Tribunal de origem, embora sucintamente, pronuncia-se de forma clara e suficiente sobre a questão posta nos autos. Saliente-se, ademais, que o magistrado não está obrigado a rebater, um a um, os argumentos deduzidos pela parte, desde que os fundamentos utilizados tenham sido suficientes para embasar o *decisum*. 3. Os arts. 46, § 6.º, e 50, § 6.º, do Estatuto da Terra (Lei n. 4.504/64) e o art. 24 e os seus incisos II, III e IV do Decreto n. 55.891/65 referem-se, exclusivamente, a critérios de natureza tributária, para possibilitar o cálculo do coeficiente de progressividade do ITR. Logo, é defesa a utilização desses parâmetros tributários para dimensionar se imóveis rurais são passíveis, ou não, de expropriação para fins de reforma agrária. 4. A proteção conferida pela *saisine* ao herdeiro, a despeito de o art. 1.784 do Código Civil em vigor dispor que, *ipsis litteris*: '[a]berta a sucessão, a herança transmite-se desde logo aos herdeiros legítimos e testamentários', deve ser interpretado em parcimônia ao art. 1.791 e o seu parágrafo único do mesmo diploma em foco, adiante transcritos, *in verbis*: 'Art. 1.791. A herança defere-se como um todo unitário, ainda que vários sejam herdeiros. Parágrafo único. Até a partilha, o direito dos coerdeiros, quanto à propriedade e posse, será indivisível, e regular-se-á pelas normas relativas ao condomínio'. Nessa linha de raciocínio, infere-se que o instituto da *saisine*, embora assegure a imediata transmissão da herança, deve ser obtemperado que, até a partilha, os bens serão considerados indivisíveis. 5. A presunção *iuris tantum* de que goza o registro imobiliário impõe que toda alteração objetiva ou subjetiva quanto ao imóvel há de ser, para que surta efeito no mundo jurídico, averbada junto ao competente registro. 6. O Tribunal *a quo*, com cognição plenária e exauriente sobre o acervo fático-probatório dos autos, concluiu que a vistoria foi realizada entre os dias 22 e 27 de setembro de 2003, enquanto que a invasão data de 28 de outubro de 2005. Portanto, não incide, *in casu*, a proibição inserta no § 6.º do art. 2.º da Lei n. 8.629/93, com redação conferida pela Medida Provisória n. 2.183-56, de 24 de agosto de 2001. 7. Recurso especial conhecido e provido" (STJ, REsp 1.161.535/PA, Rel. Min. Benedito Gonçalves, 1.ª Turma, j. 1.º-3-2011, *DJe*, 10-3-2011).

[8] Confira-se o subtópico 4.1 ("Princípio da *Saisine*") deste capítulo.

Por outra perspectiva, a ideia de função social da propriedade também respalda críticas à concepção ideológica do próprio Direito das Sucessões, uma vez que este permite a titularidade de bens sem que haja esforço nesse sentido, não "socializando" o processo de sua aquisição.

Um verdadeiro convite à reflexão.

3.4. Boa-fé

Outro princípio fundamental da atual codificação civil, a *eticidade*, impõe o reconhecimento do princípio da boa-fé no Direito das Sucessões.

Conforme já explicitamos em volume anterior desta coleção[9], a noção de boa-fé (*bona fides*), ao que consta, foi cunhada primeiramente no Direito romano, embora a conotação que lhe foi dada pelos juristas alemães, receptores da cultura romanista, não fosse exatamente a mesma[10].

Em Roma, partindo-se de uma acentuada amplitude semântica, pode-se afirmar que a "*fides* seria antes um conceito ético do que propriamente uma expressão jurídica da técnica. Sua 'juridicização' só iria ocorrer com o incremento do comércio e o desenvolvimento do *jus gentium*, complexo jurídico aplicável a romanos e a estrangeiros"[11].

Já no Direito alemão, a noção de boa-fé traduzia-se na fórmula do *Treu und Glauben* (lealdade e confiança), regra objetiva, que deveria ser observada nas relações jurídicas em geral.

A esse respeito, pontifica JUDITH MARTINS-COSTA:

> "A fórmula *Treu und Glauben* demarca o universo da boa-fé obrigacional proveniente da cultura germânica, traduzindo conotações totalmente diversas daquelas que a marcaram no direito romano: ao invés de denotar a ideia de fidelidade ao pactuado, como numa das acepções da *fides* romana, a cultura germânica inseriu, na fórmula, as ideias de lealdade (*Treu* ou *Treue*) e crença (*Glauben* ou *Glaube*), as quais se reportam a qualidades ou estados humanos objetivados"[12].

---

[9] Confira-se o tópico 1 ("A Boa-Fé como um Princípio Jurídico") do Capítulo "Boa Fé Objetiva em Matéria Contratual" do v. IV ("Contratos") desta coleção.

[10] Nesse sentido, Max Kaser, *Direito Privado Romano (Römisches Privatrecht)*, Lisboa: Fundação Calouste Gulbenkian, 1999, p. 154, item 3.

[11] Bruno Lewicki, Panorama da Boa-Fé Objetiva, in *Problemas de Direito Civil Constitucional*, coord. Gustavo Tepedino, Rio de Janeiro: Renovar, 2000, p. 58.

[12] Judith Martins-Costa, *A Boa-Fé no Direito Privado*, São Paulo: Revista dos Tribunais, 2000, p. 124.

Também o Direito Canônico enfrentaria o tema, em termos semelhantes aos do Direito alemão, *embora introduzisse um poderoso polo de significados: a boa-fé é vista como ausência de pecado, ou seja, como estado contraposto à má-fé*[13].

Até mesmo por esse breve apanhado histórico, podemos observar que a boa-fé é, antes de tudo, uma diretriz principiológica de fundo ético e espectro eficacial jurídico. Vale dizer, a boa-fé se traduz em um princípio de substrato moral, que ganhou contornos e matiz de natureza jurídica cogente.

Contextualizando esse importante princípio em nossa ordem constitucional, PAULO ROBERTO NALIN pondera, com inteligência:

> "... tendo o homem como centro necessário das atenções, oportuno de indagar da possibilidade de localização da boa-fé enquanto princípio geral do Direito, no sistema constitucional, assim como os demais princípios então ditos fundamentais inclusos na Carta, como o da dignidade do ser humano, a vida, a integridade física, a liberdade, a propriedade privada, a livre manifestação do pensamento, a intimidade e vida privada etc."[14].

No campo das sucessões, a boa-fé é fundamental para a interpretação das disposições de última vontade[15], bem como para temas relacionados aos efeitos sucessórios do regime de bens adotado, e, ainda, para outras questões peculiares, a exemplo da indignidade[16], em que a observância das circunstâncias fáticas levadas a juízo deverá levar em consideração a ética nas relações de família[17].

---

[13] Judith Martins-Costa, ob. cit., p. 129.

[14] Paulo Roberto Nalin, *Ética e Boa-Fé no Adimplemento Contratual*, coord. Luiz Edson Fachin, Rio de Janeiro: Renovar, 1998, p. 188.

[15] Confira-se o tópico 5 ("O testamenteiro") do Capítulo XIII ("Sucessão Testamentária") deste volume.

[16] Confira-se o Capítulo VIII ("Excluídos da Sucessão") deste volume.

[17] "Direito das sucessões. Recurso especial. Inventário. *De cujus* que, após o falecimento de sua esposa, com quem tivera uma filha, vivia, em união estável, há mais de trinta anos, com sua companheira, sem contrair matrimônio. Incidência, quanto à vocação hereditária, da regra do art. 1.790 do CC/02. Alegação, pela filha, de que a regra é mais favorável para a convivente que a norma do art. 1.829, I, do CC/02, que incidiria caso o falecido e sua companheira tivessem se casado pelo regime da comunhão parcial. Afirmação de que a Lei não pode privilegiar a união estável, em detrimento do casamento.

— O art. 1.790 do CC/02, que regula a sucessão do *de cujus* que vivia em comunhão parcial com sua companheira, estabelece que esta concorre com os filhos daquele na herança, calculada sobre todo o patrimônio adquirido pelo falecido durante a convivência.

— A regra do art. 1.829, I, do CC/02, que seria aplicável caso a companheira tivesse se casado com o *de cujus* pelo regime da comunhão parcial de bens, tem interpretação muito controvertida na doutrina, identificando-se três correntes de pensamento sobre a

3.5. Autonomia da vontade

Como último princípio geral relevante para o Direito das Sucessões, há de se incluir o princípio do respeito à autonomia da vontade.

Trata-se de um dos mais importantes princípios do tradicional Direito Civil, também respaldado na contemporaneidade, e que fundamenta a celebração de negócios jurídicos, valendo destacar que a manifestação da vontade é justamente um dos seus elementos existenciais[18].

---

matéria: (i) a primeira, baseada no Enunciado 270 das Jornadas de Direito Civil, estabelece que a sucessão do cônjuge, pela comunhão parcial, somente se dá na hipótese em que o falecido tenha deixado bens particulares, incidindo apenas sobre esses bens; (ii) a segunda, capitaneada por parte da doutrina, defende que a sucessão na comunhão parcial também ocorre apenas se o *de cujus* tiver deixado bens particulares, mas incide sobre todo o patrimônio, sem distinção; (iii) a terceira defende que a sucessão do cônjuge, na comunhão parcial, só ocorre se o falecido não tiver deixado bens particulares.

— Não é possível dizer, aprioristicamente e com as vistas voltadas apenas para as regras de sucessão, que a união estável possa ser mais vantajosa em algumas hipóteses, porquanto o casamento comporta inúmeros outros benefícios cuja mensuração é difícil.

— É possível encontrar, paralelamente às três linhas de interpretação do art. 1.829, I, do CC/02 defendidas pela doutrina, uma quarta linha de interpretação, que toma em consideração a vontade manifestada no momento da celebração do casamento, como norte para a interpretação das regras sucessórias.

— Impositiva a análise do art. 1.829, I, do CC/02, dentro do contexto do sistema jurídico, interpretando o dispositivo em harmonia com os demais que enfeixam a temática, em atenta observância dos princípios e diretrizes teóricas que lhe dão forma, marcadamente a dignidade da pessoa humana, que se espraia, no plano da livre manifestação da vontade humana, por meio da autonomia privada e da consequente autorresponsabilidade, bem como da confiança legítima, da qual brota a boa-fé; a eticidade, por fim, vem complementar o sustentáculo principiológico que deve delinear os contornos da norma jurídica.

— Até o advento da Lei n. 6.515/77 (Lei do Divórcio), vigeu no Direito brasileiro, como regime legal de bens, o da comunhão universal, no qual o cônjuge sobrevivente não concorre à herança, por já lhe ser conferida a meação sobre a totalidade do patrimônio do casal; a partir da vigência da Lei do Divórcio, contudo, o regime legal de bens no casamento passou a ser o da comunhão parcial, o que foi referendado pelo art. 1.640 do CC/02.

— Preserva-se o regime da comunhão parcial de bens, de acordo com o postulado da autodeterminação, ao contemplar o cônjuge sobrevivente com o direito à meação, além da concorrência hereditária sobre os bens comuns, mesmo que haja bens particulares, os quais, em qualquer hipótese, são partilhados apenas entre os descendentes.

Recurso especial improvido" (STJ, REsp 1.117.563/SP, Rel. Min. Nancy Andrighi, 3.ª Turma, j. 17-12-2009, *DJe*, 6-4-2010).

[18] Para aprofundamento do tema, confira-se o Capítulo XI ("Plano de Existência do Negócio Jurídico") do v. I ("Parte Geral") desta coleção.

No campo das sucessões, isto se torna evidente na modalidade testamentária, em que se autoriza uma disciplina patrimonial *post mortem*, em respeito à autonomia da vontade manifestada pelo falecido.

Vale destacar que o princípio geral do direito se desdobra, no campo das sucessões, em um princípio próprio, a saber, o de Respeito à Vontade Manifestada, ao qual remetemos o nosso leitor[19].

4. PRINCÍPIOS ESPECÍFICOS DO DIREITO SUCESSÓRIO

Falaremos, neste tópico, de princípios específicos do Direito Sucessório, ou seja, diretrizes teóricas próprias da sua disciplina jurídica.

Comecemos com aquele que consideramos o mais importante princípio específico do Direito das Sucessões no ordenamento jurídico pátrio: o "Princípio da *Saisine*" ou "*Droit de Saisine*".

4.1. Princípio da *Saisine*

Consiste o *Droit de Saisine* no reconhecimento, ainda que por ficção jurídica, da transmissão imediata e automática do domínio e posse da herança aos herdeiros legítimos e testamentários, no instante da abertura da sucessão.

Mas como se chegou a isso?

É o que veremos nos próximos subtópicos.

4.1.1. Considerações etimológicas

Antes de compreendermos historicamente o chamado "Princípio da *Saisine*", parece-nos relevante fazer algumas breves considerações de natureza etimológica.

A palavra francesa "*saisine*" é plurissignificativa.

Derivada do verbo "*saisir*", também com conteúdo plúrimo (uma vez que significa colher, apreender, confiscar, agarrar, capturar, apoderar-se, entre outros sentidos), "*saisine*", juridicamente, pode ser utilizada em vários contextos[20].

---

[19] Confira-se o subtópico 4.6 ("Princípio do Respeito à Vontade Manifestada") deste capítulo.

[20] "*Saisine* — Cont. const. 1. Opération consistant à déférer um texte juridique (loi votée, traité international) devant le juge constitutionnel et ayant pour effet principal de déclencher le controle de constitutionnalité. 2. Lettre adressée par lês requérants au juge constitutionnel mentionnant parfois lês griefs opposés à l'encontre d'une loi et publiée au Journal Officiel de la République française em annexe de la décision constitutionnelle" (CABRILLAC, Rémy (direction). *Dictionnaire du Vocabulaire Juridique*. Paris, Éditions du Juris-Classeur, 2002, p. 342). Em tradução livre de Rodolfo Pamplona Filho: "*Saisine* — Cont. const. 1. Procedimento consistente em submeter um texto legal

O que interessa, porém, para o corte epistemológico deste livro, é a sua utilização no campo do Direito Sucessório, em que é traduzida no sentido de "posse", para significar a "posse imediata dos bens daquele que faleceu".

Como observa LUÍS CAMARGO PINTO DE CARVALHO, em didático texto, com o trecho a seguir transcrito (inclusive com as bem-colocadas referências):

> "Etimologicamente, *saisir* vem da palavra latina *sacire*, contida em leis bárbaras, que por sua vez resultaria de duas palavras francas, **sakjan*, com o sentido de reivindicar, e **satjan*, com o sentido de pôr, colocar, apossar-se, tendo sido empregada pela primeira vez no ano de 1138[21].
>
> O *Petit Larousse* atribui-lhe significado estritamente jurídico: 'Droit à la prise de possession de biens d'un défunt à l'instant même du décès et sans autorization préalable de justice. (Ce droit est conféré par la loi aux héritiers ab intestat ou par le défunt à son exécuteur testamentaire)'[22].
>
> Pontes de Miranda a aportuguesa para a palavra saisina (*Tratado*, v. 55, p. 16, § 5.587), registrada apenas pelo recém-publicado *Dicionário Houaiss*[23], que lhe atribui o sentido técnico-jurídico: 'direito de possuir por imperativo da lei, ou posse que o direito dá de forma diversa do ato de possuir [Expressão do direito feudal do s. XII]'"[24].

O reconhecimento de tal princípio é evidente na constante utilização da máxima "*le mort saisit le vif*", que pode ser traduzida também como "*o morto dá posse ao vivo*".

Compreendido o sentido da expressão designadora, tenhamos, agora, algumas noções históricas para contextualizar a *Saisine* como um princípio próprio do Direito das Sucessões.

(lei aprovada, tratado internacional) ao Tribunal Constitucional e com o principal efeito de provocar o controle de constitucionalidade. 2. Petição dirigida pelos requerentes ao Tribunal Constitucional declarando as alegações eventualmente opostas em face de uma lei e publicada no Diário Oficial da República Francesa, no anexo da jurisdição constitucional".

[21] Albert Dauzat, Jean Dubois e Henri Mitterand, *Nouveau Dictionnaire Étimologique et Historique*, Larousse, 1971.

[22] Edição de 1968 (verb. *Saisine*, p. 832).

[23] *Dicionário Houaiss da Língua Portuguesa*, publicado pelo Instituto Antônio Houaiss de Lexicografia, Rio de Janeiro, 2001. Observo que nenhum outro léxico, dentre os consultados, registra o vocábulo "saisina" (Caldas Aulete, Laudelino Freire, Silveira Bueno, Antenor Nascentes, Aurélio Buarque de Holanda Ferreira). Nem o recentíssimo dicionário da Academia de Ciências de Lisboa.

[24] Luís Camargo Pinto de Carvalho. "*Saisine e Astreinte*". Disponível em: <http://www.irineupedrotti.com.br/acordaos/modules/news/article.php?storyid=3171>. Acesso em: 15 abr. 2011.

4.1.2. Noções históricas

O *Droit de Saisine* tem sua origem no Direito Medieval.

Sobre este período histórico, expõe CAIO MÁRIO DA SILVA PEREIRA:

> "Na Idade Média, institui-se a praxe de ser devolvida a posse dos bens, por morte do servo, ao seu senhor, que exigia dos herdeiros dele um pagamento para autorizar a sua imissão. No propósito de defendê-lo dessa imposição, a jurisprudência no velho direito costumeiro francês, especialmente no Costume de Paris, veio a consagrar a transferência imediata dos haveres do servo aos seus herdeiros, assentada a fórmula: *Le serf mort saisit le vif, son hoir de plus proche*[25]. Daí ter a doutrina fixado por volta do século XIII, diversamente do sistema romano, o chamado *droit de saisine*, que traduz precisamente este imediatismo da transmissão dos bens, cuja propriedade e posse passam diretamente da pessoa do morto aos seus herdeiros: *le serf mort saisit le vif*. Com efeito, no século XIII a *saisine* era referida num *Aviso do Parlament de Paris* como instituição vigente e os *établissements de St. Louis* lhe apontam a origem nos Costumes de Orleans.
>
> Não foi, porém, uma peculiaridade do antigo direito francês. Sua origem germânica é proclamada, ou ao menos admitida, pois que fórmula idêntica era ali enunciada com a mesma finalidade: *Der Tote erbt den Lebenden*[26 e 27].

É importante destacar o reconhecimento do *Droit de Saisine* como um princípio que caracteriza uma resistência a eventuais abusos para a aquisição da propriedade ou posse pela herança.

E o sistema luso-brasileiro, que, originalmente, adotava uma sistemática romana, com fracionamento de momentos de aquisição da propriedade pelos herdeiros não necessários[28], aprovou expressamente o princípio ainda no século XVIII.

---

[25] Em tradução livre de Rodolfo Pamplona Filho: "*O servo morto dá posse ao vivo, seu herdeiro mais próximo*".

[26] Sobre esse brocardo e sua tradução, confira-se STOLZE, Pablo. "Der Tote erbt den Lebenden" e o estrangeirismo indesejável. Jus Navigandi, Teresina, ano 17, n. 3.274, 18 jun. 2012. Disponível em: <http://jus.com.br/artigos/22040>. Acesso em: 6 jun. 2014.

[27] Caio Mário da Silva Pereira, *Instituições de Direito Civil — Sucessões*, 17. ed., Rio de Janeiro: Forense, 2009, v. VI, p. 15.

[28] Embora a matéria ainda seja aprofundada em capítulo posterior — confira-se o Capítulo V ("Aceitação e Renúncia da Herança") deste volume —, é possível sintetizar três momentos distintos para a transferência, neste caso, da propriedade do *de cujus* para seus herdeiros: "com a morte, a sucessão ficava aberta (*delata*), e somente com o fato da aceitação (*acquisitio*) se integrava na titularidade do herdeiro; entre a abertura (*delatio*) e a aceitação (*acquisitio*) permanecia a herança em estado de jacência (*hereditas iacens*). Nesta fase intermediária, a herança tinha representante e ação, o que levou a reconhecer-lhe personalidade. A proposição não é, todavia, unânime, encontrando contradita séria em Savigny" (Caio Mário da Silva Pereira, *Instituições de Direito Civil*, cit., p. 15).

Como observa MÁRIO FIGUEIREDO BARBOSA:

> "Foi através do Alvará de 9/XI/1754, segundo do Assento de 10/2/1786, que o *droit de saisine* ingressou no Direito luso-brasileiro. A partir daí, admitiu-se a transformação automática dos direitos que compõem o patrimônio da herança aos sucessores legítimos ou não, com toda a propriedade, a posse, os direitos reais e pessoais. O que era propriedade e posse do *de cujus* passam a ser propriedade e posse do sucessor a causa de morte, ou dos sucessores e em partes ideais, ou conforme a discriminação testamentária. Dá-se o mesmo com os créditos transferíveis e as dívidas, as propriedades, as obrigações e as ações"[29].

Aberta a sucessão, o *Droit de Saisine* evita que se possa dar ao acervo hereditário a natureza de *res derelicta* (coisa abandonada) ou de *res nullius* (coisa de ninguém)[30].

Nessa linha, observa ROBERTO DE RUGGIERO:

> A exigência sentida por qualquer sociedade juridicamente organizada de que com a morte de uma pessoa as suas relações jurídicas não se extingam, mas que outras pessoas nelas entrem tomando lugar do defunto, encontra satisfação no mundo da herança. Em qualquer outro campo, por ser verdade o *mors omnia solvit*, menos no direito, onde exigências não só morais e de espírito, mais sociais, políticas e, sobretudo, econômicas, impõem que, para segurança do crédito, para conservação e incremento da riqueza, as relações de uma pessoa continuam mesmo depois de sua morte, que no seu patrimônio substitua um novo titular, o qual representa como que o continuador da personalidade do defunto"[31].

Tal substituição se dá, como visto, de forma imediata e desde o momento da abertura da sucessão, independentemente da prática de qualquer ato ou manifestação de vontade do herdeiro, que pode, inclusive, desconhecer o fato.

4.1.3. Conceito

O *Princípio da Saisine*, portanto, à luz de todo o exposto, pode ser definido como a regra fundamental do Direito Sucessório, pela qual a morte opera a imediata transferência da herança aos seus sucessores legítimos e testamentários[32].

---

[29] Mário Figueiredo Barbosa, *Ainda Questões Jurídicas*, Salvador: Quarteto, 2009, p. 13-14.

[30] Sobre o tema da classificação dos bens, confira-se o Capítulo VIII ("Bens Jurídicos") do v. I ("Parte Geral") desta coleção.

[31] Roberto de Ruggiero, *Instituições de Direito Civil — Direito das Obrigações e Direito Hereditário*, Campinas: Bookseller, 1999, v. 3, p. 395.

[32] "EMENTA: CONSTITUCIONAL. REFORMA AGRÁRIA. DESAPROPRIAÇÃO. MANDADO DE SEGURANÇA. LEGITIMIDADE DO COERDEIRO PARA IMPETRAÇÃO [ART. 1.º, § 2.º, DA LEI N. 1.533/51]. *SAISINE*. MÚLTIPLA TITULARIDADE.

Trata-se, em verdade, de uma ficção jurídica, que pretende impedir que o patrimônio deixado fique sem titular, enquanto se aguarda a transferência definitiva dos bens aos sucessores do falecido.

Respalda-se no dispositivo que abre o Livro das Sucessões no vigente Código Civil brasileiro, a saber, o art. 1.784:

> "Art. 1.784. Aberta a sucessão, a herança transmite-se, desde logo, aos herdeiros legítimos e testamentários".

Por isso, com a abertura da sucessão (morte), os herdeiros já são imediatamente considerados condôminos e copossuidores dos bens deixados, em virtude da incidência do presente princípio, o que não significa, por óbvio, que exercem direito exclusivo sobre bem individualmente considerado.

PROPRIEDADE ÚNICA ATÉ A PARTILHA. ALTERAÇÃO DE JURISPRUDÊNCIA. ART. 46, § 6.º, DO ESTATUTO DA TERRA. FINALIDADE ESTRITAMENTE TRIBUTÁRIA. FINALIDADE DO CADASTRO NO SNCR-INCRA. CONDOMÍNIO. AUSÊNCIA DE REGISTRO IMOBILIÁRIO DE PARTES CERTAS. UNIDADE DE EXPLORAÇÃO ECONÔMICA DO IMÓVEL RURAL. ART. 4.º, I, DO ESTATUTO DA TERRA. VIABILIDADE DA DESAPROPRIAÇÃO. ART. 184, DA CONSTITUIÇÃO DO BRASIL. 2. Qualquer dos coerdeiros é, à luz do que dispõe o art. 1.º, § 2.º, da Lei n. 1.533/51, parte legítima para a propositura do *writ*. 3. A *saisine* torna múltipla apenas a titularidade do imóvel rural, que permanece uma única propriedade até que sobrevenha a partilha [art. 1.791 e parágrafo único do vigente Código Civil]. 4. A finalidade do art. 46, § 6.º, do Estatuto da Terra [Lei n. 4.504/64] é instrumentar o cálculo do coeficiente de progressividade do Imposto Territorial Rural — ITR. O preceito não deve ser usado como parâmetro de dimensionamento de imóveis rurais destinados à reforma agrária, matéria afeta à Lei n. 8.629/93. 5. A existência de condomínio sobre o imóvel rural não impede a desapropriação-sanção do art. 184 da Constituição do Brasil, cujo alvo é o imóvel rural que não esteja cumprindo sua função social. Precedente [MS n. 24.503, Relator o Ministro MARCO AURÉLIO, DJ de 05.09.2003]. 6. O cadastro efetivado pelo SNCR-INCRA possui caráter declaratório e tem por finalidade: i] o levantamento de dados necessários à aplicação dos critérios de lançamentos fiscais atribuídos ao INCRA e à concessão das isenções a eles relativas, previstas na Constituição e na legislação específica; e ii] o levantamento sistemático dos imóveis rurais, para conhecimento das condições vigentes na estrutura fundiária das várias regiões do País, visando à provisão de elementos que informem a orientação da política agrícola a ser promovida pelos órgãos competentes. 7. O conceito de imóvel rural do art. 4.º, I, do Estatuto da Terra, contempla a unidade da exploração econômica do prédio rústico, distanciando-se da noção de propriedade rural. Precedente [MS n. 24.488, Relator o Ministro EROS GRAU, DJ de 03.06.2005]. 8. O registro público prevalece nos estritos termos de seu conteúdo, revestido de presunção *iuris tantum*. Não se pode tomar cada parte ideal do condomínio, averbada no registro imobiliário de forma abstrata, como propriedade distinta, para fins de reforma agrária. Precedentes [MS n. 22.591, Relator o Ministro MOREIRA ALVES, DJ de 14.11.2003 e MS n. 21.919, Relator o Ministro CELSO DE MELLO, DJ de 06.06.97]. Segurança denegada" (STF, MS 24573, Rel. Min. Gilmar Mendes, Rel. p/ acórdão Min. Eros Grau, Tribunal Pleno, j. 12-6-2006, *DJ*, 15-12-2006).

A título exemplificativo, se Carmelo morre, deixando três filhos (Arilson, Rivalda e Raimunda), imediatamente após o instante do óbito, os seus herdeiros já são titulares, não de bem determinado, mas sim, cada um, de 1/3 da herança deixada, independentemente da conclusão do arrolamento ou do inventário.

Todavia, uma afirmação já feita merece ser realçada.

O princípio da *Saisine* não dá ao sucessor, herdeiro ou legatário, direito imediato a bem exclusivo da herança.

Com a abertura da sucessão, os herdeiros, como dito acima, passarão a ter um direito meramente abstrato, calculado em fração do patrimônio transferível, e, mesmo que seja herdeiro único, o exercerá em face da universalidade de bens deixados, não sendo permitido, a nenhum dos sucessores, portanto, sem a devida autorização judicial, enquanto não concluído o procedimento de arrolamento ou inventário, alienar bem exclusivo da herança.

Quanto aos legatários, é bom lembrar que eles somente terão a posse dos bens deixados quando assim lhe for concedido pelo herdeiro (art. 1.923, § 1.º, do CC/2002).

Por tudo isso, sentido nenhum há na conduta de determinados sucessores que, antes mesmo de se findar a partilha, já se sentem "donos" de determinados bens, integrantes do monte mor (partível), agredindo, em muitos casos, iguais direitos dos outros coerdeiros.

Ninguém pode se sentir dono de bem exclusivo do inventário ou do arrolamento antes do seu fim, não apenas pelas razões acima expostas, mas, inclusive, pelo fato de que, em havendo dívidas deixadas pelo *de cujus*, poderá não sobrar nada mais para dividir...

Nesse diapasão, para evitar a aplicação deturpada (e gananciosa) do princípio da *Saisine*, o Superior Tribunal de Justiça, em admirável acórdão, da lavra da Min. NANCY ANDRIGHI, já entendeu que o herdeiro que exerça posse exclusiva de bem da herança terá de pagar aluguel aos demais:

> "Direito civil. Recurso especial. Cobrança de aluguel. Herdeiros.
>
> Utilização exclusiva do imóvel. Oposição necessária. Termo inicial.
>
> — Aquele que ocupa exclusivamente imóvel deixado pelo falecido deverá pagar aos demais herdeiros valores a título de aluguel proporcional, quando demonstrada oposição à sua ocupação exclusiva.
>
> — Nesta hipótese, o termo inicial para o pagamento dos valores deve coincidir com a efetiva oposição, judicial ou extrajudicial, dos demais herdeiros.
>
> Recurso especial parcialmente conhecido e provido" (REsp 570.723/RJ, Rel. Min. Nancy Andrighi, 3.ª Turma, j. 27-3-2007, *DJ*, 20-8-2007, p. 268).

Tal aresto vai ao encontro do que dissemos, na medida em que reafirma a ideia básica segundo a qual o princípio ora estudado, a par de transmitir a imediata posse e propriedade da herança, o faz como um todo, enquanto universalidade de bens e direitos, não permitindo o exercício imediato de direito exclusivo sobre bem determinado.

4.2. Princípio *(non) ultra vires hereditatis*

A expressão "*ultra vires hereditatis*" significa "além do conteúdo da herança".

A ideia que ela representa é a possibilidade de que o herdeiro, com a aceitação pura e simples da herança, possa ser obrigado a pagar suas dívidas e obrigações, não só com os bens do patrimônio do *de cujus*, mas também com os seus próprios bens.

Trata-se de situação que não deve ser ordinariamente aceita, por coroar injustiça.

A regra foi positivada, de forma expressa, tanto no Código Civil brasileiro de 1916, quanto na vigente codificação, a saber:

> "Art. 1.792. O herdeiro não responde por encargos superiores às forças da herança; incumbe-lhe, porém, a prova do excesso, salvo se houver inventário que a escuse, demonstrando o valor dos bens herdados".

Vale destacar que, em anterior legislação brasileira, não havia esta regra protetiva do herdeiro, de maneira que, se ele não aceitasse a herança "sob benefício de inventário", os bens dele ficavam submetidos à execução de dívidas do falecido.

Com efeito, no Direito romano e no Direito brasileiro pré-codificado, o herdeiro respondia *ultra vires hereditatis*. Assim, se, por acaso, o passivo hereditário superasse o ativo, ficava o herdeiro obrigado a pagar, com seus próprios bens, as dívidas deixadas pelo falecido. Tratava-se da figura da *hereditas damnosa* ("*herança danosa*", também conhecida como "*herança maldita*"), que poderia levar o herdeiro, eventualmente, à ruína.

Com o fito de evitar tal constrangedora consequência, o herdeiro aceitava "a benefício de inventário", o que acabou se tornando uma cláusula usual. Com isso, ele se resguardava, já que, dessa forma, os encargos da herança seriam pagos somente pelas próprias forças do acervo hereditário. Remonta tal cláusula, denominada "*beneficium inventarii*", à Antiguidade.

Como ensina SÍLVIO DE SALVO VENOSA:

> "No Direito Romano, como consequência da aquisição universal da herança, com aceitação, havia uma confusão automática de patrimônios. Confundia-se o patrimônio do herdeiro com o patrimônio da herança. Como decorrência, o herdeiro respondia *ultra vires hereditas*, além das forças da herança, já que assumia a condição de devedor a título próprio (Zannoni, 1974:245). Assim, uma herança poderia trazer prejuízo ao herdeiro.

A ideia da separação de patrimônios foi a que permitiu ao herdeiro não responder por dívidas que não fossem suas próprias. Note que, mesmo com a separação de patrimônios, a herança não perde sua unidade, apenas que o monte deve-se bastar para satisfazer às obrigações do *de cujus*. Há, inclusive, obrigações do falecido que são intransmissíveis, que terminam com a morte. Em razão desta problemática é que avultava de importância em Roma o direito de deliberar do herdeiro chamado.

Já na antiguidade, para evitar tais inconveniências, admitiu-se a aceitação da herança sob benefício do inventário. Itabaiana de Oliveira (1987:58) lembra da primeira aplicação do princípio por Adriano, em benefício de um particular. Na definição do autor, 'benefício de inventário é um privilégio concedido pela lei ao herdeiro e que consiste em admiti-lo à herança do *de cujus*, sem obrigá-lo aos encargos além das forças da mesma herança'"[33].

Destaque-se que foi o Código Civil de 1916 que alterou o panorama, consagrando o que aqui chamamos de "Princípio *(Non) Ultra Vires Hereditatis*".

Assim, por preceito legal, tornou-se desnecessária a manifestação expressa da aceitação "a benefício de inventário", diretriz que foi mantida na atual codificação brasileira[34].

Na contemporaneidade, portanto, deve-se considerar, por força de lei, que as dívidas do falecido, de fato, devem ser pagas somente com seu próprio patrimônio, *não ultrapassando as forças da herança.*

Por isso, esse dogma traduz uma regra que proíbe o alcance do patrimônio pessoal do herdeiro por dívida do falecido, razão por que preferimos denominá-lo *Non Ultra Vires Hereditatis.*

Como já vimos, no plano ideal, por força do princípio da *Saisine*, a herança é transmitida automática e imediatamente com o advento da morte.

---

[33] Sílvio de Salvo Venosa, *Direito Civil — Direito das Sucessões*, 3. ed., São Paulo: Atlas, 2003, p. 38 (Col. Direito Civil, v. 7).

[34] "O instituto de que trata o artigo justifica-se pela adoção do sistema de aceitação a benefício de inventário por disposição legal operada pelo Código de 1916. Como lembra Caio Mário da Silva Pereira, a aceitação da herança nesse sentido 'entrou nos costumes' e passou para o direito positivo. A aceitação a benefício de inventário consistia em uma opção posta à disposição do herdeiro para que este aceitasse apenas o ativo da herança, desobrigando-se quanto à totalidade do passivo. Apondo tal cláusula, o herdeiro, quando chamado a deliberar, aceitava a herança, desde que não lhe causasse nenhum prejuízo decorrente da verificação, feita no inventário, de que o ativo superava o passivo. Caso contrário, quando o passivo superava o ativo, o aceitante a benefício de inventário era tido como um aceitante condicional, limitado à responsabilização das dívidas do *de cujus* até o montante que houvesse herdado" (Giselda Maria Fernandes Novaes Hironaka, *Comentários ao Código Civil — Parte Especial: do Direito das Sucessões* (arts. 1.784 a 1.856), coord. Antônio Junqueira de Azevedo, 2. ed. rev., São Paulo: Saraiva, 2007, p. 75. v. 20).

Mas somente após o inventário ou arrolamento poder-se-á, efetivamente, apurar se, após o cumprimento das obrigações deixadas pelo falecido, ainda há patrimônio remanescente.

Em síntese: no Direito brasileiro, o herdeiro só responde *intra vires hereditatis* (dentro das forças da herança), não mais se confundindo o patrimônio do falecido com o patrimônio do herdeiro (*bonorum separatio*).

Por fim, uma observação relevante sobre a transmissibilidade da obrigação alimentar merece a nossa atenção.

Dispõe o art. 1.700 do Código Civil:

> "Art. 1.700. A obrigação de prestar alimentos transmite-se aos herdeiros do devedor, na forma do art. 1.694".

A regra do sistema anterior propugnava pela absoluta intransmissibilidade da obrigação alimentar aos herdeiros (art. 402 do CC/1916), cedendo espaço à previsão legal de sua transmissão como encargo da herança (art. 23 da Lei n. 6.515/77), com subsequente redefinição pelo mencionado artigo da vigente codificação (art. 1.700 do CC/2002).

Conforme assinalamos anteriormente:

> "Registre-se que tal dispositivo consistiu em uma mudança de diretriz teórica, pois, no sistema codificado anterior, era vedada expressamente a transmissão da obrigação de prestar alimentos, na forma do revogado art. 402, CC/1916[35].
>
> Em nosso sentir, o sentido jurídico desta transmissibilidade é o seguinte.
>
> Se o sujeito, já condenado a pagar pensão alimentícia, deixou saldo devedor em aberto, poderá o credor (alimentando), sem prejuízo de eventual Direito Sucessório, desde que não ocorrida a prescrição, habilitar o seu crédito no inventário, podendo exigi-lo até as forças da herança. Ou seja, os outros herdeiros suportarão esta obrigação, na medida em que a herança que lhes foi transferida é atingida para saldar o débito inadimplido.
>
> Mas, se não houver bens suficientes, não poderá o sucessor — ressalvada a hipótese de um dos herdeiros também ser legitimado passivo para o pagamento da pensão (irmão do credor, por exemplo), o que desafiaria ação de alimentos própria — ter o seu patrimônio pessoal atingido pela dívida deixada pelo falecido"[36].

[35] "DIREITO CIVIL. AÇÃO DE ALIMENTOS. ESPÓLIO. TRANSMISSÃO DO DEVER JURÍDICO DE ALIMENTAR. IMPOSSIBILIDADE. 1. Inexistindo condenação prévia do autor da herança, não há por que falar em transmissão do dever jurídico de prestar alimentos, em razão do seu caráter personalíssimo e, portanto, intransmissível. 2. Recurso especial provido" (STJ, REsp 775.180 — MT (2005/0137804-9), Rel. Min. João Otávio de Noronha).

[36] Pablo Stolze Gagliano e Rodolfo Pamplona Filho, *Novo Curso de Direito Civil — Direito de Família*, 10. ed., São Paulo: Saraiva, 2020, v. 6, p. 685-686.

Reafirmamos tal posicionamento, justamente por considerarmos que a responsabilidade patrimonial do herdeiro, pelas obrigações do falecido, será sempre *Non Ultra Vires Hereditatis*, erigindo tal regra a princípio, para preservação do patrimônio pessoal do herdeiro, não devendo a herança se constituir em uma armadilha para aquele que a recebe.

4.3. Princípio da função social da herança

Outro princípio próprio do Direito das Sucessões é o da Função Social da Herança.

Posto em menor medida do que no exercício do direito de propriedade, também a herança possui uma função social, porquanto permite uma redistribuição da riqueza do *de cujus*, transmitida aos seus herdeiros.

Observe-se, ademais, que certos institutos, como o direito de representação, a ser estudado posteriormente[37], têm um fundamento moral, respaldado no princípio da isonomia e da função social, na medida em que visam a dar um tratamento equânime a herdeiros do autor da herança, poupando-lhes da dupla tristeza da perda de seu ascendente imediatamente direto e também de benefícios potenciais que lhe seriam garantidos, se não tivesse ocorrido o falecimento daquele.

4.4. Princípio da territorialidade

Na forma do art. 1.785 do CC/2002, a "*sucessão abre-se no lugar do último domicílio do falecido*".

Trata-se do Princípio da Territorialidade, regra de Direito Material que gera evidentes reflexos no campo processual, notadamente para delimitação da competência territorial referente às questões sucessórias, matéria consolidada há décadas[38].

Sobre o tema, ensina GISELDA HIRONAKA:

> "Entendeu o legislador processual que não bastava indicar o local da abertura do inventário pelo último domicílio do falecido, porque este poderia apresentar-se de forma incerta, poderia o falecido não possuir domicílio algum,

---

[37] Confira-se o Capítulo XII ("Direito de Representação") deste volume.

[38] "FORO DA SUCESSÃO. TESTAMENTO. INVALIDADE PARCIAL, PARA SER CONTEMPLADO HERDEIRO NECESSÁRIO, RECONHECIDO POR SENTENÇA POSTERIOR À MORTE DO TESTADOR. REALIDADE DE PROVAS QUE AUTORIZA A SOLUÇÃO ADOTADA, EM ATINÊNCIA AO CONTIDO NO ART. N. 1.570, DO CÓDIGO CIVIL. EMBARGOS REJEITADOS" (STF, RE 13010 embargos, Rel. Min. Anibal Freire, Rel. p/ acórdão Min. Macedo Ludolf — Convocado, Tribunal Pleno, j. 3-1-1951, *DJ*, 5-4-1951).

ou ainda possuir mais de um domicílio. Por esses motivos, especificou a regra no que concerne ao local da abertura do inventário, fazendo-o incidir no local da situação dos bens sempre que o domicílio fosse incerto (art. 96, I, do CPC). Mas outro problema seria criado quando os bens que compusessem a herança se situassem em locais diversos. Entendendo o legislador não ser possível a multiplicidade de inventários referentes a uma mesma herança, bem imóvel indivisível por determinação legal, deslocou a competência jurisdicional para o local do óbito do *de cujus* (art. 96, II, do CPC). Por fim, para a hipótese de pluralidade domiciliar, permitiu a abertura do inventário em qualquer foro correspondente a um dos domicílios do finado (art. 94, § 1.º)"[39].

Vale destacar, no particular, que a vigente "Lei de Introdução às Normas do Direito Brasileiro" (o novo — e adequado — nome dado à antiga "Lei de Introdução ao Código Civil") expressamente estabelece que:

> "Art. 10. A sucessão por morte ou por ausência obedece à lei do país em que domiciliado o defunto ou o desaparecido, qualquer que seja a natureza e a situação dos bens.
>
> § 1.º A sucessão de bens de estrangeiros, situados no País, será regulada pela lei brasileira em benefício do cônjuge ou dos filhos brasileiros, ou de quem os represente, sempre que não lhes seja mais favorável a lei pessoal do *de cujus*. *(Redação dada pela Lei n. 9.047, de 18-5-1995.)*
>
> § 2.º A lei do domicílio do herdeiro ou legatário regula a capacidade para suceder".

Consiste tal preceito em uma regra de Direito Internacional Privado de invocação obrigatória, que continua em perfeita consonância com o sistema positivado de regras civis[40].

---

[39] Giselda Maria Fernandes Novaes Hironaka, *Comentários ao Código Civil — Parte Especial: do Direito das Sucessões* (arts. 1.784 a 1.856), coord. Antônio Junqueira de Azevedo, 2. ed. rev., São Paulo: Saraiva, 2007, p. 28-29. v. 20.

[40] "DIREITO INTERNACIONAL PRIVADO. ART. 10, PARÁG. 2, DO CÓDIGO CIVIL. CONDIÇÃO DE HERDEIRO. CAPACIDADE DE SUCEDER. LEI APLICÁVEL. CAPACIDADE PARA SUCEDER NÃO SE CONFUNDE COM QUALIDADE DE HERDEIRO.

Esta tem a ver com a ordem da vocação hereditária que consiste no fato de pertencer a pessoa que se apresenta como herdeiro a uma das categorias que, de um modo geral, são chamadas pela lei à sucessão, por isso haverá de ser aferida pela mesma lei competente para reger a sucessão do morto que, no Brasil, 'obedece à lei do país em que era domiciliado o defunto' (art. 10, *caput*, da LICC).

Resolvida a questão prejudicial de que determinada pessoa, segundo o domicílio que tinha o *de cujus*, é herdeira, cabe examinar se a pessoa indicada é capaz ou incapaz para receber a herança, solução que é fornecida pela lei do domicílio do herdeiro (art. 10, parág. 2, da LICC).

Recurso conhecido e provido" (STJ, REsp 61.434/SP, Rel. Min. Cesar Asfor Rocha, 4.ª Turma, j. 17-6-1997, *DJ*, 8-9-1997, p. 42507).

Embora se extrapolem os limites desta obra, vale destacar que diversas podem ser as questões daí suscitadas, especialmente quanto à determinação da lei material cabível quando esta envolver algum elemento estrangeiro (domicílio do *de cujus* ou dos herdeiros fora do país, testamento elaborado fora do Brasil etc.).

4.5. Princípio da temporariedade

Outro importante princípio próprio do Direito das Sucessões é o da "*Temporariedade*".

Consiste ele no postulado, insculpido no art. 1.787 do CC/2002, de que regula "*a sucessão e a legitimação para suceder a lei vigente ao tempo da abertura daquela*".

Trata-se de regra já consagrada no sistema codificado nacional, com amplo reconhecimento jurisprudencial[41], também positivada na sistemática anterior[42].

O fundamento da regra está calcado na segurança das relações jurídicas consolidadas no momento da abertura da sucessão, até mesmo pelo já explicado princípio do *Droit de Saisine*[43]. Tal temática encontra respaldo constitucional na previsão contida no art. 5.º, XXXVI, da CF, de que "*a lei não prejudicará o direito adquirido, o ato jurídico perfeito e a coisa julgada*".

É preciso ter em mente que a lógica do sistema é de que toda a transferência patrimonial se deu *ipso facto* da morte, regra básica de direito material.

Assim, eventual demora no ajuizamento, com a modificação da disciplina jurídica *a posteriori*, não teria o condão de modificar tais situações, com aplicação retroativa.

Seguindo essa linha de raciocínio, regras hoje criticáveis, mas vigentes ao tempo da morte, poderiam ser aplicadas, como, por exemplo, o tratamento diferenciado de filhos (ilegítimos[44], adotivos[45] etc.) ou da(o) companheira(o) em face do cônjuge.

---

41 "APLICAÇÃO DA LEI N 4.121 DE 27 DE AGOSTO DE 1962. NÃO TÊM EFEITO RETROATIVO, AS SUCESSÕES ABERTAS ANTES DA SUA VIGÊNCIA. NÃO CONHECIMENTO DO RECURSO" (STF, RE 60230, Rel. Min. Themístocles Cavalcanti, 2.ª Turma, j. 20-11-1968, *DJ*, 27-12-1968).

42 No CC/1916: "Art. 1.577. A capacidade para suceder é a do tempo da abertura da sucessão, que se regulará conforme a lei então em vigor".

43 Confira-se, novamente, o subtópico 4.1 ("Princípio da *Saisine*") deste capítulo.

44 "AÇÃO DE INVESTIGAÇÃO DE PATERNIDADE E PETIÇÃO DE HERANÇA. A Lei n. 883, de 1949, não se aplica a sucessões já encerradas com a partilha dos bens do *de cujus* investigado entre seus herdeiros legítimos. Recurso Extraordinário conhecido e desprovido" (STF, RE 40817, Rel. Min. Henrique D'Avila, 1.ª Turma, j. 29-10-1959, *DJ*, 16-1-1960).

45 "EMENTA: DIREITO DAS SUCESSÕES. FILHOS ADOTIVOS. PRETENDIDA HABILITAÇÃO NA QUALIDADE DE HERDEIROS DOS *DE CUJUS*. INDEFERIMENTO

Nesse diapasão, o próprio novo Código Civil brasileiro estabeleceu expressamente tal premissa, na parte referente às suas regras de transição, conforme se verifica do art. 2.041, a saber:

"Art. 2.041. As disposições deste Código relativas à ordem da vocação hereditária (arts. 1.829 a 1.844) não se aplicam à sucessão aberta antes de sua vigência, prevalecendo o disposto na lei anterior (Lei n. 3.071, de 1.º de janeiro de 1916)".

Como se vê, o dispositivo afirma peremptoriamente o princípio aqui discutido, admitindo a ultratividade[46] das normas do Código Civil brasileiro de 1916, com aplicação posterior à sua revogação, visto que vinculadas a fatos ocorridos ainda quando de sua vigência.

4.6. Princípio do respeito à vontade manifestada

Por fim, colacionamos, como último elemento da principiologia própria do Direito das Sucessões, o princípio do respeito à vontade manifestada do falecido, conhecido como "*favor testamenti*".

Trata-se de um dos mais importantes princípios neste campo.

Com efeito, o sentido de admitir a produção de efeitos *post mortem* em relação a determinado patrimônio está justamente no respeito à manifestação da declaração de vontade do seu titular originário.

Percebe-se que a própria lógica da disciplina do Direito Sucessório é, em sede de testamento, a regulação de efeitos para quando o titular dos direitos não estiver mais presente.

Tal princípio deve prevalecer, inclusive, no caso de simples irregularidades testamentárias formais[47] ou de modificações supervenientes de situação

---

CALCADO NO FATO DE A ABERTURA DA SUCESSÃO HAVER OCORRIDO ANTES DO ADVENTO DA NOVA CARTA, QUE ELIMINOU O TRATAMENTO JURÍDICO DIFERENCIADO ENTRE FILHOS LEGÍTIMOS E FILHOS ADOTIVOS, PARA FINS SUCESSÓRIOS. ALEGADA OFENSA AO PRINCÍPIO DA ISONOMIA E AO ART. 227, § 6.º, DA CONSTITUIÇÃO. Inconstitucionalidade inexistente. A sucessão regula-se por lei vigente à data de sua abertura, não se aplicando a sucessões verificadas antes do seu advento a norma do art. 227, § 6.º, da Carta de 1988, que eliminou a distinção, até então estabelecida pelo Código Civil (art. 1.605 e § 2.º), entre filhos legítimos e filhos adotivos, para esse efeito. Discriminação que, de resto, se assentava em situações desiguais, não afetando, portanto, o princípio da isonomia. Recurso não conhecido" (STF, RE 163167, Rel. Min. Ilmar Galvão, 1.ª Turma, j. 5-8-1997, *DJ*, 31-10-1997).

[46] Sobre o tema da ultratividade, confira-se o subtópico 3.3 ("Aplicação Temporal de Normas") do Capítulo III ("Lei de Introdução às Normas do Direito Brasileiro") do v. I ("Parte Geral") desta coleção.

[47] "DIREITO DAS SUCESSÕES. RECURSO ESPECIAL. PACTO ANTENUPCIAL. SEPARAÇÃO DE BENS. MORTE DO VARÃO. VIGÊNCIA DO NOVO CÓDIGO CIVIL.

de fato[48], se for possível verificar, inequivocamente, qual era a intenção do testador[49].

ATO JURÍDICO PERFEITO. CÔNJUGE SOBREVIVENTE. HERDEIRO NECESSÁRIO. INTERPRETAÇÃO SISTEMÁTICA.

1. O pacto antenupcial firmado sob a égide do Código de 1916 constitui ato jurídico perfeito, devendo ser respeitados os atos que o sucedem, sob pena de maltrato aos princípios da autonomia da vontade e da boa-fé objetiva.

2. Por outro lado, ainda que afastada a discussão acerca de direito intertemporal e submetida a questão à regulamentação do novo Código Civil, prevalece a vontade do testador. Com efeito, a interpretação sistemática do *Codex* autoriza conclusão no sentido de que o cônjuge sobrevivente, nas hipóteses de separação convencional de bens, não pode ser admitido como herdeiro necessário.

3. Recurso conhecido e provido" (STJ, REsp 1111095/RJ, Rel. Min. Carlos Fernando Mathias (Juiz Federal convocado do TRF 1.ª Região), Rel. p/ acórdão Min. Fernando Gonçalves, 4.ª Turma, j. 1.º-10-2009, *DJe*, 11-2-2010).

[48] "LEGADO. FIEL CUMPRIMENTO DA CLÁUSULA TESTAMENTÁRIA. ARTIGO 1.690 DO CÓDIGO CIVIL. Consistindo o legado em um determinado apartamento, ou no "dinheiro equivalente", a pretensão do legatário, nos termos do artigo 1.690 do Código Civil, é a entrega do imóvel ou de seu valor atualizado ao momento do cumprimento da disposição de última vontade. Postergada por anos a entrega do legado, a pesquisa do "equivalente", através de reavaliações atualizadas, é exigível pelo legatário. Recurso Especial conhecido e provido" (STJ, 4.ª Turma, REsp 11.883/SP, Recurso Especial 1991/0011951-2, Rel. Min. Athos Carneiro, j. 29-4-1992, *DJ*, 25-5-1992, p. 7400).

[49] "CIVIL. TESTAMENTO PÚBLICO. VÍCIOS FORMAIS QUE NÃO COMPROMETEM A HIGIDEZ DO ATO OU PÕEM EM DÚVIDA A VONTADE DA TESTADORA. NULIDADE AFASTADA. SÚMULA N. 7-STJ.

I. Inclina-se a jurisprudência do STJ pelo aproveitamento do testamento quando, não obstante a existência de certos vícios formais, a essência do ato se mantém íntegra, reconhecida pelo Tribunal estadual, soberano no exame da prova, a fidelidade da manifestação de vontade da testadora, sua capacidade mental e livre expressão.

II. 'A pretensão de simples reexame de prova não enseja recurso especial' (Súmula n. 7/STJ).

III. Recurso especial não conhecido" (STJ, REsp 600.746/PR, Rel. Min. Aldir Passarinho Junior, 4.ª Turma, j. 20-5-2010, *DJe*, 15-6-2010).

Capítulo III
Disposições Gerais sobre a Sucessão

Sumário: 1. Introdução. 2. Analisando criticamente a positivação brasileira do Direito das Sucessões. 3. Noções gerais sobre sucessões no Brasil. 4. A natureza dos interesses objeto da sucessão hereditária. 4.1. Da suposta sucessão em interesses jurídicos morais. 4.2. Da "sucessão" de pessoas jurídicas. 5. A confusa disciplina jurídica da sucessão pelo(a) companheiro(a).

1. INTRODUÇÃO

Abrimos o presente capítulo, sob o título de "*Disposições Gerais sobre a Sucessão*", com uma ideia fixa.

A sua finalidade é tecer algumas considerações gerais sobre o Direito das Sucessões que, eventualmente, ainda não tenham sido enfrentadas nos capítulos anteriores, arrematando, com isso, a parte introdutória.

Isso porque, conforme verificaremos, a disciplina normativa brasileira sobre a matéria não prima por uma boa sistematização, sendo necessário um conhecimento abrangente da legislação codificada e complementar, para a sua devida compreensão.

Por isso mesmo, antes de enfrentarmos todas as intrincadas questões teóricas e pragmáticas sobre o tema, parece-nos relevante fazer algumas observações críticas sobre a positivação brasileira do Direito das Sucessões.

É o que faremos no próximo tópico.

2. ANALISANDO CRITICAMENTE A POSITIVAÇÃO BRASILEIRA DO DIREITO DAS SUCESSÕES

Como já se afirmou, o Direito das Sucessões está intimamente ligado ao estudo do direito de propriedade.

Da mesma maneira, é evidente a sua conexão com o Direito das Obrigações, que disciplina as relações patrimoniais entre credores e devedores.

Note-se que tanto os direitos reais quanto os obrigacionais estão firmemente consolidados há séculos, sendo pouco afetos às injunções ideológicas, frutos naturais de ramos com maior influência das inovações sociais.

Como se pode observar, as vinculações taxionômicas tenderiam à formação de um ramo especializado bastante rígido, com uma sistematização estrita e pouco receptiva a modificações.

Todavia, essa é uma conclusão equivocada, de fato, pois a forte influência das relações familiares[1], profundamente suscetíveis a rearranjos e novas modalidades de composições, faz com que haja, ainda, uma evidente dificuldade na compreensão da disciplina das questões sucessórias na contemporaneidade.

Com efeito, a valorização do afeto como base da composição familiar, com repercussão jurídica, fez com que temas como a união estável, o concubinato, o poliamorismo, a união homoafetiva e a necessária isonomia entre os filhos gerasse e continue gerando novos prismas para se visualizar o sistema sucessório brasileiro.

A par disso, a existência de normas complementares e paralelas (anteriores ou supervenientes) à codificação civil (tanto a de 1916 quanto a vigente de 2002) faz com que, com frequência, o magistério do Direito das Sucessões não possa se limitar ao estudo exclusivo da disciplina positivada no Código Civil brasileiro, o qual, muitas vezes, não segue uma linha lógica.

Daí, temas como administração da herança, sua aceitação ou renúncia, para serem bem assimilados, exigem uma macrovisão de toda a legislação.

Da mesma forma, uma análise crítica da legislação positivada impõe reconhecer que há uma profunda "assistematização" no texto codificado, que deveria ser sinceramente repensado e reorganizado.

Com efeito, temas como indignidade e deserdação, que são modalidades de exclusão sucessória, são tratados na vigente codificação civil brasileira em momentos distintos, quando um maior rigor técnico imporia a sua reunião[2], para a devida compreensão.

No mesmo diapasão, questões relacionadas à modificação superveniente do destinatário da herança ou legado, intimamente ligadas com o Princípio da Vontade Manifestada, a exemplo do direito de acrescer entre herdeiros e legatários, bem como a redução das disposições testamentárias, são tratadas em momentos absolutamente distintos no Código, topologicamente distantes, quando têm, em essência, a mesma *ratio*[3].

Isso sem falar da confusa disciplina legal brasileira sobre capacidade sucessória, que será objeto de tópico específico neste capítulo[4], com o fito de diagnos-

---

[1] Note-se, inclusive, que, com constante frequência nos cursos de graduação e pós-graduação em Direito, a matéria "Direito das Sucessões" é ensinada conjuntamente ou em sequência ao estudo da disciplina das relações de família.

[2] Confira-se o Capítulo VIII ("Excluídos da Sucessão") deste volume.

[3] Confira-se o Capítulo XIX ("Direito de Acrescer e Redução das Disposições Testamentárias") deste volume.

[4] Confira-se o tópico 5 ("A Confusa Disciplina Jurídica da Sucessão pelo(a) Companheiro(a)") deste capítulo.

ticar tal complexa situação, antes de se enfrentarem as minúcias dos temas da vocação hereditária e da sucessão legítima, tratados em capítulos autônomos[5].

Tudo isso foi exposto para situar o nosso leitor acerca da complexa imprecisão legislativa, que faz com que uma simples leitura sequenciada do texto codificado não permita, de pronto, uma adequada compreensão da matéria.

3. NOÇÕES GERAIS SOBRE SUCESSÕES NO BRASIL

O vigente Código Civil abre o seu último Livro da Parte Especial[6], inteiramente dedicado ao "Direito das Sucessões" (arts. 1.784 a 2.027 do CC/2002), com o Título I ("Da Sucessão em Geral"), introduzindo-o com o Capítulo I, que trata de "Disposições Gerais", muitas delas já trabalhadas neste livro.

Neste volume, por óbvio, trataremos de todas as disposições sobre Sucessões.

Todavia, algumas noções fundamentais devem ser explicitadas.

Na forma do art. 1.786 do CC/2002, a "sucessão dá-se por lei ou por disposição de última vontade".

A mudança na ordem dos fundamentos jurídicos da sucessão (na codificação anterior, falava-se, primeiramente, em disposição de última vontade, para depois falar da lei), ainda que possa ser considerada "cosmética", revela a consciência do legislador de que, de fato, no Brasil, ainda não há uma cultura disseminada da prática testamentária, estando os efeitos do fato jurídico da morte normalmente disciplinados pela norma legal, e não pela autonomia privada.

Por isso, merece destaque a regra do art. 1.788 do CC/2002:

> "Art. 1.788. Morrendo a pessoa sem testamento, transmite a herança aos herdeiros legítimos; o mesmo ocorrerá quanto aos bens que não forem compreendidos no testamento; e subsiste a sucessão legítima se o testamento caducar, ou for julgado nulo".

A concepção do texto legal é no sentido de que a regra é, sem dúvida, a transmissão *ipso facto* da herança com a morte do seu autor, aplicando-se o já conhecido princípio da *Saisine*[7].

---

[5] Confiram-se os Capítulos VII ("Vocação Hereditária") e XI ("Sucessão Legítima") deste volume.

[6] A saber, o Livro V, sendo os quatro anteriores reservados ao "Direito das Obrigações" (I), "Direito de Empresa" (II), "Direito das Coisas" (III) e "Direito de Família" (IV), havendo, ainda, o livro complementar, que trata das disposições finais e transitórias.

[7] Releia-se o tópico 4.1 ("Princípio da *Saisine*") do Capítulo II ("Principiologia do Direito das Sucessões") deste volume.

Inexistindo testamento ou, ainda que existente, operando-se a impossibilidade de produção de seus efeitos (seja pela caducidade ou invalidade[8]), bem como se for incompleto (ou seja, quando não abranger a totalidade do acervo do *de cujus*), prevalecerá a herança legítima, segundo as regras da vocação hereditária[9].

Vale destacar, porém, que a disposição testamentária sofre restrições quanto à sua abrangência.

De fato, na forma do art. 1.789 do CC/2002, "*havendo herdeiros necessários, o testador só poderá dispor da metade da herança*".

Trata-se da reserva da legítima, tema que será aprofundado em capítulo posterior[10].

Antes, porém, de tratarmos do tema final das disposições gerais sobre sucessão, a saber, a confusa participação do(a) companheiro(a) na sucessão do outro sobrevivente, vale a pena tecer algumas considerações acerca da natureza dos interesses jurídicos que são objeto de sucessão hereditária.

Vamos a eles.

4. A NATUREZA DOS INTERESSES OBJETO DA SUCESSÃO HEREDITÁRIA

Conforme vimos em tópico anterior[11], o Direito das Sucessões é o conjunto de normas que disciplina a transferência patrimonial de uma pessoa, em função de sua morte.

A natureza dos interesses objeto da sucessão hereditária é, portanto, de cunho eminentemente patrimonial, atinente à pessoa física.

Outro aspecto a se considerar, ainda na investigação dessa natureza jurídica, é o sentido da palavra "sucessão".

De fato, a etimologia da palavra suceder vem do latim "*succedere*", vir depois.

Em um sentido jurídico amplo, suceder pode ser compreendido como a substituição de um sujeito ou objeto da relação jurídica (o vínculo, por óbvio, nunca admite substituição), matéria que é tratada, normalmente, no Direito das Obrigações e das Coisas, estudadas, respectivamente, sob o nome de sub-rogação pessoal ou de sub-rogação real[12].

---

[8] Confira-se o Capítulo XIII ("Sucessão Testamentária") deste volume.

[9] Confira-se o Capítulo VII ("Vocação Hereditária") deste volume.

[10] Confira-se o Capítulo XI ("Sucessão Legítima") deste volume.

[11] Confira-se o tópico 2 ("Compreensão do Direito Sucessório: Conceito e Fundamentação Jurídico-Ideológica") do Capítulo I ("Introdução ao Direito das Sucessões") do presente volume.

[12] Para aprofundamento do tema, confira-se o Capítulo XI ("Pagamento com Sub-rogação") do v. II ("Obrigações") desta coleção.

Em uma concepção estrita, porém, que é a trabalhada neste livro, o vocábulo significa a sub-rogação pessoal do titular de um patrimônio pelos seus sucessores, em virtude de sua morte.

Mas e o "patrimônio moral"? Não seria ele também objeto do Direito das Sucessões?

Elucidaremos a questão no próximo tópico.

4.1. Da suposta sucessão em interesses jurídicos morais

Uma questão comumente suscitada em sala de aula diz respeito à possibilidade de sucessão em interesses jurídicos não patrimoniais.

Com efeito, afirmamos peremptoriamente que, na concepção do patrimônio transmitido *mortis causa*, não se incluem os direitos da personalidade do morto.

Todavia, há dispositivo no texto codificado que, potencialmente, enseja interpretação em sentido contrário do aqui exposto, o que pretendemos desmistificar.

Trata-se do art. 12 do vigente Código Civil brasileiro, sem equivalente na codificação anterior, que preceitua:

> "Art. 12. Pode-se exigir que cesse a ameaça, ou a lesão, a direito da personalidade, e reclamar perdas e danos, sem prejuízo de outras sanções previstas em lei.
>
> Parágrafo único. Em se tratando de morto, terá legitimação para requerer a medida prevista neste artigo o cônjuge sobrevivente, ou qualquer parente em linha reta, ou colateral até o quarto grau".

Da mesma forma, preceito semelhante é estabelecido pelo art. 20, também sem correspondente no sistema anterior:

> "Art. 20. Salvo se autorizadas, ou se necessárias à administração da justiça ou à manutenção da ordem pública, a divulgação de escritos, a transmissão da palavra, ou a publicação, a exposição ou a utilização da imagem de uma pessoa poderão ser proibidas, a seu requerimento e sem prejuízo da indenização que couber, se lhe atingirem a honra, a boa fama ou a respeitabilidade, ou se se destinarem a fins comerciais.
>
> Parágrafo único. Em se tratando de morto ou de ausente, são partes legítimas para requerer essa proteção o cônjuge, os ascendentes ou os descendentes".

Como interpretar tal prerrogativa legal, se a personalidade jurídica da pessoa humana extingue-se com o seu falecimento (art. 6.º do CC/2002) e os direitos da personalidade são intransmissíveis (art. 11 do CC/2002; sem correspondente na legislação anterior)?

É que a lei civil, acertadamente, parte da premissa de que, quando a memória do morto é atingida, diretamente, pela prática de certos atos, a ofensa acaba por resvalar, indiretamente, na esfera existencial dos seus próprios parentes.

E é o direito desses parentes que o mencionado dispositivo legal visa a resguardar.

Assim, há apenas uma aparente sucessão de direitos morais, pois, o que ocorre, de fato, é a lesão a um direito reflexo[13] do sucessor, subsumível na categoria do dano em ricochete[14].

Nessa linha, a ordem de sucessão legítima (art. 1.829 do CC/2002)[15] não se deve aplicar ao caso, já que se trata de legitimidade para pleitear a proteção de direito próprio.

4.2. Da "sucessão" de pessoas jurídicas

Outro questionamento comum diz respeito à aplicação do Direito Sucessório às pessoas jurídicas.

Quanto à possibilidade de ser destinatária de uma massa patrimonial, não há dúvidas de que tal hipótese é aceita.

Tal tema, aliás, a vocação hereditária das pessoas jurídicas, será abordado em capítulo próprio, ao qual remetemos o nosso leitor[16].

---

[13] Sobre o tema, confira-se o tópico 4 ("Dano Reflexo ou em Ricochete") do Capítulo V ("O Dano") do v. III ("Responsabilidade Civil") desta coleção.

[14] "AÇÃO DE INDENIZAÇÃO POR DANOS MORAIS — USO DE IMAGEM DE PESSOA MORTA — DANO POR RICOCHETE — DIVULGAÇÃO SEM AUTORIZAÇÃO — UTILIZAÇÃO MERAMENTE INFORMATIVA — AUSÊNCIA DE DANO — INDENIZAÇÃO INDEVIDA — RECURSO IMPROVIDO. — Os direitos da personalidade estão vinculados, inexoravelmente, à própria pessoa humana, razão pela qual são tachados de intransmissíveis. Conquanto essa premissa seja absolutamente verdadeira, os bens jurídicos protegidos por essa plêiade de direitos compreendem aspectos da pessoa vista em si mesma, como também em suas projeções e prolongamentos. — A pessoa viva, portanto, pode defender — até porque dito interesse integra a própria personalidade — os direitos da personalidade da pessoa morta, desde que tenha legitimidade para tanto. Tal possibilidade resulta nas consequências negativas que, porventura, o uso ilegítimo da imagem do parente pode provocar a si e ao núcleo familiar ao qual pertence, porquanto atinge a pessoa de forma reflexa. É o que a doutrina, modernamente, chama de dano moral indireto ou dano moral por ricochete. — O uso de imagem feito de forma ofensiva, ridícula ou vexatória impõe o dever de indenizar por supostos danos morais. Quando, ao contrário, a imagem captada enaltecer a pessoa retratada, não há como se falar em dano moral" (TJMG, Ap. Cív. 1.0701.02.015275-0/001 — Numeração Única: 0152750-16.2002.8.13.0701 — Comarca de Uberaba — Apelante(s): Luiz Renato Oliveira Gomes — Apelado(a)(s): Fahim Miguel Sawan — Rel. Exmo. Sr. Des. Fabio Maia Viani).

[15] Confira-se o Capítulo XI ("Sucessão Legítima") deste volume.

[16] Confira-se o subtópico 4.2 ("Pessoas Jurídicas") do Capítulo VII ("Vocação Hereditária") deste volume.

Todavia, pergunta-se: as regras hereditárias podem ser aplicadas na extinção da pessoa jurídica?

A resposta é, definitivamente, negativa.

A regra da extinção das pessoas jurídicas, como já dissertamos em momento anterior[17], tem estrutura compatível com a sua natureza abstrata peculiar.

O fenômeno mais parecido com a sucessão *mortis causa* da pessoa física, em relação à pessoa jurídica, é, sem dúvida, o instituto jurídico da sucessão de empregadores (sucessão empresarial), prevista nos arts. 10 e 448 da Consolidação das Leis do Trabalho[18], que pode ser decorrente, por sua vez, de diversos negócios jurídicos interempresariais, como fusão, cisão ou incorporação de empresas.

Trata-se, verdadeiramente, de uma operação jurídica de cessão contratual, por força de lei, com assunção de obrigações e cessão de ativos[19], estando, sua semelhança, apenas na expressão consagrada pelo uso ("sucessão", ainda que empresarial) e pelo fato de, muitas vezes, haver a extinção da personalidade jurídica da sucedida, o que, por sua vez, não é indispensável.

Para arrematar este capítulo introdutório, é recomendável fazermos referência à disciplina da sucessão do(a) companheiro(a) na vigente codificação brasileira.

É o tema do derradeiro tópico, a seguir.

5. A CONFUSA DISCIPLINA JURÍDICA DA SUCESSÃO PELO(A) COMPANHEIRO(A)

Parece-nos relevante, em um capítulo que trata das "disposições gerais sobre a sucessão", trazer à luz uma visão crítica sobre a confusa disciplina que foi apresentada com o Código Civil de 2002 acerca da "sucessão pelo(a) companheiro(a)".

E a expressão é esta mesmo: "confusa".

---

[17] Sobre o tema, confira-se o tópico 10 ("Extinção da Pessoa Jurídica") do Capítulo VI ("Pessoa Jurídica") do v. I ("Parte Geral") desta coleção.

[18] Consolidação das Leis do Trabalho:

"Art. 10. Qualquer alteração na estrutura jurídica da empresa não afetará os direitos adquiridos por seus empregados.

(...)

Art. 448. A mudança na propriedade ou na estrutura jurídica da empresa não afetará os contratos de trabalho dos respectivos empregados".

[19] Para um aprofundamento sobre o tema, em uma perspectiva da disciplina das relações civis, confira-se o subtópico 4.1 ("Cessão do Contrato de Trabalho") do Capítulo XX ("Transmissão das Obrigações: cessão de crédito, cessão de débito (assunção de dívida) e cessão de contrato") do v. II ("Obrigações") desta coleção.

Isso se dá pela circunstância de o legislador, ao tentar disciplinar a matéria no texto original do Código Civil de 2002, haver resolvido inserir o regramento da capacidade sucessória do(a) companheiro(a) — de maneira formalmente atécnica e topologicamente equivocada — na parte das "Disposições Gerais" do Livro Sucessório.

Note-se que a matéria é típica da regulamentação da sucessão legítima, e não da parte introdutória, o que talvez infira um preconceito sub-reptício em face da união estável.

Assim, no presente item, pretendemos apenas fazer algumas reflexões históricas acerca da sucessão do(a) companheiro(a) na vigente codificação brasileira.

As considerações serão, todavia, apenas introdutórias, pois a matéria será objeto de minudente apreciação em capítulo próprio[20], no tema que lhe é efetivamente pertinente.

Adiante-se, porém, que o reconhecimento da possibilidade de sucessão pelo(a) companheiro(a) não é uma inovação do Código Civil brasileiro de 2002.

De fato, anteriormente ao texto constitucional de 1988, quando a influência de determinada ideologia acabava por restringir uma tutela jurídica positivada de relações afetivas não matrimonializadas, foi a jurisprudência[21], em atitude *praeter legem*, que garantiu, paulatinamente, direitos aos conviventes, inclusive, com base na Lei n. 6.858/80[22], a condição de dependentes, pelo menos para créditos de natureza previdenciária, bem como para valores de menor monta.

Foi a Constituição Federal de 1988, porém, que reconstruiu juridicamente o sistema, reconhecendo a união estável como modalidade familiar, o que passou a influenciar a legislação infraconstitucional posterior.

Nessa esteira, no campo sucessório, a partir da década de 1990, passou a ter o(a) companheiro(a) uma proteção legal até então inexistente.

A Lei n. 8.971, de 29 de dezembro de 1994, quanto ao regime de bens, garantiu ao convivente a meação dos bens comuns para os quais tenha contribuído para a aquisição, de forma direta ou indireta, ainda que em nome exclusivo do falecido (art. 3.º), bem como estabeleceu o direito ao usufruto de parte dos bens transmissíveis, além de incluir o companheiro sobrevivente na terceira ordem da vocação hereditária (art. 2.º.).

---

[20] Confira-se o Capítulo XI ("Sucessão Legítima") deste volume.

[21] Sobre o tema da União Estável, em geral, confira-se o Capítulo XIX ("União Estável") do v. 6 ("Direito de Família") desta coleção.

[22] Lei n. 6.858, de 24 de novembro de 1980 (dispõe sobre o Pagamento, aos Dependentes ou Sucessores, de Valores Não Recebidos em Vida pelos Respectivos Titulares).

Já a Lei n. 9.278/96, em seu art. 7.º, parágrafo único, garantiu o direito real de habitação ao companheiro sobrevivente, enquanto vivesse ou não constituísse nova união ou casamento, em relação ao imóvel destinado à residência familiar.

Assim, o que se esperaria da nova codificação civil era que ela viesse, finalmente, a igualar o tratamento entre o cônjuge e o companheiro, evitando qualquer alegação de tratamento discriminatório.

Ledo engano.

Com efeito, o texto original do projeto do Código Civil brasileiro nada previa sobre o tema.

Até mesmo pela necessidade de uma suposta adequação ao novo texto constitucional, foi acrescido ao Capítulo I do Título I do Livro V, quando da aprovação do projeto pelo Senado Federal, um artigo que não constava do Projeto de 1975, por força da Emenda 358.

O projeto, finalmente aprovado, modificou o texto original, gerando o que consideramos uma deformidade no sistema, a saber, o art. 1.790 do CC/2002, que teve a seguinte redação final:

> "Art. 1.790. A companheira ou o companheiro participará da sucessão do outro, quanto aos bens adquiridos onerosamente na vigência da união estável, nas condições seguintes:
>
> I — se concorrer com filhos comuns, terá direito a uma quota equivalente à que por lei for atribuída ao filho;
>
> II — se concorrer com descendentes só do autor da herança, tocar-lhe-á a metade do que couber a cada um daqueles;
>
> III — se concorrer com outros parentes sucessíveis, terá direito a um terço da herança;
>
> IV — não havendo parentes sucessíveis, terá direito à totalidade da herança"[23].

---

[23] Não há equivalente específico na codificação anterior. A norma correspondente no antigo sistema é o art. 2.º da Lei n. 8.971/94, que estabeleceu:

"Art. 2.º As pessoas referidas no artigo anterior participarão da sucessão do(a) companheiro(a) nas seguintes condições:

I — o(a) companheiro(a) sobrevivente terá direito enquanto não constituir nova união, ao usufruto de quarta parte dos bens do *de cujus*, se houver filhos ou comuns;

II — o(a) companheiro(a) sobrevivente terá direito, enquanto não constituir nova união, ao usufruto da metade dos bens do *de cujus*, se não houver filhos, embora sobrevivam ascendentes;

III — na falta de descendentes e de ascendentes, o(a) companheiro(a) sobrevivente terá direito à totalidade da herança".

Sobre o tema, confira-se o testemunho abalizado de GISELDA MARIA FERNANDES NOVAES HIRONAKA:

> "O Anteprojeto de Código Civil elaborado em 1972 e o Projeto apresentado para discussão em 1975 e aprovado na Câmara dos Deputados em 1984 não previam qualquer regra relativamente à sucessão de pessoas ligadas entre si apenas pelos laços do afeto. Foi o Senador Nélson Carneiro, em sua incessante luta pela modernização das relações familiares brasileiras, quem apresentou aquela Emenda 358, antes referida, no sentido de garantir direitos sucessórios aos conviventes. Como lembra Zeno Veloso[24], a emenda foi claramente inspirada no Projeto de Código Civil elaborado por Orlando Gomes nos idos da década de 60 do século XX, antes, portanto, da igualdade constitucionalmente garantida. Bem por isso, o artigo em que resultou, este, de número 1.790, é de cariz retrógrado referentemente à legislação anteriormente sumariada, da década de 1990 do século XX"[25].

De fato, cuidava-se de tratamento demeritório da união estável em face do matrimônio, com uma disciplina que a desprestigiava como forma de relação afetiva, evidenciando a sua inconstitucionalidade.

Ademais, o dispositivo também era muito mal pensado, uma vez que não previa a situação cada vez mais corriqueira de haver filhos comuns em concorrência com exclusivos.

E, no final das contas, abstraída — ao menos nesse momento — a discussão sobre a sua constitucionalidade, ter-se-ia, de fato, uma confusa disciplina legal, que chegaria ao cúmulo de permitir que um colateral do falecido (um primo, por exemplo) tivesse mais direitos sucessórios do que a própria viúva na união estável.

Isso remonta ao fato, inclusive, de haver sido estabelecido originalmente um regramento materialmente diferenciado ao trato da legítima entre cônjuge e companheiro(a), conforme se verificará, em momento próprio[26], no estudo confrontado do já mencionado art. 1.790 do CC/2002 com os importantes arts. 1.829, 1.832 e 1.837 do CC/2002.

Todavia, para que nosso leitor não fique ainda mais perplexo com tal estranha disciplina normativa, registramos, desde já, que, por força da decisão

[24] Zeno Veloso, Do Direito Sucessório dos companheiros, in *Direito de Família e o Novo Código Civil*, coord. Maria Berenice Dias e Rodrigo da Cunha Pereira, Belo Horizonte: Del Rey, 2005, p. 233.

[25] Giselda Maria Fernandes Novaes Hironaka, *Comentários ao Código Civil — parte especial: do direito das sucessões* (arts. 1.784 a 1.856), coord. Antônio Junqueira de Azevedo, 2. ed. rev., São Paulo: Saraiva, 2007, p. 55-56. v. 20.

[26] Confira-se o Capítulo XI ("Sucessão Legítima") deste volume.

proferida no julgamento dos Recursos Extraordinários (REs) 646.721 e 878.694, ambos com repercussão geral reconhecida, foi aprovada a seguinte tese: "No sistema constitucional vigente é inconstitucional a diferenciação de regime sucessório entre cônjuges e companheiros devendo ser aplicado em ambos os casos o regime estabelecido no artigo 1.829 do Código Civil"[27].

Embora não haja menção expressa, na tese firmada, se o(a) companheiro(a) se tornou herdeiro necessário, parece-nos que essa será a conclusão lógica a se tomar a partir daí[28].

A matéria é, todavia, ainda, muito controvertida[29].

Muito melhor seria, porém, que, para efeito de segurança jurídica, a matéria passasse a ser regulada expressamente por norma legal, evitando a *via crucis* da discussão em processos judiciais.

---

[27] "Na publicação do acórdão foi mantida a modulação dos efeitos reconhecida em 2016, sem qualquer ressalva, apesar de debates no julgamento final. Conforme o voto do Ministro Barroso, 'é importante observar que o tema possui enorme repercussão na sociedade, em virtude da multiplicidade de sucessões de companheiros ocorridas desde o advento do CC/2002. Assim, levando-se em consideração o fato de que as partilhas judiciais e extrajudiciais que versam sobre as referidas sucessões encontram-se em diferentes estágios de desenvolvimento (muitas já finalizadas sob as regras antigas), entendo ser recomendável modular os efeitos da aplicação do entendimento ora afirmado. Assim, com o intuito de reduzir a insegurança jurídica, entendo que a solução ora alcançada deve ser aplicada apenas aos processos judiciais em que ainda não tenha havido trânsito em julgado da sentença de partilha, assim como às partilhas extrajudiciais em que ainda não tenha sido lavrada escritura pública' (STF, recurso extraordinário 878.694/MG, relator ministro Luís Roberto Barroso)" (TARTUCE, Flávio. *STF encerra o julgamento sobre a inconstitucionalidade do art. 1.790 do Código Civil. E agora?*. Disponível em: <http://www.migalhas.com.br/FamiliaeSucessoes/104,MI259678,31047-STF+encerra+o+julgamento+sobre+a+inconstitucionalidade+do+art+1790+do>. Acesso em: 25 out. 2017.

[28] Vale conferir, a propósito, no âmbito do Superior Tribunal de Justiça, o Recurso Especial 1.337.420-RS (2012/0162113-5), notadamente o voto do Ministro Luis Felipe Salomão, em que são tecidas profundas considerações sobre os desdobramentos da decisão do Supremo Tribunal Federal, inclusive no que diz respeito à inclusão, ou não, do companheiro no rol de herdeiros necessários disposto no art. 1.845 do Código Civil de 2002.

[29] Mario Luiz Delgado, *Razões pelas quais companheiro não é herdeiro necessário*. Disponível em: <https://www.conjur.com.br/2018-jul-29/processo-familiar-razoes-pelas-quais-companheiro-nao-tornou-herdeiro-necessario>. Acesso em: 22 dez. 2019.

Capítulo IV
Administração da Herança

Sumário: 1. Noções introdutórias. 2. Administração da herança. 3. Responsabilidade do administrador da herança (e do inventariante). 4. Sucessão em bens de estrangeiros.

1. NOÇÕES INTRODUTÓRIAS

O Capítulo II do Título I ("Da Sucessão em Geral") do Livro V, reservado ao "Direito das Sucessões", foi nomeado, no vigente Código Civil brasileiro, como "Da Herança e de sua Administração".

Trata-se, se nos permite novamente uma reflexão crítica, de uma parte da nossa legislação que poderia ter sido mais bem sistematizada, na medida em que reúne, no mesmo capítulo, regras específicas de administração da herança (arts. 1.791, 1.792 e 1.797 do CC/2002) com a disciplina da sua cessão (arts. 1.793 a 1.795 do CC/2002; sem correspondência na codificação anterior), e, bem assim, regras procedimentais próprias relacionadas ao inventário (art. 1.796 do CC/2002).

No esforço de sistematização teórica que aqui propugnamos, cuidaremos, no presente capítulo, da administração propriamente dita da herança, bem como teceremos comentários acerca da sucessão em bens de estrangeiros localizados no território pátrio, matéria evidentemente relacionada ao tema aqui proposto.

Os demais dispositivos do mencionado capítulo do Código Civil brasileiro, por sua vez, serão apreciados no momento próprio dos temas correspondentes[1].

2. ADMINISTRAÇÃO DA HERANÇA

Falecendo o autor da herança, forma-se, em abstrato, uma massa patrimonial cuja titularidade, do ponto de vista ideal, por força do Princípio da

[1] Confiram-se os Capítulos VI ("Cessão de Direitos Hereditários") e XXIII ("Inventário") deste volume.

Saisine[2], passa aos herdeiros, ainda que não se conheça quem eles sejam (e nem mesmo eles saibam que são os sucessores).

Assim, preceitua o art. 1.791 do CC/2002:

> "Art. 1.791. A herança defere-se como um todo unitário, ainda que vários sejam os herdeiros.
>
> Parágrafo único. Até a partilha, o direito dos coerdeiros, quanto à propriedade e posse da herança, será indivisível, e regular-se-á pelas normas relativas ao condomínio"[3].

Dessa forma, com a abertura da sucessão, tem-se a transferência automática da titularidade da massa patrimonial, na expressão codificada, "como um todo unitário", independentemente da manifestação de aceitação (ou eventual renúncia)[4] desse(s) novo(s) titular(es).

Mas a quem cabe administrar o conjunto de bens?

Se é certo que a titularidade é de todos os herdeiros, que recebem a herança como um direito indivisível, em regime regulado pelas regras do condomínio[5], também é lógico que, a alguém, deve ser atribuída a responsabilidade pela direção do patrimônio, até a sua final individualização por cada herdeiro.

Assim, deve o magistrado, no processo de inventário (cujo prazo original para instauração era de trinta dias da abertura da sucessão, na forma do art. 1.796 do CC/2002[6], mas que foi ampliado para 2 meses, por força do art. 611 do CPC/2015[7]), designar inventariante para a administração do espólio,

---

[2] Releia-se o tópico 4.1 ("Princípio da *Saisine*") do Capítulo II ("Principiologia do Direito das Sucessões") deste volume.

[3] O tema do condomínio é objeto de análise pormenorizada no v. V ("Direito das Coisas") desta coleção.

[4] Confira-se o Capítulo V ("Aceitação e Renúncia da Herança") deste volume.

[5] "DIREITO DAS SUCESSÕES. DIREITO DE PREFERÊNCIA. SENDO INDIVISÍVEL O BEM AO QUAL CONCORREM VÁRIOS HERDEIROS, APLICA-SE, EM CASO DE CESSÃO DE QUOTAS HEREDITÁRIAS, A REGRA DO ARTIGO 1.139 DO CÓDIGO CIVIL, SE ALGUM DOS HERDEIROS EXERCER O DIREITO DE PREFERÊNCIA. RECURSO CONHECIDO E PROVIDO" (STJ, RE 112.791, Rel. Min. Carlos Madeira, 2.ª Turma, julgado em 15-9-1987, *DJ* 9-10-1987).

[6] "Art. 1.796. No prazo de trinta dias, a contar da abertura da sucessão, instaurar-se-á inventário do patrimônio hereditário, perante o juízo competente no lugar da sucessão, para fins de liquidação e, quando for o caso, de partilha da herança".

[7] "Art. 611. O processo de inventário e de partilha deve ser instaurado dentro de 2 (dois) meses, a contar da abertura da sucessão, ultimando-se nos 12 (doze) meses subsequentes, podendo o juiz prorrogar esses prazos, de ofício ou a requerimento de parte."

responsável pela sorte de toda a massa patrimonial, com seus créditos e débitos, até sua entrega, definitiva, para o herdeiro correspondente[8].

Tal função é de extrema importância, pois, lamentavelmente, por razões diversas, não se pode fechar os olhos para a realidade, em que se constatam processos de inventário e partilha que duram indefinidamente.

E é justamente com os olhos na realidade que não se pode deixar de enaltecer a previsão do art. 1.797 do CC/2002:

> "Art. 1.797. Até o compromisso do inventariante, a administração da herança caberá, sucessivamente:
>
> I — ao cônjuge ou companheiro, se com o outro convivia ao tempo da abertura da sucessão;
>
> II — ao herdeiro que estiver na posse e administração dos bens, e, se houver mais de um nessas condições, ao mais velho;
>
> III — ao testamenteiro;
>
> IV — a pessoa de confiança do juiz, na falta ou escusa das indicadas nos incisos antecedentes, ou quando tiverem de ser afastadas por motivo grave levado ao conhecimento do juiz".

O sentido do dispositivo legal é prestigiar aquele que, em tese, estará, de fato, na efetiva administração dos bens da herança, no núcleo familiar. Daí a precedência do cônjuge ou companheiro, sucedido pelo herdeiro que estiver na posse e administração dos bens, sendo o critério de maior idade, neste último caso, utilizado para a escolha de um único administrador, caso haja mais de um herdeiro nessas condições.

Somente na ausência destes é que se pensa em delegar a administração ao testamenteiro ou, na forma da previsão do inciso IV, à "pessoa de confiança do juiz, na falta ou escusa das indicadas nos incisos antecedentes, ou quando tiverem de ser afastadas por motivo grave levado ao conhecimento do juiz".

Claro que a referência do texto legal deveria ser quase acadêmica, pois, se provocado o Poder Judiciário, a designação mais natural é logo de um inventariante, e não de um administrador provisório inominado. Entretanto, dificuldades de ordem prática na investigação de quem será o inventariante poderiam aconselhar tal providência excepcional.

---

[8] Sempre lembrando do Princípio *(Non) Ultra Vires Hereditatis*, insculpido no art. 1.792 do CC/2002, *in verbis*: "Art. 1.792. O herdeiro não responde por encargos superiores às forças da herança; incumbe-lhe, porém, a prova do excesso, salvo se houver inventário que a escuse, demonstrando o valor dos bens herdados". Releia-se o tópico 4.2 ("Princípio *(Non) Ultra Vires Hereditatis*") do Capítulo II ("Principiologia do Direito das Sucessões") deste volume.

Observe-se, nesse contexto, que a previsão legal é específica para a *administração provisória* do espólio até a designação do inventariante, a teor do art. 617 do Código de Processo Civil de 2015:

"Art. 617. O juiz nomeará inventariante na seguinte ordem:

I — o cônjuge ou companheiro sobrevivente, desde que estivesse convivendo com o outro ao tempo da morte deste;

II — o herdeiro que se achar na posse e na administração do espólio, se não houver cônjuge ou companheiro sobrevivente ou se estes não puderem ser nomeados;

III — qualquer herdeiro, quando nenhum deles estiver na posse e na administração do espólio;

IV — o herdeiro menor, por seu representante legal;

V — o testamenteiro, se lhe tiver sido confiada a administração do espólio ou se toda a herança estiver distribuída em legados;

VI — o cessionário do herdeiro ou do legatário;

VII — o inventariante judicial, se houver;

VIII — pessoa estranha idônea, quando não houver inventariante judicial.

Parágrafo único. O inventariante, intimado da nomeação, prestará, dentro de 5 (cinco) dias, o compromisso de bem e fielmente desempenhar a função."

E, independentemente das atribuições do inventariante, previstas nos arts. 618 e 619 do Código de Processo Civil de 2015[9], que será objeto de análise em

---

[9] "Art. 618. Incumbe ao inventariante:

I — representar o espólio ativa e passivamente, em juízo ou fora dele, observando-se, quanto ao dativo, o disposto no art. 75, § 1.º;

II — administrar o espólio, velando-lhe os bens com a mesma diligência que teria se seus fossem;

III — prestar as primeiras e as últimas declarações pessoalmente ou por procurador com poderes especiais;

IV — exibir em cartório, a qualquer tempo, para exame das partes, os documentos relativos ao espólio;

V — juntar aos autos certidão do testamento, se houver;

VI — trazer à colação os bens recebidos pelo herdeiro ausente, renunciante ou excluído;

VII — prestar contas de sua gestão ao deixar o cargo ou sempre que o juiz lhe determinar;

VIII — requerer a declaração de insolvência.

Art. 619. Incumbe ainda ao inventariante, ouvidos os interessados e com autorização do juiz:

I — alienar bens de qualquer espécie;

II — transigir em juízo ou fora dele;

capítulo próprio[10], o fato é que tanto o administrador provisório quanto o inventariante devem responder juridicamente pelo espólio, bem como pela prática de atos que possam gerar danos à massa patrimonial.

Mas qual seria a natureza de tal responsabilidade?

É o que enfrentaremos no próximo tópico.

3. RESPONSABILIDADE DO ADMINISTRADOR DA HERANÇA (E DO INVENTARIANTE)

Da abertura da sucessão (óbito do autor da herança) até a definitiva partilha dos bens, têm os herdeiros o que se convencionou chamar de "direito à sucessão aberta".

O patrimônio do falecido, considerado uma massa patrimonial indivisível, de titularidade conjunta de todos os herdeiros, passa a ser chamado de espólio, especialmente para fins processuais.

O espólio não possui personalidade jurídica, mas tem reconhecida a sua capacidade postulatória, na forma consagrada pelo art. 75 do Código de Processo Civil de 2015[11]. Assim, poderá o espólio, através de seu representante

---

III — pagar dívidas do espólio;

IV — fazer as despesas necessárias para a conservação e o melhoramento dos bens do espólio."

[10] Confira-se o Capítulo XXIII ("Inventário") deste volume.

[11] "Art. 75. Serão representados em juízo, ativa e passivamente:

I — a União, pela Advocacia-Geral da União, diretamente ou mediante órgão vinculado;

II — o Estado e o Distrito Federal, por seus procuradores;

III — o Município, por seu prefeito ou procurador;

IV — a autarquia e a fundação de direito público, por quem a lei do ente federado designar;

V — a massa falida, pelo administrador judicial;

VI — a herança jacente ou vacante, por seu curador;

VII — o espólio, pelo inventariante;

VIII — a pessoa jurídica, por quem os respectivos atos constitutivos designarem ou, não havendo essa designação, por seus diretores;

IX — a sociedade e a associação irregulares e outros entes organizados sem personalidade jurídica, pela pessoa a quem couber a administração de seus bens;

X — a pessoa jurídica estrangeira, pelo gerente, representante ou administrador de sua filial, agência ou sucursal aberta ou instalada no Brasil;

XI — o condomínio, pelo administrador ou síndico.

§ 1.º Quando o inventariante for dativo, os sucessores do falecido serão intimados no processo no qual o espólio seja parte.

(provisório, na forma do mencionado art. 1.797, ou definitivo, no caso do inventariante nomeado judicialmente), propor ação em juízo, bem como também ser réu.

Assim, por exemplo, se um imóvel, que era de titularidade do falecido, tenha sido invadido, cabe ao espólio, por seu administrador provisório ou inventariante, ajuizar a ação possessória correspondente.

A nomeação do inventariante somente se dá após a abertura do inventário, com a verificação, pelo magistrado, da legitimidade da pessoa que se propôs a assumir o ônus, múnus público que deve ser exercido com denodo, não podendo ser imotivadamente renunciado[12].

Como vimos, antes da nomeação formal do inventariante, a administração dos bens do espólio cabe aos sujeitos indicados no já transcrito art. 1.797 do CC/2002.

Não havendo inventário, o referido administrador provisório terá o dever de administração dos bens do espólio e, consequentemente, de prestar contas aos interessados.

Mas, após a sua assunção, o inventariante assumirá todos os deveres correspondentes[13].

Ambos têm, portanto, a obrigação de administrar o patrimônio do falecido e, ainda, o dever de promover todo e qualquer ato na defesa do espólio,

---

§ 2.º A sociedade ou associação sem personalidade jurídica não poderá opor a irregularidade de sua constituição quando demandada.

§ 3.º O gerente de filial ou agência presume-se autorizado pela pessoa jurídica estrangeira a receber citação para qualquer processo.

§ 4.º Os Estados e o Distrito Federal poderão ajustar compromisso recíproco para prática de ato processual por seus procuradores em favor de outro ente federado, mediante convênio firmado pelas respectivas procuradorias."

[12] "AGRAVO DE INSTRUMENTO. AUTOS DE INVENTÁRIO. RENÚNCIA AO CARGO PELO INVENTARIANTE. NECESSÁRIA APRECIAÇÃO DO JUÍZO. RESPONSABILIDADE DO INVENTARIANTE PERDURA ATÉ SUA EFETIVA SUBSTITUIÇÃO COM A NOMEAÇÃO DE UM NOVO INVENTARIANTE. RECURSO CONHECIDO E PARCIALMENTE PROVIDO. Acordam os Senhores integrantes da Décima Segunda Câmara Cível do Tribunal de Justiça do Estado do Paraná, por unanimidade de votos, em conceder parcial provimento ao Agravo de Instrumento, nos termos do voto" (TJPR, AI 5.499.558 PR 0549955-8 (TJPR), data de publicação: 9 de setembro de 2009).

[13] Lembramos que também no regramento do arrolamento há previsão de nomeação de um inventariante, conforme art. 660, I, do Código de Processo Civil de 2015:

"Art. 660. Na petição de inventário, que se processará na forma de arrolamento sumário, independentemente da lavratura de termos de qualquer espécie, os herdeiros:

I — requererão ao juiz a nomeação do inventariante que designarem;".

sob pena de ser responsabilizado civilmente. Qualquer dos herdeiros pode exigir que lhe sejam prestadas contas da administração que faz do espólio o que poderá gerar contra o inventariante eventual responsabilidade civil.

E qual seria a natureza dessa responsabilidade?

Entendemos que a hipótese é de responsabilidade civil subjetiva, devendo ser demonstrada a culpa do administrador provisório ou do inventariante pelos danos causados ao espólio.

Isso porque a responsabilidade patrimonial pessoal deve ser interpretada de acordo com a culpa do agente, a teor do art. 186 do Código Civil que define o ato ilícito.

Assim, nos casos em que o administrador ou o inventariante não administre de forma satisfatória os bens ou direitos deixados pelo falecido, estará sujeito, na medida em que violar deveres jurídicos preexistentes, a duras sanções no âmbito civil, desde a remoção da função até o pagamento de indenização[14].

---

[14] "APELAÇÃO CÍVEL. AGRAVO RETIDO. RESPONSABILIDADE CIVIL. ILEGITIMIDADE DE PARTE. CURADOR. INVENTARIANTE. VENDA DE BENS CUJO PRODUTO NÃO REVERTEU EM FAVOR DO ESPÓLIO. PREJUÍZO. DEVER DE INDENIZAR CONFIGURADO. *QUANTUM*. HONORÁRIOS DE ADVOGADO. SANÇÃO DO ART. 161 DO CPC. NÃO APLICAÇÃO.

1. Conhecido o agravo retido, porquanto a agravante, postulando expressamente, em suas razões de apelação, seu conhecimento por esta Corte, se desincumbiu do ônus imposto pelo art. 523, *caput* e § 1.°, do CPC.

2. Mantida a decisão que indeferiu a substituição de uma testemunha, porque inocorrente qualquer das hipóteses do art. 408 do CPC, e que indeferiu a ouvida de outras duas, porquanto arroladas intempestivamente — mais de seis meses depois da data aprazada. Não configuração de cerceamento de defesa. Agravo retido desprovido.

3. Legitimidade ativa do espólio. O alegado dano material foi perpetrado ao espólio, e se a presente demanda foi ajuizada antes do julgamento definitivo da partilha — estando-se aguardando a sobrepartilha —, não há falar em ilegitimidade de parte. Não se trata de mero litígio entre herdeiros, mas sim de demanda visando resguardar direito do espólio.

4. Os réus — curador da interdita, ele, e inventariante, ela, casados entre si — são efetivamente responsáveis pelo prejuízo material perpetrado ao espólio, uma vez que, seja por dolo, seja por culpa, permitiram que 4.126 sacas de arroz pertencentes à falecida fossem negociadas sem que a contraprestação pecuniária revertesse em favor da interdita ou de seu espólio.

5. Refeito o cálculo do valor da indenização. Se faltam ao espólio, desde 09.09.1998, 4.126 sacas de arroz, e estas, no período, estavam avaliadas em R$ 19,75 a saca, o valor do débito, em 09.09.1998 era de R$ 81.488,50 (4.126 x 19,75 = 81.488,50). Tal quantia deve ser acrescida de juros de mora de 0,5% ao mês desde 09.09.1998 até a entrada em vigor do CC de 2002 — 11.02.2003 —, quando, a partir de então, passarão ao percentual de 1% ao mês. A correção monetária incidirá desde 09.09.1998, sendo adotado como indexador o IGP-M. Súmulas 43 e 54 do STJ.

Da mesma forma, dependendo da situação fática, poderá ainda responder penalmente por seus atos, valendo destacar, a título ilustrativo, que, no tipo penal de apropriação indébita, a condição de inventariante é hipótese de aumento de pena, a teor do art. 168, § 1.º, II, do vigente Código Penal brasileiro[15].

4. SUCESSÃO EM BENS DE ESTRANGEIROS

A título de arremate, parece-nos fundamental tecer algumas considerações acerca da disciplina jurídica da sucessão de bens pertencentes a estrangeiros, que estejam localizados em território nacional.

O tema é tratado na vigente "*Lei de Introdução às Normas do Direito Brasileiro*", novo nome da antiga "*Lei de Introdução ao Código Civil Brasileiro*", a saber, o Decreto-Lei n. 4.657, de 4 de setembro de 1942[16].

Estabelece o seu art. 10, notadamente seu § 1.º, com a redação dada pela Lei n. 9.047, de 1995:

> "Art. 10. A sucessão por morte ou por ausência obedece à lei do país em que domiciliado o defunto ou o desaparecido, qualquer que seja a natureza e a situação dos bens.
>
> § 1.º A sucessão de bens de estrangeiros, situados no País, será regulada pela lei brasileira em benefício do cônjuge ou dos filhos brasileiros, ou de

---

6. Mantido o *quantum* dos honorários advocatícios em 20% da condenação. Art. 20, § 3.º, do CPC.

7. Inaplicável a sanção do art. 161 do CPC. Sublinhar trechos de depoimentos não configura a conduta vedada por tal dispositivo. Precedentes. Ademais, não há provas de que tal tenha sido feito pelo patrono do autor.

AGRAVO RETIDO DESPROVIDO. REJEITADA A PRELIMINAR. APELOS PARCIALMENTE PROVIDOS. UNÂNIME" (TJ RS, Ap. Cív. 70015991631, 9.ª Câmara Cível, Rel. Iris Helena Medeiros Nogueira, j. 16-8-2006).

[15] Código Penal:

"*Apropriação indébita*

Art. 168. Apropriar-se de coisa alheia móvel, de que tem a posse ou a detenção:

Pena — reclusão, de um a quatro anos, e multa.

Aumento de pena

§ 1.º A pena é aumentada de um terço, quando o agente recebeu a coisa:

I — em depósito necessário;

II — na qualidade de tutor, curador, síndico, liquidatário, inventariante, testamenteiro ou depositário judicial;

III — em razão de ofício, emprego ou profissão".

[16] Sobre o tema, confira-se o Capítulo III ("Lei de Introdução às Normas do Direito Brasileiro") do v. I ("Parte Geral") desta coleção.

quem os represente, sempre que não lhes seja mais favorável a lei pessoal do *de cujus*.

§ 2.º A lei do domicílio do herdeiro ou legatário regula a capacidade para suceder".

O dispositivo legal reproduz a previsão constitucional contida no inciso XXXI do art. 5.º da Constituição Federal de 1988 ("a sucessão de bens de estrangeiros situados no País será regulada pela lei brasileira em benefício do cônjuge ou dos filhos brasileiros, sempre que não lhes seja mais favorável a lei pessoal do *de cujus*").

Trata-se de uma regra protetiva dos interesses dos cidadãos brasileiros, determinando-se a aplicação da norma mais benéfica aos nacionais.

Verifique-se que, *a priori*, tem-se aqui uma exceção à regra geral do critério determinante do regime patrimonial dos bens, que é a aplicação estrita da lei do domicílio do sujeito (art. 7.º da LINDB).

Somente o magistrado do local da situação dos bens imóveis poderá processar a partilha.

Todavia, o direito material aplicável não será, como visto, necessariamente o da localização dos bens, mas, sim, aquele que for mais favorável aos interesses do cônjuge ou filhos brasileiros.

Assim, admitir-se-á, por exceção, a aplicação de direito material estrangeiro no Brasil, na hipótese de melhor conformação dos interesses do cônjuge sobrevivente — leia-se também do convivente supérstite — e dos filhos brasileiros. Claro que, por se tratar de norma estrangeira, poderá exigir dilação probatória em juízo, nos termos do art. 376 do CPC/2015[17], com a apresentação de tradução juramentada.

No próximo capítulo, trataremos, finalmente, da aceitação e renúncia da herança, tema em que a administração da massa patrimonial, aqui tratada, configura-se como premissa.

Somente depois de compreendida a administração da herança, bem como a possibilidade de sua aceitação, é que se abordará a possibilidade de sua cessão, matéria que reservamos para o capítulo subsequente.

Tudo isso para facilitar a melhor compreensão da matéria.

---

[17] Código de Processo Civil de 2015:

"Art. 376. A parte que alegar direito municipal, estadual, estrangeiro ou consuetudinário provar-lhe-á o teor e a vigência, se assim o juiz determinar".

Capítulo V
Aceitação e Renúncia da Herança

Sumário: 1. Introdução. 2. Aceitação da herança. 2.1. Distinção entre aceitação e delação da herança. 2.2. Importância histórica. 2.3. Classificação. 2.3.1. Aceitação expressa. 2.3.2. Aceitação tácita. 2.3.3. Aceitação presumida. 2.4. Efeitos. 2.5. Revogação da aceitação. 2.6. Transmissibilidade do direito de aceitação da herança. 3. Renúncia da herança.

1. INTRODUÇÃO

Vimos, em capítulo anterior[1], que, à luz do Princípio da *Saisine*, com a abertura da sucessão, decorrente da morte, a herança é transmitida, imediatamente, para os herdeiros legítimos e testamentários[2].

Com isso, vale salientar, não se diga que o herdeiro já possa pretender dispor de bem determinado da herança, porquanto a transmissibilidade, calcada em uma ficção jurídica, opera uma transferência meramente ideal, para evitar que o patrimônio deixado remanesça sem titular.

Aliás, não é outra a razão por que, antes de ultimado o arrolamento ou o inventário, não pode o sucessor, salvo mediante autorização judicial fundamentada, pretender dispor de bem determinado componente do acervo hereditário.

Somente com a efetiva partilha (em havendo mais de um sucessor) ou com a adjudicação (em havendo sucessor único), observadas as normas legais, poderá o herdeiro efetivamente considerar-se dono do bem que lhe fora deixado, exercitando todas as prerrogativas inerentes ao direito de propriedade.

Sucede que, a par de a transmissibilidade patrimonial operar-se automaticamente por aplicação da *Saisine*, como já vimos, o Direito das Sucessões cuida ainda de regular as formas pelas quais o herdeiro confirma o recebimento, por meio do conhecido instituto da **aceitação da herança**.

É bem verdade que, no atual estágio do nosso Direito, esta figura carece da importância de outrora, especialmente se considerarmos que a transmissi-

---

[1] Confira-se o subtópico 4.1 ("Princípio da *Saisine*") do Capítulo II ("Principiologia do Direito das Sucessões") deste volume.

[2] Trata-se, não é demais relembrar, de princípio inspirado no Direito francês (na mesma linha, ver Thiago Felipe Vargas Simões, na inovadora obra *A Filiação Socioafetiva e seus Reflexos no Direito Sucessório*, São Paulo: Fiuza, 2008, p. 75).

bilidade é imediata e, ainda, pela circunstância de os herdeiros não responderem por dívidas além das forças da herança, como vimos anteriormente[3].

Por outro lado, avulta a importância de outro instituto: a **renúncia da herança**.

Isso porque, por se tratar de um ato abdicativo de direito, a lei o cerca de formalidades que devem necessariamente ser conhecidas pelo profissional do direito, sob pena de não se atingirem os efeitos jurídicos pretendidos.

Aprofundemos, então, os temas: aceitação e renúncia da herança.

2. ACEITAÇÃO DA HERANÇA

A aceitação ou adição da herança (*aditio*) é o ato jurídico pelo qual o herdeiro manifesta, de forma expressa, tácita ou presumida, a sua intenção de receber a herança que lhe é transmitida.

Manifesta-se aqui o princípio da autonomia privada, também trabalhado anteriormente em nossa sistematização principiológica[4], na medida em que a ninguém pode ser imposta a obrigação de receber uma herança.

Nesse sentido, explicita o art. 1.804 do CC/2002 (sem correspondente direto na codificação anterior):

> "Art. 1.804. Aceita a herança, torna-se definitiva a sua transmissão ao herdeiro, desde a abertura da sucessão.
>
> Parágrafo único. A transmissão tem-se por não verificada quando o herdeiro renuncia à herança".

É importante fixarmos esse aspecto, na medida em que o senso comum nos remete à falsa impressão de que esse princípio apenas tem aplicação nas relações contratuais.

Em outras esferas das relações particulares, a autonomia privada se manifesta, como na decisão de convolar núpcias ou quando, no caso ora estudado, o herdeiro atua no sentido de aceitar a herança que lhe fora deixada.

Até mesmo em microssistemas jurídicos em que o dirigismo estatal é acentuado, como nas relações trabalhistas e consumeristas, sempre há espaço para se discutir a aplicação das regras da autonomia da vontade, cujo respeito é um princípio geral do direito, calcado na liberdade humana de buscar, livremente, a realização das suas pretensões de vida.

---

[3] Confira-se o subtópico 4.2 ("Princípio *(Non) Ultra Vires Hereditatis*") do Capítulo II ("Principiologia do Direito das Sucessões") deste volume.

[4] Confira-se o subtópico 3.5 ("Autonomia da Vontade") do Capítulo II ("Principiologia do Direito das Sucessões") deste volume.

2.1. Distinção entre aceitação e delação da herança

Parece-nos relevante distinguir a *aceitação da herança* da figura conhecida como *delação da herança*.

Com efeito, não se devem confundir os institutos.

De fato, a denominada *delação da herança* é expressão que caracteriza a situação em que, após a morte, a herança é colocada à disposição dos herdeiros, que, assim, poderão aceitá-la ou não[5].

Com efeito, a confusão é injustificável.

Uma situação traduz a oportunidade para a manifestação de vontade — delação da herança — outra é a própria manifestação — aceitação ou, em sentido contrário, como se verá mais à frente, renúncia da herança[6].

2.2. Importância histórica

Parece-nos interessante tecer algumas considerações sobre a importância histórica da figura da aceitação da herança.

É bem verdade que, no passado, o instituto da aceitação da herança já se revestiu de maior importância, na medida em que, antes do Código Civil de 1916, se o herdeiro não declarasse aceitar "sob benefício de inventário" (*beneficium inventarii*), poderia adquirir apenas o passivo deixado pelo morto (as dívidas), pois, no sistema da época, não vigorava a regra que proibia o herdeiro de receber além das forças da herança (*ultra vires hereditatis*), conforme já se inferiu de tópico anterior[7].

Sobre o tema, lembra MARIA HELENA DINIZ:

> "Deveras, no direito romano e no direito brasileiro, antes do Código Civil de 1916, a responsabilidade do herdeiro era *ultra vires hereditatis* (além das forças

[5] "INVENTÁRIO. RENÚNCIA EXPRESSA. PLANO DE PARTILHA. VALIDADE. 1. Com a morte do autor da herança, ocorre a abertura da sucessão e, também, simultaneamente, o fenômeno da delação, período no qual a herança é oferecida ao sucessor, esperando sua aceitação ou renúncia. 2. A renúncia da herança, por constituir exceção, deve ser expressa, devendo constar expressamente de termo judicial ou de instrumento público, consoante estabelece claramente o art. 1.806 do Código Civil. 3. Assim, os herdeiros renunciantes não podem ser incluídos no plano de partilha, como determinado pelo Dr. Juiz de Direito, impondo-se a desconstituição da r. decisão atacada para que seja dado prosseguimento ao feito, culminando com a homologação do plano de partilha apresentado pelos herdeiros restantes. Recurso provido" (TJRS, AI 70024749871, 7.ª Câmara Cível, Rel. Sérgio Fernando de Vasconcellos Chaves, j. 24-9-2008).

[6] Confira-se o tópico 3 ("Renúncia da Herança") deste capítulo.

[7] Confira-se novamente o subtópico 4.2 ("Princípio *(Non) Ultra Vires Hereditatis*") do Capítulo II ("Principiologia do Direito das Sucessões") deste volume.

da herança), logo, devia ele pagar, com seu próprio patrimônio, os débitos do *de cujus*. Com isso, corria o risco de sofrer grande prejuízo econômico. Para escapar desse encargo, o herdeiro aceitava a herança a benefício de inventário, resguardando-se, pois, com isso, as dívidas do espólio seriam pagas pelas forças do acervo hereditário. Com o Código Civil de 1916, confirmado pelo novo Código, operou-se a *bonorum separatio*, ou seja, o patrimônio do herdeiro não se confunde com o do *de cujus*. A herança responde pelos débitos do espólio e o herdeiro tem responsabilidade *intra vires hereditatis* (dentro das forças de herança). Se o passivo for maior do que o ativo e se o herdeiro tivesse o dever de pagá-lo, ter-se-ia herança danosa, que poderia levá-lo à ruína"[8].

Após a entrada em vigor do Código de 1916 (art. 1.587), como é cediço, firmou-se a regra segundo a qual o herdeiro não poderia receber apenas dívidas do falecido — ou seja, de que não responderia além das forças da herança —, diretriz esta mantida no Código de 2002 (art. 1.792), o que, por conseguinte, resultou, não propriamente no reconhecimento da "desnecessidade" do ato de aceitação, mas, sim, em menor preocupação social em face dele, uma vez que o herdeiro somente poderia ser beneficiado com a herança, nunca prejudicado.

2.3. Classificação

A aceitação da herança comporta uma classificação amplamente difundida.

Pode ser ela expressa, tácita ou presumida.

Compreendamos cada uma delas.

2.3.1. Aceitação expressa

A *aceitação expressa* é aquela que se opera por meio de uma explícita declaração do sucessor, reduzida a escrito (público ou particular) ou a termo nos autos.

Vale salientar, nesse ponto, que, a teor do art. 1.805 (1.ª parte), a declaração meramente verbal não terá eficácia jurídica.

Trata-se de uma restrição calcada na segurança jurídica e que poderia ser objeto de reflexão, na medida em que, conforme veremos em seguida, admite-se a modalidade "tácita" de aceitação.

2.3.2. Aceitação tácita

A *aceitação tácita* é aquela que decorre da atitude do próprio herdeiro, que, embora não haja declarado expressamente aceitar, comporta-se nesse

[8] Maria Helena Diniz, *Curso de Direito Civil Brasileiro* — Direito das Sucessões, 34. ed., São Paulo: Saraiva, 2020, v. 6, p. 85.

sentido (art. 1.805, 2.ª parte), habilitando-se, por exemplo, no procedimento de inventário ou de arrolamento.

É a forma mais comum de aceitação, pois é pouco usual o herdeiro dar-se ao trabalho de "expressamente declarar" que aceitou a herança, porquanto os atos por ele realizados já traduzem aceitação.

Frise-se, finalmente, nos termos dos §§ 1.º e 2.º do referido artigo, que "não exprimem aceitação de herança os atos oficiosos, como o funeral do finado, os meramente conservatórios, ou os de administração e guarda provisória", bem como "não importa igualmente aceitação a cessão gratuita, pura e simples, da herança, aos demais coerdeiros".

No primeiro caso, a prática dos atos ali descritos podem caracterizar apreço ou respeito pela memória do falecido, não significando, por si sós, a necessária aceitação da herança.

Já no segundo caso, temos, tecnicamente, a prática de um ato abdicativo da herança, a ser estudado em seguida, quando voltarmos a nossa atenção para a interessante figura jurídica da renúncia.

2.3.3. Aceitação presumida

Por fim, a *aceitação presumida* é aquela que resulta de uma situação fática de omissão.

Com efeito, esta última categoria deriva do reconhecimento legal da eficácia jurídica do silêncio.

Já tivemos oportunidade de anotar, em nosso volume I, Parte Geral, que o silêncio, em geral, nada traduz.

É uma abstenção juridicamente irrelevante.

Todavia, situações há em que a lei atribui valor legal ao silêncio, conforme podemos notar da leitura do art. 111 do nosso Código Civil (sem equivalente no CC/1916): "o silêncio importa anuência, quando as circunstâncias ou os usos o autorizarem, e não for necessária a declaração de vontade expressa".

Mantendo coerência com este dispositivo, o art. 1.807 do CC/2002 dispõe que "o interessado em que o herdeiro declare se aceita, ou não, a herança, poderá, vinte dias após aberta a sucessão, requerer ao juiz prazo razoável, não maior de trinta dias, para, nele, se pronunciar o herdeiro, sob pena de se haver a herança por aceita".

Note-se que, no caso, se o herdeiro, instado a se manifestar, quedar-se silente ao fim do prazo, significará que aceitou.

Observe-se que, a rigor, não se trata de uma aceitação derivada de *atos próprios do herdeiro*, indicativos de aquiescência, como se dá na aceitação tácita, mas, sim, decorrente de uma postura inerte, de completa abstenção, caso em que a própria lei firma presunção de que aceitou.

Essas são as razões pelas quais, tecnicamente, em nosso sentir, não se deve confundir a aceitação tácita com a aceitação presumida.

2.4. Efeitos

Neste tópico, cabe-nos dissertar acerca dos efeitos da aceitação.

De fato, a aceitação, em qualquer das suas modalidades, quando manifestada, retroage à data da abertura da sucessão, uma vez que confirma a transmissibilidade abstrata operada por força do Princípio da *Saisine*.

Registre-se, ainda, que se trata de um ato puro, não admitindo condição ou termo, nem eficácia parcial, na forma do *caput* do art. 1.808 da vigente codificação civil, que estabelece expressamente que "não se pode aceitar ou renunciar a herança em parte, sob condição ou a termo".

Não posso, por exemplo, aceitar uma herança sob a condição de, "após a apuração das dívidas, verificar-se que o saldo líquido é superior a 100.000 reais", assim como não posso subordinar a minha aceitação a uma data (termo), nem, muito menos, aceitar parte da herança e recusar o restante que também me tocaria pelo mesmo título.

Algumas peculiaridades, entretanto, derivam da própria lei.

Nada impede, nessa linha, que o herdeiro, a quem se testarem legados, possa aceitá-los, renunciando à herança; ou, aceitando-a, repudiá-los (art. 1.808, § 1.º, do CC/2002), pois, em tais casos, repudiando a quota ou o bem, aceitará o outro por inteiro.

Da mesma forma, o herdeiro, chamado, na mesma sucessão, a mais de um quinhão hereditário, sob títulos sucessórios diversos, pode livremente deliberar quanto aos quinhões que aceita e aos que renuncia (art. 1.808, § 2.º, do CC/2002).

Trata-se de regra que, aparentemente, conflita com a ideia de que uma herança não possa ser aceita em parte, tornando-se, todavia, mais compreensível, quando invocamos o exemplo dado pela doutrina:

> "Nada obsta, havendo dupla sucessão, a legítima e a testamentária, que o herdeiro renuncie inteiramente a sucessão legítima, conservando a outra ao aceitar a herança advinda de testamento; só se lhe proíbe a aceitação parcial da herança"[9].

Ou seja, permitindo-nos um jogo de palavras, a regra legal deve ser interpretada com a devida compreensão de que não se trata de aceitação parcial da herança, mas, sim, de aceitação total de apenas uma ou algumas das partes que lhe cabe.

---

[9] Maria Helena Diniz, ob. cit., p. 90.

2.5. Revogação da aceitação

Outro importante aspecto a ser considerado é no sentido de não se admitir a *revogação do ato de aceitar.*

Algumas considerações, nesse ponto, devem ser tecidas, em atenção à boa técnica.

A revogação traduz o exercício de um direito potestativo pelo qual o seu titular manifesta vontade contrária à que fora externada antes, negando-lhe os seus efeitos jurídicos.

É o que acontece, por exemplo, quando o mandante revoga o ato que conferiu poderes ao seu mandatário (procurador).

Não se confunde com a *invalidação do ato jurídico*, uma vez que, neste caso, ataca-se a vontade manifestada no plano da validade, mediante o reconhecimento da nulidade absoluta ou relativa decorrente do vício que o inquina.

Pois bem.

Na hipótese sob análise, à luz do art. 1.812 do Código Civil, a aceitação válida não poderá ser revogada, o que logicamente não impede o herdeiro de renunciar à quota hereditária que aceitou, desde que não haja prejuízo aos seus credores, conforme veremos em momento oportuno[10].

2.6. Transmissibilidade do direito de aceitação da herança

Finalmente, é bom lembrar que, falecendo o herdeiro antes de declarar se aceita a herança, o poder de aceitar passa-lhe aos seus sucessores, a menos que se trate de vocação adstrita a uma condição suspensiva, ainda não verificada, a teor do art. 1.809 do Código Civil de 2002[11].

Assim, a título de exemplo, se Pedro morre, deixando os filhos Chico (que por sua vez é pai de Carla) e Leo, e o herdeiro Chico, ao saber da morte do pai, também faleça enfartado, sem que houvesse tido tempo de aceitar a herança dele, o direito de aceitar que lhe tocaria será transmitido a sua filha Carla. Esta, então, terá o direito de aceitar a herança do seu pai e também o de aceitar a herança do seu avô (em virtude de o direito de aceitação do seu pai ter-lhe sido transmitido). Em casos como este, é de boa cautela, vale frisar, que os inventários tramitem conjuntamente, em autos apensados.

Mas um detalhe deve ser ressaltado.

Carla somente poderá, logicamente, aceitar (ou não) a herança do avô, Pedro, se houver aquiescido em receber a do pai, pois, só assim, o direito de aceitar não exercido por Chico lhe será transmitido.

---

[10] Confira-se o tópico 3 ("Renúncia da Herança") deste Capítulo.

[11] Sobre as disposições testamentárias, confira-se o Capítulo XIII ("Sucessão Testamentária") deste volume.

Note que a *transmissibilidade do direito de aceitar* — que se dá quando um herdeiro, vivo ao tempo da morte do autor da herança, falece logo após, sem que tivesse tido tempo de aceitar — não se confunde com o *direito de representação* — que, como será visto posteriormente[12], pressupõe que o herdeiro seja pré-morto em relação ao autor da herança, caso em que os seus sucessores o representarão como se vivo estivesse, para evitar injustiças na divisão patrimonial.

Passemos, agora, a estudar o outro lado da moeda, a saber, a renúncia da herança.

3. RENÚNCIA DA HERANÇA

Tecnicamente, a renúncia da herança consiste na prática de um ato jurídico abdicativo do direito hereditário conferido, com efeitos retroativos, que excluem o sujeito da cadeia sucessória como se herdeiro nunca houvesse sido.

Em outras palavras, ao renunciar a uma herança, o sucessor é banido do panorama sucessório, por manifestação da sua própria vontade — razão por que também aqui é sentido o princípio da autonomia privada — fazendo com que o bem a si transferido retorne ao monte-mor (partilhável)[13].

Em nosso sentir, não se trata de mero ato jurídico em sentido estrito, aquele que traduz um simples comportamento humano, com efeitos jurídicos impostos ou determinados pelo próprio ordenamento jurídico[14].

Diferentemente da simples aceitação da herança, vista no tópico anterior, que, ao ser emitida, *apenas confirma o efeito jurídico da transmissibilidade já conferido por força do Princípio da "Saisine"* — o que facilitaria o seu enquadramento na categoria que se quer afastar —, a renúncia da herança *é impregnada de autonomia privada, na medida em que, por ser fruto da livre manifestação de vontade, afasta do seu titular um direito patrimonial que tem, como já vimos, índole constitucional*[15].

Por isso, preferimos reconhecer, no ato de renúncia, natureza negocial, na medida em que, como sabemos, os atos portadores de tais características

---

[12] Confira-se o Capítulo XII ("Direito de Representação") deste volume.

[13] "Art. 1.810. Na sucessão legítima, a parte do renunciante acresce à dos outros herdeiros da mesma classe e, sendo ele o único desta, devolve-se aos da subsequente".

[14] O ato jurídico em sentido estrito, tratado no tópico 7 ("Ato Jurídico em Sentido Estrito") do Capítulo IX ("Fato Jurídico em Sentido Amplo") do nosso volume 1 ("Parte Geral"), consiste em um simples comportamento humano, voluntário e consciente, cujos efeitos jurídicos são impostos por lei.

[15] Constituição Federal de 1988:

"Art. 5.º Todos são iguais perante a lei, sem distinção de qualquer natureza, garantindo-se aos brasileiros e aos estrangeiros residentes no País a inviolabilidade do direito à vida, à liberdade, à igualdade, à segurança e à propriedade, nos termos seguintes:

(...)

XXX — é garantido o direito de herança".

têm por principal marca a liberdade de escolha dos efeitos produzidos.

E, no ato de renúncia, existe, indiscutivelmente, esse traço, exatamente por não poder ser imposta ao titular do direito que, como vimos, tem magnitude constitucional.

Conforme já dito em outra oportunidade, a renúncia "se caracteriza por ser um *negócio jurídico unilateral*, que somente terá eficácia, em se tratando de bens imóveis, se observada a forma ou a solenidade estabelecida por lei"[16].

Neste sentido, a erudita lição de ORLANDO GOMES:

> "Renúncia é o negócio jurídico unilateral pelo qual o herdeiro declara não aceitar a herança.
>
> A renúncia não depende do assentimento de quem quer que seja.
>
> Não se presume. Há de resultar de expressa declaração. Tal como a aceitação, é negócio puro, não prevalecendo se feita sob condição ou a termo. Inadmissível, também, a renúncia parcial.
>
> A renúncia é negócio formal. Deve constar, necessariamente, de escritura pública ou termo judicial. A forma, sendo da substância do ato, sua inobservância importa nulidade. O termo lavra-se nos próprios autos do inventário.
>
> Não pode ser feita antes da abertura da sucessão, pois implicaria pacto sucessório, legalmente proibido.
>
> Deve manifestar-se antes da aceitação, isto é, da prática de qualquer ato que a induza"[17].

Superado tal aspecto, é importante pontuarmos ainda que a renúncia é ato solene, uma vez que, a teor do art. 1.806 do Código Civil de 2002[18], deverá ser sempre expressa, lavrada em instrumento público (no Tabelionato de Notas) ou por termo nos próprios autos do processo, não tendo, portanto, validade jurídica a renúncia feita em mero instrumento particular[19].

---

[16] Pablo Stolze Gagliano, *Código Civil Comentado — Direito Das Coisas, Superfície, Servidões, Usufruto, Uso, Habitação, Direito do Promitente Comprador*, artigos 1.369 a 1.418, coord. Álvaro Villaça Azevedo, São Paulo: Atlas, 2004, v. XIII, p. 97.

[17] Orlando Gomes, *Sucessões*, 12. ed., Rio de Janeiro: Forense, 2004, p. 25.

[18] "Art. 1.806. A renúncia da herança deve constar expressamente de instrumento público ou termo judicial".

[19] STJ:

"CIVIL. HERANÇA. RENÚNCIA. A renúncia à herança depende de ato solene, a saber, escritura pública ou termo nos autos de inventário; petição manifestando a renúncia, com a promessa de assinatura do termo judicial, não produz efeitos sem que essa formalidade seja ultimada. Recurso especial não conhecido" (STJ, REsp 431.695/SP, Rel. Min. Ari Pargendler, 3.ª Turma, j. 21-5-2002, *DJ*, 5-8-2002, p. 339).

RECURSO ESPECIAL. SUCESSÃO. RENÚNCIA À HERANÇA. ATO FORMAL E SOLENE.

ESCRITURA PÚBLICA. ATO NÃO SUJEITO À CONDIÇÃO OU TERMO. EFEITO DA RENÚNCIA: RENUNCIANTES CONSIDERADOS COMO NÃO EXISTENTES.

Claro que tal providência é salutar, decorrendo do próprio princípio da segurança jurídica, porquanto, como dito, ao renunciar à herança, o sujeito é tratado como se herdeiro nunca houvesse sido[20].

Aliás, reafirmando a seriedade do ato, vale lembrar que, à luz do art. 1.811, CC/2002, "ninguém poderá suceder, representando herdeiro renunciante. Se, porém, ele for o único legítimo da sua classe, ou se todos os outros da mesma classe renunciarem à herança, poderão os filhos vir à sucessão, por direito próprio, e por cabeça".

Vale dizer, se, por exemplo, eu renuncio à herança do meu pai, os meus filhos não poderão pretender habilitar-se no inventário do avô por direito de representação.

Todavia, se todos os herdeiros da minha classe renunciarem, logicamente, os netos poderão herdar por direito próprio e por cabeça (em igualdade de direitos), como inclusive já decidiu o STJ:

> "RENÚNCIA À HERANÇA — INEXISTÊNCIA DE DOAÇÃO OU ALIENAÇÃO — ITBI — FATO GERADOR — AUSÊNCIA DE IMPLEMENTO.
>
> A renúncia de todos os herdeiros da mesma classe, em favor do monte, não impede seus filhos de sucederem por direito próprio ou por cabeça. Homologada a renúncia, a herança não passa à viúva, e sim aos herdeiros remanescentes. Esta renúncia não configura doação ou alienação à viúva, não caracterizando o fato gerador do ITBI, que é a transmissão da propriedade ou do domínio útil de bens imóveis.
>
> Recurso provido" (STJ, REsp 36.076/MG, Rel. Min. Garcia Vieira, 1.ª Turma, j. 3-12-1998, *DJ*, 29-3-1999, p. 76).

---

1. A qualidade de herdeiro legítimo ou testamentário não pode ser compulsoriamente imposta, garantindo-se ao titular da vocação hereditária o direito de abdicar ou declinar da herança por meio da renúncia expressa, preferindo conservar-se completamente estranho à sucessão.

2. Ao contrário da informalidade do ato de aceitação da herança, a renúncia exige forma expressa, cuja solenidade deve constar de instrumento público ou por termos nos autos (art. 1807), ocorrendo a sucessão como se o renunciante nunca tivesse existido, acrescendo-se sua porção hereditária à dos outros herdeiros da mesma classe.

3. A renúncia e a aceitação à herança são atos jurídicos puros não sujeitos a elementos acidentais. Essa a regra estabelecida no caput do art. 1808 do Código Civil, segundo o qual não se pode aceitar ou renunciar a herança em partes, sob condição (evento futuro incerto) ou termo (evento futuro e certo).

4. No caso dos autos, a renúncia operada pelos recorrentes realizou-se nos termos da legislação de regência, produzindo todos os seus efeitos: a) ocorreu após a abertura da sucessão, antes que os herdeiros aceitassem a herança, mesmo que presumidamente, nos termos do art. 1807, do CC/2002; b) observou-se a forma por escritura pública, c) por agentes capazes, havendo de se considerar que os efeitos advindos do ato se verificaram.

5. Nessa linha, perfeita a renúncia, considera-se como se nunca tivessem existido os renunciantes, não remanescendo nenhum direito sobre o bem objeto do negócio acusado de nulo, nem sobre bem algum do patrimônio.

6. Recurso especial não provido.

(REsp 1.433.650/GO, Rel. Ministro LUIS FELIPE SALOMÃO, QUARTA TURMA, julgado em 19/11/2019, DJe 04/02/2020)

[20] Note, inclusive, que o próprio parágrafo único do art. 1.804 dispõe que a transmissão patrimonial "tem-se por não verificada quando o herdeiro renuncia à herança".

Sobre o tema, interessante observação é feita por VANESSA SCURO:

> "Nesse particular, cabe destacar um equívoco que muitas vezes se verifica em casos onde ocorre renúncia à herança. Não é raro que, com o falecimento do pai, os filhos resolvam renunciar em favor da mãe, que era casada com o falecido pelo regime da comunhão universal de bens. Assim, os filhos renunciam, pura e simplesmente, ou seja, em favor do monte-mor, pensando beneficiar a mãe. Porém, como, neste caso, ela não é herdeira (somente meeira dos bens do falecido, em virtude do regime de bens) o ato, em verdade, beneficia os filhos dos renunciantes, netos do falecido e seus descendentes em segundo grau, e, só na falta deles, a cônjuge sobrevivente, em concorrência com os ascendentes, se existirem"[21].

Pode-se afigurar injusta esta regra que impede aos sucessores do renunciante exercer o direito de representação, mas, se analisada detidamente, ela guarda coerência com a eficácia retroativa da renúncia, a qual, como dissemos, exclui o renunciante da cadeia sucessória *ab initio*.

É bom lembrarmos ainda que a renúncia não admite condição, termo, nem eficácia parcial, e, bem assim, é irrevogável, nos termos dos arts. 1.808 e 1.812 do Código, já comentados linhas acima.

Em conclusão, importante aspecto a ser enfrentado diz respeito à possibilidade jurídica de os credores do renunciante pleitearem a suspensão judicial dos efeitos da renúncia, a fim de que se paguem, nos limites dos seus respectivos créditos:

> "Art. 1.813. Quando o herdeiro prejudicar os seus credores, renunciando à herança, poderão eles, com autorização do juiz, aceitá-la em nome do renunciante.
>
> § 1.º A habilitação dos credores se fará no prazo de trinta dias seguintes ao conhecimento do fato.
>
> § 2.º Pagas as dívidas do renunciante, prevalece a renúncia quanto ao remanescente, que será devolvido aos demais herdeiros".

A rigor, em nosso sentir, não é adequado, a despeito da dicção normativa, e da aceitação jurisprudencial, falar-se em "aceitação" da herança pelos eventuais credores do renunciante, uma vez que eles não são herdeiros.

Não se pode conferir legitimidade sucessória para quem efetivamente não a tem.

O que sucede, no caso, é *a suspensão dos efeitos da renúncia*, para evitar prejuízo a crédito legitimamente constituído[22], em franco desrespeito à própria lealdade negocial: Cassio deve 10.000 a Pedro, e, sem dinheiro para pagar, resolve, por birra ou qualquer outra razão, renunciar a uma herança de 20.000 havida do seu tio Francisco. Em tal caso, o credor (Pedro) intentará medida judicial para

---

[21] Vanessa Scuro, *Aceitação e Renúncia de Herança*, disponível em: <http://www.migalhas.com.br/mostra_noticia_articuladas.aspx?cod=110905>, acesso em: 29 jun. 2011.

[22] Talvez por isso, com propriedade, observa Sílvio Venosa que esta regra protetiva do crédito é "aplicação específica do princípio da fraude contra credores" (*Direito Civil — Direito das Sucessões*, 4. ed., cit., p. 37. v. 7).

obter a suspensão dos efeitos da renúncia, no limite do crédito constituído, para se pagar, prevalecendo o ato de renúncia quanto ao remanescente.

Feitas tais considerações, colacionamos interessante julgado do Superior Tribunal de Justiça, quanto ao momento de exercício do direito por parte dos credores:

> "CIVIL E PROCESSUAL CIVIL. RENÚNCIA DE HERANÇA. HOMOLOGAÇÃO DA PARTILHA. TRÂNSITO EM JULGADO. REQUERIMENTO DE ACEITAÇÃO DA HERANÇA POR CREDOR PREJUDICADO E PEDIDO DE PENHORA NO ROSTO DOS AUTOS DO ARROLAMENTO. IMPOSSIBILIDADE.
>
> 1. A falta de prequestionamento em relação a diversos dispositivos impede o conhecimento do recurso especial. Incidência da súmula 211/STJ.
>
> 2. O recorrente não indica de que forma os arts. 655, X, e 659 do CPC foram malferidos, motivo pelo qual deficiente a fundamentação.
>
> Incidência da súmula 284/STF.
>
> 3. *O pedido de aceitação da herança realizado pelo credor do executado/renunciante, nos autos do arrolamento de bens do falecido pai deste, somente pode ser formulado até o momento imediatamente anterior ao da sentença de homologação da partilha. Após a divisão do patrimônio do 'de cujus', acolhida a renúncia por parte do executado, os bens passaram a integrar o patrimônio dos demais herdeiros.*
>
> 4. Inexistindo recurso de terceiro prejudicado e transitada em julgado a sentença que homologou a partilha, resta ao credor, se for o caso e se preenchidos os demais requisitos legais, arguir, em ação própria, a anulação da partilha homologada.
>
> 5. Para a configuração do dissídio jurisprudencial, faz-se necessária a indicação das circunstâncias que identifiquem as semelhanças entre o aresto recorrido e o paradigma, nos termos do parágrafo único, do art. 541, do Código de Processo Civil e dos parágrafos do art. 255 do Regimento Interno do STJ.
>
> 6. Recurso especial não conhecido" (REsp 754.468/PR, Rel. Min. Luis Felipe Salomão, 4.ª Turma, j. 27-10-2009, *DJe*, 16-11-2009) (grifamos).

Finalmente, uma advertência salutar deve ser feita.

Não é incomum encontrarmos, na prática judiciária, a inusitada figura da "renúncia translativa", caso em que o renunciante direciona a quota renunciada, não para o monte, mas, sim, para determinado herdeiro.

Um exemplo tornará clara a ideia.

João morre e deixa a viúva Leila e três filhos: Huguinho, Pedrinho e Luisinho. O herdeiro Luisinho, então, resolve "renunciar" à sua quota hereditária em favor de sua mãe Leila. Ora, no caso, tecnicamente, renúncia não houve, na medida em que ele *direcionou o benefício*, ou seja, ele *aceitou o direito e o cedeu para a sua mãe.*

Renúncia, de fato, não ocorreu, na medida em que, se tivesse havido, a sua quota beneficiaria a todos os outros herdeiros, e não a um em especial, pois, ao abdicar do seu direito, como vimos, a exclusão é total e retroativa, como se sucessor nunca houvesse sido.

Ao aceitar e direcionar a sua quota, o que houve, em verdade, foi uma *cessão de direitos hereditários*, tema que, pela sua importância e profundidade, mereceu tratamento no próximo capítulo.

Capítulo VI
Cessão de Direitos Hereditários

Sumário: 1. Introdução. 2. Compreendendo a natureza da chamada "renúncia translativa". 3. Delimitação conceitual da cessão de direitos hereditários. 4. Disciplina jurídica. 5. Necessidade da autorização conjugal. 6. Aspectos tributários.

1. INTRODUÇÃO

Conforme vimos no capítulo anterior, a renúncia da herança, tecnicamente, opera a abdicação plena do direito hereditário, excluindo o sujeito da relação sucessória, como se herdeiro nunca houvesse sido.

Por isso, também ressaltamos que o exercício desse direito tem eficácia retroativa.

Sucede que, por vezes, a prática forense nos indica existir ainda figura aparentemente análoga, costumeiramente denominada "renúncia translativa".

Um exemplo certamente tornará clara a hipótese.

Imagine que tratamos do inventário de José.

José, o autor da herança, deixou, além da esposa Joana (viúva), três filhos, Jorge, Jonatas e Jomilio. Se, por ventura, este último exercer o seu direito de renúncia, a quota hereditária a que faria jus retornará ao monte partível, beneficiando a todos os demais herdeiros, na forma do art. 1.810 do CC/2002. A rigor, então, teríamos, aqui, a "renúncia da herança" tratada no capítulo anterior.

Por outro lado, suponha que Jomilio, no curso do inventário ou do arrolamento, resolva renunciar à sua quota hereditária "em favor da sua mãe Joana". Teríamos, aqui, então, um direcionamento da quota abdicada, que, no caso, favoreceria, não todos, mas apenas um dos herdeiros.

Muito bem.

No segundo caso, surgiria, então, a figura da "renúncia translativa" ou "*in favorem*", frequente na prática forense, e costumeiramente enfrentada pelos Tribunais, conforme se pode verificar dos seguintes acórdãos:

> "DIREITOS CIVIL E PROCESSUAL CIVIL. ARROLAMENTO. COMPOSIÇÃO DA VIÚVA-MEEIRA E DOS HERDEIROS. RENÚNCIA 'TRANSLATIVA'. INSTITUIÇÃO DE USUFRUTO. POSSIBILIDADE. TERMO NOS AUTOS. CC, ART. 1.581. PARTILHA HOMOLOGADA. PRECEDENTES. DOUTRINA. RECURSO PROVIDO.

— Não há vedação jurídica em se efetivar renúncia 'in favorem' e em se instituir usufruto nos autos de arrolamento, o que se justifica até mesmo para evitar as quase infindáveis discussões que surgem na partilha de bens" (STJ, REsp 88.681/SP, Rel. Min. Sálvio de Figueiredo Teixeira, 4.ª Turma, j. 30-4-1998, *DJ*, 22-6-1998, p. 81).

"AGRAVO DE INSTRUMENTO. INVENTÁRIO. CESSÃO DE DIREITOS HEREDITÁRIOS NOS AUTOS. POSSIBILIDADE. É cabível, segundo doutrina e jurisprudência moderna, a cessão de direitos hereditários ou a renúncia translativa por termo nos autos. Precedentes doutrinário e jurisprudencial. Agravo de Instrumento provido" (TJRS, AI 70014017958, 8.ª Câmara Cível, Rel. José Ataídes Siqueira Trindade, j. 9-3-2006).

Não nos agrada, todavia, a denominação "renúncia translativa".

É o que veremos em seguida.

2. COMPREENDENDO A NATUREZA DA CHAMADA "RENÚNCIA TRANSLATIVA"

Como dissemos no tópico anterior, não nos parece ideal a expressão "renúncia translativa".

Com isso, não estamos a dizer se afigurar erro o seu uso, na medida em que a própria jurisprudência dos Tribunais Estaduais, e do próprio STJ, acolhe o seu emprego.

Pensamos, por outro lado, ser mais seguro e preciso utilizar-se a expressão "cessão de direito(s) hereditário(s)", quando exista o direcionamento da quota abdicada, na medida em que, com isso, não se afronta a ideia fundamental do ato de renúncia que, como vimos, faz retornar o direito a todo o monte partível, e não a um herdeiro em especial.

Assim, se um dos herdeiros pretende abdicar do direito hereditário a si conferido em favor de determinada(s) pessoa(s), e não de todos os demais herdeiros, estará, em verdade, operando uma *cessão de direito hereditário*.

Evite-se, também, afirmar que se trata de uma "doação".

A *doação* tem, por objeto, coisas, ou seja, bens materializados, corpóreos, passíveis de alienação, ao passo que a *cessão* versa sobre direitos[1].

Não se deve, pois, utilizar o verbo **alienar** para caracterizar a cessão gratuita ou onerosa de direitos, uma vez que, para a boa técnica, *direitos não são vendidos nem doados, mas sim cedidos*. Em outras palavras, "reputamos mais apropriada a utilização da palavra alienação para caracterizar a transferência

---

[1] Sobre o tema, cf. Pablo Stolze Gagliano, *Contrato de Doação*, 5. ed., São Paulo: Saraiva, 2021 (no prelo).

de coisas de um titular para outro, reservando a expressão cessão para os direitos em geral"[2].

Feitas tais considerações, que revelam a verdadeira natureza do instituto, passemos a compreender a sua delimitação conceitual.

3. DELIMITAÇÃO CONCEITUAL DA CESSÃO DE DIREITOS HEREDITÁRIOS

Explicitada a natureza do instituto aqui trabalhado, definida como a "cessão de direitos hereditários", é possível enfrentar o seu conceito.

A cessão de direitos hereditários consiste em um ato jurídico negocial, pelo qual o herdeiro (cedente), por escritura pública ou termo nos autos, transfere, gratuita ou onerosamente, a sua quota hereditária a um terceiro (cessionário).

Trata-se, inequivocamente, de um ato negocial de natureza aleatória, na medida em que o cessionário assume o risco de nada vir a receber, caso se apure a existência de dívidas deixadas pelo falecido, que possam vir a esgotar as forças da herança.

Por isso, em geral, quando onerosa a cessão, o preço recebido pela quota transferida costuma ser mais baixo, exatamente para cobrir o risco de o cessionário não receber, ao cabo do inventário ou do arrolamento, o justo valor pela quota por que pagou.

O tema tem sido objeto de reflexão da doutrina e jurisprudência há bastante tempo, embora, no texto positivado, a sua menção, sem explicitar a expressão aqui utilizada, seja feita no capítulo referente à *administração da herança*.

Conheçamos, portanto, a sua disciplina jurídica codificada.

4. DISCIPLINA JURÍDICA

Não havia previsão específica do tema na codificação civil de 1916.

Já no Código Civil de 2002, a matéria é tratada a partir do art. 1.793, que preceitua, em seu *caput*, que o "direito à sucessão aberta, bem como o quinhão de que disponha o coerdeiro, pode ser objeto de cessão por escritura pública".

A primeira parte da norma deixa claro que tanto poderá ser cedida toda a herança (representada aqui pela expressão "o direito à sucessão aberta") como

[2] Pablo Stolze Gagliano, *Código Civil Comentado — Direito das Coisas, Superfície, Servidões, Usufruto, Uso, Habitação, Direito do Promitente Comprador*. Obra escrita em homenagem ao Prof. Dr. José Manoel de Arruda Alvim Netto, São Paulo: Atlas, 2004, v. XIII, p. 38.

também o quinhão de que disponha o herdeiro (ou seja, a quota que lhe caiba por conta da morte do sucedido).

Note-se, igualmente, que o ato de cessão é formal: *deverá ser lavrado por escritura pública,* não se admitindo seja documentado em mero instrumento particular.

Por outro lado, a despeito da literalidade do dispositivo comentado, a jurisprudência tem admitido que se possa ceder o direito hereditário também por *termo nos autos:*

> "AGRAVO DE INSTRUMENTO. INVENTÁRIO. CESSÃO DE DIREITOS HEREDITÁRIOS NOS AUTOS. POSSIBILIDADE. É cabível, segundo doutrina e jurisprudência moderna, a cessão de direitos hereditários ou a renúncia translativa por termo nos autos. Precedentes doutrinário e jurisprudencial. Agravo de Instrumento provido" (TJRS, AI 70014017958, 8.ª Câmara Cível, Rel. José Ataídes Siqueira Trindade, j. 9-3-2006).

> "INVENTÁRIO. RENÚNCIA TRANSLATIVA E ABDICATIVA. CESSÃO DE DIREITOS HEREDITÁRIOS. TERMO NOS AUTOS. VIÚVA QUE CEDE DIREITO DE MEAÇÃO. IMPRESCINDIBILIDADE DE ESCRITURA PÚBLICA. 1. O art. 1.806 do Código Civil, a exemplo do art. 1.581 do Código Civil de 1916, contempla a possibilidade da renúncia da herança ser feita tanto através de termo nos autos como pela via do instrumento público. 2. Essa disposição legal contempla tanto a renúncia abdicativa quanto a renúncia translativa, denominação doutrinária esta que se refere, em verdade, à cessão de direitos hereditários. 3. Se a viúva pretende doar a sua meação, é imprescindível que o faça através de escritura pública. Recurso desprovido" (TJRS, AI 70012673190, 7.ª Câmara Cível, Rel. Sérgio Fernando de Vasconcellos Chaves, j. 19-10-2005).

Vale dizer, a cessão de direitos hereditários, para ter validade e eficácia jurídicas, exige ser lavrada por escritura pública — no Tabelionato de Notas — ou por termo nos próprios autos do inventário ou arrolamento.

Claro está, todavia, que, se o inventário (ou arrolamento) for administrativo[3], a cessão poderá ser lavrada na mesma oportunidade em que se formaliza a própria escritura pública de partilha (ou de adjudicação), não havendo que se falar em "termo nos autos", porquanto, nesse caso, processo judicial não existe.

Nesse sentido, inclusive, vale transcrever o art. 16 da Resolução n. 35, de 24 de abril de 2007, do Conselho Nacional de Justiça:

---

[3] Veremos, em momento próprio (Capítulo XXIII — "Inventário" — deste volume), que, a teor da Lei n. 11.441, de 4 de janeiro de 2007, o inventário ou o arrolamento, não havendo herdeiros incapazes, nem testamento, poderá ser lavrado, consensualmente, no Tabelionato de Notas, dispensando processo judicial. Trata-se do inventário ou arrolamento administrativo, caso em que a partilha (entre os herdeiros) ou a adjudicação (quando houver um herdeiro só), dispensa, logicamente, processo judicial.

"Art. 16. É possível a promoção de inventário extrajudicial por cessionário de direitos hereditários, mesmo na hipótese de cessão de parte do acervo, desde que todos os herdeiros estejam presentes e concordes".

Aspecto importante a ser realçado é o constante no § 1.º do referido art. 1.793:

"§ 1.º Os direitos, conferidos ao herdeiro em consequência de substituição ou de direito de acrescer, presumem-se não abrangidos pela cessão feita anteriormente".

Oportunamente, enfrentaremos a temática referente à "substituição testamentária"[4] e ao "direito de acrescer"[5], mas, de logo, anunciamos a ideia constante neste dispositivo: caso um herdeiro haja cedido a terceiro direito hereditário que a si competia, em tendo sido posteriormente beneficiado em virtude de substituição (chamado a substituir outro sucessor) ou em decorrência de acréscimo de quinhão, este novo direito ou valor agregado não estará compreendido na cessão anterior.

Em outras palavras, a cessão de direito hereditário não abrange direito posteriormente incorporado, a título diverso (substituição testamentária ou direito de acrescer).

Em nosso sentir, trata-se de regra de intelecção clara, na medida em que a cessão de um direito não deve comportar interpretação extensiva, sob pena de se cunhar um benefício não previsto pelo cedente.

Outro ponto deve ainda ser considerado.

Mormente nos inventários e arrolamentos judiciais, os quais, por diversas razões — especialmente a ausência do devido registro imobiliário de certos bens componentes do acervo —, frequentemente tramitam por longo tempo, é comum determinado herdeiro pretender ceder — em geral onerosamente — bem individualizado integrante da herança ainda não partilhada.

É o caso do herdeiro que pretende ceder, mediante recebimento de preço, "o direito sobre o carro" ou "a casa" integrante do monte partível, por entender que fará jus ao referido bem, ao cabo do procedimento.

Ora, ainda que este bem toque a este sucessor, o § 2.º do mesmo dispositivo é claro ao dispor:

---

[4] "Art. 1.947. O testador pode substituir outra pessoa ao herdeiro ou ao legatário nomeado, para o caso de um ou outro não querer ou não poder aceitar a herança ou o legado, presumindo-se que a substituição foi determinada para as duas alternativas, ainda que o testador só a uma se refira". Confira-se o Capítulo XX ("Substituições") do presente volume.

[5] "Art. 1.941. Quando vários herdeiros, pela mesma disposição testamentária, forem conjuntamente chamados à herança em quinhões não determinados, e qualquer deles não puder ou não quiser aceitá-la, a sua parte acrescerá à dos coerdeiros, salvo o direito do substituto". Confira-se o Capítulo XIX ("Direito de Acrescer e Redução das Disposições Testamentárias") do presente volume.

> "§ 2.º É ineficaz a cessão, pelo coerdeiro, de seu direito hereditário sobre qualquer bem da herança considerado singularmente".

E a razão é muito simples.

Até que se ultime o procedimento de inventário ou arrolamento — o mesmo se diga para o ato lavrado administrativamente — não poderá, nenhum dos herdeiros, considerar-se "dono" de bem determinado do acervo, na medida em que, somente após serem apuradas e saldadas as respectivas dívidas do falecido, poder-se-á, efetiva e legitimamente, conferir a cada um o que por direito lhe pertença.

Claro está, todavia, que, se houver a justa necessidade da cessão de certo direito ou da alienação de bem determinado, em benefício de todo o espólio, como na hipótese de se ter de pagar um tributo ou para evitar a deterioração do próprio bem (caso em que o valor correspondente deverá permanecer depositado em conta judicial), poderá o juiz, incidentalmente, autorizar o ato, em caráter excepcional.

Esta última ideia, inclusive, deflui da leitura do parágrafo seguinte do mesmo dispositivo:

> "§ 3.º Ineficaz é a disposição, sem prévia autorização do juiz da sucessão, por qualquer herdeiro, de bem componente do acervo hereditário, pendente a indivisibilidade".

O pedido poderá ser feito nos próprios autos do inventário ou arrolamento e, caso o ato esteja sendo lavrado administrativamente[6] — hipótese em que processo judicial não há —, deverá ser formulado perante o Juízo competente, instaurando-se, com isso, um procedimento de jurisdição voluntária para a obtenção do necessário alvará judicial.

Uma outra previsão legal em especial também não pode ser esquecida.

O art. 1.794 do Código Civil de 2002 (sem qualquer correspondente na codificação anterior) consagra ao coerdeiro *direito de preferência* sobre a quota hereditária.

Vale dizer, antes de oferecê-la a terceiro, o outro herdeiro tem o direito de adquiri-la, se, logicamente, atender aos termos da proposta do cedente.

Isso porque, conforme já vimos, enquanto não ultimada a partilha, os coerdeiros atuam como se titulares fossem de frações ideais da herança, em situação análoga ao do condomínio de coisa indivisível.

Se, por exemplo, João pretender ceder a sua quota na herança do seu pai a um terceiro, mediante o recebimento da quantia de R$ 10.000,00, precisará,

---

[6] Sobre o inventário e o arrolamento administrativos, ver o nosso Capítulo XXIII ("Inventário") deste volume.

antes, comunicar aos seus dois outros irmãos (coerdeiros), para que eles, no prazo que lhes for assinado, manifestem interesse em adquiri-la, nas mesmas condições.

O ato de comunicação poderá, em nosso sentir, consistir em uma notificação judicial ou extrajudicial, sem prejuízo de, estando já em curso o procedimento judicial de inventário ou arrolamento, o cedente solicitar que o próprio juiz intime os demais herdeiros para, querendo, se manifestarem no prazo assinado.

Em tal caso, deixando transcorrer o prazo *in albis,* o silêncio deve ser entendido como ato de aquiescência à cessão feita ao terceiro.

Mas, se o coerdeiro for alijado do seu direito de preferência, por não lhe ter sido dado conhecimento da cessão, poderá, a teor do art. 1.795 do Código Civil, após depositar o preço, haver para si a quota cedida a estranho, se o requerer até cento e oitenta dias após a transmissão.

É interessante ressaltar que, mesmo na codificação anterior, em que não havia previsão legal específica do direito de preferência do coerdeiro na cessão de créditos hereditários, a jurisprudência já admitia o exercício de um direito de preferência, justamente pela aplicação analógica das regras do condomínio[7], ao qual se equiparava a herança (espólio).

Não se deduza, outrossim, com isso, que o direito de preferência tenha natureza real.

Trata-se, em verdade, de um direito potestativo[8] com prazo decadencial de cento e oitenta dias para ser exercido, sob pena de decadência.

E se houver mais de um sucessor interessado em exercer o direito de preferência?

Nesse caso, atendidos os termos da proposta de cessão, entre eles será distribuído o quinhão, na proporção das suas respectivas quotas hereditárias, conforme estabelecido no parágrafo único do art. 1.795 do CC/2002 ("Sendo vários os coerdeiros a exercer a preferência, entre eles se distribuirá o quinhão cedido, na proporção das respectivas quotas hereditárias").

Trata-se de uma regra bastante razoável, que prestigia indistintamente os herdeiros, evitando-se discussões sobre quem exerceu primeiramente o direito de preferência.

---

[7] "DIREITO DAS SUCESSÕES. DIREITO DE PREFERÊNCIA. Sendo indivisível o bem ao qual concorrem vários herdeiros, aplica-se, em caso de cessão de quotas hereditárias, a regra do artigo 1.139 do Código Civil, se algum dos herdeiros exercer o direito de preferência. Recurso conhecido e provido" (STF, RE 112791, Rel. Min. Carlos Madeira, 2.ª Turma, j. 15-9-1987, *DJ*, 9-10-1987).

[8] Como sabemos, direito potestativo é aquele que, sem ter conteúdo prestacional, ao ser exercido, interfere na esfera jurídica alheia sem que esta pessoa nada possa fazer.

5. NECESSIDADE DA AUTORIZAÇÃO CONJUGAL

A *autorização conjugal* pode ser conceituada como a manifestação de consentimento de um dos cônjuges ao outro, para a prática de determinados atos, sob pena de invalidade[9].

A matéria está atualmente disciplinada nos arts. 1.647 a 1.650 do vigente Código Civil brasileiro.

Dispõe o mencionado art. 1.647 do CC/2002:

> "Art. 1.647. Ressalvado o disposto no art. 1.648, nenhum dos cônjuges pode, sem autorização do outro, exceto no regime da separação absoluta:
>
> I — alienar ou gravar de ônus real os bens imóveis;
>
> II — pleitear, como autor ou réu, acerca desses bens ou direitos;
>
> III — prestar fiança ou aval;
>
> IV — fazer doação, não sendo remuneratória, de bens comuns, ou dos que possam integrar futura meação.
>
> Parágrafo único. São válidas as doações nupciais feitas aos filhos quando casarem ou estabelecerem economia separada".

Todas as hipóteses legais se referem a situações em que o patrimônio do casal é potencialmente afetado, motivo pelo qual se exige a autorização.

Da leitura do *caput* do dispositivo, observamos, de logo, que a necessidade da autorização conjugal é dispensável para aqueles casados "no regime de separação absoluta", que, em nosso sentir, equivale a dizer "separação convencional"[10].

Ora, o inciso I dispõe que a alienação de bens imóveis exige, como regra, a autorização conjugal (a outorga uxória ou a autorização marital), pelo que uma pergunta se impõe: *considerando-se que o direito à sucessão aberta (direito à herança) tem, por força de lei (art. 80, II, do CC)*[11]*, natureza real imobiliária, a cessão do referido direito também exigiria, se casado fosse o cedente, a autorização do seu cônjuge?*

No caso da renúncia propriamente dita, abdicativa, entendemos ser dispensável tal exigência, porquanto, dado o seu efeito retroativo, o renunciante é considerado como se herdeiro nunca houvesse sido.

---

[9] Sobre o tema, ver o nosso v. VI ("Direito de Família"), mais especificamente no tópico 4 ("Autorização Conjugal ('Outorga Uxória' e 'Outorga Marital')") do Capítulo XIII ("Regime de Bens do Casamento: Noções Introdutórias Fundamentais").

[10] Confira-se o Capítulo XVI ("Regime de Bens do Casamento: Separação Convencional de Bens") do v. VI ("Direito de Família") desta coleção.

[11] Sobre o tema, confira-se o tópico "a.5" ("Considerações sobre a natureza imobiliária do direito à sucessão aberta") do Capítulo VIII ("Bens Jurídicos") do v. I ("Parte Geral") desta coleção.

Mas, no caso da cessão de direito — ou "renúncia translativa" como se costuma dizer —, a questão se reveste de maior complexidade, pois, como anotamos, o cedente *aceita* a sua quota, e, em seguida, *transmite-a a terceiro.*

Respeitável corrente de pensamento argumenta que, além da capacidade jurídica, exige-se, para a validade do ato, a *autorização do cônjuge do cedente*, sob o argumento de que se trata de situação semelhante à da alienação de direito imobiliário, para a qual a lei exige outorga uxória ou autorização marital.

Nesse sentido, FRANCISCO CAHALI e GISELDA HIRONAKA prelecionam que:

> "Tratando a sucessão aberta como imóvel (CC/1916, art. 44, III[12]) a renúncia à herança depende do consentimento do cônjuge, independentemente do regime de bens adotado (CC/1916, arts. 235, 242, I e II). Considera-se que a ausência do consentimento torna o ato anulável, uma vez passível de ratificação (*RT* 675/102)"[13].

Ressaltamos que, em nosso pensar, tal formalidade só é necessária em se tratando da chamada "*renúncia translativa*", hipótese em que o herdeiro "*renuncia em favor de determinada pessoa*", praticando, com o seu comportamento, verdadeiro *ato de cessão de direitos.*

Cumpre, por fim, registrar que a matéria não é pacífica, na medida em que há também entendimento no sentido de não ser exigível a referida autorização do outro cônjuge para a renúncia de direitos hereditários.

A pessoa casada, entendemos, pode aceitar ou renunciar à herança ou legado independentemente de prévio consentimento do cônjuge, apesar de o direito à sucessão aberta ser considerado imóvel para efeitos legais por ser ela a herdeira do *de cujus*[14].

Não é, todavia, o nosso pensamento, que encontra guarida na jurisprudência desde a codificação anterior[15].

---

[12] No CC/2002, art. 80, II.

[13] Francisco José Cahali e Giselda Maria Fernandes Novaes Hironaka, *Curso Avançado de Direito Civil*, São Paulo: Revista dos Tribunais, 2000, p. 102. v. 6.

[14] Maria Helena Diniz. *Curso de Direito Civil Brasileiro — Direito das Sucessões*, 34. ed., São Paulo: Saraiva, 2020, v. 6, p. 94.

[15] "Ementa: COMUNHÃO UNIVERSAL DE BENS. No regime da comunhão universal, marido e mulher são verdadeiros condôminos em todos os bens (exceto os incomunicáveis), estejam os bens onde estiverem, e tem neles a metade ideal; dissolvida a sociedade conjugal, o patrimônio comum é igualmente repartido entre os cônjuges, ou entre o sobrevivente e os herdeiros do outro. ACEITAÇÃO DA HERANÇA. É negócio jurídico irrevogável — 'semel heres, semper heres', e não pode ser parcial; a aceitação dos bens situados no estrangeiro, bem como a inventariança dos bens situados no Brasil,

Obviamente, acrescente-se, se a negativa à autorização é injusta, poderá o juiz supri-la, por haver lesão de direito do renunciante, à luz do princípio da inafastabilidade da jurisdição.

6. ASPECTOS TRIBUTÁRIOS

Segundo a vigente Constituição Federal, em seu art. 155, compete aos Estados e ao Distrito Federal instituir impostos sobre:

> "I — transmissão *causa mortis* e doação, de quaisquer bens ou direitos" (*Redação dada pela Emenda Constitucional n. 3, de 1993*).

Assim, temos que, no âmbito do Direito Sucessório, sem prejuízo de outros recolhimentos tributários devidos, avulta a importância do imposto *causa mortis*, de competência dos Estados e do Distrito Federal.

Algumas ponderações, nessa seara, merecem ser feitas.

Ora, se o herdeiro simplesmente abdica da sua quota hereditária, operando a renúncia propriamente dita, estudada no capítulo anterior, será, como

---

confirmou no herdeiro-filho a transmissão efetuada *ex vi legis*. RENÚNCIA TRANSLATIVA DO QUINHÃO HEREDITÁRIO PODE SER FEITA POR TERMO NOS AUTOS. O marido, para renunciar à herança, precisa da outorga uxória. DIREITO DA MULHER, DE IMPUGNAR O ATO PRATICADO SEM SUA ANUÊNCIA. A concordância da mulher com a partilha, realizada no desquite, não implica em tácita abdicação de sua pretensão a haver novos bens, mediante a anulação da renúncia translativa anteriormente praticada pelo cônjuge varão. BENS SITUADOS NO BRASIL E NA REPÚBLICA DO URUGUAI. PROBLEMA DA UNIDADE E DA PLURALIDADE DE JUÍZOS SUCESSÓRIOS. APRESENTAÇÃO HISTÓRICA DO TEMA. DIREITO COMPARADO, E PROTEÇÃO AOS NACIONAIS QUANDO LHES FOR MAIS FAVORÁVEL A LEI DO PAÍS. CÓDIGO DE PROCESSO CIVIL BRASILEIRO, ART.-89, II. COMPETÊNCIA INTERNACIONAL EXCLUSIVA. DISPOSIÇÕES DO CÓDIGO CIVIL DO URUGUAI, ONDE SE PROCESSOU O INVENTÁRIO DOS BENS NAQUELE PAÍS SITUADOS. PRINCÍPIO DA EFETIVIDADE. PREVALÊNCIA, PARA O JUIZ BRASILEIRO, DA LEI MATERIAL BRASILEIRA. Impende ao juiz brasileiro resguardar, na medida do possível, a eficácia e a aplicação da lei material brasileira; no caso concreto, a prevalência das normas relativas à comunhão universal de bens, postergadas no inventário realizado no Uruguai. Direito da autora, anulada a renúncia, a haver seu quinhão nos bens deixados pelo progenitor do ex-marido, considerados tanto os bens situados no Brasil como no Uruguai. Pagamento a ser feito com bens situados em nosso país. Provimento parcial da apelação, para cancelar determinados itens do *decisum*, por importarem condenações dúplices. Manutenção, no essencial, da sentença" (TJRS, AC 500297163/RS, Ap. Cível, 1.ª Câmara Cível, Rel. Athos Gusmão Carneiro, j. 10-6-1980).

"Herança. Renúncia pelo marido. Outorga uxória. Necessidade. Ausência na espécie. Ineficácia consequente do negócio jurídico dispositivo. Aplicação dos arts. 44, III, e 235, I, do Código Civil. Qualquer que seja o regime de bens, não pode o cônjuge renunciar a herança, sem consentimento do consorte" (TJSP, Ap. Cív. 249.828-1, Rel. Des. Cezar Peluso, j. 27-8-1996, v. u.).

vimos, excluído da relação sucessória, não havendo espaço para se falar em incidência de imposto de transmissão *mortis causa*[16].

É o que se dá quando "renuncia em favor de todo o espólio", "de todo o monte" ou em favor "de todos os outros herdeiros".

Não há, no caso, incidência do mencionado imposto estadual.

Os demais herdeiros, por seu turno, que aceitarem as respectivas quotas — o mesmo se diga para o herdeiro único que aceite toda a herança — deverão, por óbvio, fazer o recolhimento devido.

Na hipótese da cessão de direito hereditário — denominada por alguns de "renúncia translativa" — a situação é diversa.

Isso porque, na hipótese, o herdeiro, ainda que diga estar "renunciando em favor de terceiro", em verdade, *aceita a sua quota* e, em seguida, *transmite-a a outra pessoa*, caso em que deverá haver uma dupla incidência tributária: pela ocorrência do fato gerador do tributo *causa mortis* (pois aceita o direito transmitido pela morte do *de cujus*) e, ainda, pela ocorrência do fato gerador consistente na transmissibilidade realizada *inter vivos* (pois cede o direito adquirido a uma outra pessoa).

Neste último caso, tratando-se de transmissão onerosa (o cedente recebeu um preço pela cessão), a competência tributária é municipal (art. 156, II, CF[17]), mas, se a transmissão for gratuita, também será da alçada estadual, à luz do referido art. 155, I, da Constituição brasileira.

---

[16] "Tributário. Direito a herança. Renúncia. Imposto de Transmissão. Código Civil (arts. 1.582 e 1.589). Se todos os filhos do autor da herança renunciam a seus respectivos quinhões, beneficiando a viúva, que era a herdeira subsequente, é incorreto dizer que a renúncia foi antecedida por aceitação tácita da herança. Não incidência do imposto de transmissão" (STJ, REsp 20.183/RJ, 1.ª Turma, Rel. Min. Humberto Gomes de Barros, j. 1.º-12-1993, *DJU*, 7-2-1994, p. 1131, maioria).

[17] Art. 156 da CF: "Compete aos Municípios instituir impostos sobre: (...) II — transmissão *inter vivos*, a qualquer título, por ato oneroso, de bens imóveis, por natureza ou acessão física, e de direitos reais sobre imóveis, exceto os de garantia, bem como cessão de direitos a sua aquisição". Vale lembrar, caro leitor, somente a título de complementação, e para que não pairem dúvidas, que, conforme vimos no capítulo I, o direito à herança tem, por força de lei, *natureza imobiliária*, o que justifica a incidência da norma.

Capítulo VII
Vocação Hereditária

Sumário: 1. Introdução. 2. Relembrando as diferenças conceituais de legitimidade e capacidade. 3. Legitimados para a sucessão hereditária em geral. 4. Legitimidade especial na sucessão testamentária. 4.1. Filhos ainda não concebidos de pessoa indicada pelo testador (prole eventual). 4.1.1. Discussão sobre o enquadramento do embrião como prole eventual. 4.1.2. Discussão sobre a possibilidade de reconhecimento de vocação hereditária autônoma ao embrião. 4.2. Pessoas jurídicas. 4.3. Fundações. 4.3.1. Relembrando as etapas para criação de uma fundação. 4.3.1.1. Afetação de bens livres por meio do ato de dotação patrimonial. 4.3.1.2. Instituição por escritura pública ou testamento. 4.3.1.3. Elaboração dos estatutos. 4.3.1.4. Aprovação dos estatutos. 4.3.1.5. Realização do Registro Civil. 4.3.2. Notas conclusivas sobre a vocação hereditária de fundações. 5. Impedimentos legais sucessórios. 6. Da "vocação hereditária" de animais e coisas.

1. INTRODUÇÃO

No presente capítulo, abordaremos a vocação hereditária, tratada no Capítulo III do Título I ("Da Sucessão em Geral") do Livro V ("Do Direito das Sucessões") do Código Civil.

Se é certo que trataremos de todos os dispositivos legais do referido capítulo codificado, o fato é que não nos limitaremos a eles, permitindo-nos tecer considerações sobre o tema em geral, de forma a possibilitar ao nosso amigo leitor a mais ampla e abrangente visão sobre a matéria.

2. RELEMBRANDO AS DIFERENÇAS CONCEITUAIS DE LEGITIMIDADE E CAPACIDADE

O conceito de "legitimidade", no Direito Civil, sempre causou certa perplexidade.

Isso porque se costuma erroneamente confundir esse conceito com o de capacidade[1].

Como se sabe, adquirida a personalidade jurídica, toda pessoa passa a ser capaz de direitos e obrigações.

---

[1] Confira-se o tópico 2 ("Capacidade de Direito e de Fato e Legitimidade") do Capítulo IV ("Pessoa Natural") do nosso v. I ("Parte Geral").

Possui, portanto, *capacidade de direito ou de gozo.*

Todo ser humano tem, assim, capacidade de direito, pelo fato de que a personalidade jurídica é um atributo inerente à sua condição.

MARCOS BERNARDES DE MELLO prefere utilizar a expressão *capacidade jurídica* para caracterizar a "aptidão que o ordenamento jurídico atribui às pessoas, em geral, e a certos entes, em particular, estes formados por grupos de pessoas ou universalidades patrimoniais, para serem titulares de uma situação jurídica"[2].

Nem toda pessoa, porém, possui aptidão para exercer pessoalmente os seus direitos, praticando atos jurídicos, em razão de limitações orgânicas ou psicológicas.

Se puderem atuar pessoalmente, possuem, também, *capacidade de fato ou de exercício.*

Reunidos os dois atributos, fala-se em *capacidade civil plena.*

Nesse sentido, cumpre invocar o preciso pensamento de ORLANDO GOMES:

> "A capacidade de direito confunde-se, hoje, com a personalidade, porque toda pessoa é capaz de direitos. Ninguém pode ser totalmente privado dessa espécie de capacidade".

E mais adiante:

> "A capacidade de fato condiciona-se à capacidade de direito. Não se pode exercer um direito sem ser capaz de adquiri-lo. Uma não se concebe, portanto, sem a outra. Mas a recíproca não é verdadeira. Pode-se ter capacidade de direito, sem capacidade de fato; adquirir o direito e não poder exercê-lo por si. A impossibilidade do exercício é, tecnicamente, incapacidade"[3].

Não há que se confundir, por outro lado, conforme já dito acima, *capacidade e legitimidade.*

Nem toda pessoa capaz pode estar *legitimada* para a prática de um determinado ato jurídico.

A legitimação traduz uma capacidade específica.

Em virtude de um interesse que se quer preservar, ou em consideração à especial situação de determinada pessoa que se quer proteger, criaram-se *impedimentos circunstanciais,* que não se confundem com as hipóteses legais genéricas de incapacidade.

O tutor, por exemplo, embora maior e capaz, não poderá adquirir bens móveis ou imóveis do tutelado (art. 1.749, I, do CC/2002). Dois irmãos, da

---

[2] Marcos Bernardes de Mello, Achegas para uma Teoria das Capacidades em Direito, *Revista de Direito Privado,* São Paulo: Revista dos Tribunais, jul./set. 2000, p. 17.

[3] Orlando Gomes, *Introdução ao Direito Civil,* Rio de Janeiro: Forense, 2004, p. 172.

mesma forma, maiores e capazes, não poderão se casar entre si (art. 1.521, IV, do CC/2002). Em tais hipóteses, o tutor e os irmãos encontram-se *impedidos de praticar o ato por falta de legitimidade ou de capacidade específica para o ato.*

Sobre o assunto, manifesta-se, com propriedade, SÍLVIO VENOSA, nos seguintes termos:

> "Não se confunde o conceito de capacidade com o de legitimação. A legitimação consiste em se averiguar se uma pessoa, perante determinada situação jurídica, tem ou não capacidade para estabelecê-la. A legitimação é uma forma específica de capacidade para determinados atos da vida civil. O conceito é emprestado da ciência processual. Está legitimado para agir em determinada situação jurídica quem a lei determinar. Por exemplo, toda pessoa tem capacidade para comprar ou vender. Contudo, o art. 1.132 do Código Civil estatui: 'os ascendentes não podem vender aos descendentes, sem que os outros descendentes expressamente consintam'. Desse modo, o pai, que tem a capacidade genérica para praticar, em geral, todos os atos da vida civil, se pretender vender um bem a um filho, tendo outros filhos, não poderá fazê-lo se não conseguir a anuência dos demais filhos. Não estará ele, sem tal anuência, 'legitimado' para tal alienação. Num conceito bem aproximado da ciência do processo, legitimação é a pertinência subjetiva de um titular de um direito com relação a determinada relação jurídica. A legitimação é um *plus* que se agrega à capacidade em determinadas situações"[4].

Pois bem.

Aplicando essa linha de raciocínio para o campo do Direito Sucessório, temos que, para se inserir na relação jurídica hereditária, o sujeito deve ter uma pertinência subjetiva juridicamente autorizada, ou, em outras palavras, *legitimidade sucessória passiva* para receber a herança.

Não é toda pessoa, pois, que pode ser chamada a suceder.

Deverá haver legitimidade para receber a herança, o que se estuda no âmbito da "vocação hereditária", tema desenvolvido no presente capítulo.

Surgem, aqui, as noções de *testamenti factio passiva* (legitimidade ou capacidade específica para ser herdeiro), estudada no presente capítulo, a teor dos arts. 1.798 a 1.803 do Código Civil, e, bem assim, como outra face da moeda, de *testamenti factio ativa* (legitimidade ou capacidade específica para elaborar o testamento), esta última tratada no capítulo dedicado ao estudo da Sucessão Testamentária[5].

---

[4] Sílvio de Salvo Venosa, *Direito Civil — Parte Geral*, cit., p. 139.

[5] Confira-se o Capítulo XIII ("Sucessão Testamentária") deste volume.

3. LEGITIMADOS PARA A SUCESSÃO HEREDITÁRIA EM GERAL

O art. 1.798 do Código Civil brasileiro de 2002 consagra a regra geral sucessória, aplicável tanto à Sucessão Legítima como à Testamentária, segundo a qual têm legitimidade para suceder "as pessoas nascidas ou já concebidas no momento da abertura da sucessão".

Assim, se o sucessor, beneficiário da herança, já é falecido ao tempo da morte do autor da herança, por óbvio, nada herdará, bem como, nesta mesma linha, pessoas ainda não concebidas, em regra, também não herdarão.

Esta norma, em verdade, tem um sentido histórico, encontrando assento em outros sistemas no mundo.

Lembram RIPERT e BOULANGER:

> "Una antigua regla, que se remonta al derecho romano, exige que las sucesiones se abran solamente en favor de las personas que ya tienen existencia, por lo menos en estado de hijos concebidos en el momento del fallecimiento del 'de cujus'. Esta regla no es mas que la expresión de un hecho histórico: los bienes de un muerto son recogidos por aquellos que viven en el momento de su fallecimiento"[6].

E, por óbvio, tem aplicação tanto na Sucessão Legítima como na Testamentária.

Perceba-se que essa é uma legitimidade assentada no direito material para que o sucessor possa receber a herança.

Não se confunde, pois, com a *legitimidade processual*, de que é titular o espólio, para atuar na persecução ou na defesa dos interesses atinentes ao patrimônio deixado pelo falecido, como se vê nas hipóteses abaixo referidas:

> "CIVIL. INDENIZAÇÃO. PLANO DE SAÚDE. CIRURGIA. AUTORIZAÇÃO. AUSÊNCIA.
>
> LEGITIMIDADE. ESPÓLIO. DANOS MORAIS. CONFIGURAÇÃO. *QUANTUM*.
>
> DISSÍDIO. AUSÊNCIA DE DEMONSTRAÇÃO E COMPROVAÇÃO.
>
> 1. 'O espólio detém legitimidade para suceder o autor em ação de indenização por danos morais' (REsp 648.191/RS, Rel. Min. Jorge Scartezzini, DJ 06.12.2004).
>
> 2. É possível a reparação moral quando, como no caso presente, os danos não decorrem de simples inadimplemento contratual, mas da própria situação de abalo psicológico em que se encontra o doente ao ter negada injustamente a cobertura do plano de saúde que contratou.

---

[6] Georges Ripert e Jean Boulanger, *Tratado de Derecho Civil (según el Tratado de Planiol)*, Buenos Aires: La Ley, 1987, v. I, t. X, p. 55.

3. A análise dos motivos ensejadores da aplicação da multa por litigância de má-fé passa, necessariamente, no caso dos autos, pela interpretação de cláusulas contratuais e revolvimento de fatos e provas constantes dos autos, incidindo, pois, os vetos constantes das súmulas 05 e 07 desta Corte. Precedentes.

4. Malgrado a tese de dissídio jurisprudencial, há necessidade, diante das normas legais regentes da matéria (art. 541, parágrafo único, do Código de Processo Civil c/c o art. 255, do RISTJ), de confronto, que não se satisfaz com a simples transcrição de ementas, entre excertos do acórdão recorrido e trechos das decisões apontadas como dissidentes, mencionando-se as circunstâncias que identifiquem ou assemelhem os casos confrontados. Ausente a demonstração analítica do dissenso, há flagrante deficiência nas razões recursais, com incidência do verbete sumular n. 284/STF.

5. Agravo regimental desprovido" (STJ, AgRg no Ag 797.325/SC, Rel. Ministro Fernando Gonçalves, 4.ª Turma, j. 4-9-2008, *DJe*, 15-9-2008).

"PROCESSUAL CIVIL. RECURSO ESPECIAL. AÇÃO INDENIZATÓRIA. DANOS MORAIS. LEGITIMIDADE ATIVA DO ESPÓLIO. REVISÃO PROBATÓRIA. INADMISSIBILIDADE. SÚMULA 7/STJ.

Na linha da jurisprudência deste Tribunal, o espólio detém legitimidade para suceder o autor na ação de indenização por danos morais. No entanto, levando em consideração as singularidades dos fatos e as partes envolvidas, não há como anular o acórdão sem o reexame do quadro fático no qual se baseou o Tribunal local (Súmula 7/STJ).

Recurso especial não conhecido" (REsp 602.016/SP, Rel. Min. Castro Filho, 3.ª Turma, j. 29-6-2004, *DJ*, 30-8-2004, p. 284).

Em síntese, o art. 1.798 do Código Civil contém uma regra material para a sucessão hereditária em geral, que legitima as pessoas nascidas ou os nascituros (aqueles seres humanos já concebidos, embora não nascidos)[7], ao tempo da morte do autor da herança, para receber parte ou todo o patrimônio deixado pelo falecido.

Todavia, situações peculiares também foram previstas.

No âmbito da Sucessão Testamentária, podem ainda ser chamados a suceder, a teor do art. 1.799:

a) os filhos, ainda não concebidos, de pessoas indicadas pelo testador, desde que vivas estas ao abrir-se a sucessão;

b) as pessoas jurídicas;

c) as pessoas jurídicas, cuja organização for determinada pelo testador sob a forma de fundação.

[7] Sobre o tema, confira-se o subtópico 1.3 ("O Nascituro") do Capítulo IV ("Pessoa Natural") do v. I ("Parte Geral") desta coleção.

Cada uma dessas hipóteses merecerá detida consideração, conforme veremos abaixo.

4. LEGITIMIDADE ESPECIAL NA SUCESSÃO TESTAMENTÁRIA

No presente tópico, analisaremos cada uma das hipóteses de legitimidade especial previstas no mencionado art. 1.799 do Código Civil, aplicáveis à Sucessão Testamentária.

4.1. Filhos ainda não concebidos de pessoa indicada pelo testador (prole eventual)

O Código Civil autoriza, em seu art. 1.799, I, que o autor da herança, mediante testamento, beneficie filho ainda não concebido de pessoa indicada pelo testador.

A conhecida categoria da "prole eventual" caracteriza tais filhos ainda não concebidos, valendo frisar que, por óbvio, o(a) genitor(a) indicado(a) deverá ser pessoa existente ao tempo da abertura da sucessão, quando se verificarão as circunstâncias da declaração de vontade[8].

[8] "Ementa: DIREITO CIVIL. SUCESSÃO TESTAMENTÁRIA. FILHOS LEGÍTIMOS DO NETO. LEGATÁRIOS. ALCANCE DA EXPRESSÃO. INTERPRETAÇÃO DO TESTAMENTO. ENUNCIADO N.º 5 DA SÚMULA/STJ. LEGATÁRIO AINDA NÃO CONCEBIDO À DATA DO TESTADOR. CAPACIDADE SUCESSÓRIA. DOUTRINA. RECURSO DESACOLHIDO.

I — A análise da vontade do testador e o contexto em que inserida a expressão 'filhos legítimos' na cédula testamentária vincula-se, na espécie, à situação de fato descrita nas instâncias ordinárias, cujo reexame nesta instância especial demandaria a interpretação de cláusula e a reapreciação do conjunto probatório dos autos, sabidamente vedados, a teor dos verbetes sumulares 5 e 7/STJ. Não se trata, no caso, de escolher entre a acepção técnico-jurídica e a comum de 'filhos legítimos', mas de aprofundar-se no encadeamento dos fatos, como a época em que produzido o testamento, a formação cultural do testador, as condições familiares e sobretudo a fase de vida de seu neto, para dessas circunstâncias extrair o adequado sentido dos termos expressos no testamento.

II — A prole eventual de pessoa determinada no testamento e existente ao tempo da morte do testador e abertura da sucessão tem capacidade sucessória passiva.

III — Sem terem as instâncias ordinárias abordado os temas da capacidade para suceder e da retroatividade da lei, carece o recurso especial do prequestionamento em relação à alegada ofensa aos arts. 1.572 e 1.577 do Código Civil.

IV — O Superior Tribunal de Justiça não tem competência para apreciar violação de norma constitucional, missão reservada ao Supremo Tribunal Federal" (STJ, REsp 203.137/PR, Recurso Especial 1999/0009548-0, Rel. Min. Sálvio de Figueiredo Teixeira, 4.ª Turma, j. 26-2-2002, *DJ*, 12-8-2002, p. 214, *RDR*, v. 24, p. 301; *RSTJ*, v. 159, p. 428).

Vale dizer, Joaquim poderá indicar, em seu testamento, como beneficiário, o filho que a sua sobrinha Lélia ainda não concebeu (o futuro filho dela), mas, ao tempo da sua morte, Lélia deverá estar viva, sob pena de a cláusula testamentária caducar.

Note a diferença manifesta, caro leitor, entre "nascituro" e "prole eventual".

O nascituro, que, como visto, também pode ser beneficiário da herança (art. 1.798), consiste naquele ente já concebido, posto não nascido, e com vida intrauterina; diferentemente, a prole eventual caracteriza aqueles que nem concebidos ainda foram.

Neste último caso, como dito acima, poderão ter especial legitimidade sucessória, se, por meio de testamento, o autor da herança indicá-los como beneficiários e desde que o seu genitor esteja vivo ao tempo da morte (do autor da herança).

Os bens da herança, em tal hipótese, nos termos do art. 1.800, serão confiados, após a liquidação ou partilha, a um curador nomeado pelo juiz, que será, salvo disposição testamentária em contrário, na forma do § 1.º do referido dispositivo, a própria pessoa cujo filho o testador esperava ter por herdeiro, e, sucessivamente, as pessoas indicadas no art. 1.775 do Código Civil[9].

Os poderes, deveres e responsabilidades do curador reger-se-ão, no que couber, pelas disposições concernentes à curatela dos incapazes, na forma do § 2.º do referido art. 1.800 do Código Civil[10].

Finalmente, nascendo com vida o herdeiro esperado, ser-lhe-á deferida a herança, com os frutos e rendimentos relativos à deixa, a partir da morte do testador[11].

Em outras palavras, com o seu nascimento, o Direito Sucessório se consolida, cabendo, logicamente, a partir daí, ao seu representante legal, o encargo de gerir o interesse do incapaz até que atinja a capacidade civil plena, momento em que poderá pessoalmente assumir a administração do seu próprio patrimônio.

---

[9] Código Civil:

"Art. 1.775. O cônjuge ou companheiro, não separado judicialmente ou de fato, é, de direito, curador do outro, quando interdito.

§ 1.º Na falta do cônjuge ou companheiro, é curador legítimo o pai ou a mãe; na falta destes, o descendente que se demonstrar mais apto.

§ 2.º Entre os descendentes, os mais próximos precedem aos mais remotos.

§ 3.º Na falta das pessoas mencionadas neste artigo, compete ao juiz a escolha do curador".

[10] "§ 2.º Os poderes, deveres e responsabilidades do curador, assim nomeado, regem-se pelas disposições concernentes à curatela dos incapazes, no que couber."

[11] "§ 3.º Nascendo com vida o herdeiro esperado, ser-lhe-á deferida a sucessão, com os frutos e rendimentos relativos à deixa, a partir da morte do testador."

Note-se, portanto, que a sucessão da prole eventual é, como a própria expressão infere, "condicionada" à sua concepção.

E como fica a questão da segurança jurídica, diante dessa possibilidade sem a certeza da concreção?

Em outras palavras, uma pergunta se impõe: *e se a prole eventual (beneficiária do testamento) não for concebida?*

Nesse aspecto, o próprio texto legal estabeleceu um termo final para o período de incerteza do destinatário dos bens da herança.

Trata-se do § 4.º do referido art. 1.800, que preceitua, *in verbis*:

> "§ 4.º Se, decorridos dois anos após a abertura da sucessão, não for concebido o herdeiro esperado, os bens reservados, salvo disposição em contrário do testador, caberão aos herdeiros legítimos".

Trata-se de um prazo, à primeira vista, bastante razoável, considerando o período de uma gestação, para a consolidação de um patrimônio cuja sucessão ficou pendente de condição (a concepção e o posterior nascimento com vida do beneficiário).

Todavia, ampliando os horizontes, talvez tal prazo não seja tão elástico assim, uma vez que não contemplaria, por exemplo, situações de destinação testamentária de bens para filhos de pessoas ainda longe da idade de ter condições para procriar.

Também refletindo sobre o prazo, observa o amigo CARLOS ROBERTO GONÇALVES:

> "A estipulação do chamado 'prazo de espera' supre omissão do Código de 1916, que possibilitava a perpetuação da situação de espera do herdeiro aguardado. O período fixado limita, porém, a instituição, que jamais será feita em favor da prole eventual de pessoa que não possa gerar ou conceber no prazo de dois anos, contados da data da morte do testador, sendo este pessoa idosa e aquela de tenra idade, por exemplo"[12].

Em nosso entender, porém, tal prazo não comporta flexibilização pela autonomia da vontade, por imperativo de segurança jurídica.

A menção, no texto legal supratranscrito, à ressalva "*salvo disposição em contrário do testador*" se refere ao destinatário dos bens componentes do acervo, e não à possibilidade de alteração do prazo peremptório previsto em lei.

O termo inicial do prazo é, como visto, a data da abertura da sucessão (da morte do autor da herança), e, frise-se, por se tratar de um prazo decadencial (para o exercício de um direito potestativo), não se aplicam, em regra,

[12] Carlos Roberto Gonçalves, *Direito Civil Brasileiro — Direito das Sucessões*, 14. ed., São Paulo: Saraiva, 2020, v. 7, p. 74-75.

as normas que impedem, suspendem ou interrompem o lapso temporal (como ocorre na prescrição), conforme preceitua o art. 207 do CC/2002[13].

Uma outra observação que se faz importante, e que normalmente é olvidada, diz respeito à literalidade da expressão utilizada no preceito legal aqui interpretado: "*não for concebido o herdeiro esperado*".

Concepção é diferente de nascimento.

Logo, o herdeiro esperado não precisa ter nascido no prazo de dois anos fixado na lei, mas, sim, apenas, ter sido concebido.

Após o seu nascimento com vida, consolidará o seu direito, herdando os bens reservados, conforme já analisado.

Não vindo a nascer vivo (natimorto), a hipótese é de entrega dos bens reservados ao monte partilhável[14].

É como leciona GISELDA MARIA FERNANDES NOVAES HIRONAKA:

> "Pode ser, entretanto, que o rebento imaginado pelo testador tenha efetivamente sido concebido, mas não tenha vindo ao mundo com vida. Dessa derradeira hipótese não tratou expressamente o legislador, mas sua solução é facilmente encontrada no sistema.
>
> Se concebido, adquire o feto a propriedade e a posse indireta dos bens como se de nascituro se tratasse, operando a lei a ficção de que tal aquisição se deu no exato momento do falecimento do testador, e se a lei põe a salvo os direitos do nascituro, condicionando o efetivo exercício desses direitos à aquisição da personalidade, o que ocorre com o nascimento com vida, e se, enfim, o nascituro sucumbe antes de respirar autonomamente, entende a lei que os direitos que ela própria vinha resguardando em seu benefício resolvem-se *ex tunc*, ou seja, desde o momento em que lhes emprestou resguardo"[15].

É, no atual estágio do nosso direito, a solução que se impõe[16].

Por fim, aspecto interessante e que merece referência, por imprimir uma interpretação mais ampla e justa à norma codificada, é no sentido de que a

---

[13] "Art. 207. Salvo disposição legal em contrário, não se aplicam à decadência as normas que impedem, suspendem ou interrompem a prescrição." Sobre o tema, confira-se o Capítulo XVIII ("Prescrição e Decadência") do nosso v. I ("Parte Geral").

[14] Diferente, por óbvio, é a hipótese de "nascer com vida" e falecer instantes após, caso em que consolidará os direitos sucessórios, transmitindo-os aos seus próprios sucessores.

[15] Giselda Maria Fernandes Novaes Hironaka, *Comentários ao Código Civil — Parte Especial: Do Direito das Sucessões (Arts. 1.784 a 1.856)*, coord. Antônio Junqueira de Azevedo, 2. ed. rev. São Paulo: Saraiva, 2007, p. 109-110. v. 20.

[16] Com o desenvolvimento da teoria concepcionista em nosso país, pode ser que, no futuro, solução diversa prevaleça (sobre as teorias explicativas do nascituro, cf. o nosso v. I, Parte Geral, capítulo IV, item 1.3).

prole eventual poderá derivar não apenas do vínculo biológico, mas também civil (socioafetivo), como se dá na adoção.

Nesse sentido, em pesquisa sobre o tema, anotam RUSSI e FONTANELLA:

> "O instituto da prole eventual caracteriza-se pela possibilidade de ter capacidade testamentária passiva os filhos ainda não concebidos de pessoas indicadas pelo testador, desde que vivas estas no momento da morte do mesmo.
>
> A princípio esta possibilidade seria permitida apenas aos filhos designados naturais, frutos do vínculo biológico com o terceiro citado em testamento; porém, a partir da CRFB/88, que consagrou o princípio da igualdade entre todos os filhos independente de sua origem, inicia-se a discussão a respeito da possibilidade da ampliação do termo 'concebidos' para garantir que a filiação adotiva fosse contemplada pelo instituto.
>
> Para tanto, a concepção citada no artigo 1.799, I, do CC, seria o momento em que a parentalidade é estabelecida com o terceiro designado, já que, com relação à filiação, existe total isonomia.
>
> A alteração do modelo de Estado liberal para Estado social, a partir da CRFB/88, trouxe mudanças significativas com relação à visão dos institutos do Direito, fator determinante para o estabelecimento de novos critérios relacionados com a incidência dos direitos fundamentais nas relações privadas.
>
> A concepção de constituição como ordem de valores que irradia efeitos a todas as esferas da vida social passou a influenciar, além do direito público, o direito privado.
>
> Várias teorias foram formuladas a respeito de como se daria a incidência dos direitos fundamentais nas relações privadas, sendo adotada pela maioria dos doutrinadores a da eficácia direta/imediata dos mesmos nas relações privadas.
>
> Apesar dos particulares estarem vinculados aos direitos fundamentais, não podendo desrespeitá-los, a forma de vinculação destes direitos entre estes não é a mesma que afeta aos poderes estatais.
>
> Os particulares também são titulares de direitos fundamentais, possuindo uma esfera de autonomia privada que é constitucionalmente protegida. Desta forma, ao colidirem dois direitos fundamentais, faz-se necessária a ponderação de interesses baseada em parâmetros prefixados, para que, no caso concreto, possa se avaliar qual o bem jurídico deve ser tutelado.
>
> As divergências doutrinárias a respeito do tema proposto fundamentam-se na incidência direta ou indireta dos direitos fundamentais nas relações entre privados, onde prevalece o princípio da autonomia privada.
>
> Por ser o testamento a manifestação da liberdade individual do testador tanto no seu aspecto negocial quanto existencial, o presente artigo se coaduna com a posição defendida por Sílvio de Salvo Venosa, que garante a incidência do direito fundamental à igualdade na relação privada, porém, preserva o direito à autonomia privada do testador.
>
> Sendo assim, se o testador, ao fazer a liberalidade, deixando herança ou legado à prole eventual de terceira pessoa, especificamente vedar a possibilidade

da adoção, sua vontade deve ser respeitada (garantindo assim sua autonomia existencial, sua liberdade de escolha); porém, no caso de omissão, nada declarando o testador a respeito, o princípio constitucional da igualdade entre os filhos independente de sua origem incide diretamente na norma estabelecida, permitindo a adoção"[17].

Na mesma linha de entendimento, SÍLVIO VENOSA, com habitual precisão:

> "O testador não fazendo referência (e sua vontade deve ser respeitada), não se faz distinção quanto à filiação: recebem os filhos legítimos ou ilegítimos, isto é, na nova sistemática, filhos provenientes ou não de união com casamento. Afirmava-se que os adotivos não se incluíam nessa possibilidade, a menos que houvesse referência expressa do testador (Wald, ob. cit.: 94). Contudo, entendemos que a evolução da situação sucessória do adotivo não permite mais essa afirmação peremptória. Lembre-se de que houve sucessivas alterações de Direito Sucessório em favor do filho adotivo. A intenção do legislador foi, sem dúvida, possibilitar a contemplação dos filhos de sangue. A pessoa indicada poderia adotar exclusivamente para conseguir o benefício testamentário. Contudo, já a legitimação adotiva e a adoção plena das leis revogadas não mais permitiam diferença entre a filiação natural e a filiação civil.
>
> Cremos que na atual legislação incumbe ao testador excluir expressamente os filhos adotivos se não desejar incluí-los, por força do art. 41 da Lei n. 8.069/90 (Estatuto da Criança e do Adolescente): 'a adoção atribui a condição de filho ao adotado, com os mesmos direitos e deveres, inclusive acessórios, desligando-o de qualquer vínculo com pais e parentes, salvo os impedimentos matrimoniais'.
>
> Com a mesma conotação apresenta-se a adoção no atual Código Civil. Desse modo, o filho adotivo, conforme nosso ordenamento, se insere no conceito de prole, aliás atendendo ao que a atual Constituição pretendia"[18].

De fato, em nosso sentir, nada impede que à categoria da *prole eventual* tanto possam se subsumir os filhos biológicos da pessoa indicada pelo testador como também os havidos por adoção, ou, até mesmo, em virtude de reconhecimento direto de filiação socioafetiva[19].

---

[17] Patrícia Russi e Patrícia Fontanella, "A Possibilidade da Adoção da Prole Eventual diante da Incidência dos Direitos Fundamentais nas Relações Privadas". Disponível em: <www.flaviotartuce.adv.br/artigosc/adocprole_font.doc>. Acesso em: 16 out. 2011.

[18] Sílvio Venosa, "Capacidade de Testar e Capacidade de Adquirir por Testamento". Disponível em: <http://silviovenosa.com.br/artigo/capacidade-de-testar-e-capacidade-de--adquirir-por-testamento>. Acesso em: 19 out. 2011.

[19] Sobre o tema, confira-se o Capítulo XXV ("Filiação") do v. VI ("Direito de Família") desta coleção.

E o que dizer da legitimidade sucessória do "embrião"?

Seria possível?

É o que enfrentaremos em seguida.

4.1.1. Discussão sobre o enquadramento do embrião como prole eventual

Questão extremamente polêmica, porém, diz respeito à possibilidade de reconhecimento de capacidade sucessória ao embrião.

Sim, ao embrião propriamente dito, *ainda não implantado no útero quando da abertura da sucessão*, não sendo, portanto, tecnicamente, um "nascituro".

Isso porque o Direito não pode fechar os olhos para os avanços da ciência.

Se é certo que o vigente Código Civil brasileiro não tratou detalhadamente da matéria, é uma injustiça dizer que a desconheceu por completo.

Com efeito, importantes diretrizes há nos três últimos incisos do art. 1.597 do nosso Código:

> "Art. 1.597. Presumem-se concebidos na constância do casamento os filhos:
>
> I — nascidos cento e oitenta dias, pelo menos, depois de estabelecida a convivência conjugal;
>
> II — nascidos nos trezentos dias subsequentes à dissolução da sociedade conjugal, por morte, separação judicial, nulidade e anulação do casamento;
>
> III — havidos por fecundação artificial homóloga, mesmo que falecido o marido;
>
> IV — havidos, a qualquer tempo, quando se tratar de embriões excedentários, decorrentes de concepção artificial homóloga;
>
> V — havidos por inseminação artificial heteróloga, desde que tenha prévia autorização do marido".

Ora, o que fazer diante das situações decorrentes de inseminação artificial homóloga (com material fecundante do próprio casal) ou heteróloga (com material fecundante de terceiro), realizadas depois do falecimento do autor da herança?

Poderia, por exemplo, a deixa testamentária beneficiar os futuros filhos de alguém (prole eventual), e, no prazo de dois anos, ocorrer uma concepção mediante uma técnica científica de reprodução assistida e consequente implantação no útero materno?

Não temos dúvida de que, neste caso, o embrião concebido em laboratório e posteriormente implantado no útero materno (como nascituro), adquirirá o Direito Sucessório correspondente.

Claro que há um inconveniente manifesto decorrente da exigência legal do referido prazo de dois anos.

Se a concepção e a implantação se derem dentro do prazo de dois anos, o ente assim formado será considerado filho e herdeiro do autor da herança.

Por outro lado, se a concepção ocorrer após o prazo de dois anos, indiscutivelmente a criança será considerada "filha do falecido" (que autorizou previamente a fecundação), mas não poderá ser considerada "herdeira", pois a concepção se deu fora do biênio.

E uma pergunta ainda mais complexa se imporia: a deixa testamentária poderia beneficiar o embrião ainda não implantado no útero materno?

Seria possível reconhecer ao embrião uma vocação hereditária autônoma?

É o que enfrentaremos no próximo subtópico.

4.1.2. Discussão sobre a possibilidade de reconhecimento de vocação hereditária autônoma ao embrião

Trata-se, a questão ora em debate, sem dúvida, de uma situação de alta complexidade.

O embrião, preservado em laboratório, concebido antes da morte do testador ou durante o prazo de dois anos a contar da abertura da sucessão (uma vez que o falecido poderia autorizar a utilização de material fecundante seu), *não implantado no útero materno*, poderia ser beneficiado pela deixa testamentária?

Note o problema: ele fora concebido, mas não fora implantado no útero materno.

A questão reveste-se de alta complexidade.

MÔNICA AGUIAR, por exemplo, argumenta no sentido da inconveniência do projeto parental *post mortem*:

> "Ao examinar a questão, ressalta JOÃO ÁLVARO DIAS os prejuízos — de ordem inclusive psicológica — para a criança, de ser concebida quando já é órfã de um dos pais, situação que não pode ser justificada com as mesmas razões lançadas para as hipóteses em que, por vicissitudes impossíveis de serem afastadas pela vontade, a criança nasce sem um dos genitores[20].
>
> A procriação resultante de um desejo unilateral foge à bilateralidade que caracteriza o autêntico projeto parental e, pois, não pode provocar efeitos em relação a quem não se manifestou, ao tempo da inseminação artificial, pela assunção desse desiderato.
>
> À realização da inseminação precede a regular emissão de vontade de ambos os cônjuges e companheiros. Formam eles, entretanto, uma única parte, em

---

[20] João Álvaro Dias, *Procriação Assistida e Responsabilidade Médica*. Coimbra: Coimbra Ed., 1996, p. 40.

relação à qual cada uma das declarações singulares de vontade não tem autonomia para gerar a filiação relativamente ao outro e, somente assume relevância jurídica, quando unidas as duas em uma manifestação única.

Pela teoria da vontade procriacional, há que se concluir ser possível reconhecer apenas a filiação *a matre*, afastada, de plano, a presunção prevista no inciso referido, por se tratar de norma inconstitucional, uma vez que violadora do comando expresso no art. 5.º, I, da Constituição Federal, embora seja de lamentar a opção por uma orfandade arbitrariamente provocada"[21,22].

Nessa mesma linha, já prelecionava JOSÉ ROBERTO MOREIRA FILHO:

> "Quanto à inseminação *post mortem*, ou seja, a que se faz quando o sêmen ou o óvulo do *de cujus* é fertilizado após a sua morte, o Direito Sucessório fica vedado ao futuro nascituro, por ter sido a concepção efetivada após a morte do *de cujus*, não havendo, portanto, que se falar em direitos sucessórios ao ser nascido, tendo em vista que pela atual legislação somente são legitimados a suceder as pessoas nascidas ou já concebidas no momento da abertura da sucessão"[23].

Esta primeira corrente de pensamento, pois, nos levaria a concluir pela inadmissibilidade do reconhecimento de legitimidade sucessória ao embrião, por razão, sobretudo, de segurança jurídica.

Outros autores, todavia, seguiram outra tendência.

Há quem defenda a impossibilidade jurídica de reconhecimento da legitimidade sucessória do embrião apenas para participação na Sucessão Legítima, admitindo-se, porém, o cabimento na Sucessão Testamentária.

Em nosso sentir, esta seria a linha de reflexão da querida Professora MARIA HELENA DINIZ:

> "Filho póstumo não possui legitimação para suceder, visto que foi concebido após o óbito de seu pai genético, e por isso é afastado da sucessão legítima ou *ab intestato*. Poderia ser herdeiro por via testamentária, se inequívoca a vontade do doador do sêmen de transmitir herança ao filho ainda não concebido, manifestada em testamento. Abrir-se-ia a sucessão à prole eventual do

---

[21] Rafael Junquera de Estéfani, *Reproducción Asistida, Filosofía Ética y Filosofía Jurídica*, Madrid: Tecnos, 1998, p. 69.

[22] Mônica Aguiar, *Direito à Filiação e Bioética*, Rio de Janeiro: Forense, 2005, p. 119.

[23] José Roberto Moreira Filho, *Os Novos Contornos da Filiação e dos Direitos Sucessórios em Face da Reprodução Humana Assistida*. Disponível em: <http://www.abmp.org.br/textos/2556.htm>. Acesso em: 18 fev. 2012.

próprio testador, advinda de inseminação artificial homóloga *post mortem* (LICC, arts. 4.º e 5.º)"[24].

Perceba-se que não se reconheceria, de fato, uma legitimidade sucessória autônoma, mas, sim, uma aplicação analógica das regras da prole eventual, aqui já trabalhadas.

Trata-se de uma linha de pensamento convincente, muito embora não afaste o inconveniente de o ente concebido poder permanecer congelado, em laboratório, por longos anos.

Afinal, o § 4.º do art. 1.800 parte, sem dúvida, da premissa de que haveria a implantação no útero materno no prazo legal, com a perspectiva de nascimento para os próximos nove meses.

Ora, e se a concepção já se deu, por meio artificial, mantendo-se o embrião congelado em laboratório, a deixa testamentária aguardaria a implantação no útero materno indefinidamente?

E o inventário, em tal caso, permaneceria paralisado?

Em nosso sentir, ao menos enquanto não houver uma regulamentação legal específica, que leve em conta os avanços da tecnologia, a segurança jurídica recomenda que, nos limites da Sucessão Testamentária, o embrião somente poderá figurar como beneficiário se a implantação no útero materno ocorrer dentro do prazo de dois anos, na linha do § 4.º do art. 1.800 do Código Civil.

Após esse prazo, não deixará de ser considerado filho do falecido, mas não terá Direito Sucessório.

Sem dúvida, não se afigura como a melhor solução, mas, em nosso atual sistema, é a mais adequada, mormente em se considerando que a indefinição de um prazo para a implantação geraria o grave inconveniente de prejudicar por meses ou anos o desfecho do procedimento de inventário ou arrolamento, em detrimento do direito dos demais herdeiros legítimos ou testamentários.

4.2. Pessoas jurídicas

Também têm legitimidade para figurar como beneficiárias de testamento as pessoas jurídicas em geral[25].

Nada impede, pois, que o testador deixe parte da sua herança (ou toda ela, caso não tenha herdeiros necessários) para uma associação de apoio a crianças carentes ou para uma igreja.

É muito comum, por exemplo, que professores deixem suas bibliotecas particulares para instituições de ensino a que se dedicaram.

---

[24] Maria Helena Diniz, *O Estado Atual do Biodireito*, 3. ed., São Paulo: Saraiva, 2006, p. 480.

[25] Sobre o tema, veja-se o Capítulo VI ("Pessoa Jurídica") do nosso v. I ("Parte Geral").

Registre-se, porém, que, em nosso pensar, sociedades irregulares ou de fato (despersonificadas) carecem do atributo necessário para figurar como sucessoras testamentárias[26], dado o vício da sua constituição, assim como não poderão ser beneficiários os entes que, posto dotados de capacidade processual, carecem de personalidade jurídica, como o condomínio, a herança jacente ou a massa falida.

4.3. Fundações

Para compreendermos a peculiar legitimidade sucessória das fundações, parece-nos recomendável passarmos antes em revista algumas noções gerais[27].

Primeiramente, lembramos que a "fundação" aqui tratada é a de direito privado, pois, nos termos do art. 1.799, III, somente estas podem ser organizadas segundo a vontade do testador, e não, por óbvio, as fundações públicas, que são criadas por lei.

Diferentemente das associações e das sociedades, as fundações resultam, não da união de indivíduos, mas da afetação de um patrimônio, por testamento ou escritura pública, que faz o seu instituidor, especificando o fim para o qual se destina[28].

Segundo CAIO MÁRIO, "o que se encontra, aqui, é a atribuição de personalidade jurídica a um patrimônio, que a vontade humana destina a uma finalidade social"[29].

O art. 62 do vigente Código Civil dispõe que:

> "Art. 62. Para criar uma fundação, o seu instituidor fará, por escritura pública ou testamento, dotação especial de bens livres, especificando o fim para o qual se destina, e declarando, se quiser, a maneira de administrá-la".

Cumpre-nos observar que o legislador cuidou de inserir parágrafo único ao referido art. 62 do vigente Código Civil, consagrando o elemento fina-

---

[26] Sobre as sociedades irregulares ou de fato, confira-se o subtópico 5.1 ("Sociedades Irregulares ou de Fato") do Capítulo VI ("Pessoa Jurídica") do v. I ("Parte Geral") desta coleção.

[27] Confira-se o subtópico 7.1.3 ("As Fundações") do Capítulo VI ("Pessoa Jurídica") do v. I ("Parte Geral") desta coleção, que, aqui, se faz uma releitura.

[28] A fundação pública, instituída pela União, Estado ou Município, na forma da lei, rege-se por preceitos próprios de direito administrativo, escapando, portanto, como dissemos acima, da perspectiva desta obra.

[29] Caio Mário da Silva Pereira, *Instituições de Direito Civil*, 19. ed. Rio de Janeiro: Forense, 2001, p. 223. v. I.

lístico da fundação, que somente poderá constituir-se *"para fins religiosos, morais, culturais ou de assistência"*. Escapa, pois, do permissivo legal, a entidade supostamente fundacional que empreenda atividade econômica com escopo lucrativo.

Não se admite, por outro lado, sobretudo por sua precípua finalidade social, que a diretoria ou o conselho deliberativo da fundação, desvirtuando inclusive a vontade do instituidor, aliene injustificadamente bens componentes de seu acervo patrimonial.

Nesse sentido, observa LINCOLN ANTÔNIO DE CASTRO:

> "Dependem de prévia autorização do Ministério Público, entre outros atos que, envolvendo o patrimônio e os recursos financeiros, exorbitem da administração ordinária, a alienação de bens do ativo permanente, a constituição de ônus reais, a prestação de garantia a obrigações de terceiros, a aceitação de doações com encargos, a celebração de operações financeiras. O mesmo tratamento aplica-se aos negócios jurídicos celebrados com os participantes ou administradores da fundação, ou com empresas ou entidades em relação às quais os mesmos detêm interesses, direta ou indiretamente, como sócios, acionistas ou administradores"[30].

Para a criação de uma fundação, há uma série ordenada de etapas que devem ser observadas, a saber:

4.3.1. Relembrando as etapas para criação de uma fundação

Nos subtópicos a seguir, relembraremos cada uma das etapas para a criação de uma fundação no sistema codificado brasileiro.

Vamos a elas.

4.3.1.1. Afetação de bens livres por meio do ato de dotação patrimonial

A fundação, como dito, é uma massa patrimonial a que se outorga personalidade jurídica.

Assim, o primeiro passo para sua criação é justamente a iniciativa de um instituidor, no sentido de destacar bens livres e desembaraçados do patrimônio de que é titular para criar a fundação.

---

[30] Lincoln Antônio de Castro, *O Ministério Público e as Fundações de Direito Privado*, Rio de Janeiro: Freitas Bastos, 1995, p. 26.

4.3.1.2. Instituição por escritura pública ou testamento

Escolhidos os bens para a formação da fundação, já pode ela ser instituída formalmente, por escritura pública ou testamento.

Note-se, pois, de logo, atendo-se ao objetivo desta obra, que o instituidor poderá, *mediante a elaboração de testamento, criar uma fundação, dotando-a dos bens necessários para a sua constituição e funcionamento.*

Acrescente-se que por qualquer das formas testamentárias poderá ser criada a fundação, e não apenas pela forma pública, pois, se esta fosse a opção legislativa, teria havido menção expressa na lei.

4.3.1.3. Elaboração dos estatutos

Em linhas gerais, há duas formas de instituição da fundação: a *direta*, quando o próprio instituidor o faz, pessoalmente, inclusive cuidando da elaboração dos estatutos; ou a *fiduciária*, quando confia a terceiro a organização da entidade.

Neste último caso, dispõe o art. 65 do Código Civil:

> "Art. 65. Aqueles a quem o instituidor cometer a aplicação do patrimônio, em tendo ciência do encargo, formularão logo, de acordo com as suas bases (art. 62), o estatuto da fundação projetada, submetendo-o, em seguida, à aprovação da autoridade competente, com recurso ao juiz.
>
> Parágrafo único. Se o estatuto não for elaborado no prazo assinado pelo instituidor, ou, não havendo prazo, em cento e oitenta dias, a incumbência caberá ao Ministério Público".

Note-se que a nova Lei codificada foi mais precisa do que o Código de 1916, uma vez que cuidou de estabelecer o prazo máximo de 180 dias para a elaboração dos estatutos, sob pena de a incumbência ser transferida ao *Parquet*. Em geral, o Ministério Público tem uma ou mais Promotorias de Justiça com atribuição específica de fiscalizar a criação e funcionamento das fundações.

Ainda sobre a elaboração dos estatutos, observe-se que a Lei n. 13.151, de 28 de julho de 2015, admitiu expressamente a possibilidade de estabelecimento de remuneração aos dirigentes de fundações[31].

---

[31] "Art. 4.º A alínea *a* do § 2.º do art. 12 da Lei n. 9.532, de 10 de dezembro de 1997, passa a vigorar com a seguinte redação:

'Art. 12..

§ 2.º ....

a) não remunerar, por qualquer forma, seus dirigentes pelos serviços prestados, exceto no caso de associações assistenciais ou fundações, sem fins lucrativos, cujos dirigentes poderão ser remunerados, desde que atuem efetivamente na gestão executiva, respeitados como limites máximos os valores praticados pelo mercado na região correspondente à sua área

4.3.1.4. Aprovação dos estatutos

Como consectário de sua atribuição legal para fiscalizar as fundações, é o órgão do Ministério Público que deverá aprovar os estatutos da fundação, com recurso ao juiz competente, em caso de divergência.

O interessado submeterá o estatuto ao Ministério Público, que verificará se foram observadas as bases da fundação e se os bens dotados são suficientes ao fim a que ela se destina. Não havendo óbice, o Parquet aprovará o estatuto[32].

---

de atuação, devendo seu valor ser fixado pelo órgão de deliberação superior da entidade, registrado em ata, com comunicação ao Ministério Público, no caso das fundações;

....' (NR)"

"Art. 5.º A alínea *c* do art. 1.º da Lei n. 91, de 28 de agosto de 1935, passa a vigorar com a seguinte redação:

'Art. 1.º ....

c) que os cargos de sua diretoria, conselhos fiscais, deliberativos ou consultivos não são remunerados, exceto no caso de associações assistenciais ou fundações, sem fins lucrativos, cujos dirigentes poderão ser remunerados, desde que atuem efetivamente na gestão executiva, respeitados como limites máximos os valores praticados pelo mercado na região correspondente à sua área de atuação, devendo seu valor ser fixado pelo órgão de deliberação superior da entidade, registrado em ata, com comunicação ao Ministério Público, no caso das fundações.' (NR)"

"Art. 6.º O inciso I do art. 29 da Lei n. 12.101, de 27 de novembro de 2009, passa a vigorar com a seguinte redação:

'Art. 29. ....

I — não percebam seus diretores, conselheiros, sócios, instituidores ou benfeitores remuneração, vantagens ou benefícios, direta ou indiretamente, por qualquer forma ou título, em razão das competências, funções ou atividades que lhes sejam atribuídas pelos respectivos atos constitutivos, exceto no caso de associações assistenciais ou fundações, sem fins lucrativos, cujos dirigentes poderão ser remunerados, desde que atuem efetivamente na gestão executiva, respeitados como limites máximos os valores praticados pelo mercado na região correspondente à sua área de atuação, devendo seu valor ser fixado pelo órgão de deliberação superior da entidade, registrado em ata, com comunicação ao Ministério Público, no caso das fundações;'"

[32] Com a aprovação do CPC/2015, não há mais a esdrúxula possibilidade de o Juiz "aprovar" o Estatuto elaborado pelo MP (art. 1.202 do CPC/1973). O regulamento atual é mais técnico e preciso:

"Art. 764. O juiz decidirá sobre a aprovação do estatuto das fundações e de suas alterações sempre que o requeira o interessado, quando:

I — ela for negada previamente pelo Ministério Público ou por este forem exigidas modificações com as quais o interessado não concorde;

II — o interessado discordar do estatuto elaborado pelo Ministério Público.

4.3.1.5. Realização do Registro Civil

Como toda pessoa jurídica de direito privado, o ciclo constitutivo da fundação só se aperfeiçoa com a inscrição de seus atos constitutivos no Cartório de Registro Civil das Pessoas Jurídicas.

Nesse sentido, reza o art. 114 da Lei n. 6.015 de 31 de dezembro de 1973 (Lei de Registros Públicos):

> "Art. 114. No Registro Civil de Pessoas Jurídicas serão inscritos: I — os contratos, os atos constitutivos, o estatuto ou compromissos das sociedades civis, religiosas, pias, morais, científicas ou literárias, bem como o das *fundações* e das associações de utilidade pública" (grifo nosso).

Trata-se de uma formalidade indispensável de natureza constitutiva, sem a qual não há que se falar em criação da pessoa jurídica.

4.3.2. Notas conclusivas sobre a vocação hereditária de fundações

De todo o exposto, é digno de nota que a fundação não apenas é beneficiada pela dotação patrimonial prevista no testamento, mas, também, pode ser *criada ou constituída* pelo mesmo ato de disposição de última vontade.

Com isso, concluímos que a legitimidade da fundação para figurar como beneficiária de testamento comportaria uma análise jurídica em dupla perspectiva:

a) a fundação, *já existente*, é beneficiada por testamento (caso em que, já sendo "pessoa jurídica", a sua legitimidade está prevista no inciso anteriormente analisado — art. 1.799, II, do Código Civil);

b) a fundação *é criada* pelo próprio testamento que afeta bens para a sua constituição e funcionamento (caso em que temos a especial situação ora analisada — art. 1.799, III, do Código Civil).

Em ambos os casos, temos manifestada a vocação hereditária das fundações.

5. IMPEDIMENTOS LEGAIS SUCESSÓRIOS

Algumas pessoas estão impedidas de ser nomeadas herdeiras ou legatárias, nos expressos termos do art. 1.801 do Código Civil.

As hipóteses são, portanto, de ausência de legitimidade sucessória passiva.

Estão, pois, proibidas de ser beneficiadas por testamento:

---

§ 1.º O estatuto das fundações deve observar o disposto na Lei n. 10.406, de 10 de janeiro de 2002 (Código Civil).

§ 2.º Antes de suprir a aprovação, o juiz poderá mandar fazer no estatuto modificações a fim de adaptá-lo ao objetivo do instituidor."

1) *a pessoa que, a rogo, escreveu o testamento, nem o seu cônjuge ou companheiro, ou os seus ascendentes e irmãos* — para evitar indevida interferência na manifestação de vontade do testador, ou, até mesmo, a captação dolosa da sua vontade, não poderão ser beneficiados: a pessoa que escreveu, digitou ou datilografou o testamento a pedido do testador nem o seu cônjuge, companheiro, ascendente e irmão. O autor da herança, por exemplo, não poderá deixar parte da sua herança para a enfermeira que escreveu, a seu rogo, o testamento, nem ao filho ou marido dela. Tudo isso, como dito, para preservar incólume a real intenção do testador, quando da manifestação da sua última vontade;

2) *as testemunhas do testamento* — pela mesma razão acima exposta, não poderão as pessoas chamadas a testemunhar a elaboração do testamento ser beneficiadas nesse mesmo ato, em respeito à preservação da autonomia da vontade do testador;

3) *o(a) concubino(a) do(a) testador(a) casado(a), salvo se este, sem culpa sua, estiver separado de fato do cônjuge há mais de cinco anos* — primeiramente, recordemo-nos de que a palavra "concubino(a)", em nosso direito positivo, significa "amante", ou seja, a pessoa que é partícipe de uma relação paralela afetiva espúria com alguém impedido[33]. Pois bem. O que o dispositivo pretende é impedir que o testador — ou testadora, claro (pois os direitos são iguais) — casado beneficie, por meio do seu testamento, a(o) sua(seu) amante. Note-se, nesse ponto, que óbice algum há no que toca à deixa testamentária que beneficie a(o) companheira(a), integrante de uma união estável com o testador, pois, como sabemos, neste caso, estamos diante de uma entidade familiar, constitucionalmente protegida. Afinal, "concubina(o)" e "companheira(o)" são figuras que não se confundem. A proibição, portanto, atinge um homem, por exemplo, que, sendo casado (e que mantém ainda a sociedade conjugal), pretenda deixar parte da sua herança para a mulher com quem mantém um relacionamento clandestino há alguns anos. A vedação é expressa. Todavia, o dispositivo, na parte final, ressalva que a disposição testamentária será possível se o testador estiver separado de fato do seu cônjuge há mais de cinco anos. Não andou bem o legislador no estabelecimento desse prazo. Ora, se o testador já estiver *separado de fato* do seu marido ou da sua esposa, poderá testar, em nosso sentir, respeitada a legítima dos herdeiros necessários, para quem quiser, pois não há que se falar mais em traição, infidelidade, ou seja, em relação clandestina ou concubinato. Até porque, mesmo antes de completar o referido prazo quinquenal, já pode estar vivendo uma história de amor com outra pessoa, em união estável, além do fato de que, tendo em

[33] Sobre o tema, confira-se o Capítulo XX ("Concubinato e Direitos da(o) Amante") do v. VI ("Direito de Família") desta coleção.

vista a Emenda Constitucional n. 66/2010, o divórcio se tornou um direito potestativo sem exigibilidade de prazo mínimo para sua manifestação, judicial ou administrativa[34];

4) *o tabelião, civil ou militar, ou o comandante ou escrivão, perante quem se fizer, assim como o que fizer ou aprovar o testamento* — pelo mesmo princípio de isenção, o oficial que elaborar ou aprovar o testamento não poderá, ao mesmo tempo, ser, por meio dele, beneficiado.

E, como o sistema normativo atua para evitar manobras fraudulentas, o art. 1.802, acertadamente, prescreve a nulidade absoluta da disposição testamentária que beneficie, indiretamente, qualquer dessas pessoas acima referidas:

> "Art. 1.802. São nulas as disposições testamentárias em favor de pessoas não legitimadas a suceder, ainda quando simuladas sob a forma de contrato oneroso, ou feitas mediante interposta pessoa.
>
> Parágrafo único. Presumem-se pessoas interpostas os ascendentes, os descendentes, os irmãos e o cônjuge ou companheiro do não legitimado a suceder".

A lógica do parágrafo único é evidente.

Se João (testador casado) não pode testar em favor de Geralda, sua concubina, também não poderá fazê-lo por via oblíqua, em inequívoca simulação relativa, beneficiando indiretamente o irmão dela.

Da mesma forma, não poderá simular uma compra e venda (ato oneroso) com ela para mascarar a doação.

Todavia, por óbvio, tomando ainda o mesmo exemplo como referência, se João teve um filho com Geralda, poderá beneficiá-lo — respeitada, claro, a legítima dos eventuais herdeiros necessários — visto que a vedação não poderia agredir direito de filho algum, sob pena de inconstitucionalidade.

É o que dispõe o art. 1.803 do Código Civil:

> "Art. 1.803. É lícita a deixa ao filho do concubino, quando também o for do testador".

Tal dispositivo, sem equivalente na codificação anterior, incorpora ao direito positivo brasileiro o anterior entendimento da Súmula 447 do Supremo Tribunal Federal[35].

---

[34] Sobre o tema, confira-se o nosso *O Divórcio na atualidade* (São Paulo: Saraiva), bem como o Capítulo XXIII ("O Divórcio como Forma de Extinção do Vínculo Conjugal") do v. VI ("Direito de Família") desta coleção.

[35] Súmula 447 do Supremo Tribunal Federal: "É válida a disposição testamentária em favor de filho adulterino do testador com sua concubina".

6. DA "VOCAÇÃO HEREDITÁRIA" DE ANIMAIS E COISAS

Apenas a título de arremate deste capítulo, que pretendeu dar uma visão geral da vocação hereditária, seja legítima, seja testamentária, parece-nos interessante tecer breves considerações acerca da "vocação hereditária" de animais e coisas.

Tais observações se fazem necessárias pela dúvida comumente vista em sala de aula, principalmente influenciada por uma visão simplista de legislações estrangeiras, ventilada em filmes ou seriados.

É aquela velha história "do milionário que deixou sua fortuna para seu cachorrinho Bilu" ou "a da falecida que deixou toda sua herança para a sua biblioteca".

A rigor, nada disso é permitido no Brasil.

Semoventes e coisas são, no sistema brasileiro, bens, não tendo personalidade jurídica e, muito menos, vocação hereditária.

O que é possível é o estabelecimento de ônus para determinados herdeiros, em disposições testamentárias, para que realizem o encargo, por exemplo, de cuidar de determinado animal, enquanto ele viver.

Da mesma forma, é possível, como visto, destinar parte ou totalidade da herança para uma fundação, por exemplo, com a finalidade cultural de promover a educação, mediante a criação de uma área de estudos para graduandos.

Tais condutas, evidentemente possíveis e lícitas, jamais devem ser confundidas com uma suposta "vocação hereditária" de animais e coisas, que ainda não é permitida no atual panorama do Direito Brasileiro[36].

---

[36] Quanto aos animais, o fato de não possuírem "legitimidade sucessória passiva", objeto do presente capítulo, não afasta uma reflexão mais detida quanto ao tratamento de sua esfera existencial e a imperiosa necessidade de proteção e cuidado em níveis constitucional e legal. Sobre o avanço desta matéria, cf. Edna Cardozo Dias, "Os animais como sujeitos de direito", *Jus Navigandi*, Teresina, ano 10, n. 897, 17 dez. 2005. Disponível em: <http://jus.com.br/revista/texto/7667>. Acesso em: 25 abr. 2012.

Capítulo VIII
Excluídos da Sucessão

1. INTRODUÇÃO

Nosso grande esforço, ao longo de toda a obra, é conjugar o aprofundamento científico ao apuro sistemático, em prol da melhor compreensão da disciplina.

Em nosso sentir, o Direito das Sucessões, tal como atualmente regulado, apresenta, sob certos aspectos, um indesejável panorama assistemático.

Vale dizer, dentre os ramos do Direito Civil, é o que exige, do jurista, maior cuidado organizacional na exposição das suas noções fundamentais, porquanto a normatização existente, e em vigor, em diversos pontos, afigura-se confusa.

Tome-se como exemplo a já criticada localização do art. 1.790 do Código Civil brasileiro de 2002 que, topograficamente situado no capítulo dedicado às "disposições gerais" da "Sucessão em Geral" (Título I do Livro V), cuida especificamente do *"Direito Sucessório do(a) companheiro(a) viúvo(a)"*.

Outros exemplos, extraídos da legislação codificada, poderiam ser apontados, e que serviriam de reforço à ideia acima esposada, segundo a qual a regulamentação legal do Direito Hereditário brasileiro apresenta-se, em muitos pontos, desordenada.

Muito bem.

Traçamos essas breves linhas para que o nosso leitor possa compreender a perspectiva crítica que inicia a abordagem deste capítulo.

O Capítulo V do Título I ("*Da Sucessão em Geral*") do Livro V ("*Direito das Sucessões*") do nosso Código Civil é genericamente intitulado "Dos Excluídos da Sucessão", e, ao longo do seu corpo de normas, cuida de disciplinar o instituto jurídico da *exclusão por indignidade.*

Sucede que, no âmbito da Sucessão Testamentária (Capítulo X do Título III do Livro V) —, por óbvio, também integra a noção maior de "*Sucessão em Geral*" —, outro importante instituto é disciplinado, o qual também objetiva o afastamento compulsório de um sucessor: *a deserdação.*

Ou seja, o legislador, posto pretenda, na parte geral do Direito Sucessório, tratar dos sucessores excluídos, inadvertidamente deixa de inserir (ou ao menos referir) instituto correlato e dotado de uma inequívoca paridade funcional.

Por isso, em respeito à lógica e à precisão das ideias, cuidaremos de analisar, neste mesmo capítulo, tanto a *exclusão por indignidade* como a *deserdação,* não obstante sejam tratados em distintas partes da mesma codificação.

Também é assim em outros sistemas positivados:

> "Con acierto se ha observado que en forma compatible y sin excluírse, desheredación e indignidad han convivido durante siglos en los ordenamientos jurídicos. Sin adelantarnos a lo que ha de verse más adelante, conviene advertir que desarrollada en el derecho romano, aunque tardíamente, mostró luego de la época justinianea notas características, que marcaban su diferencia con la indignidad. La desheredación de los ascendientes y descendientes debía realizarse en un testamento que contuviera institución de herederos y en virtud de alguna de las causas previstas por Justiniano, lo que originaba una exclusión determinante de que los bienes pasaran directamente a los que venían a suceder en su lugar. Por la indignidad, en cambio, no se originaba una verdadera exclusión inicial, y la situación ha quedado acuñada en la frase que hemos recordado: *indignus potest capere sed non potest retinere.* Los bienes de que era privado el indigno pasaban al fisco por el procedimiento de la extraordinaria cognitio (*bona ereptoria*).
>
> También el derecho consuetudinario francés admitió la indignidad y la desheredación como institutos diferentes. Sin embargo, apartándose del precedente romano, se unificaron las causales que para uno y otro resultaron idénticas, variando las formas operativas. La desheredación dependía de la voluntad del causante expresada en el testamento, apareciendo la indignidad como una forma tácita de aquélla, pronunciada por la justicia después de la muerte del causante, cuando las circunstancias no le habían permitido desheredar al heredero culpable. Ambas producían análogos efectos, ya que a diferencia del sistema romano, los bienes de los cuales era excluído el indigno pasaban a los otros sucesores sin que se produjera la confiscación por el Estado. La dualidad de institutos subsistió durante el periodo revolucionario, desapareciendo al dictarse el Código Civil francés, que abolió la desheredación.
>
> El Código argentino se mantuvo fiel a las inspiraciones justinianeas y legisló separadamente ambos institutos. No han faltado críticas contra esta solución, postulándose la supresión de la desheredación por considerarla odiosa e

inútil. Así, Bibiloni, al borrar el título respectivo, adujo que tratada en el Código la exclusión del heredero o legatario por indignidad, de manera comprensiva a toda clase de sucesión, carecía de objeto decir cuándo el heredero forzoso debía ser separado de la sucesión por declaración del testador. El mismo temperamento fue adoptado por el Proyecto de 1936, aunque Martínez Paz cuidó de puntualizar que si bien la Comisión había seguido el consejo del Anteproyecto, las razones con que Bibiloni apoyaba su supresión no aparecían como del todo convincentes"[1].

---

[1] Jorge O. Maffia, *Manual de Derecho Sucesorio*, 5. ed., Buenos Aires: Depalma, 2002, p. 106-107.

Em tradução livre de Rodolfo Pamplona Filho do espanhol para o português (os brocardos latinos foram mantidos na integridade):

"Com sucesso, tem sido observado que, de forma compatível e não excludente, deserdação e indignidade têm convivido por séculos nos ordenamentos jurídicos. Sem anteciparmos o que será visto a seguir, deve-se advertir que, desenvolvida no direito romano, embora tardiamente, foi, então, na era Justiniana, que (a deserdação) mostrou suas notas características, marcando sua diferença em relação à indignidade. A deserdação dos ascendentes e descendentes devia se realizar em testamento que contenha a instituição de herdeiros e em decorrência de alguma das causas previstas por Justiniano, o que originava uma exclusão determinante de que os bens passariam diretamente para aqueles que sucederiam em seu lugar. Para a indignidade, no entanto, não se originou uma verdadeira exclusão inicial, e a situação se firmava na frase cunhada que já lembramos: *indignus potest capere sed non potest retinere.* Os bens de que era privado o indigno passavam para o Tesouro pelo procedimento da cognição extraordinária (*bona ereptoria*).

Também o Direito consuetudinário francês admitiu a indignidade e a deserdação como institutos diferentes. No entanto, afastando-se do precedente romano, unificaram-se as causas que, para um e outro, resultaram idênticas, variando as formas de se aplicar. A deserdação dependia da vontade expressa do autor da herança, manifestada no testamento, aparecendo a indignidade como uma forma tácita daquela, pronunciada pela justiça após a morte do autor da herança, quando as circunstâncias não lhe permitiram deserdar o herdeiro culpado. Ambas produziam efeitos semelhantes, uma vez que, ao contrário do sistema romano, os bens excluídos do indigno passavam aos outros sucessores sem que se realizasse a apropriação pelo Estado. A dualidade de institutos subsistiu durante o período revolucionário, desaparecendo com o advento do Código Civil francês, que aboliu a deserdação.

O Código argentino se manteve fiel às inspirações Justinianas e legislou separadamente ambos os institutos. Não faltaram críticas a esta solução, postulando-se a supressão da deserdação, por considerá-la odiosa e inútil. Então, Bibiloni, ao excluir o respectivo título, argumentou que, tratada pelo Código a exclusão do herdeiro ou legatário por indignidade, de maneira abrangente para todos os tipos de sucessão, perderia objeto dizer quando o herdeiro deveria ser excluído da sucessão por declaração do testador. O mesmo temperamento foi adotado pelo Projeto de 1936, apesar de que Martínez Paz cuidou de apontar que, apesar de a Comissão ter seguido a recomendação do Anteprojeto, as razões com que Bibiloni fundamentava sua supressão não se mostravam tão convincentes".

De logo, anotamos, porém, que tais institutos, por objetivarem o afastamento punitivo de um dos sucessores, em nada se confundem com as hipóteses de "impedimento legal para a sucessão", previstas no art. 1.801 e já tratadas por nós no capítulo imediatamente anterior[2], pois, neste último caso, o que há, como vimos, é a simples ausência de legitimidade testamentária passiva.

2. EXCLUSÃO POR INDIGNIDADE

Primeiramente, trataremos da "exclusão por indignidade", cujas causas estão taxativamente enumeradas no art. 1.814 do Código Civil de 2002, e que tanto pode se aplicar à Sucessão Legítima como à Testamentária.

Trata-se, pois, de um instituto de amplo alcance, cuja natureza é essencialmente punitiva, na medida em que visa a afastar da relação sucessória aquele que haja cometido ato grave, socialmente reprovável, em detrimento da integridade física, psicológica ou moral, ou, até mesmo, contra a própria vida do autor da herança.

Em outras palavras, invocando RIPERT e BOULANGER, "la indignidad es la exclusión de la sucesión, pronunciada a título de pena contra quien ha sido culpable de faltas graves contra el difunto y su memoria. Se funda pues en motivos personales del indigno"[3].

Afinal, não é justo, nem digno, que, em tais circunstâncias, o sucessor experimente um benefício econômico decorrente do patrimônio deixado pela pessoa que agrediu.

O algoz não deve herdar da vítima.

No direito alemão, o tratamento dispensado ao indigno não é menos rigoroso, como observam os Professores RAINER HAUSMANN e GERARD HOHLOCH, que salientam o caráter criminal da conduta do sucessor indigno:

> "Die abschliessend im Gesetz aufgezählten Erbunwürdigkeitsgründe haben alle gemeinsam, dass es sich um strafrechtlich relevante Taten handeln muss, die der Erbe gegenüber dem Erblasser vorgenommen hat. Eine strafrechtliche Verurteilung ist nicht notwendig, vielmehr genügt die tatbestandliche Begehung einer strafrechtlich relevanten Tat"[4].

---

[2] Confira-se o Capítulo VII ("Vocação Hereditária") deste volume.

[3] Georges Ripert e Jean Boulanger, *Tratado de Derecho Civil* (*según el Tratado de Planiol*), cit., p. 63.

[4] Tradução livre de Pablo Stolze Gagliano: "As razões de indignidade sucessória estão taxativamente previstas na lei. Tais razões têm em comum o fato de que todas elas constituem condutas criminalmente relevantes cometidas pelo sucessor contra o autor da herança. Contudo, uma condenação criminal não é necessária, sendo suficiente a prática de uma ação criminalmente relevante" (Rainer Hausmann e Gerhard Hohloch, *Handbuch des Erbrechts*, 2. ed., Berlin: Erich Schmidt Verlag, 2010, p. 90).

Nesse contexto, é forçoso convir que, por se tratar de medida sancionatória, as causas da exclusão sucessória não comportariam interpretação extensiva ou analógica, razão pela qual devem ser cuidadosamente interpretadas.

Trata-se, pois, de um instituto penal — pois comina uma sanção ou pena — de caráter civil, e que traduz uma consequência lógico-normativa pela prática de um "ato ilícito", instituto previsto no art. 186 do Código Civil de 2002, dado o seu caráter antijurídico e desvalioso.

Sucede que, diferentemente dos ilícitos civis em geral — que, quando perpetrados, implicam a obrigação de indenizar —, os atos de indignidade cometidos contra o falecido resultam em uma sanção específica: *a exclusão do indigno da cadeia sucessória, subtraindo-lhe o direito de haver qualquer bem da herança, como se herdeiro nunca houvesse sido.*

Previsão de sanção semelhante há no âmbito do contrato de doação, conforme observou PABLO STOLZE GAGLIANO, ao estudar a revogação da liberalidade por ato de ingratidão:

> "Sem sombra de dúvida, uma das piores qualidades que um homem pode cultivar é a *ingratidão.*
>
> Segundo o clássico dicionarista CALDAS AULETE, o ingrato é aquele 'que não mostra reconhecimento' ou, simplesmente, 'que se esqueceu dos benefícios que recebeu'[5].
>
> No caso de tal comportamento provir do donatário, a situação reveste-se de maior gravidade, na medida em que, beneficiado por um ato de liberalidade ou até mesmo altruísmo, volta-se traiçoeiramente contra aquele que o agraciou.
>
> Podemos, até, afirmar que o cometimento de qualquer dos atos de ingratidão capitulados na lei civil (o rol é exaustivo) traduz quebra de *boa-fé objetiva pós-contratual,* ou seja, implica o cometimento de ato atentatório ao dever de respeito e lealdade, observável entre as próprias partes, mesmo após a conclusão do contrato.
>
> (...)
>
> O descaso, a frieza e a indiferença, por mais desalentadores que sejam, são sentimentos que não se confundem com a ingratidão, não permitindo ao doador o desfazimento da doação nem mesmo por invalidade, como já decidiu o Superior Tribunal de Justiça:
>
> 'A conclusão é da Terceira Turma do Superior Tribunal de Justiça (STJ), ao julgar processo de casal de São Paulo que pretendia anular a doação de vários imóveis à filha, alegando que ela 'nunca mais teve notícias de seus pais, não lhes dirigindo a palavra, ou mesmo telefonando para saber se estão passando bem, tendo, inclusive, após séria doença que acometeu o seu pai (...), deixado

---

[5] Caldas Aulete, *Dicionário Contemporâneo da Língua Portuguesa,* Rio de Janeiro: Delta, 1958, p. 2738. v. III.

de comparecer ao hospital para visitá-lo (até mesmo depois desta operação), em total ignorância aos seus genitores'.

Os pais queixaram-se de ofensa ao artigo 1.183 do Código antigo, afirmando que os frutos e os rendimentos dos imóveis em questão cessaram, sendo-lhes negadas indiretamente fontes de alimento. Além de demonstração de abandono material e moral, devido à falta de visitação, carinho, respeito e atenção, ferindo, com isso, seus 'mais frágeis sentimentos de filiação'. Pleiteavam a revogação das doações feitas, restabelecendo os imóveis na propriedade dos doadores.

Com o seguimento negado na origem, o casal entrou no STJ. O relator do processo, ministro Humberto Gomes de Barros, esclareceu que a doação, conforme dispõe o artigo 1.181 do Código Civil de 1916, pode ser revogada por três modos: pelos casos comuns a todos os contratos (vícios do negócio jurídico, incapacidade absoluta, ilicitude ou impossibilidade do objeto), por ingratidão do donatário e por inexecução do encargo, no caso de doação onerosa.

De acordo com o relator, apesar de se tratar de um negócio jurídico proveniente da liberalidade do doador, a lei, principalmente em respeito à segurança jurídica, limita o arbítrio do doador em desfazer tal liberalidade. Assim, o ministro reconheceu a taxatividade das hipóteses previstas no artigo 1.183 do Código Civil de 1916 (Código Beviláqua), segundo o qual só se podem revogar por ingratidão nas seguintes situações: se o donatário atentou contra a vida do doador, se cometeu contra ele ofensa física, se o injuriou gravemente, ou o caluniou, ou se, podendo ministrá-los, recusou ao doador os alimentos de que este necessitava. 'Não é, portanto, qualquer ingratidão suficiente para autorizar a revogação da doação. No caso dos autos, ainda que se considere desrespeitoso ou injusto o desapego afetivo da ora recorrida, não há como enquadrar sua conduta nas estreitas hipóteses previstas pelo Código Beviláqua', observou o ministro Gomes de Barros, ao negar conhecimento ao recurso[6].

Seguindo essa linha, concluímos que, caso o donatário realize qualquer dos atos de ingratidão alinhados no art. 557 do Código Civil, estará atuando em detrimento à regra ética (e de exigibilidade jurídica) da *boa-fé objetiva pós-contratual*.

'Art. 557. Podem ser revogadas por ingratidão as doações:

I — se o donatário atentou contra a vida do doador ou cometeu crime de homicídio doloso contra ele;

II — se cometeu contra ele ofensa física;

III — se o injuriou gravemente ou o caluniou;

IV — se, podendo ministrá-los, recusou ao doador os alimentos de que este necessitava'"[7].

---

[6] Superior Tribunal de Justiça, *Noticiário Eletrônico*, informativo de 2-3-2006. Disponível em: <http//www.stj.gov.br>. Acesso em: 27 fev. 2012.

[7] Pablo Stolze Gagliano, *Contrato de Doação*, 5. ed., São Paulo: Saraiva, 2021 (no prelo), p. 229.

Claro está, no entanto, que, embora exista certa semelhança com a revogação da doação por ingratidão, a *exclusão por indignidade*, instituto tipicamente sucessório, tem os seus próprios fundamentos e regramento peculiar, conforme veremos abaixo.

2.1. Causas de exclusão por indignidade

Inicialmente, observamos que as hipóteses autorizadoras da exclusão estão taxativamente previstas em lei, não admitindo, como já afirmado, interpretação extensiva ou analógica, dado o seu caráter punitivo[8].

Por tradição, também, é firme o entendimento no sentido de que o direito de demandar a exclusão, por envolver interesse patrimonial, caberia a outro herdeiro ou legatário[9], o que comporta, claro, reflexão.

Esse direito, acrescente-se ainda, deverá ser exercido no prazo decadencial de quatro anos, a contar da data da abertura da sucessão (da morte do autor da herança)[10].

E quais seriam os fundamentos da exclusão sucessória?

Nos termos do art. 1.814 do Código Civil, são excluídos da sucessão os herdeiros ou legatários:

---

[8] "DECLARAÇÃO DE INDIGNIDADE DE HERDEIRO. CARÊNCIA DE AÇÃO POR IMPOSSIBILIDADE JURÍDICA DO PEDIDO. As causas que autorizam a exclusão de herdeiro ou legatária da sucessão estão taxativamente enumeradas no art. 1.595, do CCB, constituindo *numerus clausus*, e não admitem interpretação extensiva. Nelas não se enquadra o pretenso abandono material que o réu teria praticado em relação ao autor da herança. Negaram provimento" (TJRS, Ap. Cív. 70003186897, 7.ª Câmara Cível, Rel. Luiz Felipe Brasil Santos, j. 27-2-2002). Observamos apenas que o artigo correspondente ao 1.595 no Código Civil de 2002 é o 1.814.

[9] Nesse sentido, observa Orlando Gomes: "A indignidade tem de ser declarada por sentença judicial. Pressupõe, assim, ação que a suscite. A ação pode ser intentada pelo interessado em obter a declaração de indignidade, no prazo de quatro anos, a contar da abertura da sucessão. Podem propô-la somente os que tenham interesse na sucessão. A lei não comporta a interpretação que restringisse os interessados às pessoas que seriam convocadas para substituir o indigno. Do contrário, limitaria a legitimação ativa aos descendentes do herdeiro excluído, na sucessão legítima, e ao substituto, na sucessão testamentária" (GOMES, Orlando. *Sucessões*. 12. ed. Rio de Janeiro: Forense, 2004, p. 36).

[10] Código Civil:

"Art. 1.815. A exclusão do herdeiro ou legatário, em qualquer desses casos de indignidade, será declarada por sentença.

§ 1.º O direito de demandar a exclusão do herdeiro ou legatário extingue-se em quatro anos, contados da abertura da sucessão (Redação dada pela Lei n. 13.532, de 2017).

§ 2.º Na hipótese do inciso I do art. 1.814, o Ministério Público tem legitimidade para demandar a exclusão do herdeiro ou legatário (Incluído pela Lei n. 13.532, de 2017).

a) que houverem sido autores, coautores ou partícipes de homicídio doloso, ou tentativa deste, contra a pessoa de cuja sucessão se tratar, seu cônjuge, companheiro, ascendente ou descendente;

b) que houverem acusado caluniosamente em juízo o autor da herança ou incorrerem em crime contra a sua honra, ou de seu cônjuge ou companheiro;

c) que, por violência ou meios fraudulentos, inibirem ou obstarem o autor da herança de dispor livremente de seus bens por ato de última vontade.

Note-se que tanto poderão incorrer nas situações acima o herdeiro (sucessor universal que recebe toda a herança ou uma fração dela) ou o legatário (sucessor singular que recebe bem ou direito determinado, componente da herança)[11].

Analisemos, pois, cada uma dessas hipóteses, separadamente, para melhor compreensão da matéria.

2.1.1. Autoria, coautoria ou participação em homicídio doloso tentado ou consumado

Afigura-se inconcebível, atentatório mesmo contra a moral, a possibilidade de o autor, coautor ou partícipe de crime de homicídio, tentado ou consumado, contra o autor da herança, haver para si bens ou direitos deixados pelo falecido.

A agressão ao bem jurídico mais caro e valioso, a vida, não poderia render ensejo a um locupletamento que, além de ilícito, repugnaria os mais comezinhos princípios éticos de convivência social.

Note-se que a norma sucessória não se refere à necessidade de "condenação criminal", de maneira que, tal como redigida, a mera comprovação, no juízo cível, da cooperação ou autoria delitivas poderia ensejar a aplicação da pena sucessória.

Sucede que o raciocínio, posto academicamente defensável, não se afigura tão simples assim.

Como sabemos, existe uma relativa independência entre os juízos cível e criminal, de maneira que, caso o magistrado, encarregado de examinar a exclusão sucessória, tenha fundada dúvida acerca da autoria (e participação) ou da materialidade do fato, deverá, em nosso sentir, reconhecer a prejudicialidade, para aguardar o desfecho da lide na esfera penal.

---

[11] Confira-se o Capítulo XVIII ("Legados") do presente volume.

Mas, não havendo robusta dúvida sobre esse aspecto, ou não tendo sido tempestivamente proposta a ação penal correspondente, poderá e deverá o juiz apreciar imediatamente o pedido formulado no juízo cível.

Se, todavia, posteriormente, a sentença penal absolutória — que haja negado a autoria ou a materialidade do fato — passar em julgado, o sucessor excluído, infelizmente, não terá em seu favor um amparo legal específico entre os fundamentos contidos no dispositivo que regula a ação rescisória (art. 966 do CPC/2015), o que, por óbvio, acarreta indesejável insegurança jurídica.

Trata-se de uma decorrência da postura que propugna pela mais ampla segurança jurídica na preservação da coisa julgada, protegida constitucionalmente (art. 5.º, XXXVI, CF/88), o que, porém, gera um sentimento de injustiça e insatisfação, na evidente contradição entre as mencionadas manifestações — autônomas e independentes — dos juízos cível e criminal.

A matéria é evidentemente de reserva legal, quiçá constitucional, para se admitir uma relativização da coisa julgada.

Todavia, sem querer "*distorcer a dogmática*" por conta de um sentimento pessoal de injustiça, talvez seja possível defender uma solução intermediária (pelo menos no prazo da ação rescisória), com uma releitura do art. 966 do Código de Processo Civil de 2015 (que elenca as hipóteses de ação rescisória), tese, porém, que, embora acolhida eventualmente pela jurisprudência (notadamente em questões relacionadas aos exames de DNA), encontra, ainda, resistência, prevalecendo, quase como um dogma, a tese de que, para valer como causa hábil para desconstituir a coisa julgada, um documento novo em rescisória deve ser preexistente.

Discute-se, ainda, nesse contexto, que, posto a ação de exclusão por indignidade verse sobre direito patrimonial disponível (direito à herança), em virtude da gravidade do seu fundamento, não seria razoável, *na perspectiva do princípio da função social*, que a propositura da demanda estivesse obstada, caso não concorresse outro sucessor interessado.

Em outras palavras, não poderia o Ministério Público, na atuação defensiva da própria sociedade, dada a impactante e profunda repercussão de um fato de tamanha gravidade, ingressar com a medida cabível?

Dependeria o órgão Ministerial de uma eventual manifestação de interesse da Fazenda Pública, como sucessor anômalo, para ingressar com o pedido de exclusão?

Em edição anterior desta obra, a despeito da ausência de norma legal, já defendíamos a tese no sentido de se reconhecer ao Ministério Público legitimidade para a propositura do pedido de exclusão, por considerarmos que o interesse patrimonial privado envolvido não sobrepujaria o senso ético socialmente exigido, especialmente nas relações de família.

A Lei n. 13.532, de 7 de dezembro de 2017, por sua vez, pacificou o tema, ao dispor, expressamente, acerca da legitimidade do Ministério Público para propor a demanda de exclusão em face de herdeiros e legatários que hajam sido autores, coautores ou partícipes de homicídio doloso, ou tentativa deste, contra a pessoa de cuja sucessão se tratar, seu cônjuge, companheiro, ascendente ou descendente.

Este é o Direito Civil que queremos para este novo século.

2.1.2. Delitos contra a honra

Não apenas a vida, mas também a imagem e a honra integram o patrimônio moral de cada indivíduo, merecedor da mais justa tutela constitucional.

Trata-se, pois, de valores atinentes ao âmbito de proteção e amparo dos direitos da personalidade, na superior perspectiva do princípio da dignidade da pessoa humana.

Sobre o direito à honra, escrevemos em nosso volume dedicado ao estudo da Parte Geral[12]:

> "Umbilicalmente associada à natureza humana, a honra é um dos mais significativos direitos da personalidade, acompanhando o indivíduo desde seu nascimento, até depois de sua morte.
>
> Poderá manifestar-se sob duas formas:
>
> a) *Objetiva*: correspondente à reputação da pessoa, compreendendo o seu bom nome a fama de que desfruta no seio da sociedade;
>
> b) *Subjetiva*: correspondente ao sentimento pessoal de estima ou a consciência da própria dignidade.
>
> Trata-se, também, de um direito da personalidade alçado à condição de liberdade pública, com previsão expressa no inciso X do art. 5.º da CF/88, *in verbis*:
>
> 'X — são invioláveis a intimidade, a vida privada, a honra e a imagem das pessoas, assegurado o direito a indenização pelo dano material ou moral decorrente de sua violação'".

No que toca ao direito à imagem, por seu turno, anotamos:

> "Segundo a metodologia de classificação que reputamos mais adequada, o direito à imagem deve ser elencado entre os direitos de cunho moral, e não ao lado dos direitos físicos. Isso porque, a par de traduzir a *forma plástica da pessoa natural*, os seus reflexos, principalmente em caso de violação, são muito mais sentidos no âmbito moral, do que propriamente no físico.

---

[12] Trechos extraídos do nosso volume I, *Novo Curso de Direito Civil — Parte Geral*, 14. ed., São Paulo: Saraiva, 2012, p. 220-221.

A garantia de proteção à imagem, como se verifica do último dispositivo constitucional transcrito, é considerada, também, um direito fundamental.

Mas como se conceitua a *imagem*?

A imagem, em definição simples, constitui a *expressão exterior sensível da individualidade humana*, digna de proteção jurídica.

Para efeitos didáticos, dois tipos de imagem podem ser concebidos:

a) *imagem-retrato* — que é literalmente o aspecto físico da pessoa;

b) *imagem-atributo* — que corresponde à exteriorização da personalidade do indivíduo, ou seja, a forma como ele é visto socialmente".

Nessa linha de intelecção, o art. 1.814, II, do Código Civil de 2002, sob comento, também prescreve como ato de indignidade o cometimento de *delitos contra a honra (calúnia, injúria ou difamação)*[13] — e que, por extensão,

---

[13] Código Penal: "**Calúnia**

Art. 138. Caluniar alguém, imputando-lhe falsamente fato definido como crime:

Pena — detenção, de seis meses a dois anos, e multa.

§ 1.º Na mesma pena incorre quem, sabendo falsa a imputação, a propala ou divulga.

§ 2.º É punível a calúnia contra os mortos.

Exceção da verdade

§ 3.º Admite-se a prova da verdade, salvo:

I — se, constituindo o fato imputado crime de ação privada, o ofendido não foi condenado por sentença irrecorrível;

II — se o fato é imputado a qualquer das pessoas indicadas no n. I do art. 141;

III — se do crime imputado, embora de ação pública, o ofendido foi absolvido por sentença irrecorrível.

Difamação

Art. 139. Difamar alguém, imputando-lhe fato ofensivo à sua reputação:

Pena — detenção, de três meses a um ano, e multa.

Exceção da verdade

Parágrafo único. A exceção da verdade somente se admite se o ofendido é funcionário público e a ofensa é relativa ao exercício de suas funções.

Injúria

Art. 140. Injuriar alguém, ofendendo-lhe a dignidade ou o decoro:

Pena — detenção, de um a seis meses, ou multa.

§ 1.º O juiz pode deixar de aplicar a pena:

I — quando o ofendido, de forma reprovável, provocou diretamente a injúria;

II — no caso de retorsão imediata, que consista em outra injúria.

§ 2.º Se a injúria consiste em violência ou vias de fato, que, por sua natureza ou pelo meio empregado, se considerem aviltantes:

também vulneram a *imagem* do ofendido —, e que poderá resultar na imposição de pena de exclusão sucessória.

Em nosso sentir, a expressão "acusação caluniosa" também contempla a denunciação prevista no art. 339 do Código Penal, delito de gravidade mais acentuada, pois, além de vulnerar o patrimônio moral do ofendido, também atenta contra a própria Administração Pública, na medida em que o ofensor dá "causa à instauração de investigação policial, de processo judicial, instauração de investigação administrativa, inquérito civil ou ação de improbidade administrativa" contra o autor da herança, "imputando-lhe crime de que o sabe inocente".

Note-se que, neste caso, mais do que uma imputação falsa de fato criminoso (calúnia), o ofensor movimenta indevidamente o aparato estatal, na busca de uma persecução criminal que se sabe infundada.

E o fato de também contemplar-se o delito em tela (denunciação caluniosa) não significa estar-se utilizando o método de interpretação extensiva — inaplicável por tratar-se de norma sancionatória —, mas sim, tão somente, que se busca alcançar o âmbito de previsão normativa, nos limites da sua própria dicção, e segundo uma perspectiva lógica e de bom senso.

2.1.3. Violência ou fraude

Finalmente, encerra o rol de causas de exclusão a prática de violência ou fraude contra o autor da herança, apta a inibir ou obstar a livre manifestação de vontade do falecido.

De fato, considerando-se que a *autonomia privada* também se faz presente no âmbito do Direito Sucessório, mormente na preservação da livre manifestação de vontade do autor da herança, o que pode ser considerado da essência da principiologia do Direito das Sucessões[14], quaisquer atos que impeçam o seu exercício deverão ser, por óbvio, firmemente rechaçados.

Assim, caso um dos sucessores haja cometido atos de violência *física* ou *moral* para se beneficiar ou impedir a plena exteriorização do ato de última vontade, deverá, por medida de justiça, ser excluído da relação sucessória.

Pena — detenção, de três meses a um ano, e multa, além da pena correspondente à violência.

§ 3.º Se a injúria consiste na utilização de elementos referentes a raça, cor, etnia, religião, origem ou a condição de pessoa idosa ou portadora de deficiência: *(Redação dada pela Lei n. 10.741, de 2003.)*

Pena — reclusão de um a três anos e multa". *(Incluído pela Lei n. 9.459, de 1997.)*

[14] Confira-se o Capítulo II ("Principiologia do Direito das Sucessões") deste volume, notadamente os subtópicos 3.5 ("Autonomia da Vontade") e 4.6 ("Princípio do Respeito à Vontade Manifestada").

Os atos violentos podem se subsumir ao conceito de "coação", estudado na Teoria Geral do Direito Civil[15].

No âmbito dos defeitos da declaração negocial, entende-se como coação capaz de viciar o consentimento toda *violência psicológica apta a influenciar a vítima a realizar negócio jurídico que a sua vontade interna não deseja efetuar.*

A respeito do tema, manifesta-se FRANCISCO AMARAL:

> "a coação é a ameaça com que se constrange alguém à prática de um ato jurídico. É sinônimo de violência, tanto que o Código Civil usa indistintamente os dois termos (CC, arts. 171, II, 1.814, III). A coação não é, em si, um vício da vontade, mas sim o temor que ela inspira, tornando defeituosa a manifestação de querer do agente. Configurando-se todos os seus requisitos legais, é causa de anulabilidade do negócio jurídico (CC, art. 171, II)"[16].

Conforme mencionado acima, são dois os tipos de coação:

a) *física ("vis absoluta");*

b) *moral ("vis compulsiva").*

A *coação física ("vis absoluta")* é aquela que age diretamente sobre o corpo da vítima. A doutrina entende que este tipo de coação neutraliza completamente a *manifestação de vontade*, tornando a declaração de vontade inexistente.

Também no Direito Penal, se o coator empregar energia corporal para forçar o indivíduo a cometer um fato delituoso contra terceiro, a conduta do coagido será considerada *atípica*, respondendo criminalmente apenas aquele que exerceu a coação física. Note-se que esta espécie de violência não permite ao coagido liberdade de escolha, pois passa a ser mero instrumento nas mãos do coator.

A *coação moral ("vis compulsiva")*, por sua vez, é aquela que *incute na vítima um temor constante e capaz de perturbar seu espírito, fazendo com que ela manifeste seu consentimento de maneira viciada.*

Nesta hipótese, a vontade do coagido não está completamente neutralizada, mas, sim, *embaraçada, turbada, viciada,* pela ameaça que lhe é dirigida pelo coator[17].

---

[15] Confira-se o subtópico 2.3 ("Coação") do Capítulo XIII ("Defeitos do Negócio Jurídico") do v. I ("Parte Geral") desta coleção, que, aqui, se faz uma releitura.

[16] Francisco Amaral, *Direito Civil — Introdução*, 10. ed., São Paulo: Saraiva, 2018, p. 602-603.

[17] Trechos extraídos do nosso v. I, *Novo Curso de Direito Civil — Parte Geral*, 22. ed., São Paulo: Saraiva, 2020, p. 426.

Em qualquer das hipóteses, quer tenha havido coação física ou moral contra o autor da herança, vale dizer, "a prática de atos de violência", capaz de inibir ou obstar a sua livre manifestação de vontade, impõe-se a aplicação, a título punitivo, da medida de exclusão da herança por indignidade.

Também a "fraude" poderá resultar na imposição de mesma medida.

Em nosso sentir, quando o inciso III do art. 1.814 utiliza a expressão "meios fraudulentos", o faz no sentido de abarcar toda situação em que o autor da herança haja sido dolosamente enganado ou ludibriado, pelo ofensor, com o escopo de impedir a sua manifestação livre de vontade.

Vale dizer, o conceito de *fraude* aí empregado encontra-se umbilicalmente conectado à noção de *dolo*, pois o que o legislador, em verdade, pretendeu, fora coibir o desiderato espúrio daquele que, envenenado pela má-fé, induziu o titular da herança a praticar ato em falso contexto fático, captando, assim, dolosamente, a sua vontade.

É o caso da enfermeira que, ao longo dos últimos meses de vida do testador, o induz a crer que o seu filho houvesse morrido, para que ela mesma figurasse como beneficiária da herança.

Outra hipótese é aquela em que um dos herdeiros subtrai e destrói o testamento, ou, ainda, altera ou falsifica o documento, para que, assim, receba parcela maior da herança.

Em alguns casos, porém, não se poderá dar a exclusão do herdeiro, quando, por exemplo, destrói testamento nulo[18].

Trata-se de uma posição doutrinária compreensível.

Não sob o prisma psicológico, da má-fé do agente, mas, sim, sob a perspectiva eficacial do próprio ato jurídico, na medida em que a conduta reprovável não geraria repercussão jurídica alguma, tal como se dá, em termos semelhantes, no Direito Penal, no denominado "crime impossível"[19].

---

[18] Ver, sobre o tema em comento: Maria Helena Diniz, *Curso de Direito Civil Brasileiro*, cit., p. 67.

[19] Relembremo-nos, a título de ilustração, o conceito de *crime impossível*, nas palavras de Damásio de Jesus: "Nos termos do art. 17 do Código Penal, 'não se pune a tentativa quando, por ineficácia absoluta do meio ou por absoluta impropriedade do objeto, é impossível consumar-se o crime'. Em certas hipóteses, verifica-se, *ex-post*, que o autor jamais poderia atingir a consumação, quer pela inidoneidade absoluta do meio executório, quer pela absoluta impropriedade do objeto material (pessoa ou coisa). O instituto corresponde ao que se denomina 'crime impossível'(1), apresentando três espécies(2): 1.ª) delito impossível por ineficácia absoluta do meio; 2.ª) delito impossível por impropriedade absoluta do objeto material; 3.ª) crime impossível por obra de agente provocador. Ocorre o primeiro caso quando o meio executório empregado pelo insciente pseudoautor, pela sua natureza, é absolutamente incapaz de causar o resultado (ausência

2.2. Efeitos da exclusão por indignidade

Por se tratar de uma sanção, são pessoais os efeitos da exclusão por indignidade, de maneira que os descendentes do herdeiro excluído sucedem, como se ele morto fosse antes da abertura da sucessão (art. 1.816 do CC).

Um exemplo irá aclarar a hipótese.

Imagine-se que Afonso, irmão de Pedro e Dolores, houvesse sido excluído da sucessão do seu pai, Mário, por haver cometido crime contra a sua honra. Uma vez operada a exclusão, a quota-parte do ofensor (1/3) acrescerá o quinhão dos coerdeiros (Pedro e Dolores), ressalvada a hipótese de Afonso haver deixado filhos, caso em que estes herdarão a cota do excluído, *por direito de representação.*

E a razão é simples.

Como dito acima, a exclusão por indignidade é uma pena, ainda que de natureza civil. E como tal não pode passar da pessoa do ofensor.

Assim, os filhos de Afonso farão jus à cota do excluído (1/3), concorrendo, por estirpe, em face dos demais herdeiros, seus tios, Pedro e Dolores.

Um detalhe, no entanto, merece ser ressaltado.

O legislador foi atento, pois *o excluído da sucessão não terá direito ao usufruto ou à administração dos bens que a seus sucessores couberem na herança, nem à sucessão eventual desses bens* (parágrafo único do art. 1.816 do CC/2002).

---

de potencialidade lesiva). Ex.: o sujeito, por erro, desejando matar a vítima mediante veneno, coloca açúcar em sua alimentação, pensando tratar-se de arsênico(3). Inclui-se nessa hipótese a chamada tentativa irreal ou supersticiosa, como é o exemplo de o sujeito desejar matar a vítima mediante ato de magia ou bruxaria. Na segunda espécie, inexiste o objeto material sobre o qual deveria incidir o comportamento, ou, pela sua situação ou condição, torna-se absolutamente impossível a produção do resultado visado(4), circunstâncias desconhecidas pelo agente. Ex.: 'A', pensando que seu desafeto está dormindo, golpeia um cadáver(5). A terceira hipótese de crime impossível corresponde ao denominado crime putativo por obra de agente provocador(6). Ex.: alguém, vítima ou terceiro, de forma insidiosa, provoca o sujeito a cometer um crime, ao mesmo tempo que toma providências para que não atinja a consumação. A ineficácia e a impropriedade não recaem sobre o meio executório nem sobre o *objeto material.* A impossibilidade absoluta de o delito vir a alcançar o momento consumativo decorre do conjunto das medidas preventivas tomadas pelo provocador. Por isso, ao lado da ineficácia absoluta do meio e da impropriedade absoluta do objeto, o art. 17 pode ser ampliado por analogia, estendendo-se a um terceiro caso: o do agente provocador, em que o conjunto de circunstâncias por ele dispostas exclui a possibilidade de consumação do crime(7)" (*Crime Impossível e Imputação Objetiva.* Disponível em: <http://jusvi.com/artigos/1308>. Acesso em: 15 jan. 2012).

Ou seja, os bens que foram negados ao excluído não poderão favorecê-lo (nem na condição de representante legal dos beneficiários), nem a ele retornarem (por nova relação sucessória), por expressa disposição de lei: no exemplo dado, Afonso não poderá usufruir ou administrar os bens transferidos aos seus filhos, enquanto menores ou incapazes, e, bem assim, em caso de morte deles, não poderá herdá-los.

Trata-se de norma que mantém a lógica do instituto punitivo ora estudado.

3. TEORIA DO HERDEIRO APARENTE

Antes de iniciarmos a abordagem do tema em nível teórico, vale a pena, a título de revisão, estabelecermos a conexão entre o instituto do *herdeiro aparente* e o *princípio da boa-fé.*

Isso porque é a dimensão ética do comportamento social do herdeiro que, em nível principiológico, justifica, veremos logo mais, a proteção que se confere àquele(s) que atuou(aram) com correção e honestidade.

Trata-se da aplicação de um princípio geral do Direito, que consideramos de vital importância para o estudo da principiologia do Direito das Sucessões[20].

Nesse contexto, analisando esse princípio em sua interface com o instituto do herdeiro aparente, faz-se necessário que estabeleçamos uma diagnose diferencial entre a *boa-fé objetiva* e a *boa-fé subjetiva.*

Esta última, de todos conhecida por estar visivelmente presente no Código Civil de 1916 um estado de ânimo ou de espírito do agente que realiza determinado ato ou vivencia dada situação, sem ter ciência do vício que a inquina.

Em geral, esse estado subjetivo deriva do reconhecimento da ignorância do agente a respeito de determinada circunstância, como ocorre na hipótese do *possuidor de boa-fé* que desconhece o vício que macula a sua posse. Nesse caso, o próprio legislador, em vários dispositivos, cuida de ampará-lo, não fazendo o mesmo, outrossim, quanto ao possuidor de má-fé (arts. 1.214, 1.216, 1.217, 1.218, 1.219, 1.220, 1.242 do CC).

Distingue-se, portanto, da *boa-fé objetiva*, a qual, tendo natureza de princípio jurídico — delineado em um conceito jurídico indeterminado —, consiste em uma verdadeira *regra de comportamento, de fundo ético, e exigibilidade jurídica.*

No caso do herdeiro aparente, avulta, sem sombra de dúvidas, o aspecto subjetivo da boa-fé.

---

[20] Confira-se o subtópico 3.4 ("Boa-fé") do Capítulo II ("Principiologia do Direito das Sucessões") deste volume.

Nesse sentido, confira-se o art. 1.817, *caput* e parágrafo único, do vigente Código Civil brasileiro:

> "Art. 1.817. São válidas as alienações onerosas de bens hereditários a terceiros de boa-fé, e os atos de administração legalmente praticados pelo herdeiro, antes da sentença de exclusão; mas aos herdeiros subsiste, quando prejudicados, o direito de demandar-lhe perdas e danos.
>
> Parágrafo único. O excluído da sucessão é obrigado a restituir os frutos e rendimentos que dos bens da herança houver percebido, mas tem direito a ser indenizado das despesas com a conservação deles".

O terceiro inocente que, por exemplo, celebra com o herdeiro (indigno) contrato de prestação de serviços para a conservação de bens da herança, faz jus à remuneração contratada.

Da mesma forma, se, mediante autorização judicial, determinado bem, componente do acervo hereditário, é vendido pelo herdeiro e inventariante (indigno) a um terceiro de boa-fé, a alienação é válida.

Em outras palavras, *na perspectiva do princípio da boa-fé e da própria teoria da aparência,* não podem ser prejudicados aqueles que, amparados na legítima expectativa da qualidade de herdeiro, firmam com este uma relação negocial juridicamente possível.

Por fim, note-se que, uma vez excluído da relação sucessória, o herdeiro indigno é obrigado a restituir os frutos e rendimentos dos bens da herança que houver percebido, embora tenha o direito de ser indenizado pelas despesas de conservação, na perspectiva da regra que veda o enriquecimento sem causa.

4. PERDÃO DO INDIGNO

A teor do art. 1.818 do Código Civil, "aquele que incorreu em atos que determinem a exclusão da herança será admitido a suceder, se o ofendido o tiver expressamente reabilitado em testamento, ou em outro ato autêntico".

Admite-se, com isso, o *perdão do herdeiro indigno,* desde que o autor da herança o faça expressamente, mediante declaração no testamento, ou por meio de qualquer outro instrumento, público ou particular.

Poderá, assim, perdoar o filho que o caluniou, por meio da lavratura de uma escritura pública, ou mediante a confecção de um simples documento (como, por exemplo, uma carta ou um *e-mail, ou mesmo uma gravação digital de áudio ou vídeo*), desde que não haja dúvida fundada quanto a sua autenticidade.

Por isso, as declarações feitas pela via eletrônica — posto sejam uma realidade inafastável da nossa "pós-modernidade" — exigem redobrada cautela, dada a vulnerabilidade notória a fraudes de variada ordem.

Caso não tenha havido reabilitação expressa, o indigno poderá, em nosso sentir, suceder no limite da disposição testamentária, se o testador, ao testar, já conhecia a causa da indignidade: *trata-se do chamado perdão tácito.*

Por óbvio, o perdão do ofendido, quer seja expresso ou tácito, deverá ser livre, isento de vícios, como a coação e o dolo, sob pena de ser invalidado, segundo as regras gerais de invalidade do ato jurídico.

5. DESERDAÇÃO

No esforço de sistematização teórica, parece-nos evidente, como já dito, que, em um capítulo que trata da exclusão da sucessão, sejam abordados conjuntamente os temas da indignidade e da deserdação, mesmo sendo esta última situação aplicável estritamente à Sucessão Testamentária.

Trata-se de matéria disciplinada pelos arts. 1.961 a 1.964 da vigente codificação, que, aqui, será analisada.

Vamos a ela!

5.1. Introdução e breve histórico

A deserdação também tem por finalidade a exclusão da relação sucessória.

O Direito Romano já a conhecia, conforme anota MAX KASER, em erudita obra:

> "Segundo o *jus civile*, o testador tem de instituir ou deserdar os seus *sui heredes;* não pode preteri-los (*praeterire*).
>
> 1. Os filhos que estão sob o seu poder ao tempo da feitura do testamento têm de ser individual e nominalmente deserdados, *nominatim exheredare*, p. ex.: *'Titius filius meus exheres esto':* Se um filho for preterido, todo o testamento é nulo (...)"[21].

Sobre as origens históricas da deserdação, ensina SÍLVIO VENOSA:

> "Indica-se a *exheredidatio* como o primeiro ato solene de despojamento da herança do filho, como um castigo imposto pelo pai e como forma necessária de preparação para o *pater* adotar um estranho. Posteriormente, essa forma de deserdação converteu-se em uma simples declaração testamentária que servia para excluir certos herdeiros da sucessão (Arangio-Ruiz, 1973: 615).
>
> As formas e consequências da deserdação eram diversas se dirigidas a um filho, ou uma filha, ou a outros herdeiros. Pelas fontes parece que podemos concluir que as deserdações abusivas eram raras e, nesse caso, cabia ao pretor deixar intacta a ordem legítima da herança. Havia grande margem de decisão para o pretor decidir no caso concreto. Somente na época imperial é que se concede ação contra a deserdação injusta (*querela inofficiosi testamenti*), numa

---

[21] Max Kaser, *Direito Privado Romano (Römisches Privatrecht)*, Lisboa: Fundação Calouste Gulbenkian, 1999, p. 392.

época em que Roma já vivia na corrupção e dissolução de costumes. Não se consegue fixar corretamente a origem dessa ação, parecendo ter sido trazida dos costumes gregos. Já por essa 'querela' não se colocava o herdeiro como beneficiário do testamento, mas anulava-se todo o testamento.

No direito justinianeu, na *Novela* 115, já está criada uma herança legítima. Qualquer deserdação devia ser feita nominalmente, baseada em casos descritos na lei, inspirados sobretudo na ideia de ingratidão. O exercício da querela ficava restrito aos descendentes e ascendentes, aos irmãos e irmãs, quando eram excluídos em benefício de pessoa torpe (Arangio-Ruiz, 1973: 619). Nessa época, então, a deserdação só era possível quando colocada no testamento e justificada por motivos expressos e plausíveis, cuja discussão ficava sempre aberta ao herdeiro legítimo. A expressão moderna da indignidade e deserdação já estava desde essa época desenhada"[22].

Também o direito positivo brasileiro cuida de disciplinar o tema, adaptando-o aos nossos dias.

Trata-se de instituto inserido no Capítulo X do "Título III", dedicado ao estudo da Sucessão Testamentária, visto que, para se operar, exige que o autor da herança, *por testamento*, haja aplicado a pena de exclusão ao sucessor que contra si cometera atos graves, descritos nos arts. 1.962 e 1.963 do Código Civil de 2002.

Note-se, pois, que somente haverá interesse em deserdar os *herdeiros necessários*, uma vez que todas as demais pessoas (herdeiros eventuais ou facultativos) poderão, simplesmente, não ser beneficiados por testamento.

Com isso, temos que, embora a natureza os aproxime, o instituto da exclusão por indignidade, estudado linhas acima, tem alcance mais amplo, porquanto *independe de testamento, podendo se aplicar em face de qualquer sucessor, legítimo ou testamentário*[23].

Delimitemos, pois, conceitualmente o instituto.

5.2. Conceito

De tudo que expusemos até aqui, podemos conceituar a *deserdação* como uma medida sancionatória e excludente da relação sucessória, imposta pelo

---

[22] Sílvio de Salvo Venosa, *Direito Civil — Direito das Sucessões*, 3. ed., São Paulo: Atlas, 2003, v. 7, p. 286-287.

[23] Segundo José Luiz Gavião de Almeida, citado por Tartuce e Simão (*Direito Civil*, 5. ed., Rio de Janeiro: Forense; São Paulo: Método, 2012, v. 6, p. 79): "até circunstâncias posteriores à morte do autor da herança podem ser reconhecidas como provocadoras da indignidade. A deserdação só se estabelece por causas anteriores à morte do autor da herança, pois só se estabelece pela via testamentária".

testador ao herdeiro necessário que haja cometido qualquer dos *atos de indignidade* capitulado nos arts. 1.962 (que remete ao art. 1.814) e 1.963 do Código Civil.

No ensinamento de ORLANDO GOMES:

> "Deserdação é a privação, por disposição testamentária, da legítima do herdeiro necessário.
>
> Sua exclusão por esse modo é autorizada em nosso Direito, mas outras legislações, em maioria, aboliram-na o instituto, não apenas por odiosa, mas, também, por inútil, em face das regras relativas à indignidade. Entretanto, não se confundem. A deserdação regula-se na sucessão testamentária, por isso que só em testamento pode ser ordenada. A indignidade é o instituto da sucessão legítima. A indignidade pode ser motivada em fatos posteriores à morte do autor da herança, ao passo que a deserdação só em fato ocorrido durante a vida do testador. Mais extenso é o campo da aplicação daquele, pois podem ser declarados indignos os herdeiros legítimos sem exceção, isto é, os descendentes, ascendentes, cônjuge e parentes colaterais, enquanto a deserdação se restringe aos herdeiros legitimários, isto é, aos descendentes, ascendentes e ao cônjuge. Contemplam-se, ademais, casos de deserdação que não se incluem entre os de indignidade. Por tais motivos, julgam alguns ser conveniente tratar separadamente as duas espécies. Outros, porém, consideram desnecessária a duplicidade, não somente porque a deserdação pertence, em essência, à sucessão legítima, mas, sobretudo, porque, conforme procedente observação de Clóvis Beviláqua, os efeitos legais da indignidade bastam para excluir da herança os que realmente não a merecem. Certo é que o instituto da deserdação não teve aplicação prática, justificando-se sua ablação do Código"[24].

Entendemos, pois, nesse contexto, que, em sentido lato, também as hipóteses previstas nos arts. 1.962 e 1.963 podem ser qualificadas como "atos de indignidade".

Conheçamos, portanto, as hipóteses legais justificadoras da deserdação.

5.3. Hipóteses legais de deserdação

Por se tratar de situações referidas em um testamento, parece-nos óbvio salientar, de início, que somente se pode falar de deserdação referente a fatos ocorridos anteriormente à sua celebração[25].

---

[24] Orlando Gomes, *Sucessões*, Rio de Janeiro: Forense, 2004, p. 225-226.

[25] "AÇÃO DE DESERDAÇÃO EM CUMPRIMENTO A DISPOSIÇÃO TESTAMENTÁRIA.

1. Exceto em relação aos arts. 1.742 e 1.744 do Código Civil de 1916, os demais dispositivos legais invocados no recurso especial não foram prequestionados, incidindo os verbetes sumulares 282 e 356, do STF.

2. Acertada a interpretação do Tribunal de origem quanto ao mencionado art. 1.744, do CC/1916, ao estabelecer que a causa invocada para justificar a deserdação constante de

Sobre as hipóteses legais de deserdação, dispõe o nosso Código:

"Art. 1.961. Os herdeiros necessários podem ser privados de sua legítima, ou deserdados, em todos os casos em que podem ser excluídos da sucessão.

Art. 1.962. Além das causas mencionadas no art. 1.814, autorizam a deserdação dos descendentes por seus ascendentes:

I — ofensa física;

II — injúria grave;

III — relações ilícitas com a madrasta ou com o padrasto;

IV — desamparo do ascendente em alienação mental ou grave enfermidade.

Art. 1.963. Além das causas enumeradas no art. 1.814, autorizam a deserdação dos ascendentes pelos descendentes:

I — ofensa física;

II — injúria grave;

III — relações ilícitas com a mulher ou companheira do filho ou a do neto, ou com o marido ou companheiro da filha ou o da neta;

IV — desamparo do filho ou neto com deficiência mental ou grave enfermidade".

As hipóteses aí descritas, em geral, dispensariam explicação mais detida, dada a sua fácil intelecção.

Vale registrar, porém, que o vigente Código Civil brasileiro excluiu do rol das causas de deserdação dos descendentes a "desonestidade da filha que vive na casa paterna", prevista no art. 1.744, III, do CC/1916, dispositivo incompatível com a igualdade entre os sexos e de tratamento entre filhos, propugnada pela Constituição Federal de 1988.

É de observar, todavia, que o art. 1.962 cuidou dos atos perpetrados pelos descendentes contra os ascendentes, ao passo que o artigo seguinte, por sua vez, analisou a situação inversa.

Poderia, talvez, o legislador, haver ordenado todas essas situações em um dispositivo único, esclarecendo, em parágrafo(s), que os atos atentatórios admitiriam reciprocidade, ou mesmo referindo, no próprio *caput*, que as hipóteses aplicar-se-iam à deserdação tanto de ascendentes como de descendentes, o que não seria de difícil compreensão.

---

testamento deve preexistir ao momento de sua celebração, não podendo contemplar situações futuras e incertas.

3. É vedada a reapreciação do conjunto probatório quanto ao momento da suposta prática dos atos que ensejaram a deserdação, nos termos da súmula 07, do STJ. Recurso não conhecido" (STJ, Processo REsp 124313/SP, Recurso Especial 1997/0019264-4, Rel. Min. Luis Felipe Salomão (1140), 4.ª Turma, j. 16-4-2009, *DJe*, 8-6-2009).

Mas assim não o fez, optando por uma normatização mais extensa.

Nesse contexto, temos que *as ofensas físicas, as injúrias graves, as relações amorosas ou sexuais espúrias e o desamparo da pessoa doente* podem justificar a aplicação da pena de deserdação.

Atenção especial merece a hipótese do desamparo, que poderá ser "do ascendente em alienação mental ou grave enfermidade" (art. 1.962, IV), ou do "filho ou neto com deficiência mental ou grave enfermidade" (art. 1.963, IV).

Chama a nossa atenção o fato de, no segundo caso, haver o legislador perdido a oportunidade de utilizar a expressão "descendente", preferindo se limitar à categoria dos filhos e à dos netos, talvez pela constatação fática da pouca ocorrência de convivência entre bisavós e bisnetos, o que merece ser repensado diante do avanço da medicina e do aumento da expectativa média de vida.

Outro aspecto de relevo é a menção à expressão "deficiência mental" no art. 1.963, IV, em descompasso com o dispositivo anterior, que preferiu "alienação mental". Se a distinção foi intencional, pensamos que, em vez de salutar, primou por incrementar o lamentável risco da insegurança jurídica, pela injustificada ausência de uniformidade no tratamento de situações equiparadas.

Analisando o dispositivo por outra ótica, observa CARLOS ROBERTO GONÇALVES, em sua bela obra:

> "E o inciso IV ganhou redação aperfeiçoada, mais condizente com a moderna psiquiatria, usando a expressão 'deficiência mental' no lugar de 'alienação mental'. Sem dúvida, o desamparo diante da deficiência mental ou grave enfermidade de um descendente, cometida pelo ascendente, em geral possuidor de maiores recursos financeiros, revela-se mais grave e repulsivo do que a idêntica conduta omissiva do descendente"[26].

Poderia, talvez, o legislador, optando por uma expressão aperfeiçoada, uniformizar a dicção legal.

Por fim, temos que a noção de desamparo — tanto do ascendente como do descendente enfermo — também pode se subsumir na noção maior de "abandono afetivo".

Este tema, aliás, tem despertado, nos últimos anos, a atenção dos civilistas, como já tivemos a oportunidade de escrever:

> "Um dos primeiros juristas a tratar do assunto foi o talentoso RODRIGO DA CUNHA PEREIRA que, analisando o primeiro caso a chegar em uma Corte Superior brasileira, asseverou: Será que há alguma razão/justificativa para um pai deixar de dar assistência moral e afetiva a um filho? A ausência de prestação de uma assistência material seria até compreensível, se se tratasse de

---

[26] Carlos Roberto Gonçalves, *Direito Civil Brasileiro — Direito das Sucessões*, 14. ed., São Paulo: Saraiva, 2020, v. 7, p. 441.

um pai totalmente desprovido de recursos. Mas deixar de dar amor e afeto a um filho... não há razão nenhuma capaz de explicar tal falta.

O referido litígio cuidou, fundamentalmente, da seguinte discussão: se o afeto se constituiria em um dever jurídico, de forma que a negativa injustificada e desarrazoada caracterizaria um ato ilícito.

Os partidários da tese defendem a ideia de uma paternidade/maternidade responsável, em que a negativa de afeto, gerando diversas sequelas psicológicas, caracterizaria um ato contrário ao ordenamento jurídico e, por isso, sancionável no campo da responsabilidade civil.

Já aqueles que se contrapõem à tese sustentam, em síntese, que a sua adoção importaria em uma indevida 'monetarização do afeto', com o desvirtuamento da sua essência, bem como a impossibilidade de se aferir quantidade e qualidade do amor dedicado por alguém a outrem, que deve ser sempre algo natural e espontâneo, e não uma obrigação jurídica, sob controle estatal"[27].

Ora, se, no campo da responsabilidade civil, a matéria ainda desperta acesa polêmica, pensamos que, aqui na seara sucessória, não há dúvida no sentido de se poder considerar o abandono afetivo do ascendente ou descendente doente, causa de deserdação, uma vez que a situação fática descrita enquadra-se perfeitamente no conceito aberto codificado.

5.4. Procedimento

Por se tratar de uma sanção civil, a deserdação não admite dicção genérica ou expressão abstrata.

Isso porque, somente com expressa declaração de causa, pode a deserdação ser ordenada em testamento (art. 1.964 do CC).

Claro que não se exige do testador conhecimento técnico especializado que lhe permita apontar os artigos do Código Civil que amparam a sua declaração. Mas é indispensável que, da interpretação do testamento, reste clara e livre de dúvidas a situação que justificou a exclusão sucessória, subsumível em um dos retromencionados dispositivos do Código Civil.

Assim, não há como se falar em deserdação implícita.

Aberta a relação sucessória, com a morte do testador, será necessário, ainda, que o herdeiro instituído ou beneficiário, mediante ação própria — que deverá tramitar no próprio juízo do inventário ou arrolamento —, prove a veracidade da causa alegada pelo testador (art. 1.965 do CC).

O prazo para o exercício do direito potestativo é decadencial de quatro anos, a contar da abertura do testamento, coincidindo com o mesmo prazo

[27] Para aprofundar o estudo do tema, cf.: Pablo Stolze Gagliano e Rodolfo Pamplona Filho, *Novo Curso de Direito Civil — Direito de Família*, 2. ed., São Paulo: Saraiva, 2012, p. 740. v. VI.

para a ação de exclusão de herdeiro ou legatário por indignidade (parágrafo único do art. 1.815 do CC/2002), o que ressalta a proximidade dos institutos.

Findo o prazo ou julgado improcedente o pedido, restará sem efeito a deserdação imposta no testamento.

5.5. Efeitos de deserdação e direito de representação

Conforme já mencionamos anteriormente, os efeitos da exclusão do herdeiro por indignidade são pessoais, na forma do art. 1.816 do CC[28].

E o que dizer da deserdação?

Há divergência na doutrina.

Com efeito, o texto codificado nada menciona acerca dos efeitos da deserdação.

Seria tal omissão proposital?

A resposta é fundamental para abordar o importante tema dos efeitos da deserdação para o exercício de eventual direito de representação[29].

E, de fato, a doutrina diverge se é ou não possível ao sucessor do deserdado herdar por direito de representação.

Optando por uma visão restritiva, tem-se o posicionamento do grande WASHINGTON DE BARROS MONTEIRO:

> "No tocante ao deserdado, porém, diversifica a situação. Não só é ele excluído, como também o são seus descendentes. O direito pré-codificado realmente excluía da sucessão os herdeiros do deserdado e assim também o Código Civil de 1916.
>
> A essa conclusão se chegava ante a consideração de que o Código Civil de 1916 não fazia referência, quanto à deserdação, a efeito previsto da indignidade, que excluía da herança os sucessores do indigno. Ademais, a lei revogada, ao excluir o usufruto, bem como da administração dos pais, certos bens pertencentes aos filhos menores, só se reportava à indignidade, sem qualquer referência à deserdação. Ora, crucial não seria que o deserdado pudesse exercer aqueles atributos do pátrio poder com relação aos bens da herança de que havia sido excluído. A falta de referência à deserdação, ao contrário do que sucedia com a indignidade, indicava positivamente que, naquele caso, não recolhiam a herança os herdeiros do deserdado. Reconheça-se, todavia, que a opinião prevalecente era em sentido contrário"[30].

---

[28] Confira-se o subtópico 2.2 ("Efeitos da Exclusão por Indignidade") deste capítulo.

[29] O tema do "*Direito de Representação*" será objeto de capítulo próprio (a saber, o Capítulo XII deste volume), ao qual remetemos o nosso amigo leitor.

[30] Washington de Barros Monteiro, *Curso de Direito Civil — Direito das Sucessões*, 38. ed., São Paulo: Saraiva, 2011, v. VI, p. 268-269.

Em sentido diametralmente oposto é o ensinamento de ORLANDO GOMES:

"Entendem-se pessoais os efeitos da deserdação. Consideram-na pena, inferindo deste caráter que não pode alcançar os descendentes do herdeiro culpado: *nullum patris delictum innocenti filio poena est.* Realmente, não devem os filhos ser punidos pela culpa dos pais.

Contudo, não é pacífico, entre nós, esse entendimento. Argumenta-se que, não contendo a lei no capítulo da deserdação disposição que atribua aos descendentes do herdeiro excluído o direito de sucessão como se ele morto fosse, não podem recolher a herança do deserdado. Passaria aos demais herdeiros do testador. Predomina, no entanto, a opinião diversa. Aplica-se, por analogia, a regra instituída para o caso de exclusão por indignidade. Tem inteiro cabimento tal recurso de interpretação, porque os dois títulos se assemelham e colimam o mesmo fim, conquanto diversos os processos de exclusão do herdeiro. Atenta, ademais, à circunstância de que se tem a deserdação como uma pena civil, justifica-se, por um princípio geral de direito, limitar seus efeitos à pessoa do deserdado. (RA) Perdeu o legislador a oportunidade de pôr fim à polêmica existente, causada por uma omissão no texto revogado fartamente criticada pela doutrina e jurisprudência e, que, certamente, poderia ter sido reparada no novo texto (RA)"[31].

Diante da divergência doutrinária, cabe-nos expor nosso posicionamento.

E ele, sem dúvida, é no sentido de limitar os efeitos da deserdação à pessoa do deserdado, reconhecendo-se, aos seus sucessores, o direito de representação, tal como se dá na exclusão por indignidade (art. 1.816).

Com efeito, parece-nos exagerado ampliar os efeitos da deserdação aos seus herdeiros, pois, se, por um lado, reconhecemos a gravidade da conduta dele, por outro, não consideramos possível se estender os efeitos da responsabilidade a ele imputada.

Observe-se que, se, em vez de deserdado, tivesse ele morrido, poderiam os seus herdeiros habilitar-se normalmente, no exercício do direito de representação, que, como visto, será estudado mais adiante.

Ora, não é razoável imaginar que, para alguém, fosse melhor que um parente seu tivesse morrido do que permanecesse vivo...

A limitação dos efeitos, além de se mostrar mais justa e adequada ao posicionamento majoritário da doutrina[32], demonstra a proximidade — aqui

---

[31] Orlando Gomes, *Sucessões*, Rio de Janeiro: Forense, 2004, p. 230. A expressão (RA) significa "*Revisão do Atualizador*", haja vista que o falecimento de Orlando Gomes se deu em 1988.

[32] Como informação *de lege ferenda*, há de se registrar que o Projeto de Lei n. 276/2007 (antigo Projeto de Lei n. 6.960/2002) pretendia, como aperfeiçoamento da codificação brasileira, inserir um § 2.º ao art. 1.965 do CC/2002, com a seguinte redação:

diversas vezes já salientada — entre os institutos da exclusão por indignidade e da deserdação.

5.6. Considerações finais

Por tudo que vimos, podemos concluir que a deserdação é matéria que mereceria um aperfeiçoamento legislativo.

A par da sua disciplina ser feita em artigos pouco uniformes, como vimos acima, o que resulta em prejuízo da própria segurança jurídica, ainda restou em aberto o delicado problema atinente ao exercício do direito de representação pelos sucessores do deserdado, possibilidade que consideramos perfeitamente viável, conforme dito no subtópico anterior.

Ademais, outra grave omissão há.

Não cuidou, o codificador, de também incluir o cônjuge no rol dos herdeiros passíveis de deserdação.

Basta uma simples leitura dos arts. 1.961 a 1.963 para se constatar que deserdação do cônjuge não fora regulada, mesmo sendo ele herdeiro necessário!

E, como se trata, a deserdação, de medida punitiva, excludente da relação sucessória, os mais comezinhos princípios de hermenêutica não autorizariam a aplicação de um critério de interpretação extensiva ou analógica.

Ou seja, enquanto não contornada a omissão legislativa, poder-se-ia, em tese, defender que o cônjuge pode ser "excluído por indignidade" (arts. 1.814 e s.), mas não "deserdado" (arts. 1.961 e s.), já que não teria havido uma descrição minuciosa de causas como feito para ascendentes e descendentes, na forma dos arts. 1.962 e 1.963 do CC.

E isso seria um contrassenso.

Obviamente, não interpretamos o sistema jurídico assim.

Na previsão do art. 1.961 do Código Civil, há a menção de que os herdeiros necessários podem ser privados de sua legítima, ou deserdados, *em todos os casos em que podem ser excluídos da sucessão.*

Ora, ainda que se admita, *ad argumentandum*, uma autonomia entre os institutos da indignidade e da deserdação, há de se convir que a remissão codificada autorizaria, *in abstrato*, a aplicação da regra do art. 1.814 do CC ao cônjuge — que também é herdeiro necessário — mediante a deserdação.

Parece-nos a melhor interpretação.

"§ 2.º São pessoais os efeitos da deserdação: os descendentes do herdeiro deserdado sucedem, como se ele morto fosse antes da abertura da sucessão. Mas o deserdado não terá direito ao usufruto ou à administração dos bens que a seus sucessores couberem na herança, nem à sucessão eventual desses bens".

Nesse contexto, porém, a título de complementação de pesquisa, colacionamos trecho do citado Projeto de Lei do Senado n. 118 de 2010[33], que, ao tratar da *privação da legítima*, pretende contornar essa atecnia, ao tratar dos herdeiros necessários em geral, e, inclusive, consagrar, no Brasil, a possibilidade jurídica da *deserdação parcial*:

> "CAPÍTULO X
>
> DA PRIVAÇÃO DA LEGÍTIMA
>
> Art. 1.961. Os herdeiros necessários podem ser privados de sua legítima, parcial ou totalmente, em todos os casos em que podem ser impedidos de suceder por indignidade. (NR)
>
> Art. 1.962. O autor da herança também pode, em testamento, com expressa declaração de causa, privar o herdeiro necessário da sua quota legitimária, quando este:
>
> I — culposamente, em relação ao próprio testador ou à pessoa com este intimamente ligada, tenha se omitido no cumprimento das obrigações do direito de família que lhe incumbiam legalmente;
>
> II — tenha sido destituído do poder familiar;
>
> III — não tenha reconhecido voluntariamente a paternidade ou maternidade do filho durante a sua menoridade civil. (NR).
>
> Art. 1.963. A privação da legítima, em qualquer dos casos, deverá ser declarada por sentença, salvo quando houver anterior pronunciamento judicial, civil ou criminal, que já tenha expressamente reconhecido a prática da conduta, bastando, nestes casos, a sua juntada aos autos do inventário.
>
> § 1.º Poderá demandar judicialmente a privação da legítima todo aquele que efetivamente possuir legítimo interesse econômico ou moral, além do Ministério Público.
>
> § 2.º O direito de demandar a privação da legítima extingue-se em 2 (dois) anos, contados da abertura da sucessão ou do testamento cerrado. (NR)
>
> Art. 1.964. Aquele que for privado da legítima é equiparado ao indigno para todos os efeitos legais. (NR)
>
> Art. 1.965. O direito de privação da legítima se extingue com o perdão, tornando ineficaz qualquer disposição testamentária nesse sentido, seja através de expressa declaração em testamento posterior, ou tacitamente, quando o autor da herança o contemplar". (NR)

Aguardemos, portanto, a evolução legislativa.

---

[33] Como dito em nota de rodapé anterior, pode o amigo leitor acompanhar o andamento do projeto no *site* do Senado: <http://www.senado.gov.br/atividade/materia/Consulta.asp?STR_TIPO=PLS&TXT_NUM=118&TXT_ANO=2010&Tipo_Cons=6&IND_COMPL=&FlagTot=1>.

Capítulo IX
Herança Jacente

Sumário: 1. Finalidade do capítulo. 2. Conceito. 3. Natureza. 4. Arrecadação. 5. Herança vacante. 6. Disciplina processual.

1. FINALIDADE DO CAPÍTULO

Com a abertura da sucessão, opera-se, do ponto de vista ideal, a transferência do acervo patrimonial, por força do já citado Princípio da *Saisine*[1].

Todavia, nem sempre existem, de fato, herdeiros do falecido.

Da mesma forma, nem sempre os herdeiros têm conhecimento do falecimento do autor da herança, por não terem mais contato com ele, pela ruptura dos laços de convivência.

Há, portanto, um patrimônio cujo novo titular, por força da sucessão, é desconhecido.

E o que fazer?

É o que abordaremos neste capítulo, ao tratarmos da herança jacente e da herança vacante.

A matéria, para ser efetivamente compreendida, exige conhecimento interdisciplinar, uma vez que não se limita à previsão de disciplina em direito material (arts. 1.819 a 1.823 do CC), mas também é mencionada diversas vezes na legislação processual vigente, bem como é objeto de um procedimento especial específico, regulado nos arts. 738 a 743 do atual Código de Processo Civil brasileiro.

A finalidade do presente capítulo será, portanto, compreender os institutos da herança jacente e da herança vacante, trazendo, para conhecimento do nosso leitor, aspectos processuais relevantes sobre o tema.

Iniciemos, portanto, com a delimitação conceitual de herança jacente.

2. CONCEITO

Segundo o dicionarista AURÉLIO BUARQUE DE HOLANDA FERREIRA, tem-se o seguinte conceito do termo "jacente":

[1] Mais uma vez, confira-se o subtópico 4.1 ("Princípio da *Saisine*") do Capítulo II ("Principiologia do Direito das Sucessões") deste volume.

"**Jacente** [Do lat. *jacente.*] Adj. 2 g. **1.** Que jaz; que está situado. **2.** Imóvel, estacionário. [F. paral., us. nessas acepç.: *jazente.*] ~ V. estátua — e herança — . • S. m. **3.** Viga longitudinal das pontes, sobre a qual se fixam as travessas do tabuleiro. ~ V. *jacentes*"[2].

A compreensão do referido adjetivo, quando se junta ao substantivo "herança", tem por finalidade abranger a situação de uma herança estabelecida, mas ainda sem um destinatário conhecido.

Sobre tal situação, nomeada justamente de "herança jacente", estabelece o art. 1.819 do CC:

> "Art. 1.819. Falecendo alguém sem deixar testamento nem herdeiro legítimo notoriamente conhecido, os bens da herança, depois de arrecadados, ficarão sob a guarda e administração de um curador, até a sua entrega ao sucessor devidamente habilitado ou à declaração de sua vacância".

Assim, pode-se conceituar *herança jacente* como *aquela em que o falecido não deixou testamento ou herdeiros notoriamente conhecidos.*

A herança literalmente "jaz" enquanto não se apresentam herdeiros para reclamá-la, ignorando-se quem seja, do ponto de vista ideal, o novo titular do patrimônio deixado.

E qual é a natureza jurídica desse instituto?

É o que veremos no próximo tópico.

3. NATUREZA

A herança jacente é, de fato, uma massa patrimonial.

Não tem ela personalidade jurídica, sendo resultado de uma arrecadação de bens, para se evitar que fique sem titular indefinidamente.

Trata-se, em outras palavras, de um ente despersonalizado[3], ao qual, juntamente com a herança vacante, a legislação processual civil brasileira reconhece legitimação ativa e passiva para demandar judicialmente, na forma do art. 75, VI, do Código de Processo Civil de 2015[4].

Sobre a natureza da herança jacente, observa CARLOS ROBERTO GONÇALVES:

---

[2] Aurélio Buarque de Holanda Ferreira, *Novo Dicionário Aurélio da Língua Portuguesa*, 2. ed., Rio de Janeiro: Nova Fronteira, 1986, p. 979.

[3] Sobre o tema, confira-se o subtópico 5.2 ("Grupos Despersonalizados") do Capítulo VI ("Pessoa Jurídica") do v. I ("Parte Geral") desta coleção.

[4] Código de Processo Civil de 2015:

"Art. 75. Serão representados em juízo, ativa e passivamente:

(...)

VI — a herança jacente ou vacante, por seu curador;".

> "Releva salientar que a herança jacente distingue-se do espólio, malgrado tenham em comum a ausência de personalidade. No espólio, os herdeiros legítimos ou testamentários são conhecidos. Compreende os bens deixados pelo falecido, desde a abertura da sucessão até a partilha. Pode aumentar com os rendimentos que produza, ou diminuir em razão de ônus ou deteriorações. A noção de herança jacente, todavia, é a de uma sucessão sem dono atual. É o estado da herança que não se sabe se será adida ou repudiada"[5].

Realmente, a distinção é importante, uma vez que o espólio abrange toda a massa patrimonial deixada, partindo-se do pressuposto de conhecimento — ainda que não individualizado — de seus potenciais titulares.

4. ARRECADAÇÃO

Ocorrendo a situação do falecimento de alguém sem a existência de testamento ou herdeiros, tem-se a situação fática autorizadora do reconhecimento da herança jacente.

O Estado, com a finalidade de evitar o perecimento do valor representado pelos bens cujo titular se ignora, determina a sua arrecadação, com o fito de entregar a referida massa patrimonial aos herdeiros que eventualmente demonstrem tal condição.

E, enquanto não surgem herdeiros, o curador dado à herança jacente deve providenciar a regularização de ativos e passivos da massa patrimonial.

Nesse sentido, confira-se o art. 1.821 do CC (sem equivalente na codificação anterior):

> "Art. 1.821. É assegurado aos credores o direito de pedir o pagamento das dívidas reconhecidas, nos limites das forças da herança".

E se não aparecerem quaisquer herdeiros?

É o momento da conversão da herança jacente em vacante, conforme preceitua o art. 1.820 do CC/2002:

> "Art. 1.820. Praticadas as diligências de arrecadação e ultimado o inventário, serão expedidos editais na forma da lei processual, e, decorrido um ano de sua primeira publicação, sem que haja herdeiro habilitado, ou penda habilitação, será a herança declarada vacante".

E quais são as consequências de tal conversão? Em que consiste efetivamente a herança vacante?

É o que veremos em seguida.

---

[5] Carlos Roberto Gonçalves, *Direito Civil Brasileiro — Direito das Sucessões*, 14. ed., São Paulo: Saraiva, 2020, v. 7, p. 138.

5. HERANÇA VACANTE

O conceito de herança vacante, tradicionalmente, é visto como um sucedâneo da noção de herança jacente.

De fato, *considera-se vacante a herança que não teve qualquer habilitação de herdeiro, seja por ser desconhecido, seja porque aqueles de que se têm notícias renunciaram-na.*

Assim, a lógica era somente considerar vacante a herança após o reconhecimento da sua jacência.

Todavia, o vigente Código Civil brasileiro, por sua vez, inovou a matéria, ao estabelecer, em seu art. 1.823 (sem equivalente na codificação anterior):

> "Art. 1.823. Quando todos os chamados a suceder renunciarem à herança, será esta desde logo declarada vacante".

A inovação é bem-vinda.

A ideia é, literalmente, economizar tempo.

Todavia, a questão pode se tornar um pouco mais complexa, caso venham a surgir outros herdeiros posteriormente à renúncia de todos aqueles conhecidos originalmente.

É por isso que os conceitos de herança jacente e de herança vacante, no sistema brasileiro, sempre foram normalmente encarados como fases de uma sequência temporal.

Vale dizer, a vacância somente é reconhecida quando não houve qualquer habilitação de herdeiros para a herança, sendo a jacência um estado meramente provisório.

Decorrido o mencionado interstício (um ano, na forma do já transcrito art. 1.820 do CC) para o reconhecimento da vacância da herança, ou ocorrendo a mencionada situação de reconhecimento imediato da herança vacante (art. 1.821 do CC/2002), quais são as consequências para a massa patrimonial sem titular conhecido?

A matéria está disciplinada pelo art. 1.822 do CC:

> "Art. 1.822. A declaração de vacância da herança não prejudicará os herdeiros que legalmente se habilitarem; mas, decorridos cinco anos da abertura da sucessão, os bens arrecadados passarão ao domínio do Município ou do Distrito Federal, se localizados nas respectivas circunscrições, incorporando-se ao domínio da União quando situados em território federal.
>
> Parágrafo único. Não se habilitando até a declaração de vacância, os colaterais ficarão excluídos da sucessão".

Observe-se que não há uma incorporação imediata dos bens pelo Estado, após a declaração de vacância, dada a previsão de um lapso temporal de cinco anos, *a partir da abertura da sucessão*, para que o domínio público, efetivamente, se consolide, em virtude da ausência de herdeiros conhecidos e habilitados:

> "RECURSO ESPECIAL. AÇÃO POPULAR. ANULAÇÃO DE TESTAMENTO. INADEQUAÇÃO DA VIA ELEITA. AFASTAMENTO DA MULTA IMPOSTA. SÚMULA N. 98.
>
> 1. O art. 9.º do Regimento Interno do STJ dispõe que a competência das Seções e Turmas é fixada em função da natureza da relação litigiosa. No caso, não obstante tratar-se de ação popular, o fato é que a relação em litígio é eminentemente de ordem privada, pois litiga-se a nulidade de um testamento. O interesse da Administração Pública é reflexo, em razão da possível conversão da herança em vacante.
>
> 2. Para que o ato seja sindicável mediante ação popular, deve ele ser, a um só tempo, nulo ou anulável e lesivo ao patrimônio público, no qual se incluem 'os bens e direitos de valor econômico, artístico, estético, histórico ou turístico". Com efeito, mostra-se inviável deduzir em ação popular pretensão com finalidade de mera desconstituição de ato por nulidade ou anulabilidade, sendo indispensável a asserção de lesão ou ameaça de lesão ao patrimônio público.
>
> 3. No caso, pretende-se a anulação de testamento por suposta fraude, sendo que, alegadamente, a herança tornar-se-ia jacente. Daí não decorre, todavia, nem mesmo em tese, uma lesão aos interesses diretos da Administração. Isso porque, ainda que se prosperasse a alegação de fraude na lavratura do testamento, não se teria, por si só, uma lesão ao patrimônio público, porquanto tal provimento apenas teria o condão de propiciar a arrecadação dos bens do falecido, com subsequente procedimento de publicações de editais.
>
> 4. *A jacência, ao reverso do que pretende demonstrar o recorrente, pressupõe a incerteza de herdeiros, não percorrendo, necessariamente, o caminho rumo à vacância, tendo em vista que, após publicados os editais de convocação, podem eventuais herdeiros se apresentarem, dando-se início ao inventário, nos termos dos arts. 1.819 a 1.823 do Código Civil.*
>
> 5. 'Embargos de declaração manifestados com notório propósito de prequestionamento não têm caráter protelatório' (Súmula n. 98).
>
> 6. Recurso especial parcialmente conhecido e, na extensão, provido" (STJ, REsp 445653/RS, Recurso Especial 2002/0070597-6, Rel. Min. Luis Felipe Salomão, 4.ª Turma, j. 15-10-2009, *DJe*, 26-10-2009) (grifamos).

Não há, note-se, prejuízo necessário aos herdeiros — enquanto não se dá tal incorporação — uma vez que ainda podem se habilitar para receber a herança, salvo os colaterais (que não são herdeiros necessários[6]), que ficam, na forma do mencionado parágrafo único do art. 1.822, excluídos da sucessão.

---

[6] Sobre o tema, confira-se o Capítulo XI ("Sucessão Legítima") deste volume.

6. DISCIPLINA PROCESSUAL

Conforme dito no tópico de abertura deste capítulo, o tema da herança jacente é objeto de um procedimento especial próprio, disciplinado no Livro IV ("Dos Procedimentos Especiais") do Código de Processo Civil de 1973, mais precisamente do seu Título II ("Dos Procedimentos Especiais de Jurisdição Voluntária"), Capítulo V ("Da Herança Jacente").

Trata-se dos arts. 738 a 743 do Código de Processo Civil de 2015:

"Art. 738. Nos casos em que a lei considere jacente a herança, o juiz em cuja comarca tiver domicílio o falecido procederá imediatamente à arrecadação dos respectivos bens.

Art. 739. A herança jacente ficará sob a guarda, a conservação e a administração de um curador até a respectiva entrega ao sucessor legalmente habilitado ou até a declaração de vacância.

§ 1.º Incumbe ao curador:

I — representar a herança em juízo ou fora dele, com intervenção do Ministério Público;

II — ter em boa guarda e conservação os bens arrecadados e promover a arrecadação de outros porventura existentes;

III — executar as medidas conservatórias dos direitos da herança;

IV — apresentar mensalmente ao juiz balancete da receita e da despesa;

V — prestar contas ao final de sua gestão.

§ 2.º Aplica-se ao curador o disposto nos arts. 159 a 161.

Art. 740. O juiz ordenará que o oficial de justiça, acompanhado do escrivão ou do chefe de secretaria e do curador, arrole os bens e descreva-os em auto circunstanciado.

§ 1.º Não podendo comparecer ao local, o juiz requisitará à autoridade policial que proceda à arrecadação e ao arrolamento dos bens, com 2 (duas) testemunhas, que assistirão às diligências.

§ 2.º Não estando ainda nomeado o curador, o juiz designará depositário e lhe entregará os bens, mediante simples termo nos autos, depois de compromissado.

§ 3.º Durante a arrecadação, o juiz ou a autoridade policial inquirirá os moradores da casa e da vizinhança sobre a qualificação do falecido, o paradeiro de seus sucessores e a existência de outros bens, lavrando-se de tudo auto de inquirição e informação.

§ 4.º O juiz examinará reservadamente os papéis, as cartas missivas e os livros domésticos e, verificando que não apresentam interesse, mandará empacotá-los e lacrá-los para serem assim entregues aos sucessores do falecido ou queimados quando os bens forem declarados vacantes.

§ 5.º Se constar ao juiz a existência de bens em outra comarca, mandará expedir carta precatória a fim de serem arrecadados.

§ 6.º Não se fará a arrecadação, ou essa será suspensa, quando, iniciada, apresentarem-se para reclamar os bens o cônjuge ou companheiro, o herdeiro ou o testamenteiro notoriamente reconhecido e não houver oposição motivada do curador, de qualquer interessado, do Ministério Público ou do representante da Fazenda Pública.

Art. 741. Ultimada a arrecadação, o juiz mandará expedir edital, que será publicado na rede mundial de computadores, no sítio do tribunal a que estiver vinculado o juízo e na plataforma de editais do Conselho Nacional de Justiça, onde permanecerá por 3 (três) meses, ou, não havendo sítio, no órgão oficial e na imprensa da comarca, por 3 (três) vezes com intervalos de 1 (um) mês, para que os sucessores do falecido venham a habilitar-se no prazo de 6 (seis) meses contado da primeira publicação.

§ 1.º Verificada a existência de sucessor ou de testamenteiro em lugar certo, far-se-á a sua citação, sem prejuízo do edital.

§ 2.º Quando o falecido for estrangeiro, será também comunicado o fato à autoridade consular.

§ 3.º Julgada a habilitação do herdeiro, reconhecida a qualidade do testamenteiro ou provada a identidade do cônjuge ou companheiro, a arrecadação converter-se-á em inventário.

§ 4.º Os credores da herança poderão habilitar-se como nos inventários ou propor a ação de cobrança.

Art. 742. O juiz poderá autorizar a alienação:

I — de bens móveis, se forem de conservação difícil ou dispendiosa;

II — de semoventes, quando não empregados na exploração de alguma indústria;

III — de títulos e papéis de crédito, havendo fundado receio de depreciação;

IV — de ações de sociedade quando, reclamada a integralização, não dispuser a herança de dinheiro para o pagamento;

V — de bens imóveis:

a) se ameaçarem ruína, não convindo a reparação;

b) se estiverem hipotecados e vencer-se a dívida, não havendo dinheiro para o pagamento.

§ 1.º Não se procederá, entretanto, à venda se a Fazenda Pública ou o habilitando adiantar a importância para as despesas.

§ 2.º Os bens com valor de afeição, como retratos, objetos de uso pessoal, livros e obras de arte, só serão alienados depois de declarada a vacância da herança.

Art. 743. Passado 1 (um) ano da primeira publicação do edital e não havendo herdeiro habilitado nem habilitação pendente, será a herança declarada vacante.

§ 1.º Pendendo habilitação, a vacância será declarada pela mesma sentença que a julgar improcedente, aguardando-se, no caso de serem diversas as habilitações, o julgamento da última.

§ 2.º Transitada em julgado a sentença que declarou a vacância, o cônjuge, o companheiro, os herdeiros e os credores só poderão reclamar o seu direito por ação direta".

Dado o corte epistemológico desta obra, não teceremos maiores considerações sobre os aspectos procedimentais de reconhecimento da herança jacente e da herança vacante.

Todavia, a diretriz que deve ser tomada na sua compreensão é a de que não há um interesse jurídico primário do Estado em incorporar tal patrimônio, motivo pelo qual todas as cautelas que se fizerem necessárias são fundamentais para a preservação dos interesses dos herdeiros, ainda que desconhecidos.

É por isso que, até a efetiva incorporação do patrimônio ao ente estatal correspondente, sempre se poderá desfazer a situação, para outorgar a herança a quem de direito, na observação do Princípio da *Saisine*, ressalvada a situação do colateral, que, como já dito, fica excluído da sucessão após a declaração de vacância.

Por fim, um peculiar aspecto que merece ser ressaltado diz respeito à possibilidade de se reconhecer a *usucapião dos bens componentes do acervo hereditário*, até a declaração de vacância, conforme já entendeu, inclusive, o Superior Tribunal de Justiça:

> "AGRAVO REGIMENTAL. AGRAVO DE INSTRUMENTO. HERANÇA JACENTE.
>
> USUCAPIÃO. FALTA DE ARGUMENTOS NOVOS, MANTIDA A DECISÃO ANTERIOR.
>
> MATÉRIA JÁ PACIFICADA NESTA CORTE. INCIDÊNCIA DA SÚMULA 83.
>
> I — Não tendo a parte apresentado argumentos novos capazes de alterar o julgamento anterior, deve-se manter a decisão recorrida.
>
> II — O bem integrante de herança jacente só é devolvido ao Estado com a sentença de declaração da vacância, podendo, até ali, ser possuído *ad usucapionem*. Incidência da Súmula 83/STJ.
>
> Agravo improvido" (AgRg no Ag 1.212.745/RJ, Rel. Min. Sidnei Beneti, 3.ª Turma, j. 19-10-2010, *DJe*, 3-11-2010).

Na linha desse julgado, embora a efetiva incorporação dos bens deixados ao domínio público somente ocorra após *cinco anos contados da abertura da sucessão*, a aquisição da propriedade por usucapião somente é possível até a declaração de vacância.

Isso porque a sentença de vacância já traduziria o próprio marco de transição entre os domínios privado e público, ainda que a consolidação do direito somente se dê após o quinquídio legal.

Trata-se, sem dúvida, de um critério de segurança jurídica, que atende aos especiais princípios do próprio Direito Administrativo.

Capítulo X
Da Petição de Herança

Sumário: 1. Introdução. 2. Conceito. 3. Natureza jurídica e objetivos. 4. Prazo para exercício. 5. Legitimidade. 6. A petição de herança e a boa-fé.

1. INTRODUÇÃO

O vigente Código Civil brasileiro tratou da ação de petição de herança em seus arts. 1.824 a 1.828.

Cuida-se de uma inovação, pois a matéria não era especificamente tratada na lei anterior.

Compreendamos, pois, o instituto.

2. CONCEITO

Por meio da ação de petição de herança, o herdeiro pode demandar o reconhecimento do seu *status* sucessório, visando a obter a restituição de toda a herança, ou de parte dela, contra quem indevidamente a possua:

> "Art. 1.824. O herdeiro pode, em ação de petição de herança, demandar o reconhecimento de seu Direito Sucessório, para obter a restituição da herança, ou de parte dela, contra quem, na qualidade de herdeiro, ou mesmo sem título, a possua".

Exemplificando.

Joaquim falece, deixando, *a priori*, como herdeiros, seus filhos Joaquim Jr. e Jucineia. Após a abertura da herança, surge Carmelo, que se diz fruto de uma relação extraconjugal do falecido, pleiteando o seu reconhecimento como filho e herdeiro.

Acrescente-se, ainda, a teor do art. 1.825 do CC[1], que a ação de petição de herança (*petitio hereditatis*), ainda que exercida por um só dos herdeiros, poderá compreender todos os bens hereditários.

---

[1] "Art. 1.825. A ação de petição de herança, ainda que exercida por um só dos herdeiros, poderá compreender todos os bens hereditários."

A petição de herança é, portanto, conceitualmente, o meio pelo qual alguém demanda o reconhecimento da sua qualidade de herdeiro, bem como pleiteia a restituição da herança, total ou parcialmente, em face de quem a possua.

A expressão "qualidade de herdeiro", utilizada pelo texto legal, deve ser compreendida como todo aquele a quem couber, de fato, a herança, seja herdeiro legítimo, testamentário ou mesmo o Estado, como sucessor anômalo[2].

E qual é a natureza deste instituto?

É o que veremos no próximo tópico.

3. NATUREZA JURÍDICA E OBJETIVOS

É preciso compreender bem a natureza jurídica da "petição de herança".

Primeiramente, faz-se necessário esclarecer que ela não se confunde com a *ação de reivindicação*.

Nesse sentido, observa ORLANDO GOMES:

> "Diferenciam-se segundo A. Cicu, porque: a) a reivindicatória tem por objeto o reconhecimento do direito de propriedade sobre determinada coisa, enquanto a ação de petição de herança visa ao reconhecimento da qualidade de herdeiro, da qual pode derivar o reconhecimento de um direito de propriedade, de outro direito real, de um direito de crédito ou de outro direito pessoal; b) enquanto na *rei vindicatio* deve o autor provar, não somente, que adquiriu a propriedade, mas que a houve de quem era proprietário, na *petitio hereditatis* deve o herdeiro provar unicamente seu título de aquisição"[3].

Não é simples, portanto, fixar a sua natureza jurídica.

Isso porque, de tudo que já foi dito, resta claro, em nosso sentir, que a petição de herança tem duas finalidades precípuas:

a) o reconhecimento da qualidade do herdeiro demandante;

b) o pedido de restituição da herança.

Ora, se, em face do primeiro aspecto, é fácil concluir tratar-se de um pedido declaratório, manejado mediante o exercício de um simples "direito potestativo", por outro lado, a restituição dos bens pressupõe a formulação de uma "pretensão", mediante a apresentação de um pedido condenatório[4].

---

[2] Releia-se o Capítulo IX ("Herança Jacente") deste volume.

[3] Orlando Gomes, *Sucessões*, Rio de Janeiro: Forense, 1998, p. 238.

[4] Este mesmo fundamento inspira a Súmula 149 do STF: "É imprescritível a ação de investigação de paternidade, mas não o é a de petição de herança".

Ou seja, há, na petição de herança, duas postulações de naturezas distintas, que não se confundem, embora intimamente ligadas: uma de natureza declaratória e outra de natureza condenatória.

Enquanto a questão não é definitivamente solucionada, é possível o pedido de reserva de bens no inventário ou arrolamento, para se assegurar o resultado útil da demanda, desde que os pressupostos da tutela estejam configurados:

> "AGRAVO DE INSTRUMENTO. INVESTIGAÇÃO DE PATERNIDADE CUMULADA COM PETIÇÃO DE HERANÇA. PEDIDO DE RESERVA DE BENS. 1. Embora seja possível o pedido de reserva de bens de caráter cautelar, ou em sede de antecipação de tutela nos autos de ação de investigação de paternidade cumulada com petição de herança, não há elementos que indiquem a verossimilhança das alegações a ponto de autorizar o deferimento da liminar antes mesmo da citação da sucessão. 2. Nada impede, contudo, que a agravante noticie o ajuizamento da investigatória nos autos do inventário, postulando o que entender pertinente. NEGARAM PROVIMENTO. UNÂNIME" (TJRS, AI 70047241260, 8.ª Câmara Cível, Rel. Luiz Felipe Brasil Santos, j. 19-4-2012).

4. PRAZO PARA EXERCÍCIO

Qual é o prazo para o exercício do direito à petição de herança?

Esta é uma pergunta extremamente delicada.

Com efeito, a resposta vai depender de qual das finalidades da petição de herança se está falando.

De fato, quando se diz que a petição de herança tem prazo prescricional para o seu exercício, está-se referindo, em verdade, ao seu mais relevante aspecto, *condenatório*, de "restituição de bens", na medida em que, por óbvio, o mero reconhecimento do *status de herdeiro*, pode ocorrer a qualquer tempo, independentemente de prazo.

Aliás, vale a pena relembrar ao nosso amigo leitor que somente as "pretensões", próprias de postulações de natureza condenatória, prescrevem.

Conforme já explicitamos em outra oportunidade, com inspiração no culto AGNELO AMORIM FILHO:

> "Realmente, já antecipamos que há perfeita correspondência entre os institutos da prescrição e decadência e a classificação das ações, de acordo com a tutela jurisdicional pretendida.
>
> E isto se dá, em verdade, porque se a *prescrição* é a extinção da pretensão à prestação devida — direito este que continua existindo na relação jurídica de direito material — em função de um descumprimento (que gerou a ação), esta somente pode ser aplicada às *ações condenatórias*. Afinal, somente este tipo de ação exige o cumprimento coercitivo de uma prestação.

Já a *decadência*, como se refere à perda efetiva de um direito, pelo seu não exercício no prazo estipulado, somente pode ser relacionada aos direitos potestativos, que exijam uma manifestação judicial. Tal manifestação, por ser elemento de formação do próprio exercício do direito, somente pode se dar, portanto, por *ações constitutivas*.

Por fim, as *ações declaratórias*, que visam somente ao mero reconhecimento de certeza jurídica (e isto independe de qualquer prazo) somente podem ser *imprescritíveis*, uma vez que não são direcionadas a modificar qualquer estado de coisas.

Por exceção, nos casos de direitos potestativos exercitáveis mediante simples declaração de vontade do titular, sem prazo especial de exercício previsto em lei, a eventual ação judicial ajuizada (*ações constitutivas sem prazo especial de exercício previsto em lei*) também será *imprescritível*, como é o caso da ação de divórcio, que desconstitui o vínculo matrimonial"[5].

E, nesse contexto, concluímos que, a teor do que dispõe o art. 205 do Código Civil, é de *dez anos* o prazo prescricional para se formular a pretensão de restituição de bens da herança, a contar da abertura da sucessão[6].

E onde está previsto este prazo?

De fato, é possível, em tese, sustentar a imprescritibilidade, ante a falta de previsão legal específica, dada a peculiaridade de objetivo da petição de herança[7].

Todavia, como visto, tendo em vista *a postulação de natureza condenatória*, precípua finalidade da demanda, a prescritibilidade é a regra (e a imprescritibilidade somente seria admissível se houvesse previsão legal específica nesse sentido).

Assim sendo, a hipótese é de aplicação da previsão geral do art. 205 do Código Civil (equivalente, na codificação anterior, ao art. 177[8]), que estabe-

---

[5] Pablo Stolze Gagliano e Rodolfo Pamplona Filho, *Novo Curso de Direito Civil — Parte Geral*, 22. ed., São Paulo: Saraiva, 2020, v. 1, p. 545.

[6] Nesse sentido, Sílvio Venosa, *Direito Civil — Direito das Sucessões*, 4. ed., São Paulo: Atlas, p. 361. v. 7.

[7] Nesse sentido, confira-se Adriane Medianeira Toaldo e Clênio Denardini Pereira, "A possibilidade de imprescritibilidade da ação de petição de herança em face da ausência de prazo prescricional na legislação vigente. Disponível em: <http://www.ambito-juridico.com.br/site/index.php?n_link=revista_artigos_leitura&artigo_id=5904>. Acesso em: 20 fev. 2012.

[8] "EMENTA: Ação de petição de herança. Inventário. Herdeira excluída, indevidamente, da partilha. Nulidade absoluta. Prescrição. Prazo ordinário de 20 (vinte) anos. Artigo 177 do Código Civil de 1916. Ocorrência. Extinção do processo. Recurso improvido" (TJMG, Ap. Cív. 1.0702.06.284640-8/001, Comarca de Uberlândia, Apelante(s): Iraci

lece que a "prescrição ocorre em dez anos, quando a lei não lhe haja fixado prazo menor".

Todavia, há ainda uma peculiaridade a ser destacada.

De fato, muitas vezes, quando da abertura da herança — leia-se, do falecimento do seu autor — os pretensos herdeiros podem ainda ser nascituros (exemplificando, o indivíduo morre, tendo deixado uma mulher grávida) ou menores de idade.

E, como se sabe, por força do art. 198, I, do CC, contra os absolutamente incapazes não corre prescrição.

Assim, mesmo reconhecendo a existência de um prazo legal para a dedução em juízo da pretensão de petição de herança, é preciso ter em mente que o *dies a quo* poderá ser protraído em face da situação pessoal do pretenso herdeiro.

Pensamos, pois, que este prazo começaria a correr quando o herdeiro menor chegasse aos 16 anos completos, na medida em que deixaria de ser, tecnicamente, absolutamente incapaz.

Nesse sentido, comenta, com propriedade, ADRIANO GODINHO:

> "Já quanto ao prazo de prescrição, duas são as discussões levadas aos autos: a) qual o prazo de prescrição aplicável, se o do Código de 1916 ou o do diploma atual; b) a data do início da contagem do prazo.
>
> (...)
>
> b) para identificar o termo inicial do prazo prescricional, deve-se verificar, em primeiro lugar, que o art. 198, I do Código Civil de 2002 estabelece que não corre a prescrição contra os absolutamente incapazes. Assim, enquanto o menor não completa 16 anos de idade, tornando-se relativamente incapaz, não tem início o decurso do prazo. No caso dos autos, a herdeira excluída ilegitimamente da herança tornou-se relativamente incapaz somente em 2003, sendo esta a data inaugural da contagem do prazo de prescrição.
>
> Por isso, tendo sido a ação de petição de herança manejada em 2008, não se pode mesmo falar em prescrição, cabendo à herdeira reivindicar os bens que lhe tocam contra os terceiros que indevidamente os possuem, conforme preveem os arts. 1.824 a 1.828 do Código Civil"[9].

5. LEGITIMIDADE

Quem pode ajuizar a petição de herança?

Vieira de Araújo, Apelado(a)(s): Geralda Vieira Borba, Rel. Exmo. Sr. Des. Nepomuceno Silva, j. 27-3-2008, publicado em 29-4-2008).

[9] Sobre o tema, confira-se o interessante comentário do Prof. Adriano Godinho em seu blog. Disponível em: <http://www.adrianogodinho.com.br/2010/03/peticao-de-heranca-direito.html>. Acesso em: 20 fev. 2012.

A resposta, em nosso sentir, é simples: todo potencial herdeiro que se considerar excluído do seu Direito Sucessório.

Assim, incluem-se, por exemplo, filhos não reconhecidos, herdeiros testamentários excluídos da sucessão ou parentes do *de cujus* excluídos por outros titulares.

Nesse contexto, à luz do princípio da boa-fé objetiva, consideramos um dever do inventariante informar ao juízo acerca da possível existência de outros herdeiros habilitáveis.

6. A PETIÇÃO DE HERANÇA E A BOA-FÉ

O tema ora estudado está intimamente relacionado com a questão da boa-fé, que, como vimos, traduz um fundamental princípio jurídico, com especial aplicação no campo das Sucessões[10].

De fato, estabelece o art. 1.826 do CC:

> "Art. 1.826. O possuidor da herança está obrigado à restituição dos bens do acervo, fixando-se-lhe a responsabilidade segundo a sua posse, observado o disposto nos arts. 1.214 a 1.222.
>
> Parágrafo único. A partir da citação, a responsabilidade do possuidor se há de aferir pelas regras concernentes à posse de má-fé e à mora".

Antes da propositura de uma ação de petição de herança, a presunção *juris tantum* é de que o possuidor dos bens da herança esteja de boa-fé.

A presunção, como dito, é relativa, uma vez que, por exemplo, poderia este possuidor saber da existência de herdeiro não abrangido pela herança e nada ter informado ao juízo do inventário.

Por isso, aplicar-se-ão a ele as regras da responsabilidade pela posse de boa ou de má-fé, previstas nos arts. 1.214 a 1.222 do CC.

A partir da citação, porém, tal presunção cai por terra, devendo o possuidor responder de acordo com as regras referentes à posse de má-fé e à mora.

Na demonstração da importância da boa-fé nessa situação, avulta a figura do herdeiro aparente.

Trata-se de aplicação da teoria da aparência no Direito Sucessório, conforme estudamos no item III do nosso Capítulo VIII.

Como vimos, o herdeiro aparente é aquele que, por ser detentor de bens hereditários, faz supor a terceiros que seja o seu legítimo titular, quando, na verdade, não o é.

---

[10] Confira-se o subtópico 3.4 ("Boa-fé") do Capítulo II ("Principiologia do Direito das Sucessões") deste volume.

Em outras palavras, *na perspectiva do princípio da boa-fé e da própria teoria da aparência,* não podem ser prejudicados aqueles que, amparados na legítima expectativa da qualidade de herdeiro, firmam com este uma relação negocial juridicamente possível.

Protege-se, pois, o terceiro de boa-fé.

Nesse sentido, os arts. 1.827 e 1.828 do Código Civil:

> "Art. 1.827. O herdeiro pode demandar os bens da herança, mesmo em poder de terceiros, sem prejuízo da responsabilidade do possuidor originário pelo valor dos bens alienados.
>
> Parágrafo único. *São eficazes as alienações feitas, a título oneroso, pelo herdeiro aparente a terceiro de boa-fé.*
>
> Art. 1.828. *O herdeiro aparente, que de boa-fé houver pago um legado,* não está obrigado a prestar o equivalente ao verdadeiro sucessor, ressalvado a este o direito de proceder contra quem o recebeu" (grifos nossos).

Note-se, pois, que o terceiro que com o possuidor dos bens hereditários houver travado uma relação jurídica, de boa-fé, não poderá ser prejudicado, cabendo, ao real herdeiro, prejudicado, exigir do sucessor aparente a eventual compensação devida.

Capítulo XI
Sucessão Legítima

Sumário: 1. Introdução. 2. Noções conceituais prévias. 3. Ponderações críticas acerca do instituto da herança legítima. 3.1. Sobre a (im)possibilidade de gravação de bens da legítima. 3.2. Justa causa para gravação de bens da legítima. 4. Disciplina jurídica positivada da sucessão legítima. 4.1. Considerações gerais e regras fundamentais. 4.2. Relembrando noções básicas dos regimes de bens no Código Civil brasileiro. 4.2.1. Regime de comunhão parcial de bens. 4.2.2. Regime de comunhão universal de bens. 4.2.3. Regime de participação final nos aquestos. 4.2.4. Regime da separação convencional de bens. 4.2.5. Regime da separação legal ou obrigatória de bens. 4.3. Sucessão pelo descendente. 4.3.1. Correntes explicativas da concorrência do descendente com o cônjuge sobrevivente, no regime da comunhão parcial. 4.3.2. Compreensão da expressão "bens particulares" para efeito de concorrência do cônjuge sobrevivente com o descendente. 4.3.3. Concorrência do descendente com o cônjuge sobrevivente, no regime da separação convencional de bens. 4.4. Sucessão pelo ascendente. 4.5. Sucessão pelo cônjuge. 4.5.1. O usufruto vidual. 4.5.2. Direito real de habitação. 4.5.3. Disciplina efetiva da sucessão do cônjuge. 4.6. Sucessão pela(o) companheira(o). 4.7. Sucessão pelo colateral. 4.8. Sucessão pelo ente público.

1. INTRODUÇÃO

Contornamos o Cabo da Boa Esperança[1].

Este capítulo representa o coração da nossa obra.

Isso porque, conforme já mencionado, a sociedade brasileira não tem o hábito da feitura de testamento, o que invariavelmente conduz ao sistema consagrado pelo próprio legislador para a transmissibilidade sucessória.

Com efeito, a denominada "Sucessão Legítima" traduz o conjunto de regras que disciplina a transferência patrimonial *post mortem*, sem a incidência de um testamento válido.

Nos termos do Código Civil, "morrendo a pessoa sem testamento, transmite a herança aos herdeiros legítimos; o mesmo ocorrerá quanto aos bens que

[1] No século XV, o Cabo da Boa Esperança representava um dos extremos do mundo. Quando os portugueses lá chegaram, metade da longa e difícil viagem à tão sonhada Índia estava cumprida.

não forem compreendidos no testamento; e subsiste a sucessão legítima se o testamento caducar, ou for julgado nulo" (art. 1.788 do CC).

E é justamente esse tipo de sucessão o objeto deste capítulo.

Para bem compreendê-lo, porém, é necessário tecer algumas considerações conceituais prévias.

Vamos a elas.

2. NOÇÕES CONCEITUAIS PRÉVIAS

Em linhas gerais, o estudo das regras da Sucessão Legítima obedece à seguinte metodologia:

a) sucessão pelos descendentes;

b) sucessão pelos ascendentes;

c) sucessão pelo cônjuge ou companheiro sobrevivente;

d) sucessão pelos colaterais;

e) sucessão pelo Ente Público.

Reafirmamos a nossa indignação pelo fato de o codificador haver, injustificadamente, inserido o dispositivo regulador da sucessão da(o) companheira(o) nas *Disposições Gerais, Capítulo I, do Título I* (a saber, no art. 1.790), quando, em verdade, deveria tê-lo alocado no capítulo próprio, do *Título II,* dedicado à Sucessão Legítima (mais precisamente no art. 1.829).

Mas não cometeremos o mesmo erro.

Trataremos da sucessão do integrante da união estável, aqui, *juntamente com a sucessão do cônjuge*, não apenas por um rigor técnico topográfico, mas, sobretudo, pela dignidade constitucional familiar conferida à relação de companheirismo.

Pois bem.

Inicialmente, vale lembrar que o *herdeiro legítimo* é aquele designado na lei para receber a herança; ao passo que o *herdeiro testamentário* é aquele declinado no testamento.

Quanto aos primeiros, lembra ORLANDO GOMES:

> "Na classificação dos herdeiros legítimos, distinguem-se os necessários, também designados legitimários ou reservatários, dos facultativos"[2].

Os herdeiros necessários (legitimários ou reservatários), como se sabe, são aqueles que têm direito à legítima, e os facultativos, todos os demais.

Em nosso atual sistema, pela literalidade do teor do art. 1.845, são herdeiros legítimos necessários: o descendente, o ascendente e o cônjuge[3] (sendo

---

[2] Orlando Gomes, ob. cit., p. 37.

[3] Vale lembrar, porém, que, por força da decisão proferida no julgamento dos Recursos Extraordinários (REs) 646.721 e 878.694, ambos com repercussão geral reconhecida, foi

que, quanto a este último, o reconhecimento codificado da condição de herdeiro necessário se deu com o atual sistema[4]).

Feitas essas considerações iniciais, e antes de passarmos à análise das categorias ou ordens de herdeiros legítimos, cuidemos de aprofundar a noção da "legítima" e dos "herdeiros necessários", providência necessária para a boa compreensão de todo o capítulo.

3. PONDERAÇÕES CRÍTICAS ACERCA DO INSTITUTO DA HERANÇA LEGÍTIMA

Como já se percebeu, distinguem-se os herdeiros necessários (legitimários ou reservatários) dos chamados herdeiros facultativos, justamente em função de haver (ou não) direito à chamada herança legítima.

Em mais de uma oportunidade, já expusemos a nossa opinião sobre a proteção da legítima no Direito brasileiro[5].

E, a título de revisão, vale a pena repassarmos algumas ideias.

---

aprovada a seguinte tese: "No sistema constitucional vigente é inconstitucional a diferenciação de regime sucessório entre cônjuges e companheiros devendo ser aplicado em ambos os casos o regime estabelecido no artigo 1.829 do Código Civil". Embora não haja menção expressa, na tese firmada, se o(a) companheiro(a) se tornou herdeiro necessário, parece-nos que essa será a conclusão lógica a se tomar a partir daí. Muito melhor seria, porém, que, para efeito de segurança jurídica, a matéria passasse a ser regulada expressamente por norma legal, evitando a *via crucis* da discussão em processos judiciais.

[4] De fato, dispunha o art. 1.721 do Código Civil brasileiro de 1916:

"Art. 1.721. O testador que tiver descendente ou ascendente sucessível não poderá dispor de mais da metade de seus bens; a outra pertencerá de pleno direito ao descendente e, em sua falta, ao ascendente, dos quais constitui a legítima, segundo o disposto neste Código (arts. 1.603 a 1.619 e 1.723)".

Ressalve-se, porém, que, por força da decisão proferida no julgamento dos Recursos Extraordinários (REs) 646.721 e 878.694, ambos com repercussão geral, foi aprovada a seguinte tese: "No sistema constitucional vigente é inconstitucional a diferenciação de regime sucessório entre cônjuges e companheiros devendo ser aplicado em ambos os casos o regime estabelecido no artigo 1.829 do Código Civil". Embora não haja menção expressa, na tese firmada, se o(a) companheiro(a) se tornou herdeiro necessário, parece-nos que essa será a conclusão natural a se tomar a partir daí. Muito melhor seria, porém, que, para efeito de segurança jurídica, a matéria passasse a ser regulada expressamente por norma legal, evitando a *via crucis* da discussão em processos judiciais. Reforça esta conclusão o fato de as regras regentes da legítima — restritivas de direitos — não comportarem, em essência, na nossa visão, interpretação extensiva.

[5] Confira-se, especialmente, o Capítulo 6 da obra de Pablo Stolze Gagliano, *Contrato de Doação*, 5. ed., São Paulo: Saraiva, 2021 (no prelo).

Por "herdeiro necessário" entenda-se aquela classe de sucessores que têm, por força de lei, direito à parte legítima da herança (50%).

Por exemplo, se João morre e deixa três filhos: Pedrinho, Marquinhos e Gabi, metade da sua herança (parte legítima) tocará necessariamente a esses herdeiros, podendo, em vida, o testador, se assim o quiser, fazer o que bem entender com a sua parte disponível (a outra metade de herança)[6].

O que não pode haver é violação ao direito dos herdeiros necessários.

E, na regra positivada do Código Civil, são herdeiros necessários os descendentes, os ascendentes e o cônjuge (art. 1.845), aos quais, como dito, se reconhece direito à metade dos bens da herança, a denominada parte legítima (art. 1.846).

Lembrando a doutrina sempre atual de FRANCISCO JOSÉ CAHALI, vale recordar:

> "Por sua vez, a sucessão, no direito brasileiro, obedece ao sistema da divisão necessária, pelo qual a vontade do autor da herança não pode afastar certos herdeiros — herdeiros necessários —, entre os quais deve ser partilhada, no mínimo, metade da herança, em quotas ideais (CC, arts. 1.789, 1.845 e 1.846). Herdeiro necessário, assim, é o parente com direito a uma parcela mínima de 50% do acervo, da qual não pode ser privado por disposição de última vontade, representando a sua existência uma limitação à liberdade de testar. Esta classe é composta pelo cônjuge, descendentes e ascendentes do *de cujus* (CC, 1.845), sem limitação de graus quanto aos dois últimos (filhos, netos, bisnetos etc., e pais, avós, bisavós etc.). São os sucessores que não podem ser excluídos da herança por vontade do testador, salvo em casos específicos de deserdação, previstos em lei. Se não for este o caso, o herdeiro necessário terá resguardada sua parcela, caso o autor da herança decida fazer testamento, restringindo-se, desta forma, a extensão da parte disponível para transmissão de apenas metade do patrimônio do *de cujus*"[7].

O que o legislador pretendeu, ao resguardar o direito dessa categoria de herdeiros, foi precisamente dar-lhes certo conforto patrimonial, impedindo que o autor da herança disponha totalmente do seu patrimônio.

Lembra-nos WASHINGTON DE BARROS MONTEIRO:

> "Essa legítima, tão combatida por Le Play e seus sequazes, porque contrária à ilimitada liberdade de testar, é fixa em face do nosso direito, ao inverso do que ocorre em outras legislações como a francesa, a italiana e a portuguesa,

---

[6] Beneficiando um terceiro ou até mesmo um dos herdeiros necessários, a teor do art. 1.849 do vigente Código Civil brasileiro: "o herdeiro necessário, a quem o testador deixar a sua parte disponível, ou algum legado, não perderá o direito à legítima".

[7] Francisco Cahali e Giselda Maria Fernandes Novaes Hironaka, *Curso Avançado de Direito Civil — Direito das Sucessões*, 2. ed., São Paulo: Revista dos Tribunais, 2003, p. 57. v. 6.

em que varia de acordo com o número das pessoas sucessíveis, e é sagrada, nesse sentido de que não pode, sob pretexto algum, ser desfalcada ou reduzida pelo testador"[8].

De nossa parte, já anotamos que temos sinceras dúvidas a respeito da eficácia social e justiça dessa norma (preservadora da legítima), a qual, na maioria das vezes, acaba por incentivar intermináveis contendas judiciais, quando não a própria discórdia entre parentes ou até mesmo a indolência.

Poderia, talvez, o legislador resguardar a necessidade da preservação da legítima apenas enquanto os herdeiros fossem menores, ou caso padecessem de alguma causa de incapacidade, situações que justificariam a restrição à faculdade de disposição do autor da herança[9].

Mas estender a proteção patrimonial a pessoas maiores e capazes é, no nosso entendimento, a subversão do razoável.

Essa restrição ao direito do testador, como dito, se já encontrou justificativa em sociedades antigas, em que a maior riqueza de uma família era a fundiária, não se explica mais nos dias que correm.

Pelo contrário.

A preservação da legítima culmina por suscitar, como dito, discórdias e desavenças familiares, impedindo, ademais, o *de cujus* de dispor do seu patrimônio amealhado como bem entendesse.

Ademais, se quisesse beneficiar um descendente seu ou a esposa, quem mais lhe dedicou afeto, especialmente nos últimos anos da sua vida, poderia fazê-lo por testamento, sem que isso, em nosso sentir, significasse injustiça ou desigualdade, uma vez que o direcionamento do seu patrimônio deve ter por norte especialmente a afetividade. Ressalvamos, mais uma vez, apenas a hipótese de concorrerem à sua herança filhos menores ou inválidos, caso em que se deveria preservar-lhes, por imperativo de solidariedade familiar, necessariamente, parte da herança.

Ademais, essa restrição ao direito do testador implicaria também uma afronta ao direito constitucional de propriedade, o qual, como se sabe, por ser considerado de natureza complexa, é composto pelas faculdades de usar, gozar/fruir, dispor, e reivindicar a coisa. Ora, tal limitação, sem sombra de dúvida, entraria em rota de colisão com a faculdade real de disposição, afigurando-se completamente injustificada.

---

[8] Washington de Barros Monteiro, *Curso de Direito Civil — Direito das Sucessões*, 3. ed., São Paulo: Saraiva, 1959, p. 205. v. VI.

[9] Posição defendida pelo Prof. Dr. Francisco José Cahali em uma das suas fecundas aulas ministradas no Mestrado em Direito Civil da PUCSP, disciplina Direito das Sucessões II, no segundo semestre de 2004.

Se o que justifica o benefício patrimonial *post mortem* é o vínculo afetivo que une o testador aos seus herdeiros, nada impediria que aquele beneficiasse os últimos por testamento, de acordo com a sua livre manifestação de vontade.

E se não dispusesse absolutamente nada sobre o destino de seu patrimônio?

Nem aí se justificaria a legítima, pois o que ocorreria seria apenas a sucessão patrimonial na ordem estabelecida legalmente, de acordo com as regras de vocação hereditária, o que não se confunde com o instituto aqui criticado, que intenta separar uma parte do patrimônio da incidência da autonomia da vontade.

De qualquer maneira, a par da nossa respeitosa visão crítica, o fato é que a legítima existe e preserva a metade do patrimônio do titular da herança para o seu descendente, ascendente e cônjuge, a teor dos citados arts. 1.845 e 1.846 do Código Civil de 2002.

Se, em vida, o autor da futura herança dispuser de mais da metade do seu patrimônio — ultrapassando a "parte disponível", e invadindo a "legítima" — estará realizando uma *doação inoficiosa*, passível de invalidação[10].

Sobre o tema, em ampla pesquisa realizada, discorreu um dos autores desta obra[11]:

> "O nosso Direito Positivo manteve a preservação da legítima, circunstância que se reflete no âmbito do Direito Contratual, especialmente na doação, consoante podemos observar da análise dos arts. 544 e 549 do Código Civil: '*Art. 544. A doação de ascendentes a descendentes, ou de um cônjuge a outro, importa adiantamento do que lhes cabe por herança*'. '*Art. 549. Nula é também a doação quanto à parte que exceder à de que o doador, no momento da liberalidade, poderia dispor em testamento*'. O que o legislador quer impedir é que o doador disponha gratuitamente de mais da metade da sua herança, com violação da legítima dos herdeiros necessários. *Contrario sensu,* se o ato de liberalidade não atingir o direito dessa categoria de herdeiros, será reputado válido. Vale lembrar que para efeito desse cálculo se deverá considerar o valor do patrimônio do disponente, quando da alienação (ressuscitou-se, assim, a dicção do art. 1.796 do Código Civil anterior, revogando o art. 1.014 do Código de Processo Civil).

---

[10] "CIVIL. DOAÇÃO INOFICIOSA.

1. A doação ao descendente é considerada inoficiosa quando ultrapassa a parte que poderia dispor o doador, em testamento, no momento da liberalidade. No caso, o doador possuía 50% dos imóveis, constituindo 25% a parte disponível, ou seja, de livre disposição, e 25% a legítima. Este percentual é que deve ser dividido entre os 6 (seis) herdeiros, tocando a cada um 4,16%. A metade disponível é excluída do cálculo.

2. Recurso especial não conhecido" (STJ, REsp 112.254/SP, Recurso Especial 1996/0069084-7, Rel. Min. Fernando Gonçalves, j. 16-11-2004, *DJ*, 6-12-2004, p. 313; *RSTJ*, v. 187, p. 335; *RT*, v. 834, p. 192).

[11] Pablo Stolze Gagliano, *Contrato de Doação*, 5. ed., São Paulo: Saraiva, 2021 (no prelo), p. 76.

(...)

No Direito Positivo brasileiro, após a entrada em vigor do Código novo, optou-se por parâmetro diverso, considerando-se o valor do bem doado, ao tempo da liberalidade (art. 2.004 do CC, analisado abaixo). Esta é a precisa preleção de PAULO LUIZ NETTO LÔBO: O momento de cada doação para se aferir o limite, somando-se as anteriores, é fundamental. O direito brasileiro não optou pelo momento da abertura da sucessão para se verificar o excesso da parte disponível ou da legítima dos herdeiros necessários, mas o da liberalidade. O patrimônio sofre flutuações de valor, ao longo do tempo, mercê das vicissitudes por que passa. Se a redução se der posteriormente à data da doação, comprometendo a legítima, a nulidade não será retroativa. Se houve aumento do patrimônio, posteriormente ao momento da doação em excesso, não altera este fato; a nulidade é cabível. Se de nada poderia dispor, no momento da doação, toda ela é nula[12]. A questão, todavia, não é pacífica, havendo entendimento no sentido de que o valor considerado ao tempo da doação somente é sustentável se o bem não mais integrava o patrimônio do donatário, quando da colação. Nesse sentido, um dos 'Enunciados das Jornadas de Direito Civil' (n. 119): Para evitar o enriquecimento sem causa, a colação será efetuada com base no valor da época da doação, nos termos do *caput* do art. 2.004, exclusivamente na hipótese em que o bem doado não mais pertença ao patrimônio do donatário. Se, ao contrário, o bem ainda integrar seu patrimônio, a colação se fará com base no valor do bem na época da abertura da sucessão, nos termos do artigo 1.014, de modo a preservar a quantia que efetivamente integrará a legítima quando esta se constitui, ou seja, na data do óbito (Resultado da interpretação sistemática do CC 2003 e §§, juntamente com o CC 1.832 e 844). *Data venia*, não concordamos com esse entendimento. Tal diversidade de tratamento, em nosso pensar, é insegura, consagrando 'dois pesos e duas medidas' para uma situação explicitamente enfrentada e regulada pelo legislador: o art. 2.004, norma específica, é claro ao dispor que o valor de colação dos bens doados será aquele, certo ou estimativo, que lhes atribuir o ato de liberalidade. Para tornar clara a matéria, um exemplo irá ilustrar a hipótese: imaginemos que Caio seja titular de um patrimônio avaliado em 100.000 reais. Viúvo, tem três filhos: Mévio, Xisto e Xerxes. Todos, como sabemos, herdeiros necessários. Pois bem. Imaginemos que Caio resolva doar 50% do seu patrimônio (50.000) para um terceiro. Não haveria problema, pois essa quota sairia da sua parte disponível. Na mesma linha, poderia também doar esse valor para um dos herdeiros necessários (50%), o qual, inclusive, poderia já receber, a título de adiantamento, a sua parte na legítima (16,66%). O que o testador *não poderia* seria doar a parte disponível (50%) + uma quota que ultrapassasse os 16,66% correspondente à legítima dos outros herdeiros necessários. Tais valores serão considerados quando da liberalidade, e não no momento da morte do doador[13]. E vale

[12] Paulo Luiz Netto Lôbo, *Comentários ao Código Civil — Parte Especial — Das Várias Espécies de Contrato*, coord. Antonio Junqueira de Azevedo, São Paulo: Saraiva, 2003, p. 334. v. 6.

[13] Retornaremos ao problema do valor da doação quando tratarmos do instituto jurídico da colação.

ainda lembrar, com LUIZ EDSON FACHIN e CARLOS EDUARDO PIANOVSKI, que: O nascimento de mais um filho do *de cujus* após a doação consumada não alteraria, pois, os efeitos jurídicos da doação, uma vez que, remarque-se, o excesso é apurado apenas no instante em que a liberalidade é realizada[14]. Nesse diapasão, em havendo violação da legítima, a doação, no que concerne a esse excesso, será considerada nula, a teor do art. 549 do Código Civil"[15].

Vale acrescentar ainda que a proteção da legítima opera-se por uma *dupla via: mediante o tratamento jurídico da doação inoficiosa, reputada inválida,* e, mesmo após a morte do autor da herança, por meio da necessidade de se efetuar *a colação dos bens doados* (ato jurídico pelo qual o herdeiro/donatário leva ao inventário, em conferência, o valor do bem doado, a fim de preservar o direito dos demais herdeiros necessários)[16].

Por isso, aliás, para se chegar ao valor da "legítima", deve-se levar em conta o valor dos bens doados em vida ao herdeiro necessário e sujeitos à "colação":

> "Art. 1.847. Calcula-se a legítima sobre o valor dos bens existentes na abertura da sucessão, abatidas as dívidas e as despesas do funeral, adicionando-se, em seguida, o valor dos bens sujeitos a colação".

Tudo isso para se apurar, efetivamente, se houve ou não violação ao direito dos demais herdeiros reservatários.

3.1. Sobre a (im)possibilidade de gravação de bens da legítima

Finalmente, aspecto peculiar a considerar, e causador de muitas dúvidas, é a questão da possibilidade de "gravar" bens da legítima.

No sistema codificado anterior, previa o art. 1.723:

> "Art. 1.723. Não obstante o direito reconhecido aos descendentes e ascendentes no art. 1.721, pode o testador determinar a conversão dos bens da legítima em outras espécies, prescrever-lhes a incomunicabilidade, confiá-los à livre administração da mulher herdeira, e estabelecer-lhes condições de inalienabilidade temporária ou vitalícia. A cláusula de inalienabilidade, entretanto, não obstará a livre disposição dos bens por testamento e, em falta deste, à sua transmissão, desembaraçados de qualquer ônus, aos herdeiros legítimos".

---

[14] Luiz Edson Fachin e Carlos Eduardo Pianovski, Uma contribuição crítica que se traz à colação, in *Questões Controvertidas — No Direito de Família e das Sucessões*, São Paulo: Método, 2005, p. 453. v. 3.

[15] Na mesma linha, o Código Civil português: *"Art. 2.104.° 1. Os descendentes que pretendem entrar na sucessão do ascendente devem restituir à massa da herança, para igualação da partilha, os bens ou valores que lhes foram doados por este: esta restituição tem o nome de colação".*

[16] Código Civil: arts. 2002 a 2012. Confira-se o Capítulo XIX deste volume.

A regra sobre o tema foi diametralmente modificada com o Código Civil brasileiro de 2002, que passou a disciplinar o tema em seu art. 1.848 no seguinte sentido:

> "Art. 1.848. Salvo se houver justa causa, declarada no testamento, não pode o testador estabelecer cláusula de inalienabilidade, impenhorabilidade, e de incomunicabilidade, sobre os bens da legítima".

Esse dispositivo encontra-se em "diálogo normativo" com a regra de direito intertemporal contida no art. 2.042 do Código Civil:

> "Art. 2.042. Aplica-se o disposto no *caput* do art. 1.848, quando aberta a sucessão no prazo de um ano após a entrada em vigor deste Código, ainda que o testamento tenha sido feito na vigência do anterior, Lei n. 3.071, de 1.º de janeiro de 1916; se, no prazo, o testador não aditar o testamento para declarar a justa causa de cláusula aposta à legítima, não subsistirá a restrição".

Sobre o dispositivo, já discorreu PABLO STOLZE GAGLIANO:

> "Para entendermos corretamente o art. 2.042, sob análise, é preciso que façamos as seguintes distinções:
>
> a) o testamento fora elaborado após a entrada em vigor do Código de 2002;
>
> b) o testamento fora elaborado antes da entrada em vigor do Código de 2002.
>
> No primeiro caso, a restrição imposta pelo testador (cláusula de inalienabilidade, impenhorabilidade ou incomunicabilidade) à legítima, por óbvio, somente subsistirá se houver sido declarada, no testamento, a justa causa (conceito vago) exigida pelo art. 1.848 do Código.
>
> Entretanto, na segunda hipótese, ainda que o testamento tenha sido elaborado antes da vigência do Código de 2002, desde que a abertura da sucessão tenha se dado dentro do prazo de um ano após a entrada em vigor do Código, aplicar-se-á o *caput* do art. 1.848, que exige a justa causa declarada para efeito de subsistir a restrição da legítima. Neste caso, o testador terá de aditar o testamento, mencionando e justificando o gravame imposto à legítima, sob pena de a restrição não valer.
>
> Sem dúvida, este dispositivo causará controvérsia.
>
> Afinal, como explicar que o sujeito, nos termos da legislação vigente à época da elaboração do testamento (CC/1916), redigiu, livremente, o seu ato de última vontade, gravando a legítima (direito reconhecido pelo art. 1.723, CC/1916), e, após a vigência de uma nova lei, viu-se obrigado a aditá-lo?
>
> Argumentar-se-ia, pois, que o testador, elaborando o testamento antes do Código de 2002, obedeceu à lei vigente à época.
>
> Entretanto, neste ponto, considerando inclusive o aspecto egoístico do Direito anterior que conferia arbitrário poder ao testador, concordamos com o Professor Zeno Veloso, no sentido de que 'a exigência de ser mencionada a justa causa da cláusula restritiva (CC, art. 1.848) não é uma questão de forma (o extrínseco do testamento), mas de fundo, de conteúdo jurídico da

disposição testamentária (o intrínseco do testamento), regendo-se, assim, pela Lei vigente ao tempo da abertura da sucessão'[17].

Por isso, entendemos razoável a incidência da regra, nos termos em que fora redigida" [18].

Em verdade, para bem compreendermos o instituto, é necessário investigarmos a expressão "justa causa".

É o objetivo do próximo subtópico.

3.2. Justa causa para gravação de bens da legítima

O que se pode entender como "justa causa" para a gravação de bens da legítima?

Trata-se de um conceito aberto ou indeterminado.

Um dos vários que compõem o corpo de normas do Código Civil de 2002, à luz do *princípio da operabilidade*, conforme preleciona MIGUEL REALE, porquanto:

> "Somente assim se realiza o direito em sua *concretude*, sendo oportuno lembrar que a teoria do Direito concreto, e não puramente abstrato, encontra apoio de jurisconsultos do porte de Engisch, Betti, Larenz, Esser e muitos outros, implicando maior participação decisória conferida aos magistrados"[19].

Não é demais dizer, pois, que o nosso Código Civil pautou-se por uma diretriz caracterizada pela adoção, ao longo do seu texto, de verdadeiros *poros axiológicos*, consagrados em tais conceitos abertos e nas denominadas cláusulas gerais, para permitir que o magistrado pudesse imprimir maior concreção ao comando normativo, segundo as peculiaridades do caso concreto.

Por tal razão, como dito, também encontramos, ao longo de toda a codificação, *cláusulas gerais*, as quais, para além de compreenderem um conceito aberto, possuem uma carga de poder ou comando normativo muito maior, vinculativo da própria atividade do juiz, a exemplo da "boa-fé objetiva" ou da "função social".

---

[17] Zeno Veloso, *Novo Código Civil Comentado*, coord. Ricardo Fiuza, São Paulo: Saraiva, 2002, p. 1841.

[18] Pablo Stolze Gagliano, in Henrique Ferraz Corrêa Melo, Maria Isabel do Prado e Pablo Stolze Gagliano, *Comentários ao Código Civil Brasileiro — Do Direito das Sucessões*, coords. Arruda Alvim e Thereza Alvim, Rio de Janeiro: Forense, 2008, p. 622-623. v. 17 (mantivemos a citação em rodapé).

[19] Miguel Reale, Visão geral do novo Código Civil. *Jus Navigandi*, Teresina, ano 7, n. 54, 1.º fev. 2002. Disponível em: <http://jus.com.br/revista/texto/2718>. Acesso em: 20 jul. 2012.

Temos, portanto, que, ao permitir ao testador gravar com cláusula de inalienabilidade, incomunicabilidade ou impenhorabilidade dos bens da legítima, em havendo "justa causa", o legislador concedeu uma álea de discricionariedade possível, dentro do valor do justo e legítimo, para a salvaguarda de determinados interesses[20].

É o caso, por exemplo, de se gravar com cláusula de inalienabilidade e impenhorabilidade uma casa, integrante da legítima, que tocará a um herdeiro afeito a gastos, com o fim de impedi-lo de dilapidar o seu próprio patrimônio. Ou, na mesma linha, gravá-lo com cláusula de incomunicabilidade para impedir que o bem seja transmitido ao seu cônjuge.

Nesses casos, em havendo ulterior controle judicial, não poderá o magistrado, uma vez convencido da legitimidade da medida, torná-la ineficaz, fazendo o bem retornar ao monte-mor[21].

---

[20] Importante lembrar o entendimento pretoriano de que a "inalienabilidade incluiria a incomunicabilidade dos bens" (Súmula 49 do STF). Note, amigo leitor, que, no interessante acórdão a seguir, o julgador fez prevalecer a vontade do testador, relativizando, com isso, o entendimento mencionado: "AGRAVO DE INSTRUMENTO — INVENTÁRIO — BENS GRAVADOS COM CLÁUSULA TESTAMENTÁRIA DE INALIENABILIDADE E IMPENHORABILIDADE — CLÁUSULA DE INCOMUNICABILIDADE — INEXISTÊNCIA — INAPLICABILIDADE DA SÚMULA 49 DO STF E DO ARTIGO 1.911 DO CÓDIGO CIVIL — EFETIVA VONTADE DO TESTADOR — VIÚVO DE HERDEIRA — MEEIRO E HERDEIRO — MANUTENÇÃO NO CARGO DE INVENTARIANTE DOS BENS DEIXADOS POR SEU SOGRO E POR SUA ESPOSA — POSSIBILIDADE — HONORÁRIOS ADVOCATÍCIOS — DECOTE — INCIDENTE PROCESSUAL — ARTIGO 20, § 1.º, DO CPC — AGRAVO PARCIALMENTE PROVIDO. Os preceitos da Súmula 49 do Supremo Tribunal Federal ('a cláusula de inalienabilidade inclui a incomunicabilidade dos bens') e do artigo 1.911 do Código Civil ('a cláusula de inalienabilidade imposta aos bens por ato de liberalidade implica impenhorabilidade e incomunicabilidade') não prevalecem sobre disposição de última vontade de testador, manifestada de maneira expressa e inequívoca. Por se tratar a espécie em análise de Incidente Processual relativo à interpretação de cláusula testamentária, a sucumbência deve atingir somente as custas, não havendo que se falar em condenação em verba honorária, consoante disposição do § 1.º do artigo 20 do CPC" (100800500126830011/MG 1.0080.05.001268-3/001(1), Rel. Armando Freire, j. 13-6-2006, publicado em 21-7-2006).

[21] Mesmo que a cláusula de inalienabilidade haja sido aposta (ou até mesmo a de impenhorabilidade, em nosso sentir), se o falecido deixou dívidas, poderá haver a penhora do bem gravado, componente do acervo, como já decidiu o STJ:

"RECURSO ESPECIAL. SUCESSÃO. DÍVIDAS DO MORTO. TESTAMENTO QUE GRAVA OS IMÓVEIS DEIXADOS COM CLÁUSULAS DE INALIENABILIDADE E IMPENHORABILIDADE. POSSIBILIDADE DE PENHORA, EM EXECUÇÃO MOVIDA POR CREDOR DO *DE CUJUS*.

1. Os bens deixados em herança, ainda que gravados com cláusula de inalienabilidade ou de impenhorabilidade, respondem pelas dívidas do morto.

Vale destacar que a referência à "justa causa" permite eventual discussão judicial ulterior, em havendo razão jurídica para tanto.

Nesta linha, vale lembrar que o Código Civil de 2002, ao contrário do seu antecessor de 1916, experimenta certa influência "causalista"[22], o que reforçaria a possibilidade de controle judicial da legalidade da cláusula restritiva.

Sobre os diversos aspectos e matizes da cláusula de inalienabilidade, SÍLVIO VENOSA ensina:

> "Do ponto de vista da legítima, exclusivamente, a inalienabilidade pode ser total ou parcial, conforme se estenda ou não a todos os bens que comporão a legítima. Quanto à cláusula, genericamente falando, pode ela ser absoluta, quando o testador impõe a impossibilidade de alienação a quem quer que seja. Esse absolutismo da cláusula pode referir-se a um, algum ou todos os bens clausulados. Se o disponente não distingue, entendemos a restrição como absoluta. É relativa a imposição quando o testador proíbe a alienação sob determinadas formas, ou a determinadas pessoas. Pode o testador, por exemplo, só permitir a alienação a título gratuito, ou a determinadas pessoas (...) A inalienabilidade é vitalícia quando não aposto um termo, terminando com a morte do titular (...) Pode a cláusula ser temporária quando o disponente insere um termo"[23].

Outro ponto digno de nota é que não será dado ao testador estabelecer que os indicados bens da legítima sejam convertidos em outros de espécie diversa, a teor do que dispõe o § 1.º do mesmo artigo.

Vale dizer, com base no exemplo acima mencionado, o testador não poderá determinar a venda da casa para a posterior aquisição de dois veículos a serem clausulados.

A lei expressamente veda que o testador estabeleça a conversão em bens de natureza diversa, mas nada diz quanto à possibilidade de serem da mesma natureza.

---

2. Por força do art. 1.676 do Código Civil de 1916, as dívidas dos herdeiros não serão pagas com os bens que lhes foram transmitidos em herança, quando gravados com cláusulas de inalienabilidade e impenhorabilidade, por disposição de última vontade. Tais bens respondem, entretanto, pelas dívidas contraídas pelo autor da herança.

3. A cláusula testamentária de inalienabilidade não impede a penhora em execução contra o espólio" (REsp 998.031/SP, Rel. Min. Humberto Gomes de Barros, 3.ª Turma, j. 11-12-2007, *DJ*, 19-12-2007, p. 1230).

[22] Sobre o tema da "Causa" nos Negócios Jurídicos (e, consequentemente, nos atos jurídicos *stricto sensu*), confira-se o subtópico 2.5 ("Algumas palavras sobre a causa nos negócios jurídicos") do Capítulo XI ("Plano de Existência do Negócio Jurídico") do v. I ("Parte Geral") desta coleção.

[23] Sílvio de Salvo Venosa, ob. cit., p. 217-218.

Em nosso sentir, não haveria muita utilidade prática na expressa proibição de se estabelecer a conversão em bens congêneres (inclusive quanto à expressão econômica), pois a conjuntura fática, em tal caso, não experimentaria mudança.

Ressalve-se, finalmente, conforme dispõe o § 2.º do art. 1.848, a possibilidade de se obter uma autorização judicial — se, para tanto, houver fundamento — com o propósito de alienar os bens gravados, convertendo-se o produto obtido em outros bens, de natureza diversa ou não, que ficarão sub-rogados nos ônus dos primeiros.

É o caso de o herdeiro, a quem tocou a casa — gravada com cláusula de inalienabilidade —, precisar vendê-la para custear uma cirurgia.

Poderá, pois, ingressar com pedido de alvará judicial, que deflagrará um procedimento de jurisdição voluntária, no qual deverá necessariamente intervir o órgão do Ministério Público.

Obtida a necessária autorização, poderá ser efetuada a venda e, abatido o valor da justificada despesa, conforme exemplo dado, o interessado deverá, com o remanescente (se houver, claro), obter outro bem congênere, que se substituirá no ônus do primeiro.

Aliás, a excepcional possibilidade de alienação do bem gravado — que não pode ser afastada pela vontade das partes — vai ao encontro do próprio *princípio da função social*, como já decidiu o STJ, em acórdão da inspirada Ministra NANCY ANDRIGHI:

> "DIREITO DAS SUCESSÕES. REVOGAÇÃO DE CLÁUSULAS DE INALIENABILIDADE, INCOMUNICABILIDADE E IMPENHORABILIDADE IMPOSTAS POR TESTAMENTO.
>
> FUNÇÃO SOCIAL DA PROPRIEDADE. DIGNIDADE DA PESSOA HUMANA. SITUAÇÃO EXCEPCIONAL DE NECESSIDADE FINANCEIRA. FLEXIBILIZAÇÃO DA VEDAÇÃO CONTIDA NO ART. 1.676 DO CC/16. POSSIBILIDADE.
>
> 1. Se a alienação do imóvel gravado permite uma melhor adequação do patrimônio à sua função social e possibilita ao herdeiro sua sobrevivência e bem-estar, a comercialização do bem vai ao encontro do propósito do testador, que era, em princípio, o de amparar adequadamente o beneficiário das cláusulas de inalienabilidade, impenhorabilidade e incomunicabilidade.
>
> 2. A vedação contida no art. 1.676 do CC/16 poderá ser amenizada sempre que for verificada a presença de situação excepcional de necessidade financeira, apta a recomendar a liberação das restrições instituídas pelo testador.
>
> 3. Recurso especial a que se nega provimento" (REsp 1.158.679/MG, Rel. Min. Nancy Andrighi, 3.ª Turma, j. 7-4-2011, *DJe*, 15-4-2011).

Trata-se, pois, de um julgado que privilegia a interpretação constitucional das normas legais do nosso Direito Sucessório.

4. DISCIPLINA JURÍDICA POSITIVADA DA SUCESSÃO LEGÍTIMA

Pretende o relevante tópico enfrentar, efetivamente, a disciplina jurídica positivada acerca da Sucessão Legítima.

Antes de adentrarmos no núcleo desta apaixonante temática, algumas outras considerações, porém, devem ser feitas, para a sua completa e abrangente compreensão.

Vamos a elas.

4.1. Considerações gerais e regras fundamentais

Se as regras da Sucessão Legítima existem para a preservação da parte indisponível da herança — prestigiando-se alguns dos herdeiros —, não se pode negar que o estabelecimento de uma ordem de vocação hereditária tem por finalidade, também, permitir a transmissibilidade do patrimônio do falecido, especialmente para os casos em que ele não manifestou, de forma prévia, a sua vontade sobre o sentido do direcionamento daqueles bens.

Por isso, a própria lei cuida de imprimir destinação ao patrimônio, segundo uma suposta vontade presumível do autor da herança.

Nesse contexto, é muito importante frisarmos que é característica básica do sistema a regra segundo a qual *o sucessor mais próximo exclui o mais remoto.*

Assim, se Carmelo morre deixando um filho, Fabio, e um irmão, Roger, a herança tocará ao primeiro, segundo a regra acima exposta.

O parente mais próximo, pois, no caso, afastou o mais distante na linha sucessória.

Ainda a título introdutório, é importante frisar a mudança por que passou o sistema, quando da revogação do Código de 1916 e consequente entrada em vigor da Lei de 2002.

Até então, o sistema de Sucessão Legítima, a par de bastante simplificado, conferia uma tutela tênue ao cônjuge sobrevivente.

Vale dizer, com a morte do autor da herança, a transmissibilidade dos bens era linear, sem a existência de eventual direito concorrencial, na seguinte ordem:

a) descendente;

b) ascendente;

c) cônjuge;

d) colateral.

Destaque-se que a(o) companheira(o) sobrevivente, por sua vez, também foi contemplada(o) na terceira classe de sucessores, a partir da vigência da Lei n. 8.971, de 1994.

Em suma, a ordem de transmissibilidade patrimonial era de simples intelecção, com prioridade do descendente.

Ao cônjuge e à companheira (ou companheiro), reservara-se a terceira classe sucessória, a par de lhe haverem sido conferidos certos direitos sucessórios indiretos ou paralelos, a exemplo do "usufruto vidual" e do "direito real de habitação", que serão analisados em subtópicos posteriores.

Críticas eram feitas a esse sistema, desde a primeira codificação brasileira, sob o argumento de que o direito do cônjuge não estaria suficientemente preservado, impondo-se uma reforma que melhor contemplasse a sua situação e aperfeiçoasse a sua tutela.

Nesse sentido, veja-se o testemunho histórico de CLÓVIS BEVILÁQUA:

> "Entre marido e mulher não existe parentesco, que sirva de base a um direito hereditário recíproco. Um elo mais forte, porém, os une em sociedade tão íntima, pela comunhão de afetos, de interesses, de esforços, de preocupações, em vista da prole engendrada por ambos, que se não pode recusar a necessidade de lhes ser garantido um Direito Sucessório, somente equiparável ao dos filhos e ao dos pais. Ou se tenha em atenção, para determinar o direito hereditário *ab intestato*, o amor presumido do *de cujus* ou a solidariedade da família, a situação do cônjuge supérstite apresenta-se sob aspectos dos mais vantajosos. E, relembrando que a fortuna do marido encontra na sábia economia da mulher um poderoso elemento de conservação e desenvolvimento; que é, muitas vezes, para cercar uma esposa amada, de conforto e de gozos, que o homem luta e vence no conflito vital; e ainda que a equidade seria gravemente golpeada em muitas circunstâncias, se o cônjuge fosse preferido por um parente longínquo; os legisladores modernos têm procurado reagir contra o sistema ilógico e injusto da exclusão total ou quase total do cônjuge sobrevivo em face da herança do cônjuge pré-morto"[24].

E coube ao codificador de 2002 atender a esses reclamos.

Isso porque o tratamento jurídico sucessório do cônjuge supérstite fora vigorosamente ampliado, reconhecendo-se, no texto codificado, a sua condição de herdeiro necessário e concorrente com os descendentes e ascendentes.

O mesmo elogio à novel codificação, todavia, não pode ser dito em relação ao tratamento sucessório da(o) companheira(o), que, conforme veremos em momento oportuno, sofreu um inegável maltrato legislativo.

Com efeito, o casamento passou a conferir um *status* sucessório até então inexistente.

---

[24] Clóvis Beviláqua, *Direito das Sucessões*, 4. ed., Rio de Janeiro/São Paulo: Freitas Bastos, 1945, p. 143-144.

À(ao) viúva(o), outrora casada(o), não apenas se manteve um importante Direito Sucessório paralelo (direito real de habitação), como também, a par de ser erigida(o) à categoria de herdeiro necessário, passou a concorrer com os sucessores das classes anteriores (ascendentes e descendentes), em uma clara mitigação da tradicional regra, acima mencionada, segundo a qual o "herdeiro mais próximo excluiria o mais remoto".

Uma verdadeira revolução em nosso sistema!

Por outro lado, conforme ainda veremos, o direito conferido ao cônjuge de concorrer com os descendentes dependerá da prévia análise do regime de bens que fora adotado.

Ou seja, ao analisarmos o inventário ou o arrolamento em que haja cônjuge sobrevivente (viúva ou viúvo) a concorrer com descendentes comuns ou exclusivos do *de cujus*, afigura-se indispensável a análise do regime de bens adotado.

Por isso, em respeito ao nosso estimado leitor, antes de deitarmos olhos no específico estudo da sucessão do descendente, passaremos em breve revista noções básicas acerca dos regimes de bens consagrados pelo Direito brasileiro[25].

4.2. Relembrando noções básicas dos regimes de bens no Código Civil brasileiro

Em uma análise sistemática, é possível identificar cinco regimes básicos de bens no vigente sistema brasileiro.

São eles, a saber, a comunhão parcial de bens; a comunhão universal; a participação final nos aquestos; a separação convencional de bens; e, por fim, o regime da separação legal ou obrigatória de bens.

Relembremos suas regras fundamentais.

4.2.1. Regime de comunhão parcial de bens

A esmagadora maioria dos casais, quando da celebração do matrimônio, não cuida de estabelecer, por meio de pacto, regime de bens especial.

Isso talvez por conta da (quase sempre) constrangedora situação de, em meio ao doce encantamento do noivado, terem de entabular conversa desagradável a respeito de divisão patrimonial.

[25] Pablo Stolze Gagliano e Rodolfo Pamplona Filho, *Novo Curso de Direito Civil — Direito de Família*, 10. ed., São Paulo: Saraiva, 2020, v. 6, cf. caps. XIII a XVII.

Tal diálogo culmina por afigurar-se acentuadamente desagradável, quase anacrônico, diante da expectativa de eternidade que sempre acompanha o projeto de vida dos noivos.

Ou, quem sabe, talvez não cuidem de estabelecer o referido pacto antenupcial, simplesmente, por não terem ainda patrimônio com o que se preocupar...

Enfim!

O fato é que, em geral, no Brasil, as pessoas não cuidam de fazer opção de regime, mediante contrato antenupcial, de maneira que incidirá o regime legal supletivo, previsto em lei.

Até a entrada em vigor da conhecida Lei do Divórcio (Lei n. 6.515), em 1977, o regime supletivo era o de comunhão universal de bens.

A partir desse diploma, o nosso Direito consagraria como **regime subsidiário o da comunhão parcial de bens**, o que passou a constar no *caput* do art. 258 do Código Civil brasileiro de 1916[26], opção legislativa esta ainda presente no Código de 2002:

> "Art. 1.640. Não havendo convenção, ou sendo ela nula ou ineficaz, vigorará, quanto aos bens entre os cônjuges, o regime da comunhão parcial".

E o parágrafo único destaca:

> "Poderão os nubentes, no processo de habilitação, optar por qualquer dos regimes que este código regula. Quanto à forma, reduzir-se-á a termo a opção pela comunhão parcial, fazendo-se o pacto antenupcial por escritura pública, nas demais escolhas".

Assim, temos que a comunhão parcial, seja pela vontade expressa dos cônjuges, seja pela supletividade prevista em lei, acaba por se tornar o mais abrangente e disseminado regime de bens.

Não é estranho, por isso, que também para a união estável tal regime seja eleito como o supletivo[27].

Podemos definir o regime de comunhão parcial de bens como aquele em que há, em regra, a comunicabilidade dos bens adquiridos a título oneroso na constância do matrimônio, por um ou ambos os cônjuges, preservando-se, assim, como patrimônio pessoal e exclusivo de cada um, os bens adquiridos por causa anterior ou recebidos a título gratuito a qualquer tempo.

Genericamente, é como se houvesse uma "separação do passado" e uma "comunhão do futuro" em face daquilo que o casal, por seu esforço conjunto, ajudou a amealhar.

---

[26] "Art. 258. Não havendo convenção, ou sendo nula, vigorará, quanto aos bens entre os cônjuges, o regime de comunhão parcial."

[27] "Art. 1.725. Na união estável, salvo contrato escrito entre os companheiros, aplica-se às relações patrimoniais, no que couber, o regime da comunhão parcial de bens."

Trata-se, pois, em nosso sentir, de um regime conveniente, justo e equilibrado.

A nossa definição proposta tem raiz no art. 1.658 do Código Civil de 2002:

> "Art. 1.658. No regime de comunhão parcial, comunicam-se os bens que sobrevierem ao casal, na constância do casamento, com as exceções dos artigos seguintes".

Note-se que a comunicabilidade característica desse regime (a comunicabilidade dos bens aquestos) não é absoluta, sofrendo o temperamento dos arts. 1.659 a 1.662 do Código Civil.

4.2.2. Regime de comunhão universal de bens

O regime de comunhão universal de bens tende à unicidade patrimonial.

Vale dizer, o seu princípio básico determina, salvo as exceções legais (art. 1.668[28]), uma fusão do patrimônio anterior dos cônjuges, e, bem assim, a comunicabilidade dos bens havidos a título gratuito ou oneroso, no curso do casamento, incluindo-se as obrigações assumidas:

> "Art. 1.667. O regime de comunhão universal importa a comunicação de todos os bens presentes e futuros dos cônjuges e suas dívidas passivas, com as exceções do artigo seguinte".

Em situações especiais, porém, é possível ainda se constatar a formação de jurisprudência ampliativa das hipóteses de *incomunicabilidade*, mesmo no regime de comunhão universal de bens.

Lembremo-nos de que, a teor do art. 1.669, a incomunicabilidade dos bens enumerados no artigo antecedente não se estende aos frutos, quando se percebam ou vençam durante o casamento, a exemplo dos aluguéis gerados por um bem exclusivo de um dos cônjuges.

4.2.3. Regime de participação final nos aquestos

Uma leitura equivocada das previsões legais do regime poderia conduzir o intérprete a confundi-lo, inicialmente, com a *comunhão parcial de bens*.

Mas esse erro não deve ser cometido.

---

[28] "Art. 1.668. São excluídos da comunhão: I — os bens doados ou herdados com a cláusula de incomunicabilidade e os sub-rogados em seu lugar; II — os bens gravados de fideicomisso e o direito do herdeiro fideicomissário, antes de realizada a condição suspensiva; III — as dívidas anteriores ao casamento, salvo se provierem de despesas com seus aprestos, ou reverterem em proveito comum; IV — as doações antenupciais feitas por um dos cônjuges ao outro com a cláusula de incomunicabilidade; V — os bens referidos nos incisos V a VII do art. 1.659."

Na comunhão parcial, comunicam-se, em regra geral, os bens que sobrevierem ao casamento, *adquirido por um ou ambos os cônjuges*, a título oneroso.

Já na participação final, a comunicabilidade refere-se apenas ao patrimônio adquirido onerosamente *pelo próprio casal* (ex.: a casa de praia adquirida pelo esforço econômico conjunto do marido e da esposa).

Não é por outra razão, aliás, que o art. 1.673[29] dispõe que, na participação final, integram o patrimônio próprio os bens que cada cônjuge possuía ao casar e os por ele adquiridos, a qualquer título, na constância do casamento.

Fica claro, pois, que a comunicabilidade no regime ora estudado toca apenas ao patrimônio *adquirido em conjunto*[30], pelos próprios consortes.

Outra diferença consiste na incidência de regras próprias para cada regime, a saber: comunhão parcial está disciplinada nos arts. 1.658 a 1.666, enquanto a participação final nos aquestos é regida pelos arts. 1.672 a 1.686 do mesmo Código.

Por conta disso, não se pode fazer incidir regra de um regime em outro ou vice-versa.

A título de exemplo, entram na comunhão parcial os bens adquiridos por fato eventual, com ou sem o concurso de trabalho ou despesa anterior do cônjuge (art. 1.660, II), a exemplo de um prêmio de loteria, não se podendo aplicar tal norma à participação final.

4.2.4. Regime da separação convencional de bens

O regime de separação convencional de bens é de simples compreensão e guarda íntima conexão com o *princípio da autonomia privada.*

Em campo diametralmente oposto ao da comunhão universal de bens, com tal regime, os cônjuges pretendem, por meio da vontade manifestada no pacto antenupcial, resguardar a exclusividade e a administração do seu patrimônio pessoal, anterior ou posterior ao matrimônio.

O pensamento segundo o qual "amor não se confunde com patrimônio" encontra aqui o seu amparo jurídico.

---

[29] "Art. 1.673. Integram o patrimônio próprio os bens que cada cônjuge possuía ao casar e os por ele adquiridos, a qualquer título, na constância do casamento. Parágrafo único. A administração desses bens é exclusiva de cada cônjuge, que os poderá livremente alienar, se forem móveis."

[30] E esse direito de meação (incidente no patrimônio comum onerosamente adquirido pelo casal) é tão importante que, a teor do art. 1.682, não é renunciável, cessível ou penhorável na vigência do regime matrimonial. Trata-se, inequivocamente, de uma norma de ordem pública, inalterável pela vontade das partes.

É o exercício da autonomia da vontade que permite, no caso, haver total divisão dos bens de cada cônjuge, sem prejuízo do reconhecimento da formação de uma família.

Esse regime tem como premissa a incomunicabilidade dos bens dos cônjuges, anteriores e posteriores ao casamento.

É a previsão do art. 1.687 do Código Civil:

> "Art. 1.687. Estipulada a separação de bens, estes permanecerão sob a administração exclusiva de cada um dos cônjuges, que os poderá livremente alienar ou gravar de ônus real".

Trata-se de regime que exige expressa manifestação das partes, não se confundindo com o da separação legal ou obrigatória.

Estipulado o regime de separação de bens, cada cônjuge mantém o seu patrimônio próprio, compreensivo dos bens anteriores e posteriores ao casamento, podendo livremente aliená-los, administrá-los ou gravá-los de ônus real.

Note-se, pois, que, nesse regime, existirá uma inequívoca independência patrimonial, não havendo espaço para futura meação.

4.2.5. Regime da separação legal ou obrigatória de bens

Há situações em que a lei impõe o regime de separação de bens.

Trata-se do denominado *regime de separação legal ou separação obrigatória de bens,* instituído nos termos do art. 1.641 que, por traduzir restrição à autonomia privada, não comporta interpretação extensiva, ampliativa ou analógica.

Vejamos, pois, quais são as suas hipóteses de aplicação, nos termos do Código Civil:

> "Art. 1.641. É obrigatório o regime da separação de bens no casamento:
>
> I — das pessoas que o contraírem com inobservância das causas suspensivas da celebração do casamento; II — da pessoa maior de setenta anos; III — de todos os que dependerem, para casar, de suprimento judicial".

Esse artigo, em nosso sentir, desafia o jurista a tentar realizar uma interpretação constitucional, especialmente na perspectiva do superior princípio da isonomia.

Aliás, vamos além: o dispositivo, posto informado por uma suposta boa intenção legislativa, culmina, na prática, por chancelar situações de inegável injustiça e constitucionalidade duvidosa.

A primeira hipótese prevista é de mais simples entendimento e aceitação.

Impõe-se o regime de separação obrigatória para as pessoas que contraírem o matrimônio em violação das causas suspensivas do matrimônio (art. 1.523).

A segunda situação prevista na norma é absurda e inconstitucional.

A alegação de que a separação patrimonial entre pessoas que convolarem núpcias acima dos 70 anos teria o intuito de proteger o idoso das investidas de quem pretenda aplicar o "golpe do baú" não convence.

E, se assim o fosse, esta risível justificativa resguardaria, em uma elitista perspectiva legal, uma pequena parcela de pessoas abastadas, apenando, em contrapartida, um número muito maior de brasileiros.

Não podemos extrair dessa norma uma interpretação conforme a Constituição.

Muito pelo contrário.

O que notamos é uma violência escancarada ao princípio da isonomia, por conta do estabelecimento de uma velada forma de interdição parcial do idoso.

Avançada idade, por si só, como se sabe, não é causa de incapacidade!

Se existe receio de o idoso ser vítima de um golpe por conta de uma vulnerabilidade explicada por enfermidade ou deficiência mental, que seja instaurado procedimento próprio de interdição, mas disso não se conclua em favor de uma inadmissível restrição de direitos, simplesmente por conta da sua idade.

Aliás, com 70 anos ou mais, a pessoa pode presidir a República.

Pode integrar a Câmara de Deputados.

O Senado Federal.

E não poderia escolher livremente o seu regime de bens?

Não podemos tentar encontrar razão onde ela simplesmente não existe. Nessa linha, concluímos pela completa inconstitucionalidade do dispositivo sob comento (art. 1.641, II), ainda não pronunciada, em controle abstrato, infelizmente, pelo Supremo Tribunal Federal[31].

Finalmente, dispõe o referido artigo que também será aplicado o regime de separação legal em face daqueles que, para casar, dependeram de suprimento judicial.

Assim, em situações específicas relativas a menores, em que se exige pronunciamento judicial, como em caso de divergência entre os pais ou de não alcance da idade núbil, é vedado aos nubentes a livre escolha do regime de bens.

---

[31] "Enunciado n. 2 — Na perspectiva de respeito à dignidade da pessoa humana, é inconstitucional a imposição do regime de separação obrigatória de bens, previsto no art. 1.641, II, do Código Civil, às pessoas maiores de setenta anos" (I Jornada dos Juízes das Varas de Família da Comarca de Salvador).

Se, em uma análise mais superficial, tal norma afigura-se justificável, a mantença desse mesmo regime de separação, ao longo de toda uma vida, pode não ser a solução mais adequada[32].

Passadas em revista tais importantes noções, enfrentemos, agora, a instigante temática atinente à "sucessão pelo descendente".

4.3. Sucessão pelo descendente

A sucessão pelo descendente, no Código Civil de 1916, era extremamente simplificada, na medida em que o seu art. 1.603, com dicção direta, deferia a herança à primeira classe de herdeiros, sem que houvesse direito concorrencial de nenhum outro sucessor[33].

Ocorre que, como anunciado linhas acima, o codificador de 2002 alterou sobremaneira a matéria, ao deferir ao cônjuge sobrevivente, a depender do regime de bens adotado, direito de concorrer com o descendente na herança do falecido.

Em outras palavras, posto o descendente permaneça na primeira classe sucessória, a(o) viúva(o) sobrevivente poderá com ele concorrer, nos termos do (ainda polêmico) inciso I do art. 1.829 do Código Civil:

> "Art. 1.829. A sucessão legítima defere-se na ordem seguinte:
>
> I — aos descendentes, em concorrência com o cônjuge sobrevivente, salvo se casado este com o falecido no regime da comunhão universal, ou no da separação obrigatória de bens (art. 1.640, parágrafo único); ou se, no regime da comunhão parcial, o autor da herança não houver deixado bens particulares".

Da sua leitura, podemos concluir o seguinte.

Falecido o autor da herança, esta será deferida ao(s) seu(s) descendente(s), 1.ª classe sucessória[34], respeitada a regra segundo a qual o parente mais próximo exclui o mais remoto[35].

---

[32] As nossas reflexões e críticas aos regimes de bens encontram-se nos capítulos já referidos da nossa obra dedicada ao estudo do Direito de Família, aos quais remetemos o nosso estimado leitor.

[33] Código Civil Brasileiro de 1916:

"Art. 1.603. A sucessão legítima defere-se na ordem seguinte:

I — aos descendentes;

II — aos ascendentes;

III — ao cônjuge sobrevivente;

IV — aos colaterais;

V — aos Municípios, ao Distrito Federal ou à União".

[34] Ressalvada a hipótese de um testamento haver dado destinação diversa à metade disponível, toda a herança tocará o descendente.

[35] Código Civil, art. 1.833: "Entre os descendentes, os em grau mais próximo excluem os mais remotos, salvo o direito de representação" (dispositivo sem equivalente direto

A questão, porém, não é mais tão simples como outrora, pois é preciso verificar se haverá a concorrência do(a) cônjuge em relação ao descendente, nos termos do referido inciso I do art. 1.829.

Nos termos desse dispositivo legal, havendo cônjuge sobrevivente (viúva ou viúvo), *este NÃO terá direito de concorrer com o descendente*, se o regime de bens adotado foi de:

a) comunhão universal;

b) separação obrigatória[36]; ou

c) comunhão parcial, se o autor da herança NÃO deixou bens particulares.

Por outro lado, *haverá, SIM, direito de concorrer com o descendente*, se o regime de bens adotado foi de:

a) participação final nos aquestos;

b) separação convencional; ou

c) comunhão parcial, se o autor da herança deixou bens particulares.

A proibição da concorrência sucessória quando o regime de bens adotado houvesse sido o da comunhão universal ou da separação obrigatória é facilmente explicada.

No primeiro caso, entendeu o legislador que a opção pela comunhão total já conferiria ao sobrevivente o amparo material necessário, em virtude das regras atinentes ao próprio direito de meação[37]. No segundo caso, *a contrario*

---

no CC/1916). Neste último caso, herdando por direito de representação, sucederão "por estirpe" (art. 1.835 do CC/2002), conforme será visto no Capítulo XII ("Direito de Representação"), ao qual remetemos o amigo leitor. E, nesse contexto, vale observar ainda que os descendentes de uma mesma classe (filhos do falecido, por exemplo) têm, por óbvio, os mesmos direitos à sucessão do seu ascendente, na perspectiva do princípio da isonomia, e a teor do art. 1.834 do Código Civil de 2002 (que baniu a anacrônica regra — evidentemente não recepcionada pela ordem constitucional — do art. 1.610 do CC/1916).

[36] O legislador errou ao fazer remissão ao art. 1.640, pois a referência correta deve ser ao art. 1.641.

[37] "CIVIL. RECURSO ORDINÁRIO EM MANDADO DE SEGURANÇA. SUCESSÃO LEGÍTIMA. ART. 1.829, I, CC/02. CONCORRÊNCIA DO CÔNJUGE SOBREVIVENTE COM OS DESCENDENTES. CASAMENTO NO REGIME DA COMUNHÃO UNIVERSAL DE BENS. EXCLUSÃO DO CÔNJUGE DA CONDIÇÃO DE HERDEIRO CONCORRENTE. ATO DO JUIZ DETERMINANDO A JUNTADA AOS AUTOS DA HABILITAÇÃO E REPRESENTAÇÃO DOS HERDEIROS DESCENDENTES. NATUREZA. DESPACHO DE MERO EXPEDIENTE. FUNDAMENTAÇÃO. DESNECESSIDADE.

— A nova ordem de sucessão legítima estabelecida no CC/02 incluiu o cônjuge na condição de herdeiro necessário e, conforme o regime matrimonial de bens, concorrente com os descendentes.

sensu, uma vez que a própria lei instituiu uma forçada separação patrimonial, sentido não haveria em se deferir uma comunhão de bens após a morte.

No caso da comunhão parcial, todavia, a compreensão da proibição concorrencial não é tão simples assim.

Por isso mesmo a matéria enseja uma explicação mais minuciosa, o que será feito no próximo subtópico.

4.3.1. Correntes explicativas da concorrência do descendente com o cônjuge sobrevivente, no regime da comunhão parcial

A norma legal proíbe que o cônjuge sobrevivente, *que fora casado sob o regime de comunhão parcial de bens*, concorra com os descendentes na herança, *caso o falecido NÃO haja deixado bens particulares.*

Trata-se da regra do "duplo não": *se "NÃO" deixou bens particulares, concorrência "NÃO" haverá.*

Em outras palavras, sem prejuízo do seu direito próprio de meação, a(o) viúva(o) terá direito concorrencial, em face dos descendentes, *quanto aos bens particulares deixados pelo falecido*, quando o regime adotado houver sido o da comunhão parcial de bens.

Nesse sentido, com habitual erudição, GISELDA HIRONAKA ensina:

> "O primeiro destes pressupostos exigidos pela lei é o do *regime matrimonial de bens*. Bem por isso o inc. I do art. 1.829, anteriormente reproduzido, faz depender a vocação do cônjuge supérstite do regime de bens escolhido pelo casal, quando de sua união, uma vez que o legislador enxerga nessa escolha uma demonstração prévia dos cônjuges no sentido de permitir ou não a confusão patrimonial e em que profundidade querem ver operada tal confusão.
>
> Assim, não será chamado a herdar o cônjuge sobrevivo se casado com o falecido pelo *regime da comunhão universal de bens* (arts. 1.667 a 1.671 do atual Código Civil), ou pelo *regime da separação obrigatória de bens* (arts. 1.687 e 1.688, combinado com o art. 1.641).

— Quando casado no regime da comunhão universal de bens, considerando que metade do patrimônio já pertence ao cônjuge sobrevivente (meação), este não terá o direito de herança, posto que a exceção do art. 1.829, I, o exclui da condição de herdeiro concorrente com os descendentes.

— O ato do juiz que determina a juntada aos autos da habilitação e representação dos herdeiros descendentes tem natureza de despacho de mero expediente, dispensando fundamentação, visto que não se qualificam, em regra, como atos de conteúdo decisório. Precedentes.

Recurso ordinário em mandado de segurança a que se nega provimento" (STJ, RMS 22.684/RJ, Rel. Min. Nancy Andrighi, 3.ª Turma, j. 7-5-2007, *DJ*, 28-5-2007, p. 319).

Por fim, aqueles casais que, tendo silenciado quando do momento da celebração do casamento, optaram de forma implícita pelo *regime da comunhão parcial de bens*, fazem jus à meação dos bens comuns da família, como se de comunhão universal se tratasse, mas passam agora a participar da sucessão do cônjuge falecido, na porção dos bens particulares deste"[38].

De acordo com a lógica linha de raciocínio, a teor do critério escolhido pelo legislador — no sentido de que cônjuge sobrevivente (que fora casado em regime de comunhão parcial) somente terá direito concorrencial quando o falecido houver deixado bens particulares —, é forçoso convir que tal direito incidirá apenas sobre essa parcela de bens.

Mesmo que mantenhamos uma certa reserva crítica quanto à opção legislativa — na medida em que, em geral, os casais constroem seu patrimônio, conjuntamente, somente após a união conjugal, resultando muito pouco na categoria de "bens particulares" — o fato é que a interpretação da norma sob comento, *tal como redigida*, conduz-nos à conclusão de que o direito concorrencial reconhecido ao cônjuge sobrevivente limita-se, de fato, ao âmbito dos bens exclusivos do falecido.

Mas a matéria não é pacífica, como anota o brilhante ZENO VELOSO:

"Mas não é pacífico, nem unânime, o parecer de que o cônjuge sobrevivente casado sob o regime da comunhão parcial só irá concorrer com os descendentes quanto aos bens particulares: alerte-se, de passagem, que poucos temas são tranquilos no Direito Sucessório dos cônjuges. Maria Helena Diniz (*Curso de Direito Civil Brasileiro; Direito das Sucessões*, 22. ed. São Paulo: Saraiva, v. 6, p. 122) adverte que se trata de uma questão polêmica, e enuncia que na concorrência com descendente, se o regime de bens foi o da comunhão parcial, não se devem considerar apenas os bens particulares do falecido, mas todo o acervo hereditário, 'porque a lei não diz que a herança do cônjuge só recai sobre os bens particulares do *de cujus* e para atender ao princípio da operabilidade, tornando mais fácil o cálculo para a partilha da parte cabível a cada herdeiro'. Além disso, acrescenta, a herança é indivisível, deferindo-se como um todo unitário, ainda que vários sejam os herdeiros (CC, art. 1.791 e parágrafo único). Entendem, igualmente, que, nesse caso, a concorrência do cônjuge com os descendentes envolve os bens particulares e os comuns: Guilherme Calmon Nogueira da Gama, Inácio de Carvalho Neto, Luiz Paulo Vieira de Carvalho e Mario Roberto Carvalho de Faria, segundo levantamento feito por Francisco

[38] Giselda Maria Fernandes Novaes Hironaka, "Direito das Sucessões brasileiro: disposições gerais e sucessão legítima. Destaque para dois pontos de irrealização da experiência jurídica à face da previsão contida no novo Código Civil", *Jus Navigandi*, Teresina, ano 8, n. 65, 1.º maio 2003. Disponível em: <http://jus.com.br/revista/texto/4093>. Acesso em: 13 ago. 2012.

José Cahali (*Direito das Sucessões*, 3. ed., com Giselda Maria Fernandes Novaes Hironaka, São Paulo: Revista dos Tribunais, 2007, n. 9.4, p. 189)"[39].

Em um primeiro momento, de fato, seguíamos a linha de pensamento segundo a qual ao cônjuge sobrevivente assistiria o direito de concorrer com os descendentes em face de toda a herança.

E, como dito acima, ponderáveis argumentos há nesse sentido.

Dentre eles, destacamos o fato de a restrição aos bens particulares poder esvaziar completamente a norma, na medida em que, na maioria das vezes, os casais brasileiros somente amealham patrimônio ao longo da própria união conjugal, formando uma massa "comum" de bens.

Além disso, não se pode desprezar a circunstância de que tal limitação não existe nem em face da(o) companheira(o) viúva(o), a teor do tão criticado art. 1.790 do Código Civil de 2002.

Entretanto, após detida ponderação, concluímos que mais acertada é a interpretação limitativa do Direito Sucessório do cônjuge.

O legislador não poderia fazer uma inócua referência à expressão "bens particulares", se não pretendesse, em verdade, com isso, limitar o direito concorrencial do cônjuge a essa categoria de bens.

Trata-se de uma interpretação lógica e razoável.

Ademais, o direito próprio de meação em face do patrimônio comum já garantiria justo amparo à viúva em face dos bens construídos ou havidos conjuntamente, ao longo do matrimônio.

Por isso, posicionamo-nos junto aos autores[40] que entendem haver direito concorrencial da(o) viúva(o) — que fora casada(o) em regime de comunhão parcial de bens —, somente quanto aos bens particulares deixados pelo falecido.

O enunciado 270 da III Jornada de Direito Civil, postulado de doutrina, aponta na mesma direção, ao dispor que:

> "O art. 1.829, inc. I, só assegura ao cônjuge sobrevivente o direito de concorrência com os descendentes do autor da herança quando casados no regime da separação convencional de bens ou, se casados nos regimes da comunhão parcial ou participação final nos aquestos, o falecido possuísse bens

[39] Zeno Veloso, *Direito Hereditário do Cônjuge e do Companheiro*. São Paulo: Saraiva, 2010, p. 46.

[40] Nesse sentido, o próprio Zeno Veloso (ob. cit., p. 46). Posição peculiar é a da querida amiga e professora Maria Berenice Dias, segundo a qual, *diante da pontuação do referido inciso*, a sucessão do cônjuge ficaria *excluída* na hipótese de o falecido ter deixado bens particulares. Trata-se de uma posição minoritária e que merece a nossa respeitosa referência (Maria Berenice Dias, "Ponto final. Art. 1829, inciso I, do novo Código Civil", *Jus Navigandi*, Teresina, ano 8, n. 168, 21 dez. 2003. Disponível em: <http://jus.com.br/revista/texto/4634>. Acesso em: 22 ago. 2012.

particulares, *hipóteses em que a concorrência se restringe a tais bens, devendo os bens comuns (meação) ser partilhados exclusivamente entre os descendentes*" (grifamos).

Filiamo-nos, nesse contexto, à linha de pensamento segundo a qual o direito concorrencial do cônjuge sobrevivente (que fora casado em regime de comunhão parcial de bens) limita-se aos bens particulares deixados pelo autor da herança.

Trata-se de posicionamento que se consolidou no Superior Tribunal de Justiça:

> "**Seção uniformiza entendimento sobre sucessão em regime de comunhão parcial de bens**
>
> O cônjuge sobrevivente, casado sob o regime da comunhão parcial de bens, concorre com os descendentes na sucessão do falecido apenas quanto aos bens particulares que este houver deixado, se existirem. Esse é o entendimento da Segunda Seção do Superior Tribunal de Justiça (STJ) em julgamento de recurso que discutiu a interpretação da parte final do inciso I do artigo 1.829 do Código Civil (CC) de 2002.
>
> A decisão confirma o Enunciado 270 da III Jornada de Direito Civil, organizada pelo Conselho da Justiça Federal (CJF), e pacifica o entendimento entre a Terceira e a Quarta Turma, que julgam matéria dessa natureza.
>
> O enunciado afirma que 'o artigo 1.829, I, do CC/02 só assegura ao cônjuge sobrevivente o direito de concorrência com os descendentes do autor da herança quando casados no regime da separação convencional de bens ou, se casados nos regimes da comunhão parcial ou participação final nos aquestos, o falecido possuísse bens particulares, hipóteses em que a concorrência se restringe a tais bens, devendo os bens comuns (meação) serem partilhados exclusivamente entre os descendentes'.
>
> Segundo o ministro Raul Araújo, que ficou responsável por lavrar o acórdão, o CC/02 modificou a ordem de vocação hereditária, incluindo o cônjuge como herdeiro necessário, passando a concorrer em igualdade de condições com os descendentes do falecido.
>
> Embora haja essa prerrogativa, a melhor interpretação da parte final desse artigo, segundo o ministro, no que tange ao regime de comunhão parcial de bens, não pode resultar em situação de descompasso com a que teria o mesmo cônjuge sobrevivente na ausência de bens particulares do falecido"[41].

Nesse contexto, afinal, uma pergunta se impõe: *o que se deve entender por "bens particulares"?*

---

[41] Fonte: <http://www.stj.jus.br/sites/STJ/default/pt_BR/Comunicação/noticias/Not%C3%ADcias/Seção-uniformiza-entendimento-sobre-sucessão-em-regime-de-comunhão-parcial-de-bens>. Acesso em: 12 nov. 2016.

É o que enfrentaremos no próximo subtópico!

4.3.2. Compreensão da expressão "bens particulares" para efeito de concorrência do cônjuge sobrevivente com o descendente

Afinal, o que significa a expressão "bens particulares" para efeito de concorrência do cônjuge sobrevivente que fora casado no regime de comunhão parcial de bens?

A sua definição, em nosso sentir, não é revestida de grande complexidade.

Ao menos, em teoria.

Reputam-se "particulares" os bens integrantes do patrimônio exclusivo de cada cônjuge, tais como: os bens que cada cônjuge possuir ao casar, e os que lhe sobrevierem, na constância do casamento, por doação ou sucessão, e os sub-rogados em seu lugar; os bens adquiridos com valores exclusivamente pertencentes a um dos cônjuges em sub-rogação dos bens particulares; as obrigações anteriores ao casamento; as obrigações provenientes de atos ilícitos, salvo reversão em proveito do casal; os bens de uso pessoal, os livros e instrumentos de profissão; os proventos do trabalho pessoal de cada cônjuge; as pensões, meios-soldos, montepios e outras rendas semelhantes; e, ainda, todos os bens cuja aquisição tiver por título causa anterior ao casamento (arts. 1.659 e 1.661 do CC).

Mas, na prática, não é tão simples assim.

Tomemos, como exemplo, a previsão legal segundo a qual os "proventos do trabalho pessoal de cada cônjuge" (art. 1.659, VI) não entram na comunhão parcial, ou seja, são bens exclusivos.

Por provento, entenda-se toda e qualquer retribuição devida por conta do trabalho pessoal do marido ou da mulher.

Ao estabelecer a incomunicabilidade dos proventos, o legislador firma a regra segundo a qual o direito que cada cônjuge tem ao seu salário — ou à retribuição em geral — integra o seu patrimônio pessoal e exclusivo.

Nessa linha de intelecção, dissolvido o casamento, por exemplo, o direito que o marido tem de perceber, mês a mês, o salário pago pelo seu empregador não integrará o acordo de partilha.

Trata-se de direito pessoal e exclusivo.

E note-se que o eventual pagamento de pensão alimentícia, incidente no salário, ampara-se em outras bases, nada tendo que ver com exercício de direito de meação.

Direito ao salário, portanto, ou a qualquer outra retribuição, não integra divisão de bens.

Advertimos, todavia, que os bens comprados com esses valores, por seu turno, são partilháveis, por conta da regra geral, que determina, na comunhão parcial, a divisão dos bens adquiridos onerosamente por um ou ambos os cônjuges: *o salário que recebo da empresa em que trabalho é meu; todavia, o carro que eu compro com ele, no curso do casamento, pertencerá, por metade, à minha esposa.*

É assim que opera o regime de comunhão parcial de bens.

E, caso o valor do salário (ou da retribuição) seja aplicado em poupança, previdência privada, ações ou outro fundo de investimento, os rendimentos ou dividendos a partir daí gerados são, consequentemente, comunicáveis.

Importante ponto da matéria, todavia, merece ser destacado.

A despeito de a regra ser clara quanto à incomunicabilidade dos proventos pessoais de cada cônjuge, existe entendimento no Superior Tribunal de Justiça, de matiz *contra legem*, no sentido de admitir — tanto na comunhão parcial como na universal — a divisão de *crédito trabalhista*.

Na letra fria da lei, tal julgado, como vimos, não encontraria respaldo. Todavia, partindo de uma concepção ampla do conceito de patrimônio comum, o ilustre Ministro Relator RUI ROSADO DE AGUIAR entendeu, ao julgar o REsp 421.801/RS, que "para a maioria dos casais brasileiros, os bens se resumem à renda mensal familiar. Se tais rendas forem tiradas da comunhão, esse regime praticamente desaparece".

Cuida-se de um entendimento polêmico, reafirmado em mais de uma oportunidade pelo egrégio Tribunal:

> "Verba decorrente de reclamação trabalhista. Integração na comunhão. Regime da comunhão parcial. Disciplina do Código Civil anterior. 1. Já decidiu a Segunda Seção que 'integra a comunhão a indenização trabalhista correspondente a direitos adquiridos durante o tempo de casamento sob o regime da comunhão universal' (EREsp n. 421.801/RS, Relator para acórdão o Ministro Cesar Asfor Rocha, DJ de 17/12/04). Não há motivo para excepcionar o regime da comunhão parcial considerando o disposto no art. 271 do Código Civil anterior. 2. Recurso especial conhecido e provido" (REsp 810.708/RS, Rel. Min. Carlos Alberto Menezes Direito, 3.ª Turma, j. 15-3-2007, *DJ*, 2-4-2007 p. 268).

E ainda:

> "Direito civil e família. Recurso especial. Ação de divórcio. Partilha dos direitos trabalhistas. Regime de comunhão parcial de bens. Possibilidade. Ao cônjuge casado pelo regime de comunhão parcial de bens é devida à meação das verbas trabalhistas pleiteadas judicialmente durante a constância do casamento. As verbas indenizatórias decorrentes da rescisão de contrato de trabalho só devem ser excluídas da comunhão quando o direito trabalhista tenha nascido ou tenha sido pleiteado após a separação do casal. Recurso especial conhecido e provido" (REsp 646.529/SP, Rel. Min. Nancy Andrighi, 3.ª Turma, j. 21-6-2005, *DJ*, 22-8-2005, p. 266).

Créditos trabalhistas depositados em conta, em nome do falecido, portanto, segundo a letra da lei, integrariam patrimônio exclusivo, sobre o qual incidiria eventual Direito Sucessório do cônjuge sobrevivente, casado em comunhão parcial de bens, a teor do art. 1.829, I.

Todavia, seguindo-se o entendimento esposado pelo Superior Tribunal de Justiça, pelo qual tais valores consistiriam em patrimônio comum, a despeito do direito à meação, *não assistiria Direito Sucessório algum.*

Tudo dependeria, portanto, da premissa da qual se parta.

Além disso, reveste-se de grande dificuldade a apuração dos "bens móveis" exclusivos do falecido, na medida em que, por serem, em geral, desprovidos de registro — diferentemente dos imóveis —, podem gerar dúvida quanto à sua titularidade, quando desacompanhados de documentos comprobatórios da sua propriedade.

E toda a análise precisará ser feita, no bojo do inventário ou do arrolamento, na medida em que o Direito Sucessório do cônjuge sobrevivente, que fora casado no regime da comunhão parcial, deve limitar-se aos bens exclusivos deixados pelo falecido.

4.3.3. Concorrência do descendente com o cônjuge sobrevivente, no regime da separação convencional de bens

Outro delicado problema diz respeito ao direito concorrencial quando os cônjuges houverem sido casados pelo regime da separação convencional de bens.

Conforme mencionamos, nos termos do inciso I do art. 1.829, direito concorrencial do cônjuge sobrevivente também haverá, se fora casado no regime de separação convencional de bens.

Note a peculiaridade, amigo leitor: o descendente herdará menos, se a(o) viúva(o) do seu falecido pai (ou mãe) — que não necessariamente será também sua genitora (ou genitor) — houver sido casado em "separação convencional de bens".

Vale dizer, se João e Maria optaram por se unir matrimonialmente segundo o regime de separação convencional, com a morte de qualquer deles, os filhos (do falecido) suportarão a concorrência da viúva (ou viúvo) que, conforme dito, não necessariamente é o seu pai ou a sua mãe.

E isso soa muito estranho, pois, se optaram por uma completa separação patrimonial durante toda a vida, não teria sentido se estabelecer uma comunhão forçada com os herdeiros do falecido após a morte.

E, se os sucessores forem descendentes exclusivos do falecido, a situação ganha contornos mais absurdos ainda.

Se já é difícil para nós, bacharéis em Direito, compreendermos essa situação, violadora do bom senso, imagine-se para o brasileiro comum, que não detenha conhecimento técnico-jurídico.

Sentido algum há no direito concorrencial do cônjuge supérstite, quando foi adotado, ao longo de toda uma vida em comum, o regime de separação convencional de bens[42].

É bem verdade que, nesse ponto, o Superior Tribunal de Justiça tentou contornar o absurdo da concorrência de Direito Sucessório da viúva(o) que fora casada(o) em separação convencional, sob o argumento de que *o regime da separação obrigatória seria um gênero que abrangeria também o da separação convencional*, e que, por isso, dada a exclusão do direito daquele casado no regime obrigatório, a mesma ressalva incidiria em face daqueles que optaram, mediante pacto antenupcial, pelo regime convencional:

> "Direito civil. Família e Sucessões. Recurso especial. Inventário e partilha. Cônjuge sobrevivente casado pelo regime de separação convencional de bens, celebrado por meio de pacto antenupcial por escritura pública. Interpretação do art. 1.829, I, do CC/02. Direito de concorrência hereditária com descendentes do falecido. Não ocorrência.

---

[42] Há entendimento, todavia, no sentido da literalidade da regra, com o qual, como dito, definitivamente não concordamos: "Ementa: AÇÃO RESCISÓRIA. AÇÃO ORDINÁRIA DE DECLARAÇÃO DA CONDIÇÃO DE NÃO HERDEIRA. CÔNJUGE SOBREVIVENTE CASADA COM O FALECIDO SOB O REGIME DA SEPARAÇÃO CONVENCIONAL DE BENS, MEDIANTE PACTO. CONCORRÊNCIA COM AS DESCENDENTES. ALEGAÇÃO DE VIOLAÇÃO A LITERAL DISPOSIÇÃO DE LEI NO ACÓRDÃO. ART. 1.829, I, CC/02. IMPROCEDÊNCIA. TEMPESTIVIDADE DA AÇÃO. Observado o prazo previsto no art. 495 do CPC na propositura da ação rescisória, impõe-se admiti-la como tempestiva. Rejeitada a preliminar de intempestividade deduzida na contestação. IMPOSSIBILIDADE JURÍDICA DO PEDIDO. Há possibilidade jurídica no pedido rescisório, cujo objeto visa desconstituir coisa julgada formal na própria decisão rescindenda, ao alegar que o julgado, na decisão inquinada, teria manifestado interpretação violando literalmente disposição de lei. Preliminar rejeitada, por maioria. IMPROCEDÊNCIA DA AÇÃO. Descabe ser rescindido o acórdão que não desconsidera ou não afronta dispositivos legais, mas apenas dá interpretação razoável, embora literal, à matéria controvertida. O acórdão rescindendo, ao deliberar que o cônjuge sobrevivente, casado pelo regime da separação convencional de bens, por pacto antenupcial, concorre à herança com as descendentes do falecido, deu interpretação literal ao precitado art. 1.829, I, CC/02, não violando qualquer dispositivo legal. Aplicação da Súmula 343 do STF. Preliminar de intempestividade rejeitada, por unanimidade, e preliminar de impossibilidade jurídica do pedido, afastada, por maioria, vencido o Relator. No mérito, ação julgada improcedente, por unanimidade (Segredo de Justiça) (TJRS, AR 70038425567, 4.º Grupo de Câmaras Cíveis, Rel. André Luiz Planella Villarinho, j. 10-6-2011).

— Impositiva a análise do art. 1.829, I, do CC/02, dentro do contexto do sistema jurídico, interpretando o dispositivo em harmonia com os demais que enfeixam a temática, em atenta observância dos princípios e diretrizes teóricas que lhe dão forma, marcadamente, a dignidade da pessoa humana, que se espraia, no plano da livre manifestação da vontade humana, por meio da autonomia da vontade, da autonomia privada e da consequente autorresponsabilidade, bem como da confiança legítima, da qual brota a boa-fé; a eticidade, por fim, vem complementar o sustentáculo principiológico que deve delinear os contornos da norma jurídica.

— Até o advento da Lei n. 6.515/77 (Lei do Divórcio), vigeu no Direito brasileiro, como regime legal de bens, o da comunhão universal, no qual o cônjuge sobrevivente não concorre à herança, por já lhe ser conferida a meação sobre a totalidade do patrimônio do casal; a partir da vigência da Lei do Divórcio, contudo, o regime legal de bens no casamento passou a ser o da comunhão parcial, o que foi referendado pelo art. 1.640 do CC/02.

— Preserva-se o regime da comunhão parcial de bens, de acordo com o postulado da autodeterminação, ao contemplar o cônjuge sobrevivente com o direito à meação, além da concorrência hereditária sobre os bens comuns, mesmo que haja bens particulares, os quais, em qualquer hipótese, são partilhados unicamente entre os descendentes.

— *O regime de separação obrigatória de bens, previsto no art. 1.829, inc. I, do CC/02, é gênero que congrega duas espécies: (i) separação legal; (ii) separação convencional. Uma decorre da lei e a outra da vontade das partes, e ambas obrigam os cônjuges, uma vez estipulado o regime de separação de bens, à sua observância.*

— Não remanesce, para o cônjuge casado mediante separação de bens, direito à meação, tampouco à concorrência sucessória, respeitando-se o regime de bens estipulado, que obriga as partes na vida e na morte. Nos dois casos, portanto, o cônjuge sobrevivente não é herdeiro necessário.

— Entendimento em sentido diverso suscitaria clara antinomia entre os arts. 1.829, inc. I, e 1.687, do CC/02, o que geraria uma quebra da unidade sistemática da lei codificada, e provocaria a morte do regime de separação de bens. Por isso, deve prevalecer a interpretação que conjuga e torna complementares os citados dispositivos.

— No processo analisado, a situação fática vivenciada pelo casal — declarada desde já a insuscetibilidade de seu reexame nesta via recursal — é a seguinte: (i) não houve longa convivência, mas um casamento que durou meses, mais especificamente, 10 meses; (ii) quando desse segundo casamento, o autor da herança já havia formado todo seu patrimônio e padecia de doença incapacitante; (iii) os nubentes escolheram voluntariamente casar pelo regime da separação convencional, optando, por meio de pacto antenupcial lavrado em escritura pública, pela incomunicabilidade de todos os bens adquiridos antes e depois do casamento, inclusive frutos e rendimentos.

— A ampla liberdade advinda da possibilidade de pactuação quanto ao regime matrimonial de bens, prevista pelo Direito Patrimonial de Família, não pode ser toldada pela imposição fleumática do Direito das Sucessões, porque o fenômeno sucessório 'traduz a continuação da personalidade do morto pela projeção jurídica dos arranjos patrimoniais feitos em vida'.

— Trata-se, pois, de um ato de liberdade conjuntamente exercido, ao qual o fenômeno sucessório não pode estabelecer limitações.

— Se o casal firmou pacto no sentido de não ter patrimônio comum e, se não requereu a alteração do regime estipulado, não houve doação de um cônjuge ao outro durante o casamento, tampouco foi deixado testamento ou legado para o cônjuge sobrevivente, quando seria livre e lícita qualquer dessas providências, não deve o intérprete da lei alçar o cônjuge sobrevivente à condição de herdeiro necessário, concorrendo com os descendentes, sob pena de clara violação ao regime de bens pactuado.

— Haveria, induvidosamente, em tais situações, a alteração do regime matrimonial de bens *post mortem*, ou seja, com o fim do casamento pela morte de um dos cônjuges, seria alterado o regime de separação convencional de bens pactuado em vida, permitindo ao cônjuge sobrevivente o recebimento de bens de exclusiva propriedade do autor da herança, patrimônio ao qual recusou, quando do pacto antenupcial, por vontade própria.

— Por fim, cumpre invocar a boa-fé objetiva, como exigência de lealdade e honestidade na conduta das partes, no sentido de que o cônjuge sobrevivente, após manifestar de forma livre e lícita a sua vontade, não pode dela se esquivar e, por conseguinte, arvorar-se em direito do qual solenemente declinou, ao estipular, no processo de habilitação para o casamento, conjuntamente com o autor da herança, o regime de separação convencional de bens, em pacto antenupcial por escritura pública.

— O princípio da exclusividade, que rege a vida do casal e veda a interferência de terceiros ou do próprio Estado nas opções feitas licitamente quanto aos aspectos patrimoniais e extrapatrimoniais da vida familiar, robustece a única interpretação viável do art. 1.829, inc. I, do CC/02, em consonância com o art. 1.687 do mesmo código, que assegura os efeitos práticos do regime de bens licitamente escolhido, bem como preserva a autonomia privada guindada pela eticidade.

Recurso especial provido.

Pedido cautelar incidental julgado prejudicado" (STJ, 3.ª Turma, REsp 992.749/MS, Rel. Ministra NANCY ANDRIGHI, j. 1.º-12-2009, *DJe*, 5-2-2010) (grifos nossos).

Trata-se de uma argumentação bem-intencionada, que busca sanar a incoerência legislativa, mas, que, *data venia*, não se afigura a mais adequada.

Com efeito, não há sentido em se considerar "obrigatório" o regime da separação convencional — aquele em que a separação de bens é livremente escolhida —, pelo simples fato de se tratar de um regime de bens previsto por lei.

O fato de a separação convencional "obrigar" os cônjuges após a sua adoção não retira a sua natureza negocial, traduzida no pacto, pela óbvia circunstância de que todo negócio jurídico deverá vincular as partes pactuantes.

Isso é consequência imediata do princípio do *pacta sunt servanda.*

Confundir, portanto, a separação obrigatória (prevista em caso de incidência de uma das hipóteses previstas no art. 1.641, a exemplo do descumprimento de causa suspensiva do casamento) com a separação convencional subverte por completo a lógica do sistema.

Em síntese: a separação convencional é, sem sombra de dúvida, um regime de bens completamente diferente do da separação obrigatória e com este não pode ser confundido.

Aliás, pelo simples fato de ser escolhido livremente pelas próprias partes por meio do pacto antenupcial, jamais poderia ser intitulado de "obrigatório".

É como se rotulássemos igualmente recipientes com conteúdos completamente distintos.

Ora, se a norma contida no inciso I do art. 1.829 é infeliz — dada a contradição acima apontada — busquemos outros caminhos hermenêuticos para permitir a sua aplicação possível, mas não utilizemos um argumento desse teor, por conta da sua completa impossibilidade jurídica.

Com isso, não deixamos de louvar a bela intenção do julgado, que pretende contornar o absurdo legislativo de se permitir concorrência sucessória em favor de quem, ao longo de toda uma vida, optou por uma completa separação patrimonial[43].

---

[43] O STJ, todavia, aparentemente, tem trilhado caminho no sentido de consolidar a interpretação literal do dispositivo legal: "AGRAVO REGIMENTAL NO RECURSO ESPECIAL. DIREITO DAS SUCESSÕES. CÔNJUGE. REGIME DE SEPARAÇÃO CONVENCIONAL DE BENS. HERDEIRO NECESSÁRIO. CONCORRÊNCIA COM DESCENDENTES. POSSIBILIDADE. ART. 1.829, I, DO CÓDIGO CIVIL. PRECEDENTES. SÚMULA N. 83 DO STJ. AGRAVO REGIMENTAL A QUE SE NEGA PROVIMENTO.
1. Admite-se ao cônjuge casado sob o regime de separação convencional de bens, a condição de herdeiro necessário, possibilitando a concorrência com os descendentes do falecido. Precedentes. Incidência da Súmula n. 83 do STJ.
2. Agravo regimental a que se nega provimento" (AgRg no REsp 1.334.340/MG, Rel. Min. Marco Aurélio Bellizze, 3.ª Turma, j. 17-9-2015, *DJe* 8-10-2015).
"PROCESSUAL CIVIL. AGRAVO REGIMENTAL NOS EMBARGOS DE DIVERGÊNCIA EM RECURSO ESPECIAL. CIVIL. DIREITO DAS SUCESSÕES. CÔNJUGE. HERDEIRO NECESSÁRIO. ART. 1.845 DO CC/2002. REGIME DE SEPARAÇÃO CONVENCIONAL

Mas, por outro lado, isso não nos conduz a aceitar linha argumentativa exposta, que categoriza como "legal" um regime livremente convencionado, mediante a celebração de um negócio jurídico.

Em nosso sentir, o afastamento da norma poderia se dar na perspectiva da sua própria inconstitucionalidade.

O art. 5.º, XXX, da Constituição Federal erige à categoria de direito fundamental o "direito à herança".

Trata-se, portanto, de um direito inserido no rol de cláusulas pétreas, revestido de uma juridicidade superior.

Esse argumento, por si só, já serviria para afastar a validade jurídica de uma norma infraconstitucional que pretendesse, em grave afronta ao postulado da razoabilidade e à própria vontade presumível do falecido, adstringir o direito conferido aos seus sucessores.

Não poderia, pois, o legislador, a ferro e fogo, aniquilar a autonomia privada manifestada pelo falecido ao longo de toda uma vida.

Em outras palavras, afigura-se como um duro golpe ao *princípio da vedação ao retrocesso*, norma posterior que admita uma atípica "comunhão patrimonial *post mortem*", em franco desrespeito ao direito constitucional à herança[44].

Compreendida a sucessão pelo descendente — e todas as intrincadas repercussões acarretadas pela nova disciplina codificada — passemos a dissertar sobre o tema da sucessão pelo ascendente.

DE BENS. CONCORRÊNCIA COM DESCENDENTE. POSSIBILIDADE. ART. 1.829, I, DO CC. SÚMULA N. 168/STJ.

1. A atual jurisprudência desta Corte está sedimentada no sentido de que o cônjuge sobrevivente casado sob o regime de separação convencional de bens ostenta a condição de herdeiro necessário e concorre com os descendentes do falecido, a teor do que dispõe o art. 1.829, I, do CC/2002, e de que a exceção recai somente na hipótese de separação legal de bens fundada no art. 1.641 do CC/2002.

2. Tal circunstância atrai, no caso concreto, a incidência do Enunciado n. 168 da Súmula do STJ.

3. Agravo regimental desprovido" (AgRg nos EREsp 1.472.945/RJ, Rel. Min. Antonio Carlos Ferreira, 2.ª Seção, j. 24-6-2015, *DJe* 29-6-2015).

[44] Este tema ainda será objeto de muitos debates. Confira-se, a propósito, o noticiário STJ de 13 de novembro de 2014, que admitiu o direito concorrencial em favor de quem foi casado em separação convencional, tese com a qual não concordamos, conforme vimos acima. Disponível em: <http://www.stj.jus.br/sites/STJ/Print/pt_BR/sala_de_noticias/noticias/ultimas/C%C3%B4njuge-casado-em-separa%C3%A7%C3%A3o-convencional-de-bens-%C3%A9-herdeiro-necess%C3%A1rio-e-concorre-na-sucess%C3%A3o-com-descendentes>. Acesso em: 18 nov. 2014.

4.4. Sucessão pelo ascendente

Bem mais simples é o regramento da sucessão pelo ascendente, o segundo na ordem de vocação hereditária.

Vale a pena, nesse ponto, passarmos em revista algumas noções acerca do parentesco em linha reta, para o adequado entendimento da norma prevista no inciso II do art. 1.829 do Código Civil, ora estudada.

Tradicionalmente, os vínculos de consanguinidade geram o que se convencionou chamar de parentesco natural.

No dizer de BEVILÁQUA:

> "O parentesco criado pela natureza é sempre a cognação ou consanguinidade, porque é a união produzida pelo mesmo sangue. O vínculo do parentesco estabelece-se por linhas. Linha é a série de pessoas provindas por filiação de um antepassado. É a irradiação das relações consanguíneas"[45].

Entretanto, ainda que tradicionalmente o parentesco natural toque a consanguinidade, a relação parental em linha reta pode, perfeitamente, aplicar-se ao vínculo familiar parental não consanguíneo, como se dá no caso da filiação adotiva.

Afinal, alguém negaria que o pai do adotado é seu parente em linha reta em 1.º grau?

Este, portanto, é, à luz do princípio da afetividade — matriz do conceito de família —, o melhor entendimento, porquanto não hierarquiza os vínculos de família no mero pressuposto da consanguinidade.

O parentesco em linha reta está previsto expressamente no art. 1.591 do CC:

> "Art. 1.591. São parentes em linha reta as pessoas que estão umas para com as outras na relação de ascendentes e descendentes".

Verticalmente, parentes consanguíneos em linha reta descendem uns dos outros, sem limitação de graus: neto-filho-pai-avô etc.

Assim, cada linha é subdividida em graus, de maneira que, dada a proximidade, o pai (1.º grau) é parente mais próximo do que o avô (2.º grau).

Subindo ou descendo, não importa, os indivíduos serão considerados parentes em linha reta, *ad infinitum*.

Estudamos, anteriormente, o Direito Sucessório dos "descendentes" do falecido (filhos, netos, bisnetos etc.), e, agora, cuidaremos dos seus ascendentes (pais, avós, bisavós etc.).

Nesse contexto, partimos da premissa de que, não existindo descendentes (1.ª classe sucessória), a herança será deferida aos ascendentes, independente-

---

[45] Clóvis Beviláqua, *Código Civil dos Estados Unidos do Brasil*, Rio de Janeiro: Ed. Rio, 1975, p. 769.

mente do grau de parentesco que o sucedido mantinha com esse parente na linha reta, respeitada a regra de que o parente mais próximo (o pai, por exemplo) exclui o mais remoto (o avô):

> "Art. 1.836. Na falta de descendentes, são chamados à sucessão os ascendentes, em concorrência com o cônjuge sobrevivente.
>
> § 1.º Na classe dos ascendentes, o grau mais próximo exclui o mais remoto, sem distinção de linhas"[46].

Assim, por exemplo, se Joaquim falece, não deixando descendentes, a sua herança, segundo as regras da sucessão legítima, deverá ser deferida aos seus ascendentes vivos, preferindo-se o pai vivo ao avô (haja vista que o parente mais próximo, como dito, exclui o mais remoto)[47].

Vale lembrar, nesse ponto, que, na linha ascendente — contrariamente ao que ocorre na descendente —, não existe "direito de representação"[48].

Por fim, devemos salientar que o cônjuge sobrevivente (a viúva ou viúvo) concorrerá com o herdeiro ascendente, *independentemente do regime de bens adotado*, diferentemente do que ocorre, como vimos acima, quando a concorrência se dá em face de descendentes do *de cujus*.

Em tal caso, concorrendo com ascendente em primeiro grau (o pai ou a mãe do falecido), ao cônjuge tocará *um terço da herança (1/3)*; caber-lhe-á a *metade (1/2)* desta, todavia, se houver um só ascendente vivo, ou se maior for aquele grau (concorrendo com os avós, por exemplo).

Tal regra, positivada no art. 1.837[49] do Código Civil, é, na sua parte inicial, de clara obviedade, se a intenção foi dar uma equanimidade aritmética, uma vez que, concorrendo com um ou dois ascendentes, a divisão por dois ou três lhe garantirá exatamente o percentual definido.

---

[46] Sobre o tema, o Enunciado 642 da VIII Jornada de Direito Civil da Justiça Federal estabeleceu:

"ENUNCIADO 642 — Art. 1.836: Nas hipóteses de multiparentalidade, havendo o falecimento do descendente com o chamamento de seus ascendentes à sucessão legítima, se houver igualdade em grau e diversidade em linha entre os ascendentes convocados a herdar, a herança deverá ser dividida em tantas linhas quantos sejam os genitores".

[47] Mas, "havendo igualdade em grau e diversidade em linha, os ascendentes da linha paterna herdam a metade, cabendo a outra aos da linha materna" (§ 2.º do art. 1.836 do CC). Vale dizer, João morre sem descendentes, deixando apenas o avô paterno e a avó materna vivos. Eles dividirão a herança (pois há igualdade em grau — avós — e diversidade em linha — paterna *x* materna).

[48] Confira-se o Capítulo XII ("Direito de Representação") deste volume.

[49] "Art. 1.837. Concorrendo com ascendente em primeiro grau, ao cônjuge tocará um terço da herança; caber-lhe-á a metade desta se houver um só ascendente, ou se maior for aquele grau."

O diferencial está, apenas, quando concorrer com ascendentes de grau superior, pois, aí, sim, ficará garantida metade da herança, dividindo-se o remanescente entre os demais (imagine-se, por exemplo, que haja quatro avós sobreviventes. Neste caso, o cônjuge ficará com metade, cabendo aos avós partilharem o restante).

Entendida a sucessão pelo ascendente, passemos a enfrentar a sucessão do cônjuge.

4.5. Sucessão pelo cônjuge

O Código Civil de 1916 não atribuía ao cônjuge viúvo o *status* que a vigente lei lhe confere.

No regramento anterior, pois, o consorte sobrevivente não era considerado herdeiro necessário, nem, muito menos, era detentor de direito concorrencial em face de ascendentes ou descendentes, como se dá na vigente normatização, conforme vimos nos tópicos anteriores.

Talvez por isso, como forma de compensar a pouca amplitude da sua tutela, a legislação pretérita houvesse consagrado, em favor da(o) viúva(o), "direitos sucessórios paralelos": o *usufruto vidual* e o *direito real de habitação.*

Por isso mesmo, antes de enfrentar a compreensão da efetiva disciplina da sucessão pelo cônjuge, parece-nos fundamental compreender cada um desses direitos.

Vamos a eles.

4.5.1. O usufruto vidual

O usufruto vidual[50] foi consagrado pela Lei n. 4.121, de 1962 (Estatuto da Mulher Casada), mediante alteração do art. 1.611 do Código de 1916, que passou a ter a seguinte redação:

> "§ 1.º O cônjuge viúvo se o regime de bens do casamento não era o da comunhão universal, terá direito, enquanto durar a viuvez, ao usufruto da quarta parte dos bens do cônjuge falecido, se houver filho deste ou do casal, e à metade se não houver filhos embora sobrevivam ascendentes do *de cujus*".

Tratava-se, pois, de um usufruto concedido ao cônjuge sobrevivente (que houvesse sido casado sob regime que não fosse o de comunhão universal), enquanto durasse a sua viuvez, incidente sobre 25% dos bens do falecido, se

---

[50] "**Vidual.** [Do lat. *viduale.*] Adj. 2 g. Referente à viuvez ou a pessoa viúva" (Aurélio Buarque de Holanda Ferreira, *Novo Dicionário Aurélio da Língua Portuguesa*, 2. ed., Rio de Janeiro: Nova Fronteira, 1986, p. 1776).

houvesse prole comum ou exclusiva, ou sobre 50% da herança, se não houvesse filhos, ainda que existissem ascendentes[51].

A par de se fundamentar na relação matrimonial que unia o cônjuge ao falecido, tratava-se, em essência, de um direito real na coisa alheia, que deveria, pois, observar as suas pertinentes prescrições legais, conforme o decidido pelo STJ:

> "CIVIL E COMERCIAL. RECURSO ESPECIAL. SOCIEDADE ANÔNIMA. AÇÕES. USUFRUTO VIDUAL. EXTENSÃO. DIREITO DE VOTO.
>
> 1. Os embargos declaratórios têm como objetivo sanar eventual obscuridade, contradição ou omissão existente na decisão recorrida.
>
> Inexiste ofensa ao art. 535 do CPC quando o Tribunal de origem pronuncia-se de forma clara e precisa sobre a questão posta nos autos, assentando-se em fundamentos suficientes para embasar a decisão, como ocorrido na espécie.
>
> 2. O instituto do usufruto vidual tem como finalidade precípua a proteção ao cônjuge supérstite.
>
> 3. Não obstante suas finalidades específicas e sua origem legal (direito de família), em contraposição ao usufruto convencional, o usufruto vidual é direito real e deve observar a disciplina geral do instituto, tratada nos arts. 713 e seguintes do CC/16, bem como as demais disposições legais que a ele fazem referência.
>
> 4. O nu-proprietário permanece acionista, inobstante o usufruto, e sofre os efeitos das decisões tomadas nas assembleias em que o direito de voto é exercido.
>
> 5. Ao usufrutuário também compete a administração das ações e a fiscalização das atividades da empresa, mas essas atividades podem ser exercidas sem que obrigatoriamente exista o direito de voto, até porque o direito de voto sequer está inserido no rol de direitos essenciais do acionista, tratados no art. 109 da Lei 6.404/76.
>
> 6. O art. 114 da Lei 6.404/76 não faz nenhuma distinção entre o usufruto de origem legal e aquele de origem convencional quando exige o consenso entre as partes (nu-proprietário e usufrutuário) para o exercício do direito de voto.
>
> 7. Recurso especial desprovido" (REsp 1.169.202/SP, Rel. Min. Nancy Andrighi, 3.ª Turma, j. 20-9-2011, *DJe*, 27-9-2011).

Por incidir em uma fração da herança, concluía-se facilmente tratar-se de instituto de aplicação tormentosa.

---

[51] STJ: "AGRAVO REGIMENTAL. CIVIL. USUFRUTO VIDUAL. — O usufruto vidual independe da situação financeira do cônjuge sobrevivente. — O fato de o viúvo ser beneficiário de testamento do cônjuge falecido, não elide o usufruto vidual" (AgRg no REsp 844.953/MG, Rel. Min. Humberto Gomes de Barros, 3.ª Turma, j. 11-12-2007, *DJ*, 19-12-2007, p. 1223).

Mormente nas situações em que não houvesse bom e cordial relacionamento entre a viúva (ou viúvo) e os demais herdeiros, a apuração dos bens que seriam objeto desse direito real não se afigurava como tarefa fácil[52].

Em atitude louvável, o codificador de 2002 *extinguiu o usufruto vidual* — certamente por levar em conta a dificuldade de sua aplicação e, também, a ampliação do âmbito de tutela do cônjuge sobrevivente —, mantendo, apenas, o direito real de habitação.

Nesse sentido, preleciona, com habitual precisão, ROLF MADALENO:

> "Não é preciso muito esforço para detectar a fileira de problemas causados pela concessão judicial indistinta do usufruto vidual. Começa que bloqueia a livre disposição dos bens herdados, que ficam presos pelo usufruto que se estende sobre a generalidade dos bens deixados de herança.
>
> Sempre foi muito discutido o caráter alimentar do usufruto vidual, permitindo sua dispensa quando o viúvo recebesse bens considerados suficientes para garantir a sua subsistência pessoal.
>
> Discutiu-se a possibilidade de concentração do usufruto num único ou em bens certos, previamente definidos, de modo a não causar o usual embaraço dos herdeiros que veem seus bens hereditários vitaliciamente vinculados ao cônjuge credor do usufruto vidual.
>
> E, principalmente, discutiu-se a completa irracionalidade de estender o usufruto vidual a bens que não tivessem a sua aquisição ligada ao casamento ou

---

[52] As dificuldades na aplicação do instituto eram muitas. Por vezes, os bens componentes do acervo haviam sido alienados, caso em que dever-se-ia apurar a indenização devida à viúva, pelo usufruto não gozado, conforme decidiu o STJ: "AGRAVO REGIMENTAL. RECURSO ESPECIAL. CIVIL. SUCESSÃO. USUFRUTO VIDUAL. PARTILHA DE BENS. INOCORRÊNCIA DE TRANSAÇÃO SOBRE O DIREITO DE FRUIR DA ESPOSA SOBREVIVA. COISA JULGADA. INOCORRÊNCIA. RECURSO DESPROVIDO.

1. 'O usufruto vidual [art. 1.611, § 1.º, do CC/1916] é instituto de Direito Sucessório, independente da situação financeira do cônjuge sobrevivente, e não se restringe à sucessão legítima. Os únicos requisitos são o regime do casamento diferente da comunhão universal e o estado de viuvez' (REsp 648.072/RJ, Rel. Min. Ari Pargendler, DJ 23.04.2007).

2. O reconhecimento do direito de fruição da viúva não é obstado se, apesar de existir partilha, o usufruto vidual não foi nela transacionado, ou se não ocorreu eventual compensação por esse direito, ou, ainda, se não existiu sua renúncia (que não pode ser presumida). Isso porque usufruto vidual e domínio são institutos diversos, sendo um temporário e o outro de caráter definitivo, o que torna desnecessária a prévia rescisão ou anulação da partilha, já que não se alterará a propriedade dos bens partilhados.

3. *Se impossível se tornar o usufruto da esposa sobreviva pela alienação dos bens inventariados, deverá ela ser indenizada.*

4. Agravo regimental a que se nega provimento" (AgRg no REsp 472.465/SP, Rel. Min. Vasco Della Giustina (Desembargador Convocado do TJRS), 3.ª Turma, j. 8-6-2010, *DJe*, 24-6-2010) (grifamos).

à união estável, gerando imensuráveis prejuízos e incontáveis injustiças, criadas de breve relações de concubinato de poucas luas e poucos bens, mas que conferiam à companheira viúva o usufruto sobre toda a herança do falecido, incidindo sobre bens que não foram adquiridos na constância da união. Têm sido causados constrangimentos para os descendentes que devem, por lei, garantir o usufruto para o cônjuge ou concubino sobrevivente, muito embora os bens tivessem sido adquiridos antes da união, talvez pela primeira esposa do sucedido e talvez genitora dos herdeiros descendentes, constrangidos a garantirem o usufruto da segunda mulher de seu pai.

Para tranquilidade dos operadores do Direito Sucessório, o novo Código Civil, acertadamente, mantém apenas o direito real de habitação e extirpa o usufruto vidual que se compensa com a inclusão do supérstite na ordem necessária de vocação hereditária"[53].

E em que consiste o direito real de habitação?

É o que veremos em seguida.

4.5.2. Direito real de habitação

O *direito real de habitação*, previsto originalmente no § 2.º do art. 1.611 do Código Civil brasileiro de 1916[54], permaneceu consagrado, como dito, em nosso novo sistema codificado.

Em verdade, vale registrar que a Lei n. 9.278, de 1996, ao disciplinar importantes aspectos da união estável, também previu o instituto, mais precisamente no parágrafo único do seu art. 7.º:

> "Art. 7.º Dissolvida a união estável por rescisão, a assistência material prevista nesta Lei será prestada por um dos conviventes ao que dela necessitar, a título de alimentos.

---

[53] Rolf Madaleno, "O Novo Direito Sucessório Brasileiro". Disponível em: <http://www.rolfmadaleno.com.br/rs/index.php?option=com_content&task=view&id=39>. Acesso em: 14 set. 2012.

[54] "Art. 1.611. À falta de descendentes ou ascendentes será deferida a sucessão ao cônjuge sobrevivente, se, ao tempo da morte do outro, não estava dissolvida a sociedade conjugal.

§ 1.º O cônjuge viúvo, se o regime de bens do casamento não era o da comunhão universal, terá direito, enquanto durar a viuvez, ao usufruto da quarta parte dos bens do cônjuge falecido, se houver filhos, deste ou do casal, e à metade, se não houver filhos embora sobrevivam ascendentes do *de cujus*.

§ 2.º Ao cônjuge sobrevivente, casado sob regime de comunhão universal, enquanto viver e permanecer viúvo, será assegurado, sem prejuízo da participação que lhe caiba na herança, o direito real de habitação relativamente ao imóvel destinado à residência da família, desde que seja o único bem daquela natureza a inventariar."

Parágrafo único. Dissolvida a união estável por morte de um dos conviventes, o sobrevivente terá direito real de habitação, enquanto viver ou não constituir nova união ou casamento, relativamente ao imóvel destinado à residência da família".

Nessa vereda, o art. 1.831 do vigente Código Civil, assegura ao cônjuge sobrevivente, qualquer que seja o regime de bens, sem prejuízo da participação que lhe caiba na herança, direito real de habitação relativamente ao imóvel destinado à residência da família, desde que seja o único daquela natureza a inventariar.

A norma é bem-intencionada.

Pretende-se, com isso, na perspectiva do direito constitucional à moradia (art. 6.º da CF), impedir que a viúva (ou viúvo) — mormente aquele de idade mais avançada — seja alijado do único imóvel integrante do monte partível, em que residiu durante toda uma vida com o falecido.

Se o Direito Sucessório paralelo não existisse, havendo outros herdeiros, o bem seria partilhado e, certamente, salvo acordo entre os próprios interessados, culminaria por ser alienado, repartindo-se a receita gerada e, por consequência, desalojando-se a viúva (ou viúvo) que lá residia.

Diferença fundamental há entre a vigente norma do Código Civil e a sua correspondente regra na lei revogada.

Isso porque, no Código de 1916, o direito real, posto existisse, conforme se lê no referido § 2.º do art. 1.611, sofria uma limitação legal, na medida em que a viúva (ou viúvo) somente poderia exercê-lo se fosse casada(o) "sob o regime da comunhão universal".

Corretamente, em nosso sentir, o codificador de 2002 suprimiu a referência ao regime da comunhão universal, para consagrar o benefício a todo cônjuge sobrevivente, nos termos do referido art. 1.831, qualquer que fosse o regime de bens.

Ora, se o fundamento da norma é a garantia maior, de índole constitucional, de resguardo do próprio direito à moradia, sentido não haveria em condicioná-lo a determinado regime de bens[55].

E, por óbvio, dispensa maior digressão o fato de a norma constante no referido artigo não ter retroatividade:

> "DIREITO DAS SUCESSÕES. RECURSO ESPECIAL. SUCESSÃO ABERTA NA VIGÊNCIA DO CÓDIGO CIVIL DE 1916. CÔNJUGE SOBREVIVENTE. DIREITO DE USUFRUTO PARCIAL. ART. 1.611, § 1.º. DIREITO REAL DE HABITAÇÃO. ART. 1.831 DO CÓDIGO CIVIL DE 2002. INAPLICABILIDADE. VEDAÇÃO EXPRESSA DO ART. 2.041 DO NOVO DIPLOMA. ALUGUÉIS

[55] Por outro lado, lamentamos que o codificador de 2002 haja suprimido o direito real de habitação em favor do filho com necessidade especial, na falta do pai ou da mãe, conforme previa o § 3.º do art. 1.611 do Código revogado, incluído pela Lei n. 10.050 de 2000. Tratava-se de louvável e valorosa regra, que merece ser reeditada pelo legislador brasileiro.

DEVIDOS PELA VIÚVA À HERDEIRA RELATIVAMENTE A 3/4 DO IMÓVEL.

1. Em sucessões abertas na vigência do Código Civil de 1916, a viúva que fora casada no regime de separação de bens com o *de cujus*, tem direito ao usufruto da quarta parte dos bens deixados, em havendo filhos (art. 1.611, § 1.º, do CC/16). *O direito real de habitação conferido pelo Código Civil de 2002 à viúva sobrevivente, qualquer que seja o regime de bens do casamento (art. 1.831 do CC/02), não alcança as sucessões abertas na vigência da legislação revogada (art. 2.041 do CC/02).*

2. No caso, não sendo extensível à viúva o direito real de habitação previsto no art. 1.831 do atual Código Civil, os aluguéis fixados pela sentença até 10 de janeiro de 2003 — data em que entrou em vigor o Estatuto Civil —, devem ser ampliados a período posterior.

3. Recurso especial provido" (REsp 1204347/DF, Rel. Min. Luis Felipe Salomão, 4.ª Turma, j. 12-4-2012, *DJe*, 2-5-2012) (grifamos).

Mas, nesse ponto, uma indagação instigante merece ser feita.

Esse direito real de habitação durará até quando?

Logicamente, é um direito temporário.

Extingue-se "pela morte ou pelo término do estado de viuvez do sobrevivente"[56], segundo a doutrina tradicional.

Nessa linha, pois, se a viúva (ou viúvo) morrer ou casar-se novamente, o direito que lhe fora conferido desaparecerá, consolidando-se a propriedade em poder dos demais herdeiros.

Aos que defendem essa linha de pensamento, conclusão lógica seria no sentido de que a união estável também operaria a extinção do direito. Ou, até mesmo, o concubinato.

Por outro lado, temos que, em caso de concubinato ou união estável — posto configurarem-se como situações não modificativas do estado civil —, o direito real de habitação, dado o seu caráter assistencial, também se extinguirá.

Sobre a diferença entre "concubinato" e "união estável", já tivemos a oportunidade de anotar, em nosso volume dedicado ao Direito de Família:

"Hoje, porém, como se depreende de uma simples leitura do já transcrito art. 226 da Constituição Federal, a expressão consagrada é *união estável*.

Tecnicamente, porém, não é mais aceitável considerar a sinonímia (e, a partir deste momento, será evitada a sua utilização neste capítulo, já que superada a análise histórica) com a expressão 'concubinato', pois esta, na forma do art. 1.727, CC/2002, constitui uma modalidade específica para designar relações não eventuais, entre homem e mulher, impedidos de casar.

A *união estável*, nesse diapasão, traduz uma constitucional forma de família,

---

[56] Sílvio Venosa, *Direito Civil — Direito das Sucessões*, cit., p. 112.

motivo pelo qual nem sequer recomendamos as expressões, consagradas pelo uso, de 'concubinato puro' (como sinônimo de união estável) e 'concubinato impuro' (para significar a relação paralela ao casamento ou mesmo à união estável), pela evidente confusão terminológica"[57].

Simples namoro, por sua vez, não autorizaria a extinção do direito.

Assim, uma relação de simples namoro da viúva (ou viúvo) não deve conduzir à extinção do direito, como se dá, analogamente, no caso da percepção de pensão alimentícia:

> "DIREITO DE FAMÍLIA. CIVIL. ALIMENTOS. EX-CÔNJUGE. EXONERAÇÃO. NAMORO APÓS A SEPARAÇÃO CONSENSUAL. DEVER DE FIDELIDADE. PRECEDENTE. RECURSO PROVIDO.
>
> I — Não autoriza exoneração da obrigação de prestar alimentos à ex-mulher o só fato desta namorar terceiro após a separação.
>
> II — A separação judicial põe termo ao dever de fidelidade recíproca. As relações sexuais eventualmente mantidas com terceiros após a dissolução da sociedade conjugal, desde que não se comprove desregramento de conduta, não têm o condão de ensejar a exoneração da obrigação alimentar, dado que não estão os ex-cônjuges impedidos de estabelecer novas relações e buscar, em novos parceiros, afinidades e sentimentos capazes de possibilitar-lhes um futuro convívio afetivo e feliz.
>
> III — Em linha de princípio, a exoneração de prestação alimentar, estipulada quando da separação consensual, somente se mostra possível em uma das seguintes situações: a) convolação de novas núpcias ou estabelecimento de relação concubinária pelo ex-cônjuge pensionado, não se caracterizando como tal o simples envolvimento afetivo, mesmo abrangendo relações sexuais; b) adoção de comportamento indigno; c) alteração das condições econômicas dos ex-cônjuges em relação às existentes ao tempo da dissolução da sociedade conjugal" (STJ, REsp 111.476/MG, Rel. Min. Salvio de Figueiredo Teixeira, 4.ª Turma, j. 25-3-1999, *DJ*, 10-5-1999, p. 177).

Todavia, como o Direito não é uma ciência exata, admitindo, em sua rica dinâmica, diferentes perspectivas de entendimento, há, em doutrina, corrente em sentido diverso, no sentido de não se justificar o desalojamento do cônjuge pelo simples fato de constituir nova família[58].

4.5.3. *Disciplina efetiva da sucessão do cônjuge*

Em que pese a importância da matéria tratada nos subtópicos anteriores, não há como se negar que a grande revolução por que passou o Direito Sucessório do

---

[57] Pablo Stolze Gagliano e Rodolfo Pamplona Filho, *Novo Curso de Direito Civil — Direito de Família*, 10. ed., São Paulo: Saraiva, 2019, v. 6, p. 412.

[58] TARTUCE, Flávio. *Direito Civil — Direito das Sucessões*, 13. ed., São Paulo: Gen-Forense, 2020, v. 6, p. 264.

cônjuge, a partir do Código de 2002, decorreu, não da preservação do direito real de habitação ou da extinção do usufruto vidual, mas, sim, da sua elevação ao *status* de herdeiro necessário, e, ainda, do direito concorrencial conferido em face dos descendentes e ascendentes, conforme já mencionado linhas atrás.

Mas para que lhe seja reconhecida legitimidade sucessória, uma importante regra deve ser observada:

> "Art. 1.830. Somente é reconhecido Direito Sucessório ao cônjuge sobrevivente se, ao tempo da morte do outro, não estavam separados judicialmente, nem separados de fato há mais de dois anos, salvo prova, neste caso, de que essa convivência se tornara impossível sem culpa do sobrevivente".

Em outras palavras, falida a afetividade, não há que se reclamar Direito Sucessório.

Louvamos, aliás, a referência à separação de fato, porquanto, ainda que formalmente existente a sociedade conjugal, sentido algum haveria em se admitir Direito Sucessório em favor de quem nada mais representava na vida do falecido.

Discordamos, outrossim, à menção ao prazo mínimo de dois anos.

Na medida em que, como se sabe, a união estável pode configurar-se a qualquer tempo, não é razoável estabelecer-se um lapso mínimo de separação de fato — como *conditio sine qua* para a legitimidade sucessória — se, antes mesmo da consumação do biênio, a parte já pode ter formado outro núcleo familiar.

Vale dizer, Carmela está separada de fato de seu marido Alisson há um ano e já constitui nova família com o seu companheiro Jordão. Se Alisson, antes do prazo bienal, morre, por óbvio, já não teria sentido algum conferir-se direito a Carmela, integrante de outro núcleo familiar!

Mas, inadequadamente, a norma somente veda a legitimidade sucessória após o prazo de dois anos de separação de fato.

Por outro lado, a separação judicial, assim como, logicamente, o divórcio, opera perda da legitimidade sucessória do cônjuge sobrevivente.

Finalmente, ainda no âmbito da sucessão do cônjuge, um delicado problema nos é colocado pelo art. 1.832, que dispõe:

> "Art. 1.832. Em concorrência com os descendentes (art. 1.829, inciso I) caberá ao cônjuge quinhão igual ao dos que sucederem por cabeça, não podendo a sua quota ser inferior à quarta parte da herança, se for ascendente dos herdeiros com que concorrer".

A sua dicção é aparentemente simples.

Ao dizer que o cônjuge sobrevivente "herda por cabeça", quis o legislador conferir-lhe tratamento isonômico em face dos demais herdeiros.

Exemplo: Joaquim, casado com Alicia, morre. Além da viúva, ele deixou dois filhos (comuns, ou seja, do próprio casal), José e João e, ainda, dois netos Poli e Manu, filhos do seu falecido filho Policarpo (pré-morto em relação a Joaquim). Caso Alicia concorra com os descendentes, herdará "por cabeça", ou seja, por igual, cabendo-lhe ¼ da herança. José e João também herdarão ¼, cada um, e, finalmente, Poli e Manu, herdeiros por estirpe, dividirão a fração de ¼ que caberia ao seu falecido pai Policarpo.

Mas a norma foi mais além, ao dispor que o cônjuge sobrevivente terá direito a, *no mínimo*, 25% da herança se concorrer com filhos comuns do casal.

Em outras palavras, se o cônjuge supérstite concorrer com um filho, herdará metade; com dois filhos, herdará 1/3; com quatro filhos, 1/4 da herança; mas, se concorrer com cinco ou mais, terá garantido um percentual mínimo de 1/4, cabendo aos demais sucessores dividir o restante.

No exemplo dado acima, se Alicia concorresse com dez filhos comuns, teria direito a 25% da herança, cabendo aos demais herdeiros o que sobrasse.

Note, pois, amigo leitor, que, no Código de 2002, não é incorreto afirmar que o cônjuge pode ter mais direito do que o próprio filho, o que é uma incoerência com a circunstância de precedência dos descendentes, em relação aos cônjuges, na ordem de vocação hereditária.

Por outro lado, concorrendo com descendentes exclusivos do falecido, não haverá direito a esse percentual mínimo, de maneira que herdará simplesmente "por cabeça".

Tudo estaria bem, se o legislador não houvesse olvidado um aspecto muito importante.

E se o cônjuge sobrevivente concorrer com filiação híbrida, ou seja, descendentes comuns (do casal) e exclusivos do falecido?

Haveria direito ao mínimo de 25% ou não?

O legislador, inadvertidamente, silenciou, gerando, com isso, complexa questão a ser enfrentada pela doutrina e jurisprudência.

Sobre o tema, confiram-se os ensinamentos de GISELDA MARIA FERNANDES NOVAES HIRONAKA:

> "Questão mais tormentosa de se buscar solucionar, relativamente a essa concorrência prevista pelo dispositivo em comento, é aquela que vai desenhar uma hipótese em que são chamados a herdar os *descendentes comuns* (ao cônjuge falecido e ao cônjuge sobrevivo) e os *descendentes exclusivos* do autor da herança, todos em concorrência com o cônjuge sobrevivo. O legislador do Código Civil de 2002, embora inovador na construção legislativa de hipótese de concorrência do cônjuge com herdeiros de convocação anterior à sua própria, infelizmente não fez a previsão da hipótese agora em apreço, chamada de descendentes dos dois grupos, quer dizer, os *descendentes comuns* e os *descendentes exclusivos*. E é bastante curioso, até, observar essa lacuna deixada pela nova Lei Civil, uma vez que em nosso país a situação descrita é comuníssima, envolvendo famílias constituídas por pessoas que já foram unidas a outras, anteriormente, por casamento ou não, resultando, dessas uniões, filhos (descendentes, enfim) de origens diversas"[59].

---

[59] Giselda Maria Fernandes Novaes Hironaka, *Comentários ao Código Civil — Parte*

Infelizmente, a norma é defeituosa.

Ao deixar de fazer referência ao problema da concorrência com a filiação híbrida, o legislador abriu espaço à indesejável insegurança jurídica, dada a ausência de um critério legal único e homogêneo, gerando acesa polêmica doutrinária[60].

Em nosso sentir, invocando a "lógica do razoável" de RECASÉNS SICHES[61], considerando que o espírito da norma é a garantia da concorrência do cônjuge com os descendentes, bem como que a literalidade do preceito legal é evidente, entendemos que o dispositivo preserva o percentual mínimo de 25% da herança *apenas* na hipótese de a viúva (ou viúvo) concorrer *somente* com filhos comuns.

Posto a norma não seja clara neste ponto, razão não haveria, em nosso sentir, para se beneficiar o cônjuge sobrevivente quando concorresse com algum filho exclusivo do falecido.

Ademais, a norma, por restringir direitos dos descendentes, primeira classe de sucessores, deve ser interpretada restritivamente, impedindo-se, com isso, que o benefício ao cônjuge sobrevivente se converta em injusto privilégio.

Especial: do Direito das Sucessões (arts. 1.784 a 1.856), coord. Antônio Junqueira de Azevedo, 2. ed. rev., São Paulo: Saraiva, 2007, v. 20, p. 235.

60 "E se o falecido possuía filhos com o cônjuge sobrevivente, mas os tinha, também, com outra pessoa? *Quid juris?* É hipótese que o CC não resolveu, expressamente, e que a doutrina e jurisprudência deverão esclarecer" (Zeno Veloso, *Direito Hereditário do Cônjuge e do Companheiro*, São Paulo: Saraiva, 2010, p. 51). Voltaremos a esta temática no subtópico 4.6, "Sucessão pela(o) Companheira(o)", deste Capítulo.

61 "En el tratamiento y en la solución de los problemas humanos, y entre ellos de los problemas jurídicos, no se puede conseguir nunca una exactitud, ni una evidencia inequívoca. Esto es imposible, precisamente por virtud del hecho de la enorme y complicadísima multitud de componentes heterogéneos que intervienen en la conducta humana, y muy especialmente en los problemas suscitados en las interrelaciones humanas. Por eso, es difícilmente practicable el poder abarcar mentalmente todos esos factores y todas las recíprocas influencias entre dichos factores" (Luis Recaséns Siches, *Introducción al Estudio del Derecho*. 7. ed., México: Porrúa, 1985, p. 255).

Em tradução livre de Rodolfo Pamplona Filho:

No tratamento e na solução de problemas humanos — e, entre eles, os problemas jurídicos — nunca se pode conseguir uma exatidão, nem uma evidência inequívoca. Isso é impossível, justamente em virtude do fato de a enorme e complicadíssima multidão de componentes heterogêneos que intervêm na conduta humana e, especialmente, nos problemas suscitados nas inter-relações humanas. Por isso, é dificilmente praticável poder abarcar mentalmente todos esses fatores e todas as recíprocas influências entre esses fatores.

Com isso, estaria prestigiado o princípio constitucional da igualdade[62], especificamente, no plano horizontal, para um tratamento isonômico dos filhos[63].

---

[62] Reveja-se o subtópico 3.2 ("Igualdade") do Capítulo II ("Principiologia do Direito das Sucessões") deste volume.

[63] Nessa linha, observe-se que o Superior Tribunal de Justiça decidiu que a "reserva da quarta parte da herança, prevista no art. 1.832 do Código Civil, não se aplica à hipótese de concorrência sucessória híbrida" (REsp 1.617.650-RS, 3.ª T., Rel. Min. Paulo de Tarso Sanseverino, por unanimidade, j. 11-6-2019, *DJe* 1-7-2019).

Sobre o inteiro teor do acórdão, divulgou-se:

"Cinge-se a controvérsia em torno da fixação do quinhão hereditário a que faz jus a companheira, quando concorre com um filho comum e, ainda, outros seis filhos exclusivos do autor da herança. O artigo 1.790 do Código Civil, ao tratar da sucessão entre os companheiros, estabeleceu que este participará da sucessão do outro somente quanto aos bens adquiridos onerosamente na vigência da união estável e, concorrendo com filhos comuns, terá direito à quota equivalente ao filho, e, concorrendo com filhos do falecido, tocar-lhe-á metade do que cada um receber. O Supremo Tribunal Federal reconheceu a inconstitucionalidade do art. 1.790 do CC tendo em vista a marcante e inconstitucional diferenciação entre os regimes sucessórios do casamento e da união estável. Sendo determinada a aplicação ao regime sucessório na união estável o quanto disposto no art. 1.829 do CC acerca do regime sucessório no casamento. Esta Corte Superior, interpretando o inciso I desse artigo, reconheceu, através da sua Segunda Seção, que a concorrência do cônjuge e, agora, do companheiro, no regime da comunhão parcial, com os descendentes somente ocorrerá quando o falecido tenha deixado bens particulares e, ainda, sobre os referidos bens. Por sua vez, o art. 1.832 do CC, ao disciplinar o quinhão do cônjuge (e agora do companheiro), estabelece caber à convivente supérstite quinhão igual ao dos que sucederem por cabeça, e que não poderá, a sua quota, ser inferior à quarta parte da herança, se for ascendente dos herdeiros com que concorrer. A norma não deixa dúvidas acerca de sua interpretação quando há apenas descendentes exclusivos ou apenas descendentes comuns, aplicando-se a reserva apenas quando o cônjuge ou companheiro for ascendente dos herdeiros com que concorrer. No entanto, quando a concorrência do cônjuge ou companheiro se estabelece entre herdeiros comuns e exclusivos, é bastante controvertida na doutrina a aplicação da parte final do art. 1.832 do CC. A interpretação mais razoável do enunciado normativo é a de que a reserva de 1/4 da herança restringe-se à hipótese em que o cônjuge ou companheiro concorrem com os descendentes comuns, conforme Enunciado 527 da V Jornada de Direito Civil. A interpretação restritiva dessa disposição legal assegura a igualdade entre os filhos, que dimana do Código Civil (art. 1.834 do CC) e da própria Constituição Federal (art. 227, § 6.º, da CF), bem como o direito dos descendentes exclusivos não verem seu patrimônio injustificadamente reduzido mediante interpretação extensiva de norma. Assim, não haverá falar em reserva quando a concorrência se estabelece entre o cônjuge/companheiro e os descendentes apenas do autor da herança ou, ainda, na hipótese de concorrência híbrida, ou seja, quando concorrem descendentes comuns e exclusivos do falecido" (disponível em: <https://ww2.stj.jus.br/jurisprudencia/externo/informativo/?acao=pesquisarumaedicao&livre=0651.cod>. Acesso em: 11 ago. 2019).

Finalmente, não havendo descendentes, caso concorra com ascendente em primeiro grau, ao cônjuge tocará um terço da herança; caber-lhe-á a metade desta se houver um só ascendente, ou se maior for aquele grau, a teor do já mencionado art. 1.837 do vigente Código Civil.

Exemplifiquemos.

João morre. Deixa a saudosa viúva Luisa. Não há descendentes. Luisa concorrerá com os pais vivos de João, cabendo-lhe 1/3 da herança. Se, todavia, João tiver apenas um dos pais vivos, ou, caso falecidos, houver deixado avós paternos e/ou maternos (ou ascendentes em grau superior), a viúva terá garantida a metade da herança.

Trata-se, definitivamente, de regra de intelecção imediata.

Por fim, na forma do art. 1.838, em falta de descendentes e ascendentes, será deferida a sucessão por inteiro ao cônjuge sobrevivente.

Internalizada a dificultosa disciplina da sucessão do cônjuge, enfrentemos, agora, o criticado regime de sucessão pela(o) companheira(o) no vigente Código Civil brasileiro.

4.6. Sucessão pela(o) companheira(o)

Conforme vimos em momento anterior[64], causa estranheza a péssima localização das regras originais do Código Civil de 2002 sobre a sucessão pela(o) companheira(o).

O legislador, de maneira absolutamente infeliz (e — como sempre defendemos — inconstitucional), resolveu inserir o regramento específico da sucessão legítima pela(o) companheira(o) viúva(o) entre as regras gerais e os princípios do Direito Sucessório.

Note-se que a matéria, em verdade, é típica da regulamentação da Sucessão Legítima, e não da parte introdutória das Sucessões, o que talvez infira um preconceito sub-reptício em face da relação de companheirismo.

E, se não bastasse a sua desastrada topografia, o seu conteúdo não foi dos melhores, recebendo, por parte da doutrina, duríssimas críticas.

Sobre o referido artigo, desabafa ALDEMIRO REZENDE:

> "Pensamos que o artigo 1.790, do Código Civil, deve ser destinado à lata do lixo, sendo declarado inconstitucional e, a partir daí, simplesmente ignorado, a não ser para fins de estudo histórico da evolução do direito. Tal artigo, num futuro não muito distante, poderá ser apontado como exemplo dos estertores de uma época em que o legislador discriminava a família que se

---

[64] Confira-se o tópico 5 ("A Confusa Disciplina Jurídica da Sucessão pelo(a) Companheiro(a)") do Capítulo III ("Disposições Gerais sobre a Sucessão") deste volume.

formava a partir da união estável, tratando-a como se fosse família de segunda categoria"[65].

Relembre-se, porém, que o reconhecimento da possibilidade de sucessão pelo(a) companheiro(a) não foi uma inovação do Código Civil brasileiro de 2002.

De fato, anteriormente ao texto constitucional de 1988, quando a influência de determinada ideologia acabava por restringir uma tutela jurídica positivada de relações afetivas não matrimonializadas, foi a jurisprudência[66], em atitude *praeter legem*, que foi garantindo, paulatinamente, direitos aos conviventes, inclusive, com base na Lei n. 6.858/80[67], a condição de dependente, pelo menos para créditos de natureza previdenciária, bem como para bens de menor monta.

Coube à Constituição Federal de 1988, porém, imprimir novo significado à relação de companheirismo, reconhecendo-a como modalidade familiar, o que passou a influenciar a legislação infraconstitucional posterior.

Nessa esteira, no campo sucessório, a partir da década de 1990, passou a ter o(a) companheiro(a) uma proteção legal, nos planos do Direito de Família e Sucessório, até então inexistente, valendo ser destacados dois diplomas legais específicos, a saber, as Leis n. 8.971/94 e 9.278/96.

A mencionada Lei n. 8.971, de 29 de dezembro de 1994, nesse tema, garantiu ao convivente a meação dos bens comuns para os quais tenha contribuído para a aquisição, de forma direta ou indireta, ainda que em nome exclusivo do falecido (art. 3.º), bem como estabeleceu o direito ao usufruto de parte dos bens do falecido, além de incluir o companheiro sobrevivente na terceira ordem da vocação hereditária (art. 2.º).

Em seguida, a Lei n. 9.278/96, em seu art. 7.º, parágrafo único, garantiu o direito real de habitação ao convivente sobrevivente, enquanto vivesse ou não constituísse nova união ou casamento, em relação ao imóvel destinado à residência familiar.

---

[65] Aldemiro Rezende Dantas Jr., Concorrência sucessória do companheiro sobrevivo. *Revista Brasileira de Direito de Família*, Porto Alegre: Síntese, IBDFAM, ano VII, n. 29, p. 128-143, abr./maio, 2005.

[66] Sobre o tema da União Estável, em geral, confira-se o Capítulo XIX ("União Estável") do v. 6 ("Direito de Família") desta coleção.

[67] Lei n. 6.858/80: "Art. 1.º Os valores devidos pelos empregadores aos empregados e os montantes das contas individuais do Fundo de Garantia do Tempo de Serviço e do Fundo de Participação PIS-PASEP, não recebidos em vida pelos respectivos titulares, serão pagos, em quotas iguais, aos dependentes habilitados perante a Previdência Social ou na forma da legislação específica dos servidores civis e militares, e, na sua falta, aos sucessores previstos na lei civil, indicados em alvará judicial, independentemente de inventário ou arrolamento".

Assim, o que se poderia esperar da nova codificação civil era que ela viesse, finalmente, igualar o tratamento entre cônjuges e companheiros, evitando qualquer alegação de tratamento discriminatório.

Infelizmente, não foi esta a visão original do elaborador do texto que veio a se tornar o Código Civil de 2002.

De fato, a proposta original do projeto do Código Civil brasileiro nada previa sobre o tema.

Pela necessidade de uma suposta adequação ao novo texto constitucional, foi acrescido ao Capítulo I do Título I do Livro V, quando da aprovação do projeto pelo Senado Federal, um único dispositivo, que veio a se tornar o art. 1.790 no texto aprovado como Código Civil de 2002.

A previsão se constituía em um verdadeiro *desconserto jurídico*, que teve a seguinte redação final:

> "Art. 1.790. A companheira ou o companheiro participará da sucessão do outro, quanto aos bens adquiridos onerosamente na vigência da união estável, nas condições seguintes:
>
> I — se concorrer com filhos comuns, terá direito a uma quota equivalente à que por lei for atribuída ao filho;
>
> II — se concorrer com descendentes só do autor da herança, tocar-lhe-á a metade do que couber a cada um daqueles;
>
> III — se concorrer com outros parentes sucessíveis, terá direito a um terço da herança;
>
> IV — não havendo parentes sucessíveis, terá direito à totalidade da herança"[68].

Observe-se que, em vez de buscar uma equiparação que respeitasse a dinâmica constitucional — uma vez que diferença não deve haver entre a viuvez de uma esposa (ou de um marido) e a de uma companheira (ou companheiro), pois ambas mantinham com o falecido um núcleo de afeto —, o legislador, em franca violação do *princípio constitucional da vedação ao retro-*

---

[68] Não há equivalente específico na codificação anterior. A norma correspondente no antigo sistema é o art. 2.º da Lei n. 8.971/94, que estabeleceu:

"Art. 2.º As pessoas referidas no artigo anterior participarão da sucessão do(a) companheiro(a) nas seguintes condições:

I — o(a) companheiro(a) sobrevivente terá direito enquanto não constituir nova união, ao usufruto de quarta parte dos bens do de cujos, se houver filhos ou comuns;

II — o(a) companheiro(a) sobrevivente terá direito, enquanto não constituir nova união, ao usufruto da metade dos bens do de cujos, se não houver filhos, embora sobrevivam ascendentes;

III — na falta de descendentes e de ascendentes, o(a) companheiro(a) sobrevivente terá direito à totalidade da herança".

cesso[69], minimizou — e sob certos aspectos aniquilou — o direito hereditário da companheira(o) viúva(o).

O mal localizado, pessimamente redigido e — como sempre defendemos — inconstitucional art. 1.790 do texto original do Código Civil brasileiro conferia à companheira(o) viúva(o) — em total dissonância com o tratamento dispensado ao cônjuge — um Direito Sucessório limitado aos bens adquiridos *onerosamente*[70] no curso da união (o que poderia resultar na aquisição da herança pelo próprio Município[71]), além de colocá-la(o) em situação inferior aos colaterais do morto (um tio ou um primo, por exemplo).

De fato, tratava-se de tratamento demeritório da união estável em face do matrimônio, com uma disciplina que a desprestigia como forma de relação afetiva.

Ademais, o dispositivo era muito mal pensado, uma vez que não previa a situação cada vez mais corriqueira de haver tanto filhos comuns quanto filhos de um só dos membros da união estável. Em ocorrendo tal situação, e levando "em ponta de faca" a mencionada previsão codificada original, poder-se-ia chegar novamente a uma situação de tratamento diferenciado de filhos, para efeitos do quinhão hereditário que lhes seria cabível, o que é vedado constitucionalmente e por nós intensamente combatido em diversos tópicos desta obra[72].

Em outras palavras, na interpretação literal do dispositivo, se a viúva (ou viúvo) concorresse com filhos comuns (filhos do casal), herdaria por igual, ou seja, teria direito a uma quota equivalente à que por lei fosse atribuída ao filho; mas, se concorresse com descendentes só do autor da herança (filhos ou netos, por exemplo, exclusivos dele), tocar-lhe-ia a metade do que coubesse a cada um daqueles.

Mas, e se concorresse com "filiação híbrida", filhos comuns (do casal) e exclusivos (apenas do falecido)?

O legislador, mais uma vez, não apresenta solução.

Nesse contexto sempre foi firme o nosso pensamento no sentido da *inconstitucionalidade* do art. 1.790, na medida em que afrontava o princípio da vedação

---

[69] Desenvolvido pelo gênio de J. J. Gomes Canotilho, esse superior princípio traduz a ideia de que uma lei inferior não pode neutralizar ou minimizar um direito ou uma garantia constitucionalmente consagrado (ver a sua grande obra *Direito Constitucional e Teoria da Constituição*, Coimbra: Almedina, 1998, em que enfoca, especialmente, a seara dos direitos sociais, p. 321).

[70] Esse infeliz advérbio de modo, no *caput* do dispositivo, era um verdadeiro desastre, pois, como dito, limita indevidamente o Direito Sucessório, no âmbito da união estável.

[71] Confira-se o subtópico 4.8 ("Sucessão pelo Ente Público") deste Capítulo.

[72] Releia-se o subtópico 4.5.3 ("Disciplina Efetiva da Sucessão do Cônjuge") deste Capítulo.

ao retrocesso (CANOTILHO), ao menoscabar a dignidade conferida à união estável, enquanto núcleo afetivo familiar, pelo art. 226, § 3.º, da Constituição Federal.

Também atacando o dispositivo, disparava ZENO VELOSO a flecha do seu gênio:

> "Haverá alguma pessoa neste país, jurista ou leigo, que assegure que tal solução é boa e justa? Por que privilegiar a esse extremo vínculos biológicos, ainda que remotos, em prejuízo dos laços do amor, da afetividade? Por que os membros da família parental, em grau tão longínquo, devem ter preferência sobre a família afetiva (que em tudo é comparável à família conjugal) do hereditando?"[73].

Sustentamos, nesse diapasão, a invalidade constitucional do dispositivo, devendo-se aplicar, portanto, em favor da companheira (ou companheiro) viúva(o), o regramento do cônjuge sobrevivente.

Esta, inclusive, foi a orientação adotada pelos Juízes das Varas de Família de Salvador, na I Jornada de Direito de Família, promovida pela Corregedoria Geral de Justiça do TJBA, sob a coordenação de um dos coautores desta obra:

> "Enunciado n. 13 — O art. 1.790 do Código Civil viola o superior princípio da vedação ao retrocesso e desrespeita a condição jurídica da(o) companheira(o) como integrante de um núcleo familiar equiparado àquele formado pelo casamento, razão por que padece de absoluta inconstitucionalidade.
>
> Enunciado n. 14 — Em virtude da inconstitucionalidade do art. 1.790 do Código Civil, devem-se aplicar à(ao) companheira(o) viúva(o) as mesmas regras que disciplinam a sucessão do cônjuge, com exceção da norma que considera este último herdeiro necessário (art. 1845), porquanto, dada a sua natureza restritiva de direito (do autor da herança), não comportaria interpretação extensiva ou analógica"[74].

Essa sempre foi, em nosso entender, a melhor diretriz.

E, para a nossa alegria, o Supremo Tribunal Federal, no julgamento dos REs 646.721 e 878.694, firmou entendimento no sentido da inconstitucionalidade do tratamento sucessório diferenciado do cônjuge e do companheiro.

Destacamos excerto do voto do eminente Min. Luís Roberto Barroso:

> DIREITO CONSTITUCIONAL E CIVIL. RECURSO EXTRAORDINÁRIO. REPERCUSSÃO GERAL. INCONSTITUCIONALIDADE DA DISTINÇÃO DE REGIME SUCESSÓRIO ENTRE CÔNJUGES E COMPANHEIROS.

---

[73] Zeno Veloso, *Direito Hereditário do Cônjuge e do Companheiro*, São Paulo: Saraiva, 2010, p. 181.

[74] Disponível em: <http://api.ning.com/files/2HQavao77x965y7eYLx-lkyL8Tw4qabFg2b82UtrVd1CIgETdVMedgoVEk3PeqW7atUG*j5llpVhX-q4brAH38XVi-U9p60q/Editorial29.pdf> (evento coordenado por Pablo Stolze Gagliano).

1. A Constituição brasileira contempla diferentes formas de família legítima, além da que resulta do casamento. Nesse rol incluem-se as famílias formadas mediante união estável.

2. Não é legítimo desequiparar, para fins sucessórios, os cônjuges e os companheiros, isto é, a família formada pelo casamento e a formada por união estável. Tal hierarquização entre entidades familiares é incompatível com a Constituição.

3. Assim sendo, o art. 1.790 do Código Civil, ao revogar as Leis ns. 8.971/94 e 9.278/96 e discriminar a companheira (ou companheiro), dando-lhe direitos sucessórios bem inferiores aos conferidos à esposa (ou ao marido), entra em contraste com os princípios da igualdade, da dignidade humana, da proporcionalidade como vedação à proteção deficiente e da vedação do retrocesso.

4. Com a finalidade de preservar a segurança jurídica, o entendimento ora firmado é aplicável apenas aos inventários judiciais em que não tenha havido trânsito em julgado da sentença de partilha, e às partilhas extrajudiciais em que ainda não haja escritura pública.

5. Provimento do recurso extraordinário. Afirmação, em repercussão geral, da seguinte tese:

"No sistema constitucional vigente, é inconstitucional a distinção de regimes sucessórios entre cônjuges e companheiros, devendo ser aplicado, em ambos os casos, o regime estabelecido no art. 1.829 do CC/2002".

Em outro trecho o Ministro afirma:

"Fica claro, portanto, que o art. 1.790 do CC/2002 é incompatível com a Constituição Federal. Além da afronta à igualdade de hierarquia entre entidades familiares, extraída do art. 226 da Carta de 1988, violou outros três princípios constitucionais, (i) o da dignidade da pessoa humana, (ii) o da proporcionalidade como vedação à proteção deficiente, e (iii) o da vedação ao retrocesso".

Quando da conclusão do julgamento dos Recursos Extraordinários acima mencionados, em maio de 2017, o Supremo Tribunal Federal proclamou a seguinte tese: **"no sistema constitucional vigente, é inconstitucional a diferenciação de regime sucessório entre cônjuges e companheiros, devendo ser aplicado em ambos os casos o regime estabelecido no art. 1.829 do Código Civil".**

Dessa forma, todas as considerações que fizemos acerca da sucessão do(a) cônjuge devem ser aplicadas, no que couber, para a união estável, mesmo reconhecendo que se trata de modalidades diferentes de constituição de família[75].

---

[75] Sobre o tema, o Enunciado 641 da VIII Jornada de Direito Civil da Justiça Federal estabeleceu:

"ENUNCIADO 641 — Art. 1.790: A decisão do Supremo Tribunal Federal que declarou a inconstitucionalidade do art. 1.790 do Código Civil não importa equiparação absoluta entre o casamento e a união estável. Estendem-se à união estável apenas as regras aplicáveis ao casamento que tenham por fundamento a solidariedade familiar. Por outro lado, é constitucional a distinção entre os regimes, quando baseada na solenidade do ato jurídico que funda o casamento, ausente na união estável".

4.7. Sucessão pelo colateral

Consideram-se parentes, em linha colateral, na forma do art. 1.592 do Código Civil[76], aquelas pessoas provenientes do mesmo tronco, sem descenderem umas das outras.

Horizontalmente, parentes consanguíneos em linha colateral são aqueles que, sem descenderem uns dos outros, derivam de um mesmo tronco comum, a exemplo dos irmãos (colaterais de segundo grau), tios/sobrinhos (colaterais de terceiro grau) ou primos entre si (colaterais de quarto grau).

O parentesco civil, por sua vez, por inserir a pessoa no contexto familiar como se descendência genética houvesse, amolda-se a essa perspectiva de análise (ex.: o meu irmão é parente colateral de segundo grau, não importando se fora adotado ou não).

A única modificação substancial do vigente Código Civil brasileiro, em relação à disciplina normativa anterior[77], foi precisamente a redução do limite legal do parentesco por colateralidade, que passou do sexto grau para o quarto grau civil.

Trata-se de um critério que acompanha a tradicional regra do direito à herança:

> "Art. 1.839. Se não houver cônjuge sobrevivente, nas condições estabelecidas no art. 1.830, serão chamados a suceder os colaterais até o quarto grau".

Vale ainda acrescentar que, segundo o art. 1.840, na classe dos colaterais, os mais próximos excluem os mais remotos, salvo o direito de representação concedido aos filhos de irmãos[78].

Ponto importante a ser considerado é a diferença de tratamento jurídico entre irmãos unilaterais (apenas por parte do pai ou da mãe) e bilaterais (germanos), a teor dos arts. 1.841 e 1.842 do CC.

> "Art. 1.841. Concorrendo à herança do falecido irmãos bilaterais com irmãos unilaterais, cada um destes herdará metade do que cada um daqueles herdar.
>
> Art. 1.842. Não concorrendo à herança irmão bilateral, herdarão, em partes iguais, os unilaterais".

---

[76] "Art. 1.592. São parentes em linha colateral ou transversal, até o quarto grau, as pessoas provenientes de um só tronco, sem descenderem uma da outra."

[77] Código Civil de 1916: "Art. 331. São parentes, em linha colateral, ou transversal, até o sexto grau, as pessoas que provêm de um só tronco, sem descenderem uma da outra".

[78] "Art. 1.853. Na linha transversal, somente se dá o direito de representação em favor dos filhos de irmãos do falecido, quando com irmãos deste concorrerem." Confira-se o Capítulo XII ("Direito de Representação") deste volume.

Ou seja, se Carmelo morre deixando três irmãos: Salomé, Salominho e Salomete, caso o primeiro seja o único irmão bilateral (por parte de pai e de mãe), ele herdará o dobro do que couber aos outros irmãos.

Em didático exemplo, ensina MARIA HELENA DINIZ:

> "Para efeito de herança de colateral, o art. 1.841 do Código Civil distingue o irmão bilateral ou germano, filho do mesmo pai e da mesma mãe, do irmão unilateral consanguíneo ou uterino, aquele em que só um dos genitores é o mesmo, estabelecendo: Concorrendo à herança do falecido irmãos bilaterais com irmãos unilaterais, cada um destes herdará metade do que cada um daqueles herdar. Hipótese em que a sucessão se opera por direito próprio, partilhando-se o quinhão hereditário por cabeça, atendendo-se, porém, ao privilégio de que gozam os irmãos germanos. A esse respeito, esclarecedor é o exemplo dado por Clóvis Beviláqua, a saber: o *de cujus* deixa uma herança de R$ 240.000,00 a dois irmãos bilaterais e a dois irmãos unilaterais. Os unilaterais receberão duas porções simples e os bilaterais, duas porções dobradas, ao todo seis porções. As simples serão do valor de R$ 40.000,00 (R$ 240.000,00 ÷ 6 = R$ 40.000,00), e as dobradas de R$ 80.000,00 (R$ 40.000,00 × 2), de forma que: (R$ 80.000,00 × 2) + (R$ 40.000,00 × 2) = R$ 240.000,00. Essa partilha submete-se à seguinte regra, que é infalível, qualquer que seja o número de irmãos unilaterais ou bilaterais. Cada irmão bilateral é representado pelo algarismo 2 e cada irmão unilateral pelo 1; divide-se a herança pela soma destes algarismos; o quociente encontrado, multiplicado pelos respectivos algarismos representativos dos bilaterais e unilaterais, será a quota hereditária de cada um"[79].

CLÁUDIO GRANDE JR. pondera a respeito da eventual inconstitucionalidade do tratamento diferenciado entre irmãos:

> "Ora, os irmãos unilaterais são tão irmãos como os bilaterais e os adotivos. Um exemplo demonstra claramente a inconstitucionalidade da regra. Suponhamos que uma pessoa faleça sem deixar descendentes. Não tendo mais ascendentes e sendo solteiro e descompromissado, são chamados à sucessão seus colaterais (CC, art. 1.839). Os mais próximos são seus irmãos: um bilateral, outro unilateral e um terceiro adotivo. Ao pé da letra, o unilateral receberia metade do que coubesse ao germano. Mas e o adotivo? Receberia igual ao bilateral em franca discriminação em desfavor do unilateral? Ou o mesmo tanto que este, sendo discriminado em face do bilateral?
>
> Não há solução para o problema utilizando-se das prefaladas regras do Código Civil porque elas são simplesmente inconstitucionais! Feito todo esse raciocínio, a Constituição se apresenta bem mais clara: todos os filhos terão os mesmos direitos, oponíveis contra todos, inclusive os próprios irmãos. Os artigos 1.841 e 1.843 de nosso principal diploma civil criaram no âmbito do parentesco consanguíneo uma distinção inconciliável com a equiparação

---

[79] Maria Helena Diniz, *Curso de Direito Civil Brasileiro — Direito das Sucessões*, 34. ed., São Paulo: Saraiva, 2020, v. 6, p. 191.

constitucional da filiação. Como igualar a filiação civil com a filiação consanguínea se até mesmo esta comporta desníveis internos?

Qualquer solução à luz dos mencionados artigos implicaria em odiosa segregação. Se o adotivo herdar à semelhança do irmão germano estar-se-ia discriminando o unilateral e, por conseguinte, a filiação consanguínea. Por outro lado, recebendo como o unilateral, discriminar-se-ia a filiação adotiva, o que é constitucionalmente intolerável.

A respeito do assunto a jurisprudência é escassa e a doutrina assustadoramente silenciosa. A maioria dos autores tacitamente aceita a constitucionalidade dos artigos. Dentre as poucas exceções, Rubiane de Lima admite expressamente a constitucionalidade da lei, pois se 'a herança vem por parte de pai e de mãe; o parentesco é duplo. Se todos têm os mesmos pais, recebem igualmente e se o parentesco advier de um só, herda-se somente por parte daquele' (*Manual de direito das sucessões*. Curitiba: Juruá, 2003, pg. 92).

Com a devida vênia, o argumento não prospera, eis que pode perfeitamente acontecer de o irmão não ter recebido herança nenhuma dos pais e angariado todo seu patrimônio por esforço próprio.

Além disso, o anterior exemplo envolvendo o irmão adotivo elucida convincentemente que a Constituição, ao equiparar os filhos havidos ou não no casamento e os adotivos, implicitamente também findou por equiparar todos os irmãos consanguíneos entre si e, de modo geral, o parentesco resultante da filiação. Se fez o mais, logicamente o menos foi feito de modo subentendido.

Desse modo, a derradeira conclusão é a de que os arts. 1.614 e 1.617, §§ 2.º e 3.º, do antigo Código Civil foram revogados pela Constituição Federal, enquanto os recentes arts. 1.841 e 1.843, §§ 2.º e 3.º, do diploma em vigor são inconstitucionais"[80].

Trata-se de uma interessante reflexão, posto ainda não exista — ao menos desconhecemos — pronunciamento definitivo do Supremo Tribunal Federal nesse sentido.

Enquanto isso, fica o convite à reflexão.

Em conclusão, vale acrescentar ainda que, embora tio e sobrinho sejam, ambos, parentes em terceiro grau[81], caso concorram entre si, a herança será deferida ao sobrinho, por expressa determinação legal:

> "Art. 1.843. Na falta de irmãos, herdarão os filhos destes e, não os havendo, os tios".

---

[80] Cláudio Grande Júnior, "A Inconstitucional Discriminação entre Irmãos Germanos e Unilaterais na Sucessão dos Colaterais", *Jus Navigandi*, Teresina, ano 9, n. 194, 16 jan. 2004. Disponível em: <http://jus.com.br/revista/texto/4757>. Acesso em: 15 out. 2012.

[81] Sobre o tema da "contagem de graus", confira-se o tópico 3 ("Visão Classificatória do Parentesco") do Capítulo XXVI ("Parentesco") do v. 6 ("Direito de Família") desta coleção.

E os parágrafos do mesmo dispositivo, ao tratar da concorrência entre sobrinhos, mantém a mesma ideia já mencionada, no sentido de beneficiar filhos de irmãos bilaterais.

> "§ 1.º Se concorrerem à herança somente filhos de irmãos falecidos, herdarão por cabeça.
>
> § 2.º Se concorrem filhos de irmãos bilaterais com filhos de irmãos unilaterais, cada um destes herdará a metade do que herdar cada um daqueles.
>
> § 3.º Se todos forem filhos de irmãos bilaterais, ou todos de irmãos unilaterais, herdarão por igual".

E um importante aspecto não pode ser olvidado: por serem sucessores meramente facultativos, para excluir os herdeiros colaterais da sucessão, basta que o testador disponha de seu patrimônio sem os contemplar (art. 1.850 do CC), o que não poderá dar-se com os descendentes, ascendentes ou o cônjuge (herdeiros necessários), por conta do seu inafastável direito à legítima (art. 1.845 do CC).

Por fim, não sobrevivendo cônjuge, ou companheiro, nem parente algum sucessível, ou tendo eles renunciado à herança, poderá o patrimônio deixado beneficiar o próprio ente estatal.

4.8. Sucessão pelo ente público

Não é admissível, em regra, haver um patrimônio sem um titular.

Assim, aberta a sucessão com o falecimento do autor da herança, é preciso verificar quem será o novo senhor da massa patrimonial.

Na forma do art. 1.844 do CC/2002:

> "Art. 1.844. Não sobrevivendo cônjuge, ou companheiro, nem parente algum sucessível, ou tendo eles renunciado a herança, esta se devolve ao Município ou ao Distrito Federal, se localizada nas respectivas circunscrições, ou à União, quando situada em território federal".

Ou seja, não havendo quem se habilite como legítimo sucessor da herança, o Estado, *nas entidades federativas do Município ou Distrito Federal*, quando os bens estejam localizados nas respectivas circunscrições, ou da *União*, quando situada em território federal, assumirá a titularidade de tal patrimônio.

Trata-se de matéria já por nós enfrentada, no capítulo dedicado ao estudo da herança jacente ou vacante[82], ao qual remetemos o amigo leitor.

[82] Confira-se o Capítulo IX ("Herança Jacente") deste volume.

Capítulo XII
Direito de Representação

Sumário: 1. Introdução. 2. Breve histórico e considerações terminológicas. 3. Conceito. 4. Características. 5. Fundamento e finalidade. 6. Efeitos. 7. Considerações finais.

1. INTRODUÇÃO

A regra geral no ordenamento jurídico brasileiro, como já visto, é no sentido de que *o herdeiro mais próximo exclui o mais remoto.*

Todavia, essa regra não é absoluta.

Tal flexibilização se dá por meio do instituto do *direito de representação*, que é objeto do presente capítulo.

Vamos conhecê-lo.

2. BREVE HISTÓRICO E CONSIDERAÇÕES TERMINOLÓGICAS

Trata-se de instituto que já era conhecido do Direito Romano, conforme prelecionam RIPERT e BOULANGER, em seu clássico *Tratado de Direito Civil*:

> "La representación existía ya en el derecho romano, aunque su nombre fuese ignorado. En las Institutas de Justiniano se dice que los hijos pueden 'in patris sui locum succedere' (III, I, 6). Primitivamente limitada a los descendientes, la representación fue extendida bajo Justiniano a los hijos de los hermanos o hermanas".

E concluem discorrendo sobre a aceitação do instituto no Direito Francês:

> "La representación fue ampliamente admitida por el derecho revolucionário. La ley del 8 de abril de 1791 la admitia hasta el infinito en línea colateral. Se veía en Ella la ventaja de favorecer a las generaciones jóvenes y de asegurar la división de los bienes"[1].

---

[1] Georges Ripert e Jean Boulanger, *Tratado de Derecho Civil (segun el Tratado de Planiol) — Sucesiones*, Buenos Aires: La Ley, 1987, v. 1, t. X, p. 92-93.

Em tradução livre de Rodolfo Pamplona Filho do espanhol para o português (as expressões latinas foram mantidas pelo contexto da transcrição):

"A representação existia já no direito romano, embora o seu nome seja ignorado. Nas Institutas de Justiniano, é dito que os filhos podem 'in patris sui locum succedere'

Observamos, portanto, que, ao longo dos séculos, o direito de representação manteve a sua essência e a precípua finalidade de evitar injustiças na transmissibilidade da herança, para impedir que os sucessores de um herdeiro pré-morto nada recebessem.

A expressão "direito de representação", todavia, adotada também por nossa legislação, não é a mais feliz, em nosso entender[2].

Com efeito, uma leitura apressada poderia fazer pensar que haveria alguma afinidade com o instituto da "representação" (legal ou voluntária), que tem por finalidade atribuir a outrem a prática de determinados atos em nome do representado[3].

A menção à "representação" apenas se justifica pela concepção fictícia de que os sucessores estariam herdando como representantes do falecido.

Não se trata disso, definitivamente, pois, sob o prisma eminentemente técnico, representação não há.

Trata-se, portanto, de mera ficção.

De fato, a finalidade do instituto, como dito, é apenas manter o equilíbrio na distribuição da herança entre os herdeiros, impedindo assim que a *premoriência*[4] — ou seja, a pré-morte de um deles —, bem como a exclusão da própria sucessão, seja motivo para impedir a justa extensão do direito aos seus sucessores[5].

(III, I, 6). Originalmente limitada aos descendentes, a representação foi estendida, sob Justiniano, aos filhos de irmãos ou irmãs.

(...)

A representação foi amplamente apoiada pelo direito revolucionário. A Lei de 8 de abril de 1791 a admitia ao infinito na linha colateral. Via-se nela a vantagem de favorecer as gerações mais jovens e de garantir a divisão de bens".

[2] Afirmou, o grande Orlando Gomes (*Sucessões*, 7. ed., Rio de Janeiro: Forense, 1998), tratar-se de um instituto "mal nomeado", cuja natureza jurídica reveste-se de alta complexidade, ao sabor de diversas teorias (da ficção, da conversão, da sub-rogação, da unidade orgânica e da substituição *ex lege*) (p. 41-42).

[3] Sobre o tema, confira-se o subtópico 2.2.1 ("Da Representação") do Capítulo XII ("Plano de Validade do Negócio Jurídico") do v. I ("Parte Geral") desta coleção.

[4] "Premoriência", como dito acima, caracteriza a situação em que um dos herdeiros é pré-morto em face do autor da herança. Não devemos, todavia, confundir este instituto jurídico com a "comoriência", que traduz a situação, prevista no art. 8.º do Código Civil, em que duas ou mais pessoas falecem na mesma ocasião, sem que se possam precisar os instantes dos óbitos, caso em que são consideradas simultaneamente mortas.

[5] Confira-se o subtópico 5.5 ("Efeitos de Deserdação e Direito de Representação") do Capítulo VIII ("Excluídos da Sucessão") deste volume.

3. CONCEITO

Conceitualmente, no âmbito sucessório, a representação traduz um direito conferido aos sucessores do herdeiro pré-morto ou excluído da sucessão, para que possam receber a parte que caberia ao próprio representado.

Contorna-se, com isso, uma oblíqua violação ao princípio da isonomia, como veremos abaixo.

Em nosso direito positivo, dispõe o art. 1.851 do Código Civil:

> "Art. 1.851. Dá-se o direito de representação, quando a lei chama certos parentes do falecido a suceder em todos os direitos, em que ele sucederia, se vivo fosse".

Exemplifiquemos, para melhor compreensão do instituto.

Imagine-se que o autor da herança (José) tenha dois filhos: Josué e Jodascil. Quando do falecimento de José, seu filho Josué já havia falecido, porém deixara seus próprios filhos, Calisto e Carmelo, ou seja, netos do *de cujus*. Pelo instituto do direito de representação, Calisto e Carmelo herdarão o quinhão que caberia ao seu pai, Josué, repartido igualmente entre eles (art. 1.855 do CC/2002), quinhão este que terá o mesmo valor do que o recebido por Jodascil.

Ou seja, Calisto e Carmelo representarão o seu pai Josué, pré-morto, incorporando aquilo que a ele caberia, se vivo fosse.

Em termos numéricos: se o valor da herança equivaler a R$ 100.000,00, em vez de Jodascil recebê-la integralmente (já que Josué era pré-morto), receberá apenas R$ 50.000,00, percebendo Calisto e Carmelo, cada um, o valor de R$ 25.000,00.

Observe-se que, se Jodascil também fosse pré-falecido, deixando um filho, Jodascil Jr., os três netos do autor da herança, por estarem na mesma classe, receberiam cada um deles a cota-parte da herança de R$ 100.000,00, qual seja, a parcela de R$ 33.333,33.

4. CARACTERÍSTICAS

Alguns aspectos do instituto, para melhor caracterização, merecem ser explicitados.

O primeiro soa óbvio: *é preciso que a pessoa "representada" esteja impossibilitada de receber a herança.*

A representação, nesse contexto, aplica-se quando o representado é pré-morto em face do autor da herança, ou, ainda, quando haja sido excluído por indignidade, uma vez que esta considera o sucessor afastado da sucessão como se herdeiro nunca houvesse sido (art. 1.816 do CC)[6], regra já aplicada há muito no ordenamento jurídico brasileiro[7].

O segundo aspecto diz respeito *à linha sucessória em que o direito é exercido.*

De fato, na forma do art. 1.852 do CC, o "direito de representação dá-se na linha reta descendente, mas nunca na ascendente".

A representação na linha descendente, prevista na primeira parte do dispositivo, é de fácil intelecção e já fora explicitada ao longo do presente capítulo.

Já a segunda parte da norma, que prevê a impossibilidade de representação na linha reta ascendente, merece ser ilustrada para escoimar dúvidas.

Imagine que estamos a tratar do inventário de João (autor da herança). Ele não deixou descendentes. Apenas estão vivos a sua mãe e a sua avó paterna (a mãe do seu pai, falecido antes dele). Ora, nesse caso, a avó paterna (mãe do pai de João) *não herdará por direito de representação.* Toda a herança irá para a mãe de João.

Situação diversa ocorre na linha transversal ou colateral[8], uma vez que o direito de representação é apenas reconhecido em favor do(s) filho(s) do irmão pré-morto[9].

É o preceito do art. 1.853 do CC:

> "Art. 1.853. Na linha transversal, somente se dá o direito de representação em favor dos filhos de irmãos do falecido, quando com irmãos deste concorrerem".

---

[6] Sobre o tema, confira-se o tópico 2 ("Exclusão por Indignidade") do Capítulo VIII ("Excluídos da Sucessão") deste volume.

[7] "EXCLUSÃO E DESERDAÇÃO. SÃO PESSOAIS OS EFEITOS DE UMA E DE OUTRA, OS QUAIS, ASSIM, NÃO SE ESTENDEM AOS DESCENDENTES DO EXCLUÍDO OU DO DESERDADO. PREVALECE O DIREITO DE REPRESENTAÇÃO, E OS DESCENDENTES DO HERDEIRO EXCLUÍDO OU DO DESERDADO SUCEDEM, COMO SE ELE MORTO FOSSE. A ACUSAÇÃO CALUNIOSA QUE FAZ PERDER O DIREITO HEREDITÁRIO E A QUE SE FORMULA EM JUÍZO CRIMINAL. A HERDEIRO A QUEM APROVEITA A DESERDAÇÃO INCUMBE PROVAR A VERACIDADE DA CAUSA ALEGADA PELO TESTADOR. O PROVEITO SÓ PODE SER O ECONÔMICO, NÃO HAVENDO LUGAR PARA O INTERESSE PURAMENTE MORAL" (STF, RE 16845, Rel. Min. Luiz Gallotti, 1.ª Turma, j. 10-7-1950, *DJ*, 4-4-1952, p. 2015; *DJ*, 20-10-1950, p. 3490; *DJ*, 17-8-1950, p. 7495).

[8] Sobre o tema, confira-se o Capítulo XXVI ("Parentesco") do v. VI ("Direito de Família") desta coleção.

[9] "EMENTA: SUCESSÃO HEREDITÁRIA — COLATERAIS — DIREITO DE REPRESENTAÇÃO. — Na sucessão dos colaterais, a lei substantiva ressalvou o direito de representação que é concedido estritamente aos filhos de irmão pré-morto, assegurando-lhes a sucessão por estirpe quando concorrerem com irmãos do falecido (arts. 1.613 e 1.622 — CC 1916 e 1.840 e 1.853 CC 2002)" (TJMG, Ag. 1.0430.06.500008-4/001, Comarca de Monte Belo, Rel. Des. Wander Marotta, j. 13-3-2007, publicado em 4-5-2007).

Ou seja, apenas o(s) sobrinho(s) — filho(s) do irmão pré-morto — tem direito de representação.

Figuremos mais um exemplo.

Huguinho morre, deixando um irmão vivo, Zezinho, e os filhos do seu irmão pré-morto (Luisinho). Em tal hipótese, metade da herança irá para Zezinho (irmão sobrevivente) e a outra metade para os seus sobrinhos, que herdarão representando o pai (Luisinho).

Mas note que, na linha colateral, o direito de representação limita-se aos sobrinhos. Vale dizer, filhos de sobrinhos (aqueles a quem o costume nominou de "sobrinhos-netos") não poderão herdar por direito de representação[10].

Finalmente, ainda tratando do direito de representação, algumas circunstâncias se revestem de acesa polêmica em face da legitimação para herdar.

Neste ponto, vale transcrever trechos da lição sempre erudita de CARLOS ROBERTO GONÇALVES, com ampla visão doutrinária e legislativa:

> "Predomina na doutrina, no entanto, o entendimento de que a legitimação para herdar é aferida em relação ao sucedido e não ao representado, como sustenta WASHINGTON DE BARROS MONTEIRO.
>
> Na mesma esteira a lição de PONTES DE MIRANDA: 'Quem foi deserdado por alguém, ou julgado indigno para lhe suceder, pode representar tal pessoa, porque a deserdação ou indignidade somente concerne à herança de quem deserdou, ou para a qual foi julgado indigno. Basta que possa herdar da terceira pessoa. Para se herdar, basta que o de cujo não tenha deserdado o interessado, nem tenha esse sido julgado indigno'.
>
> Desse modo, obtempera SILVIO RODRIGUES, 'o filho que renunciou a herança de seu pai, ou que seja indigno de recebê-la, pode, não obstante, representando o pai, recolher a herança do avô, a não ser que, com relação a este ascendente mais afastado (o avô), seja, também, indigno de suceder'.
>
> Nesse sentido dispõem, expressamente, os Códigos Civis italiano (art. 468, al. 2) e português (art. 2.043), afirmando este último: 'Os descendentes representam o seu ascendente, mesmo que tenham repudiado a sucessão deste ou sejam incapazes em relação a ele'"[11].

Parece-nos o melhor entendimento, tendo em vista tudo que já se afirmou anteriormente sobre o tema da "indignidade"[12].

---

[10] Sobre o tema, confira-se o tópico 2.6 ("Transmissibilidade do Direito de Aceitação da Herança") do Capítulo V ("Aceitação e Renúncia da Herança") deste volume.

[11] Carlos Roberto Gonçalves, *Direito Civil Brasileiro — Direito das Sucessões*, 14. ed., São Paulo: Saraiva, 2020, v. 7, p. 226.

[12] Remetemos o leitor ao Capítulo VIII ("Excluídos da Sucessão") deste volume.

5. FUNDAMENTO E FINALIDADE

Há, indubitavelmente, uma fundamentação moral que respalda o instituto.

Nesse sentido, observa SÍLVIO DE SALVO VENOSA:

"A representação foi criada, já no Direito Romano, para reparar parte do mal sofrido pela morte prematura dos pais"[13].

Assim, tem o direito de representação um fundamento moral, pois visa a dar um tratamento equânime a herdeiros do autor da herança, poupando-lhes da infelicidade dupla da perda de seu ascendente imediatamente direto e também de benefícios potenciais que lhes seriam garantidos, se não tivesse ocorrido o falecimento daquele.

Note-se que há uma busca para equilibrar a distribuição da herança entre os legitimados a suceder, todos ligados afetivamente, de forma presumida, ao *de cujus*.

6. EFEITOS

O efeito básico da representação sucessória é o reconhecimento do direito à herança aos sucessores do pré-morto ou daquele excluído da sucessão.

Se houver um único representante, receberá este exatamente o mesmo valor a que faria jus o representado (herdará por cabeça).

Havendo mais de um, dividir-se-á a cota-parte em tantas frações quanto for o número de representantes (herdarão por estirpe[14]).

É esta a linha dos arts. 1.854 e 1.855 do CC:

---

[13] Sílvio de Salvo Venosa, *Direito Civil — Direito das Sucessões*, 3. ed., São Paulo: Atlas, 2003, p. 101 (Col. Direito Civil, v. 7).

[14] "Ementa: CIVIL — AGRAVO DE INSTRUMENTO — INVENTÁRIO — TESTAMENTO — CONDIÇÃO — INEXISTÊNCIA — *CONDITIO IURIS* — DISPOSIÇÃO PURA E SIMPLES — CONSOLIDAÇÃO DE HERDEIROS TESTAMENTÁRIOS NA ABERTURA DA SUCESSÃO — POSTERIOR FALECIMENTO DE HERDEIRO TESTAMENTÁRIO — DIREITO DE REPRESENTAÇÃO — APLICAÇÃO — CONFIGURAÇÃO DA SUCESSÃO LEGÍTIMA — FILHO PRÉ-MORTO — NETOS — HERDEIROS POR ESTIRPE — IMPROVIMENTO DA IRRESIGNAÇÃO — INTELIGÊNCIA DOS ARTS. 121, 1.851 A 1.856, TODOS DO CÓDIGO CIVIL. Na sucessão testamentária, como na legítima, a 'disposição pura e simples torna o herdeiro como tal na abertura da sucessão', portanto, inexistindo condição para que a herdeira testamentária sucedesse, com a morte da testadora, operou-se a aludida sucessão. Se depois de aberta a sucessão testamentária vem a falecer a herdeira, é por força da sucessão legítima dos patrimônios daquela *de cujus*, que os herdeiros por estirpe herdam os direitos recebidos, *in casu*, pela falecida avó paterna, por força do disposto no testamento" (TJMG, Ag. 1.0701.05.118761-8/001(1), Uberaba, Rel. Des. Dorival Guimarães Pereira, j. 18-1-2007, publicado em 2-2-2007).

"Art. 1.854. Os representantes só podem herdar, como tais, o que herdaria o representado, se vivo fosse.

Art. 1.855. O quinhão do representado partir-se-á por igual entre os representantes".

Parece-nos, sem dúvida, a melhor disciplina.

Vale destacar, ainda, que, na forma do art. 2.009 do Código Civil, quando "os netos, representando os seus pais, sucederem aos avós, serão obrigados a trazer à colação, ainda que não o hajam herdado, o que os pais teriam de conferir"[15].

Trata-se de regra que se justifica na medida em que visa a impedir violação da legítima dos herdeiros necessários.

7. CONSIDERAÇÕES FINAIS

Por fim, vale tecer algumas importantes considerações acerca do tema ora analisado.

Registre-se que não se admite a representação na renúncia da herança, conforme se verifica do art. 1.811 do CC[16]. Em outras palavras, o renunciante é considerado como se herdeiro nunca houvesse sido, razão por que os seus descendentes não poderão representá-lo.

Por outro lado, nada impede que o renunciante da herança de uma pessoa a represente em outra.

É o que estabelece o art. 1.856:

"Art. 1.856. O renunciante à herança de uma pessoa poderá representá-la na sucessão de outra".

Dessa forma, mesmo que o filho tenha renunciado à herança do pai, nada o impede de atuar como representante do seu ascendente direto na herança do avô.

Outra importante observação, finalmente, é feita por SÍLVIO VENOSA:

"Como a quota do pré-morto é distribuída por estirpe, se algum herdeiro dessa estirpe renuncia à herança, a parte renunciada só acresce à parte dos

---

[15] Os herdeiros devem trazer à colação as liberalidades que hajam recebido, nos termos dos arts. 2.002 e 2.012 do Código Civil. Sobre o tema, ver Pablo Stolze Gagliano, *O Contrato de Doação*, 3. ed., São Paulo: Saraiva, 2010.

[16] "Art. 1.811. Ninguém pode suceder, representando herdeiro renunciante. Se, porém, ele for o único legítimo da sua classe, ou se todos os outros da mesma classe renunciarem a herança, poderão os filhos vir à sucessão, por direito próprio, e por cabeça." Sobre a renúncia, ver o Capítulo V ("Aceitação e Renúncia da Herança") deste volume.

herdeiros do mesmo ramo, isto é, três netos representam o pai. Um dos netos renuncia. A quota desta estirpe fica dividida entre os outros dois netos que não renunciaram. Não se acresce, com essa renúncia, o monte-mor geral, isto é, a parte desse renunciante não vai para os que recebem por direito próprio, nem para a representação de outro herdeiro pré-morto. Como o representante é sucessor do autor da herança, existe uma única transmissão patrimonial. Há um único imposto devido"[17].

Vale dizer, Aldo, Bruno e Clemente representam o pai Francisco (pré--morto), na herança do avô. Eles concorrem com os tios Rufino e Celino. Se, por exemplo, Aldo renunciar, a sua quota irá acrescer às dos seus outros dois irmãos (Bruno e Clemente), e não às quotas dos tios. Em resumo: Rufino herdará 1/3, Celino 1/3, e o outro 1/3 será dividido entre Bruno e Clemente, representando o seu pai Francisco.

É a solução apresentada pelo nosso Direito.

---

[17] Sílvio de Salvo Venosa, *Direito Civil — Direito das Sucessões*, 3. ed., São Paulo: Atlas, 2003, p. 102. v. 7.

Capítulo XIII
Sucessão Testamentária

Sumário: 1. Considerações iniciais. 2. Noções gerais sobre o testamento. 2.1. Sobre o poder de testar. 2.2. Conceito e natureza jurídica. 2.3. Características essenciais. 2.4. Modalidades classificatórias do testamento. 3. Algumas palavras sobre a visão histórica do testamento. 4. Aspectos relevantes do plano da validade aplicável ao testamento. 4.1. Manifestação de vontade livre e de boa-fé. 4.2. Capacidade de testar. 4.3. Objeto do testamento. 4.4. Forma prescrita em lei. 4.5. Prazo das ações de invalidade de testamento. 5. O testamenteiro. 5.1. Conceito e natureza jurídica. 5.2. Formas de designação. 5.3. Requisitos para o exercício. 5.4. Atribuições. 5.5. Retribuição. 5.6. Prazo. 5.7. Responsabilidade. 5.8. Extinção regular da testamentaria. 5.9. Destituição ou renúncia do testamenteiro. 6. Regência temporal da lei reguladora da sucessão testamentária.

1. CONSIDERAÇÕES INICIAIS

Com o capítulo anterior, acreditamos haver alcançado uma abrangente compreensão das noções gerais sobre a Sucessão.

Observe-se, inclusive, que tais temáticas são destinatárias dos Títulos I ("Da Sucessão em Geral") e II ("Da Sucessão Legítima") do Livro V ("Do Direito das Sucessões") do vigente Código Civil brasileiro.

Chega a ser irônico que, no Brasil — em que, por múltiplas razões, não há uma cultura de uso do testamento —, reservem-se, no vigente Código Civil, 28 artigos à Sucessão Legítima (arts. 1.829 a 1.856), aqui já analisada, enquanto, na Testamentária, haja uma regulamentação maior, com 134 artigos de lei (arts. 1.857 a 1.990).

Iniciamos, pois, agora, o estudo da matéria correspondente ao Título III, dedicado à Sucessão Testamentária, com ênfase nas regras gerais do testamento e na capacidade de testar.

2. NOÇÕES GERAIS SOBRE O TESTAMENTO

No presente tópico, analisaremos o conceito de testamento, bem como a sua natureza jurídica e classificação, permitindo uma ampla visão sobre o tema.

Todavia, antes disso, parece-nos relevante tecer algumas considerações preliminares acerca do "Poder de Testar".

2.1. Sobre o poder de testar

Em que consiste exatamente o chamado "Poder de Testar"?

De fato, conforme consta no dicionário Aurélio, a expressão "testar", na acepção aqui trabalhada, pode ser assim entendida:

> "**Testar.** [Do lat. *testari.*] *V.t.d.e i.***1.** Deixar em testamento; legar: "Testou à mulher todos os seus bens". T. d. **2.** Deixar como em testamento; transmitir, passar, legar: 'Nenhum século, depois de rijo lidar, se foi envolver no sudário do passado, sem testar à história mais um nome, um feito, um laurel, uma glória' (Antero de Quental, *Prosas,* I, p. 45). **3.** Deixar por morte; deixar em disposição testamentária. *Int.* **4.** Fazer o seu testamento: 'Morreu sem testar'; 'Enquanto durou o inventário, e principalmente a denúncia dada por alguém contra o testamento, alegando que o Quincas Borba, por manifesta demência, não podia testar, o nosso Rubião distraiu-se' (Machado de Assis, *Quincas Borba,* p. 39). *T. i.* **5.** Dispor (de alguma coisa) em testamento: 'Testou de todos os seus bens'. **6.** Dar testemunho; testemunhar. (Pres. ind.: testo, etc.; pres. subj.: *teste, testes, teste, testemos, testeis, testem.* Cf. testo (ê), texto e teste, s.m., e têxteis, pl. de têxtil.)"[1].

A ideia de "testar", portanto, no presente contexto, é de *dispor, por meio de um instrumento formal, chamado testamento, de seus bens, de forma total ou parcial, após o advento da morte.*

Esta concepção, inclusive, se extrai do próprio *caput* do art. 1.857 do vigente Código Civil brasileiro[2].

A fundamentação deste "Poder de Testar" está justamente na autonomia da vontade e no exercício do direito de propriedade, uma vez que, se o testador poderia dispor dos bens em vida, por que não autorizar, atendendo à sua vontade, o seu direcionamento *post mortem*?

Contudo, tal disposição de bens, por vezes, não poderá ser total, quando houver a necessidade de preservação da legítima, na forma do § 1.º do mencionado dispositivo[3]. A disposição, portanto, somente se dará de forma total quando inexistirem herdeiros necessários (descendentes, ascendentes ou cônjuge)[4].

---

[1] Aurélio Buarque de Holanda Ferreira, *Novo Dicionário Aurélio da Língua Portuguesa,* 2. ed., Rio de Janeiro: Nova Fronteira, 1986, p. 1671.

[2] "Art. 1.857. Toda pessoa capaz pode dispor, por testamento, da totalidade dos seus bens, ou de parte deles, para depois de sua morte."

[3] "§ 1.º A legítima dos herdeiros necessários não poderá ser incluída no testamento."

[4] Confira-se a seguinte notícia de 7 de abril de 2011, que indica peculiaridades no tratamento da matéria em outros Estados no mundo:

"**VONTADE PÓSTUMA** — Corte britânica limita livre escolha sobre herança (Por Aline Pinheiro)

Dispor sobre o próprio dinheiro é um direito garantido pelos ingleses até mesmo depois da morte. Na Inglaterra, aquele que quer fazer um testamento antes de morrer não está vinculado a nada, além da sua vontade. Pode deixar a sua herança para quem escolher, até mesmo excluir os filhos do pacote. Pelo menos, é essa a regra. São as exceções a ela, no entanto, que têm desafiado a Justiça inglesa.

Uma lei de 1975 prevê os casos em que a vontade expressa em testamento pode ser questionada. De acordo com o *Inheritance Act 1975* (lei de herança britânica), cônjuges, ex-cônjuges, filhos e outros que eram sustentados pelo falecido podem questionar a sua exclusão do testamento. Como a regra é que a vontade do dono do patrimônio prevaleça, só em alguns casos a Justiça pode interferir e modificar o desejo póstumo. Para decidir, precisa analisar, por exemplo, a responsabilidade que a pessoa que morreu tinha sobre a que foi deserdada e se esta última tem condições financeiras para se sustentar no presente e no futuro.

Recentemente, uma decisão da Corte de Apelações levantou a discussão sobre o direito de cada um decidir o destino da sua herança, ao abrir mais uma exceção à regra. O tribunal incluiu no testamento, contra a vontade de quem o escreveu, uma mulher de 50 anos, saudável.

Melita Jackson morreu em julho de 2004 aos 70 anos. Deixou o seu patrimônio de quase 500 mil libras esterlinas (cerca de R$ 1,2 milhão) para três instituições de caridade que cuidam de cachorros e outros animais. Para sua única filha, Heather Ilott, não deixou nada. Em uma carta, explicou que a filha tinha fugido de casa aos 17 anos. Casou, teve cinco filhos e, ao longo de mais de duas décadas de vida, só viu a mãe duas vezes.

Para Melita, o distanciamento entre as duas e a falta de interesse da filha justificava a decisão de não deixar nada do seu patrimônio para ela. Na carta, publicada por uma das associações de caridade beneficiadas pelo testamento, Melita orientou seus advogados a defender o seu ponto de vista, caso a filha resolvesse cobrar na Justiça uma parte da herança.

É justamente isto que está acontecendo agora. Heather se sentiu prejudicada pelo testamento da mãe e conseguiu, na primeira instância, o direito de receber 50 mil libras do total deixado. Não se contentou com a quantia e recorreu, assim como as instituições beneficiadas. Na segunda instância, os voluntários levaram a melhor e a disputa foi parar na Corte de Apelações.

Lá, os julgadores decidiram por unanimidade que Heather tem direito a receber uma parte do dinheiro da mãe. Determinaram, então, que o recurso volte para que seja julgado de novo pela segunda instância, mas desta vez apenas para fixar quanto a filha deserdada deve receber.

Provedor póstumo

Para decidir interferir no testamento, a Corte de Apelações analisou a jurisprudência sobre o assunto ao longo de mais de 30 anos, quando surgiu o *Act 1975*. Considerou que as condições previstas na norma para que a vontade do falecido seja descumprida devem ser analisadas em conjunto. Ou seja, não basta que uma delas seja atendida. Por exemplo, não basta que o deserdado alegue que não tem condições de se sustentar. Precisa ficar provado, também, que quem morreu tinha responsabilidade sobre ele.

No caso de Heather e Melita, as duas não viviam juntas e, embora mãe e filha, uma não dependia da outra. Heather, casada e com cinco filhos, vive em condições precárias, com ajuda do governo e sem trabalhar. Até então, o entendimento era o de que se a pessoa é saudável e pode trabalhar o quanto quiser, está comprovada a sua capacidade

Vale destacar, porém, que o testamento também é o meio hábil para manifestações de vontade de conteúdo não econômico, conforme estabelece o § 2.º do mencionado dispositivo normativo ("§ 2.º São válidas as disposições testamentárias de caráter não patrimonial, ainda que o testador somente a elas se tenha limitado"), tudo em observância ao *princípio do respeito à vontade manifestada*, por nós aqui tantas vezes referido[5].

Assim, em testamento, não há falar somente em transferência de bens do patrimônio próprio para o de outra pessoa, mas também em diversas outras diligências, desde uma manifestação autobiográfica sobre o testador e sua visão de vida, até a determinação de preceitos que, somente de forma indireta, poderiam apresentar efeito econômico.

Dentre tais disposições, sem uma específica natureza econômica e patrimonial, a título meramente exemplificativo[6], podemos lembrar, porque previstas no próprio texto codificado:

---

para garantir o seu sustento. Dessa vez, no entanto, os juízes ampliaram o conceito de incapaz de trabalhar.

Para eles, Heather parou a sua vida profissional há muitos anos para cuidar dos filhos. Não é viável imaginar que ela esteja em plenas condições de voltar ao mercado de trabalho e se sustentar. Juntando isso à posição de responsabilidade sobre ela da mãe (afinal, são mãe e filha), fica caracterizada mais uma exceção em que a Justiça pode interferir e modificar aquilo que foi escrito no testamento.

A decisão não agradou às instituições de caridade beneficiadas com a herança de Melita. Uma delas, *The Blue Cross*, que cuida de cachorros abandonados, afirmou que o que o tribunal fez foi reinterpretar uma jurisprudência consolidada há 30 anos e que tornou incerto para as pessoas se o desejo delas vai ser obedecido depois de morrerem. Para a associação, a decisão abre um precedente perigoso, já que qualquer adulto pode questionar o fato de ter sido deixado de fora da herança dos pais". Disponível em: <http://www.conjur.com.br/2011-abr-07/justica-britanica-limita-liberdade-escolha-heranca>. Acesso em: 4 fev. 2013).

Confira-se o inteiro teor da decisão britânica em: <http://s.conjur.com.br/dl/decisao-corte-apelacoes-inglaterra.pdf>.

[5] Confira-se o subtópico 4.6 ("Princípio do Respeito à Vontade Manifestada") do Capítulo II ("Principiologia do Direito das Sucessões") deste volume.

[6] Vários autores fazem o apanhado de disposições de natureza não patrimonial, com pequenas diferenças entre si. Confiram-se, nesse aspecto, as seguintes obras: Zeno Veloso, Testamentos — Noções Gerais; Formas Ordinárias; Codicilo; Formas Especiais, in Giselda Maria Fernandes Novaes Hironaka e Rodrigo da Cunha Pereira (Coords.), *Direito das Sucessões e o Novo Código Civil* (Belo Horizonte: Del Rey, 2004, p. 125-126); Dimas Messias de Carvalho e Dimas Daniel de Carvalho, *Direito das Sucessões* (3. ed., Belo Horizonte: Del Rey, 2011, p. 105-106); Maria Berenice Dias, *Manual das Sucessões* (São Paulo: Revista dos Tribunais, 2008, p. 332-333); Flávio Tartuce e José Fernando Simão, *Direito Civil* (5. ed., Rio de Janeiro: Forense; São Paulo: Método, 2012, v. 6, p. 289); Caio Mário da Silva Pereira, *Instituições de Direito Civil* (17. ed., Rio de Janeiro: Forense, 2010, v. 6, p. 180), entre outros.

a) a disposição gratuita do próprio corpo (art. 14, *caput*)[7];

b) a criação de uma fundação (art. 62, *caput*)[8];

c) a substituição de terceiro designado em contrato (art. 438, parágrafo único)[9];

d) a substituição de beneficiário em seguro de vida (art. 791, *caput*)[10];

e) a instituição de condomínio edilício (art. 1.332, *caput*);

f) o reconhecimento de filhos (art. 1.609, III)[11];

g) a nomeação de tutor (art. 1.634, IV, e art. 1.729, parágrafo único)[12];

h) a instituição de bem de família (art. 1.711, *caput*)[13];

i) a reabilitação do indigno (art. 1.818, *caput*)[14];

j) o estabelecimento de cláusulas restritivas (art. 1.848, *caput*);

k) a deserdação (art. 1.964, *caput*)[15];

l) a revogação de testamento anterior (art. 1.969, *caput*)[16];

m) a nomeação do testamenteiro (art. 1.976)[17];

n) despesas de sufrágios pela alma do falecido (art. 1.998)[18];

o) a dispensa de colação (art. 2.006)[19].

---

[7] Confira-se o item *b* ("Direito ao corpo morto (cadáver)") do subtópico 7.2.1 ("Direito ao corpo humano") do Capítulo V ("Direitos da Personalidade") do v. 1 ("Parte Geral") desta coleção.

[8] Confira-se o subtópico 7.2.3 ("As fundações") do Capítulo 6 ("Pessoa Jurídica") do v. 1 ("Parte Geral") desta coleção.

[9] Confira-se o Capítulo "Das Estipulações Contratuais em Relação a Terceiros" do v. 4 ("Contratos") desta coleção.

[10] Confira-se o Capítulo "Seguro" do v. 4 ("Contratos") desta coleção.

[11] Confira-se o tópico 3 ("Reconhecimento Voluntário") do Capítulo XXV ("Filiação") do v. 6 ("Direito de Família") desta coleção.

[12] Confira-se o tópico 3 ("Tutela") do Capítulo XXIX ("Tutela e Curatela") do v. 6 ("Direito de Família") desta coleção.

[13] Confira-se o Capítulo XVIII ("Bem de Família") do v. 6 ("Direito de Família") desta coleção.

[14] Confira-se o tópico 4 ("Perdão do Indigno") do Capítulo VIII ("Excluídos da Sucessão") deste volume.

[15] Confira-se o tópico 5 ("Deserdação") do Capítulo VIII ("Excluídos da Sucessão") deste volume.

[16] Confira-se o Capítulo XXI ("Extinção do Testamento (Invalidade, Caducidade, Revogação e Rompimento)") deste volume.

[17] Confira-se o tópico 5 ("O Testamenteiro") deste capítulo.

[18] Confira-se o Capítulo XVI ("Codicilo") deste volume.

[19] Confira-se o Capítulo XXIII ("Inventário") deste volume.

A determinação de tais diligências, como visto, pode ser feita pela via testamentária.

Mas, afinal de contas, o que é um testamento?

É o que se enfrentará no próximo subtópico.

2.2. Conceito e natureza jurídica

O que é um testamento?

Se a religião cristã o compreende como uma forma de aliança[20] e a poesia permite visualizá-lo como uma tentativa de controle póstumo da destinação do que deixamos[21], juridicamente o conceito é bem mais simples.

---

[20] "**Origem do termo 'testamento'**

Este vocábulo não se encontra na Bíblia como designação de uma de suas partes. A palavra portuguesa 'testamento' corresponde à palavra hebraica *berith* (que significa aliança, pacto, convênio, contrato), e designa a aliança que Deus fez com o povo de Israel no Monte Sinai, tal como descrito no livro de Êxodo (Êxodo 24:1-8 e Êxodo 34:10-28). Segundo a própria Bíblia, tendo sido esta aliança quebrada pela infidelidade do povo, Deus prometeu uma nova aliança (Jeremias 31:31-34) que deveria ser ratificada com o sangue de Cristo (Mateus 26:28). Os escritores do Novo Testamento denominam a primeira aliança de antiga (Hebreus 8:13), em contraposição à nova (2 Coríntios 3:6-14).

Os tradutores da Septuaginta traduziram *berith* para *diatheke*, embora não haja perfeita correspondência entre as palavras, já que *berith* designa 'aliança' (compromisso bilateral) e *diatheke* tem o sentido de 'última disposição dos próprios bens', 'testamento' (compromisso unilateral). [Pedro Apolinário. *História do Texto Bíblico.* [S.l.: s.n.], 1985]

As respectivas expressões 'antiga aliança' e 'nova aliança' passaram a designar a coleção dos escritos que contém os documentos respectivamente da primeira e da segunda aliança. As denominações 'Antigo Testamento' e 'Novo Testamento', para as duas coleções dos livros sagrados, começaram a ser usadas no final do século II, quando os evangelhos e outros escritos apostólicos foram considerados como parte do cânon sagrado. O termo 'testamento' surgiu através do latim, quando a primeira versão latina do Velho Testamento grego traduziu *diatheke* por *testamentum.* São Jerônimo, revisando esta versão latina, manteve a palavra *testamentum*, equivalendo ao hebraico *berith* — 'aliança', 'concerto', quando a palavra não tinha essa significação no grego (*ver: Vulgata*). Afirmam alguns pesquisadores que a palavra grega para 'contrato', 'aliança' deveria ser *suntheke*, por traduzir melhor o hebraico *berith.* [Pedro Apolinário. *História do Texto Bíblico.* [S.l.: s.n.], 1985] [Louis Berkhof. *Teologia Sistemática.* [S.l.: s.n.]. ISBN 9788576222590]" (Verbete "Bíblia" na Wikipedia. Disponível em: <http://pt.wikipedia.org/wiki/B%C3%ADblia>. Acesso em: 31 jan. 2013).

[21] Sobre o tema, escreveu poeticamente um dos coautores desta obra:

"Testamento

Como seria bom poder controlar
os rumos da vida depois do meu passar,
em uma extensão pós-morte do querer,
como se houvesse luz após o anoitecer.

O Código Civil brasileiro de 1916, em seu art. 1.626, apresentava um conceito legal de testamento.

Estabelecia o referido dispositivo normativo:

> "Art. 1.626. Considera-se testamento o ato revogável pelo qual alguém, de conformidade com a lei, dispõe, no todo ou em parte, do seu patrimônio, para depois da sua morte".

Se é certo que não é papel da lei estabelecer conceitos — o que foi observado pelo vigente Código Civil Brasileiro —, o fato é que o antigo conceito legal não era de todo ruim.

Na verdade, as imperfeições técnicas da antiga definição podiam ser resumidas em duas.

A primeira é a ausência de menção à possibilidade de utilização do testamento para finalidades distintas da disposição patrimonial, como já vimos.

A segunda imprecisão consiste em definir o testamento como um "ato jurídico" — o que poderia remeter à confusão conceitual com o *ato em sentido estrito*[22] — e não, em respeito à sua própria natureza, como um negócio jurídico unilateral.

Sim, a natureza jurídica do testamento é a de um *negócio jurídico unilateral*[23].

Ensinaria tudo que não deu tempo de falar...
Protegeria todos aqueles que aprendi a amar...
Apagaria os rastros dos meus erros no caminho...
Confortaria todos que ficaram sem carinho...

Pediria perdão a quem eu magoei...
Explicaria o que sentia quando chorei...
Mostraria o que é o fracasso e a glória...
Tentaria dar um sentido à minha história...

O registro autêntico da minha vontade
A declaração antecipada (e inútil) da minha saudade
A eternização da vida em um único momento
A força simbólica de meu testamento.

Salvador, 23 de maio de 2010" (Rodolfo Pamplona Filho. Disponível em: <http://rodolfopamplonafilho.blogspot.com.br/2010/09/testamento.html>. Acesso em: 30 jan. 2013.

[22] Esta "imperfeição" é facilmente compreendida pela circunstância de que o Código Civil brasileiro de 1916 não havia expressamente incorporado a teoria do negócio jurídico, o que foi sanado pela vigente codificação. Para maiores esclarecimentos sobre o tema, confiram-se os Capítulos IX ("Fato Jurídico em Sentido Amplo") e X ("Negócio Jurídico (Noções Gerais)") do v. I ("Parte Geral") desta coleção.

[23] "Quanto ao número de declarantes, os negócios jurídicos poderão ser:

Em nosso sentir, o negócio jurídico traduz uma "declaração de vontade, emitida em obediência aos seus pressupostos de existência, validade e eficácia, com o propósito de produzir efeitos admitidos pelo ordenamento jurídico pretendidos pelo agente"[24].

Um testamento, portanto, nada mais é do que um *negócio jurídico, pelo qual alguém, unilateralmente, declara a sua vontade, segundo pressupostos de existência, validade e eficácia, com o propósito de dispor, no todo ou em parte, dos seus bens, bem como determinar diligências de caráter não patrimonial, para depois da sua morte.*

Eis o nosso conceito, intimamente relacionado à natureza jurídica do instituto.

Vejamos, agora, as características essenciais do testamento.

2.3. Características essenciais

Para a compreensão das características essenciais do testamento, parece-nos relevante destacar que, quando, em nosso esforço de sistematização, afirmamos o que "*é*" um testamento, revelando a sua natureza jurídica, talvez seja importante também registrar o que ele "*não é*".

É importante ressaltar que, embora seja um negócio jurídico, não é o testamento um contrato, uma vez que lhe falta a bilateralidade peculiar à caracterização de uma figura contratual.

Com efeito, conforme já conceituamos alhures, um "contrato é um negócio jurídico por meio do qual as partes declarantes, limitadas pelos princípios da função social e da boa-fé objetiva, autodisciplinam os efeitos patrimoniais que pretendem atingir, segundo a autonomia das suas próprias vontades"[25].

Inexiste, portanto, no testamento, esta participação de outros sujeitos na manifestação da vontade, ou, em outras palavras, o núcleo básico de todo o

---

a) *unilaterais* — quando concorre apenas uma manifestação de vontade (o testamento, a renúncia, p. ex.);

b) *bilaterais* — quando concorrem as manifestações de vontades de duas partes, formadoras do *consenso* (os contratos de compra e venda, locação, prestação de serviços, p. ex.);

c) *plurilaterais* — quando se conjugam, no mínimo, duas vontades *paralelas*, admitindo-se número superior, todas direcionadas para a mesma finalidade (o contrato de sociedade, p. ex.)" (Pablo Stolze Gagliano e Rodolfo Pamplona Filho, *Novo Curso de Direito Civil — Parte Geral*, 22. ed. São Paulo: Saraiva, 2020, p. 383. v. I).

[24] Pablo Stolze Gagliano e Rodolfo Pamplona Filho, *Novo Curso de Direito Civil — Parte Geral*, cit., p. 381.

[25] Pablo Stolze Gagliano e Rodolfo Pamplona Filho, *Novo Curso de Direito Civil — Contratos:*, 3. ed., São Paulo: Saraiva, 2020, v. 4, p. 45.

contrato: o "consentimento" das partes contratantes, indispensável em sua conformação nuclear.

Daí a primeira característica essencial do testamento, qual seja, a sua *unilateralidade*, seguindo-se o seu evidente *caráter personalíssimo*, a teor do art. 1.858: "o testamento é ato personalíssimo, podendo ser mudado a qualquer tempo".

Por isso, há a vedação ao chamado testamento conjuntivo[26], qual seja, aquele elaborado por mais de um sujeito no mesmo documento[27].

O mesmo dispositivo supratranscrito apresenta ainda outra importante característica do testamento: a sua *revogabilidade*.

Com efeito, não se poderia negar ao testador, por força do próprio postulado da autonomia privada, a prerrogativa de reescrever os termos da sua vontade declarada, quantas vezes o achasse conveniente[28].

Da mesma forma, é o testamento um negócio jurídico *solene*, em que a forma a ser adotada, de acordo com a intenção do testador, é imposta por lei, sob pena de nulidade.

A *solenidade* é, sem dúvida, uma das características mais evidentes do testamento, em que a preocupação com a forma é levada a grau extremo, o que se observa também em outros sistemas normativos estrangeiros[29].

---

[26] "CIVIL. TESTAMENTOS CONJUNTIVOS. REALIZAÇÃO EM ATOS DISTINTOS. CC, ART. 1.630. NÃO CONFIGURAÇÃO. I. O testamento é consubstanciado por ato personalíssimo de manifestação de vontade quanto à disponibilização do patrimônio do testador, pelo que pressupõe, para sua validade, a espontaneidade, em que titular dos bens, em solenidade cartorária, unilateral, livremente se predispõe a destiná-los a outrem, sem interferência, ao menos sob o aspecto formal, de terceiros. II. O art. 1.630 da lei substantiva civil veda o testamento conjuntivo, em que há, no mesmo ato, a participação de mais alguém além do testador, a indicar que o ato, necessariamente unilateral na sua realização, assim não o foi, pela presença direta de outro testador, a descaracterizá-lo com o vício da nulidade. III. Não se configurando, na espécie, a última hipótese, já que o testamento do *de cujus*, deixando suas cotas para sua ex-sócia e concubina, e o outro por ela feito, constituíram atos distintos, em que cada um compareceu individualmente para expressar seu desejo sucessório, inaplicável, à espécie, a cominação prevista no referenciado dispositivo legal, corretamente interpretado pelo Tribunal *a quo*. IV. Recurso especial não conhecido" (STJ, REsp 88388/SP, Recurso Especial 1996/0009897-2, Rel. Min. Aldir Passarinho Junior, j. 5-10-2000, *DJ*, 27-11-2000, p. 164, *JBCC*, v. 186, p. 415; *RT*, v. 787, p. 189).

[27] Sobre o tema, confira-se o tópico 2 ("Algumas Palavras sobre Formas Proibidas de Testamento") do Capítulo XIV ("Formas Ordinárias de Testamento") deste volume.

[28] Ressalve-se a hipótese de reconhecimento de filho: "Art. 1.610. O reconhecimento não pode ser revogado, nem mesmo quando feito em testamento".

[29] "1. Tendo o testamento sido outorgado por um cidadão português no estrangeiro, é a lei portuguesa que rege quanto à sua validade e efeitos.

Sobre o tema, observa o insuperável PONTES DE MIRANDA que o Estado, ao proteger a disposição de última vontade,

> "cerca-a de formas, que a livrem de insídias e maquinações. Continua, ao explicar que a exigência de forma testamentária evita que o testador apressadamente manifeste a vontade e de certo modo mostra-lhe que é de grande relevância o ato que vai praticar. Por outro lado, diminui as possibilidades de pressões, de violências, de erros e de atendimentos a pedidos e promessas. Além disso, a presença de testemunhas concorre para que se contenha, pondere e se precate o testador. Todo intervalo entre a deliberação de testar e a feitura do testamento fortalece a meditação do disponente. Quanto a terceiros, as formalidades testamentárias põem o testador a salvo de falsificações e de falsidades, bem como de violências. Muito se sabe sobre os males que resultavam das cartas de consciência. Herdeiros legítimos eram lesados pelas coações de estranhos, que o testador beneficiava, e das preterições momentaneamente causadas. Pessoas estranhas, e não só parentes, eram postas de lado por circunstâncias de intranquilidade do testador. Não só herdeiros legítimos. Daí não bastar o escrito, por mais perfeito e verdadeiro que seja, para que se repute feito o testamento. O rigor formal protege o testador e os que seriam por ele declarados herdeiros ou legatários. Trata-se de ato de última vontade, razão por que a técnica legislativa também há de cogitar de formalidades que assegurem a conservação do negócio jurídico. (...) Com os pressupostos de forma, o que se tem por fito é maior segurança na expressão da vontade e na conservação do instrumento. (...) Se o testamento não satisfaz as exigências formais, ou algumas delas, testamento não há. Se a satisfação é que foi insuficiente, há nulidade. Ser incompleta a observância, ou ser irregular, faz nulo o testamento. Não ter havido cumprimento de qualquer dos pressupostos, qualquer que seja, não é infração da lei; é omissão de requisito para a existência de testamento"[30].

Por isso, observa Rolf Madaleno:

> "Este conjunto de formalidades que dá uma ritualização essencial e necessariamente formal à facção testamentária, própria e inerente a esse ato jurídico

---

2. Se na pendência do inventário se suscitarem questões prejudiciais de que dependa a admissibilidade do processo ou a definição dos direitos dos interessados directos na partilha que, atenta a sua natureza ou a complexidade da matéria de facto que lhes está subjacente, não devam ser incidentalmente decididas, o juiz deverá determinar a suspensão da instância, nos termos e para os efeitos do disposto no n. 1 do art. 1335.º, do CPC" (confira-se o inteiro teor deste acórdão do Tribunal da Relação de Coimbra em: <http://www.dgsi.pt/jtrc.nsf/8fe0e606d8f56b22802576c0005637dc/f7f740a31bb16ceb8025797c0038792a?OpenDocument>. Acesso em: 15 fev. 2013).

[30] Pontes de Miranda, *Tratado de Direito Privado*, Rio de Janeiro: Borsoi, 1955, t. LVIII, p. 279, apud Rolf Madaleno, "Testamento, Testemunhas e Testamenteiro: uma Brecha para a Fraude". Disponível em: <http://www.rolfmadaleno.com.br/rs/index.php?option=com_content&task=view&id=44#_ftn32>. Acesso em: 15 fev. 2013.

unilateral, que conta seus efeitos para quando seu autor já não mais estiver presente para defendê-lo, disso importando cada passo do seu ritual e das pessoas que, conjuntamente, participam do testamento, sempre com o intuito de assegurar a liberdade do testador e a veracidade de suas disposições"[31].

Por fim, como última característica essencial do testamento, precisamos lembrar da sua *gratuidade*, na medida em que ao beneficiário de um testamento não se impõe uma contraprestação, como se dá, por exemplo, no contrato de compra e venda.

Na mesma linha, o herdeiro jamais poderá "comprar" uma quota ou todo o patrimônio de um testador ainda vivo, sob pena de configurar um ato expressamente vedado pelo nosso ordenamento jurídico, e altamente reprovável sob o ponto de vista moral, o chamado *pacta corvina*[32].

Não se confunda, porém, o caráter gratuito da disposição testamentária com a possibilidade de estabelecimento de um ônus, modo ou encargo (que não constitui tecnicamente uma contraprestação), o que é perfeitamente aceitável, na perspectiva do plano de eficácia do negócio jurídico[33].

Posto isso, passemos, agora, a tecer algumas considerações classificatórias acerca do testamento.

2.4. Modalidades classificatórias do testamento

Toda classificação, assim como toda conceituação, depende muito da visão metodológica de quem a escolhe ou apresenta.

No que diz respeito ao testamento, o próprio texto codificado se encarregou de estabelecer as duas formas possíveis de classificação, em função das circunstâncias de sua elaboração.

A *forma ordinária* de testamento é aquela elaborada em uma conjuntura de normalidade, de acordo com a preferência do testador.

Já a *forma extraordinária* ou *especial* de testamento é aquela realizada em função de circunstâncias peculiares ou de dificuldades fáticas da vida do testador.

Quando alguém fala, porém, em "espécies" de testamento, está se referindo a subdivisões desta classificação primária, a saber, em relação à forma ordinária, os *testamentos público, cerrado e particular*, e, sob a forma especial, os *testamentos marítimo, aeronáutico e militar.*

---

[31] Rolf Madaleno, ob. cit.

[32] Art. 426 do Código Civil: "Não pode ser objeto de contrato a herança de pessoa viva".

[33] Sobre o tema, confira-se o Capítulo XV ("Plano da Eficácia do Negócio Jurídico") do v. 1 ("Parte Geral") desta coleção, bem como o tópico 3 ("Tipologia das Disposições Testamentárias") do Capítulo XVII ("Disposições Testamentárias") deste volume.

Cada uma dessas espécies será por nós analisada em momento próprio[34], a eles acrescentando a compreensão da figura jurídica do codicilo, que é uma disposição de última vontade de menor monta[35].

Façamos, agora, algumas importantes observações de cunho histórico a respeito do testamento.

3. ALGUMAS PALAVRAS SOBRE A VISÃO HISTÓRICA DO TESTAMENTO

Antes da Roma antiga, não há maiores informações acerca da existência do testamento como instituto jurídico[36].

Conforme já visto em momento anterior[37], a ideia de sucessão, historicamente, sempre esteve ligada, em sua gênese, à preservação do culto religioso e da propriedade familiar.

Sobre o tema, ensinava CAIO MÁRIO DA SILVA PEREIRA:

> "Não se conhecendo no direito oriental primitivo vestígios de sucessão testamentária, sua origem é apontada nas civilizações do ocidente. E a noção primeira de transferência por declaração de vontade aparece como um ato de adoção (*adoptio in hereditatem*), que seria a origem genética do testamento. Um passo à frente é a instituição de um herdeiro, na falta de quem seria *de iure* (o continuador do culto doméstico), encarregado de distribuir os bens àqueles que o *de cujus* indicava, conservando contudo a casa, que fora o centro da família.
>
> Em Roma, o testamento foi conhecido muito cedo e assumiu feições de tal importância, que Cícero o proclamou o mais grave da vida do cidadão. Dele participava toda a comunidade, procedendo-se à sua homologação perante as cúrias reunidas (*in calatis comitiis*), uma vez verificada a inexistência de *heredes*

---

[34] Confiram-se os Capítulos XIV ("Formas Ordinárias de Testamento") e XV ("Formas Extraordinárias de Testamento") deste volume.

[35] Confira-se o Capítulo XVI ("Codicilo") deste volume.

[36] "O testamento, ao menos como ato de última vontade como o compreendiam os romanos, no período clássico de seu direito, era desconhecido no direito primitivo. Nem sempre a lei e os costumes o admitiam, havendo legislações pelas quais eram punidos aqueles que pretendiam instituir herdeiros ao arrepio da lei. Na legislação chinesa, pelos preceitos de Meng-Tseu, aquele que elaborasse um testamento contrariamente à legislação era punido com oitenta golpes de bambu" (Carlos Roberto Gonçalves, *Direito Civil Brasileiro — Direito das Sucessões*, 13. ed., São Paulo: Saraiva, 2019, v. 7, p. 230-231). Se a ideia permanecesse no direito contemporâneo, restaria perguntar: punido como? Só se o testamento fosse conhecido antes do advento da morte e, neste caso, seria plenamente revogável.

[37] Releia-se o tópico 4 ("Breve Visão Histórica do Direito das Sucessões") do Capítulo I ("Introdução ao Direito das Sucessões") deste volume.

sui, de agnados, e ainda de alguém pertencente à *gens* do testador, a quem os bens devessem caber de direito. (...) Esta aprovação pelas cúrias restringia aos patrícios a sucessão testamentária, uma vez que os plebeus não tinham assento nos *comitia curiata*. A eles foi, todavia, admitido testar sob outra forma, que já traduz um momento novo da evolução testamentária: por um lado, criou-se o testamento *in procinctu* (aprovado, perante o exército formado), e o *testamentum per aes et libram*, fundado na ideia de *mancipatio*, que simbolizava uma espécie de venda, na qual apareciam o *familiae venditor* (testador) e o *familiae emptor* (aceitante da herança), com a interveniência do *libripens* (representando o Estado), em presença de cinco testemunhas. A cerimônia, complexa e formal, terminava com uma declaração verbal do testador (*nuncupatio*), pela qual ratificava o que se fizera, como ato de sua vontade"[38].

Na linha de compreensão da importância do testamento para o Direito Romano, observava ORLANDO GOMES:

"Conheceram os romanos várias e sucessivas formas de testamento. Antes da Lei das XII Tábuas: o testamento *in calatis comitis*, feito em tempo de paz, perante as cúrias reunidas, e o testamento *in procinctu*, feito em tempo de guerra, no campo da batalha. Tais formas foram substituídas na lei referida pelo testamento *per aes et libram*, que consistia em venda fictícia da sucessão, perante testemunhas. Importando *mancipatio*, o testamento, assim feito, era irrevogável. O pretor simplificou essa forma de testamento, substituindo a participação do *libripens* e do *familiae emptor* por mais duas testemunhas. Concedia-se a sucessão *bonorum possessivo*. No Baixo Império, o testamento pretoriano foi substituído por uma forma compreensiva das anteriores e denominada *tripertitum* por Justiniano. Do testamento *in calatis comitis*, tomou a rogação de testemunhas; do testamento *per aes et libram*, a presença das *antestata*; e do testamento pretoriano, a assinatura de *septem testibus*"[39].

A Idade Média não prestigiou o instituto jurídico do testamento.

Ao contrário, muito por força da influência eclesiástica, houve um esvaziamento do seu uso, embora, em reação ao poder do clero, tenha surgido uma contramarcha posterior de (re)valorização da manifestação póstuma da vontade.

Nesse sentido, preleciona SÍLVIO DE SALVO VENOSA, "fazendo a ponte" com o direito brasileiro pré-codificado:

"Não foi, entretanto, o testamento romano recebido na forma originária pelas legislações modernas. Na Idade Média, inclusive, sua função achava-se

---

[38] Caio Mário da Silva Pereira, *Instituições de Direito Civil*, 17. ed., Rio de Janeiro: Forense, 2010, p. 163-164. v. 6.

[39] Orlando Gomes, *Sucessões*, Rio de Janeiro: Forense, 2004, p. 85-86.

praticamente extinta, servindo apenas para fazer legados pios *pro Bono et remediu animae* (Nonato, 1957, v.1:75). Tornou-se costume deixar sempre algo para a Igreja. O falecido que se olvidava era logo socorrido pelos herdeiros, que supriam 'a falta'. Esse costume, contudo, teve o eficaz resultado de fazer os povos bárbaros assimilarem a noção de testamento, à qual eram totalmente avessos. Entre os germanos, o testamento difundiu-se lentamente por influência da Igreja. Em Portugal, as Ordenações Afonsinas aceitaram e adotaram a noção romana de testamento, assim também a compilação filipina.

Desse modo, antes do Código Civil de 1916, as formas instrumentárias, segundo as ordenações filipinas, eram: o testamento aberto ou público, feito por tabelião; o testamento cerrado, com o respectivo instrumento de aprovação; o testamento feito pelo testador (particular) ou por outra pessoa e o testamento *per palavra* (nuncupativo), com a assistência de seis testemunhas. Segundo Itabaiana de Oliveira (1987:153), a tais espécies de testamento, pertencentes à compilação filipina, os civilistas acrescentaram: o testamento marítimo, o testamento *ad pias causas*, o testamento *inter liberos*, o testamento *rure factum*, o testamento *pestis tempore* e o testamento conjuntivo o de mão comum, todos revigorados do Direito Romano do Baixo Império"[40].

Especificamente no Brasil, a incidência da legislação portuguesa no Brasil Colônia (e Vice-Reino) acompanhou a tendência europeia da época.

Novamente valemo-nos do testemunho histórico de CAIO MÁRIO DA SILVA PEREIRA:

"Nosso direito anterior ao Código Civil de 1916 consagrou nas *Ordenações* as velhas modalidades testamentárias que o chamado *Breviário de Alarico* (*Lex Romana Wisigothorum*) adotara: aberto ou público, cerrado ou místico, particular ou ológrafo, nuncupativo ou por palavras (*Ordenações*, Livro IV, Título 80), a que acresciam os juristas outras espécies, como marítimo, de pai para filho, *ad pias causas, inter liberos, rure factum, tempore pestis*, conjuntivo ou de mão comum.

Por outro lado, o poder crescente do clero impunha tais exigências a uma sociedade eminentemente cristã, que tornava quase obrigatórias as deixas a favor da Igreja, através de testamento que se fazia perante o pároco, em presença de duas testemunhas.

A título de coibir os abusos clericais e defender as tradições lusas, contra os excessos de romanismo, o Marquês de Pombal baixou as Leis de 25 de junho de 1766 e 9 de setembro de 1769, a primeira, anulando os testamentos em favor de quem os escrevesse ou sugerisse, ou das corporações a que pertencesse, ou feitos por pessoas gravemente enfermas; e a segunda, reforçando a

[40] Sílvio de Salvo Venosa, *Direito Civil — Direito das Sucessões*, 3. ed., São Paulo: Atlas, 2003, p. 130. v. 7.

sucessão legítima. A legislação pombalina foi suspensa em parte pelo Decreto de 17 de junho de 1778"[41].

Em nossa primeira codificação civil, buscou-se disciplinar, efetivamente, a Sucessão Testamentária.

Para isso, foram instituídas as já mencionadas espécies pública, cerrada e particular de testamento, além do marítimo e militar.

Admitiu-se, por exceção, o chamado testamento nuncupativo, mas apenas como forma de testamento militar[42], valendo registrar haver sido vedado expressamente o testamento conjuntivo ou de mão comum[43].

Na vigente codificação brasileira, a diretriz fora mantida, acrescentando-se a figura do testamento aeronáutico como forma especial[44].

4. ASPECTOS RELEVANTES DO PLANO DA VALIDADE APLICÁVEL AO TESTAMENTO

Identificado o testamento como um ato de natureza negocial, faz-se necessário visualizá-lo sob a perspectiva do *plano de validade do negócio jurídico*, respeitadas as suas peculiaridades.

Poderíamos tratar esta questão sob a ótica dos três planos do negócio jurídico, a saber: existência, validade e eficácia.

Todavia, como o *plano de validade* já pressupõe o de *existência* — um testamento sem efetiva manifestação da vontade, por exemplo, seria considerado inexistente juridicamente — e como o plano de eficácia é consequencial[45], parece-nos que a visão dos aspectos relevantes do testamento como negócio jurídico deverá abranger:

a) *manifestação de vontade livre e de boa-fé;*

b) *capacidade do agente;*

c) *possibilidade, licitude e determinabilidade do objeto;*

d) *forma adequada* (*in casu*, prescrita em lei).

---

[41] Caio Mário da Silva Pereira, *Instituições de Direito Civil*, 17. ed., Rio de Janeiro: Forense, 2010, p. 165-166. v. 6.

[42] Confira-se o Capítulo XV ("Formas Extraordinárias de Testamento") deste volume.

[43] Confira-se o tópico 2 ("Algumas Palavras sobre Formas Proibidas de Testamento") do Capítulo XIV ("Formas Ordinárias de Testamento") deste volume.

[44] Confira-se o Capítulo XV ("Formas Extraordinárias de Testamento") deste volume.

[45] Para um aprofundamento sobre a fundamentação teórica de tais Planos do Negócio Jurídico, sugerimos uma leitura dos Capítulos X ("Negócio Jurídico (Noções Gerais)"), XI ("Plano de Existência do Negócio Jurídico"), XII ("Plano de Validade do Negócio Jurídico") e XV ("Plano de Eficácia do Negócio Jurídico") do v. 1 ("Parte Geral") desta coleção.

Tudo isso para melhor permitir o adequado entendimento da matéria.

Frise-se, outrossim, mais uma vez, que o enfrentamento de tais pressupostos, *na perspectiva da validade negocial*, respeitará a tessitura própria e peculiar do testamento.

Vamos a eles.

4.1. Manifestação de vontade livre e de boa-fé

Do ponto de vista existencial, para que haja um negócio jurídico, é imprescindível haver uma manifestação de vontade.

Tal declaração volitiva, por sua vez, para que seja considerada válida, deve ser emanada de forma livre e de boa-fé.

O mesmo, naturalmente, se dá com o testamento.

Por isso mesmo, qualquer um dos defeitos que invalidam o negócio jurídico pode ser invocado, em ação própria, para impugnar o testamento[46].

4.2. Capacidade de testar

Para que um negócio jurídico seja considerado válido, é preciso que o agente emissor da vontade tenha capacidade para a sua realização.

Sobre o tema, já escrevemos em volume anterior:

> "Adquirida a personalidade jurídica, toda pessoa passa a ser capaz de direitos e obrigações.
>
> Possui, portanto, *capacidade de direito ou de gozo.*
>
> Todo ser humano tem, assim, capacidade de direito, pelo fato de que a personalidade jurídica é um atributo inerente à sua condição.
>
> (...)
>
> Nem toda pessoa, porém, possui aptidão para exercer pessoalmente os seus direitos, praticando atos jurídicos, em razão de limitações orgânicas ou psicológicas.
>
> Se puderem atuar pessoalmente, possuem, também, *capacidade de fato ou de exercício.*
>
> Reunidos os dois atributos, fala-se em *capacidade civil plena.*
>
> (...)
>
> Não há que se confundir, por outro lado, *capacidade e legitimidade.*
>
> Nem toda pessoa capaz pode estar *legitimada* para a prática de um determinado ato jurídico. A legitimação traduz uma capacidade específica.

---

[46] Sobre o tema, confira-se o Capítulo XIII ("Defeitos do Negócio Jurídico") do v. 1 ("Parte Geral") desta coleção.

Em virtude de um interesse que se quer preservar, ou em consideração à especial situação de determinada pessoa que se quer proteger, criaram-se *impedimentos circunstanciais*, que não se confundem com as hipóteses legais genéricas de incapacidade. O tutor, por exemplo, embora maior e capaz, não poderá adquirir bens móveis ou imóveis do tutelado (art. 1.749, I, CC/2002). Dois irmãos, da mesma forma, maiores e capazes, não poderão se casar entre si (art. 1.521, IV, CC/2002). Em tais hipóteses, o tutor e os irmãos encontram-se *impedidos de praticar o ato por falta de legitimidade ou de capacidade específica para o ato*"[47].

No que diz respeito ao tema da capacidade em matéria sucessória, a capacidade testamentária passiva já foi por nós tratada quando enfrentamos o tema da "vocação hereditária"[48].

Como negócio jurídico, outrossim, a realização de um testamento pressupõe uma capacidade jurídica ativa.

Sobre o tema, estabelece o art. 1.860 do CC:

> "Art. 1.860. Além dos incapazes, não podem testar os que, no ato de fazê-lo, não tiverem pleno discernimento.
>
> Parágrafo único. Podem testar os maiores de dezesseis anos".

O *caput* do dispositivo é, em nossa opinião, de clareza meridiana.

A incapacidade civil, bem como a ausência de pleno discernimento, afiguram-se, logicamente, como óbices para a prática pessoal de um ato jurídico.

Todavia, o parágrafo único do referido dispositivo excepciona a regra, em favor dos menores púberes, o que merece algumas considerações.

Sobre esta questão, observa SÍLVIO VENOSA:

> "Quanto ao fato de se permitir que maiores de 16 anos se utilizem de testamento em ambos os diplomas, o interesse é, como regra, teórico, pois nessa idade dificilmente alguém pensará em ato de última vontade, mas a possibilidade existe e é isso que importa. As legislações comparadas também trazem idades mínimas aproximadas ou igual a nossa. Assim, o relativamente capaz tem plena capacidade de testar. Trata-se, pois, de uma capacidade mais ampla do que a capacidade geral. Importa pensar que, para fazer testamento, a lei procura reconhecer no sujeito um certo grau de discernimento. Acertadamente, a lei entende que o maior de 16 anos tem esse discernimento para manifestar a vontade testamentária. Caso não fosse a lei expressa, necessitaria da assistência do pai ou responsável, tal o impossibilitaria de testar, dado o personalismo do ato já aqui estudado. A origem dessa capacidade vem do

[47] Pablo Stolze Gagliano e Rodolfo Pamplona Filho, *Novo Curso de Direito Civil — Parte Geral*, 22. ed. São Paulo: Saraiva, 2020, v. 1, p. 132.

[48] Confira-se o Capítulo VII ("Vocação Hereditária") deste volume.

Direito Romano, quando se adquiria a capacidade em geral com a puberdade, não havendo, em princípio, uma idade predeterminada"[49].

Saliente-se que o reconhecimento legal da capacidade de testar do maior de 16 anos implica, sem dúvida, a desnecessidade da assistência para sua realização, já que, juridicamente, isso seria um contrassenso, dado o caráter personalíssimo do testamento.

Observe-se que o fato de se reconhecer capacidade para testar não significa dizer que o menor púbere haja sido emancipado.

Será ele ainda menor e incapaz para todos os demais atos da vida civil, mas estará autorizado pela lei, de forma excepcional, a fazer o testamento.

Se, por acaso, o menor for emancipado por outros meios que a lei permita (pelo casamento, por exemplo), isto ainda não o autorizaria a fazer testamento, dada a especificidade da capacidade sucessória para testar[50].

Registre-se, por fim, que a capacidade, naturalmente, é aferida no momento da realização do negócio jurídico testamentário, não importando a situação fática anterior ou posterior, uma vez que a "incapacidade superveniente do testador não invalida o testamento, nem o testamento do incapaz se valida com a superveniência da capacidade", conforme prevê o art. 1.861 do CC.

4.3. Objeto do testamento

Seguindo o rigor metodológico aqui exposto, lembremos que, também do ponto de vista existencial, para haver um negócio jurídico, é imprescindível a existência de um objeto específico.

Vale salientar que o objeto não precisa ter conteúdo necessariamente patrimonial, uma vez que o testamento também é meio hábil, como visto, para a determinação de disposições de caráter não econômico.

E, como consequência lógica da perspectiva existencial, *para que o negócio tenha validade*, o objeto deve ser lícito, possível e determinado, ou ao menos, determinável. Careceria de validade, por exemplo, um testamento que tivesse por objeto a transmissibilidade de uma fazenda adquirida de forma criminosa.

---

[49] Sílvio de Salvo Venosa, *Direito Civil — Direito das Sucessões*, cit., p. 140.

[50] "Como o ordenamento estabeleceu regras próprias para a capacidade testamentária ativa, mesmo que o menor atinja plena capacidade civil pelos outros meios que a lei permite (pelo casamento, por exemplo, com suplementação judicial de idade), tal não concede legitimação para o ato de última vontade. Portanto, a capacidade para testar é independente da emancipação (Cicu, 1954: 152)" (Sílvio de Salvo Venosa, *Direito Civil — Direito das Sucessões*, cit., p. 141).

Por fim, apenas para efeito didático, frisamos que o tema das "Disposições Testamentárias", disciplinado nos arts. 1.897 a 1.911 do vigente Código Civil brasileiro, será objeto de apreciação em capítulo próprio posterior[51].

4.4. Forma prescrita em lei

Para que um negócio jurídico exista, é preciso haver uma forma, ou seja, um "meio pelo qual a vontade se manifeste".

E, *para que tenha validade*, a forma ou será livre (art. 107 do CC) ou "prescrita em lei".

E isso é sobremaneira importante para o testamento.

Trata-se, como visto, de um negócio jurídico solene, em que a norma legal impõe determinado revestimento para o ato, traduzido em uma forma especial para a sua validade.

É o que se chama de negócio *ad solemnitatem.*

No caso do *testamento* (negócio jurídico unilateral), a lei impõe determinada forma (ordinária ou extraordinária), não reconhecendo liberdade ao testador para elaborá-lo de acordo com a sua vontade, o que pode ser objeto de ação específica para o reconhecimento de nulidade.

Arriscamos dizer, inclusive, que talvez o testamento seja, dentre todos os atos negociais existentes, ao lado do casamento, o de maior rigor formal para efeito de reconhecimento de sua validade.

4.5. Prazo das ações de invalidade de testamento

O descumprimento de qualquer um dos requisitos de validade do testamento gera, por consequência, a possibilidade de sua impugnação judicial.

O vigente Código Civil brasileiro trouxe expressa previsão de prazo para tal postulação.

Com efeito, estabelece o art. 1.859 do CC:

> "Art. 1.859. Extingue-se em cinco anos o direito de impugnar a validade do testamento, contado o prazo da data do seu registro".

Observe-se que se trata de um prazo decadencial peculiar.

E, justamente por ser norma especial, tal prazo prevalece inclusive em face de eventuais causas de nulidade absoluta do negócio jurídico, a exemplo da incapacidade absoluta do agente ou da impossibilidade do seu objeto, as quais, em regra, nos termos do art. 169, não comportariam prazo para a sua impugnação.

---

[51] Confira-se o Capítulo XVII ("Disposições Testamentárias") deste volume.

Nesse sentido, observa o amigo VENOSA:

> Lembremos que o novo Código fixou em cinco anos o prazo decadencial para impugnar a validade do testamento, contado o prazo da data de seu registro (art. 1.859). Ao mencionar impugnação, o novo diploma se refere tanto aos casos de nulidade como de anulabilidade. Com isso, derroga a regra geral do art. 169, segundo o qual o negócio jurídico nulo não é suscetível de confirmação, nem convalidação pelo decurso do tempo. A natureza do testamento e as dificuldades que a regra geral da imprescritibilidade ocasionaria forçou essa tomada de posição pelo legislador. Essa exceção ao princípio geral vem demonstrar que não é conveniente essa regra geral de não extinguibilidade com relação aos negócios nulos. Melhor seria que se abraçasse a corrente doutrinária anterior que entendia que os atos nulos prescrevem no prazo máximo estabelecido no ordenamento. Nesse campo de nulidades, porém, há que se atentar para as hipóteses de inexistência de testamento, quando qualquer prazo extintivo se mostra inaplicável para sua declaração, como ocorre, por exemplo, na hipótese de perfeita ausência de vontade do testador"[52].

Da forma como está redigido o dispositivo, há que se interpretar que ocorre o prazo decadencial de cinco anos para impugnação do testamento, no que diz respeito a qualquer requisito de validade, menos em relação aos vícios de consentimento[53].

E por que não se aplicar o prazo também para a anulabilidade decorrente de vícios de consentimento?

Porque, em face de tais causas, há outro prazo aplicável.

É o prazo de quatro anos, previsto no art. 1.909 do CC[54].

Por uma questão de rigor metodológico, voltaremos a tratar dessa questão em capítulo próprio, quando abordarmos especificamente o tema da invalidade do testamento[55].

Enfrentemos, agora, como se deve dar a execução do testamento.

---

[52] Sílvio de Salvo Venosa, *Direito Civil — Direito das Sucessões*, cit., p. 144.

[53] Vale registrar que o antigo Projeto de Lei n. 6.960/2002 (já arquivado), que pretendia reformar o Código Civil de 2002, propunha uma nova redação ao mencionado art. 1.859: "Extingue-se em cinco anos o direito de requerer a declaração de nulidade do testamento ou de disposição testamentária, e em quatro anos o de pleitear a anulação do testamento ou de disposição testamentária".

[54] "Art. 1.909. São anuláveis as disposições testamentárias inquinadas de erro, dolo ou coação.

Parágrafo único. Extingue-se em quatro anos o direito de anular a disposição, contados de quando o interessado tiver conhecimento do vício."

[55] Confira-se o Capítulo XXI ("Extinção do Testamento (Invalidade, Caducidade, Revogação e Rompimento)") deste volume.

Para isso, compreendamos uma importante figura para o efetivo cumprimento da disposição de última vontade: *o testamenteiro.*

5. O TESTAMENTEIRO

Aberta a sucessão, com o falecimento do autor da herança, não há como adivinhar se existe ou não um testamento.

E, levando-se em consideração a inexistência de uma tradição cultural brasileira de confecção do testamento, aí mesmo é que não se pode presumir que haja sido feito tal negócio jurídico.

Nesse contexto, surge a figura do testamenteiro.

A disciplina jurídica da atuação desse sujeito está prevista nos arts. 1.976 a 1.990 do vigente Código Civil brasileiro.

Embora inserido, como dito, na parte final codificada da disciplina testamentária, parece-nos importantíssimo falar dessa figura jurídica neste momento, em que chegamos ao final das noções gerais sobre o testamento.

Em que consiste, afinal, a figura do testamenteiro? Como ele pode ser escolhido? Quem pode exercer tal mister? Quais são suas atribuições e obrigações? Há algum tipo de retribuição pela atividade? Qual é a sua responsabilidade? Como se dá por cumprida sua missão? Pode ele ser destituído?

Pretendemos responder a todas as perguntas nos próximos subtópicos.

5.1. Conceito e natureza jurídica

Como o testamento não se cumpre em um passe de mágica, é preciso que alguém diligencie o quanto necessário para a realização das disposições de última vontade do testador.

É este justamente o papel do testamenteiro.

Testamenteiro é *o sujeito — designado pelo testador ou nomeado pelo juiz — para fazer cumprir as disposições de última vontade.*

Seguindo a doutrina de ORLANDO GOMES, quatro teorias tentam explicar a natureza jurídica da *testamentaria*, a saber:

a) mandato;

b) representação;

c) tutela;

d) ofício privado.

Considerar o testamenteiro um mandatário não nos parece adequado.

De fato, não se pode considerá-lo um mandatário do testador, pelo simples fato de que a morte extingue o mandato. Da mesma forma, não é razoável imaginá-lo como um mandatário dos herdeiros, legatários ou credores da herança simplesmente porque eles não lhe delegaram quaisquer poderes.

Da mesma forma, inaplicável é a teoria da representação, uma vez que esta pressupõe uma manifestação de vontade que inexiste, de fato, no momento da atuação do testamenteiro. Além disso, a representação implica conduta em nome e no interesse do representado, o que não é o caso da testamentaria.

Ver como tutela também soa estranho, tendo em vista que os próprios herdeiros instituídos podem ser encarregados da execução do testamento quando não há testamenteiro nomeado.

Melhor é reconhecer, com o insuperável professor ORLANDO GOMES, que se trata, efetivamente, de um ofício privado:

> "A execução testamentária é considerada um ofício privado, entendido como um conjunto de poderes atribuídos em lei a determinada pessoa, que se apresentam, do mesmo modo, como deveres. O testamenteiro deve providenciar a execução do testamento, defender-lhe a validade e praticar atos para atender a interesses suscitados no mesmo tempo. Exerce, em suma, verdadeiro *munus*, oriundo de negócio unilateral, em nome próprio, com poderes e deveres peculiares. Contudo, não está obrigado a aceitá-lo, nem se exige, para a recusa, qualquer escusa prevista em lei. Seria, em resumo, um *ofício de assunção* facultativa, o que não deixa de constituir uma anomalia. Explica-se, entretanto, por não ser *munus* público"[56].

Parece-nos a melhor explicação.

De fato, embora com características próprias, o ofício de testamenteiro tem muitos pontos de aproximação com a função exercida, por exemplo, por um perito em um processo judicial.

Trata-se efetivamente de um múnus, mas que não se pode considerar público, uma vez que se refere a interesses evidentemente privados, bem como, conforme veremos em tópico posterior[57], em razão de o testamenteiro, caso não seja herdeiro ou legatário, poder ser, inclusive, remunerado por tal mister.

5.2. Formas de designação

Como um testamenteiro pode ser escolhido?

As formas de designação de um testamenteiro acabam por delimitar as formas de testamentaria.

A primeira forma é o chamado *testamenteiro testamentário*, ou seja, aquele que é nomeado pelo próprio testador.

É dessa modalidade que trata o art. 1.976 do CC:

> "Art. 1.976. O testador pode nomear um ou mais testamenteiros, conjuntos ou separados, para lhe darem cumprimento às disposições de última vontade".

---

[56] Orlando Gomes, *Sucessões*, Rio de Janeiro: Forense, 2004, p. 251-252.

[57] Confira-se o subtópico 5.5 ("Retribuição") deste capítulo.

Chama-se *testamenteiro legítimo* o cônjuge, a quem cabe a execução testamentária, na falta de nomeação pelo testador.

Por fim, tem-se também o chamado *testamenteiro dativo*, que é aquele nomeado subsidiariamente pelo magistrado, na ausência de designação pelo testador e de cônjuge sobrevivente.

As duas outras modalidades estão previstas no mesmo dispositivo legal, a saber, o art. 1.984 do CC, que preceitua:

> "Art. 1.984. Na falta de testamenteiro nomeado pelo testador, a execução testamentária compete a um dos cônjuges, e, em falta destes, ao herdeiro nomeado pelo juiz".

Vale registrar a ausência de menção ao companheiro entre os testamenteiros legítimos, o que somente pode se explicar pelo fato de o Código Civil brasileiro de 2002 não incluir o companheiro entre os herdeiros necessários.

Observe-se, finalmente, que é possível a nomeação de mais de um testamenteiro.

5.3. Requisitos para o exercício

Quem pode exercer o ofício de testamenteiro?

A princípio, qualquer sujeito capaz pode ser designado como testamenteiro.

Não há qualquer impedimento de que seja um herdeiro ou legatário, mas também não há óbice em se nomear alguém estranho à legitimação hereditária passiva.

Observe-se, porém, que a testamentaria é uma atividade personalíssima, que não pode ser delegada, embora se admita a representação por meio de mandato.

Tal afirmação é depreendida do próprio texto do art. 1.985 do CC:

> "Art. 1.985. O encargo da testamentaria não se transmite aos herdeiros do testamenteiro, nem é delegável; mas o testamenteiro pode fazer-se representar em juízo e fora dele, mediante mandatário com poderes especiais".

Não há falar, porém, em exercício compulsório da testamentaria, sendo imprescindível a aceitação do testamenteiro, em qualquer uma das suas três formas (testamentário, legítimo ou dativo).

A recusa, todavia, deve ser justificada.

Tal aceitação pode ser tácita, simplesmente pelo silêncio quando da nomeação ou pelo exercício efetivo das diligências necessárias para o cumprimento das disposições de última vontade.

A importância da aceitação se justifica pelas inúmeras atribuições do testamenteiro, com repercussão de grande responsabilidade patrimonial.

É o que veremos nos próximos subtópicos.

5.4. Atribuições

O ofício privado de testamenteiro é de grande responsabilidade.

Com efeito, não havendo cônjuge ou herdeiros necessários, o testador tem a prerrogativa de conceder ao testamenteiro a posse e a administração da herança, ou de parte dela, podendo qualquer herdeiro requerer partilha imediata[58], ou devolução da herança, habilitando o testamenteiro com os meios necessários para o cumprimento dos legados, ou dando caução de prestá-los, conforme estabelecido legalmente[59].

Por isso mesmo, na forma do art. 1.978 do CC, tendo o testamenteiro a posse e a administração dos bens, incumbe-lhe requerer inventário e cumprir o testamento.

E esta é, sem dúvida, a atribuição primordial do testamenteiro: fazer cumprir o testamento.

Por tal razão, o "testamenteiro nomeado, ou qualquer parte interessada, pode requerer, assim como o juiz pode ordenar, de ofício, ao detentor do testamento, que o leve a registro", conforme autoriza o art. 1.979 do CC.

É importante destacar que, *a priori*, o testamenteiro é o sujeito que, em tese, mais tem interesse em defender as disposições de última vontade, seja pela confiança que lhe foi demonstrada pelo testador (ao nomeá-lo), seja por ser potencialmente um dos beneficiários da herança, como cônjuge ou outro herdeiro.

Assim, assume ele o papel de maior "defensor" das disposições testamentárias, devendo ser necessariamente ouvido em qualquer discussão sobre sua validade e eficácia, na busca do efetivo cumprimento da vontade do testador.

Tal dever decorre, inclusive, de previsão legal específica, a saber, o art. 1.981 do CC, que preceitua:

> "Art. 1.981. Compete ao testamenteiro, com ou sem o concurso do inventariante e dos herdeiros instituídos, defender a validade do testamento".

E é claro que as atribuições aqui mencionadas não são taxativas e exaustivas, uma vez que, sendo o cumprimento do testamento a missão primordial

---

[58] Sobre o tema, confira-se o Capítulo XXIV ("Partilha") deste volume.

[59] "Art. 1.977. O testador pode conceder ao testamenteiro a posse e a administração da herança, ou de parte dela, não havendo cônjuge ou herdeiros necessários.

Parágrafo único. Qualquer herdeiro pode requerer partilha imediata, ou devolução da herança, habilitando o testamenteiro com os meios necessários para o cumprimento dos legados, ou dando caução de prestá-los."

do testamenteiro, muitas outras diligências podem ser determinadas pelo próprio testador, observados, obviamente, os limites legais[60].

Por fim, vale destacar, na forma do art. 1.990 do CC, que se "o testador tiver distribuído toda a herança em legados, exercerá o testamenteiro as funções de inventariante".

5.5. Retribuição

Há algum tipo de retribuição pela atividade de testamenteiro?

As funções do testamenteiro presumem-se gratuitas, quando for ele herdeiro ou legatário.

Todavia, não sendo a testamentaria exercida por herdeiro ou legatário, mas, sim, por terceiro nomeado pelo testador, haverá, em regra, a necessidade de remunerar o indivíduo que desempenhará tão importante ofício.

Afinal, todo trabalho é digno e deve gerar uma retribuição.

A única exceção à regra básica de retribuição é a própria vontade do testador, que pode estabelecer a existência de um testamenteiro, sem uma paga correspondente.

Mas, por óbvio, também por isso, pode o testamenteiro nomeado recusar o ofício atribuído.

Não sendo, portanto, vedada a retribuição no testamento, qual seria o valor dessa justa retribuição?

Tal importância deverá ser fixada judicialmente, havendo parâmetros legais com faixas para a sua delimitação.

É a previsão constante no art. 1.987:

> "Art. 1.987. Salvo disposição testamentária em contrário, o testamenteiro, que não seja herdeiro ou legatário, terá direito a um prêmio, que, se o testador não o houver fixado, será de um a cinco por cento, arbitrado pelo juiz, sobre a herança líquida, conforme a importância dela e maior ou menor dificuldade na execução do testamento.
>
> Parágrafo único. O prêmio arbitrado será pago à conta da parte disponível, quando houver herdeiro necessário".

Note-se que há uma margem de discricionariedade para o magistrado fixar o valor, devendo variar, *a priori*, entre 1% a 5% sobre o valor da herança líquida.

Trata-se de uma verba paga pelo trabalho prestado e pela administração da herança, que deve ser considerada uma despesa judicial do inventário.

---

[60] "Art. 1.982. Além das atribuições exaradas nos artigos antecedentes, terá o testamenteiro as que lhe conferir o testador, nos limites da lei."

Vintena ou *prêmio* é o nome que se dá à retribuição que se outorga ao testamenteiro pelo serviço por ele prestado. Perceba-se que não se trata de uma liberalidade, mas, sim, de uma gratificação *pro labore*, remuneratória da testamentaria.

A expressão "vintena" é utilizada justamente porque o máximo de 5% corresponde a 1/20 da *herança líquida*, que deve ser entendida como o saldo, depois de pagas as dívidas preexistentes à abertura da sucessão, bem como as despesas religiosas e funerárias, além do custeio do inventário[61].

Observe-se que a nossa codificação civil estipula um parâmetro mínimo para a fixação do prêmio ou vintena, no caso do regular desempenho do ofício de testamenteiro, o que inexiste na legislação processual civil correspondente[62].

E se o trabalho do testamenteiro, embora cumprido, tenha sido feito de forma pouco eficiente?

A jurisprudência tem admitido uma ponderação do magistrado, neste aspecto, desde que fundamentada[63].

---

[61] "O prêmio é calculado sobre toda a herança líquida, e denomina-se vintena, porque o máximo de cinco por cento corresponde a um vigésimo do valor básico. Deduzir-se-á, porém, da meação disponível, quando houver herdeiros necessários, cujas legítimas não deverão suportar redução a esse título (novo Código Civil, art. 1.987 e seu parágrafo único). Por 'herança líquida' compreende-se o saldo, depois de pagas as dívidas do *de cujus*, as despesas com funeral e cerimônias religiosas, e custeio do inventário. Se for somente testamentária a sucessão, aplica-se sobre este remanescente o percentual fixado ou arbitrado. Mas se o autor da herança houver falecido *partim testatus et partim intestatus*, a porção hereditária que constitui a sucessão legítima não pode ser computada para efeito do encargo, porque sobre ela não atuou a vontade do defunto, porém a da lei. Neste caso, então, o valor atingido é o da herança testamentária. Quer, pois, dizer: havendo herdeiros necessários, o prêmio se imputará sobre a parte da herança de que dispôs o testador, deduzida, portanto, da meação disponível tão somente" (Caio Mário da Silva Pereira, *Instituições de Direito Civil*, 17. ed., Rio de Janeiro: Forense, 2010, v. VI, p. 296).

[62] "Art. 1.138. O testamenteiro tem direito a um prêmio que, se o testador não o houver fixado, o juiz arbitrará, levando em conta o valor da herança e o trabalho de execução do testamento.

§ 1.º O prêmio, que não excederá 5% (cinco por cento), será calculado sobre a herança líquida e deduzido somente da metade disponível quando houver herdeiros necessários, e de todo o acervo líquido nos demais casos.

§ 2.º Sendo o testamenteiro casado, sob o regime de comunhão de bens, com herdeiro ou legatário do testador, não terá direito ao prêmio; ser-lhe-á lícito, porém, preferir o prêmio à herança ou legado."

[63] "CIVIL. SUCESSÕES. TESTAMENTO. VINTENA. IRREGULAR E NEGLIGENTE EXECUÇÃO DO TESTAMENTO. — Se é lícito ao Juiz remover o testamenteiro ou

Vale destacar que, em coerência à natureza remuneratória do prêmio ou vintena, caso venha a falecer o testamenteiro no curso da execução do testamento, caberá aos seus herdeiros a parte do prêmio, proporcional ao trabalho desempenhado, conforme arbitrar o magistrado, observando-se, obviamente, os limites legais aqui mencionados.

Como o testamenteiro também pode ser herdeiro ou legatário, a lei faculta a ele a possibilidade de "preferir o prêmio à herança ou ao legado" (art. 1.988 do CC).

Daí se conclui que o prêmio ou vintena não se cumulam com a herança ou legado outorgados.

Sobre o tema, observava CAIO MÁRIO DA SILVA PEREIRA:

> "Conforme visto acima, o testamenteiro que for legatário ou herdeiro não faz jus à vintena. Mas aqui se trata do herdeiro testamentário, não do herdeiro legítimo, que, recebendo seu quinhão *ope legis*, não se confunde a sua vocação sucessória, que é independente da existência do testamento, com a função testamentária, peculiar à sucessão em face de vontade do defunto. Nas mesmas condições acha-se o herdeiro necessário. E, por extensão, o raciocínio compreende a esposa do herdeiro, se o casamento for em regime de comunhão de bens, seja para excluí-la do prêmio, se for o seu marido herdeiro instituído, seja para se lhe reconhecer direito em caso contrário. Mas, acima de tudo, prevalecendo a vontade do testador, perceberá a vintena o herdeiro instituído, se o testador assim dispuser, com extensão ao seu cônjuge sobrevivente e meeiro"[64].

Exemplificando: se Carmelo institui, por testamento, Frisbi como seu herdeiro ou legatário, nomeando-o também como testamenteiro, pode Frisbi optar pelo valor do prêmio ou vintena em vez da herança ou legado. Isso, por outro lado, não ocorreria com Carmelo Jr., filho de Carmelo e herdeiro necessário.

Parece-nos que a lógica da interpretação sistematizada do dispositivo, em conjunto com o já transcrito art. 1.987 do CC, é a fixação do prêmio ou vintena em valor pecuniário, abrindo-se a exceção apenas para quando o testamenteiro for meeiro.

---

determinar a perda do prêmio por não cumprir as disposições testamentárias (CPC. Art. 1.140), é-lhe possível arbitrar um valor compatível para remunerar o trabalho irregular e negligente na execução do testamento" (STJ, REsp 418931/PR, Recurso Especial 2002/0025020-0, Rel. Min. Humberto Gomes de Barros, 3.ª Turma, j. 25-4-2006, *DJ*, 1.º-8-2006, p. 430).

[64] Caio Mário da Silva Pereira, *Instituições de Direito Civil*, 17. ed., Rio de Janeiro: Forense, 2010, p. 297.

Por fim, caso venha a ser anulado o testamento[65], não há falar em prêmio ou vintena, uma vez que inexistiria causa válida a respaldar tal pagamento[66].

5.6. Prazo

Há prazo para cumprimento das diligências pelo testamenteiro?

Há parâmetro legal, ainda que flexível, sobre esta questão.

É o que preceitua o art. 1.983:

> "Art. 1.983. Não concedendo o testador prazo maior, cumprirá o testamenteiro o testamento e prestará contas em cento e oitenta dias, contados da aceitação da testamentaria.
>
> Parágrafo único. Pode esse prazo ser prorrogado se houver motivo suficiente".

É possível a prorrogação do prazo, a critério do juiz, em havendo "motivo suficiente".

Não nos agrada o uso da palavra "motivo" no referido conceito aberto, pois essa noção é carregada de subjetivismo, por remeter o intérprete a uma circunstância interna, de natureza psicológica: *todo motivo está encerrado na mente do agente.*

Mais adequado seria o legislador utilizar uma expressão objetiva, a exemplo de *justificativa, justa causa* ou, ainda, *fundamento suficiente.*

5.7. Responsabilidade

Qual é a responsabilidade jurídica do testamenteiro?

A pergunta parece muito simples, mas merece algumas reflexões.

De fato, estabelece o art. 1.980 do nosso Código Civil:

> "Art. 1.980. O testamenteiro é obrigado a cumprir as disposições testamentárias, no prazo marcado pelo testador, e a dar contas do que recebeu e despendeu, subsistindo sua responsabilidade enquanto durar a execução do testamento.

Ou seja, há, por força dessa responsabilidade, uma obrigação legal do testamenteiro de prestar contas.

E se houver mais de um testamenteiro?

---

[65] Confira-se o Capítulo XXI ("Extinção do Testamento (Invalidade, Caducidade, Revogação e Rompimento)") deste volume.

[66] Confira-se o Capítulo XXVIII ("Enriquecimento sem Causa e Pagamento Indevido") do v. II ("Obrigações") desta coleção.

A questão é respondida pelo art. 1.986 do CC/2002:

"Art. 1.986. Havendo simultaneamente mais de um testamenteiro, que tenha aceitado o cargo, poderá cada qual exercê-lo, em falta dos outros; mas todos ficam solidariamente obrigados a dar conta dos bens que lhes forem confiados, salvo se cada um tiver, pelo testamento, funções distintas, e a elas se limitar".

Trata-se de uma solidariedade passiva prevista em lei, que somente será afastada se houver, como visto, especificação de atribuições distintas e estanques (perfeitamente delimitadas) de cada testamenteiro.

5.8. Extinção regular da testamentaria

Como se deve extinguir regularmente a testamentaria?

Ou, em outras palavras, como deve ser considerada cumprida a missão do testamenteiro?

A resposta é óbvia.

Com o regular cumprimento das disposições testamentárias e a consequente prestação de contas no juízo correspondente.

Parece-nos lógico que tal cumprimento somente pode ser certificado judicialmente, depois de realizadas todas as diligências determinadas pelo magistrado para a formação de seu convencimento[67].

Todavia, pode ocorrer uma extinção extraordinária da testamentaria.

5.9. Destituição ou renúncia do testamenteiro

Além do término natural, com o seu devido cumprimento, são possíveis outras formas de extinção da testamentaria.

A primeira é pela *destituição* (também chamada de *remoção*) do testamenteiro, afastamento decorrente do infiel cumprimento da missão da testamentaria.

E o que fazer com o prêmio ou vintena?

A resposta também parece lógica: a sua perda.

---

[67] "Testamento. Abertura (execução). Ministério Público (exigências). Poder geral de cautela. 1. No procedimento de jurisdição voluntária, ao juiz é lícito investigar livremente os fatos (Cód. de Pr. Civil, art. 1.109). 2. É lícita a exigência de certidões negativas, porque só se cumpre o testamento, 'se lhe não achar vício externo que o torne suspeito de nulidade ou falsidade' (Cód. de Pr. Civil, art. 1.126). 3. Recurso especial não conhecido" (STJ, REsp 95.861/RJ, Recurso Especial 1.996/0031312-1, Rel. Min. Nilson Naves, 3.ª Turma, j. 4-3-1999, *DJ*, 21-6-1999, p. 149; *RDR*, v. 15, p. 268).

É o que dispõe o art. 1.989 do Código Civil:

"Art. 1.989. Reverterá à herança o prêmio que o testamenteiro perder, por ser removido ou por não ter cumprido o testamento".

Parece-nos óbvio que, para haver a remoção do testamenteiro, deve-se observar o devido processo legal, com a garantia do contraditório.

Sobre o tema, observa SÍLVIO VENOSA:

"Sempre há que se conceder direito de defesa ao testamenteiro. Situações haverá, contudo, em que a suspensão imediata do cargo se faz necessária, dependendo da gravidade da situação enfrentada. Pode o juiz usar do poder geral de cautela conferido pelo CPC. Se infundada a remoção, sujeitar-se-ão os interessados que lhe deram causa a uma indenização. Sempre que há gestão de interesses alheios, não há necessidade de que a lei o diga, mas a má gestão autoriza a remoção. Isto se apurará no caso concreto. O pedido de remoção processa-se no juízo do inventário, em apartado. Se não há lide, tratando-se de decisão sumária, fica aberto às partes o recurso às vias ordinárias. A remoção pode ocorrer de ofício ou por iniciativa do Ministério Público ou de qualquer interessado. Pode cessar também a testamentaria com pedido de exoneração do próprio testamenteiro. Só que para a demissão do encargo, ao contrário da aceitação, como vimos, deve haver uma justificativa; deve o testamenteiro alegar uma 'causa legítima' para a escusa (art. 1.141 do CPC), em virtude das implicações atinentes à gestão de interesses alheios"[68].

Por fim, admite-se, como segunda forma de extinção da testamentaria, a "demissão" por parte do testamenteiro, o que nos parece o exercício de um direito potestativo, apenas condicionado à devida prestação de contas até a efetiva liberação.

A ouvida dos interessados e do Ministério Público é diligência indispensável, em nossa visão, especialmente para permitir a correta prestação de contas até o momento do efetivo afastamento do testamenteiro.

E, até que seja tomada a decisão do juiz sobre o pedido de afastamento, com a eventual substituição do testamenteiro originário, sua permanência no encargo será exigida juridicamente.

6. REGÊNCIA TEMPORAL DA LEI REGULADORA DA SUCESSÃO TESTAMENTÁRIA

Para arrematar o presente capítulo, parece-nos relevante tecer algumas considerações acerca da lei reguladora da sucessão testamentária, matéria que merece uma melhor sistematização teórica.

Isto porque, conforme ensinava ORLANDO GOMES:

---

[68] Sílvio de Salvo Venosa, *Direito Civil — Direito das Sucessões*, cit., p. 321.

> "A sucessão testamentária rege-se diferentemente conforme o momento que se considere. Cumpre distinguir, com efeito, o momento da feitura do testamento do da abertura da sucessão; o *testamenti factio activa* do *testamenti factio passiva*"[69].

A lei vigente na data do testamento regula a capacidade do testador e a forma extrínseca do testamento.

De fato, conforme já vimos, a "incapacidade superveniente do testador não invalida o testamento, nem o testamento do incapaz se valida com a superveniência da capacidade" (art. 1.861 do CC).

No mesmo sentido, a supremacia constitucional do ato jurídico perfeito exige o respeito à lei regente no momento da elaboração do testamento, aplicando-se o tradicional princípio romano *tempus regit actum*.

Tudo isso porque o testamento, *como negócio jurídico*, deve ser regido pela norma do momento da sua elaboração.

Por outro lado, a efetiva sucessão testamentária (o direito à herança), deve ser regida pela lei do momento da abertura da sucessão, com o falecimento do testador.

Em outras palavras, no que diz respeito à lei vigente no momento da abertura da sucessão (na data da morte), esta regerá a vocação hereditária (o direito à herança) e a eficácia jurídica das disposições testamentárias.

Exemplifiquemos: SALOMÃO redige um testamento, respeitando a lei vigente na época da sua elaboração, no sentido de comparecerem duas testemunhas ao ato. Ainda que lei posterior aumente esse número para três, o testamento é válido e eficaz (*pois a lei que rege o testamento é a da época da sua feitura*). Por outro lado, caso ele deixe parte da sua herança para um *gato*, circunstância hipoteticamente permitida na data da elaboração do testamento, se, ao tempo da morte, a lei vigente negar esse direito, a deixa perderá eficácia (*pois a lei que rege o direito à herança é a do tempo da abertura da sucessão*).

Sobre o tema, observou ORLANDO GOMES:

> "Preceito legal que viesse proibir a sucessão testamentária dos médicos do testador aplicar-se-ia imediatamente, atingindo os contemplados em testamento anterior. Disposição que viesse a permitir o legado *per relationem* validaria a *deixa* desse teor constante do testamento anteriormente feito.
>
> Em se tratando, porém, de disposição testamentária que subordine o direito do herdeiro instituído a uma condição suspensiva, aplica-se a lei vigente ao tempo em que se verifica o evento, uma vez que a condição suspende a aquisição do direito, o qual somente se transmite com o seu implemento"[70].

---

[69] Orlando Gomes, *Sucessões*, Rio de Janeiro: Forense, 2004, p. 87.

[70] Orlando Gomes, *Sucessões*, cit., p. 87.

Finalizando este tópico, vale registrar que o Livro Complementar das Disposições Finais e Transitórias do Código Civil brasileiro de 2002 trouxe duas regras específicas sobre a sucessão testamentária.

A primeira delas se encontra em evidente consonância com a visão aqui proposta.

Trata-se do art. 2.041, que preceitua, *in verbis*:

> "Art. 2.041. As disposições deste Código relativas à ordem da vocação hereditária (arts. 1.829 a 1.844) não se aplicam à sucessão aberta antes de sua vigência, prevalecendo o disposto na lei anterior (Lei n. 3.071, de 1.º de janeiro de 1916)".

Como parece lógico, se a sucessão foi aberta antes da vigência do novo Código Civil brasileiro, é a lei revogada que disciplinará a sua aplicação.

O art. 2.042, por sua vez, dispõe:

> "Art. 2.042. Aplica-se o disposto no *caput* do art. 1.848, quando aberta a sucessão no prazo de um ano após a entrada em vigor deste Código, ainda que o testamento tenha sido feito na vigência do anterior, Lei n. 3.071, de 1.º de janeiro de 1916; se, no prazo, o testador não aditar o testamento para declarar a justa causa de cláusula aposta à legítima, não subsistirá a restrição".

A matéria se refere ao estabelecimento de cláusulas de inalienabilidade, impenhorabilidade ou incomunicabilidade.

No vigente Código Civil brasileiro, tais cláusulas se tornaram excepcionais, dependendo de fundamentação em justa causa.

Assim, a sua aplicação para sucessões abertas na vigente codificação, mesmo quando previstas em testamento elaborado anteriormente, somente será aceitável se houver um aditamento para a declaração da justa causa e, ainda, respeitado o prazo de um ano da entrada em vigor do Código Civil brasileiro de 2002.

Aberta a sucessão após um ano de tal marco temporal, a cláusula não será considerada válida, reconhecendo-se insubsistente.

Capítulo XIV
Formas Ordinárias de Testamento

Sumário: 1. Introdução. 2. Algumas palavras sobre formas proibidas de testamento. 3. Testamento público. 3.1. Requisitos de validade. 3.2. Das peculiaridades do testamento público por características pessoais do testador. 3.3. Aspectos processuais. 3.4. Considerações acerca da publicidade desta forma de testamento. 4. Testamento cerrado. 4.1. Requisitos de validade. 4.2. Sobre a confecção do testamento cerrado. 4.3. Das peculiaridades do testamento cerrado por características pessoais do testador. 4.4. Procedimento para abertura do testamento cerrado. 5. Testamento particular. 5.1. Noções gerais. 5.2. Aspectos processuais.

1. INTRODUÇÃO

Como já foi visto anteriormente[1], a forma é essencial para o testamento.

E é justamente sobre forma que versa o presente capítulo, bem como o subsequente.

De fato, na diretriz estabelecida pelo art. 1.862 do CC, há três modalidades *ordinárias* de testamento: o *público*, o *cerrado* e o *particular*.

Trata-se de três espécies distintas de manifestação testamentária, que se diferenciam justamente pelo aspecto da forma.

A ela se agregam três outras formas do negócio jurídico testamentário, tidas como *extraordinárias*, *excepcionais* ou *especiais*, pois admitidas pelo legislador para casos muito restritos, a saber, os testamentos *militar*, *marítimo* e *aeronáutico*[2].

Fora dessas modalidades ordinárias ou extraordinárias — ou mesmo se houver descumprimento dos ritos para elas previstos — a consequência lógico-normativa é a declaração de nulidade, não alcançando os efeitos planejados pelo testador.

[1] Confira-se o Capítulo XIII ("Sucessão Testamentária") deste volume.

[2] Estas modalidades testamentárias serão objeto de análise específica no Capítulo XV ("Formas Extraordinárias de Testamento") deste volume.

2. ALGUMAS PALAVRAS SOBRE FORMAS PROIBIDAS DE TESTAMENTO

Estabelece o art. 1.863 que é "proibido o testamento conjuntivo, seja simultâneo, recíproco ou correspectivo".

Entende-se por *testamento conjuntivo, de mão comum* ou *mancomunado* aquele elaborado por mais de um sujeito no mesmo documento.

Conforme observam os amigos FLÁVIO TARTUCE e JOSÉ FERNANDO SIMÃO:

> "O testamento conjuntivo ou de mão comum é aquele feito por mais de uma pessoa no mesmo instrumento. Na realidade, a proibição desse tipo de testamento não tem relação com a forma, mas sim com o fato de o legislador entender que o testamento é ato personalíssimo e que não pode ser feito por duas pessoas, sob pena de assumir caráter contratual repudiado pelo ordenamento e lhe retirar uma de suas principais características: a pessoalidade e a revogabilidade a qualquer tempo"[3].

A ideia de tal restrição tem por finalidade garantir a idoneidade da manifestação de vontade do testador, que deve praticar um ato pessoal e individualizado, sem influência direta de quem quer que seja.

Sobre as modalidades de testamento conjuntivo, temos:

a) *simultâneo*, aquele em que os sujeitos testam, ao mesmo tempo, em benefício de terceiro. Exemplo: Luiza e Beatriz fazem testamento único, designando Fernanda como sua única herdeira da parte disponível;

b) *recíproco*, quando os sujeitos instituem um ao outro como herdeiros, de forma que o testador sobrevivente receba a herança do outro. Exemplo: Luiza e Beatriz fazem testamento único, em que Luiza designa Beatriz como sua herdeira da parte disponível e vice-versa;

c) *correspectivo*, quando a benesse estabelecida por um dos sujeitos ao outro tem uma correspondência equivalente. Exemplo: Luiza e Beatriz fazem testamento único, em que Luiza designa Beatriz como herdeira de um determinado bem imóvel e Beatriz designa Luiza como herdeira de outro bem imóvel, havendo uma potencial troca de benefícios entre as testadoras.

Claro que nada impede que duas pessoas, em testamentos separados (ainda que realizados na mesma data e local), façam disposições de seu patrimônio, elegendo um ao outro como destinatário de sua herança.

O que é vedado pelo sistema legal brasileiro é apenas a realização de instrumento único, que presumiria *jure et de jure* uma violação da livre manifestação de vontade.

---

[3] Flávio Tartuce e José Fernando Simão, *Direito Civil*, 4. ed., Rio de Janeiro: Forense; São Paulo: Método, 2011, v. 6, p. 315.

Por fim, vale destacar que o chamado testamento *nuncupativo* ou *in extremis* também não é válido, em regra, no ordenamento jurídico brasileiro.

Trata-se da modalidade testamentária em que o testador narra verbalmente suas declarações de última vontade para testemunhas, o que, no vigente ordenamento jurídico, somente é admissível para os feridos de guerra, na forma do art. 1.896 do CC, o que será objeto de análise específica no próximo capítulo[4].

3. TESTAMENTO PÚBLICO

Entende-se por testamento público aquele elaborado por tabelião (ou por seu substituto legal), devidamente registrado em cartório, na perspectiva do princípio da publicidade.

Trata-se de um negócio jurídico solene, para o qual a lei expressamente estabelece requisitos formais de validade, cujo descumprimento deve importar na nulidade da cláusula correspondente ou até mesmo de todo o ato[5].

---

[4] Confira-se o tópico 3.3 ("Observações sobre o Testamento Nuncupativo") do Capítulo XV ("Formas Extraordinárias de Testamento") deste volume.

[5] "DIREITO CIVIL. TESTAMENTO PÚBLICO. FALECIMENTO DA HERDEIRA TESTAMENTÁRIA ANTES DA TESTADORA. NOMEAÇÃO POSTERIOR DAS FILHAS DA HERDEIRA POR PROCURAÇÃO PARTICULAR. IMPOSSIBILIDADE. RIGOR FORMAL. SOLENIDADE ESSENCIAL. ARTS. 1.592, II, 1.717 E 1.746, CC. CONVERSÃO DE INVENTÁRIO EM HERANÇA JACENTE. POSSIBILIDADE. ECONOMIA PROCESSUAL. ART. 1.142, CPC. RECURSO DESACOLHIDO.

I — A mitigação do rigor formal em prol da finalidade é critério que se impõe na interpretação dos textos legais. Entretanto, no caso dos testamentos, deve-se redobrar o zelo na observância da forma, tanto por não viver o testador no momento de esclarecer suas intenções, quanto pela suscetibilidade de fraudes na elaboração do instrumento e, consequentemente, na deturpação da vontade de quem dispõe dos bens para após a morte.

II — A revogação parcial do testamento, para substituir a herdeira anteriormente nomeada e já falecida, deve dar-se pelo mesmo modo e forma do anterior (art. 1.746 do Código Civil), não tendo a procuração *ad judicia* por instrumento particular esse condão revogador.

III — A capacidade para adquirir por testamento pressupõe a existência do herdeiro, ou legatário, à época da morte do testador. Tendo falecido antes o herdeiro, perde validade a cédula testamentária.

IV — Na lição de Pontes, 'a nulidade dos atos jurídicos de intercâmbio ou *inter vivos* é, praticamente, reparável: fazem-se outros, com as formalidades legais, ou se intentam ações que compensem o prejuízo, como a ação de *in rem verso*. Não se dá o mesmo com as declarações de última vontade: nulas, por defeito de forma, ou por outro motivo, não podem ser renovadas, pois morreu quem as fez. Razão maior para se evitar, no zelo do respeito à forma, o sacrifício do fundo' (*Tratado de Direito Privado*, t. LVIII, 2. ed., Rio de Janeiro: Borsoi, 1969, § 5.849, p. 283).

Enfrentemos, pois, os seus requisitos.

3.1. Requisitos de validade

O testamento, como negócio jurídico que é, submete-se aos seus Planos de Existência, Validade e Eficácia[6].

Especificamente no campo da validade, para os negócios solenes (*ad solemnitatem*), um dos requisitos ou pressupostos é a forma prescrita em lei.

A codificação civil determina, por isso, todo um rito para a celebração desta modalidade testamentária, em uma verdadeira "liturgia", que tem por finalidade, obviamente, a garantia e o respeito à vontade manifestada do testador[7], relevante aspecto que, no final das contas, se quer, por princípio[8], prestigiar.

Tradicionalmente, para a elaboração de um testamento público exigia-se que fosse manuscrito, tomando o oficial (tabelião ou seu substituto ou equivalente legal) por termo as declarações do testador.

V — Iniciado o inventário e, no seu curso, verificada a inexistência de herdeiro testamentário, é de considerar-se jacente a herança, nos termos do art. 1.592, II, CC, caso em que "o juiz, em cuja comarca tiver domicílio o falecido, procederá sem perda de tempo à arrecadação de todos os seus bens" (art. 1.142, CPC). A conversão do procedimento e a nomeação do curador dá cumprimento a essa norma e atende ao princípio da economia processual, nele expressamente assentado" (STJ, REsp 147959/SP, Recurso Especial 1997/0064432-4, Rel. Min. Sálvio de Figueiredo Teixeira (1088), 4.ª Turma, j. 14-12-2000, *DJ*, 19-3-2001 p. 111, *Lex-STJ*, v. 143, p. 112).

[6] Sobre o tema, confira-se o v. I ("Parte Geral") desta Coleção, notadamente os Capítulos X ("Negócio Jurídico (Noções Gerais)"), XI ("Plano de Existência do Negócio Jurídico"), XII ("Plano de Validade do Negócio Jurídico") e XV ("Plano de Eficácia do Negócio Jurídico").

[7] "CIVIL. TESTAMENTO PÚBLICO. VÍCIOS FORMAIS QUE NÃO COMPROMETEM A HIGIDEZ DO ATO OU PÕEM EM DÚVIDA A VONTADE DA TESTADORA. NULIDADE AFASTADA. SÚMULA N. 7-STJ.

I. Inclina-se a jurisprudência do STJ pelo aproveitamento do testamento quando, não obstante a existência de certos vícios formais, a essência do ato se mantém íntegra, reconhecida pelo Tribunal estadual, soberano no exame da prova, a fidelidade da manifestação de vontade da testadora, sua capacidade mental e livre expressão.

II. 'A pretensão de simples reexame de prova não enseja recurso especial' (Súmula n. 7/STJ).

III. Recurso especial não conhecido" (STJ, REsp 600746/PR, Recurso Especial 2003/0188859-4, Rel Min. Aldir Passarinho Junior (1110), 4.ª Turma, j. 20-5-2010, *DJe*, 15-6-2010, *RT*, v. 900, p. 185).

[8] Confira-se o subtópico 4.6 ("Princípio do Respeito à Vontade Manifestada") do Capítulo II ("Principiologia do Direito das Sucessões") deste volume.

Essas declarações verbais, devidamente convertidas em texto escrito, deveriam ser lidas publicamente em voz alta pelo tabelião ou pelo próprio testador, na presença um do outro e também, na época, de cinco testemunhas.

Tais testemunhas, ditas instrumentárias ou instrumentais, firmavam a validade do ato, subscrevendo o documento juntamente com o testador e o tabelião. Uma assinatura posterior não poderia ser considerada válida, em razão do postulado da segurança jurídica.

Atualmente, a respeito do testamento público, dispõe o art. 1.864 do Código Civil:

> "Art. 1.864. São requisitos essenciais do testamento público:
>
> I — ser escrito por tabelião ou por seu substituto legal em seu livro de notas, de acordo com as declarações do testador, podendo este servir-se de minuta, notas ou apontamentos;
>
> II — lavrado o instrumento, ser lido em voz alta pelo tabelião ao testador e a duas testemunhas, a um só tempo; ou pelo testador, se o quiser, na presença destas e do oficial;
>
> III — ser o instrumento, em seguida à leitura, assinado pelo testador, pelas testemunhas e pelo tabelião.
>
> Parágrafo único. O testamento público pode ser escrito manualmente ou mecanicamente, bem como ser feito pela inserção da declaração de vontade em partes impressas de livro de notas, desde que rubricadas todas as páginas pelo testador, se mais de uma".

Do texto legal transcrito, vê-se que a ideia tradicional continua basicamente a mesma, havendo uma flexibilização no que diz respeito à razoável possibilidade de o testador levar escritos para estimular sua memória, como minutas, notas ou apontamentos.

Não se dispensa, porém, a leitura em voz alta, diante das testemunhas (duas na vigente codificação, enquanto, na codificação anterior, eram cinco, na forma do mencionado art. 1.632, I, do CC/1916), do testador e do tabelião, pois isso faz parte da publicização do ato, com o registro de tal fato no livro próprio, bem como a assinatura dos envolvidos, de forma a garantir a devida ciência de todas as suas cláusulas.

Questão interessante seria discutir se um testamento, firmado na vigência do CC/1916, com apenas duas testemunhas, poderia ser considerado válido se a morte ocorresse a partir da vigência do Código de 2002.

Em linha de princípio, concluiríamos pela nulidade do ato, na medida em que, como visto no capítulo antecedente, os requisitos de validade do testamento deveriam ser aferidos no momento da sua celebração.

Todavia, levando-se em conta que toda aferição de invalidade deve ter em perspectiva a existência de um potencial prejuízo, sob pena de a *justa forma* ceder lugar ao *formalismo leviano*, outra linha de pensamento afigura-se mais razoável.

Ora, se o próprio legislador cuidou de reduzir o número de testemunhas exigidas — para a lavratura de um ato que, por natureza, já é praticado na presença do tabelião —, justificativa não haveria para se recusar a validade deste testamento, pelo simples fato de ter sido subscrito pelo número de testemunhas que a lei mais nova passou a exigir.

Se o próprio legislador considerou excessivo o quantitativo anterior, por que desconsiderar a vontade do testador com base em um argumento insustentável?

E, ainda sobre a feitura do documento, é claro que a expressão "*livro de notas*", constante do texto legal (art. 1.864, I), não deve ser interpretada de forma tão estrita, admitindo-se a lavratura em livro de folhas soltas. Claro que, mesmo assim, é indispensável a rubrica, pelo testador, de todas as páginas, de modo a certificar a sua veracidade.

Com isso, não descartamos a possibilidade de se utilizarem meios eletrônicos para o registro e arquivamento do ato, o que não poderá, por óbvio, implicar o afastamento das regras básicas de solenidade, mas, apenas, uma adaptação aos novos tempos, respeitadas, nesse particular, as normas administrativas expedidas pelas Corregedorias dos Tribunais.

Vale destacar também que, embora não haja mais regra equivalente àquela contida no parágrafo único do art. 1.632 do CC/1916, é forçoso convir que as declarações do testador devem ser feitas em língua nacional. Caso algum dos presentes não saiba se manifestar na linguagem pátria, será necessário um tradutor juramentado (público) para servir de intérprete, uma vez que não se pode exigir que o tabelião ou seu substituto legal se expressem em língua estrangeira, bem como tenham as testemunhas domínio sobre o referido idioma.

Mas, instigando-se a dialética, pergunta-se: e se todos dominarem o idioma estrangeiro, ainda assim será necessária a tradução juramentada?

Entendemos que a manifestação em língua nacional é imprescindível no caso concreto, justamente pela circunstância de se tratar de um testamento público[9]. Observe-se, inclusive, *a contrario sensu*, que, no testamento cerrado, há autorização expressa, no art. 1.871[10], para sua redação em idioma estrangeiro, conforme se verificará no tópico próprio[11].

---

[9] Confira-se, a propósito, o subtópico 3.4 ("Considerações acerca da Publicidade desta Forma de Testamento") deste capítulo.

[10] "Art. 1.871. O testamento pode ser escrito em língua nacional ou estrangeira, pelo próprio testador, ou por outrem, a seu rogo."

[11] Confira-se o subtópico 4.2 ("Sobre a Confecção do Testamento Cerrado") deste capítulo.

3.2. Das peculiaridades do testamento público por características pessoais do testador

Há algumas situações em que podem ocorrer certas dificuldades para a manifestação da vontade do testador.

É o caso, por exemplo, do indivíduo analfabeto ou que, por alguma limitação física temporária (ex: braços engessados) ou permanente (ex.: braços amputados), não tenha condições de firmar o testamento.

Nesse caso, invoca-se o art. 1.865 do CC:

> "Art. 1.865. Se o testador não souber, ou não puder assinar, o tabelião ou seu substituto legal assim o declarará, assinando, neste caso, pelo testador, e, a seu rogo, uma das testemunhas instrumentárias".

E se a limitação física for surdez ou cegueira?

Para tais hipóteses, estabelecem os arts. 1.866 e 1.867 do Código Civil:

> "Art. 1.866. O indivíduo inteiramente surdo, sabendo ler, lerá o seu testamento, e, se não o souber, designará quem o leia em seu lugar, presentes as testemunhas.
>
> Art. 1.867. Ao cego só se permite o testamento público, que lhe será lido, em voz alta, duas vezes, uma pelo tabelião ou por seu substituto legal, e a outra por uma das testemunhas, designada pelo testador, fazendo-se de tudo circunstanciada menção no testamento".

Observe-se que não há qualquer vedação — o que seria de constitucionalidade duvidosa — às pessoas com tais necessidades especiais para testar, apenas se buscando maior segurança na sua manifestação de vontade[12].

---

[12] Sobre o tema da possibilidade de pessoas com necessidades especiais testarem, vale conferir a seguinte notícia, ainda que referente a testamento cerrado:

"**É válido testamento cerrado elaborado por testadora com grave deficiência visual**

Na discussão jurídica sobre a validade de um testamento, o que deve prevalecer é o respeito à vontade real do testador. Qualquer alegação que justifique a nulidade precisa estar baseada em fato concreto, e não em meras formalidades. Com essa orientação, a Terceira Tuma do Superior Tribunal de Justiça (STJ) negou o pedido para anular o documento testamentário de uma empresária que estaria cega no ato da elaboração de seu testamento. O relator do recurso foi o ministro Paulo de Tarso Sanseverino.

De acordo com as informações processuais, as duas únicas sobrinhas de uma senhora falecida em Santa Catarina entraram com ação de anulação do testamento cerrado elaborado pela tia, empresária da cidade de Jaraguá do Sul (SC), que morreu solteira e deixou seus bens para instituições de caridade locais. O testamento cerrado, às vezes chamado de secreto ou místico, é aquele documento escrito pelo próprio testador, ou por alguém designado por ele, com caráter sigiloso, completado pelo instrumento de aprovação lavrado por oficial público (tabelião) na presença de cinco testemunhas.

As sobrinhas contestavam a validade do documento, sustentando a incompetência da tabeliã que lavrou o termo de confirmação. Afirmavam, também, que a tia, à época que elaborou o testamento, estaria completamente cega e sofrendo de problemas mentais decorrentes de sua idade avançada. Desse modo, o tipo de testamento (cerrado) seria nulo. Os advogados das sobrinhas alegaram, ainda, que a empresária teria sido manipulada pela pessoa que digitou seu ato de última vontade, por se tratar de uma das beneficiadas pelo testamento. Para corroborar os argumentos, apresentaram laudos médicos e outras provas produzidas de forma unilateral.

Recursos

O pedido, entretanto, foi negado na primeira e segunda instâncias. O Tribunal de Justiça de Santa Catarina (TJSC) confirmou a validade do testamento, porque somente quando a cegueira é total é que é vedado à pessoa testar cerradamente. "Tal não ocorre quando os laudos, juntados aos autos pelas próprias proponentes da anulação, deixam entrever a possibilidade da testadora, em que pese a sua cegueira iminente, de inteirar-se do conteúdo do testamento cerrado que incumbiu a terceiro lavrar, ainda que com o auxílio de instrumentos oftalmológicos especiais, quando não se comprova a não utilização desses métodos", argumentou o TJSC.

Segundo as normas da Organização Mundial da Saúde (OMS), é considerada cega a pessoa que apresenta, no olho, dominante grau de acuidade visual inferior a 0,1. Segundo dados contidos no processo, a testadora não estava totalmente cega, uma vez que o grau de acuidade visual dela no olho direito era de 0,1. Para o oftalmologista consultado, o problema da empresária pode ter sido amenizado pela utilização de lupas, telelupas ou mesmo por meio da iluminação intensa do documento.

Testemunhos juntados aos autos também atestam que a falecida permaneceu à frente da sua empresa até o dia em que foi internada, tendo comparecido pessoalmente ao tabelionato de Jaraguá do Sul, sem acompanhantes ou auxílio de muletas, para reafirmar que o testamento contestado era expressão de sua real vontade, assinando-o na presença da tabeliã e de testemunhas.

Inconformadas, as sobrinhas recorreram para o STJ. O relator do processo, ministro Paulo de Tarso Sanseverino, não encontrou base legal para acolher o pedido. "É de se ponderar, nos termos da jurisprudência desta Casa, que o 'rigor formal deve ceder ante a necessidade de se atender à finalidade do ato, regularmente praticado pelo testador'", afirmou o ministro. Para ele, deve-se interpretar a matéria testamentária no intuito de fazer prevalecer a vontade do testador.

Em seu voto, o ministro destacou que reavaliar a conclusão do acórdão exigiria reexame de fatos e provas, o que não é possível em recurso especial. O mesmo se aplica quanto à alegação de incapacidade mental da testadora, que para o TJSC não ficou comprovada de forma convincente, isenta de dúvidas. Assim, presume-se a existência de capacidade plena.

Quanto à alegação de que o sigilo do testamento teria sido quebrado, porque não teria sido assinado apenas pelo testador, o ministro disse 'beirar a irrisão'. 'Se o documento foi assinado somente pela testadora e as testemunhas firmaram apenas o termo de encerramento e demais papéis que lhes foram apresentados, o ato ficou restrito aos seus

3.3. Aspectos processuais

O Código de Processo Civil de 2015, em seus arts. 735 a 737 (equivalentes aos arts. 1.125 a 1.129 do CPC-1973), estabelece regras processuais para testamentos e codicilos[13].

Tais regras genéricas devem ser aplicadas ao testamento público, por força do mencionado art. 736, que dispõe:

> "Art. 736. Qualquer interessado, exibindo o traslado ou a certidão de testamento público, poderá requerer ao juiz que ordene o seu cumprimento, observando-se, no que couber, o disposto nos parágrafos do art. 735".

Assim, noticiada judicialmente a existência do testamento, o magistrado formalizará essa presença, determinará a conclusão dos autos e a oitiva do Ministério Público, passando a determinar o seu registro, arquivamento e cumprimento, se não detectar vício externo que o macule de nulidade ou falsidade.

Nessa linha, dispõe o art. 735 do Código de Processo Civil de 2015:

> "Art. 735. Recebendo testamento cerrado, o juiz, se não achar vício externo que o torne suspeito de nulidade ou falsidade, o abrirá e mandará que o escrivão o leia em presença do apresentante.
>
> § 1.º Do termo de abertura constarão o nome do apresentante e como ele obteve o testamento, a data e o lugar do falecimento do testador, com as respectivas provas, e qualquer circunstância digna de nota.
>
> § 2.º Depois de ouvido o Ministério Público, não havendo dúvidas a serem esclarecidas, o juiz mandará registrar, arquivar e cumprir o testamento.
>
> § 3.º Feito o registro, será intimado o testamenteiro para assinar o termo da testamentária.
>
> § 4.º Se não houver testamenteiro nomeado ou se ele estiver ausente ou não aceitar o encargo, o juiz nomeará testamenteiro dativo, observando-se a preferência legal.
>
> § 5.º O testamenteiro deverá cumprir as disposições testamentárias e prestar contas em juízo do que recebeu e despendeu, observando-se o disposto em lei".

3.4. Considerações acerca da publicidade desta forma de testamento

Naturalmente, como a própria nomenclatura sugere, o testamento público é caracterizado pela ampla publicidade.

---

próprios fins e as testemunhas não tiveram conhecimento do conteúdo do testamento', concluiu" (Disponível em: <http://stj.gov.br/portal_stj/publicacao/engine.wsp?tmp.area=398&tmp.texto=99714>. Acesso em: 8 mar. 2013).

[13] Sobre o tema, confira-se o Capítulo XVI ("Codicilo") deste volume.

A ideia é, evidentemente, dar maior visibilidade ao testamento (e, por consequência, ao seu conteúdo), como uma forma de o testador deixar claro, para toda a sociedade (notadamente aos potenciais interessados em seu patrimônio), qual é a sua intenção e quem foi beneficiado, por sua razão ou coração, como o destinatário de sua herança.

Todavia, do ponto de vista da segurança individual, seria isso conveniente?

De fato, não se pode olvidar, na contemporaneidade, os riscos que se passam com a publicização de dados pessoais. Divulgação de salários, pensões, aplicações ou outros bens pode atrair o interesse de indivíduos mal-intencionados.

Sobre o tema, observam FLÁVIO TARTUCE e JOSÉ FERNANDO SIMÃO:

> "Pois bem, visando a regulamentar a questão da publicidade, em São Paulo, no ano de 2002, o Colégio Notarial criou o Registro Central de Testamentos. Trata-se de um banco de dados com todos os cartórios da capital que registra a existência de mais de 200 mil testamentos e sua eventual revogação desde a década de 1970.
>
> Para disciplinar o assunto, as Normas de Serviço da Corregedoria-Geral da Justiça do Estado de São Paulo, por meio do Provimento 25 de 2005 (item 26 da Seção XIV), determinam que os serventuários dos Cartórios de Notas e dos Cartórios de Registro Civil das Pessoas Naturais e Anexos de Notas de todo o Estado de São Paulo remetam ao Colégio Notarial do Brasil, Seção de São Paulo, até o 5.º dia útil de cada mês, relação em ordem alfabética dos nomes constantes dos testamentos lavrados em seus livros, e suas revogações, e dos instrumentos de aprovação de testamentos cerrados, ou informação negativa da prática de qualquer desses atos. Assim, requerida a abertura da sucessão, poderão os MM. Juízes de Direito do Estado de São Paulo oficiar ao Colégio Notarial do Brasil, Seção de São Paulo, solicitando informação sobre a existência de testamento.
>
> O item 26 ainda determina que a informação sobre a existência ou não de testamento de pessoa comprovadamente falecida somente será fornecida mediante requisição judicial ou a pedido do interessado deferido pelo juiz corregedor permanente da Comarca. O interessado deverá recolher a importância equivalente a 0,5 UFESP (Unidade Fiscal do Estado de São Paulo) e apresentar requisição diretamente ao Colégio Notarial do Brasil, Seção de São Paulo. Isso, inclusive por vale postal ou ordem de pagamento, salvo em caso de assistência judiciária. Como se percebe, portanto, o acesso ao testamento público no Estado de São Paulo já foi restringido pelas normas da Corregedoria do Tribunal de Justiça. Para a consulta ao texto integral das normas, veja-se o *site* da Associação dos Registradores do Estado de São Paulo (<http://www.arpensp.org.br>. Acesso em: 15 jul. 2006)"[14].

[14] Flávio Tartuce e José Fernando Simão, *Direito Civil*, cit., p. 321. v. 6.

De lege lata[15], porém, não há lei que genericamente restrinja o acesso, o que se lamenta, dadas as suas boas intenções.

E, para evitar a controvérsia, o que deve fazer o testador se realmente não tiver qualquer interesse que outras pessoas conheçam o conteúdo das suas disposições testamentárias antes do advento da sua morte?

Respondendo a esse reclamo, conheçamos uma segunda modalidade ordinária de testamento: o *testamento cerrado*.

4. TESTAMENTO CERRADO

A segunda forma ordinária de testamento prevista no vigente Código Civil brasileiro é o Testamento Cerrado, também conhecido como "*Testamento Secreto*", "*Testamento Místico*" ou "*Nuncupação Implícita*"[16].

Trata-se de uma peculiar modalidade testamentária, escrita pelo próprio autor (ou por alguém, a seu pedido) e, por ele, assinada, com conteúdo absolutamente sigiloso.

O seu registro cartorário apenas certifica a sua existência, não alcançado o seu conteúdo secreto.

A palavra "cerrado" é utilizada aqui justamente no sentido de que se trata de uma disposição testamentária "fechada", ou seja, de conhecimento extremamente limitado, restrito apenas ao testador. Daí decorre, também, a referência "a segredo ou misticismo" em algumas das denominações pelas quais essa modalidade testamentária é conhecida.

A vantagem de tal forma reside justamente na circunstância de que a manifestação de vontade do testador poderá ser mantida em sigilo, inclusive do tabelião (ou seu substituto legal) e das testemunhas, que somente presenciarão, como dito, a existência do testamento.

Sobre as vantagens de tal forma testamentária, ensina CARLOS ROBERTO GONÇALVES, lembrando também lições dos imortais CARLOS MAXIMILIANO e PONTES DE MIRANDA:

---

[15] *De lege ferenda*, vale observar que o Projeto n. 276/2007, de autoria original do Deputado Ricardo Fiuza (já falecido), propugnava pela inserção de um segundo parágrafo ao transcrito art. 1.864 do CC/2002, com a seguinte redação: "A certidão do testamento público, enquanto vivo o testador, só poderá ser fornecida a requerimento deste ou por ordem judicial".

[16] Carlos Roberto Gonçalves, *Direito Civil Brasileiro — Direito das Sucessões*, 14. ed., São Paulo: Saraiva, 2020, v. 7, p. 276.

"A vantagem que tal modalidade testamentária apresenta consiste no fato de manter em segredo a declaração de vontade do testador, pois em regra só este conhece o seu teor. Nem o oficial nem as testemunhas tomam conhecimento das disposições, que, em geral, só vêm a ser conhecidas quando o instrumento é aberto após o falecimento do testador.

Se o testador permitir, o oficial público poderá lê-lo e verificar se está de acordo com as formalidades exigidas. Mas isso é exceção. O testador tem direito a esse segredo, que não lhe pode ser negado por aquele, a pretexto de que, para o aprovar, precisa lê-lo. Pode ser, como pondera PONTES DE MIRANDA, 'que o disponente só pelo segredo tenha escolhido tal forma testamentária, que evita ódios e discórdias entre herdeiros legítimos ou parentes e estranhos esperançosos de heranças e legados'[17].

Por isso, embora não seja tão frequente como o testamento público, é a forma preferida para 'evitar o espetáculo dos ódios e dissensões que deflagram no seio das famílias e amarguram os últimos dias do disponente, quando se sabem, com antecedência, os nomes dos preteridos e dos melhor aquinhoados'[18].

No testamento cerrado, diz PONTES DE MIRANDA, 'há oportunidade discreta, para a deserdação, ou perdão a indigno, clausulação de inalienabilidade ou de incomunicabilidade dos bens *ab intestato* ou *intestato*, nomeação de tutor ou curador, reconhecimento de filhos, medidas sobre funerais, esmolas e recomendações mais ou menos veladas'[19 e 20]".

É realmente a vantagem dessa modalidade testamentária, pouco difundida no País.

4.1. Requisitos de validade

A Seção III ("Do Testamento Cerrado") do Capítulo III ("Das Formas Ordinárias do Testamento") estabelece, em seu art. 1.868, algumas formalidades para a validade dessa forma testamentária.

Se não, vejamos:

"Art. 1.868. O testamento escrito pelo testador, ou por outra pessoa, a seu rogo, e por aquele assinado, será válido se aprovado pelo tabelião ou seu substituto legal, observadas as seguintes formalidades:

---

[17] *Tratado dos Testamentos*, v. 2, n. 282, p. 132.

[18] Carlos Maximiliano, *Direito das Sucessões*, v. I, n. 411, p. 469.

[19] *Tratado de Direito Privado*, v. 59, § 5.875, p. 77.

[20] Carlos Roberto Gonçalves, *Direito Civil Brasileiro — Direito das Sucessões*, 14. ed., São Paulo: Saraiva, 2020, v. 7, p. 276-277.

I — que o testador o entregue ao tabelião em presença de duas testemunhas;

II — que o testador declare que aquele é o seu testamento e quer que seja aprovado;

III — que o tabelião lavre, desde logo, o auto de aprovação, na presença de duas testemunhas, e o leia, em seguida, ao testador e testemunhas;

IV — que o auto de aprovação seja assinado pelo tabelião, pelas testemunhas e pelo testador.

Parágrafo único. O testamento cerrado pode ser escrito mecanicamente, desde que seu subscritor numere e autentique, com a sua assinatura, todas as páginas".

Com efeito, a intenção é de que o testamento seja feito pelo próprio testador (embora se admita que seja feito por terceiro, a seu pedido), manuscrito, aceitando-se a forma mecânica (datilografada ou digitada), desde que seja numerada e autenticada pelo próprio subscritor.

Note-se que não há menção no texto legal à leitura do conteúdo do testamento.

Ou seja, deve ele ser apresentado sem que o oficial de registro o leia inteiramente, determinando a norma legal apenas que o tabelião comece "o auto de aprovação imediatamente depois da última palavra do testador, declarando, sob sua fé, que o testador lhe entregou para ser aprovado na presença das testemunhas; passando a cerrar e coser o instrumento aprovado".

E se não houver mais espaço livre?

A solução é dada pelo parágrafo único do mesmo dispositivo, ao explicitar que se "não houver espaço na última folha do testamento, para início da aprovação, o tabelião aporá nele o seu sinal público, mencionando a circunstância no auto".

Observe-se, ainda, que as testemunhas também presenciam apenas a existência do testamento e o seu registro pelo tabelião, e não o seu conteúdo.

Lavrado o auto de aprovação, o testamento poderá ser efetivamente cerrado e costurado.

Costurado?

Sim, a menção a coser, no transcrito texto legal, refere-se a literalmente costurar.

Claro que, nos dias atuais, em nosso entender, outras formas de fechamento podem ser utilizadas pelo tabelião, a exemplo do uso da cola e do selo, não havendo razão para ficar adstrito à utilização de linha, agulha ou cera de vela derretida.

Em outras palavras, não vislumbramos nulidade se o testamento houver sido efetivamente lacrado[21], pois o mais importante é não ter ele sido violado, respeitando-se a vontade do testador[22].

4.2. Sobre a confecção do testamento cerrado

Inicialmente, lembremo-nos de importante regra jurídica, de conteúdo inegavelmente ético, também aplicável ao testamento cerrado:

> "Art. 1.801. Não podem ser nomeados herdeiros nem legatários:
>
> I — a pessoa que, a rogo, escreveu o testamento, nem o seu cônjuge ou companheiro, ou os seus ascendentes e irmãos;
>
> II — as testemunhas do testamento;

---

[21] "TESTAMENTO CERRADO. ESCRITURA A ROGO. NÃO IMPORTA EM NULIDADE DO TESTAMENTO CERRADO O FATO DE NÃO HAVER SIDO CONSIGNADO, NA CÉDULA TESTAMENTÁRIA, NEM NO AUTO DE APROVAÇÃO, O NOME DA PESSOA QUE, A ROGO DO TESTADOR, O DATILOGRAFOU. INEXISTÊNCIA, NOS AUTOS, DE QUALQUER ELEMENTO PROBATÓRIO NO SENTIDO DE QUE QUALQUER DOS BENEFICIÁRIOS HAJA SIDO O ESCRITOR DO TESTAMENTO, OU SEU CÔNJUGE, OU PARENTE SEU. EXEGESE RAZOÁVEL DOS ARTIGOS 1.638, I, E 1.719, I, COMBINADOS, DO CÓDIGO CIVIL. Entende-se cumprida a formalidade do artigo 1.638, XI, do Código Civil, se o envelope que contém o testamento está cerrado, costurado e lacrado, consignando o termo de apresentação sua entrega ao magistrado sem vestígio algum de violação. Recurso especial não conhecido" (STJ, REsp 228/MG Recurso Especial 1989/0008511-5, Rel. Min. Athos Carneiro, 4.ª Turma, j. 14-8-1989, *DJ*, 4-12-1989, p. 17884; *JBCC*, v. 156, p. 174; *RSTJ*, v. 7, p. 284).

[22] "AÇÃO DE ANULAÇÃO DE TESTAMENTO CERRADO. INOBSERVÂNCIA DE FORMALIDADES LEGAIS. INCAPACIDADE DA AUTORA. QUEBRA DO SIGILO. CAPTAÇÃO DA VONTADE. PRESENÇA SIMULTÂNEA DAS TESTEMUNHAS. REEXAME DE PROVA. SÚMULA 7/STJ.

1. Em matéria testamentária, a interpretação deve ser voltada no sentido da prevalência da manifestação de vontade do testador, orientando, inclusive, o magistrado quanto à aplicação do sistema de nulidades, que apenas não poderá ser mitigado, diante da existência de fato concreto, passível de colocar em dúvida a própria faculdade que tem o testador de livremente dispor acerca de seus bens, o que não se faz presente nos autos.

2. O acórdão recorrido, forte na análise do acervo fático-probatório dos autos, afastou as alegações da incapacidade física e mental da testadora; de captação de sua vontade; de quebra do sigilo do testamento, e da não simultaneidade das testemunhas ao ato de assinatura do termo de encerramento.

3. A questão da nulidade do testamento pela não observância dos requisitos legais à sua validade, no caso, não prescinde do reexame do acervo fático-probatório carreado ao processo, o que é vedado em âmbito de especial, em consonância com o enunciado 7 da Súmula desta Corte" (STJ, REsp 1001674/SC, Recurso Especial 2007/0250311-8, Rel. Min. Paulo de Tarso Sanseverino (1144), 3.ª Turma, j. 5-10-2010, *DJe*, 15-10-2010; *RSTJ*, v. 220, p. 385).

> III — o concubino do testador casado, salvo se este, sem culpa sua, estiver separado de fato do cônjuge há mais de cinco anos;
>
> IV — o tabelião, civil ou militar, ou o comandante ou escrivão, perante quem se fizer, assim como o que fizer ou aprovar o testamento".

Assim, qualquer um que esteja envolvido na confecção do testamento *não poderá ser herdeiro ou legatário.*

Ainda quanto ao tabelião, norma específica constante no art. 1.870, dispõe que, se ele houver escrito o testamento a rogo do testador, poderá, não obstante, *aprová-lo.*

Registre-se, finalmente, que, como não há ciência do conteúdo do testamento, pode ser ele, a teor do art. 1.871 do CC, "escrito em língua nacional ou estrangeira, pelo próprio testador, ou por outrem, a seu rogo", lembrando sempre da importância da assinatura do testador[23].

Justamente por tal circunstância é que, na diretriz do dispositivo seguinte (art. 1.872), não poderá dispor de seus bens em testamento cerrado quem não saiba ou não possa ler, pois, assim, não haveria como firmar pessoalmente o instrumento testamentário.

Por fim, estabelece o art. 1.874 do CC:

> "Art. 1.874. Depois de aprovado e cerrado, será o testamento entregue ao testador, e o tabelião lançará, no seu livro, nota do lugar, dia, mês e ano em que o testamento foi aprovado e entregue".

Perceba, amigo leitor, que o cartório apenas registra o testamento cerrado, que não ficará em sua guarda, mas, sim, do próprio testador, mantido, pois, o absoluto sigilo do seu conteúdo.

4.3. Das peculiaridades do testamento cerrado por características pessoais do testador

Assim como ocorre no testamento público, a disciplina legal do testamento cerrado estabelece algumas peculiaridades em função de características pessoais do testador.

---

[23] Flexibilizando essa exigência, confira-se o seguinte acórdão: "TESTAMENTO CERRADO. Auto de aprovação. Falta de assinatura do testador. Inexistindo qualquer impugnação à manifestação da vontade, com a efetiva entrega do documento ao oficial, tudo confirmado na presença das testemunhas numerárias, a falta de assinatura do testador no auto de aprovação é irregularidade insuficiente para, na espécie, causar a invalidade do ato. Art. 1.638 do CCivil. Recurso não conhecido" (STJ, REsp 223799/SP, Recurso Especial 1999/0064804-8, Rel. Min. Ruy Rosado de Aguiar, 4.ª Turma, j. 18-11-1999, *DJ*, 17/12/1999 p. 379, *Lex-STJ*, v. 129, p. 158; *RDR*, v. 17 p. 354).

De fato, além da já mencionada restrição imposta ao analfabeto[24], estabelece o art. 1.873:

> "Art. 1.873. Pode fazer testamento cerrado o surdo-mudo, contanto que o escreva todo, e o assine de sua mão, e que, ao entregá-lo ao oficial público, ante as duas testemunhas, escreva, na face externa do papel ou do envoltório, que aquele é o seu testamento, cuja aprovação lhe pede".

Observe-se que a disciplina mais rígida, nesse aspecto, relaciona-se com a própria proteção da pessoa com necessidade especial, buscando-se, de toda forma, preservar a idoneidade de sua manifestação volitiva.

4.4. Procedimento para abertura do testamento cerrado

No que diz respeito ao procedimento para conhecimento, abertura, registro e cumprimento do testamento cerrado, a matéria é regida tanto pelo Código Civil brasileiro quanto pela legislação processual (arts. 735 a 737 do CPC/2015).

Com efeito, falecido o testador, o testamento deve ser apresentado ao juiz.

Na forma do *caput* do art. 735 do CPC/2015, o magistrado, ao ser provocado com a apresentação de um testamento cerrado, verificará, primeiramente, se este se encontra intacto.

Constatando a inexistência de violações (ou seja, a integridade do testamento cerrado), o juiz pessoalmente o abrirá e determinará que o escrivão o leia na presença de quem o entregou, lavrando-se, em seguida, um auto de abertura, do qual constarão o nome do apresentante e como ele obteve o testamento, a data e o lugar do falecimento do testador, com as respectivas provas, e qualquer circunstância digna de nota.

A lógica do referido detalhamento, previsto no § 1.º do art. 735 do CPC/2015, é ser o mais circunstanciado possível, para não deixar escapar nada que possa ser considerado relevante para a realização da vontade manifestada pelo testador.

Procedida à abertura, será feito o registro do testamento, rumo aos passos iniciais para seu cumprimento, conforme estabelecem os demais parágrafos do art. 735 do CPC/2015, *in verbis*:

> "§ 2.º Depois de ouvido o Ministério Público, não havendo dúvidas a serem esclarecidas, o juiz mandará registrar, arquivar e cumprir o testamento.
>
> § 3.º Feito o registro, será intimado o testamenteiro para assinar o termo da testamentária.
>
> § 4.º Se não houver testamenteiro nomeado ou se ele estiver ausente ou não aceitar o encargo, o juiz nomeará testamenteiro dativo, observando-se a preferência legal.

---

[24] Releia-se o art. 1.872 do CC.

§ 5.º O testamenteiro deverá cumprir as disposições testamentárias e prestar contas em juízo do que recebeu e despendeu, observando-se o disposto em lei".

A ideia, como visto, é buscar, de todas as formas possíveis, a realização da vontade do falecido, o que justifica a iniciativa judicial na espécie.

5. TESTAMENTO PARTICULAR

Por fim, como última forma ordinária de testamento, devemos conhecer o *testamento particular*.

5.1. Noções gerais

O testamento particular é aquele escrito pelo próprio testador[25], sem a participação de tabelião, e com a dispensa do seu registro[26].

Por tal característica, é também denominado testamento *hológrafo*.

---

25 "Ementa: TESTAMENTO PARTICULAR — PROCEDIMENTO DE JURISDIÇÃO VOLUNTÁRIA — REQUISITOS DE VALIDADE FORMAL PRESENTES — QUESTIONAMENTOS ACERCA DE REQUISITOS INTRÍNSECOS — IMPOSSIBILIDADE. (...) — O testamento particular é aquele escrito pelo testador de próprio punho ou por meio de processo mecânico, onde se retrata a vontade do *de cujus* com relação à divisão de seus bens, sendo requisitos de sua validade a leitura e assinatura do testador, na presença de pelo menos três testemunhas, que também devem assiná-lo. — Com relação aos requisitos intrínsecos, como o vício na manifestação da vontade do testador e a veracidade das informações contidas no testamento, seu questionamento não é admitido na estreita via dos procedimentos de jurisdição voluntária" (TJMG, Ap. Cív. 1.0693.06.053976-6/001, Rel. Des. Dárcio Lopardi Mendes, j. 4-12-2008).

26 Vale destacar que, de tempos em tempos, têm sido apresentados projetos de lei que buscam exigir o registro do testamento particular. Sobre o tema, confira-se a seguinte notícia: "A Câmara analisa o Projeto de Lei 204/11, do deputado Sandes Júnior (PP-GO), que determina que o testamento particular só terá validade se for registrado até 20 dias após sua elaboração, em cartório de registro de títulos e documentos. A proposta altera o Código Civil (Lei 10.406/02). O projeto é idêntico ao PL 4748/09, do ex-deputado Celso Russomanno, que foi arquivado ao final da legislatura passada. Pela lei atual, para ter validade, o testamento particular precisa apenas ser lido e assinado na presença de três testemunhas. Os outros dois tipos de testamentos previstos no Código Civil (público e cerrado) já são obrigatoriamente registrados em cartório. Segundo o autor, um dos motivos para o testamento particular ser pouco usado no Brasil é a facilidade com que ele pode ser ocultado, destruído ou perdido. 'Registrado o testamento no cartório, estará acessível aos herdeiros e interessados qualquer tipo de pesquisa futura e até a obtenção de uma certidão com o mesmo valor jurídico do original', argumenta" (Disponível em: <http://www.anoreg.org.br/index.php?option=com_content&view=article&id=16584:proposta-obriga-registro-de-testamento-particular-em-cartorio&catid=5:parlamentar&Itemid=9>. Acesso em: 4 fev. 2013).

Pode ele, na forma do art. 1.876, ser escrito de próprio punho ou mediante processo mecânico, como datilografia, digitação ou qualquer outro meio equivalente.

Se for escrito de próprio punho, consideram-se requisitos essenciais à sua validade:

a) ser lido e assinado por quem o escreveu;

b) tal leitura e assinatura devem ser testemunhadas por pelo menos três pessoas, que também devem subscrever o testamento.

Caso seja elaborado por processo mecânico, não pode conter rasuras ou espaços em branco, devendo ser assinado pelo testador, depois de tê-lo lido na presença também de pelo menos três testemunhas, que subscreverão, da mesma forma, tal documento[27].

Tais testemunhas instrumentárias (ou instrumentais) são indispensáveis para a validade do negócio jurídico[28], visto que deverá haver a sua confirmação em juízo.

Vale destacar que, na codificação anterior, o número exigido de testemunhas era cinco, na forma do art. 1.645, II, do CC/1916, tendo se operado, pois, uma redução na vigente codificação[29].

---

[27] "SUCESSÕES — CONFIRMAÇÃO DE TESTAMENTO PARTICULAR — VÍCIOS INTRÍNSECOS — NECESSIDADE DE DISCUSSÃO EM AÇÃO PRÓPRIA — ARTS. 1.130 E SEGUINTES DO CPC — PRESENÇA DOS REQUISITOS LEGAIS DO ART. 1.876 DO CC/2002 — VALIDADE FORMAL DECLARADA. — Tratando-se a confirmação de testamento particular de verdadeiro procedimento de jurisdição voluntária, haja vista ter por objetivo o simples reconhecimento de um direito preexistente, que para sua validade e eficácia depende da atuação do juiz, a quem cabe apenas o exame de sua validade formal, devem eventuais vícios intrínsecos do testamento ser questionados pelos interessados em ação própria. — Restando demonstrado terem sido devidamente observadas as formalidades exigidas pelo art. 1.876, § 2.º, do Código Civil para a validade do testamento particular elaborado por processo mecânico, haja vista estar devidamente assinado pelo testador e por mais três testemunhas, que, inquiridas em juízo confirmaram a sua leitura perante elas, bem como aposição de suas respectivas assinaturas e do testador, nos termos do art. 1.878 do Código Civil c/c 1.133 do Código de Processo Civil, a sua confirmação se impõe" (TJMG, Ap. Cív. 1.0243.06.000480-7/001, Comarca de Espinosa, Apelante(s): João Batista Gonçalves Espólio de, Repdo. p/ Invte. Alvino José Gonçalves — Apelado(a)(s): Isabelle Karoline Gangussu Leite, Representado(a)(s) p/ pai(s) Manoel Ivan Leite e outro — Rel. Exmo. Sr. Des. Elias Camilo).

[28] "CIVIL. TESTAMENTO PARTICULAR. FORMALIDADES. TESTEMUNHA SÓCIA DE ENTIDADE LEGATÁRIA. A regra referente à proibição de ser o legatário testemunha no testamento é de interpretação estrita, não atingindo a sócio de entidade beneficiária da liberalidade" (STJ, REsp 19.764/SP, Recurso Especial 1992/0005599-0, Rel. Min. Dias Trindade, 3.ª Turma j. 30-11-1992, *DJ*, 8-2-1993, p. 1028, *Lex-STJ*, v. 45, p. 294; *RSTJ*, v. 45, p. 300).

[29] Flexibilizando a exigência do número mínimo de testemunhas, vale conferir este peculiar julgado:

Sobre a elaboração do testamento particular no Brasil, é importante destacar que não se exige que ele seja escrito em português, podendo, como autorizado pelo art. 1.880, ser escrito em língua estrangeira, contanto que as testemunhas a compreendam.

5.2. Aspectos processuais

Tal qual o testamento cerrado, a disciplina acerca do conhecimento, registro e cumprimento do testamento particular está dividida entre as regras do vigente Código Civil brasileiro e as normas procedimentais do Código de Processo Civil.

Falecido o testador, estabelece o art. 1.877 do Código Civil que deve ser publicado em juízo o testamento, com a citação dos herdeiros legítimos.

E a quem cabe requerer tal publicação?

Atribui-se legitimidade ao herdeiro, ao legatário ou ao testamenteiro para requerer, em juízo, tal publicação do testamento particular, bem como ao terceiro detentor do testamento, se impossibilitado de entregá-lo a algum dos outros legitimados para requerê-la, na forma do art. 737 do Código de Processo Civil de 2015.

Este requerimento, obviamente, deve vir acompanhado do próprio instrumento testamentário.

De acordo com a regra insculpida no § 1.º do referido art. 737 do Código de Processo Civil de 2015, "serão intimados os herdeiros que não tiverem requerido a publicação do testamento".

"CIVIL E PROCESSUAL CIVIL. TESTAMENTO PARTICULAR. ASSINADO POR QUATRO TESTEMUNHAS E CONFIRMADO EM AUDIÊNCIA POR TRÊS DELAS. VALIDADE DO ATO. INTERPRETAÇÃO CONSENTÂNEA COM A DOUTRINA E COM O NOVO CÓDIGO CIVIL, ARTIGO 1.876, §§ 1.º e 2.º. RECURSO ESPECIAL CONHECIDO E PROVIDO.

1. Testamento particular. Artigo 1.645, II do CPC. Interpretação: Ainda que seja imprescindível o cumprimento das formalidades legais a fim de preservar a segurança, a veracidade e legitimidade do ato praticado, deve se interpretar o texto legal com vistas à finalidade por ele colimada. Na hipótese vertente, o testamento particular foi digitado e assinado por quatro testemunhas, das quais três o confirmaram em audiência de instrução e julgamento. Não há, pois, motivo para tê-lo por inválido.

2. Interpretação consentânea com a doutrina e com o novo Código Civil, artigo 1.876, §§ 1.º e 2.º. A leitura dos preceitos insertos nos artigos 1.133 do CPC e 1.648 CC/1916 deve conduzir a uma exegese mais flexível do artigo 1.645 do CC/1916, confirmada inclusive, pelo Novo Código Civil cujo artigo 1.876, §§ 1.º e 2.º, dispõe: 'o testamento, ato de disposição de última vontade, não pode ser invalidado sob alegativa de preterição de formalidade essencial, pois não pairam dúvidas que o documento foi firmado pela testadora de forma consciente e no uso pleno de sua capacidade mental'. Precedentes deste STJ.

3. Recurso especial conhecido e provido" (STJ, REsp 701.917/SP, Recurso Especial 2004/0160909-0, Rel. Min. Luis Felipe Salomão, 4.ª Turma, j. 2-2-2010, *DJe*, 1.º-3-2010).

Vale destacar que as pessoas que não forem encontradas na comarca serão intimadas por edital.

É forçoso convir que a finalidade da oitiva das testemunhas é a confirmação da vontade do testador e do conteúdo da cédula, o que se afigura especialmente relevante, na perspectiva do princípio da segurança jurídica, se levarmos em conta a ausência de registro do testamento.

Nesse sentido, o *caput* do art. 1.878 é claro ao estabelecer que se "as testemunhas forem contestes sobre o fato da disposição, ou, ao menos, sobre a sua leitura perante elas, e se reconhecerem as próprias assinaturas, assim como a do testador, o testamento será confirmado".

E um aspecto digno de nota é que não há necessidade de todas as testemunhas confirmarem.

No Código Civil anterior, em que o número de testemunhas exigido era, como visto, de cinco, o art. 1.648 admitia que, faltando até duas testemunhas, poderia ser ele confirmado conjuntamente pelas três remanescentes[30].

Tal panorama, por óbvio, efetivamente mudou a partir da entrada em vigor do Código Civil de 2002, que passou a exigir *um mínimo de três testemunhas* para a validade do testamento particular.

Ora, se não bastasse a alteração do número legalmente previsto para a validade do testamento, o parágrafo único do art. 1.878 do Código Civil ressalva expressamente que, se "faltarem testemunhas, por morte ou ausência, e se pelo menos uma delas o reconhecer, o testamento poderá ser confirmado, se, a critério do juiz, houver prova suficiente de sua veracidade".

Ou seja, não é necessário um "quórum de maioria absoluta" para reconhecer a validade do testamento particular.

Em verdade, todos os meios de prova podem servir para formar o convencimento do magistrado, admitindo-se, inclusive, que, excepcionalmente, possa este reconhecer a veracidade do testamento particular, ainda que sem

---

[30] "Agravo regimental. Recurso especial não admitido. Formalização de testamento. Testemunhas.

1. O acórdão deu regular aplicação ao artigo 1.648 do Código Civil de 1916, que prevê a exigência de que pelo menos três testemunhas que assinaram o testamento particular o confirmem. Na hipótese, apenas duas o fizeram, motivo pelo qual, de acordo com a determinação do referido dispositivo, foi indeferido o pedido de formalização do testamento.

2. Dissídio jurisprudencial não caracterizado por ausência de identidade fática entre os julgados.

3. Agravo regimental desprovido" (STJ, AgRg no Ag 621.663/MG, Agravo Regimental no Agravo de Instrumento 2004/0090617-7, Rel. Min. Carlos Alberto Menezes Direito, 3.ª Turma, j. 21-6-2007, *DJ*, 17-9-2007, p. 248).

testemunhas presentes, buscando a realização efetiva da vontade manifestada do testador[31].

É a previsão do art. 1.879 do CC, sem correspondente na codificação anterior:

> "Art. 1.879. Em circunstâncias excepcionais declaradas na cédula, o testamento particular de próprio punho e assinado pelo testador, sem testemunhas, poderá ser confirmado, a critério do juiz".

Seria, por exemplo, o caso de uma declaração de vontade do testador, reconhecida de forma incontroversa como de sua lavra, em que ele dispõe de seus bens, e afirma que, por motivos alheios à sua vontade, não pôde valer-se de testemunhas, por estar em uma situação de risco, em um retiro espiritual longínquo, ou, até mesmo, prestes a cometer suicídio...

Logicamente, trata-se de uma situação excepcionalíssima, que deve ser tratada com cuidado de ourives pela insegurança que pode proporcionar.

---

31 "RECURSO ESPECIAL. TESTAMENTO PARTICULAR. VALIDADE. ABRANDAMENTO DO RIGOR FORMAL. RECONHECIMENTO PELAS INSTÂNCIAS DE ORIGEM DA MANIFESTAÇÃO LIVRE DE VONTADE DO TESTADOR E DE SUA CAPACIDADE MENTAL. REAPRECIAÇÃO PROBATÓRIA. INADMISSIBILIDADE. SÚMULA 7/STJ.

I — A reapreciação das provas que nortearam o acórdão hostilizado é vedada nesta Corte, à luz do enunciado 7 da Súmula do Superior Tribunal de Justiça.

II — Não há falar em nulidade do ato de disposição de última vontade (testamento particular), apontando-se preterição de formalidade essencial (leitura do testamento perante as três testemunhas), quando as provas dos autos confirmam, de forma inequívoca, que o documento foi firmado pelo próprio testador, por livre e espontânea vontade, e por três testemunhas idôneas, não pairando qualquer dúvida quanto à capacidade mental do *de cujus*, no momento do ato. O rigor formal deve ceder ante a necessidade de se atender à finalidade do ato, regularmente praticado pelo testador.

Recurso especial não conhecido, com ressalva quanto à terminologia" (STJ, REsp 828.616/MG, Recurso Especial 2006/0053147-2, Rel. Min. Castro Filho, 3.ª Turma, j. 5-9-2006, *DJ*, 23-10-2006, p. 313, *RB*, v. 517, p. 23).

Capítulo XV
Formas Extraordinárias de Testamento

Sumário: 1. Considerações iniciais. 2. Testamento marítimo e aeronáutico. 2.1. Crítica à "criatividade" da nova forma codificada. 2.2. Procedimento de elaboração. 2.3. Caducidade. 3. Testamento militar. 3.1. Procedimento de elaboração. 3.2. Caducidade. 3.3. Observações sobre o testamento nuncupativo. 4. Discussão sobre a possibilidade jurídica do testamento vital ou biológico.

1. CONSIDERAÇÕES INICIAIS

Conforme afirmado e demonstrado em diversas passagens deste livro, o testamento é um negócio jurídico solene, em que a preocupação com a forma é levada a graus extremos.

Assim, como visto no capítulo anterior, a legislação codificada estabeleceu três modalidades ordinárias de testamento: o *público*, o *cerrado* e o *particular*, todas ampla e minuciosamente disciplinadas no texto legal.

Todavia, em função de excepcionais condições, em que não há tempo hábil para realizar todas as formalidades indispensáveis para a validade de um testamento ordinário, a própria legislação admite formas extraordinárias para casos muito restritos, a saber, os testamentos *militar*, *marítimo* e *aeronáutico*[1].

Registre-se, porém, que se trata de uma enumeração *numerus clausus*, ou seja, na forma do art. 1.887, "não se admitem outros testamentos especiais além dos contemplados neste Código".

Passemos a enfrentar, agora, a disciplina normativa das espécies codificadas de testamentos extraordinários ou especiais.

---

[1] "Art. 1.886. São testamentos especiais:

I — o marítimo;

II — o aeronáutico;

III — o militar."

2. TESTAMENTO MARÍTIMO E AERONÁUTICO

A primeira modalidade de testamento extraordinário é o "testamento marítimo".

Trata-se da possibilidade de uma pessoa, viajando em navio nacional — e, portanto, longe de autoridades administrativas como um tabelião para redigir um testamento público ou receber um testamento cerrado —, testar, na presença de duas testemunhas.

Agregou-se a ele, por força da nova codificação civil, a figura do "testamento aeronáutico", que se diferencia somente pelo *locus* onde é realizado (aeronave em vez de navio).

Sobre essa "inovação", apresentaremos algumas considerações críticas no próximo subtópico.

2.1. Crítica à "criatividade" da nova forma codificada

A previsão de um "testamento aeronáutico" talvez se afigure excessiva e desnecessária.

Se a intenção do legislador era abarcar outras formas de meio de transporte, em que pessoas estivessem isoladas e impossibilitadas de testar de forma ordinária, melhor seria disciplinar a matéria genericamente.

Isso evitaria possíveis inconvenientes no futuro, no sentido de reclamarem a existência de outras formas especiais de testamento para submarinos ou foguetes, por exemplo.

Sem levar em conta ser pouco crível, em termos práticos, a utilidade dessa modalidade aeronáutica de testamento.

Crítica semelhante é feita pelo amigo SÍLVIO VENOSA:

> "É muito difícil que se elabore testamento a bordo de aeronave. Se a aeronave está em perigo, certamente o comandante e a tripulação não terão tempo de preocupar-se com um testamento. Se o voo é normal, não haverá o menor interesse de se fazer um testamento a bordo. Talvez o legislador já estivesse prevendo as viagens interplanetárias, fadadas a durar meses e anos. Se ocorrer pouso de emergência e o disponente encontrar-se em local ermo, a situação estará, mais provavelmente, para o testamento descrito no art. 1.879, pois estarão caracterizadas as circunstâncias excepcionais descritas na lei"[2].

Claro que a premência para se fazer o testamento não decorre necessariamente de uma emergência coletiva, mas, talvez, muito mais provavelmente,

---

[2] Sílvio de Salvo Venosa, *Direito Civil — Direito das Sucessões*, 3. ed. São Paulo: Atlas, 2003, p. 182. v. 7.

de uma vontade individual, o que não torna usual ou frequente essa modalidade testamentária, apta a justificar uma normatização específica.

Com efeito, muito melhor seria agregar as duas modalidades em instituto único, o qual, genericamente, regularia declarações de última vontade em situações emergenciais ocorridas em veículos de transporte de qualquer natureza.

Isto porque a ideia básica que rege tal espécie é justamente a impossibilidade material de realizar as formalidades indispensáveis e haver uma autoridade perante a qual se possa apresentar a disposição de última vontade.

O mais importante, porém, é, como já aqui destacado, a existência de um comandante, reconhecido como autoridade no meio de transporte, e que possa dar um cunho de solenidade, funcionando como oficial público nos atos praticados (por mais simplificados que sejam).

Vencidas tais questões prévias, compreendamos as formas e o procedimento de elaboração dos nossos Testamentos Marítimo e Aeronáutico.

2.2. Procedimento de elaboração

Dispõe o art. 1.888, sobre o testamento marítimo:

> "Art. 1.888. Quem estiver em viagem, a bordo de navio nacional, de guerra ou mercante, pode testar perante o comandante, em presença de duas testemunhas, por forma que corresponda ao testamento público ou ao cerrado.
>
> Parágrafo único. O registro do testamento será feito no diário de bordo".

A primeira observação a se fazer é que, embora configure como forma extraordinária de testamento, corresponderá, de fato, ao formato dos testamentos público ou cerrado, de acordo com o interesse e a vontade do testador.

Ou seja, mesmo sendo uma modalidade especial, ela é apenas uma simplificação procedimental das duas mencionadas formas ordinárias, em função das circunstâncias peculiares em que é feita a disposição de última vontade.

Saliente-se, a propósito, a exigência de duas testemunhas para a validade dessa espécie de testamento, tal qual se exige também no testamento público — art. 1.864, II — e no cerrado — art. 1.868, I, do vigente Código Civil brasileiro.

É óbvio que não há falar, nessa modalidade, em testamento particular, tendo em vista as peculiaridades informais dessa espécie testamentária.

Registre-se, ainda, que, no testamento marítimo, exige-se expressamente que o navio seja nacional para se reconhecer a sua validade. Isso porque o comandante equivalerá a uma autoridade brasileira para a celebração do negócio jurídico unilateral, o que não seria possível em uma embarcação estrangeira.

Entendemos, pelos mesmos motivos, que o raciocínio deveria ser aplicado também ao testamento aeronáutico, modalidade que estudaremos a seguir.

Ainda sobre o navio, entendemos que ele pode ter qualquer natureza, ao mencionar o dispositivo legal a expressão "de guerra ou mercante", devendo o adjetivo "mercante" ser interpretado de forma ampla, para abarcar qualquer navio comercial, inclusive aqueles destinados a cruzeiros marítimos de passeio.

Quanto ao testamento aeronáutico, dispõe o Código Civil, em dispositivo semelhante ao que rege a modalidade marítima:

> "Art. 1.889. Quem estiver em viagem, a bordo de aeronave militar ou comercial, pode testar perante pessoa designada pelo comandante, observado o disposto no artigo antecedente".

Perceba-se que o supratranscrito dispositivo usa o adjetivo "comercial", em vez de "mercante", o que atende muito mais ao sentido da norma.

Elaborado o documento, o testamento marítimo ou aeronáutico, na forma do art. 1.890, ficará sob a guarda do comandante, que o entregará às autoridades administrativas do primeiro porto ou aeroporto nacional, contra recibo averbado no diário de bordo.

2.3. Caducidade

As formas extraordinárias de testamento são decorrentes de uma autorização legal para simplificação do procedimento de elaboração testamentária, em decorrência de circunstâncias peculiares.

Nas hipóteses dos testamentos marítimo e aeronáutico, a circunstância diferencial, que fornece o suporte fático para a sua utilização, é estar, o testador, em viagem, sem possibilidade de comparecimento pessoal ao "mundo exterior".

Se o avanço tecnológico dos meios de comunicação permitem o contato fora do ambiente da embarcação (navio ou aeronave), o fato é que ainda não é possível "teletransportar" o indivíduo para praticar as solenidades necessárias para a elaboração de um testamento público ou um testamento cerrado.

Daí justifica-se a utilização dessas formas especiais.

Assim, conforme preceitua o art. 1.892, *não terá validade o testamento marítimo, ainda que feito no curso de uma viagem, se, ao tempo em que se fez, o navio estava em porto onde o testador pudesse desembarcar e testar na forma ordinária.*

E a razão é óbvia.

Se o testador tinha a possibilidade de fazer sua disposição de última vontade pela forma ordinária, não se justificaria a via excepcional.

Só na impossibilidade de acesso "à terra firme", com condições de testar na forma ordinária, é que se aceita a via extraordinária.

Note-se que a previsão é limitada ao testamento marítimo, já que, no caso do testamento aeronáutico, como as viagens de avião são mais curtas, é dispensável a previsão, uma vez que ele só acaba por ser feito de forma emergencial.

Nessa mesma linha, perderá eficácia o testamento marítimo, assim como o aeronáutico, se o testador não morrer na viagem, nem nos noventa dias após o desembarque, onde pudesse testar pela forma ordinária.

Ocorrerá, pois, a *caducidade do testamento.*

É a previsão do art. 1.891 do Código Civil:

> "Art. 1.891. Caducará o testamento marítimo, ou aeronáutico, se o testador não morrer na viagem, nem nos noventa dias subsequentes ao seu desembarque em terra, onde possa fazer, na forma ordinária, outro testamento".

Passemos, agora, pois, à última espécie autônoma de testamento extraordinário.

3. TESTAMENTO MILITAR

O testamento militar é aquele feito por militar ou por outra pessoa a serviço das Forças Armadas em campanha, dentro do país ou fora dele, assim como em praça sitiada, ou que esteja de comunicações interrompidas, na presença de testemunhas.

Tal conceito decorre diretamente do *caput* do art. 1.893 do Código Civil:

> "Art. 1.893. O testamento dos militares e demais pessoas a serviço das Forças Armadas em campanha, dentro do País ou fora dele, assim como em praça sitiada, ou que esteja de comunicações interrompidas, poderá fazer-se, não havendo tabelião ou seu substituto legal, ante duas, ou três testemunhas, se o testador não puder, ou não souber assinar, caso em que assinará por ele uma delas".

A justificativa para essa modalidade extraordinária também é evidente: inserido o sujeito no esforço militar de guerra, com potencial risco de vir a sucumbir, não é razoável imaginar que teria de correr a um tabelião para fazer um testamento.

A situação excepcional autoriza o modelo simplificado, que possui, porém, também um *iter* procedimental próprio para sua elaboração.

3.1. Procedimento de elaboração

Assim como as especiais modalidades já vistas (testamentos marítimo e aeronáutico), certas regras peculiares lhes são aplicadas, considerando-se a ausência do rito comum de lavratura ou registro do ato perante um tabelião.

O diferencial básico é que a autoridade administrativa não será, obviamente, um oficial de registro, mas sim, como nas modalidades anteriores, um comandante, oficial, chefe ou autoridade administrativa correspondente.

Aliás, pela própria hierarquia militar, poderá variar a patente, grau ou posto do oficial ou autoridade que acompanhará a feitura do ato.

De fato, se o testador pertencer a corpo ou seção de corpo destacado, o testamento será escrito pelo respectivo comandante, ainda que de graduação ou posto inferior, conforme preceitua o § 1.º do art. 1.893.

Por outro lado, na forma determinada pelo § 2.º do mesmo dispositivo, se o testador estiver em tratamento em hospital, o testamento será escrito pelo respectivo oficial de saúde, ou pelo diretor do estabelecimento.

A lógica, portanto, é a observância da disciplina militar, reconhecendo-se competência, sempre que possível, ao oficial em comando na unidade correspondente.

E se o testador for justamente o militar mais graduado?

Nessa situação, observando-se a hierarquia, estabelece o § 3.º que o testamento será escrito por aquele que substituir o oficial de maior patente.

Perceba-se que a norma autoriza que o testamento seja escrito por terceiro, o que é plenamente razoável na situação em tela, principalmente levando-se em consideração a possibilidade de o testador estar ferido em combate.

E pode-se abrir mão da assinatura?

A lógica é que a assinatura do testador certifique a autenticidade do documento, mas, obviamente, dadas as circunstâncias, poderá haver uma assinatura a rogo, ou seja, por terceiro, na hipótese de o testador não ter condições de assinar (ou não souber fazê-lo).

Nesse caso, o número de testemunhas que, ordinariamente, é de duas passa a ser de três, caso em que o documento será assinado por uma delas.

Tudo em prol da segurança jurídica.

Todavia, podendo o testador escrever, poderá apresentar o testamento aberto ou cerrado, a teor do art. 1.894 do Código Civil:

> "Art. 1.894. Se o testador souber escrever, poderá fazer o testamento de seu punho, contanto que o date e assine por extenso, e o apresente aberto ou cerrado, na presença de duas testemunhas ao auditor, ou ao oficial de patente, que lhe faça as vezes neste mister.
>
> Parágrafo único. O auditor, ou o oficial a quem o testamento se apresente notará, em qualquer parte dele, lugar, dia, mês e ano, em que lhe for apresentado, nota esta que será assinada por ele e pelas testemunhas".

A possibilidade de entregá-lo cerrado é um meio de garantir o sigilo do conteúdo da sua disposição de última vontade.

3.2. Caducidade

Assim como ocorre nos testamentos marítimo e aeronáutico, o testamento militar também pode caducar.

Vejamos o que dispõe o art. 1.895 do CC/2002:

"Art. 1.895. Caduca o testamento militar, desde que, depois dele, o testador esteja, noventa dias seguidos, em lugar onde possa testar na forma ordinária, salvo se esse testamento apresentar as solenidades prescritas no parágrafo único do artigo antecedente".

Ou seja, decorrendo o prazo de noventas dias seguidos em que o testador esteja em lugar onde possa testar na forma ordinária, faz-se presumir a cessação dos efeitos do testamento.

O referido dispositivo, todavia, ressalva a circunstância de ter havido o registro efetivo do testamento perante o auditor ou oficial, com a assinatura do testador e das testemunhas.

Nesse caso, a sua revogação somente se dará de forma expressa, inexistindo a possibilidade de caducidade.

Por óbvio, se ocorrer a abertura da sucessão (com o falecimento do testador) durante a campanha ou até noventa dias da sua baixa, haverá a produção total de efeitos do testamento militar.

3.3. Observações sobre o testamento nuncupativo

Os termos "nuncupação" (substantivo) e "nuncupativo" (adjetivo) têm, como significado, uma designação oral[3].

Na vigente codificação civil brasileira, a nomenclatura não é expressamente utilizada, pelo menos no que diz respeito à Sucessão Hereditária, diferentemente do que se dá no Direito de Família[4].

A doutrina especializada em Direito das Sucessões, todavia, usa a expressão para caracterizar o testamento militar feito pela forma oral.

---

[3] "**Nuncupação.** [Do lat. *nuncupatione.*] S. f. Jur. Designação ou instituição de herdeiro feita de viva voz.

Nuncupativo. [Do lat. *nuncupatu,* part. pass. de *nuncupare,* 'pronunciar em alta voz', + -ivo.] Adj. ~V. casamento — e testamento —" (Aurélio Buarque de Holanda Ferreira, *Novo Dicionário Aurélio da Língua Portuguesa,* 2. ed., Rio de Janeiro: Nova Fronteira, 1986, p. 1205).

[4] O vigente Código Civil brasileiro utiliza o adjetivo "nuncupativo" apenas no que diz respeito ao casamento por procuração, conforme se verifica do seu art. 1.542:

"Art. 1.542. O casamento pode celebrar-se mediante procuração, por instrumento público, com poderes especiais.

§ 1.º A revogação do mandato não necessita chegar ao conhecimento do mandatário; mas, celebrado o casamento sem que o mandatário ou o outro contraente tivessem ciência da revogação, responderá o mandante por perdas e danos.

§ 2.º O nubente que não estiver em iminente risco de vida poderá fazer-se representar no casamento nuncupativo".

Trata-se de uma especial modalidade testamentária em que o testador narra verbalmente suas declarações de última vontade para testemunhas, o que, no vigente ordenamento jurídico, somente é admissível para as pessoas empenhadas em combate ou feridas de guerra, na forma do art. 1.896:

> "Art. 1.896. As pessoas designadas no art. 1.893, estando empenhadas em combate, ou feridas, podem testar oralmente, confiando a sua última vontade a duas testemunhas.
>
> Parágrafo único. Não terá efeito o testamento se o testador não morrer na guerra ou convalescer do ferimento".

Trata-se, portanto, do chamado testamento *nuncupativo* ou *in extremis*.

Observe-se que tal forma também caducará, caso não ocorra a abertura da sucessão (leia-se o falecimento do testador).

A menção a "convalescer do ferimento", se interpretada literalmente, é desnecessária, se não ilógica, pois, mesmo ferido, mas estando vivo, não há falar em sucessão.

A única forma de interpretar a referência, nesse aspecto, é imaginar que o testador teria sobrevivido à guerra, mas permanecido sem condições de se comunicar durante algum tempo até o advento de sua morte. Isso porque, realizado o testamento oral e sobrevivendo o testador, com plena capacidade para testar *a posteriori*, perderá ele os seus efeitos, ainda que venha a falecer posteriormente.

4. DISCUSSÃO SOBRE A POSSIBILIDADE JURÍDICA DO TESTAMENTO VITAL OU BIOLÓGICO

Encerramos este capítulo apresentando algumas rápidas noções acerca do chamado *testamento vital ou biológico*, também conhecido como *declaração de vontade antecipada*, ou, em língua inglesa, "*living will*", como é conhecido nos Estados Unidos.

Trata-se de um ato jurídico por meio do qual o paciente manifesta, prévia e expressamente, o desejo de querer ou não receber determinado tratamento ou cuidado médico, no momento em que estiver incapacitado de expressar livremente a sua vontade.

Não se afigura, em verdade, inteiramente apropriada a expressão testamento "vital", na medida em que esta manifestação — que também é calcada na autonomia privada — cuida de regular aspectos existenciais da vida terminal de um paciente, ou seja, diante da iminente mão inexorável da morte.

De qualquer maneira, independentemente da terminologia adotada, trata-se de um instituto de grande importância jurídica e sensibilidade social, amparado pelo princípio maior da dignidade da pessoa humana, e que, recentemente, fora disciplinado administrativamente por Resolução do Conselho Federal de Medicina[5]:

> "*RESOLUÇÃO CFM n. 1.995/2012*
>
> *(Publicada no DOU de 31 de agosto de 2012, Seção I, p. 269-270)*
>
> *Dispõe sobre as diretivas antecipadas de vontade dos pacientes.*
>
> O CONSELHO FEDERAL DE MEDICINA, no uso das atribuições conferidas pela Lei n. 3.268, de 30 de setembro de 1957, regulamentada pelo Decreto n. 44.045, de 19 de julho de 1958, e pela Lei n. 11.000, de 15 de dezembro de 2004, e
>
> CONSIDERANDO a necessidade, bem como a inexistência de regulamentação sobre diretivas antecipadas de vontade do paciente no contexto da ética médica brasileira;
>
> CONSIDERANDO a necessidade de disciplinar a conduta do médico em face das mesmas;
>
> CONSIDERANDO a atual relevância da questão da autonomia do paciente no contexto da relação médico-paciente, bem como sua interface com as diretivas antecipadas de vontade;
>
> CONSIDERANDO que, na prática profissional, os médicos podem defrontar-se com esta situação de ordem ética ainda não prevista nos atuais dispositivos éticos nacionais;
>
> CONSIDERANDO que os novos recursos tecnológicos permitem a adoção de medidas desproporcionais que prolongam o sofrimento do paciente em estado terminal, sem trazer benefícios, e que essas medidas podem ter sido antecipadamente rejeitadas pelo mesmo;
>
> CONSIDERANDO o decidido em reunião plenária de 9 de agosto de 2012, RESOLVE:
>
> Art. 1.º Definir diretivas antecipadas de vontade como o conjunto de desejos, prévia e expressamente manifestados pelo paciente, sobre cuidados e tratamentos que quer, ou não, receber no momento em que estiver incapacitado de expressar, livre e autonomamente, sua vontade.
>
> Art. 2.º Nas decisões sobre cuidados e tratamentos de pacientes que se encontram incapazes de comunicar-se, ou de expressar de maneira livre e independente suas vontades, o médico levará em consideração suas diretivas antecipadas de vontade.
>
> § 1.º Caso o paciente tenha designado um representante para tal fim, suas informações serão levadas em consideração pelo médico.

---

[5] Vale a pena ler: <http://www.portalmedico.org.br/resolucoes/CFM/2012/1995_2012.pdf>. Acesso em: 22 mar. 2013.

§ 2.º O médico deixará de levar em consideração as diretivas antecipadas de vontade do paciente ou representante que, em sua análise, estiverem em desacordo com os preceitos ditados pelo Código de Ética Médica.

§ 3.º As diretivas antecipadas do paciente prevalecerão sobre qualquer outro parecer não médico, inclusive sobre os desejos dos familiares.

§ 4.º O médico registrará, no prontuário, as diretivas antecipadas de vontade que lhes foram diretamente comunicadas pelo paciente.

§ 5.º Não sendo conhecidas as diretivas antecipadas de vontade do paciente, nem havendo representante designado, familiares disponíveis ou falta de consenso entre estes, o médico recorrerá ao Comitê de Bioética da instituição, caso exista, ou, na falta deste, à Comissão de Ética Médica do hospital ou ao Conselho Regional e Federal de Medicina para fundamentar sua decisão sobre conflitos éticos, quando entender esta medida necessária e conveniente.

Art. 3.º Esta resolução entra em vigor na data de sua publicação".

Note-se que a previsibilidade do testamento vital nada tem que ver com a *eutanásia*, na medida em que o médico não atua ativamente para interromper a vida, mas sim com a *ortotanásia*, porquanto o médico, justificadamente, apenas suspenderá ou não utilizará um recurso ou mecanismo que paralise ou retarde o processo natural da morte.

Em verdade, é somente uma forma de permitir que a pessoa possa declarar antecipadamente que recusa terapias médicas que prolongariam dolorosamente a sua existência, em detrimento da sua qualidade de vida.

Por isso, não há qualquer ilicitude em tal prática.

Este também é o posicionamento de DIMAS MESSIAS DE CARVALHO e DIMAS DANIEL DE CARVALHO:

> "Assim, não constitui qualquer ilícito acolher a vontade do paciente expressa no testamento vital, pois a pessoa humana tem o direito de liberdade em não querer se submeter a tratamentos desnecessários para prolongar a agonia e o sofrimento da vida meramente vegetativa. Além do sofrimento causado à própria pessoa, violando a dignidade, também sofrem os familiares. Portanto, perfeitamente possível e legal a disposição de vontade expressada em testamento vital, por pessoa capaz e consciente, quanto aos procedimentos médicos que aceita ou rejeita em caso de enfermidade terminal, quando já estiver impossibilitada de manifestar sua vontade. O testamento pode ser efetuado na forma pública, perante o tabelião de notas, mediante escritura declaratória, ou escrito particular autêntico, já que, como não é previsto legalmente, não se exigem os mesmos requisitos dos testamentos comuns"[6].

---

[6] Dimas Messias de Carvalho e Dimas Daniel de Carvalho, *Direito das Sucessões — Inventário e Partilha*, 3. ed., Belo Horizonte: Del Rey, 2011, p. 147-148.

Sobre a sua natureza jurídica, prelecionam os talentosos amigos FLÁVIO TARTUCE e JOSÉ FERNANDO SIMÃO:

> "Em suma, trata-se, em regra, de um ato jurídico *stricto sensu* unilateral, que pode, sim, produzir efeitos, uma vez que o seu conteúdo é perfeitamente lícito. Eventualmente, apenas nos casos em que houver disposições não patrimoniais, como aquelas relativas à doação *post mortem* de partes do corpo (nos termos do art. 14 do Código Civil), ao destino do corpo, ao sufrágio da alma, ao enterro, entre outros, é que o instituto seria assemelhado a um *testamento*, na verdade, mais próximo de um codicilo, nos termos do art. 1.881 do atual Código Civil brasileiro.
>
> Concluindo, o que se percebe é que a expressão *testamento vital* ou *biológico* não é correta quanto à categorização jurídica, pois o que se propõe não é um *testamento* em si. Por isso, propomos que a sua denominação, na prática, seja alterada para declaração *vital* ou *biológica*"[7].

Não pensamos exatamente assim.

Quando o indivíduo expressa antecipadamente a sua vontade por meio do testamento vital, optando por recusar ou aceitar determinada intervenção ou tratamento — escolhendo, pois, determinado efeito ou resultado pretendido —, manifesta, em verdade, em sua forma mais pura, a sua *autonomia privada.*

Ora, e se assim o é, mal algum há em se considerar, nessa perspectiva, o testamento vital, um "ato negocial"[8].

Autonomia privada, em nossa linha de pensamento, pode, indiscutivelmente, justificar o caráter negocial de um ato, ainda que diga respeito a aspectos extrapatrimoniais ou existenciais da vida humana.

---

[7] Flávio Tartuce e José Fernando Simão, *Direito Civil*, 5. ed., Rio de Janeiro: Forense; São Paulo: Método, 2012, p. 322. v. 6.

[8] Como vimos em nosso volume 1 ("Parte Geral"), Capítulos IX ("Fato Jurídico em Sentido Amplo") e X ("Negócio Jurídico (Noções Gerais)"), o **ato negocial ou negócio jurídico** traduz uma declaração de vontade por meio da qual a parte, com amparo no postulado da autonomia privada, e nos limites da função social e da boa-fé objetiva, escolhe determinados efeitos lícitos e juridicamente possíveis, a exemplo do que se dá no contrato e no testamento. Diferentemente, **o ato jurídico em sentido estrito** consiste em um mero comportamento humano, voluntário e consciente, que gera efeitos previamente determinados pelo ordenamento, como se dá na caça, na pesca ou em uma notificação. Note, amigo leitor: nestes últimos, a parte não tem liberdade na escolha dos efeitos jurídicos do ato (a "aquisição da propriedade" — na caça e na pesca — dá-se automaticamente, assim como a "comunicação da outra parte" — na notificação). Ora, no testamento vital, é exatamente a margem de escolha e de opção do declarante que justifica a sua existência enquanto **declaração antecipada de vontade**. Por tudo isso, para nós, é nítida a sua natureza negocial.

Em outras palavras, não apenas quando celebramos um contrato de compra e venda de um carro, mas, especialmente, quando optamos pela reprodução assistida ou realizamos um testamento vital, estamos, sem dúvida, realizando declarações negociais calcadas no princípio solar da autonomia privada.

Isso porque tal postulado jamais poderia, dada a sua grandeza, encastelar-se em relações eminentemente econômicas ou patrimoniais, sob pena de colocarmos os mais sensíveis e virtuosos valores da alma abaixo de anseios e bens meramente materiais.

Capítulo XVI
Codicilo

Sumário: 1. Esclarecimento topológico. 2. Conceito e denominação. 3. Finalidade e objeto do instituto. 4. Forma. 5. Relação do codicilo com o testamento. 6. Revogação.

1. ESCLARECIMENTO TOPOLÓGICO

Após compreender cada uma das modalidades de testamento, é preciso tecer algumas breves considerações acerca da figura jurídica do codicilo.

Embora seja um instituto jurídico formalmente localizado no Capítulo IV do Título III ("Da Sucessão Testamentária") do Livro V ("Do Direito das Sucessões"), justamente entre os capítulos destinados à compreensão das formas ordinárias ("Capítulo III") e especiais ("Capítulo V"), a busca por uma sistematização teórica coerente — que é uma das nossas maiores preocupações nesta obra — fez com que optássemos pela sua análise somente após o exaurimento do estudo das modalidades testamentárias.

Isso porque o codicilo não é necessariamente um consectário lógico das formas ordinárias de testamento, nem, muito menos, um prelúdio das modalidades especiais.

Feito o "esclarecimento topológico" sobre a organização que propusemos ao tema, passemos a conhecer a disciplina jurídica do codicilo, começando com seu conceito e denominação.

2. CONCEITO E DENOMINAÇÃO

Conceitualmente, *o codicilo é um negócio jurídico unilateral de última vontade, pelo qual o autor da herança pode dispor sobre o seu enterro e valores de pequena monta.*

O termo "codicilo" é derivado do latim *codicillus*, sinônimo de *codiculus*, diminutivo de *codex*. Significava originariamente tabuinhas para escrever, passando a designar *escrito* ou "*pró-memória*"[1].

[1] De Plácido e Silva, *Vocabulário Jurídico*, 15. ed., Rio de Janeiro: Forense, 1998, p. 176.

Trata-se, portanto, de um texto escrito, datado e assinado por alguém[2].

Mas qual é a particularidade dessa declaração de vontade, que mereceu tratamento próprio por parte do legislador?

É que, por meio dele, seu autor poderá expressar certas manifestações de vontade, a respeito de providências menores que quer ver atendidas, após a sua partida do plano terreno.

Todavia, o codicilo não se presta para qualquer finalidade de disposição patrimonial póstuma, conforme veremos em seguida.

3. FINALIDADE E OBJETO DO INSTITUTO

Como dito, não é qualquer disposição de última vontade que pode ser objeto de um codicilo.

Com efeito, a finalidade do codicilo é bem restrita.

Na forma do art. 1.881 do Código Civil:

> "Art. 1.881. Toda pessoa capaz de testar poderá, mediante escrito particular seu, datado e assinado, fazer disposições especiais sobre o seu enterro, sobre esmolas de pouca monta a certas e determinadas pessoas, ou, indeterminadamente, aos pobres de certo lugar, assim como legar móveis, roupas ou joias, de pouco valor, de seu uso pessoal".

Como se vê do texto legal, a finalidade do codicilo é uma disposição patrimonial *post mortem* de menor monta, seja referente ao próprio passamento de seu autor (como, por exemplo, se pretende ser sepultado ou cremado, bem como se pretende seguir algum ritual religioso específico), seja para dispor de bens (dinheiro, móveis, roupas ou joias) de pouco valor.

Assim, tem-se que o objeto do codicilo significa normalmente uma despesa de menor potencial econômico[3].

Mas o que pode ser considerado uma despesa de menor potencial econômico?

---

[2] Informa Orlando Gomes que o "codicilo era um pequeno testamento, que se tornou obsoleto. Manteve-o o Código Civil, sob forma hológrafa e conteúdo restrito. Não é necessário que o *de cujus* tenha deixado testamento" (Orlando Gomes, *Sucessões*, 12. ed., Rio de Janeiro: Forense, 2004, p. 96).

[3] "Apelação cível. Ação declaratória de existência de codicilo. Caso em que os escritos deixados pelo autor da herança não contêm características de um codicilo, senão de um rascunho de testamento. Bens de valor elevado que não podem ser objeto de codicilo. Negaram provimento" (TJRS, 8.ª Câmara Cível, Ap. Cív. 70040971335, Rel. Des. Rui Portanova).

O conceito é subjetivo[4] e deve ser interpretado de acordo com o universo patrimonial do autor do codicilo (chamado codicilante), uma vez que determinado bem, considerado de pequeno valor financeiro, pode ser efetivamente parte significativa do espólio[5].

Sobre sufrágios por intenção da alma do falecido, vale destacar que o art. 1.998 estabelece que as "despesas funerárias, haja ou não herdeiros legítimos, sairão do monte da herança; mas as de sufrágios por alma do falecido só obrigarão a herança quando ordenadas em testamento ou codicilo"[6].

Uma disposição de maior repercussão, que é a nomeação ou substituição de testamenteiro, por sua vez, pode ser feita através de codicilo, na forma do art. 1.883 do Código Civil[7].

Da mesma forma, consideramos perfeitamente razoável a utilização de um codicilo para o fim de se manifestar perdão ao indigno, tendo em vista a menção à expressão "ou em outro ato autêntico" no *caput* do art. 1.818.

---

[4] "Contém disposições especiais sobre: o próprio enterro; esmolas de pouca monta a certas e determinadas pessoas ou, indeterminadamente, aos pobres de certo lugar; legar móveis, roupas ou joias, de pouco valor, de uso pessoal do codicilante (CC, art. 1.881). O critério para apuração do valor é relativo, devendo-se considerar o estado social e econômico do codicilante; para tanto, o juiz examinará, prudentemente, cada caso concreto, considerando o valor da deixa relativamente ao montante dos bens do espólio. Observa Washington de Barros Monteiro que há uma tendência de se fixar determinada porcentagem, havendo-se como de pequeno valor a liberalidade que não ultrapassar 10% do valor do monte, podendo, por isso, ser objeto de codicilo (*RT*, *164*:287, *97*:424; *303*:272; *327*:240; *AJ*, *101*:184): sufrágios por intenção da alma do codicilante (CC, art. 1.998); nomeação e substituição de testamenteiro (CC, art. 1.883), perdão de indigno (CC, art. 1.818)" (Maria Helena Diniz. *Curso de Direito Civil Brasileiro — Direito das Sucessões*, 34. ed., São Paulo: Saraiva, 2020, p. 352).

[5] "SUCESSÕES. AÇÃO DE COBRANÇA. VALIDADE E EFICÁCIA DE DISPOSIÇÕES DE ÚLTIMA VONTADE. CODICILO. Ainda que admitido na forma datilografada, o codicilo em que há substanciais disposições sobre cerca de metade dos bens deixados é imprestável para fins de equiparação a testamento particular. Ausência de requisitos legais e inaplicabilidade do art. 85 do CCB-1916. Zelo na observância das formas para não se deturpar a verdadeira vontade do disponente. Impossibilidade legal e tópica de equiparação a uma cessão de direitos. Informalidade admitida que impede disposições de maior expressão financeira, ainda que se discuta o valor pecuniário atribuído. Embargos infringentes desacolhidos, por maioria" (TJRS, Processo 70014509715, Rel. Maria Berenice Dias, data do acórdão: 14-7-2006).

[6] A expressão "sufrágio" é plurissignificativa. Confira-se: "**Sufrágio**. [Do lat. *suffragiu.*] *S. m.* 1. Voto, votação: *Homens e mulheres têm direito ao sufrágio.* 2. Apoio, adesão: *As medidas propostas obtiveram o sufrágio de todos.* 3. Ato pio ou oração pelos mortos" (Aurélio Buarque de Holanda Ferreira, *Novo Dicionário Aurélio da Língua Portuguesa*, 2. ed., Rio de Janeiro: Nova Fronteira, 1986, p. 1626).

[7] "Art. 1.883. Pelo modo estabelecido no art. 1.881, poder-se-ão nomear ou substituir testamenteiros."

Tema interessante é saber se, por meio de um codicilo, poder-se-ia operar o reconhecimento de filiação, por traduzir um "escrito particular", a teor do art. 1.609, II, do vigente Código Civil[8].

Não havendo dúvida quanto à autenticidade da declaração, o codicilo, em nosso sentir, poderá, indiscutivelmente, servir como meio idôneo ao reconhecimento voluntário de filho[9], à luz do princípio da veracidade da filiação, caso em que, neste ponto, deve ser considerado irrevogável.

4. FORMA

Diferentemente do testamento, o codicilo tem forma simplificada, bastando que o seu autor — o qual, obviamente, deve ter capacidade de testar — redija um escrito particular, datando-o e assinando-o, sem necessidade expressa de testemunhas ou de qualquer outra formalidade.

Se a forma é aparentemente livre, não se pode deixar de salientar a imprescindibilidade do registro da data e assinatura, como elemento essencial para o reconhecimento da validade da manifestação de vontade[10].

E, como observa MARIA HELENA DINIZ:

> "Devido à sua pouca projeção, não se subordina aos requisitos testamentários formais. Apesar de não estar sujeito a requisito de forma, o codicilo deverá, se estiver fechado, ser aberto do mesmo modo que o testamento cerrado (CC, art. 1.885), exigindo-se necessariamente a intervenção de juiz competente, ou seja, o juiz da provedoria, com a observância do Código de Processo Civil de 2015, art. 735"[11].

Uma pergunta importante é saber se o codicilo precisa ser redigido de próprio punho.

A compreensão histórica do instituto aponta no sentido de que o codicilo tenha realmente de ser *hológrafo*, ou seja, escrito pelo próprio autor.

Em verdade, embora justificável do ponto de vista histórico, acreditamos que seja perfeitamente possível flexibilizar essa interpretação, partindo-se do

---

[8] Sobre o tema, confira-se o Capítulo XXV ("Filiação") do v. 6 ("Direito de Família") desta coleção.

[9] Neste mesmo sentido: Sílvio Venosa, *Direito Civil — Direito das Sucessões*, cit., p. 195.

[10] "EMBARGOS INFRINGENTES. SUCESSÕES. NÃO RECONHECIMENTO DA VALIDADE DO CODICILO. PREVALÊNCIA DO TESTAMENTO CERRADO. Uma simples anotação em papel, sem data ou assinatura da *de cujus*, não pode ser aceita como codicilo, por desobediência ao artigo 1.881 do Código Civil, devendo prevalecer o válido e regular testamento firmado. Embargos infringentes acolhidos, por maioria" (TJRS, EI 70034580472, 4.º Grupo de Câmaras Cíveis, Rel. Claudir Fidelis Faccenda, j. 12-3-2010).

[11] Maria Helena Diniz, *Curso de Direito Civil Brasileiro — Direito das Sucessões*, 34. ed., São Paulo: Saraiva, 2020, v. 6, p. 354.

pressuposto de que o princípio da boa-fé, também disciplinador do Direito das Sucessões, justificaria o ato lavrado por meios mecânicos ou eletrônicos, mais condizentes com o estágio tecnológico dos nossos dias.

Assim, a exigência — inexistente no vigente texto legal — de que o codicilo tenha de ser manuscrito, embora presente de forma muito comum no passado, já tende a ser superada.

Sobre o tema, e na mesma vereda, observam FLÁVIO TARTUCE e JOSÉ FERNANDO SIMÃO:

> "A única ressalva a ser feita é que, assim como ocorre com testamento particular, se o codicilo for feito mecanicamente, todas as páginas deverão estar assinadas pelo autor do codicilo. Nesse sentido, o Projeto 276/2007, antigo PL 6.960/2002, corrige o equívoco do atual Código Civil e acrescenta um parágrafo único nos seguintes termos: O escrito particular pode ser redigido ou digitado mecanicamente, desde que seu autor numere e autentique, com a sua assinatura, todas as páginas"[12].

Ainda a respeito da forma, parece-nos interessante discutir se a manifestação codicilar deve ser feita de maneira exclusiva.

A questão é compreender se, por exemplo, em uma carta sobre a vida ou mesmo em um poema, poderia o declarante estabelecer um codicilo, mesmo não sendo tal documento feito única e exclusivamente para tal finalidade.

Entendemos que a resposta é positiva, desde que seja possível aferir a seriedade e a autenticidade da manifestação realizada, de forma a atender ao objetivo do codicilo.

Finalmente, é preciso destacar a regra do art. 1.885, de que se "estiver fechado o codicilo, abrir-se-á do mesmo modo que o testamento cerrado".

Assim, deve o juiz verificar se o codicilo está intacto, abrindo-o e determinando que o escrivão o leia na presença de quem o entregou, com a posterior lavratura de auto de abertura, na forma do § 1.º do art. 735 do atual Código de Processo Civil.

Vale registrar, porém, que o § 3.º do art. 737 do CPC/2015 manda aplicar ao codicilo, bem como aos testamentos marítimo, aeronáutico, militar e nuncupativo, as regras do testamento particular, o que soa um tanto inadequado, uma vez que não há necessariamente testemunhas no codicilo, não sendo a sua presença, *a priori*, um requisito indispensável para sua validade.

Também criticando dispositivo análogo da legislação anterior, observava ORLANDO GOMES:

---

[12] Flávio Tartuce e José Fernando Simão, *Direito Civil*, 4. ed., Rio de Janeiro: Forense; São Paulo: Método, 2011, p. 346. v. 6.

"Faz-se por escrito particular, datado e assinado, sem estar sujeito, pela insignificância do seu conteúdo, às solenidades do testamento, mas, se estiver fechado, abre-se do mesmo modo que o testamento cerrado. Ignorando esse mandamento, prescreveu o Código de Processo Civil que sua execução deve obedecer às regras prescritas para a confirmação do testamento particular. Necessário passou a ser, em consequência, o requerimento para publicação em juízo do codicilo e a inquisição de testemunhas se houver, para a confirmação. Esse tratamento dado ao codicilo é inspirado no equívoco de supor que ainda é aquele pequeno testamento quando até o Código Civil, há mais de sessenta anos, já abandonara tal figuração"[13].

Realmente, é uma contradição evidente.

5. RELAÇÃO DO CODICILO COM O TESTAMENTO

O codicilo convive, sem nenhuma incompatibilidade, com o testamento. Nesse sentido, observe-se o art. 1.882 do Código Civil:

> "Art. 1.882. Os atos a que se refere o artigo antecedente, salvo direito de terceiro, valerão como codicilos, deixe ou não testamento o autor".

E isso vale para qualquer modalidade de testamento, seja ordinária ou especial.

Registre-se, inclusive, que uma declaração de última vontade, supostamente feita como codicilo, *caso atenda às solenidades testamentárias pertinentes*, poderá valer como um testamento, sendo assim considerado.

Mas poderia um codicilo revogar um testamento?

A resposta é negativa, em virtude, especialmente, da maior formalidade de que se reveste o testamento.

6. REVOGAÇÃO

O codicilo, como, em regra, qualquer manifestação de vontade, pode ser revogado.

A **revogação** consiste em uma modalidade de desfazimento de determinados negócios jurídicos, mediante uma declaração de vontade contrária àquela anteriormente emitida.

Nesse sentido, dispõe o art. 1.884 do Código Civil:

> "Art. 1.884. Os atos previstos nos artigos antecedentes revogam-se por atos iguais, e consideram-se revogados, se, havendo testamento posterior, de qualquer natureza, este os não confirmar ou modificar".

[13] Orlando Gomes, *Sucessões*, 12. ed., Rio de Janeiro: Forense, 2004, p. 96-97.

Um codicilo, portanto, revoga-se por outro codicilo, ou, ainda, mediante a feitura de testamento posterior, ordinário ou especial, se este não o modificar ou confirmar.

A norma, pois, conduz-nos à ideia de que a elaboração de um testamento que não faça menção ao codicilo — confirmando-o ou modificando-o — torná-lo-á sem efeito.

Finalmente, uma observação feita por SÍLVIO VENOSA chama a nossa atenção.

Lembra, o ilustre jurista, não haver espaço, no Direito brasileiro, para a chamada "cláusula conciliar", pela qual o testador dizia que "se seu ato não valesse como testamento, que servisse como codicilo"[14].

Pensamos que, em certas e justificadas situações, a teor do *princípio da conservação do negócio jurídico,* uma declaração testamentária pode ser aproveitada como codicilo, a exemplo da hipótese em que um testamento inválido por violação da legítima também dispôs a respeito de rituais fúnebres ou pagamento de pequenas despesas com solenidades religiosas.

É o caso de se aproveitar, excepcionalmente, parte do ato de última vontade, como codicilo.

---

[14] Sílvio Venosa, ob. cit., p. 195.

Capítulo XVII
Disposições Testamentárias

Sumário: 1. Finalidade do capítulo. 2. Delimitação conceitual de uma disposição testamentária. 3. Tipologia das disposições testamentárias. 4. Sobre a interpretação do testamento. 5. Sobre a nomeação de herdeiros e a distribuição de quinhões ou bens individualmente considerados. 6. Sobre a validade das cláusulas testamentárias. 7. Prazo para impugnação das disposições testamentárias. 8. Das limitações de eficácia. 9. Cláusulas de restrição de propriedade.

1. FINALIDADE DO CAPÍTULO

Assentada a compreensão conceitual da estrutura do testamento, o que inclui toda a visão classificatória do instituto, é hora de apreciar os seus elementos intrínsecos.

Entenda-se o seu conteúdo por meio das suas regras interpretativas, proibitivas, restritivas e, inclusive, permissivas.

Trata-se, portanto, de um panorama sobre o Capítulo VI ("Das Disposições Testamentárias"), versando sobre os arts. 1.897 a 1.911 do vigente Código Civil brasileiro.

Vamos a ele.

2. DELIMITAÇÃO CONCEITUAL DE UMA DISPOSIÇÃO TESTAMENTÁRIA

Tecnicamente, o que é uma disposição testamentária?

Trata-se de uma manifestação da vontade, ordinariamente reduzida a termo, constituindo parte integrante de um testamento.

O pronunciamento da vontade, ao ser positivado, ganha normalmente o formato de uma cláusula, como um tópico entre diversos outros de um conjunto de deliberações.

Observe-se que a menção à cláusula testamentária, todavia, não deve limitar-se ao registro escrito e organizado da disposição, mas, sim, deve ser compreendida como a própria exteriorização da vontade.

Assim, não é porque não esteja sistematizada ou em linguagem técnica que deva ser desconsiderada, pois o mais importante é que demonstre a vontade inequívoca do testador, observando-se os requisitos de validade da declaração.

Compreendamos, no próximo tópico, a tipologia dessas disposições.

3. TIPOLOGIA DAS DISPOSIÇÕES TESTAMENTÁRIAS

Uma cláusula testamentária pode ter natureza patrimonial e conter uma disposição de última vontade sem conteúdo patrimonializado[1].

Também quanto ao seu formato, pode ela, conforme dispõe o art. 1.897 do Código Civil[2], ser elaborada com um teor simples e direto, sem limitações no plano da eficácia, ou estar submetida a uma condição ("cláusula condicional") ou a um encargo, ônus ou modo ("cláusula modal"), bem como atrelada a um certo motivo[3].

Entende-se por *nomeação pura e simples* a disposição testamentária enunciada sem qualquer limitação, produzindo seus efeitos imediatamente. Nessa linha, transmitem-se, *incontinenti*, a propriedade e a posse da herança ao herdeiro, e a propriedade ao legatário, já que, no caso deste último, não se pode imitir na posse por autoridade própria (arts. 1.784 e 1.923, § 1.º, do CC)[4].

Compreenda-se como *nomeação condicional* ("sob condição") a disposição testamentária submetida a um evento futuro e incerto.

Interprete-se *nomeação modal* ("para certo fim ou modo") como a disposição testamentária a que seja imposta uma restrição da liberalidade. Não se trata de uma contraprestação, mas, sim, de um ônus.

Na tipologia da nomeação de cláusulas testamentárias, hão de se incluir também, por força da utilização da expressão "por certo motivo", as *nomeações causais*, que devem ser entendidas como aquelas relacionadas a uma determinada justificativa expressa no testamento.

É o caso, por exemplo, de Fulano deixar um bem para Cicrano, por ter sido ele quem lhe prestou socorro em um acidente. Se quem prestou socorro foi Beltrano, é para este que o bem deve ser direcionado, se efetivamente for

---

[1] Releia-se o subtópico 2.1 ("Sobre o Poder de Testar") do Capítulo XIII ("Sucessão Testamentária") deste volume.

[2] "Art. 1.897. A nomeação de herdeiro, ou legatário, pode fazer-se pura e simplesmente, sob condição, para certo fim ou modo, ou por certo motivo."

[3] Para maiores esclarecimentos sobre os elementos acidentais do negócio jurídico (termo, condição e ônus/modo ou encargo), confira-se o Capítulo XV ("Plano da Eficácia do Negócio Jurídico") do v. 1 ("Parte Geral") desta coleção.

[4] Confira-se o Capítulo XVIII ("Legados") deste volume.

possível identificar a pessoa que o testador pretendia favorecer, tendo em vista que foi explicitada a causa da liberalidade[5].

Parece-nos razoável defender, inclusive, que se trata de uma aplicação semelhante àquela propugnada pela teoria dos motivos determinantes, tão prestigiada no Direito Administrativo.

Vale registrar, ainda, apenas a título de complementação, que defendemos o entendimento segundo o qual o vigente Código Civil brasileiro é causalista, tendo em vista que considerou, em seu art. 166, III (sem correspondência na codificação anterior), como causa de nulidade absoluta, a situação em que "o motivo determinante, comum a ambas as partes, for ilícito"[6].

Não se admitem, porém, cláusulas submetidas a termo, conforme se pode verificar do art. 1.898 do CC:

> "Art. 1.898. A designação do tempo em que deva começar ou cessar o direito do herdeiro, salvo nas disposições fideicomissárias, ter-se-á por não escrita".

Ressalvam-se de tal vedação, porém, as substituições fideicomissárias, que serão apreciadas em capítulo próprio[7].

4. SOBRE A INTERPRETAÇÃO DO TESTAMENTO

Relevante parece-nos tecer algumas considerações sobre a interpretação do testamento, compreendido, como sabemos, como um negócio jurídico unilateral de disposição de última vontade.

Em sua Parte Geral, o Código Civil brasileiro estabelece:

> "Art. 114. Os negócios jurídicos benéficos e a renúncia interpretam-se estritamente".

Se essa é a regra geral de interpretação de disposição em negócios jurídicos benéficos, a exemplo de uma doação, há uma regra própria e específica para o testamento.

---

[5] Nesse sentido, confira-se o art. 1.903:

"Art. 1.903. O erro na designação da pessoa do herdeiro, do legatário, ou da coisa legada anula a disposição, salvo se, pelo contexto do testamento, por outros documentos, ou por fatos inequívocos, se puder identificar a pessoa ou coisa a que o testador queria referir-se."

Confira-se o tópico 5 ("Sobre a Nomeação de Herdeiros e a Distribuição de Quinhões ou Bens Individualmente Considerados") deste capítulo.

[6] Para um aprofundamento sobre o tema, confira-se o subtópico 2.5 ("Algumas Palavras sobre a Causa nos Negócios Jurídicos") do Capítulo XI ("Plano de Existência do Negócio Jurídico") do v. 1 ("Parte Geral") desta coleção.

[7] Confira-se o Capítulo XX ("Substituições") deste volume.

Está ela prevista no art. 1.899 do Código Civil, que também merece ser transcrito:

> "Art. 1.899. Quando a cláusula testamentária for suscetível de interpretações diferentes, prevalecerá a que melhor assegure a observância da vontade do testador".

Tal regra é a prova inequívoca da consagração positivada do Princípio do Respeito à Vontade Manifestada, por nós já mencionado[8].

Tomando como base essa regra fundamental de interpretação testamentária[9], passemos a compreender a disciplina codificada da nomeação de herdeiros pelo testamento.

---

[8] Confira-se o subtópico 4.6 ("Princípio do Respeito à Vontade Manifestada") do Capítulo II ("Principiologia do Direito das Sucessões") deste volume.

[9] "DIREITO CIVIL E SUCESSÓRIO. APLICAÇÃO DA ANALOGIA COMO MÉTODO INTEGRATIVO. TESTAMENTO. VALIDADE. PARENTES DE LEGATÁRIO QUE FIGURARAM COMO TESTEMUNHAS DO ATO DE DISPOSIÇÃO. INTERPRETAÇÃO DO ARTIGO 1.650, DO CÓDIGO CIVIL.

1. Na hipótese, não há se falar em interpretação da lei, mas sim em integração mediante analogia, que, conforme ensina Vicente Rao, 'consiste na aplicação dos princípios extraídos da norma existente a casos outros que não os expressamente contemplados, mas cuja diferença em relação a estes, não seja essencial' (O Direito e a vida dos direitos, 3.ª edição, São Paulo. Revista dos Tribunais, 1991, p. 458/460).

2. O testamento é um negócio jurídico, unilateral, personalíssimo, solene, revogável, que possibilita à pessoa dispor de seus bens para depois de sua morte. Justamente por essas características, tanto se faz necessário observar o preenchimento de todos os seus requisitos legais para conceder-lhe validade.

3. A enumeração contida no artigo 1.650, nos incisos I, II e III, refere-se aos incapazes e, nos incisos IV e V, àqueles que são beneficiários, diretos ou indiretos, do testamento. O legislador busca proteger a higidez e a validade da disposição testamentária, vedando como testemunhas os incapazes e os que têm interesse no ato.

4. A liberdade de testar encontra restrições estabelecidas na lei, porém esta não distingue, quanto às consequências jurídicas, a sucessão testamentária em relação aos legatários e herdeiros necessários.

5. Há o mesmo fundamento para a restrição de figurarem como testemunhas, no ato do testamento, os parentes do herdeiro instituído e do legatário: qual seja, o interesse direto ou indireto do beneficiário, em relação ao ato de disposição de vontade. Inexiste diferença em relação às consequências para o herdeiro instituído e o legatário, por isso que a conclusão dedutiva é de que ao inciso V do artigo 1.650, do Código Civil de 1916, deve se aplicar a mesma essência do inciso IV do dispositivo.

6. Nas palavras de Clóvis Beviláqua: 'seria atribuir à lei a feia mácula de uma grosseira inconsequência, supor que somente o cônjuge ou descendente, o ascendente e o irmão do herdeiro estão impedidos de ser testemunhas em testamento. O impedimento prevalece em relação ao cônjuge e aos mencionados parentes do legatário' (Código Civil do E.U.B., v. II, 6.ª tiragem, Rio de Janeiro: Editora Rio, p. 848).

5. SOBRE A NOMEAÇÃO DE HERDEIROS E A DISTRIBUIÇÃO DE QUINHÕES OU BENS INDIVIDUALMENTE CONSIDERADOS

Respeitada a legítima (quando há herdeiros necessários), tem o testador toda a parte disponível do seu patrimônio para dispor por meio do testamento.

E, se não há legítima a preservar, poderá o testador dispor de todo o seu patrimônio, da forma como lhe aprouver.

Afinal, uma das faculdades do direito de propriedade é justamente o poder de dispor.

Sendo válida a disposição testamentária, qualquer sujeito, com capacidade sucessória passiva, poderá ser destinatário do patrimônio do falecido, inclusive os necessitados em geral.

Sobre tal possibilidade, preceitua o art. 1.902 do Código Civil:

> "Art. 1.902. A disposição geral em favor dos pobres, dos estabelecimentos particulares de caridade, ou dos de assistência pública, entender-se-á relativa aos pobres do lugar do domicílio do testador ao tempo de sua morte, ou dos estabelecimentos aí sitos, salvo se manifestamente constar que tinha em mente beneficiar os de outra localidade.
>
> Parágrafo único. Nos casos deste artigo, as instituições particulares preferirão sempre às públicas".

A diretriz primordial, como dito, é preservar sempre a vontade do testador, buscando compatibilizá-la quando houver imprecisões que, *a priori*, impediriam a sua efetivação.

Assim, se, no meu testamento, eu testo todo ou parte do meu patrimônio aos pobres, sem indicá-los, a interpretação a ser dada à disposição é no sentido de restringir aos pobres do local do meu próprio domicílio, salvo disposição expressa em sentido contrário.

Note-se que as instituições particulares, nos termos do parágrafo único acima mencionado, preferirão às públicas.

Isso porque o legislador, certamente, parte do pressuposto de os estabelecimentos particulares, geridos por membros da própria sociedade civil, dependerem mais de recursos alheios, na medida em que não têm o permanente apoio do próprio Estado.

Ainda sobre a nomeação de herdeiros, um aspecto deve ser salientado: o que fazer se houver algum erro na designação da pessoa do herdeiro?

---

7. Recurso especial não conhecido" (STJ, REsp 176.473/SP, Recurso Especial 1998/0040096-6, Rel. Min. Luis Felipe Salomão, j. 21-8-2008, *DJe*, 1.º-9-2008, *Lex-STJ*, v. 230, p. 88; RT, v. 878, p. 157).

A questão é respondida pelo já mencionado art. 1.903:

> "Art. 1.903. O erro na designação da pessoa do herdeiro, do legatário, ou da coisa legada anula a disposição, salvo se, pelo contexto do testamento, por outros documentos, ou por fatos inequívocos, se puder identificar a pessoa ou coisa a que o testador queria referir-se".

É o caso, já visto, de alguém dispor, em testamento, em benefício de uma determinada pessoa, por ela lhe ter salvado a vida, mas for apurado, posteriormente, que quem lhe prestou o socorro efetivamente foi outrem.

Tal regra decorre do próprio *princípio da conservação do negócio jurídico*[10], em que se busca preservá-lo em situações de vícios sanáveis, evitando-se, assim, um indesejável reconhecimento de invalidade, que desprezaria a vontade manifestada do testador.

Observe-se que, na forma do art. 1.904, se "o testamento nomear dois ou mais herdeiros, sem discriminar a parte de cada um, partilhar-se-á por igual, entre todos, a porção disponível do testador".

Parece-nos, sem dúvida, uma regra bastante razoável, pois, para preservar justamente a inteireza da vontade do testador, não se devem fazer ilações sobre porcentagens ou divisões entre herdeiros igualmente nomeados.

Mas se tal nomeação não for absolutamente isonômica?

E *se o testador nomear individualmente alguns herdeiros (ex.: Fulano, Beltrano e Cicrano) e coletivamente outros (ex.: os membros da Banda de Música Treblebes), o que fazer?*

A resposta é trazida, em dicção clara, pelo art. 1.905:

> "Art. 1.905. Se o testador nomear certos herdeiros individualmente e outros coletivamente, a herança será dividida em tantas quotas quantos forem os indivíduos e os grupos designados".

No entanto, se, propositalmente, ou mesmo por um "erro de conta", *o testador determinar quotas para cada herdeiro, não absorvendo toda a herança disponível?*

Mais uma vez o codificador se preocupou com tal questão prática, estabelecendo, em seu art. 1.906, justamente, que, se "forem determinadas as quotas de cada herdeiro, e não absorverem toda a herança, o remanescente pertencerá aos herdeiros legítimos, segundo a ordem da vocação hereditária", o que, em uma interpretação lógica, parece-nos, de fato, a melhor solução.

---

[10] Para um aprofundamento sobre o tema, confiram-se os Capítulos X ("Negócio Jurídico (Noções Gerais)") e XIV ("Invalidade do Negócio Jurídico") do v. 1 ("Parte Geral") desta coleção.

E, por fim, *se forem determinados os quinhões de uns e não os de outros herdeiros, o que fazer?*

A resposta parece óbvia!

Outorgar primeiro as porções hereditárias dos herdeiros com quinhão predeterminado, distribuindo, somente após isso, o que restar, por igual, aos demais herdeiros, tendo sido tal conclusão estabelecida expressamente no texto codificado[11].

Em conclusão, vale destacar que, em respeito ao poder de disposição do testador, da mesma forma como ele, observada a legítima, pode designar um herdeiro (ou legatário) como destinatário específico de um bem, *também pode estabelecer restrições a que bens específicos sejam atribuídos a quem quer que seja.*

É a regra prevista no art. 1.908:

> "Art. 1.908. Dispondo o testador que não caiba ao herdeiro instituído certo e determinado objeto, dentre os da herança, tocará ele aos herdeiros legítimos".

Tal restrição, porém, como parece lógico, também deve observar as regras da Sucessão Legítima, pois, caso o herdeiro instituído seja, coincidentemente, o único remanescente, a limitação não poderá produzir efeitos.

6. SOBRE A VALIDADE DAS CLÁUSULAS TESTAMENTÁRIAS

O testamento é um negócio jurídico unilateral (por emanar de uma única manifestação de vontade) e formal (pois deve observar rigorosos pressupostos de validade).

Por isso, além das regras gerais de invalidade dos negócios jurídicos — perfeitamente aplicáveis, *mutatis mutandis*, aos testamentos —, também no que diz respeito às cláusulas testamentárias, preocupou-se o codificador com o estabelecimento de regras específicas de nulidade:

> "Art. 1.900. É nula a disposição:
>
> I — que institua herdeiro ou legatário sob a condição captatória de que este disponha, também por testamento, em benefício do testador, ou de terceiro;
>
> II — que se refira a pessoa incerta, cuja identidade não se possa averiguar;
>
> III — que favoreça a pessoa incerta, cometendo a determinação de sua identidade a terceiro;
>
> IV — que deixe a arbítrio do herdeiro, ou de outrem, fixar o valor do legado;
>
> V — que favoreça as pessoas a que se referem os arts. 1.801 e 1.802".

---

[11] "Art. 1.907. Se forem determinados os quinhões de uns e não os de outros herdeiros, distribuir-se-á por igual a estes últimos o que restar, depois de completas as porções hereditárias dos primeiros."

A primeira hipótese caracteriza uma modalidade específica de estipulação testamentária vedada, a saber, aquela que imponha ao beneficiário uma disposição equivalente em favor do próprio testador ou de terceiro, o que muito se assemelha à hipótese já vista de testamento proibido[12].

Sobre o tema, ensinam FLÁVIO TARTUCE e JOSÉ FERNANDO SIMÃO:

> "A condição captatória é aquela em que a vontade do morto não é externada livremente, quer seja porque houve dolo quer porque decorreu de pacto sucessório (BEVILÁQUA, Clóvis. *Código Civil...*, 1955, v. VI, p. 103). Entretanto, explica Silvio Rodrigues que 'não se trata da proibição genérica da captação dolosa da vontade, em que a cláusula testamentária é anulável, com base no art. 171, II, do Código Civil, em virtude da existência de um vício da vontade, ou seja, o dolo, mas de uma nulidade absoluta, inspirada na mesma ideia de interesse geral, que veda os pactos sucessórios' (*Direito civil...*, 2002, v. 7, p. 185). O que se percebe é que o tratamento legislativo é diverso daquele constante da Parte Geral do Código Civil.
>
> Em verdade, estamos diante de regra que decorre do art. 426 do CC, daquela notória divisão entre institutos contratuais e sucessórios, pelo qual é nulo o contrato que tenha por objeto herança de pessoa viva (*pacta corvina*). Sendo assim, também é nula a *cláusula testamentária* em que há uma troca de favores pela qual o testador declara que nomeia certa pessoa herdeira sob a condição de ela nomear um terceiro como herdeiro. Como exemplo, 'deixo meus bens a Pablo se ele deixar todos os seus bens a Rodolfo'"[13] (grifamos).

Note-se, pois, que, da mesma forma que se proíbe testamento que vise a uma troca de favores, uma cláusula testamentária de mesma natureza também é proibida.

Como vimos em tópico anterior neste mesmo capítulo[14], é perfeitamente possível estabelecer uma nomeação condicional de herdeiros.

O que não é admissível é o condicionamento a uma disposição testamentária em benefício próprio ou de terceiro, em uma verdadeira e lamentável manifestação *quid pro quo*[15], como se o testamento fosse uma via adequada para o estabelecimento de barganhas.

---

[12] Sobre o tema, confira-se o tópico 2 ("Algumas Palavras sobre Formas Proibidas de Testamento") do Capítulo XIV ("Formas Ordinárias de Testamento") deste volume.

[13] Flávio Tartuce e José Fernando Simão, *Direito Civil*, 5. ed., Rio de Janeiro: Forense; São Paulo: Método, 2012, p. 333. v. 6.

[14] Confira-se o tópico 3 ("Tipologia das Disposições Testamentárias") deste capítulo.

[15] Em latim, literalmente, "isto por aquilo".

A segunda e a terceira hipóteses específicas de nulidade de disposição testamentária se referem ao sujeito por ela beneficiado.

Ao contrário do que se possa imaginar, em uma primeira leitura, não há impedimento legal de se estabelecer disposição testamentária a pessoa incerta.

Pode-se, sim, dispor bens a uma pessoa sem individualizá-la.

Mas essa pessoa indeterminada precisa ser, no mínimo, determinável, de acordo com a manifestação da vontade do próprio testador.

Assim, é possível estabelecer disposições, como visto, para pessoas que realizaram determinadas condutas (por exemplo, dispor em benefício de quem realizou uma boa ação específica), mesmo quando o testador não a conheça individual e pessoalmente.

O que não se pode é estabelecer genericamente alguém sem um mínimo de determinabilidade.

Por isso, não se pode testar em benefício de alguém cuja identidade não se possa averiguar (inciso II) ou delegar a determinação de sua identidade a terceiro (inciso III), pois isso faria com que a vontade do testador ficasse dependente da manifestação da vontade de outrem.

Um exemplo ilustrará a última hipótese: deixo 1/3 da minha herança para a pessoa que Salomão indicar.

Haveria, pois, no caso, uma inaceitável interferência de terceiro na manifestação de vontade do testador.

Da mesma forma, como não se pode delegar a terceiro a designação do herdeiro, também não se pode cometer a outrem o valor do legado (inciso IV).

Comentando o dispositivo, observam os amigos FLÁVIO TARTUCE e JOSÉ FERNANDO SIMÃO:

> "Novamente, a razão da nulidade é óbvia, pois se o testador deixasse a terceiros a fixação do legado, estaria transferindo o próprio direito de testar, que é personalíssimo. O objeto do legado deve ser determinado ou determinável de acordo com os elementos contidos no próprio testamento, para que a efetiva vontade do morto, e não a do herdeiro ou legatário, seja respeitada. Aliás, todas as condições de certo negócio deixadas ao arbítrio de certa pessoa são nulas, por aplicação analógica da regra que proíbe a *condição puramente potestativa* (art. 122 do CC).
>
> Como exceção ao dispositivo, valerá a disposição em remuneração de serviços prestados ao testador, por ocasião da moléstia de que faleceu, ainda que fique ao arbítrio do herdeiro ou de outrem determinar o valor do legado (art. 1.901, II, do CC). Trata-se de uma sucessão onerosa, pois a deixa não constitui verdadeira liberalidade, já que o beneficiário prestou serviços ao falecido.
>
> O instituto traz situação que se assemelha à doação remuneratória que é feita para agradecer a um serviço prestado por uma pessoa que não se torna

credora em razão deste, bem como em agradecimento por determinada atitude do donatário. Como dispõe o art. 540 do atual Código, não se trata de um ato de liberalidade em si, mas somente na parte que exceder o serviço prestado. Vale dizer, contudo, que a diferença entre os institutos é que, na doação, o disponente celebra contrato que produz efeitos em vida. Já na disposição testamentária, esta só produz efeitos após sua morte"[16].

Tal ato é personalíssimo, e, por isso, indelegável, sendo nula de pleno direito qualquer disposição nesse sentido.

Por fim, é forçoso convir que serão nulas as disposições testamentárias dirigidas a pessoas com impedimentos legais sucessórios (inciso V), por carecerem de vocação hereditária específica[17].

Por outro lado, estabeleceu, o codificador, previamente, o reconhecimento da validade de disposições testamentárias pouco ortodoxas.

Falamos, nesse caso, do art. 1.901 do Código Civil:

"Art. 1.901. Valerá a disposição:

I — em favor de pessoa incerta que deva ser determinada por terceiro, dentre duas ou mais pessoas mencionadas pelo testador, ou pertencentes a uma família, ou a um corpo coletivo, ou a um estabelecimento por ele designado;

II — em remuneração de serviços prestados ao testador, por ocasião da moléstia de que faleceu, ainda que fique ao arbítrio do herdeiro ou de outrem determinar o valor do legado".

A primeira situação é uma exceção aparente à regra de nulidade de disposição que remeta para terceiro a escolha de pessoa incerta.

Isso porque a menção a pessoa incerta diz respeito a uma coletividade específica, *em que o âmbito de escolha já está delimitado pelo testador*, apenas autorizando que o terceiro escolha o beneficiário entre algumas pessoas determinadas.

A exemplificação ajuda a compreender melhor a questão.

Seria absolutamente nula uma cláusula que dispusesse em favor de quem Fulano escolhesse. Por outro lado, seria perfeitamente aceitável a disposição para Beltrano ou Cicrano, remetendo a escolha a Fulano.

A segunda hipótese, prevista no dispositivo, é a da estipulação de remuneração por serviços prestados ao testador, por ocasião da moléstia de que faleceu.

---

[16] Flávio Tartuce e José Fernando Simão, *Direito Civil*, cit., p. 334/335.

[17] Confira-se o tópico 5 ("Impedimentos Legais Sucessórios") do Capítulo VII ("Vocação Hereditária") deste volume.

A razoabilidade da autorização legal parece-nos evidente.

De fato, nem sempre o falecimento vem a ocorrer quando o indivíduo ainda está plenamente capaz de manifestar a sua vontade. Imagine-se, por exemplo, que o testador, depois de estabelecer a cláusula, venha a entrar em coma ou padecer longo tempo sem condições de expressar seu consentimento. Somente um dom de profecia poderia prever quem especificamente se encarregaria a cuidar do paciente e quanto tempo ou dedicação seriam despendidos...

Assim, uma disposição geral para que o patrimônio do testador remunerasse serviços prestados por ocasião da moléstia que lhe tirou do plano de existência, pode ter, sem problemas, tal âmbito de amplitude, remetendo a herdeiro ou a outrem a determinação do valor razoável para a remuneração de tal nobre labor.

7. PRAZO PARA IMPUGNAÇÃO DAS DISPOSIÇÕES TESTAMENTÁRIAS

O *caput* do art. 1.909 do Código Civil traz uma disposição absolutamente desnecessária.

Com efeito, ao afirmar que são "anuláveis as disposições testamentárias inquinadas de erro, dolo ou coação" nada acrescenta ao direito positivo regente da matéria, uma vez que é regra assente, na parte geral do Código Civil brasileiro, que os negócios jurídicos celebrados com tais vícios de consentimento são anuláveis[18].

E, em seu parágrafo único, estabelece, ainda, o prazo decadencial de quatro anos para se exercer o direito potestativo de anular a disposição por vício de vontade, contados de quando o interessado tiver conhecimento do vício.

Tal prazo se coaduna com a regra geral do art. 178 do Código Civil, para a anulação dos negócios jurídicos, que é também de quatro anos[19].

---

[18] Sobre o tema, confiram-se os Capítulos XII ("Plano de Validade do Negócio Jurídico"), XIII ("Defeitos do Negócio Jurídico") e XIV ("Invalidade do Negócio Jurídico") do v. 1 ("Parte Geral") da presente coleção.

[19] "Art. 178. É de quatro anos o prazo de decadência para pleitear-se a anulação do negócio jurídico, contado:

I — no caso de coação, do dia em que ela cessar;

II — no de erro, dolo, fraude contra credores, estado de perigo ou lesão, do dia em que se realizou o negócio jurídico;

III — no de atos de incapazes, do dia em que cessar a incapacidade."

Todavia, não se pode deixar de registrar que, para outras hipóteses de impugnação da validade do testamento, fora previsto o prazo específico e diferenciado de cinco anos, conforme se lê no art. 1.859, contados da data do registro, dicotomia prazal que poderia ter sido evitada[20].

Conforme já anotamos[21], tal prazo quinquenal prevaleceria inclusive em face de eventuais causas de nulidade absoluta do negócio jurídico, a exemplo da incapacidade absoluta do agente ou da impossibilidade do seu objeto, as quais, em regra, nos termos do art. 169 do Código Civil, não comportariam prazo para a sua impugnação.

Nesse sentido, relembremos a lição de SÍLVIO VENOSA:

> "Lembremos que o novo Código fixou em cinco anos o prazo decadencial para impugnar a validade do testamento, contado o prazo da data de seu registro (art. 1.859). Ao mencionar impugnação, o novo diploma se refere tanto aos casos de nulidade como de anulabilidade. Com isso, derroga a regra geral do art. 169, segundo o qual o negócio jurídico nulo não é suscetível de confirmação, nem convalidação pelo decurso do tempo. A natureza do testamento e as dificuldades que a regra geral da imprescritibilidade ocasionaria forçou essa tomada de posição pelo legislador. Essa exceção ao princípio geral vem demonstrar que não é conveniente essa regra geral de não extinguibilidade com relação aos negócios nulos. Melhor seria que se abraçasse a corrente doutrinária anterior que entendia que os atos nulos prescrevem no prazo máximo estabelecido no ordenamento. Nesse campo de nulidades, porém, há que se atentar para as hipóteses de inexistência de testamento, quando qualquer prazo extintivo se mostra inaplicável para sua declaração, como ocorre, por exemplo, na hipótese de perfeita ausência de vontade do testador"[22].

Podemos, então, concluir que, nos termos do referido art. 1.859, o prazo decadencial de cinco anos para impugnação do testamento diz respeito a qualquer defeito de validade, com exceção dos vícios de consentimento referidos no art. 1.909.

---

[20] Saliente-se, mais uma vez, que o antigo Projeto de Lei n. 6.960/2002 (já arquivado) propunha uma nova redação ao mencionado art. 1.859, condensando, em uma única regra, os dois prazos mencionados, com a seguinte redação: "Extingue-se em cinco anos o direito de requerer a declaração de nulidade do testamento ou de disposição testamentária, e em quatro anos o de pleitear a anulação do testamento ou de disposição testamentária".

[21] Ver também o item 4.5 ("Prazo das Ações de Invalidade de Testamento") do Capítulo XIII (Sucessão Testamentária).

[22] Sílvio de Salvo Venosa, *Direito Civil — Direito das Sucessões*, 3. ed., São Paulo: Atlas, 2003, p. 144. v. 7.

Trata-se de matéria que, sem dúvida, poderia ter sido mais bem tratada pelo legislador.

8. DAS LIMITAÇÕES DE EFICÁCIA

Ainda na disciplina das disposições testamentárias, estabelece o art. 1.910:

> "Art. 1.910. A ineficácia de uma disposição testamentária importa a das outras que, sem aquela, não teriam sido determinadas pelo testador".

Parece-nos que o referido dispositivo explicita o óbvio.

De fato, por uma lógica regra de causalidade, não podem ser consideradas eficazes disposições que se fundamentam em outras que tenham sido declaradas ineficazes.

Explicando o dispositivo, sintetizam DIMAS MESSIAS DE CARVALHO e DIMAS DANIEL DE CARVALHO:

> "A nulidade pode ser do próprio instrumento (testamento) ou apenas de qualquer uma de suas cláusulas. Na última hipótese, a ideia dominante, em face do princípio da defesa do testamento, é que a nulidade de uma cláusula não deverá prejudicar o resto do instrumento, devendo as lícitas serem mantidas. Entretanto, se as cláusulas lícitas foram entrosadas ou decorrentes das nulas, e sem estas não seriam determinadas, também são ineficazes (art. 1.910, CC)"[23].

Assim, inspirando-nos na vetusta ideia segundo a qual "o acessório segue a mesma sorte do principal", se há uma relação evidente entre duas disposições, a ponto de se concluir que, sem uma, a outra não produziria efeitos, não há como subsistir tal relação.

E, como derradeiro tópico deste capítulo, tratemos da relevantíssima questão das cláusulas restritivas de propriedade.

9. CLÁUSULAS DE RESTRIÇÃO DE PROPRIEDADE

Entre o enorme plexo de cláusulas testamentárias possíveis, a lei autoriza que o testador, em sua disposição de última vontade, estipule restrições ao legado ou à herança, impondo-lhes os gravames de inalienabilidade, incomunicabilidade ou impenhorabilidade.

É a regra do art. 1.911 do Código Civil:

---

[23] Dimas Messias de Carvalho e Dimas Daniel de Carvalho, *Direito das Sucessões* — Inventário e Partilha, 3. ed., Belo Horizonte: Del Rey, 2011, p. 147-148.

"Art. 1.911. A cláusula de inalienabilidade, imposta aos bens por ato de liberalidade, implica impenhorabilidade e incomunicabilidade.

Parágrafo único. No caso de desapropriação de bens clausulados, ou de sua alienação, por conveniência econômica do donatário ou do herdeiro, mediante autorização judicial, o produto da venda converter-se-á em outros bens, sobre os quais incidirão as restrições apostas aos primeiros".

Entenda-se por inalienabilidade a restrição à transferência do bem a terceiros, seja a título gratuito ou oneroso.

Por impenhorabilidade, por sua vez, compreenda-se a restrição da possibilidade de constrição judicial.

Já por incomunicabilidade, depreenda-se a restrição à transferência de fração ideal do bem ao cônjuge (ou companheiro) quando da formação de um núcleo familiar, restrição esta feita com a finalidade de proteção próprio beneficiário do testamento[24].

Vale destacar que a regra do *caput*, de que a inalienabilidade implica automaticamente tanto impenhorabilidade quanto incomunicabilidade, acaba por acolher, em sede legal, antiga diretriz jurisprudencial do Supremo Tribunal Federal[25], o que nos parece, *a priori*, muito razoável.

De fato, se tal não ocorresse, seria fácil "escapulir" da regra legal de inalienabilidade, pois bastaria, por exemplo, o herdeiro assumir dívidas até o valor

---

[24] "CIVIL. ACÓRDÃO ESTADUAL. NULIDADE NÃO CONFIGURADA. INVENTÁRIO. TESTAMENTO. QUINHÃO DE FILHA GRAVADO COM CLÁUSULA RESTRITIVA DE INCOMUNICABILIDADE. HABILITAÇÃO DE SOBRINHOS E NETOS. DISCUSSÃO SOBRE A SUA EXTINÇÃO EM FACE DA CLÁUSULA, PELO ÓBITO, ANTERIOR, DA HERDEIRA, A BENEFICIAR O CÔNJUGE SUPÉRSTITE. PREVALÊNCIA DA DISPOSIÇÃO TESTAMENTÁRIA. CC, ARTS. 1676 E 1666.

I. A interpretação da cláusula testamentária deve, o quanto possível, harmonizar-se com a real vontade do testador, em consonância com o art. 1.666 do Código Civil anterior.

II. Estabelecida, pelo testador, cláusula restritiva sobre o quinhão da herdeira, de incomunicabilidade, inalienabilidade e impenhorabilidade, o falecimento dela não afasta a eficácia da disposição testamentária, de sorte que procede o pedido de habilitação, no inventário em questão, dos sobrinhos da *de cujus*.

III. Recurso especial conhecido e provido" (STJ, REsp 246.693/SP, Recurso Especial 2000/0007811-5, Rel. Min. Ruy Rosado de Aguiar, 4.ª Turma, j. 4-12-2001, *DJ*, 17-5-2004, p. 228).

[25] "Súmula n. 49 — 13/12/1963 — *Súmula da Jurisprudência Predominante do Supremo Tribunal Federal — Anexo ao Regimento Interno. Edição: Imprensa Nacional, 1964, p. 49.* Cláusula de Inalienabilidade — Comunicabilidade dos Bens. A cláusula de inalienabilidade inclui a incomunicabilidade dos bens."

do bem e, *a posteriori*, indicá-lo na execução para penhora, ou, então, casar-se em regime de comunhão universal, para, em seguida, divorciar-se, partilhando o patrimônio recebido.

Claro que, por vezes, em função de peculiaridades da situação concreta, tal impenhorabilidade não deve ser considerada de forma absoluta, o que também se vislumbra na prática judiciária:

> "RECURSO ESPECIAL. SUCESSÃO. DÍVIDAS DO MORTO. TESTAMENTO QUE GRAVA OS IMÓVEIS DEIXADOS COM CLÁUSULAS DE INALIENABILIDADE E IMPENHORABILIDADE. POSSIBILIDADE DE PENHORA, EM EXECUÇÃO MOVIDA POR CREDOR DO *DE CUJUS*.
>
> 1. Os bens deixados em herança, ainda que gravados com cláusula de inalienabilidade ou de impenhorabilidade, respondem pelas dívidas do morto.
>
> 2. Por força do Art. 1.676 do Código Civil de 1916, as dívidas dos herdeiros não serão pagas com os bens que lhes foram transmitidos em herança, quando gravados com cláusulas de inalienabilidade e impenhorabilidade, por disposição de última vontade. Tais bens respondem, entretanto, pelas dívidas contraídas pelo autor da herança.
>
> 3. A cláusula testamentária de inalienabilidade não impede a penhora em execução contra o espólio" (STJ, REsp 998031/SP, Recurso Especial 2005/0072290-4, Rel. Min. Humberto Gomes de Barros, j. 11-12-2007, *DJ*, 19-12-2007, p. 1230, *Lex-STJ*, v. 223, p. 267; *RT*, v. 871 p. 207).

Observe-se, finalmente, que a vigente codificação civil, de forma inovadora, abrandou o rigor da cláusula, para permitir, na forma do parágrafo único supratranscrito, por conveniência econômica do beneficiário e mediante autorização judicial, a alienação dos bens gravados, convertendo-se o valor apurado em outros bens, sobre os quais incidirão as restrições apostas aos primeiros.

Além disso, reforçando o caráter relativo da inalienabilidade, a conversão também é aplicável para hipóteses de desapropriação, caso em que o valor da indenização converter-se-á em outros bens, sobre os quais continuarão a incidir os gravames.

O referido parágrafo único, em nosso sentir, não foi plenamente técnico ao mencionar que "o produto da venda converter-se-á em outros bens", porquanto, posto se possa falar em "venda" no caso de alienação por conveniência econômica do herdeiro, a mesma expressão não se pode empregar para o caso da expropriação.

Além disso, note, amigo leitor, que também há a menção ao "donatário", embora estejamos a tratar do estudo de uma cláusula atinente ao "testamento", e não ao "contrato de doação".

Mas, pondo de lado esses aspectos terminológicos, o sentido da norma é claro: o valor apurado — quer seja no caso da venda, quer seja no da desapropriação — converter-se-á em outro(s) bem(ns), o(s) qual(is) passará(ão) a ser objeto dos gravames.

Finalmente, parece-nos plenamente razoável defender-se, em situações excepcionais, a eventual possibilidade da revogação de tais cláusulas, com a finalidade de se imprimir função social à propriedade e de preservar a dignidade da pessoa do proprietário, o que tem encontrado guarida na jurisprudência pátria[26].

É o caso, por exemplo, de o beneficiário precisar vender o imóvel recebido para empregar todo o valor apurado no custeio de uma complexa cirurgia.

A título de conclusão, vale acrescentar ainda, a par da polêmica a respeito do tema, haver entendimento jurisprudencial no sentido de se admitir a usucapião do bem clausulado[27].

Por fim, como já afirmamos anteriormente, o Código Civil brasileiro de 1916 admitia a possibilidade de o testador também clausular a legítima, o que

---

[26] "DIREITO DAS SUCESSÕES. REVOGAÇÃO DE CLÁUSULAS DE INALIENABILIDADE, INCOMUNICABILIDADE E IMPENHORABILIDADE IMPOSTAS POR TESTAMENTO. FUNÇÃO SOCIAL DA PROPRIEDADE. DIGNIDADE DA PESSOA HUMANA. SITUAÇÃO EXCEPCIONAL DE NECESSIDADE FINANCEIRA. FLEXIBILIZAÇÃO DA VEDAÇÃO CONTIDA NO ART. 1.676 DO CC/16. POSSIBILIDADE.

1. Se a alienação do imóvel gravado permite uma melhor adequação do patrimônio à sua função social e possibilita ao herdeiro sua sobrevivência e bem-estar, a comercialização do bem vai ao encontro do propósito do testador, que era, em princípio, o de amparar adequadamente o beneficiário das cláusulas de inalienabilidade, impenhorabilidade e incomunicabilidade.

2. A vedação contida no art. 1.676 do CC/16 poderá ser amenizada sempre que for verificada a presença de situação excepcional de necessidade financeira, apta a recomendar a liberação das restrições instituídas pelo testador.

3. Recurso especial a que se nega provimento" (STJ, REsp 1158679/MG, Recurso Especial 2009/0193060-5, Rel. Min. Nancy Andrighi, j. 7-4-2011, *DJe*, 15-4-2011, *RBDFS*, v. 22, p. 130).

[27] "USUCAPIÃO. Bem com cláusula de inalienabilidade. Testamento. Art. 1.676 do CCivil. O bem objeto de legado com cláusula de inalienabilidade pode ser usucapido. Peculiaridade do caso" (STJ, REsp 418945/SP, Recurso Especial 2002/0026936-3, Rel. Min. Ruy Rosado de Aguiar, j. 15-8-2002, *DJ*, 30-9-2002, p. 268; *RMP*, v. 19, p. 466; *RSTJ*, v. 166, p. 442).

fora restringido pela vigente codificação, que condicionou o gravame à ocorrência de justa causa[28], tema já abordado em capítulo anterior[29].

---

[28] "Direito civil e processual civil. Sucessões. Recurso especial. Arrolamento de bens. Testamento feito sob a vigência do CC/16. Cláusulas restritivas apostas à legítima. Inalienabilidade, impenhorabilidade e incomunicabilidade. Prazo de um ano após a entrada em vigor do CC/02 para declarar a justa causa da restrição imposta. Abertura da sucessão antes de findo o prazo. Subsistência do gravame. Questão processual. Fundamento do acórdão não impugnado.

— Conforme dicção do art. 2.042 c/c o *caput* do art. 1.848 do CC/02, deve o testador declarar no testamento a justa causa da cláusula restritiva aposta à legítima, no prazo de um ano após a entrada em vigor do CC/02; na hipótese de o testamento ter sido feito sob a vigência do CC/16 e aberta a sucessão no referido prazo, e não tendo até então o testador justificado, não subsistirá a restrição.

— Ao testador são asseguradas medidas conservativas para salvaguardar a legítima dos herdeiros necessários, sendo que na interpretação das cláusulas testamentárias deve-se preferir a inteligência que faz valer o ato, àquela que o reduz à insubsistência; por isso, deve-se interpretar o testamento, de preferência, em toda a sua plenitude, desvendando a vontade do testador, libertando-o da prisão das palavras, para atender sempre a sua real intenção.

— Contudo, a presente lide não cobra juízo interpretativo para desvendar a intenção da testadora; o julgamento é objetivo, seja concernente à época em que dispôs da sua herança, seja relativo ao momento em que deveria aditar o testamento, isto porque veio a óbito ainda dentro do prazo legal para cumprir a determinação legal do art. 2.042 do CC/02, o que não ocorreu, e, por isso, não há como esquadrinhar a sua intenção nos 3 meses que remanesciam para cumprir a dicção legal.

— Não houve descompasso, tampouco descumprimento, por parte da testadora, com o art. 2.042 do CC/02, conjugado com o art. 1.848 do mesmo Código, isto porque foi colhida por fato jurídico — morte — que lhe impediu de cumprir imposição legal, que só a ela cabia, em prazo que ainda não se findara.

— O testamento é a expressão da liberdade no direito civil, cuja força é o testemunho mais solene e mais grave da vontade íntima do ser humano.

— A existência de fundamento do acórdão recorrido não impugnado, quando suficiente para a manutenção de suas conclusões em questão processual, impede a apreciação do recurso especial no particular. Recurso especial provido" (STJ, REsp 1.049.354/SP, Recurso Especial 2008/0083708-6, Rel. Min. Nancy Andrighi, j. 18-8-2009, *DJe*, 8-9-2009; *RIOBDF*, v. 56, p. 146).

[29] Confira-se o subtópico 3.2 ("Justa Causa para Gravação de Bens da Legítima") do Capítulo XI ("Sucessão Legítima") do presente volume.

Capítulo XVIII
Legados

Sumário: 1. Introdução. 2. Noções conceituais. 3. Sujeitos. 4. Objeto. 5. Tipologia. 6. Efeitos. 7. Pagamento. 8. Caducidade.

1. INTRODUÇÃO

Normalmente, quando se fala em herança, tem-se em mente a transferência total ou parcial de toda a massa patrimonial deixada pelo "*de cujus*".

Todavia, também é possível, sempre por meio da declaração de última vontade, o estabelecimento de uma transferência de bens específicos.

Trata-se do *legado*, objeto do presente capítulo.

2. NOÇÕES CONCEITUAIS

Legado, em linhas gerais, é um bem certo e determinado (ou, excepcionalmente, determinável), deixado pelo autor da herança, a alguém, denominado *legatário*, por manifestação expressa em testamento ou codicilo.

A ideia parece muito simples: se o herdeiro sempre recebe a título universal, isto é, a totalidade ou fração ideal (metade, um terço, um quinto) do patrimônio, o legatário recebe bem destacado, singularizado, extraído da universalidade, como, por exemplo, uma casa ou um veículo especificado pelo autor da herança em testamento.

No ordenamento jurídico brasileiro, é da essência do legado ser uma liberalidade *mortis causa* a título singular, constituindo-se uma atecnia falar-se em legados universais[1].

Isso não impede, por si só, que toda a herança seja objeto de legados, desde que todos os bens componentes do espólio tenham sido individualmente designados no testamento ou codicilo. Isso, obviamente, somente ocorrerá se não houver necessidade de respeito à legítima, ou seja, na hipótese de inexistirem herdeiros necessários[2].

---

[1] "Em nosso direito não há legados universais, como no direito francês, e, consequentemente, não há legatários universais. No direito pátrio todo legado constitui liberalidade *mortis causa* a título singular" (Carlos Roberto Gonçalves, *Direito Civil Brasileiro — Direito das Sucessões*, 14. ed., São Paulo: Saraiva, 2020, v. 7, p. 368).

[2] "A instituição de legados de toda a herança somente é possível se não houver herdeiros necessários, mas qualquer parte remanescente da herança, não alcançada por eles,

Sobre o tema, registra CARLOS ROBERTO GONÇALVES:

"Pouco importa o nome que no testamento se dê à liberalidade, ou seja, se o disponente designa o herdeiro com o nome de legatário ou se, vice-versa, chama o legado de herança. Não há palavras sacramentais. O que conta é a essência da declaração pela qual se qualifica a vontade testamentária relativamente a uma pessoa ou a uma coisa. Toda vez que se deixa certo objeto, não o acervo ou parte alíquota do mesmo, toda vez que a sucessão se verifica a título particular, é de legado que se trata"[3].

A observação parece-nos bastante relevante.

De fato, é preciso compreender o legado como uma manifestação direcionada no sentido de se atribuir a titularidade de determinado bem (ou eventualmente um direito) a alguém, como decorrência do respeito ao princípio da vontade manifestada[4].

3. SUJEITOS

São sujeitos indispensáveis do legado o *autor da herança* (*legante*) e o beneficiário do legado (*legatário*).

Todavia, o instituto comporta eventualmente a presença de outros sujeitos.

Nesse sentido, ensina o amigo e brilhante jurista CARLOS ROBERTO GONÇALVES:

"Quando o legado é atribuído a herdeiro legítimo (que passa a cumular as qualidades de herdeiro e legatário), denomina-se *prelegado* (*praelegatum*) ou legado precípuo (*praecipuum*). Pode haver, portanto, como sujeito, além do testador e do legatário, a figura do *prelegatário* ou *legatário precípuo*, que recebe o legado e também os bens que integram o seu quinhão na herança.

O herdeiro encarregado de cumprir o legado é chamado de onerado. *Onerado* ou *gravado* é, pois, o que deve pagar o legado; *legatário*, ou *honrado*, o que recebe a dádiva ou liberalidade.

Se o mesmo objeto cabe a vários beneficiados, eles se denominam *colegatários*. Se a um legatário é imposta a entrega de outro legado, de sua propriedade, a este se denomina *sublegado*, e *sublegatário*, à pessoa a que o bem se destina. Por conseguinte, o onerado tanto pode ser um herdeiro como um legatário"[5].

---

continua sob a titularidade dos herdeiros legítimos, que a adquiriram por força da *saisine*, inclusive a Fazenda Pública" (Paulo Lôbo, *Direito Civil — Sucessões*, 6. ed., São Paulo: Saraiva, 2020, v. 6, p. 284).

[3] Carlos Roberto Gonçalves, *Direito Civil Brasileiro — Direito das Sucessões*, 14. ed., São Paulo: Saraiva, 2020, v. 7, p. 369-370.

[4] Novamente, confira-se o subtópico 4.6 ("Princípio do Respeito à Vontade Manifestada") do Capítulo II ("Principiologia do Direito das Sucessões") deste volume.

[5] Carlos Roberto Gonçalves, *Direito Civil Brasileiro*, cit., p. 370.

Conhecidas essas expressões subjetivas, teçamos algumas considerações acerca do objeto do legado.

4. OBJETO

O que pode ser objeto de um legado?

Em regra, qualquer bem passível de individualização e que integre a esfera de titularidade jurídico-patrimonial do autor da herança.

Daí a afirmação lógica, constante do art. 1.912 do vigente Código Civil brasileiro, de que é "ineficaz o legado de coisa certa que não pertença ao testador no momento da abertura da sucessão".

Isto não quer dizer que, no momento da estipulação do legado, o instituidor tenha necessariamente de já possuir o bem legado, mas, sim, de que isto deverá ser verificado no momento da abertura da sucessão (ou seja, com a morte do autor da disposição de última vontade).

Tal afirmação implica, por outro lado, que, se era titular quando da estipulação do legado, mas o deixou de ser quando da abertura da sucessão, a disposição testamentária quedar-se-á ineficaz.

Nesse aspecto foi muito mais técnico o novel codificador, se comparado ao legislador de 1916, na medida em que este último comina a "nulidade" do ato, quando, em verdade, como dito acima, é caso de reconhecer a sua "ineficácia"[6].

Também aplaudindo a nova redação, comenta PAULO LÔBO:

> "O legado de coisa alheia, previsto na legislação anterior, foi suprimido pelo Código Civil. Não há mais, portanto, referência legal a esse anômalo legado, porque a eficácia de qualquer legado depende de sua precisa existência na data da abertura da sucessão. Se, nessa data, inexistir a coisa, o legado é simplesmente ineficaz, superando-se a imputação de nulidade, aludida na legislação anterior. O plano da validade não é afetado, pois decorre da declaração válida da vontade do testador. Mas a inexistência da coisa no momento de sua morte atinge o plano da eficácia, tornando a disposição testamentária ineficaz. Não há impedimento legal, contudo, de o testador estabelecê-lo, no âmbito de sua autonomia privada, mas será ineficaz se a coisa não estiver em sua titularidade no momento da abertura da sucessão. A crítica de Pontes de Miranda (1973, v. 57, § 5.762) à nulidade de tal legado, fixada no art. 1.678 do anterior código, influenciou a correta alusão do novo Código à ineficácia. Também repercutiu sua crítica ao momento a ser considerado, que não poderia ser o da data do testamento (como se a aquisição posterior operasse a retroeficácia, ou, o

[6] Confira-se, a propósito, o art. 1.678 do Código Civil brasileiro de 1916:

"Art. 1.678. É nulo o legado de coisa alheia. Mas, se a coisa legada, não pertencendo ao testador, quando testou, se houver depois tornado sua, por qualquer título, terá efeito a disposição, como se sua fosse a coisa, ao tempo em que ele fez o testamento".

que é pior, a convalescença), mas sim o da data da morte do testador. No direito atual apenas se leva em conta o que está na titularidade do testador na data da sua morte, para que o legado possa ser considerado eficaz"[7].

Seguindo tal diretriz, estabelece o art. 1.916 do CC/2002:

> "Art. 1.916. Se o testador legar coisa sua, singularizando-a, só terá eficácia o legado se, ao tempo do seu falecimento, ela se achava entre os bens da herança; se a coisa legada existir entre os bens do testador, mas em quantidade inferior à do legado, este será eficaz apenas quanto à existente".

Isso quer dizer que é absolutamente ineficaz qualquer legado sobre bem de que o autor da herança não seja titular, de forma plena, total e incondicionada, na abertura da sucessão?

Não, amigo leitor!

Desconfie sempre de afirmações peremptórias sobre regras aparentemente absolutas...

Excepcionalmente, admite-se um legado sobre bem que não pertença ao autor da herança.

Tudo dependerá, obviamente, dos termos da manifestação declarada.

Nessa linha, estabelecem os arts. 1.913 e 1.914 do Código Civil:

> "Art. 1.913. Se o testador ordenar que o herdeiro ou legatário entregue coisa de sua propriedade a outrem, não o cumprindo ele, entender-se-á que renunciou à herança ou ao legado.
>
> Art. 1.914. Se tão somente em parte a coisa legada pertencer ao testador, ou, no caso do artigo antecedente, ao herdeiro ou ao legatário, só quanto a essa parte valerá o legado".

Na ideia propugnada no primeiro dispositivo, tem-se que é possível (e potencialmente eficaz) estabelecer um legado em que o bem transferido não é de propriedade do autor da herança, mas, sim, de um terceiro, que também é herdeiro ou legatário.

A hipótese é, efetivamente, de uma condição suspensiva da eficácia do legado, em que a inércia do herdeiro ou legatário será interpretada, *jure et de jure*, como uma renúncia à herança ou legado, revertendo os bens correspondentes para a legítima.

Da mesma forma, observando-se o segundo dispositivo transcrito, adaptar-se-á a disposição para o caso de titularidade parcial do bem legado.

---

[7] Paulo Lôbo, *Direito Civil — Sucessões*, 6. ed., São Paulo: Saraiva, 2020, v. 6, p. 283-284.

Nesse mesmo diapasão, mesmo que o bem não esteja presente no patrimônio do testador, mas possa ser adquirido por ser coisa genérica, a disposição é válida e eficaz.

E tal registro deve ser feito, pois, excepcionalmente, admite-se também o legado de coisa incerta.

Nesse sentido, confira-se o art. 1.915:

> "Art. 1.915. Se o legado for de coisa que se determine pelo gênero, será o mesmo cumprido, ainda que tal coisa não exista entre os bens deixados pelo testador".

E a quem cabe cumprir tal determinação?

Em nosso sentir, caso haja testamenteiro[8], naturalmente será dele a atribuição, se estabelecida nas disposições testamentárias, uma vez que é ele o responsável determinado pelo autor da herança para cumprimento do testamento.

Inexistindo, porém, pessoa especificamente designada para o mister de cumprimento do legado[9], a incumbência será dos herdeiros e, não os havendo, aos legatários, na proporção do que herdaram, na forma do art. 1.934[10] como aprofundaremos em tópico posterior[11].

Observe-se que tal atribuição segue a disciplina geral das obrigações de dar coisa incerta, na perspectiva da regra segundo a qual o gênero não perece[12].

Registre-se, por fim, na forma do art. 1.917, que o "legado de coisa que deva encontrar-se em determinado lugar só terá eficácia se nele for achada, salvo se removida a título transitório".

A inteligência do dispositivo segue a lógica do instituto: só é possível legar bens que possam ser individualizados e efetivamente transferidos no momento

---

[8] Confira-se o tópico 5 ("O Testamenteiro") do Capítulo XIII ("Sucessão Testamentária") deste volume.

[9] "Inexistindo a indicação de quem deve dar cumprimento ao legado, cabe aos herdeiros a execução" (Maria Berenice Dias, *Manual das Sucessões*, 3. ed. São Paulo: Revista dos Tribunais, 2013, p. 405).

[10] "Art. 1.934. No silêncio do testamento, o cumprimento dos legados incumbe aos herdeiros e, não os havendo, aos legatários, na proporção do que herdaram.

Parágrafo único. O encargo estabelecido neste artigo, não havendo disposição testamentária em contrário, caberá ao herdeiro ou legatário incumbido pelo testador da execução do legado; quando indicados mais de um, os onerados dividirão entre si o ônus, na proporção do que recebam da herança."

[11] Confira-se o tópico 7 ("Pagamento") deste capítulo.

[12] Sobre o tema, confira-se o subtópico 2.1.2 ("Obrigações de Dar Coisa Incerta") do Capítulo V ("Classificação Básica das Obrigações") do v. 2 ("Obrigações") desta coleção.

da sucessão. Ora, se o bem não está no lugar que foi indicado pelo autor da herança, sendo tal indicação do local parte da declaração de última vontade, não há, *a priori*, como distingui-lo de outros bens iguais que estejam em outro lugar (ressalvada a remoção transitória, conforme consta no texto legal transcrito).

Individualizado o objeto do legado, é este que deve ser entregue, na forma como se encontrava ao falecer o testador, que declarou sua intenção de vê-lo passar à titularidade de alguém específico, transferindo-lhe este bem na sua integralidade, com todas as suas características[13].

Feitas tais considerações genéricas sobre o objeto dos legados, façamos um pequeno esforço classificatório dos modos pelos quais se manifesta o instituto.

5. TIPOLOGIA

O vigente Código Civil contemplou diversas modalidades em sua parte introdutória da disciplina dos legados.

A pluralidade de legados é, portanto, a regra no Direito Sucessório brasileiro.

Desnecessária, porém, parece-nos tal preocupação em trazer tantas "espécies" de legados, uma vez que a matéria não é de taxatividade normativa, devendo ser tais menções consideradas meramente exemplificativas[14].

Todavia, como estão elas efetivamente mencionadas na codificação, apresentaremos uma rápida sistematização das modalidades mencionadas no texto legal.

Já conhecidas as regras codificadas sobre *legado de coisa certa*, bem como a situação excepcional de *legado de coisa incerta*, vale registrar que também pode haver *legado de direitos* (pessoais ou reais), como direitos de crédito ou usufruto, incluindo-se até mesmo prestações de fazer (como a de prestar alimentos).

No que diz respeito ao *legado de crédito*, estabelece o vigente Código Civil brasileiro:

---

[13] "Art. 1.937. A coisa legada entregar-se-á, com seus acessórios, no lugar e estado em que se achava ao falecer o testador, passando ao legatário com todos os encargos que a onerarem."

[14] No mesmo sentido, observa Paulo Lôbo:

"Há legados de coisas, de direitos reais, de direitos pessoais, de ações, de prestações de fazer, de crédito, de dívida, de bens alternativos, de alimentos. A pluralidade de modos de legados continua como regra no direito atual, mas as referências contidas na lei consideram-se como exemplificativas. O Código Civil poderia ter avançado e suprimido as referências a esses modos, regulando-os de modo genérico e deixando ao testador a discricionariedade para tal, salvo as situações vedadas" (*Direito Civil — Sucessões*, cit., p. 284).

"Art. 1.918. O legado de crédito, ou de quitação de dívida, terá eficácia[15] somente até a importância desta, ou daquele, ao tempo da morte do testador.

§ 1.º Cumpre-se o legado, entregando o herdeiro ao legatário o título respectivo.

§ 2.º Este legado não compreende as dívidas posteriores à data do testamento".

Observadas as regras de vocação hereditária[16], qualquer pessoa pode ser beneficiária de legados, inclusive um credor, não havendo necessariamente uma compensação de dívida por tal disposição de vontade, na forma do *caput* do art. 1.919 do CC[17].

A contrario sensu, pode o testador, também, valer-se dessa disposição para efetivar uma compensação de créditos.

A *ratio* da norma é garantir efetivamente o cumprimento do legado, devendo eventual crédito do legatário em face (do patrimônio) do testador ser cobrado em face do espólio, não sendo compensável, salvo vontade manifesta do seu autor.

Dispositivo de intelecção menos imediata é o parágrafo único da referida regra legal.

De fato, ao se afirmar que "subsistirá integralmente o legado, se a dívida lhe foi posterior, e o testador a solveu antes de morrer", parece que quis o legislador, permitam-nos a expressão coloquial, "chover no molhado", uma vez que se a dívida é posterior e já foi solvida, é óbvio que não há o que sequer cogitar em compensar. Contudo, o sentido da norma é o mesmo: preservar o legado e a vontade do testador, não se admitindo interpretações que o vinculem a uma causalidade não expressa.

Os direitos reais, obviamente, também podem ser objeto de legado.

Afinal de contas, a propriedade é uma das bases do Direito das Sucessões.

Por isso, no âmbito do *legado de direitos reais*, bens móveis e imóveis, objeto de propriedade do testador, bem como certos direitos reais na coisa alheia, podem ser legados.

---

[15] O vigente texto legal é de maior apuro técnico do que o revogado, pois a norma correspondente (art. 1.685 do CC/1916) afirmava que o "legado de crédito, ou de quitação da dívida, *valerá tão somente*", e não, como no transcrito art. 1.918, "*terá eficácia somente*" (ambos os grifos são nossos). De fato, a questão se compreende no plano da eficácia do negócio jurídico, e não no plano da validade. Sobre a importância dos planos do negócio jurídico testamentário, confira-se o Capítulo XIII ("Sucessão Testamentária") deste volume.

[16] Confira-se o Capítulo VII ("Vocação Hereditária") deste volume.

[17] "Art. 1.919. Não o declarando expressamente o testador, não se reputará compensação da sua dívida o legado que ele faça ao credor". Sobre a possibilidade da autonomia da vontade restringir a compensação de créditos, confira-se o tópico 4 ("Hipóteses de impossibilidade de compensação") do Capítulo XV ("Compensação") do v. II ("Obrigações") desta coleção.

Na parte geral sobre legados, duas regras específicas de direitos reais devem ser mencionadas.

A primeira, diz respeito ao *legado de usufruto*, em que, por força do art. 1.921, quando este for estipulado sem limitação temporal, "entende-se deixado ao legatário por toda a sua vida". Trata-se de um usufruto vitalício, mas, obviamente, não perpétuo, extinguindo-se com a morte do legatário.

A segunda regra se encontra esculpida no art. 1.922:

> "Art. 1.922. Se aquele que legar um imóvel lhe ajuntar depois novas aquisições, estas, ainda que contíguas, não se compreendem no legado, salvo expressa declaração em contrário do testador.
>
> Parágrafo único. Não se aplica o disposto neste artigo às benfeitorias necessárias, úteis ou voluptuárias feitas no prédio legado".

Trata-se de regra de evidente clareza.

O legado, como qualquer disposição testamentária, deve ser interpretado restritivamente.

Assim, qualquer aquisição posterior ao estabelecimento do legado, ainda que vizinha, não o amplia, salvo manifestação específica do testador.

Isso não se confunde com benfeitorias, uma vez que acompanham a própria coisa principal, e se destinam à preservação, aperfeiçoamento ou embelezamento do mesmo bem (no caso, o objeto do legado)[18], devendo ser aplicada a tradicional regra de que o acessório segue a sorte do principal.

Por fim, registre-se que também se admite o estabelecimento de *legado de alimentos*, os quais, não sendo especificados em seu valor, deverão ser interpretados, na forma do art. 1.920, como abrangendo o "sustento, a cura, o vestuário e a casa, enquanto o legatário viver, além da educação, se ele for menor".

Ressaltamos, por fim, mais uma vez, que a tipologia apresentada não é exaustiva.

O único ponto comum de todas essas modalidades classificatórias nos parece, porém, o caráter patrimonial ou econômico da disposição, na perspectiva do princípio da autonomia privada aplicado a esse tipo de relação jurídica.

Estudemos, agora, os efeitos do legado.

6. EFEITOS

Conforme já estudamos, a transmissão dos bens da herança se dá *ipso facto* do *evento mortis*, por força do Princípio da *Saisine*[19].

---

[18] Sobre benfeitorias, confira-se a alínea *e* ("as benfeitorias") do subtópico 4.2.1 ("Classificação dos Bens Acessórios") do Capítulo VIII ("Bens Jurídicos") do v. 1 ("Parte Geral") desta coleção.

[19] Confira-se o subtópico 4.1 ("Princípio da *Saisine*") do Capítulo II ("Principiologia do Direito das Sucessões") deste volume.

O mesmo se dá em relação ao legado, conforme se verifica do art. 1.923 do Código Civil:

> "Art. 1.923. Desde a abertura da sucessão, pertence ao legatário a coisa certa, existente no acervo, salvo se o legado estiver sob condição suspensiva.
>
> § 1.º Não se defere de imediato a posse da coisa, nem nela pode o legatário entrar por autoridade própria.
>
> § 2.º O legado de coisa certa existente na herança transfere também ao legatário os frutos que produzir, desde a morte do testador, exceto se dependente de condição suspensiva, ou de termo inicial".

Observe-se, todavia, com cuidado, a técnica legislativa.

O que se transmite imediatamente com a morte é a *propriedade*, não a *posse do bem legado*.

A regra do § 2.º, por sua vez, nada mais diz do que a aplicação da disciplina legal dos frutos, que, como bens acessórios, seguem a mesma sorte do principal. A ressalva final, por sua vez, afigura-se desnecessária, pois, se houve estabelecimento de condição (suspensiva) ou termo (inicial) pelo testador, somente com a sua implementação é que poderá produzir efeitos, o que é próprio do plano da eficácia do ato negocial[20].

Justamente por isso é que preceitua o art. 1.924:

> "Art. 1.924. O direito de pedir o legado não se exercerá, enquanto se litigue sobre a validade do testamento, e, nos legados condicionais, ou a prazo, enquanto esteja pendente a condição ou o prazo não se vença".

Reconhecida a validade do negócio jurídico testamentário e não havendo qualquer elemento acidental que retire sua eficácia, deve produzir efeitos imediatamente.

Pode o legado, por sua vez, constituir-se em uma transferência patrimonial monetária, a qual, obviamente, precisará ser realizada por alguém.

Nesse caso, o Código Civil brasileiro estabelece algumas importantes regras.

O legado em dinheiro, nessa linha, "só vence juros desde o dia em que se constituir em mora a pessoa obrigada a prestá-lo", conforme estabelecido pelo art. 1.925. Tal se dá pela necessidade de se interpelar a pessoa obrigada a prestar tal legado, que, muitas vezes, pode nem ter sido cientificada ainda. Nesse caso, não seria razoável se imputar juros quando não se tem fixado um termo inequívoco para caracterização da mora, à luz do dever de informação emanado da cláusula geral de boa-fé objetiva[21].

---

[20] Sobre o tema, releia-se o Capítulo XIII ("Sucessão Testamentária") deste volume e confira-se o Capítulo XV ("Plano de Eficácia do Negócio Jurídico") do v. 1 ("Parte Geral") desta obra.

[21] Sobre o tema dos juros, confira-se o tópico 3 ("Juros") do Capítulo XXIII ("Perdas e Danos") do v. 2 ("Obrigações") desta coleção.

Tratando-se de pagamento único, em valor fixo, a questão fica bem simples realmente.

Mas e se a hipótese for de pagamentos sucessivos?

Sobre o tema, estabelecem os arts. 1.927 e 1.928 do nosso Código Civil:

> "Art. 1.927. Se o legado for de quantidades certas, em prestações periódicas, datará da morte do testador o primeiro período, e o legatário terá direito a cada prestação, uma vez encetado cada um dos períodos sucessivos, ainda que venha a falecer antes do termo dele.
>
> Art. 1.928. Sendo periódicas as prestações, só no termo de cada período se poderão exigir.
>
> Parágrafo único. Se as prestações forem deixadas a título de alimentos, pagar-se-ão no começo de cada período, sempre que outra coisa não tenha disposto o testador".

Registre-se, porém, que, no caso de o "legado consistir em renda vitalícia ou pensão periódica, esta ou aquela correrá da morte do testador", como estabelecido pelo art. 1.926.

E se o legado for de dar uma coisa incerta?

Na situação de legado "genérico", há uma natural adaptação das regras do Direito das Obrigações, conforme já mencionamos linhas acima.

Isso porque, seguindo a tradição do nosso Direito, o art. 244 do CC/2002[22] estabelece que, nas obrigações de dar coisa incerta, a escolha pertence ao devedor.

Adaptando-se essa ideia ao Direito Sucessório, atribuiu-se o direito de escolha ao *herdeiro*, que, em geral, é o *onerado* para o cumprimento do legado:

> "Art. 1.929. Se o legado consiste em coisa determinada pelo gênero, ao herdeiro tocará escolhê-la, guardando o meio-termo entre as congêneres da melhor e pior qualidade".

Por outro lado, "quando a escolha for deixada a arbítrio de terceiro; e, se este não a quiser ou não a puder exercer, ao juiz competirá fazê-la, guardado o disposto na última parte do artigo antecedente", como estabelecido pelo art. 1.930.

Quebrando a lógica da escolha "pela média", o sistema codificado amplia a liberdade do legatário, quando o testador atribui a ele o direito de escolha.

Nesse sentido, estabelece o art. 1.931:

> "Art. 1.931. Se a opção foi deixada ao legatário, este poderá escolher, do gênero determinado, a melhor coisa que houver na herança; e, se nesta não

[22] "Art. 244. Nas coisas determinadas pelo gênero e pela quantidade, a escolha pertence ao devedor, se o contrário não resultar do título da obrigação; mas não poderá dar a coisa pior, nem será obrigado a prestar a melhor."

existir coisa de tal gênero, dar-lhe-á de outra congênere o herdeiro, observada a disposição na última parte do art. 1.929".

E a "quebra de lógica" é perfeitamente defensável.

De fato, se o testador expressamente autorizou a escolha pelo legatário, o que não estava obrigado a fazer, atribuiu a ele, com efeito, uma prerrogativa diferenciada, facultando-lhe a escolha da melhor coisa.

Tratando-se, não de legado de coisa incerta, mas, sim, de legado alternativo (obrigação única com pluralidade de objetos e dever de escolha de apenas um deles), a "adaptação" do Direito das Obrigações à disciplina das Sucessões é fielmente seguida, presumindo-se deixada ao herdeiro a opção (art. 1.932).

Por fim, saliente-se que, independentemente de quem seja o titular do direito de escolha (herdeiro ou legatário), o sistema codificado reconhece a sua transmissibilidade *causa mortis*[23].

7. PAGAMENTO

A Seção II do Capítulo VII ("Dos Legados") do Livro V ("Do Direito das Sucessões") do vigente Código Civil brasileiro é intitulada "Dos efeitos do legado e do seu pagamento".

Faz-se necessário tecer algumas considerações acerca da acepção da palavra "pagamento".

Está ela utilizada em seu sentido técnico-jurídico, que a identifica com o "cumprimento" de obrigação jurídica, e não com o sentido coloquial de entrega de dinheiro[24].

Por isso, amigo leitor, esclarecemos que, quando falarmos em "pagamento" do legado, entenda-se por "cumprimento" da disposição testamentária.

Feito esse esclarecimento, a pergunta a ser feita é: *a quem cabe o cumprimento (ou pagamento) do legado?*

A resposta se encontra expressa no art. 1.934 do vigente Código Civil brasileiro:

> "Art. 1.934. No silêncio do testamento, o cumprimento dos legados incumbe aos herdeiros e, não os havendo, aos legatários, na proporção do que herdaram.
>
> Parágrafo único. O encargo estabelecido neste artigo, não havendo disposição testamentária em contrário, caberá ao herdeiro ou legatário incumbido

---

[23] Código Civil: "Art. 1.933. Se o herdeiro ou legatário a quem couber a opção falecer antes de exercê-la, passará este poder aos seus herdeiros".

[24] Sobre o tema, confira-se o tópico 1 ("Sentido da Expressão 'Pagamento' e seus Elementos Fundamentais") do Capítulo VIII ("Teoria do Pagamento — Condições Subjetivas e Objetivas") do v. 2 ("Obrigações") desta coleção.

pelo testador da execução do legado; quando indicados mais de um, os onerados dividirão entre si o ônus, na proporção do que recebam da herança".

Obviamente, não se pode olvidar da figura do testamenteiro, que, caso tenha sido designado para tal mister, será, em nosso pensar, a pessoa responsável pela tarefa, aplicando-se o supramencionado dispositivo de forma subsidiária, no caso de não haver sido indicado tal sujeito.

O que se deve fazer, porém, quando se tratar de um sublegado[25], ou seja, a hipótese de o legado consistir em coisa pertencente a herdeiro ou legatário?

Nessa situação, o herdeiro ou legatário onerado — encarregado de cumprir o legado — será única e exclusivamente o titular desse bem[26], tendo, na forma do art. 1.935, direito de regresso em face dos demais coerdeiros, pela quota de cada um, salvo se o contrário expressamente dispôs o testador.

É preciso explicar melhor a possibilidade de ação regressiva contra os coerdeiros.

De fato, a regra, como visto no art. 1.934, é o cumprimento dos legados pelos herdeiros e, não os havendo, aos legatários, na proporção do que herdaram.

Isso é fácil de visualizar, quando se estabelece, por exemplo, o legado de determinada importância (R$ 10.000,00, por exemplo). Se apenas um é encarregado de pagar o legado, fará isso exclusivamente. Se mais de um herdeiro ou legatário forem encarregados, farão cada um segundo o quinhão hereditário que lhes foi reservado.

Todavia, o transcrito art. 1.935 trata de uma situação diferenciada: o legado não é de bem da parte disponível da herança, mas, sim, da propriedade de um herdeiro ou legatário designado.

Justamente por isso só ele pode cumprir.

Mas não está obrigado, *a priori*, a cumprir.

---

[25] Reveja-se o tópico 3 ("Sujeitos") deste capítulo.

[26] "Quem cumpre o legado é o herdeiro, ao qual cometa o testador o encargo. Se incumbiu alguns, designadamente, devem o cumprimento, como em Direito Romano já se estabelecia (*hereditas eos obrigat*), respondendo na proporção dos respectivos quinhões. O princípio sobrevive no moderno, numa espécie de revivescência da antiga *cautio muciana*, assentando ainda que se não for feita a designação dos obrigados, todos os herdeiros instituídos responderão por ele, proporcionalmente ao que herdarem (novo Código Civil, art. 1.934). Equivalendo o legado a um direito de crédito do legatário, há um sujeito passivo, contra o qual se exerce, e que varia conforme à natureza do objeto, exigível de um só herdeiro, do testamenteiro, de outro legatário, de vários herdeiros ou de todos, conforme se trate da entrega de uma coisa ou da prestação de um fato, oponível a um ou a outro, ou a todos" (Caio Mário da Silva Pereira, *Instituições de Direito Civil*, 17. ed., Rio de Janeiro: Forense, 2010, p. 260-261. v. 6).

Trata-se de um ônus, cujo bônus é precisamente a aceitação da herança ou do legado[27].

Caso o herdeiro ou legatário designado não cumpra efetivamente o legado, entende-se que renunciou à herança ou ao legado, na forma do art. 1.913 do Código Civil.

Cumprindo-o, porém, com a consequente diminuição imediata do seu patrimônio pessoal para a realização de tal mister, garante o dispositivo um "ressarcimento parcial", consistente no regresso, em face dos coerdeiros, observada a proporção da quota-parte de cada um.

Nessa situação, recomenda-se ao herdeiro ou legatário designado que verifique, "na ponta do lápis", se é economicamente razoável a aceitação da deixa em face da correspondente obrigação assumida.

Até mesmo porque nada impede que o testador vede a possibilidade do direito de regresso, conforme consta da parte final do dispositivo aqui comentado.

E mais!

Na forma do art. 1.936, as "despesas e os riscos da entrega do legado correm à conta do legatário, se não dispuser diversamente o testador".

Definitivamente, pode não valer a pena.

Por fim, nos legados com encargo, aplica-se ao legatário a mesma disciplina das doações de igual natureza (art. 1.938 do CC), quais sejam, as doações com encargo, a que se refere o art. 553 do nosso Código[28].

Arrematando este capítulo, enfrentemos a caducidade do legado.

8. CADUCIDADE

O legado decorre de uma disposição testamentária.

Logo, como cláusula de um negócio jurídico, ainda que unilateral, está submetida aos planos de existência, validade e eficácia.

Existente a cláusula, ela, por certo, pode ser declarada nula ou anulável, caso viole alguma regra de validade.

Considerada válida, seu destino é o cumprimento, o que tratamos no tópico anterior.

---

[27] Confira-se o Capítulo V ("Aceitação e Renúncia da Herança") deste volume.

[28] "Art. 553. O donatário é obrigado a cumprir os encargos da doação, caso forem a benefício do doador, de terceiro, ou do interesse geral.

Parágrafo único. Se desta última espécie for o encargo, o Ministério Público poderá exigir sua execução, depois da morte do doador, se este não tiver feito."

Sobre o tema, confira-se o subtópico "Doação contemplativa x Doação remuneratória" do Capítulo "Doação" do v. IV ("Contratos"), desta coleção.

Pode, por outro lado, o testador, a qualquer tempo revogá-la, excluindo-a do testamento.

Abstraídas, porém, as situações de invalidade e revogação, um legado poderá sofrer os efeitos da caducidade.

E o que significa isso?

Simplesmente a perda da eficácia, decorrente de circunstância posterior à sua estipulação.

Essa ineficácia superveniente pode ser *total* ou *parcial*, a depender do alcance do fato limitador e/ou do número de legados estabelecidos.

Nesse sentido, estabelece o art. 1.940:

> "Art. 1.940. Se o legado for de duas ou mais coisas alternativamente, e algumas delas perecerem, subsistirá quanto às restantes; perecendo parte de uma, valerá, quanto ao seu remanescente, o legado".

E que causas seriam essas que retirariam a eficácia dos legados?

A matéria é disciplinada pelo art. 1.939 da vigente codificação civil brasileira[29], que manteve, *mutatis mutandis*, as razões outrora previstas no art. 1.708 do Código Civil brasileiro de 1916.

As hipóteses, todas elencadas no referido dispositivo, podem ter natureza *objetiva*, na medida em que se refiram ao objeto do legado, ou índole *subjetiva*, quando se relacionarem à figura do legatário.

As causas objetivas são:

a) Modificação de forma da coisa: se, depois do testamento, o testador modificar a coisa legada, ao ponto de já não ter a forma nem lhe caber a denominação que possuía (inciso I).

Nessa situação, o que se tem é a impossibilidade de individualização da coisa, na forma como estabelecida na disposição legatária.

Em interessante observação, lembram os amigos FLÁVIO TARTUCE e JOSÉ FERNANDO SIMÃO:

---

[29] "Art. 1.939. Caducará o legado:

I — se, depois do testamento, o testador modificar a coisa legada, ao ponto de já não ter a forma nem lhe caber a denominação que possuía;

II — se o testador, por qualquer título, alienar no todo ou em parte a coisa legada; nesse caso, caducará até onde ela deixou de pertencer ao testador;

III — se a coisa perecer ou for evicta, vivo ou morto o testador, sem culpa do herdeiro ou legatário incumbido do seu cumprimento;

IV — se o legatário for excluído da sucessão, nos termos do art. 1.815;

V — se o legatário falecer antes do testador."

"Para Eduardo de Oliveira Leite, a hipótese se aplica quando a coisa legada sofrer especificação (hipótese de ouro em barras que é transformado em anéis, ou seja, de alteração da coisa por um trabalho humano); confusão (quando duas coisas líquidas ou gasosas se misturam, tais como vinho e água), comistão (quando duas coisas sólidas se misturam, tais como o sal e o açúcar) ou quando ocorre adjunção (sobreposição de coisas, tal como a tinta que é aplicada sobre a tela, formando um todo) (*Direito civil*..., 2004, v. 6, p. 249). É importante destacar que a caducidade só ocorre quando a transformação da coisa é feita pelo testador ou à sua ordem. Na hipótese de alteração provocada por terceiro ou de caso fortuito, o legado subsistirá"[30].

Registramos que, em sua parte final, a *ratio* da previsão normativa é efetivamente a perda da forma da coisa pela atuação do testador.

Talvez valha a pena, porém, ponderar, mesmo sem previsão legal específica, se o dispositivo não poderia ser aplicável também para situações em que a transformação ocorra por circunstância distinta, uma vez que se o bem chegou a um ponto de não merecer sequer a denominação que possuía, potencialmente perderia sentido o legado.

b) Alienação total ou parcial da coisa: se o testador, por qualquer título, alienar no todo ou em parte a coisa legada, caducará o legado até onde a coisa deixou de pertencer ao testador (inciso II).

Conforme já vimos, o normalmente esperado é que o bem legado integre o patrimônio do testador (embora haja a previsão da situação excepcional de legado de coisa alheia — art. 1.913).

Nesse contexto, se vier a alienar o bem — vender ou doar, por exemplo — o legado quedar-se-á ineficaz nos limites do patrimônio de que se dispôs.

c) Perecimento ou evicção[31] da coisa: se a coisa perecer ou for evicta (perda pelo reconhecimento, judicial ou administrativo, do direito anterior de terceiro sobre o bem), vivo ou morto o testador, sem culpa do herdeiro ou legatário incumbido do seu cumprimento (inciso III).

A hipótese é autoexplicativa, haja vista que é lógico que a perda do objeto constitui situação de ineficácia do legado.

Já as causas subjetivas, por sua vez, são:

a) Exclusão da Sucessão: se o legatário for excluído da sucessão, nos termos do art. 1.815 (inciso IV).

---

[30] Flávio Tartuce e José Fernando Simão, *Direito Civil*, 5. ed., Rio de Janeiro: Forense; São Paulo: Método, 2012, p. 372. v. 6.

[31] Sobre o tema, confira-se o Capítulo "Evicção" do v. 4 ("Contratos"), desta coleção.

O tema da exclusão da sucessão já foi tratado por nós em capítulo anterior[32].

E a ideia é simples: se o indivíduo foi excluído da sucessão, nos termos do art. 1.815, perderá a condição de legatário. Assim, a previsão do legado, embora existente e válida, torna-se ineficaz por falta de beneficiário legitimado.

b) Premoriência: se o legatário falecer antes do testador (inciso V).

O falecimento do legatário, por óbvio, faz cessar a sua personalidade jurídica.

Se esta ocorrer antes da abertura da sucessão, qualquer disposição testamentária que a ele se referir será absolutamente ineficaz.

Em sentido contrário, se vier a falecer posteriormente à abertura da sucessão, já terá adquirido o direito ao legado, e, por consequência, os seus herdeiros habilitar-se-ão para receber a coisa legada[33].

Compreendida a disciplina jurídica dos legados, convidamos você, amigo leitor, a seguir conosco, no interessante estudo do *Direito de Acrescer* e da *Redução das Disposições Testamentárias.*

---

[32] Confira-se o tópico 2 ("Exclusão por Indignidade") do Capítulo VIII ("Excluídos da Sucessão") do presente volume.

[33] "Ação de Abertura, Registro e Cumprimento de Testamento. Premoriência da legatária. Caducidade do legado. Não cabe direito de representação na sucessão testamentária. Inteligência do art. 1.939, V, do Código Civil. Recurso improvido" (TJSP, APL 276749520108260100/SP 0027674-95.2010.8.26.0100, Rel. Luiz Antonio Costa, j. 3-10-2012, 7.ª Câmara de Direito Privado, data de publicação: 5-10-2012).

"Agravo de instrumento. Inventário. Declaração e caducidade de cláusulas do testamento. Pretensão do agravante em ver declarada válida a revogação parcial do testamento. Declarações de vontade posteriores da testadora. Doação de bem elencado no testamento e posterior transmissão a terceiro. Impossibilidade de meação ou partilha desse bem imóvel. Demonstração de vontade de que sua pensão fosse recebida por outros familiares, ante o falecimento de seu irmão. Apenas com relação à cláusula 4.ª é que merece ser mantida a declaração de caducidade, ante a ausência de comprovação de nova intenção, posterior ao testamento e a premoriência do favorecido. Recurso parcialmente provido" (TJSP, Ag. 994080462346/SP, Rel. Fábio Quadros, j. 13-5-2010, 4.ª Câmara de Direito Privado, publicado em 19-5-2010).

Capítulo XIX
Direito de Acrescer e Redução das Disposições Testamentárias

Sumário: 1. Introdução. 2. Direito de acrescer. 3. Redução das disposições testamentárias.

1. INTRODUÇÃO

No presente capítulo, cuidaremos de tratar de dois temas bastante significativos para a Sucessão Testamentária: o *direito de acrescer* e a *redução das disposições testamentárias*.

Trata-se de matérias que, posto despertem a atenção da doutrina, encontram-se detalhadamente positivadas em nosso Código Civil.

2. DIREITO DE ACRESCER

Segundo ARMANDO GONÇALVES COIMBRA, inúmeras teorias tentaram fundamentar juridicamente o direito de acrescer[1].

Para a *teoria da unidade do objeto*, defendida por BRUNNETTI, o instituto sob comento justificar-se-ia no fato de os sucessores serem chamados a receber um objeto inteiro, de maneira que, faltando um desses beneficiados, os outros teriam o direito de receber a porção faltosa, que seria acrescida à sua. Trata-se de teoria falível, segundo o jurista português, citando PIRES DE LIMA, pois a própria herança é considerada uma universalidade, um todo único, até que se ultime a partilha.

Segundo a *teoria da unidade de designação*, defendida por NICOLÓ, o direito de acrescer seria baseado no fato de os sucessores serem designados unitariamente, ou seja, na mesma oportunidade, ou no mesmo ato, o que justificaria que o quinhão de um acrescesse ao do outro. Também não convence, pois aos herdeiros podem ser expressamente atribuídas quotas diferentes.

---

[1] Armando de Freitas Ribeiro Gonçalves Coimbra, *O Direito de Acrescer no Novo Código Civil*, Coimbra: Almedina, 1974, p. 41-43.

Para a *teoria da vontade da lei*, o direito de acrescer amparar-se-ia na norma legal, e não na vontade do *de cujus*. Tal ideia não se sustenta, na medida em que o próprio direito de acrescer poderá ser afastado pelo querer previamente manifestado pelo falecido.

Finalmente, temos a *teoria da vontade presumida do testador*, adotada em Portugal, segundo GONÇALVES COIMBRA, e também no Brasil, segundo a qual o direito de acrescer funda-se na vontade presumida do autor da herança:

> "Verificados os pressupostos do acrescer, não estabelecendo o testador uma substituição e não resultando do testamento uma diversa vontade do *de cujus* aplica-se o direito de acrescer, pois não é possível outra alternativa"[2].

Em nosso direito positivo, o direito de acrescer, regulado a partir do art. 1.941 do Código Civil, é conferido quando vários herdeiros, pela mesma disposição testamentária, forem conjuntamente chamados à herança em quinhões não determinados e qualquer deles não puder ou não quiser aceitá-la. Nesse caso, *a sua parte acrescerá à dos coerdeiros*, ressalvado o eventual direito do substituto[3].

Assim, uma disposição testamentária que contemple Huguinho, Zezinho e Luisinho, sem especificar o quinhão de cada um, poderá admitir a incidência do direito de acrescer, em favor dos demais coerdeiros remanescentes, se Huguinho renunciar à herança, e desde que não tenha sido previsto um substituto.

Na mesma linha, a teor do art. 1.942, o direito de acrescer competirá aos colegatários, quando nomeados conjuntamente a respeito de uma só coisa, determinada e certa, ou quando o objeto do legado não puder ser dividido sem risco de desvalorização[4].

---

[2] Armando de Freitas Ribeiro Gonçalves Coimbra, ob. cit., p. 43.

[3] O direito de acrescer também poderá ser encontrado em outros campos do Direito Civil, conforme podemos notar a partir da leitura dos seguintes dispositivos, referentes à *doação* e ao *usufruto*, respectivamente:

"Art. 551. Salvo declaração em contrário, a doação em comum a mais de uma pessoa entende-se distribuída entre elas por igual. Parágrafo único. *Se os donatários, em tal caso, forem marido e mulher, subsistirá na totalidade a doação para o cônjuge sobrevivo*".

"Art. 1.411. Constituído o usufruto em favor de duas ou mais pessoas, extinguir-se-á a parte em relação a cada uma das que falecerem, *salvo se, por estipulação expressa, o quinhão desses couber ao sobrevivente*" (grifamos).

[4] Código Civil: "Art. 1.943. Se um dos coerdeiros ou colegatários, nas condições do artigo antecedente, morrer antes do testador; se renunciar a herança ou legado, ou destes for excluído, e, se a condição sob a qual foi instituído não se verificar, acrescerá o seu quinhão, salvo o direito do substituto, à parte dos coerdeiros ou colegatários conjuntos. Parágrafo único. Os coerdeiros ou colegatários, aos quais acresceu o quinhão daquele que não quis ou não pôde suceder, ficam sujeitos às obrigações ou encargos que o oneravam". Esta regra segue a mesma inspiração constante nas normas anteriores,

Nota-se, portanto, que o direito de acrescer é aplicado quando os sucessores são conjuntamente chamados a suceder, em quinhões não determinados.

E esta *conjunção de sucessores*, segundo ORLANDO GOMES, pode se dar de três formas:

> "a) *Re tantum* (conjunção real) — os sucessores são chamados, sem distribuição de partes, em diversas disposições testamentárias. Exemplo: em uma cláusula do testamento, diz: *deixo o meu imóvel na praia para Pedro* e em outra cláusula afirma: *deixo também o meu imóvel na praia para Francisco*;
>
> b) *Verbis tantum* (conjunção verbal) — os instituídos são designados na mesma disposição testamentária, com indicação da parte que cabe a cada um, como se dá quando o testador, na mesma cláusula do testamento, deixa o imóvel a Pedro e a Francisco, *especificando que, a cada um, tocará a metade (50%) do bem*;
>
> c) *Re et verbis* (conjunção mista) — neste caso, o testador designa, na mesma disposição testamentária, vários herdeiros ou legatários, sem distribuir ou indicar, entre eles, as partes que cabem a cada um. É a hipótese já figurada em que uma disposição testamentária contempla Huguinho, Zezinho e Luisinho, sem especificar o quinhão de cada um. Diz-se mista, conclui o jurista baiano, 'porque é *re*, visto haver distribuição de partes, a *verbis*, porque não há várias disposições, se não uma só'"[5].

A partir do esforço classificatório, amparado na doutrina desse grande civilista, é forçoso convir que o direito de acrescer ocorrerá *na conjunção real* e na *mista*, porquanto os quinhões dos herdeiros não foram especificados.

Vale dizer, se tais quinhões forem indicados, a admissibilidade do direito afrontaria o princípio de resguardo à vontade do testador, na medida em que o sucessor seria beneficiado além do limite estipulado pelo próprio autor de herança.

Com isso, até mesmo o postulado da autonomia privada cairia por terra.

Assim, uma óbvia conclusão se impõe.

Caso não se efetue o direito de acrescer, transmite-se, por consequência, segundo a ordem de vocação hereditária, aos herdeiros legítimos, a quota vaga do nomeado[6].

---

segundo a qual o direito de acrescer será invocado quando não especificado o quinhão ou o direito de cada sucessor instituído.

[5] Orlando Gomes, *Sucessões*, 12. ed., Rio de Janeiro: Forense, 2004, p. 149.

[6] "Art. 1.944. Quando não se efetua o direito de acrescer, transmite-se aos herdeiros legítimos a quota vaga do nomeado. Parágrafo único. Não existindo o direito de acrescer entre os colegatários, a quota do que faltar acresce ao herdeiro ou ao legatário incumbido de satisfazer esse legado, ou a todos os herdeiros, na proporção dos seus quinhões, se o legado se deduziu da herança."

E uma peculiar regra é consagrada pelo art. 1.945 do Código Civil:

"Art. 1.945. Não pode o beneficiário do acréscimo repudiá-lo separadamente da herança ou legado que lhe caiba, salvo se o acréscimo comportar encargos especiais impostos pelo testador; nesse caso, uma vez repudiado, reverte o acréscimo para a pessoa a favor de quem os encargos foram instituídos".

Vale dizer, o repúdio à parte acrescida poderá, a depender da circunstância, resultar na perda da própria deixa, ressalvada a hipótese de a parte acrescida comportar encargos especiais impostos pelo testador, caso em que poderá ser separadamente repudiada.

Por "encargos especiais" entendam-se aqueles ônus especificamente vinculados à parte que se acresceu e que se referiam ao sucessor original.

Note-se, contudo, que, se o sucessor repudiar o acréscimo (onerado), a norma dispõe que a parte acrescida tocará ao beneficiário do referido encargo.

Todavia, adverte SÍLVIO VENOSA, "não será de fácil deslinde, na prática, o caso concreto. Não se podendo identificar o beneficiário do encargo, ou não podendo ou não querendo receber o acréscimo, este deve ser atribuído ao monte hereditário, distribuindo-se aos coerdeiros"[7].

Finalmente, quanto ao legado de usufruto, caso este seja instituído conjuntamente a duas ou mais pessoas, a parte da que faltar acresce aos colegatários, a teor do art. 1.946[8].

E, se não houver conjunção entre os colegatários, ou se, apesar de conjuntos, só lhes foi legada certa parte do usufruto, consolidar-se-ão na propriedade as quotas dos que faltarem, à medida que eles forem faltando. Vale dizer, o titular da nua propriedade[9] consolidará, proporcionalmente, as respectivas quotas.

---

7 Sílvio Venosa, *Direito Civil — Direito das Sucessões*, 3. ed., São Paulo: Atlas, 2003, p. 262. v. 7.

8 TJRS: "APELAÇÃO CÍVEL. INVENTÁRIO. EXTINÇÃO. LEGADO DE USUFRUTO. DOAÇÃO POSTERIOR DO IMÓVEL (NUA PROPRIEDADE) AOS FILHOS. ALIENAÇÃO DA COISA LEGADA. CADUCIDADE DO LEGADO. ART. 1.939 DO CC. 1) Havendo o autor da herança em 1998 doado a seus filhos o imóvel que lhe pertencia, reservando-se o usufruto vitalício, correta a conclusão sentencial de que caducou o legado de usufruto testado em 1994 à autora (alienação da coisa legada, art. 1.939, II, CCB). 2) Inexistência de outros bens a inventariar que assinala o acerto da decisão extintiva do inventário. APELAÇÃO DESPROVIDA" (TJRS, Ap. Cív. 70044654671, 8.ª Câmara Cível, Rel. Ricardo Moreira Lins Pastl, j. 20-10-2011).

9 Denomina-se "nu-proprietário" o titular do direito real de propriedade que suporta o usufruto instituído. Exemplo: deixo a minha casa para Pedro, e o legado do usufruto da casa para José. José é "usufrutuário" e Pedro "nu-proprietário".

3. REDUÇÃO DAS DISPOSIÇÕES TESTAMENTÁRIAS

Inicialmente, é digno de nota que o vocábulo "redução" poderá ter significado próprio na Teoria Geral do Direito Civil.

Com efeito, conforme vimos em nosso volume 1, dedicado ao estudo da Parte Geral:

> "*Redução* é a operação pela qual retiram-se partes inválidas de um determinado negócio, preservando-se as demais. Cuida-se de uma medida sanatória do negócio jurídico"[10].

Em Direito das Sucessões, *redução* tem outro sentido.

Conforme vimos ao longo de nossa obra, o Direito brasileiro preserva a legítima dos herdeiros necessários.

Nesse sentido, com habitual precisão, FRANCISCO JOSÉ CAHALI:

> "Por sua vez, a Sucessão, no direito brasileiro, obedece ao sistema da divisão necessária, pelo qual a vontade do autor da herança não pode afastar certos herdeiros — herdeiros necessários —, entre os quais deve ser partilhada, no mínimo, metade da herança, em quotas ideais (CC, arts. 1.789, 1.845 e 1.846). Herdeiro necessário, assim, é o parente com direito a uma parcela mínima de 50% do acervo, da qual não pode ser privado por disposição de última vontade, representando a sua existência uma limitação à liberdade de testar. Esta classe é composta pelo cônjuge, descendentes e ascendentes do *de cujus* (CC, 1.845), sem limitação de graus quanto aos dois últimos (filhos, netos, bisnetos etc., e pais, avós, bisavós etc.). São os sucessores que não podem ser excluídos da herança por vontade do testador, salvo em casos específicos de deserdação, previstos em lei. Se não for este o caso, o herdeiro necessário terá resguardada sua parcela, caso o autor da herança decida fazer testamento, restringindo-se, desta forma, a extensão da parte disponível para transmissão de apenas metade do patrimônio do *de cujus*[11].

---

[10] Pablo Stolze Gagliano e Rodolfo Pamplona Filho, *Novo Curso de Direito Civil — Parte Geral*, 22. ed., São Paulo: Saraiva, 2020, v. 1, p. 454.

Nesse sentido, preleciona CARLOS ALBERTO BITTAR: "dá-se *a redução* de negócios inválidos quando a causa de nulidade ou de anulabilidade reside em elemento não essencial de seu contexto. Nessa hipótese, tem-se por válido o negócio, aplicando-se o princípio da conservação, à luz da vontade hipotética ou conjectural, das partes. Assim, na análise da situação concreta, se se concluir que os interessados o teriam realizado na parte não atingida pela invalidade, prospera o negócio, extirpada a disposição afetada" (*Curso de Direito Civil*, Rio de Janeiro: Forense, 1999, p. 170. v. 1).

[11] Francisco Cahali e Giselda Maria Fernandes Novaes Hironaka, *Curso Avançado de Direito Civil — Direito das Sucessões*, 2. ed., São Paulo: Revista dos Tribunais, 2003, p. 57. v. 6.

Ora, diante de tais ensinamentos, concluímos, com facilidade, que *o remanescente pertencerá aos herdeiros legítimos, quando o testador só em parte dispuser da quota hereditária disponível* (art. 1.966).

Por outro lado, as disposições que excederem a parte disponível, tanto para o herdeiro como para o legatário, a teor do art. 1.967, reduzir-se-ão aos limites dela, de conformidade com as seguintes regras:

> a) em se verificando excederem as disposições testamentárias a porção disponível, serão proporcionalmente reduzidas as quotas do herdeiro ou herdeiros instituídos, até onde baste, e, não bastando, também os legados, na proporção do seu valor;
>
> b) se o testador, prevenindo o caso, dispuser que se inteirem, de preferência, certos herdeiros e legatários, a redução far-se-á nos outros quinhões ou legados, observando-se a seu respeito a ordem estabelecida no parágrafo antecedente.

A redução da disposição testamentária visa, portanto, a recompor a legítima, em atenção ao direito dos herdeiros necessários[12].

A título de ilustração, tomemos alguns exemplos numéricos, no âmbito dos legados, ensinados pela querida Professora MARIA HELENA DINIZ:

> "Se o legado sujeito à redução consistir em prédio divisível, far-se-á a redução dividindo-o proporcionalmente (CC, art. 1.968). Separa-se a parcela do imóvel que for necessária para preencher a legítima desfalcada. Se for impossível, porém, sua divisão, por se tratar de prédio indivisível, e o excesso do legado montar a mais de um quarto do valor do prédio, o legatário não ficará com ele, deixando-o em poder do espólio, tendo apenas o direito de pedir aos herdeiros o valor que lhe couber na metade disponível. Se o apartamento, objeto do legado, valer R$ 100.000,00, acusando-se excesso de R$ 40.000,00 sobre a legítima (equivalente a mais de 1/4 do valor do prédio), o imóvel permanecerá no espólio e o legatário receberá em dinheiro R$ 60.000,00 dos herdeiros. Se o seu excesso não for mais de um quarto do valor do prédio, o legatário o guardará, repondo aos herdeiros, em dinheiro, a parte excedente (CC, art. 1.968, § 1.º). Se o imóvel indivisível, objeto do legado, valer R$ 100.000,00, apontando-se um excesso de R$ 20.000,00 sobre a legítima, por-

[12] "Art. 1.968. Quando consistir em prédio divisível o legado sujeito a redução, far-se-á esta dividindo-o proporcionalmente.

§ 1.º Se não for possível a divisão, e o excesso do legado montar a mais de um quarto do valor do prédio, o legatário deixará inteiro na herança o imóvel legado, ficando com o direito de pedir aos herdeiros o valor que couber na parte disponível; se o excesso não for de mais de um quarto, aos herdeiros fará tornar em dinheiro o legatário, que ficará com o prédio.

§ 2.º Se o legatário for ao mesmo tempo herdeiro necessário, poderá inteirar sua legítima no mesmo imóvel, de preferência aos outros, sempre que ela e a parte subsistente do legado lhe absorverem o valor."

tanto, em *quantum* inferior a um quarto do valor do imóvel, o legatário com ele ficará, mas reporá aos herdeiros a importância de R$ 20.000,00. Todavia, 'se o legatário for ao mesmo tempo herdeiro necessário, poderá inteirar sua legítima no mesmo imóvel, de preferência aos outros, sempre que ela e a parte subsistente do legado lhe absorverem o valor' (CC, art. 1.968, § 2.º). Bastante elucidativo é o exemplo dado por Washington de Barros Monteiro: 'o prédio vale R$ 1.000.000,00, a redução deve montar a R$ 400.000,00 e a legítima do herdeiro é de R$ 600.000,00. Somando esse último valor com a parte subsistente do legado R$ 600.000,00 + R$ 600.000,00 = R$ 1.200.000,00, absorvido fica o valor de todo o prédio. O interessado receberá assim o imóvel, de preferência aos demais herdeiros, repondo apenas o excesso R$ 1.200.000,00 — R$ 1.000.000,00 = R$ 200.000,00'"[13].

Vale lembrar que o mecanismo de proteção à legítima não se esgota com a possibilidade de redução das disposições testamentárias, incidente quando da colação e conferência dos respectivos quinhões[14], mas, também se opera por meio da *ação de nulidade de doação inoficiosa.*

Nesse sentido, preleciona um dos coautores desta obra[15]:

"O nosso Direito Positivo manteve a preservação da legítima, circunstância que se reflete no âmbito do Direito Contratual, especialmente na doação, consoante podemos observar da análise dos arts. 544 e 549 do Código Civil:

'*Art. 544. A doação de ascendentes a descendentes, ou de um cônjuge a outro, importa adiantamento do que lhes cabe por herança*'.

'*Art. 549. Nula é também a doação quanto à parte que exceder à de que o doador, no momento da liberalidade, poderia dispor em testamento*'.

O que o legislador quer impedir é que o doador disponha gratuitamente de mais da metade da sua herança, com violação da legítima dos herdeiros necessários. *Contrario sensu,* se o ato de liberalidade não atingir o direito dessa categoria de herdeiros, será reputado válido.

Vale lembrar que para efeito desse cálculo se deverá considerar o valor do patrimônio do disponente, *quando da alienação* (ressuscitou-se, assim, a dicção do art. 1.796 do Código Civil anterior, revogando o art. 1.014 do Código de Processo Civil).

Interessante é que importantes diplomas legais no mundo, ao tratar do tema, estabelecem como parâmetro para cálculo da doação inoficiosa a *abertura da sucessão*:

---

[13] Maria Helena Diniz, *Curso de Direito Civil Brasileiro — Direito das Sucessões*, 34. ed., São Paulo: Saraiva, 2020, v. 6, p. 307-308.

[14] Veja-se o subtópico 7.2 ("Colações") do Capítulo XXIII ("Inventário") deste volume.

[15] Pablo Stolze Gagliano, *Contrato de Doação*, 5. ed., São Paulo: Saraiva, 2021 (no prelo), p. 76.

Código Civil argentino:

'Art. 3.477. Los ascendientes y descendientes, sean unos y otros legítimos o naturales, que hubiesen aceptado la herencia con beneficio de inventario o sin él, deben reunir a la masa hereditaria los valores dados en vida por el difunto.

Dichos valores deben computarse al tiempo de la apertura de la sucesión, sea que existan o no en poder del heredero'. (introduzido pela Lei n. 17.711)

(...)

No Direito Positivo brasileiro, após a entrada em vigor do Código novo, optou-se por parâmetro diverso, considerando-se o valor do bem doado, ao *tempo da liberalidade* (art. 2.004 do CC, analisado abaixo).

Esta é a precisa preleção de PAULO LUIZ NETTO LÔBO:

O momento de cada doação para se aferir o limite, somando-se as anteriores, é fundamental. O direito brasileiro não optou pelo momento da abertura da sucessão para se verificar o excesso da parte disponível ou da legítima dos herdeiros necessários, mas o da liberalidade. O patrimônio sofre flutuações de valor, ao longo do tempo, mercê das vicissitudes por que passa. Se a redução se der posteriormente à data da doação, comprometendo a legítima, a nulidade não será retroativa. Se houve aumento do patrimônio, posteriormente ao momento da doação em excesso, não altera este fato; a nulidade é cabível. Se de nada poderia dispor, no momento da doação, toda ela é nula[16].

A questão, todavia, não é pacífica, havendo entendimento no sentido de que o valor considerado ao tempo da doação somente é sustentável se o bem não mais integrava o patrimônio do donatário, quando da colação.

Nesse sentido, um dos 'Enunciados das Jornadas de Direito Civil' (n. 119):

Para evitar o enriquecimento sem causa, a colação será efetuada com base no valor da época da doação, nos termos do *caput* do art. 2.004, exclusivamente na hipótese em que o bem doado não mais pertença ao patrimônio do donatário. Se ao contrário, o bem ainda integrar seu patrimônio, a colação se fará com base no valor do bem na época da abertura da sucessão, nos termos do artigo 1.014, de modo a preservar a quantia que efetivamente integrará a legítima quando esta se constitui, ou seja, na data do óbito (Resultado da interpretação sistemática do CC 2003 e §§, juntamente com o CC 1.832 e 844).

Data venia, não concordamos com esse entendimento.

Tal diversidade de tratamento, em nosso pensar, é insegura, consagrando 'dois pesos e duas medidas' para uma situação explicitamente enfrentada e regulada pelo legislador: *o art. 2.004, norma específica, é claro ao dispor que o valor de colação dos bens doados será aquele, certo ou estimativo, que lhes atribuir o ato de liberalidade.*

---

[16] Paulo Luiz Netto Lôbo, *Comentários ao Código Civil — Parte Especial — Das Várias Espécies de Contrato,* coord. Antonio Junqueira de Azevedo, São Paulo: Saraiva, 2003, p. 334. v. 6.

Para tornar clara a matéria, um exemplo irá ilustrar a hipótese: imaginemos que Caio seja titular de um patrimônio avaliado em 100.000 reais. Viúvo, tem três filhos: Mévio, Xisto e Xerxes. Todos, como sabemos, herdeiros necessários. Pois bem. Imaginemos que Caio resolva doar 50% do seu patrimônio (50.000) para um terceiro. Não haveria problema, pois essa quota sairia da sua parte disponível. Na mesma linha, poderia também doar esse valor para um dos herdeiros necessários (50%), o qual, inclusive, poderia já receber, a título de adiantamento, a sua parte na legítima (16,66%). O que o testador *não poderia* seria doar a parte disponível (50%) + uma quota que ultrapassasse os 16,66% correspondentes à legítima dos outros herdeiros necessários. *Tais valores serão considerados quando da liberalidade, e não no momento da morte do doador*[17].

E vale ainda lembrar, com LUIZ EDSON FACHIN e CARLOS EDUARDO PIANOVSKI, que:

O nascimento de mais um filho do *de cujus* após a doação consumada não alteraria, pois, os efeitos jurídicos da doação, uma vez que, remarque-se, o excesso é apurado apenas no instante em que a liberalidade é realizada[18].

Nesse diapasão, em havendo violação da legítima, a doação, no que concerne a esse excesso, será considerada *nula*, a teor do art. 549 do Código Civil"[19].

Tudo a demonstrar, portanto, que o sistema jurídico brasileiro ainda tem como pedra fundamental a preservação da legítima dos herdeiros necessários.

[17] Retornaremos ao problema do valor da doação quando tratarmos do instituto jurídico da colação. Confira-se, a propósito, o subtópico 7.2 ("Colações") do Capítulo XXIII ("Inventário") deste volume.

[18] Luiz Edson Fachin e Carlos Eduardo Pianovski, Uma contribuição crítica que se traz à Colação, in *Questões Controvertidas — no Direito de Família e das Sucessões*, São Paulo: Método, 2005, p. 453. v. 3.

[19] Na mesma linha, o Código Civil português: "*Art. 2.104.º 1. Os descendentes que pretendem entrar na sucessão do ascendente devem restituir à massa da herança, para igualação da partilha, os bens ou valores que lhes foram doados por este: esta restituição tem o nome de colação*".

Capítulo XX
Substituições

Sumário: 1. Introdução. 2. Substituição vulgar ou ordinária. 3. Substituição recíproca. 4. Substituição fideicomissária (fideicomisso). 5. Substituição compendiosa.

1. INTRODUÇÃO

Situação possível de ocorrer é a disposição testamentária quedar-se ineficaz caso o sucessor nomeado não receba a herança.

Discorrendo a esse respeito em clássica obra, CLÓVIS BEVILÁQUA prelecionava:

> "Prevendo a hipótese de falhar a instituição de herdeiro, por uma circunstância qualquer e não querendo morrer sem sucessores, que lhes continuassem a personalidade e perpetuassem o culto doméstico, imaginaram os romanos dar, aos herdeiros nomeados, substitutos, que adissem à herança, se porventura não a recolhessem os primeiros. Substituição hereditária é, pois, uma instituição subordinada à outra"[1].

Afastada a ideia, pouco útil e anacrônica, de que a *substituição testamentária* serviria para a perpetuação do "culto doméstico" da figura do *pater*, temos que, de fato, como já acentuavam os antigos, cuida-se de uma importante disposição de vontade por meio da qual é previsto um substituto para o sucessor nomeado, a fim de se preservar, em última *ratio,* a derradeira manifestação de vontade do testador.

E, como estamos a tratar da Sucessão Testamentária, a presente figura ganha ainda mais importância, na medida em que não seria aplicável o direito de representação[2].

Note-se que se o testador nomeia Marcos como seu herdeiro e este não quer ou não pode aceitar — por haver falecido antes do primeiro, por exemplo — a ausência de previsão de um substituto resultaria no retorno da deixa para o monte partível, em favor dos sucessores legítimos.

---

[1] Clóvis Beviláqua, *Direito das Sucessões*, 4. ed., Rio de Janeiro-São Paulo: Freitas Bastos, 1945, p. 323.

[2] Também nesse sentido, os amigos Tartuce e Simão, *Direito Civil*, 5. ed., Rio de Janeiro: Forense; São Paulo: Método, 2012, p. 380. v. 6.

Mas, por meio da substituição testamentária, como dito, poderá ser previamente designado outro beneficiário para adir à herança.

Ainda invocando a clássica lição de CLÓVIS BEVILÁQUA, vale mencionar que, no atual estágio do nosso Direito, algumas formas de substituição, relevantes no passado, perderam importância e espaço nos dias de hoje, a exemplo da *substituição pupilar* (aquela em que o pai nomeava herdeiro a seu filho, para o caso de ele falecer impúbere) e da *substituição exemplar ou quase pupilar* (a feita pelo ascendente a seus descendentes impedidos de testar, por enfermidade mental, por exemplo)[3].

Mais recentemente, discorrendo sobre o tema, observa o professor SÍLVIO VENOSA:

> "O direito antigo também conheceu a *substituição pupilar*. Nessa disposição, o *pater familias* designa um herdeiro ao filho impúbere, incapaz, sob seu pátrio poder, para que, em caso de morte também do filho sem testamento, não ficasse ele sem herdeiro, uma vez que a ordem de vocação legítima poderia não ser a ele satisfatória. No tempo de Justiniano, também era conhecida a *substituição quase pupilar*, dedicada aos insanos de mente. O pai poderia instituir um herdeiro ao filho mentalmente incapaz. Essas formas não foram admitidas no direito atual"[4].

Remanescem, portanto, em nosso sistema, as seguintes formas de substituição testamentária:

a) Substituição Vulgar (Ordinária);

b) Substituição Recíproca;

c) Substituição Fideicomissária.

Vamos então compreendê-las.

2. SUBSTITUIÇÃO VULGAR OU ORDINÁRIA

Essa modalidade de substituição é a mais simples e básica, caracterizando-se pelo fato de o próprio testador indicar o substituto ao herdeiro ou legatário[5].

---

[3] Clóvis Beviláqua, ob. cit., p. 324.

[4] Sílvio Venosa, *Direito Civil — Direito das Sucessões*, 3. ed., São Paulo: Atlas, 2003, p. 278. v. 7.

[5] Relembrando, conforme lição de Marcelo Truzzi Otero, "o herdeiro sempre receberá a título universal, isto é, a totalidade do patrimônio ou fração ideal dele (metade, um terço, um quinto). O legatário recebe bem destacado, singularizado, extraído da universalidade, como, por exemplo, uma casa ou um veículo especificado pelo autor da herança em testamento (*Justa Causa Testamentária — Inalienabilidade, Impenhorabilidade e Incomunicabilidade sobre a Legítima do Herdeiro Necessário*, Porto Alegre: Livraria do Advogado, 2012, p. 21-22).

A seu respeito, dispõe o art. 1.947 do Código Civil:

"Art. 1.947. O testador pode substituir outra pessoa ao herdeiro ou ao legatário nomeado, para o caso de um ou outro não querer ou não poder aceitar a herança ou o legado, presumindo-se que a substituição foi determinada para as duas alternativas, ainda que o testador só a uma se refira".

Exemplificam, nesse contexto, os brilhantes TARTUCE e SIMÃO, utilizando personagens com nomes bastante sugestivos:

"Vislumbrando um caso prático, ocorre substituição vulgar quando o testador nomeia Pablo seu herdeiro, sendo que, caso ele não queira ou não possa receber a herança, esta será de Rodolfo"[6].

É digno de nota, ainda, que "o substituto fica sujeito à condição ou encargo imposto ao substituído, quando não for diversa a intenção manifestada pelo testador, ou não resultar outra coisa da natureza da condição ou do encargo", a teor do art. 1.949. Vale dizer, uma condição estipulada (acontecimento futuro e incerto que subordina a eficácia da disposição de vontade) ou um encargo imposto (um ônus) poderá recair no substituto, salvo manifestação em contrário do próprio testador, ou, se o peculiar aspecto do elemento acidental previsto impedir a sua aplicação em face de outrem (um encargo personalíssimo que somente o substituído poderia realizar, por exemplo).

Conforme difundida classificação na doutrina[7], a substituição vulgar ou ordinária poderá ser:

"a) Singular ou simples — caso em que o testador indica apenas um substituto ao seu sucessor (nomeio TARTA meu herdeiro, mas, caso ele não queira ou não possa aceitar, a herança tocará a JOAQUIM). Note-se que o testador direciona a sua vontade para apenas um substituto, previamente indicado;

b) Plural ou Plúrima — caso em que o testador indica duas ou mais pessoas para, simultaneamente, substituírem o herdeiro ou legatário. Esta forma de substituição está prevista na primeira parte do art. 1.948 do vigente Código Civil brasileiro, que dispõe: '*também é lícito ao testador substituir muitas pessoas por uma só, ou vice-versa*'. Ao admitir, *contrario sensu*, que muitas pessoas possam substituir uma só, reconhece, pois, a substituição plúrima. Exemplo: nomeio TARTA meu herdeiro, e, caso ele não queira ou não possa aceitar, a herança tocará a MARCOS, MAURICIO e MARCELO. Nada impede, inclusive,

---

[6] Flávio Tartuce e Fernando Simão, ob. cit., p. 382.

[7] Orlando Gomes, sobre o tema, afirmava: "O número de substituídos e de substitutos consente as seguintes combinações: a) *singuli singulis.* B) *unus in locum plurium;* c) *pluris in locum unius;* d) *pluris in docum plurium*", esclarecendo em seguida: "quando, respectivamente, uma pessoa substitui outra, substitui várias, vários a substituem, ou uma pluralidade substitui outra pluralidade" (*Sucessões*, 12. ed., Rio de Janeiro: Forense, 2004, p. 186-187).

com base no respeito à vontade manifestada, que sejam estabelecidos percentuais mínimos ou máximos para cada um dos substitutos".

Compreendida a substituição vulgar, nas suas modalidades simples (singular) ou plúrima (plural), conheçamos, no próximo tópico, a figura da substituição recíproca.

3. SUBSTITUIÇÃO RECÍPROCA

A par dessas duas formas de substituição vulgar ou ordinária, temos, ainda, a *recíproca*.

Preferimos, metodologicamente, para a melhor compreensão do tema, estudá-la, não no bojo da substituição vulgar, mas ao seu lado, tal como disposto pelo Código Civil, na Seção I do Capítulo 9 do Livro do Direito das Sucessões, ora estudado.

Trata-se de opção metodológica que pode variar na doutrina.

ORLANDO GOMES, por exemplo, afirma que "a substituição recíproca não constitui modalidade independente, se não elemento acidental em qualquer das espécies de substituição"[8].

Entendemos que, de fato, a essência é a mesma, mas não se pode negar certa especificidade à substituição recíproca, o que justificaria o seu tratamento autônomo.

Nessa linha, aponta SÍLVIO VENOSA:

> "*Ao lado dessa substituição vulgar, e no mesmo nível*, coloca-se a substituição recíproca, aquela pela qual o testador, instituindo vários herdeiros ou legatários, os declara substitutos uns dos outros"[9] (grifamos).

Ora, na linha de pensamento do ilustre jurista paulistano, o que está ao lado (e no mesmo nível de certo instituto) não está, por consequência, nele contido.

Trata-se, com efeito, de uma modalidade de substituição direta, que guarda a essência da vulgar, *mas que se notabiliza pelo fato de os próprios sucessores atuarem, uns em face dos outros, como os seus próprios substitutos.*

Sobre o tema, a parte final do já citado art. 1.948 dispõe:

> "Art. 1.948. Também é lícito ao testador substituir muitas pessoas por uma só, ou vice-versa, *e ainda substituir com reciprocidade ou sem ela* (grifamos).

Note-se que, a teor do art. 1.950, se, entre muitos coerdeiros ou legatários de *partes desiguais*, for estabelecida substituição recíproca, a proporção dos

---

[8] Orlando Gomes, ob. cit., p. 190.

[9] Sílvio Venosa, ob. cit., p. 278.

quinhões fixada na primeira disposição entender-se-á mantida na segunda; se, com as outras anteriormente nomeadas, for incluída mais alguma pessoa na substituição, o quinhão vago pertencerá em partes iguais aos substitutos.

Exemplifiquemos.

O testador deixou 1/5 da herança para Alisson, 3/5 para Saló e 1/5 para Kalline, nomeando-os como substitutos recíprocos. Caso Alisson não queira ou não possa aceitar, a sua parte será dividida entre Saló e Kalline, respeitadas as proporções de 3/5 e 1/5, respectivamente.

Convertendo em números, teríamos o seguinte: em face de uma herança representada por 1.000, o testador deixou 200 para Alisson, 600 para Saló e 200 para Kalline. Caso Alisson não queira ou não possa aceitar, a sua parte, 200, será dividida entre Saló e Kalline, ficando 150 para Saló e 50 para Kalline.

Caso seja incluído outro substituto, invocando a mesma hipótese, a solução é mais simples.

O testador deixou 1/5 da herança para Alisson, 3/5 para Saló e 1/5 para Kalline. Nomeou-os reciprocamente substitutos, juntamente com Tiago. Caso Alisson não queira ou não possa aceitar, a sua parte será dividida *igualmente* entre Saló, Kalline e Tiago.

4. SUBSTITUIÇÃO FIDEICOMISSÁRIA (FIDEICOMISSO)

ITABAIANA DE OLIVEIRA, em grandiosa e clássica obra, assim conceituava o *fideicomisso:*

"A *substituição fideicomissária* é a instituição de herdeiros ou legatários, feita pelo testador, impondo a um deles, o gravado ou fiduciário, a obrigação de, por sua morte, a certo tempo, ou sob certa condição, transmitir a outro, que se qualifica de fideicomissário, a herança ou o legado; por exemplo: instituo por meu herdeiro (ou legatário) Pedro, e, por sua morte, ou findo tal prazo, ou verificada tal condição, seja herdeiro (ou legatário) Paulo"[10].

Da tradicional noção, já se pode concluir que o fideicomisso consiste em uma forma indireta ou derivada de substituição testamentária, que visa a beneficiar, em sequência, mais de um sucessor.

Vale dizer, a teor do art. 1.951, poderá o testador instituir herdeiros ou legatários, estabelecendo que, por ocasião de sua morte, a herança ou o legado se transmita ao fiduciário (1.º substituto), resolvendo-se o direito deste, por sua morte, a certo tempo ou sob certa condição, em favor de outrem, que se qualifica de fideicomissário (2.º substituto)[11].

---

[10] Arthur Vasco Itabaiana de Oliveira, *Curso de Direito das Sucessões*, 2. ed., Rio de Janeiro: Andes, 1954, p. 192.

[11] "Art. 1.959. São nulos os fideicomissos além do segundo grau."

Lembram TARTUCE e SIMÃO que há três espécies de substituição fideicomissária[12]:

> "a) Substituição fideicomissária por morte do fiduciário — caso nada diga o testador, a transmissão dos bens do fiduciário ao fideicomissário ocorre com a morte do primeiro (fideicomisso *quum morietur*)[13].
>
> b) Substituição fideicomissária sob certa condição — é aquela relacionada com um evento futuro e incerto. A título de exemplo: JOSÉ deixa os bens ao fiduciário JOÃO que os transmitirá ao primeiro filho de seu sobrinho PEDRO, se este for homem. Caso seja menina a filha de PEDRO, não haverá transmissão ao fideicomissário. Mesmo que se possa reconhecer o 'machismo' da condição, ela é válida em respeito à vontade manifestada por quem poderia dispor livremente de seu patrimônio.
>
> c) Substituição fideicomissária a termo — está relacionada com um evento futuro e certo. Exemplo: JOSÉ deixa os bens ao fiduciário JOÃO pelo prazo de 10 anos, após o que este, então, os transmitirá ao primeiro filho de seu sobrinho PEDRO. Há um prazo determinado para que os bens sejam transmitidos ao fideicomissário".

Três atores, portanto, participam da dinâmica do instituto:

a) o testador — denominado *fideicomitente*;

b) o 1.º sucessor — denominado *fiduciário*;

c) o 2.º sucessor — denominado *fideicomissário.*

Como lembra ORLANDO GOMES, o fideicomisso "caracteriza-se, subjetivamente, pela duplicidade da posição jurídica dos destinatários. Ocupam posições diversas, mas conexas. Uma, de titularidade temporária, outra definitiva", para concluir, em seguida, referindo-se ao fiduciário e ao fideicomissário:

> "As duas posições assumem-se, logicamente, no mesmo momento, com a abertura da sucessão, adquirindo o fideicomissário a titularidade de um direito eventual diferido. Converte-se esse direito em adquirido e atual num segundo momento cronologicamente posterior, o da resolução do direito do fiduciário. Coincidem e se identificam no mesmo instante a perda do direito para um e a aquisição pelo outro"[14].

---

[12] Flávio Tartuce e José Fernando Simão, ob. cit., p. 388.

[13] Por outro lado, conforme dispõe o art. 1.958, caducará o fideicomisso se o *fideicomissário* morrer antes do *fiduciário*, ou antes de realizar-se a condição resolutória do direito deste último; nesse caso, a propriedade consolida-se no fiduciário, nos termos do art. 1.955.

[14] Orlando Gomes, ob. cit., p. 195-196. Nesse ponto da sua obra, o brilhante civilista passa em revista as teorias explicativas dessa forma de substituição testamentária sucessiva (*teorias da titularidade temporária, da relação modal e da transmissão diferida*), cuja leitura aqui recomendamos.

Sem ofuscar o brilho dessas ideias, reputamos um tanto vaga a expressão "direito eventual diferido", relativo ao fideicomissário, mas, de fato, na ausência de melhor expressão, é útil para traduzir a potencialidade de um direito que não se concretizou, que tanto poderá ser condicional como sujeito a um termo.

É digno de nota que *o fiduciário tem a propriedade da herança ou legado, mas restrita e resolúvel* — ou seja, temporária —, *cabendo-lhe proceder ao inventário dos bens gravados, e a prestar caução de restituí-los se o exigir o fideicomissário* (art. 1.953 do CC).

Nesse ponto, salientamos não haver óbice, em nosso pensar, a que o fiduciário possa alienar o bem fideicometido, posto o gravame o acompanhe, o que implicará risco de perda por parte do adquirente[15].

Situação peculiar, por seu turno, é a do *fideicomisso residual*, aquele que recai apenas sobre os bens remanescentes, não alienados pelo fiduciário[16]. Em outras palavras, o testador poderá, à luz do princípio da autonomia privada, autorizar que o fiduciário aliene livremente parte dos bens, recaindo o fideicomisso apenas no que sobejar.

E, caso o fiduciário renuncie à herança ou ao legado, salvo disposição em contrário do testador, defere-se ao fideicomissário o poder de aceitar (art. 1.954 do CC), afastando-se, por óbvio, qualquer pretensão dos eventuais sucessores legítimos.

Por outro lado, se o próprio fideicomissário renunciar à herança ou ao legado, o fideicomisso caducará, deixando de ser resolúvel a propriedade do fiduciário, se não houver disposição contrária do autor da herança (art. 1.955). O mesmo raciocínio é aplicável para a situação de falecimento anterior do fideicomissário[17].

---

[15] O fideicomisso deve, inclusive, ser averbado no Registro Imobiliário, à luz da Lei n. 6.015, de 1973 (Lei de Registros Públicos), cujo art. 167 dispõe: "No Registro de Imóveis, além da matrícula, serão feitos: (*Renumerado do art. 168 com nova redação pela Lei n. 6.216, de 1975.*) (...) II — a averbação: (*Redação dada pela Lei n. 6.216, de 1975.*) (...) 11) das cláusulas de inalienabilidade, impenhorabilidade e incomunicabilidade impostas a imóveis, *bem como da constituição de fideicomisso*" (grifamos).

[16] Robson de Alvarenga, *Fideicomisso*. Disponível em: <http://www.irib.org.br/html/boletim/boletim-iframe.php?be=1194>. Acesso em: 30 jul. 2013.

[17] "Direito processual e civil. Sucessões. Recurso especial. Disposição testamentária de última vontade. Substituição fideicomissária. Morte do fideicomissário. Caducidade do fideicomisso. Obediência aos critérios da sucessão legal. Transmissão da herança aos herdeiros legítimos, inexistentes os necessários.

— Não se conhece do recurso especial quanto à questão em que a orientação do STJ se firmou no mesmo sentido em que decidido pelo Tribunal de origem.

E, caso aceite, terá, o fideicomissário, direito à parte que, ao fiduciário, em qualquer tempo, acrescer, respondendo pelos encargos remanescentes da herança, nos termos dos arts. 1.956[18] e 1.957 do Código Civil[19].

Um importante aspecto deve, ainda, ser enfrentado.

O Código Civil de 2002 fora explícito no sentido de que *a substituição fideicomissária somente se permite em favor dos não concebidos ao tempo da morte do testador* (art. 1.952).

Trata-se de uma construção inovadora, ausente no diploma anterior.

E que, no plano fático, aniquilou o instituto.

Aliás, é bem verdade que, na prática, o fideicomisso já era de pouca utilidade social, dada a complexidade da sua dinâmica operacional.

E, nos dias de hoje, com a limitação imposta pelo Código de 2002, no sentido de que a substituição somente será permitida em favor da prole não concebida ao tempo da morte do testador — vedação inexistente no diploma anterior —, é forçoso convir que a sua aplicação torne-se muito mais frequente nos abstratos exercícios acadêmicos do que na realidade da vida.

Não há o menor sentido em se limitar um instituto já limitado por sua própria natureza e sem uma razoável justificativa social ou de ordem pública.

Por outro lado, *se, ao tempo da morte do testador, já houver nascido o fideicomissário?*

Em tal caso, consoante o parágrafo único do referido art. 1.952 do Código Civil (sem equivalente na codificação anterior), o fideicomissário adquirirá

— A substituição fideicomissária caduca se o fideicomissário morrer antes dos fiduciários, caso em que a propriedade destes consolida-se, deixando, assim, de ser restrita e resolúvel (arts. 1.955 e 1.958 do CC/02).

— Afastada a hipótese de sucessão por disposição de última vontade, oriunda do extinto fideicomisso, e, por consequência, consolidando-se a propriedade nas mãos dos fiduciários, o falecimento de um destes sem deixar testamento impõe estrita obediência aos critérios da sucessão legal, transmitindo-se a herança, desde logo, aos herdeiros legítimos, inexistindo herdeiros necessários.

Recurso especial parcialmente conhecido e, nessa parte, provido" (STJ, REsp 820814/SP, Recurso Especial 2006/0031403-9, Rel. Min. Nancy Andrighi, 3.ª Turma, j. 9-10-2007, *DJ*, 25-10-2007, p. 168).

[18] Sobre o "*direito de acrescer*", veja-se o Capítulo XIX ("Direito de Acrescer e Redução das Disposições Testamentárias") deste volume.

[19] Em nosso Código Civil:

"Art. 1.956. Se o fideicomissário aceitar a herança ou o legado, terá direito à parte que, ao fiduciário, em qualquer tempo acrescer.

Art. 1.957. Ao sobrevir a sucessão, o fideicomissário responde pelos encargos da herança que ainda restarem".

a propriedade dos bens fideicometidos, convertendo-se em usufruto o direito do fiduciário.

Trata-se de uma solução confusa.

E que piora ainda mais o contexto de decrepitude social do instituto.

Vale dizer, se, ao tempo da morte do testador, o fideicomissário (2.º substituto) *já houver nascido*, a propriedade resolúvel dos bens fideicometidos não tocará ao fiduciário (1.º substituto), mas, tão somente, o direito real de usufruto.

Significa que o fiduciário exercerá as faculdades reais de gozo, uso e fruição do bem[20], tocando ao fideicomissário apenas a nua propriedade.

E, como a lei não estabeleceu o período do usufruto, poderá, em tese, ser vitalício, caso não haja manifestação do testador em sentido contrário.

É interessante notar que, por tradição, a doutrina brasileira sempre se esforçou em diferenciar o *fideicomisso* do *usufruto*, na medida em que:

> "por vezes, o testador não é suficientemente claro, o que dá margem a dúvidas. Não importa o rótulo dado pelo testador, mas sua verdadeira intenção. Se o testador determinou na disposição que os bens passem a outra pessoa, estaremos geralmente diante de fideicomisso (Monteiro, 1977, v. 6:234). Se a instituição do benefício é simultânea, haverá usufruto. Na dúvida, a melhor solução é entender que houve usufruto, porque já se atribuem direitos imediatos a ambos os nomeados, porque os direitos do fideicomissário são falíveis, o que não ocorre com o nu-proprietário. No usufruto, não se pode beneficiar prole eventual de uma pessoa. Isso só ocorrerá por fideicomisso"[21].

Com efeito, posto a diagnose diferencial ainda possa ter eventual utilidade na interpretação de uma cláusula testamentária, caso o fideicomissário já haja nascido ao tempo da morte do testador, os institutos sob análise — *fideicomisso e usufruto* — acabam, em tal hipótese, por se confundir.

Finalmente, cumpre-nos observar que eventual nulidade da substituição fideicomissária, reputada ilegal, não prejudicará, a teor do art. 1.960, a instituição, que valerá sem o encargo resolutório.

É o caso, por exemplo, de o testador (fideicomitente) instituir como fideicomissário um animal de estimação, que, como visto, não tem vocação sucessória[22], caso em que a instituição valerá em favor do fiduciário, consolidando-se a propriedade do bem transmitido.

---

20 Código Civil, art. 1.394: "O usufrutuário tem direito à posse, uso, administração e percepção dos frutos".

21 Sílvio Venosa, ob. cit., p. 291-292.

22 Sobre o tema, releia-se o tópico 6 ("Da 'Vocação Hereditária' de Animais e Coisas") do Capítulo VII ("Vocação Hereditária") do presente volume.

5. SUBSTITUIÇÃO COMPENDIOSA

A título de complementação deste capítulo, vale a pena tecer algumas considerações acerca do instituto da substituição compendiosa.

Existe controvérsia, inclusive, a respeito da sua delimitação conceitual.

ITABAIANA DE OLIVEIRA identifica-a com a própria substituição fideicomissária:

> "Esta substituição também se denomina de indireta, porque é concedida em termos oblíquos ou deprecativos. E é a mesma substituição compendiosa das Ordenações, livro 4, tít. 87, § 12"[23].

Outra linha de pensamento é a de CLÓVIS BEVILÁQUA, no sentido de que a compendiosa seria aquela que incluísse, em uma só, a substituição vulgar e a fideicomissária[24].

É o caso, por exemplo de o testador indicar substituto para o caso de o fiduciário ou o fideicomissário não poder ou não querer aceitar a instituição. Exemplo: o testador estipula que a herança irá para Pedro (fiduciário) — e, caso ele não queira, tocará a José —, transferindo-se, após determinado período de tempo, a Joaquim (fideicomissário) — o qual poderá ser substituído por Francisco, se não vier a aceitar a deixa.

Note-se que não há violação da regra proibitiva do fideicomisso além do segundo grau (art. 1.959), pois a substituição se opera verticalmente, em face dos dois sucessores originariamente indicados.

Em nosso sentir, a segunda linha de pensamento é mais convincente e melhor justifica a autonomia da própria categoria estudada.

É a substituição compendiosa, portanto, em nosso entender, uma *substituição mista*, em que o testador dá potencial substituto tanto ao fiduciário quanto ao fideicomissário, buscando antever situações em que um ou outro não queira ou não possa aceitar a herança ou o legado.

---

[23] Arthur Vasco Itabaiana de Oliveira, ob. cit., p. 192.

[24] Clóvis Beviláqua, ob. cit., p. 325.

Capítulo XXI
Extinção do Testamento (Invalidade, Caducidade, Revogação e Rompimento)

1. INTRODUÇÃO

Compreendida a disciplina normativa acerca do testamento, no que diz respeito à sua conceituação, classificação e tratamento legal[1], é preciso conhecer as suas modalidades extintivas específicas.

Isso porque, tratando-se, o testamento, de um negócio jurídico, ainda que unilateral, a ele são aplicáveis, *mutatis mutandis*, as formas correspondentes de extinção dos negócios jurídicos em geral.

Como se trata de um instituto com características próprias, algumas das modalidades, todavia, possuem certas peculiaridades legais, cuja análise se faz imprescindível para uma abrangente visão do tema.

É essa a proposta do presente capítulo.

2. CONSIDERAÇÕES CLASSIFICATÓRIAS

A discussão acerca da "extinção do testamento", em nosso pensar, abrange tanto o plano da validade quanto o da eficácia.

No primeiro plano, estudaremos a invalidade do testamento, seja pela declaração de nulidade absoluta, seja pela decretação da nulidade relativa (anulabilidade).

Já no campo da eficácia, três temas distintos devem ser enfrentados, quais sejam a caducidade, a revogação e o rompimento, todos pressupondo a validade

---

[1] Reveja-se, em especial, o Capítulo XIII ("Sucessão Testamentária"), notadamente o subtópico 2.2 ("Conceito e Natureza Jurídica") e o tópico 4 ("Aspectos Relevantes do Plano da Validade Aplicável ao Testamento") e suas subdivisões, deste volume.

do negócio jurídico, mas com disciplina normativa diferenciada, inclusive quanto às suas consequências.

Avancemos, portanto, para compreender cada uma das modalidades separadamente.

3. INVALIDADE DO TESTAMENTO

Reconhecido o testamento como um negócio jurídico unilateral, será nulo ou anulável, a depender do vício que o acometa, seguindo as regras dos arts. 166 a 184 do vigente Código Civil brasileiro[2].

Assim, seguindo a regra geral das nulidades absolutas, podemos afirmar que será nulo o testamento quando:

a) celebrado por absolutamente incapaz (aplicação do art. 166, I, do CC): imagine-se um testamento feito por uma criança de 10 anos de idade. A ideia de incapacidade deve ser compreendida também sob a ótica da vocação hereditária, sendo nula a disposição para quem não tem capacidade para adquirir por testamento, como, por exemplo, animais e coisas[3];

b) for ilícito, impossível ou indeterminável seu objeto (aplicação do art. 166, II, do CC): é o caso, respectivamente, de testamentos que transfiram a titularidade de drogas proibidas (objeto ilícito), bens públicos (impossível juridicamente) ou, simplesmente, "alguma coisa" sem nominá-la (objeto indeterminável);

c) o motivo determinante foi ilícito (aplicação do art. 166, III, do CC): embora a norma refira "motivo determinante comum a ambas as partes", não podemos conceber seja considerado válido um testamento cuja finalidade ou motivo determinante (causa) afigure-se contrária ao ordenamento jurídico. Vale dizer, a par de sua natureza unilateral, uma causa desvirtuada poderia, sem dúvida, contaminar o próprio ato. E não se diga ser, o testamento, um ato negocial não causal, uma vez que, assim como na doação, objetiva-se deferir um benefício patrimonial a um terceiro. Ainda que se trate de negócios com características distintas, ambos são dotados de uma razão causal determinante. Na perspectiva do antigo ditado, aliás, *onde há a mesma razão, deve haver o mesmo direito*[4];

---

[2] Confira-se o Capítulo IV ("Invalidade do Negócio Jurídico") do v. 1 ("Parte Geral") desta coleção.

[3] Sobre tais reflexões, releia-se o Capítulo VII ("Vocação Hereditária"), notadamente o tópico 6 ("Da 'Vocação Hereditária' de Animais e Coisas").

[4] Confira-se, a propósito, o subtópico 2.5 ("Algumas Palavras sobre a Causa nos Negócios Jurídicos") do Capítulo XI ("Plano de Existência do Negócio Jurídico") do v. 1 ("Parte Geral") desta coleção.

d) não revestir a forma prescrita em lei ou for preterida solenidade que a lei considere essencial (aplicação das hipóteses dos incisos IV e V do art. 166 do CC): nesse aspecto, é fundamental ressaltar a importância que é dada à forma no testamento, que pode ser considerado, juntamente com o casamento, um dos negócios jurídicos mais solenes do ordenamento brasileiro[5];

e) tiver por objetivo fraudar lei imperativa (aplicação do art. 166, VI, do CC): trata-se de hipótese pouco frequente na prática, visto que teoricamente possível. É caso do sujeito que se vale de um testamento para instituir fundação com o objetivo de realizar lavagem de dinheiro e sonegação fiscal;

f) a lei taxativamente o declarar nulo ou proibir-lhe a prática, sem cominar sanção (aplicação do art. 166, VII, do CC): é o caso das formas proibidas de testamento, a exemplo do conjuntivo[6];

g) simular outro negócio jurídico (aplicação do art. 167 do CC): diferentemente do dolo, a simulação, tal como tratada em nosso sistema, pressupõe um acordo de vontades. Vale dizer, as partes criam um negócio jurídico aparentemente normal destinado a não gerar efeito algum (simulação absoluta) ou a encobrir outro negócio cujos efeitos são proibidos por lei (simulação relativa). Ora, considerando-se que o testamento é, geneticamente, unilateral, reconhecemos certa dificuldade em subsumi-lo na presente categoria (negócio simulado), na medida em que não há convergência de vontades em sua formação, o que não impedirá, por óbvio, a eventual existência de outros vícios, conforme já mencionado. Mas, em um supremo esforço acadêmico, figuramos a possibilidade de se tentar encobrir uma doação *mortis causa*, vedada em nosso sistema, por meio de um testamento, conferindo-se, de logo, o bem doado, ao donatário. Haveria uma possível simulação relativa, dados os efeitos imediatos proibidos que se pretendeu produzir.

Vale destacar, por fim, que as hipóteses de nulidade não se limitam às regras gerais do negócio jurídico, havendo previsão específica de nulidade de disposições testamentárias, conforme se constata na leitura do art. 1.900[7].

---

[5] "Testamento. Nulidade. Testemunhas que não presenciaram a manifestação de vontade do testador. Ação rescisória. Precedentes da Corte.

1. Não presenciando algumas das testemunhas a manifestação de vontade do testador, assinando posteriormente o testamento, está presente a violação ao art. 1.632, I e II, do Código Civil, procedente, portanto, a ação de nulidade do testamento.

2. Recurso especial conhecido e provido" (STJ, REsp 294.691/PR, Recurso Especial 2000/0137754-0, Rel. Min. Carlos Alberto Menezes Direito, 3.ª Turma, j. 13-3-2001, *DJ*, 7-5-2001, p. 140; *JBCC*, v. 191, p. 197, *Lex-STJ*, v. 144, p. 221; *RDJTJDFT*, v. 66, p. 138; *RSTJ*, v. 150, p. 311).

[6] Confira-se, a propósito, o tópico 2 ("Algumas Palavras sobre Formas Proibidas de Testamento") do Capítulo XIV ("Formas Ordinárias de Testamento") deste volume.

[7] "Art. 1.900. É nula a disposição:

Na mesma linha, também lhes são aplicáveis, no que for possível, as regras de nulidade relativa dos negócios jurídicos, previstas no art. 171, notadamente no que diz respeito aos vícios de consentimento.

Todavia, há uma pergunta que não quer calar.

Há prazo para o ajuizamento das ações de invalidade de testamento? Qual seria ele?

É o que enfrentaremos no próximo subtópico.

3.1. Prazo das ações de invalidade de testamento

Diante da regra positivada no art. 169 do CC (sem correspondência na codificação anterior), de que o "negócio jurídico nulo não é suscetível de confirmação, nem convalesce pelo decurso do tempo", seria possível se falar em prazo para o exercício de uma ação de invalidade de testamento nulo?

Isso porque, sendo o testamento um negócio jurídico, deveria tal regra, em tese, ser também aplicável a ele, ou seja, não deveria haver prazo para o exercício de tal postulação, em se tratando de nulidade absoluta.

Todavia, no caso do testamento, há regra específica.

De fato, fundamentado na ideia de segurança das relações jurídicas, o vigente Código Civil brasileiro estabeleceu, no seu art. 1.859 (sem qualquer equivalência direta no CC/1916):

> "Art. 1.859. Extingue-se em cinco anos o direito de impugnar a validade do testamento, contado o prazo da data do seu registro".

Trata-se de um prazo decadencial, uma vez que se trata do exercício de um direito potestativo.

Em nossa linha de pensamento, entendemos ser tal prazo aplicável tanto para as nulidades absolutas quanto para as relativas, por se tratar de regra específica da disciplina testamentária, o que tem encontrado respaldo na doutrina majoritária.

I — que institua herdeiro ou legatário sob a condição captatória de que este disponha, também por testamento, em benefício do testador, ou de terceiro;

II — que se refira a pessoa incerta, cuja identidade não se possa averiguar;

III — que favoreça a pessoa incerta, cometendo a determinação de sua identidade a terceiro;

IV — que deixe a arbítrio do herdeiro, ou de outrem, fixar o valor do legado;

V — que favoreça as pessoas a que se referem os arts. 1.801 e 1.802."

Sobre o tema, confira-se o Capítulo XVII ("disposições testamentárias"), notadamente o tópico 6 ("Sobre a Validade das Cláusulas Testamentárias"), ao qual remetemos o amigo leitor.

Todavia, a questão não é tão simples, o que não chega a surpreender em um ramo do Direito tão marcado por dissensões doutrinárias, especialmente em sua perspectiva sistemática[8].

Nesse contexto, reconhecemos, como dito, a existência do prazo, de natureza decadencial, para a desconstituição do negócio jurídico testamentário, em função de eventual nulidade, absoluta ou relativa.

Contudo, se o prazo genérico, para tal fim, é o quinquenal, previsto no mencionado art. 1.859, o prazo será outro, se a nulidade (neste caso, relativa) for decorrente de vícios de consentimento — erro, dolo ou coação — compatíveis com a natureza jurídica do testamento.

Com efeito, um prazo quadrienal é estabelecido pelo art. 1.909 do CC, nos seguintes termos:

> "Art. 1.909. São anuláveis as disposições testamentárias inquinadas de erro, dolo ou coação.
>
> Parágrafo único. Extingue-se em quatro anos o direito de anular a disposição, contados de quando o interessado tiver conhecimento do vício".

Assim, sistematizando a matéria, temos que os prazos decadenciais para a ação de invalidade de testamento serão os seguintes:

a) cinco anos: ação de invalidade de testamento por nulidade absoluta ou relativa;

b) quatro anos: ação anulatória de testamento (nulidade relativa), em caso de erro, dolo ou coação.

Dessa conclusão preliminar, pode-se extrair uma segunda como consequência lógica: o prazo quadrienal, para os vícios de consentimento, coaduna-se com a regra do art. 178 do CC, para os negócios jurídicos em geral.

Mas, uma vez que o testamento é um negócio jurídico, poderia ser ele submetido ao fenômeno da conversão?

---

[8] Em posicionamento assumidamente minoritário, defendem os amigos Flávio Tartuce e José Fernando Simão:

"De início, cabe uma observação, eis que o prazo em questão é realmente de natureza decadencial, já que trata de desconstituição de negócio jurídico, nos termos da lição de Agnelo Amorim Filho. Porém, causa perplexidade ao estudioso imaginar que o testamento, apesar de ser um negócio jurídico, não segue a máxima milenar de Paulo pela qual *quod initium vitiosum est, non potest tractus temporis convalescere*, ou seja, que a nulidade absoluta não convalesce com o tempo. Por isso é que entendemos que o dispositivo somente se aplica à nulidade relativa. No caso de nulidade absoluta do testamento, a ação correspondente é imprescritível. O nosso entendimento, diga-se de passagem, é minoritário na doutrina" (Flávio Tartuce e José Fernando Simão, *Direito Civil*, 5. ed., Rio de Janeiro: Forense; São Paulo: Método, 2012, p. 392-393. v. 6).

3.2. Conversão do testamento nulo ou anulável

Uma das mais aplaudidas inovações do Código Civil brasileiro de 2002 foi o acolhimento da teoria da conversão do negócio jurídico.

Com efeito, preceitua o art. 170:

> "Art. 170. Se, porém, o negócio jurídico nulo contiver os requisitos de outro, subsistirá este quando o fim a que visavam as partes permitir supor que o teriam querido, se houvessem previsto a nulidade".

Conforme já expusemos em outra oportunidade[9], MARCOS BERNARDES DE MELLO define a medida conservatória como "o expediente técnico de aproveitar-se como outro ato jurídico válido aquele inválido, nulo ou anulável, para o fim a que foi realizado"[10].

CARLOS ALBERTO BITTAR, por sua vez, afirmava:

> "A conversão é, pois, a operação pela qual, com os elementos materiais de negócio nulo ou anulado, se pode reconstituir outro negócio, respeitadas as condições de admissibilidade. Cuida-se de expediente técnico que o ordenamento põe à disposição dos interessados para imprimir expressão jurídica a manifestações de vontade negocial, não obedientes, no entanto, a pressupostos ou a requisitos"[11].

JOÃO ALBERTO SCHÜTZER DEL NERO, em sua excelente tese de doutoramento *Conversão Substancial do Negócio Jurídico*, posteriormente convertida em obra jurídica, adverte que GIUSEPPE SATTA, na Itália, assim define a conversão:

> "Na linguagem comum, entende-se por conversão o ato por força do qual, em caso de nulidade do negócio jurídico querido principalmente, abre-se às partes o caminho para fazer valer outro, que se apresenta como que compreendido no primeiro e encontra nos escombros (*rovine*) deste os requisitos necessários para a sua existência, de que seriam exemplos: a) uma venda simulada, que poderia conter os requisitos de uma doação; e b) um ato público nulo, que poderia conter os requisitos de uma escritura privada"[12].

Trata-se, portanto, de uma medida sanatória, *por meio da qual aproveitam-se os elementos materiais de um negócio jurídico nulo ou anulável, convertendo-o,*

---

[9] Confira-se o tópico 6 ("Conversão do Negócio Jurídico") do Capítulo IV ("Invalidade do Negócio Jurídico") do v. 1 ("Parte Geral") desta coleção.

[10] Marcos Bernardes de Mello, *Teoria do Fato Jurídico — Plano da Validade*, 2. ed., São Paulo: Saraiva, 1997, p. 209.

[11] Carlos Alberto Bittar, *Curso de Direito Civil*, Rio de Janeiro: Forense Universitária, 1994, v. 1, p. 171.

[12] João Alberto Schützer del Nero, *Conversão Substancial do Negócio Jurídico*, São Paulo: Renovar, 2001, p. 299-300.

juridicamente, e de acordo com a vontade das partes, em outro negócio válido e de fins lícitos.

Retira-se, portanto, o ato negocial da categoria em que seria considerado inválido, inserindo-o em outra, na qual a nulidade absoluta ou relativa que o inquina será considerada sanada, à luz do princípio da conservação.

Nesse diapasão, atente-se para a advertência de KARL LARENZ, no sentido de que *não se admite a conversão se o negócio perseguido pelas partes persegue fins imorais ou ilícitos*[13].

A conversão exige, para a sua configuração, a concorrência dos seguintes pressupostos:

a) material — *aproveitam-se os elementos fáticos do negócio inválido, convertendo-o para a categoria jurídica do ato válido;*

b) imaterial — *a intenção dos declarantes direcionada à obtenção da conversão negocial, e consequente recategorização jurídica do negócio inválido.*

Podem-se apontar alguns exemplos clássicos de *conversão substancial:* a nota promissória nula por inobservância dos requisitos legais de validade é *aproveitada* como confissão de dívida; o contrato de compra e venda de imóvel valioso, firmado em instrumento particular, nulo de pleno direito por vício de forma, *converte-se* em promessa irretratável de compra e venda, para a qual não se exige a forma pública.

Trata-se, nesta linha, da *conversão substancial*, a qual diz respeito ao conteúdo do negócio jurídico em si, e não da conversão legal[14].

No campo das Sucessões, sem menoscabarmos a importância da forma para o negócio jurídico testamentário, parece-nos bastante razoável aplicar a teoria em situações justificadas, como, por exemplo, na hipótese de uma doação *mortis causa* (inválida), que se converteria em estipulação testamentária de um legado, desde que respeitadas as normas da Sucessão Testamentária, sem a ocorrência de simulação ou outro vício, e em se observando a vontade do falecido.

No mesmo sentido, um testamento que trate de um objeto de pequeno valor, celebrado sem a assinatura de testemunhas, poderia ser convertido em codicilo.

---

[13] Karl Larenz, *Derecho Civil — Parte General*, Madrid: Revista de Derecho Privado, 1978, p. 643.

[14] Exemplo de conversão legal, combatido por Pontes de Miranda, é encontrado no art. 1.083 do CC: *"a aceitação fora do prazo, com adições, restrições, ou modificações, importará nova proposta"*. De fato, assiste razão ao mestre alagoano, uma vez que a "conversão" da aceitação em proposta, por simples determinação legal, e sem concorrência da vontade das partes, não pode ser igualada à figura de que se está tratando (cf. Marcos Bernardes de Mello, ob. cit., p. 214).

Também trazendo variados exemplos, ensinam os amigos TARTUCE e SIMÃO:

> "Primeiramente, um testamento cujo objeto seja um bem de pequeno valor que foi feito sem assinatura de testemunhas pode converter-se em codicilo (*conversão substancial*). A jurisprudência nacional vem admitindo essa forma de conversão (RT 327/277).
>
> Vale dizer que o Código Civil italiano traz exemplo clássico de *conversão formal* de testamento. O diploma determina em seu art. 607 que o testamento cerrado, uma vez que não tenha as características preenchidas, terá efeito como testamento hológrafo, contanto que preencha os requisitos deste ('*Il testamento segreto, che manca di qualche requisito suo proprio, ha effetto como testamento olografo, qualora di questo abbia i requisiti*').
>
> Imagine-se um testamento público que conta com a assinatura de quatro testemunhas (apesar de a lei só exigir duas), que, por um lapso, deixa de ser assinado pelo Tabelião. Como instrumento público, o testamento é nulo, mas converte-se em testamento particular (que só exige a presença de três testemunhas), ocorrendo a conversão formal, pois a forma pública nula converte-se em forma particular válida. Note-se que o negócio jurídico original é um testamento e o convertido também o é.
>
> Por outro lado, uma doação *mortis causa* pode se converter em legado se presentes os requisitos formais de validade. Sobre o tema, explica Wania do Carmo de Carvalho Triginelli que 'no sistema jurídico brasileiro não é pacífica a admissão da figura da doação *mortis causa*, embora pareça ser possível aceitá-la até pelo fato (não só) de o art. 314 do Código Civil de 1916 a ela se referir expressamente, apesar de a referência encontrar-se no tópico destinado à doação *propter nuptias*. Admitida a figura no sistema jurídico brasileiro, o caso referido seria típico de conversão do negócio jurídico' (*Conversão...*, 2003, p. 166).
>
> Em conclusão, com a expressa disposição do art. 170 do CC de 2002, a conversão do testamento nulo não só se torna possível, afastando qualquer debate que exista sob a égide do revogado Código Civil, como também desejável, pois dá efetividade à vontade do morto, preservando a sua autonomia privada e conservando o negócio jurídico celebrado"[15].

Trata-se, sem dúvida, de uma teoria bastante útil para a observância efetiva do respeito à vontade manifestada do testador, o que deve ser levado em consideração na interpretação do testamento como princípio básico, inclusive em sede de discussão de uma eventual invalidade[16].

---

[15] Flávio Tartuce e José Fernando Simão, ob. cit., p. 400/401.

[16] "RECURSO ESPECIAL. DIREITO CIVIL. AÇÃO DE ANULAÇÃO DE TESTAMENTO PÚBLICO. FORMALIDADES LEGAIS. PREVALÊNCIA DA VONTADE DO TESTADOR.

Não sendo possível, por outro lado, a conversão do testamento, impõe-se o reconhecimento da nulidade, caso tenha sido manejada tempestivamente a ação própria, passando-se a produzir os efeitos da Sucessão Legítima.

4. INEXECUÇÃO DO TESTAMENTO

Pelo termo "inexecução" do testamento, costumamos abranger situações em que o negócio jurídico testamentário, mesmo estando apto, do ponto de vista da sua validade, não poderá mais produzir efeitos.

No esforço sistematizador que empreendemos ao longo da obra, parece-nos relevante classificar tais situações, todas no plano da eficácia, em três modalidades: a caducidade, a revogação e o rompimento do testamento.

Vamos conhecê-las.

4.1. Caducidade

Consiste a caducidade de um testamento na *perda de sua eficácia por circunstância superveniente ao momento da sua celebração.*

Trata-se de uma hipótese que não foi mencionada de forma expressa em capítulo próprio na codificação civil, mas que se encontra mencionada, de forma difusa, em diversos dispositivos normativos do texto legal, inclusive na disciplina dos legados, o que já foi objeto de análise anterior[17].

Em louvável trabalho classificatório, sintetiza MARIA HELENA DINIZ as hipóteses de caducidade:

REEXAME DE PROVA. IMPOSSIBILIDADE. SÚMULA 7/STJ. OFENSA AO ART. 535 DO CPC NÃO CONFIGURADA. HONORÁRIOS ADVOCATÍCIOS. MODIFICAÇÃO EM RAZÃO DA REFORMA DA SENTENÇA DE PROCEDÊNCIA. POSSIBILIDADE. AUSÊNCIA DE OFENSA AOS ARTS. 460 E 515 DO CPC.

1. Em matéria testamentária, a interpretação deve ser voltada no sentido da prevalência da manifestação de vontade do testador, orientando, inclusive, o magistrado quanto à aplicação do sistema de nulidades, que apenas não poderá ser mitigado, diante da existência de fato concreto, passível de ensejar dúvida acerca da própria faculdade que tem o testador de livremente dispor acerca de seus bens, o que não se faz presente nos autos.

2. A verificação da nulidade do testamento, pela não observância dos requisitos legais de validade, exige o revolvimento do suporte fático probatório da demanda, o que é vedado pela Súmula 07/STJ.

3. Inocorrência de violação ao princípio da unidade do ato notarial (art. 1632 do CC/16).

4. Recurso especial desprovido" (STJ, REsp 753.261/SP, Recurso Especial 2005/0085361-0, Rel. Min. Paulo de Tarso Sanseverino, 3.ª Turma, j. 23-11-2010, *DJe*, 5-4-2011, *Lex-STJ*, v. 261, p. 101).

[17] Confira-se o tópico 8 ("Caducidade") do Capítulo XVIII ("Legados") deste volume.

"O testamento caducará:

1.º) Se o herdeiro instituído premorrer ao testador ou simultaneamente a ele (CC, arts. 8.º e 1.943).

2.º) Se o nomeado falecer antes do implemento da condição da qual dependia a herança ou legado.

3.º) Se a condição suspensiva imposta pelo disponente não puder ser realizada (CC, arts. 125, 1.809 e 1.943).

4.º) Se o herdeiro instituído ou o legatário renunciar à herança ou ao legado, for incapaz de herdar ou for excluído da sucessão (CC, arts. 1.943, 1.798, 1.799, 1.801 e 1.971).

5.º) Se houver modificação substancial ou perecimento de coisa legada por caso fortuito, pois, se a destruição se der por culpa do herdeiro, o legatário terá direito a perdas e danos, e, se ocorrer o fato por ato culposo do próprio legatário, nenhum direito lhe assiste.

6.º) Se, nas hipóteses de testamento especial (marítimo, aeronáutico ou militar), o testador não finar na sua viagem ou em campanha ou não promover as medidas legais para convalescer seu ato de última vontade (CC, arts. 1.891 e 1.895).

Havendo caducidade da cédula testamentária por qualquer uma dessas causas, a sucessão testamentária transformar-se-á em legítima, como se não houvesse qualquer testamento (CC, art. 1.788). Entretanto, a vocação dos sucessores legítimos deixará de ocorrer nos casos em que houver admissibilidade do direito de acrescer (CC, arts. 1.941 a 1.943), ou, então, se o testador nomeou substituto ao herdeiro ou legatário, que recolherá a herança ou o legado (CC, arts. 1.943, 1.947 e 1.951)"[18].

Tomando como premissas as hipóteses sistematizadas pela ilustre professora citada, entendemos que, ocorrendo a caducidade, duas consequências poderão advir, de acordo com as regras do nosso Direito vigente:

a) se a ineficácia abranger a todos os herdeiros ou legatários e eles não tiverem substitutos, toda a herança, por óbvio, passa a ser regulada pelas normas da Sucessão Legítima;

b) se não abranger todos os herdeiros ou legatários e, não tendo eles substitutos, em havendo o direito de acrescer entre eles, a transmissão da herança poderá continuar a ser regida pela Sucessão Testamentária.

Compreendida a caducidade, passemos a tratar da revogação do testamento.

---

[18] Maria Helena Diniz, *Curso de Direito Civil Brasileiro — Direito das Sucessões*, 34. ed., São Paulo: Saraiva, 2020, v. 6, p. 322.

4.2. Revogação

Conforme já expusemos em volume anterior[19], a *revogação* consiste em uma modalidade de desfazimento de determinados negócios jurídicos, por iniciativa de uma das partes isoladamente.

É o exemplo clássico da resilição unilateralmente feita *nos contratos de mandato* (arts. 682 a 687 do CC) e *doação* (arts. 555 a 564 do CC).

Embora não seja um contrato, mas, sim, um negócio jurídico unilateral, também em face do testamento é utilizado o vocábulo "revogação", no sentido aqui tratado, o que é objeto de previsão legal expressa (arts. 1.969 a 1.972 do CC/2002).

Como modalidade extintiva específica do testamento, a revogação deve se dar do mesmo modo e forma com que fora feito o negócio jurídico que se quer revogar[20].

Tal revogação, na forma do *caput* do art. 1.970 do Código Civil, poderá ser total ou parcial.

Registre-se, porém, que se a revogação for parcial ou se o testamento posterior não contiver cláusula revogatória expressa, o negócio jurídico unilateral anterior subsiste em tudo que não for contrário às novas disposições testamentárias.

Regra lógica é estabelecida pelo art. 1.971 do Código Civil:

> "Art. 1.971. A revogação produzirá seus efeitos, ainda quando o testamento, que a encerra, vier a caducar por exclusão, incapacidade ou renúncia do herdeiro nele nomeado; não valerá, se o testamento revogatório for anulado por omissão ou infração de solenidades essenciais ou por vícios intrínsecos".

A produção de efeitos do testamento revogador dependerá, portanto, das suas próprias circunstâncias.

Com efeito, é forçoso convir que, se o testamento revogatório for anulado, significa dizer que ele foi rechaçado no plano da validade, não podendo, naturalmente, produzir efeitos.

Por fim, traz o art. 1.972 do Código Civil uma "presunção de revogação" quando o *testamento cerrado* for aberto ou dilacerado pelo testador (ou mesmo por terceiro, com o seu consentimento).

---

[19] Confira-se o subtópico "Revogação" do Capítulo "Extinção do Contrato" do v. 4 ("Contratos") desta coleção.

[20] "Art. 1.969. O testamento pode ser revogado pelo mesmo modo e forma como pode ser feito."

Isto porque é da essência do testamento cerrado a preservação do seu sigilo. Ora, uma vez tendo sido quebrada a verdadeira garantia de segurança, pelo próprio testador (ou por terceiro seguindo a sua vontade), o testamento perderá a sua finalidade e, portanto, a sua própria eficácia.

Ocorrendo a revogação, duas consequências lógicas podem advir:

a) se a revogação for total, toda a herança passa a ser regulada pela Sucessão Legítima, caso não haja nova estipulação testamentária;

b) se a revogação for parcial — isso significa que ainda há disposição testamentária válida e eficaz —, a herança continuará regida pela Sucessão Testamentária, obviamente na parte disponível do patrimônio deixado pelo *de cujus*, segundo a sua vontade manifestada.

Sobre a "*revogação do testamento revogatório*", observa ORLANDO GOMES:

> "Em princípio, o primeiro testamento revogado não recobra sua força com a revogação do testamento que o tornou insubsistente. Produz-se, em suma, o *efeito* da revogação, tenha sido expressa ou tácita. Pela circunstância de ter sido, por sua vez, revogado o testamento que o revogara, o anterior não readquire eficácia.
>
> Nada impede, todavia, que, ao revogar o testamento revogatório, declare o testador a vontade de que reviva o testamento primitivamente revogado, ou algumas de suas disposições. É lícito ao testador, com efeito, fazer reviver disposições testamentárias já revogadas, necessário sendo, porém, que manifeste sua intenção desenganadamente. Dessa exigência resulta a inadmissibilidade de tácita revogação de revogação.
>
> Disputou-se acerca da necessidade de repetir o testador as disposições testamentárias as quais quer revigorar, entendendo numerosos doutores que a ressurreição dependia da reprodução, no terceiro testamento, de tais cláusulas. Correto, no entanto, é o entendimento contrário. Basta que o testador confirme as declarações do primeiro testamento, até porque trazendo-as para o outro não estará a rigor revigorando cláusulas insubsistentes, senão renovando-as em outro testamento, por tal modo que não cogitar do que fora revogado pelo revogatório. Seria, afinal, novo testamento na forma e no conteúdo. O problema deixaria de existir. O risco de incerteza, invocado pelos que temem a simples confirmação, pode ser afastado por interpretação cuidadosa da vontade do testador"[21].

Compreendida a temática da revogação do testamento, conheçamos a sua última modalidade extintiva: *o rompimento do testamento.*

Vamos a ela.

---

[21] Orlando Gomes, *Sucessões*, Rio de Janeiro: Forense, 2004, p. 236.

4.3. Rompimento

O rompimento (ou ruptura) é uma modalidade extintiva especificamente aplicável ao testamento.

De fato, todas as demais modalidades aqui tratadas decorrem, direta ou indiretamente, da disciplina geral do negócio jurídico.

Com o rompimento, não.

Trata-se de uma forma muito peculiar, em que *o surgimento de um descendente sucessível*[22] *ou outro herdeiro necessário — que o testador não tinha ou desconhecia quando testou — faz cessar os efeitos do testamento.*

Nesse sentido, confiram-se os arts. 1.973 e 1.974 do Código Civil:

> "Art. 1.973. Sobrevindo descendente sucessível ao testador, que não o tinha ou não o conhecia quando testou, rompe-se o testamento em todas as suas disposições, se esse descendente sobreviver ao testador[23].
>
> Art. 1.974. Rompe-se também o testamento feito na ignorância de existirem outros herdeiros necessários".

O sentido da norma é muito simples.

---

[22] "DIREITO CIVIL. SUCESSÃO TESTAMENTÁRIA. CONFLITO DE NORMAS. PRIMAZIA DA VONTADE DO TESTADOR.

I — Nos termos do artigo 1.750 do Código Civil de 1916 (a que corresponde o art. 1.973 do Cód. Civil de 2002) 'Sobrevindo descendente sucessível ao testador, que o não tinha, ou não o conhecia, quando testou, rompe-se o testamento em todas as suas disposições, se esse descendente sobreviver ao testador'.

II — No caso concreto, o novo herdeiro, que sobreveio, por adoção *post mortem*, já era conhecido do testador que expressamente o contemplou no testamento e ali consignou, também, a sua intenção de adotá-lo. A pretendida incidência absoluta do art. 1.750 do Cód. Civil de 1916 em vez de preservar a vontade esclarecida do testador, implicaria a sua frustração.

III — A aplicação do texto da lei não deve violar a razão de ser da norma jurídica que encerra, mas é de se recusar, no caso concreto, a incidência absoluta do dispositivo legal, a fim de se preservar a *mens legis* que justamente inspirou a sua criação.

IV — Recurso Especial não conhecido" (STJ, REsp 985.093/RJ, Recurso Especial 2006/0029886-6, Rel. Min. Humberto Gomes de Barros, Rel. p/ acórdão Min. Sidnei Beneti, 3.ª Turma, j. 5-8-2010, *DJe*, 24-9-2010, *Lex-STJ*, v. 254, p. 117).

[23] Sobre o tema, o Enunciado 643 da VIII Jornada de Direito Civil da Justiça Federal estabeleceu:

"ENUNCIADO 643 — Art. 1.973: O rompimento do testamento (art. 1.973 do Código Civil) se refere exclusivamente às disposições de caráter patrimonial, mantendo-se válidas e eficazes as de caráter extrapatrimonial, como o reconhecimento de filho e o perdão ao indigno".

Se, quando celebrou o testamento, o testador desconhecia a existência de herdeiro sucessível, não haveria, por consequência, como lhe direcionar o patrimônio, em franca violação ao princípio da autonomia privada.

O mesmo raciocínio seria aplicável se ainda não existisse o referido herdeiro ao tempo da feitura do testamento.

Se o testador, porém, já tinha herdeiros necessários e, mesmo assim, fez a disposição testamentária não o contemplando ou o excluindo, não há falar em rompimento[24], pois a legítima foi preservada[25].

---

[24] "CIVIL E PROCESSUAL. INVENTÁRIO. NULIDADE DE TESTAMENTO ARGUIDA PELO INVENTARIANTE. LITISCONSÓRCIO NECESSÁRIO. MATÉRIA NÃO PREQUESTIONADA. SÚMULAS NS. 282 E 356-STF. RESERVA DA LEGÍTIMA. BENS DISPONÍVEIS DEIXADOS A TERCEIRA PESSOA. NASCIMENTO DE NOVO NETO DO *DE CUJUS* APÓS A REALIZAÇÃO DO TESTAMENTO. PREEXISTÊNCIA DE OUTROS HERDEIROS DA MESMA QUALIDADE. NULIDADE DO ATO NÃO CONFIGURADA. CÓDIGO CIVIL, ART. 1.750. EXEGESE.

I. Ausência de prequestionamento acerca da nulidade processual impeditiva da admissibilidade recursal sob tal aspecto, ao teor das Súmulas ns. 282 e 356 do C. STF.

II. Constitui condição estabelecida no art. 1.750 do Código Civil, para o rompimento do testamento, não possuir ou não conhecer o testador, ao tempo do ato de disposição, qualquer descendente sucessível, de sorte que se ele já possuía vários, como no caso dos autos, o nascimento de um novo neto não torna inválido o testamento de bens integrantes da parte disponível a terceira pessoa.

III. Recurso especial não conhecido" (STJ, REsp 240.720/SP, Recurso Especial 1999/0109814-9, Rel. Min. Aldir Passarinho Junior, 4.ª Turma, j. 21-8-2003, *DJ*, 6-10-2003, p. 273, *RSTJ*, v. 185, p. 403).

[25] "RECURSO ESPECIAL. CIVIL E PROCESSO CIVIL. HERDEIRO NETO. SUCESSÃO POR REPRESENTAÇÃO. TESTAMENTO. RUPTURA. ART. 1.973 DO CC/2002. NÃO OCORRÊNCIA. LEGADO. DIREITO DE ACRESCER POSSIBILIDADE. RECURSO NÃO CONHECIDO.

1. Não se conhece do recurso quanto à alegada divergência, na medida em que se olvidou o recorrente do necessário cotejo analítico entre os julgados tidos por confrontantes, deixando, com isso, de demonstrar a necessária similitude fática entre os arrestos, conforme exigência contida no parágrafo único do artigo 541 do Código de Processo Civil e § 2.º do artigo 255 do RISTJ.

2. Não se há falar em ofensa ao artigo 535, incisos I e II, do Código de Processo Civil, porquanto ausente qualquer omissão, obscuridade ou contradição no acórdão guerreado.

3. 'Com efeito, quando a lei fala em superveniência de descendente sucessível, como causa determinante da caducidade do testamento, leva em consideração o fato de que seu surgimento altera, por completo, a questão relativa às legítimas. Aqui, tal não ocorreu, já que resguardou-se a legítima do filho e, consequentemente, do neto.'

4. Não havendo determinação dos quinhões, subsiste o direito de acrescer ao colegatário, nos termos do artigo 1.712 do Código de 1916.

5. Recurso não conhecido" (STJ, REsp 594.535/SP, Recurso Especial 2003/0167072-8, Rel. Min. Hélio Quaglia Barbosa, 4.ª Turma, j. 19-4-2007, *DJ*, 28-5-2007, p. 344).

Nesta linha é a previsão do art. 1.975:

"Art. 1.975. Não se rompe o testamento, se o testador dispuser da sua metade, não contemplando os herdeiros necessários de cuja existência saiba, ou quando os exclua dessa parte".

Sobre o tema, ensinou ORLANDO GOMES:

"Não se rompe o testamento se o testador previu a existência, ou superveniência, de herdeiros necessários.

A previsão presume-se quando ele dispõe apenas da metade da herança.

Não se rompe, outrossim, se não contemplar, na parte disponível, os herdeiros necessários, de cuja existência saiba. Obrigado não estando a favorecê-los, dispensado se acha de mencionar as razões por que preferiu deixá-la a estranhos. Não há que falar, neste caso, em *deserdação.*

Importa é que ignore a existência de tais herdeiros, ao testar. Na dúvida, pode tomar a cautela de declarar que, se aparecerem, se tenha como eficaz o testamento, sem ofensa à legítima. Do mesmo modo, em relação à possível superveniência"[26].

Interessante, por fim, mencionar que uma posterior sentença que acolha pedido de investigação de paternidade não opera, necessariamente, o rompimento do testamento, na medida em que, havendo contestado o pedido, o investigado passaria a ter ciência da possível existência do herdeiro necessário, como já decidiu o TJSP:

"ROMPIMENTO DE TESTAMENTO — Parte disponível deixada à viúva — Testador que já tinha outros descendentes — Posterior sentença proferida em ação de investigação de paternidade que não provoca a revogação presumida do testamento — Testador que tinha conhecimento prévio da existência do filho, pois contestou a ação antes da lavratura do testamento — Não incidência de revogação presumida do artigo 1973 do Código Civil — Decisão que determinou o registro e o cumprimento do testamento que se mantém — Recurso não provido" (TJSP, Ap. Cív. 4498944800/SP, Rel. Francisco Loureiro, j. 9-10-2008, 4.ª Câmara de Direito Privado, publicado em 22-10-2008).

Antigo julgado do Supremo Tribunal Federal, aliás, aparentemente apontava na mesma direção:

"AÇÃO DE INVESTIGAÇÃO DE PATERNIDADE. TESTAMENTO. CÓDIGO CIVIL, ART. 1.750. — A procedência da ação de investigação de paternidade

---

[26] Orlando Gomes, ob. cit., p. 246-247.

não importa no rompimento do testamento deixado pelo investigado, se este não ignorava que o investigante era seu filho: tese razoável, à vista do art. 1.750 do Código Civil. FALTA DE PREQUESTIONAMENTO DA MATÉRIA RELATIVA AOS ARTS. 515 DO CÓDIGO DE PROCESSO CIVIL E 82 E 86 DO CÓDIGO CIVIL (SÚMULAS 282 E 356). DISSÍDIO DE JURISPRUDÊNCIA SUPERADO (SÚMULA 286). RECURSO EXTRAORDINÁRIO NÃO CONHECIDO" (RE 105538, Rel. Min. Francisco Rezek, 2.ª Turma, j. 3-9-1985, *DJ*, 4-10-1985, p. 17209).

Todavia, de tudo não se conclua que a *legítima* do herdeiro restaria prejudicada, visto que, como sabemos, a sua proteção jurídica deriva de normas de ordem pública.

Capítulo XXII
Planejamento Sucessório

Sumário: 1. Introdução. 2. Conceito. 3. Regimes de bens e planejamento sucessório. 3.1. Comunhão parcial de bens. 3.2. Comunhão universal de bens. 3.3. Participação final nos aquestos. 3.4. Separação de bens. 3.5. Implicações sucessórias do regime de bens adotado. 4. O Direito Societário e o planejamento sucessório. 5. Planejamento sucessório e partilha em vida.

1. INTRODUÇÃO

É incomum um Manual de Direito das Sucessões conter um capítulo dedicado exclusivamente ao *planejamento sucessório*.

Todavia, as exigências da sociedade contemporânea, aliadas ao pedido de um dileto amigo[1], conduziram-nos a elaborar o presente capítulo.

De já, anotamos que a nossa pretensão, diante da imensidão do tema, que desafiaria uma nova obra, é, tão somente, apresentar as noções básicas dessa especial forma de planejamento.

Em verdade, posto reconheçamos que o assunto interessa mais de perto àqueles que acumularam considerável patrimônio durante a vida, é forçoso convir que mesmo os menos abastados podem ter fundado interesse em conhecer a melhor forma de planejar a transferência dos seus bens, a fim de evitar longas e dolorosas disputas judiciais[2].

A amplitude dos efeitos alcançados pelo planejamento sucessório não é, por óbvio, facilmente apreensível.

Por isso, cuidaremos, neste capítulo, respeitando as diretrizes da nossa obra, de traçar um panorama geral da matéria, realçando as suas principais

---

[1] O renomado processualista Fredie Didier Júnior pediu que escrevêssemos a respeito.

[2] "Quem tem patrimônio deve se preocupar com a forma como seus bens serão transmitidos aos herdeiros após sua partida. Por mais que pensar na própria morte não seja exatamente empolgante, processos de inventário podem ser longos, complicados e caros, principalmente quando há conflitos entre membros da família. Para garantir o bem-estar dos seus entes queridos quando você já não estiver mais por aqui, especialistas em planejamento financeiro recomendam o chamado planejamento sucessório" (*6 formas de transferir seus bens aos herdeiros ainda em vida*, Julia Wiltgen. Disponível em: <http://exame.abril.com.br/seu-dinheiro/aposentadoria/noticias/6-formas-de-transferir-seus-bens-aos-herdeiros-ainda-em-vida?page=4>. Acesso em: 27 out. 2013).

características e, bem assim, importantes temas que lhe são pertinentes, relembrando, quando necessário, conceitos fundamentais já trabalhados por nós, nesta ou em outras obras, de forma que o amigo leitor possa encontrar, em um único lugar e de forma direta, todas as noções básicas para a compreensão do instituto.

2. CONCEITO

Consiste o planejamento sucessório em um conjunto de atos que visa a operar a transferência e a manutenção organizada e estável do patrimônio do disponente em favor dos seus sucessores.

Com acuidade, a respeito do tema, preleciona DANIEL MONTEIRO PEIXOTO:

> "Planejar a sucessão significa organizar o processo de transição do patrimônio, levando em conta aspectos como (i) ajuste de interesses entre os herdeiros na administração dos bens, principalmente quando compõem capital social de empresa, aproveitando-se da presença do fundador como agente catalisador de expectativas conflitantes, (ii) organização do patrimônio, de modo a facilitar a sua administração, demarcando com clareza o ativo familiar do empresarial, (iii) redução de custos com eventual processo judicial de inventário e partilha que, além de gravoso, adia por demasiado a definição de fatores importantes na continuidade da gestão patrimonial, e, por último, (iv) conscientização acerca do impacto tributário dentre várias opções lícitas de organização do patrimônio, previamente à transferência, de modo a reduzir o seu custo"[3].

Nesse contexto, é forçoso convir que o planejamento exige, do profissional que o conduz, um conhecimento interdisciplinar, que englobe, especialmente, além do Direito Civil, o Direito Tributário e o Empresarial.

Um exemplo muito simples esclarecerá a importância do tema.

Carmelo, 55 anos, viúvo, pai de Maicon e Mailon, ambos filhos da sua falecida esposa, pretende se casar novamente com Penélope, jovem de 23 anos.

Como fazer para resguardar a herança dos seus filhos? A nova amada terá direito de concorrer com eles? O regime de bens interfere? Haverá meação? É possível e recomendável elaborar um testamento? Caso Carmelo seja sócio de uma determinada pessoa jurídica, com a sua morte, Penélope passa a deter algum direito societário?

---

[3] Daniel Monteiro Peixoto, Sucessão Familiar e Planejamento Tributário I, in *Estratégias Societárias, Planejamento Tributário e Sucessório*, coord. Roberta Nioac Prado, Daniel Monteiro Peixoto e Eurico Marcos Diniz de Santi, 2. ed., São Paulo: Saraiva-FGV, 2011, p. 138.

Todas essas indagações devem ser objeto de estudo no bojo de um cuidadoso planejamento, a fim de que, com a morte de Carmelo, a sua vontade seja preservada, na perspectiva dos interesses daqueles que ficam.

Claro que diversas outras situações, de acentuada complexidade, culminarão por exigir um detido planejamento sucessório.

Mas, qualquer que seja a hipótese, é recomendável e de máxima cautela que se conheça o regime de bens adotado pelos envolvidos, caso constituam sociedade conjugal ou integrem união estável.

Por isso, é fundamental passarmos em revista, neste capítulo, as linhas gerais de cada um dos regimes previstos no Direito brasileiro, recordando as principais diretrizes sobre o tema.

3. REGIMES DE BENS E PLANEJAMENTO SUCESSÓRIO

O exemplo figurado no tópico anterior bem demonstra a importância de se conhecer adequadamente o regime de bens adotado, para efeito de se realizar, com acerto, o planejamento sucessório.

"Antes de iniciar qualquer planejamento", observa JANE DE OLIVEIRA, "é necessário saber o regime de bens adotado pelos cônjuges envolvidos na sucessão, em razão dos direitos oriundos do regime escolhido"[4].

Recordemos, pois, de forma individualizada, cada um dos regimes e as suas principais características.

A nossa intenção é, resumidamente, apresentar as linhas gerais de cada regime, com ênfase para a comunhão parcial, por ser a modalidade mais adotada em nossa sociedade[5].

E tal revisão, como dito, *é indispensável*, em qualquer estudo sério voltado ao planejamento sucessório.

3.1. Comunhão parcial de bens

Podemos definir o regime de comunhão parcial de bens como sendo aquele em que há, em regra, a comunicabilidade dos bens adquiridos a título

---

[4] Jane Resina F. de Oliveira, A Importância do Planejamento Sucessório I. Disponível em: <http://www.portaltudoemfamilia.com.br/cms/?p=874>. Acesso em: 27 out. 2013.

[5] Para um aprofundamento do tema, porém, sugerimos a leitura dos Capítulos XIII ("Regime de Bens do Casamento: Noções Introdutórias Fundamentais"), XIV ("Regime de Bens do Casamento: Comunhão Parcial de Bens"), XV ("Regime de Bens do Casamento: Comunhão Universal de Bens"), XVI ("Regime de Bens do Casamento: Separação Convencional de Bens") e XVII ("Regime de Bens do Casamento: Participação Final nos Aquestos") do v. 6 ("Direito de Família") desta coleção.

oneroso na constância do matrimônio, por um ou ambos os cônjuges, preservando-se, assim, como patrimônio pessoal e exclusivo de cada um, os bens adquiridos por causa anterior ou recebidos a título gratuito a qualquer tempo.

Genericamente, é como se houvesse uma "separação do passado" e uma "comunhão do futuro" em face daquilo que o casal, por seu esforço conjunto, ajudou a amealhar.

Trata-se, pois, em nosso sentir, de um regime conveniente, justo e equilibrado e que, como se sabe, é o regime legal supletivo, caso os noivos não optem por regime patrimonial algum (art. 1.640)[6].

A nossa definição proposta tem raiz no art. 1.658:

> "Art. 1.658. No regime de comunhão parcial, comunicam-se os bens que sobrevierem ao casal, na constância do casamento, com as exceções dos artigos seguintes".

Note-se que a comunicabilidade característica desse regime (a comunicabilidade dos bens aquestos) não é absoluta, sofrendo o temperamento dos arts. 1.659 a 1.662:

> "Art. 1.659. Excluem-se da comunhão:
>
> I — os bens que cada cônjuge possuir ao casar, e os que lhe sobrevierem, na constância do casamento, por doação ou sucessão, e os sub-rogados em seu lugar;
>
> II — os bens adquiridos com valores exclusivamente pertencentes a um dos cônjuges em sub-rogação dos bens particulares;
>
> III — as obrigações anteriores ao casamento;
>
> IV — as obrigações provenientes de atos ilícitos, salvo reversão em proveito do casal;
>
> V — os bens de uso pessoal, os livros e instrumentos de profissão;
>
> VI — os proventos do trabalho pessoal de cada cônjuge;
>
> VII — as pensões, meios-soldos, montepios e outras rendas semelhantes.
>
> (...)
>
> Art. 1.661. São incomunicáveis os bens cuja aquisição tiver por título uma causa anterior ao casamento".

Importante ponto da matéria, todavia, merece ser destacado.

A despeito de a regra ser clara quanto à incomunicabilidade dos proventos pessoais de cada cônjuge, existe entendimento no Superior Tribunal de

---

[6] Na mesma linha, em caso de união estável:

"Art. 1.725. Na união estável, salvo contrato escrito entre os companheiros, aplica-se às relações patrimoniais, no que couber, o regime da comunhão parcial de bens".

Justiça, de matiz nitidamente *contra legem*, no sentido de admitir — tanto na comunhão parcial como na universal — a divisão de *crédito trabalhista*.

Na letra fria da lei, tal julgado, como vimos, não encontraria respaldo.

Todavia, partindo de uma concepção ampla do conceito de patrimônio comum, o ilustre ministro relator RUI ROSADO DE AGUIAR entendeu, ao julgar o REsp 421.801/RS que, "para a maioria dos casais brasileiros, os bens se resumem à renda mensal familiar. Se tais rendas forem tiradas da comunhão, esse regime praticamente desaparece".

Trata-se de um entendimento polêmico, reafirmado em mais de uma oportunidade pelo egrégio Tribunal:

> "Verba decorrente de reclamação trabalhista. Integração na comunhão. Regime da comunhão parcial. Disciplina do Código Civil anterior. 1. Já decidiu a Segunda Seção que 'integra a comunhão a indenização trabalhista correspondente a direitos adquiridos durante o tempo de casamento sob o regime da comunhão universal' (EREsp n. 421.801/RS, Relator para acórdão o Ministro Cesar Asfor Rocha, *DJ* de 17/12/04).
>
> Não há motivo para excepcionar o regime da comunhão parcial considerando o disposto no art. 271 do Código Civil anterior. 2. Recurso especial conhecido e provido" (REsp 810.708/RS, Rel. Min. Carlos Alberto Menezes Direito, 3.ª Turma, j. 15-3-2007, *DJ*, 2-4-2007, p. 268).
>
> "Direito civil e família. Recurso especial. Ação de divórcio. Partilha dos direitos trabalhistas. Regime de comunhão parcial de bens. Possibilidade. Ao cônjuge casado pelo regime de comunhão parcial de bens é devida à meação das verbas trabalhistas pleiteadas judicialmente durante a constância do casamento. As verbas indenizatórias decorrentes da rescisão de contrato de trabalho só devem ser excluídas da comunhão quando o direito trabalhista tenha nascido ou tenha sido pleiteado após a separação do casal. Recurso especial conhecido e provido" (REsp 646.529/SP, Rel. Min. Nancy Andrighi, 3.ª Turma, j. 21-6-2005, *DJ*, 22-8-2005, p. 266).

No que tange ao FGTS, em se mantendo a linha esposada pelo STJ, a sua comunicabilidade passa a ser, por consequência, juridicamente possível. Nessa mesma linha, para a própria união estável, não faz muito tempo, já houve esse reconhecimento no Superior Tribunal de Justiça, o que reforça a tese de sua aplicação ao casamento:

> "Direito civil. Família. Ação de reconhecimento e dissolução de união estável. Partilha de bens. Valores sacados do FGTS. — A presunção de condomínio sobre o patrimônio adquirido por um ou por ambos os companheiros a título oneroso durante a união estável, disposta no art. 5.º da Lei n. 9.278/96 cessa em duas hipóteses: (i) se houver estipulação contrária em contrato escrito (*caput*, parte final); (ii) se a aquisição ocorrer com o produto de bens adquiridos anteriormente ao início da união estável (§ 1.º). A conta vinculada mantida para depósitos mensais do FGTS pelo empregador constitui um crédito de

evolução contínua, que se prolonga no tempo, isto é, ao longo da vida laboral do empregado o fato gerador da referida verba se protrai, não se evidenciando a sua disponibilidade a qualquer momento, mas tão somente nas hipóteses em que a lei permitir. As verbas de natureza trabalhista nascidas e pleiteadas na constância da união estável comunicam-se entre os companheiros. Considerando-se que o direito ao depósito mensal do FGTS, na hipótese sob julgamento, teve seu nascedouro em momento anterior à constância da união estável, e que foi sacado durante a convivência por decorrência legal (aposentadoria) e não por mero pleito do recorrido, é de se concluir que apenas o período compreendido entre os anos de 1993 a 1996 é que deve ser contado para fins de partilha. Recurso especial conhecido e provido em parte" (REsp 758.548/MG, Rel. Min. Nancy Andrighi, 3.ª Turma, j. 3-10-2006, *DJ*, 13-11-2006 p. 257).

Em que pese a ausência de respaldo legal, é de admitir que uma compreensão mais ampla da expressão "patrimônio comum", em uma perspectiva sociológica, realmente poderia permitir tal conclusão.

Seguindo ainda a vereda de análise dos bens que não integram a comunhão parcial, o já transcrito art. 1.661 reafirma a diretriz do regime, ao excluir da comunhão "os bens cuja aquisição tiver por título uma causa anterior ao casamento".

A título ilustrativo, trazemos à baila uma situação frequente em nossa sociedade.

E que merece ser mencionada, especialmente em um capítulo que cuida de planejamento de cunho patrimonial.

Suponha-se que João Regino, solteiro, com o seu esforço pessoal, amealhe rendimento suficiente, e quite todas as parcelas do seu apartamento, honrando a obrigação assumida com a construtora, consubstanciada no contrato de promessa de compra e venda que houvera firmado.

Muito bem.

Antes da lavratura da escritura definitiva, oportunidade em que a propriedade seria finalmente consolidada em favor do adquirente, Regino apaixona-se por Edileuza e se casa. Já casado, é lavrada a esperada escritura.

Infelizmente, um golpe do destino faz com que Regino e Edileuza se divorciem, no bojo de um processo emocionalmente tormentoso.

Nesse contexto, um dos pleitos da esposa é, justamente, a divisão do apartamento, sob o argumento de haver se casado em regime de comunhão parcial, e, ainda, pelo fato de a propriedade do imóvel somente haver sido efetivamente adquirida por Regino quando ele já se encontrava casado: *afinal, bens adquiridos onerosamente por um ou ambos os cônjuges, entrariam na meação...*

Ora, diante do que expomos ao longo deste capítulo, e, com amparo no referido art. 1.661, fica claro que os argumentos da esposa não procedem.

São incomunicáveis os bens cuja aquisição tiver por título uma causa anterior ao casamento, a qual, no caso, é o próprio contrato preliminar de compra e venda (promessa), não militando, nessa quadra, em favor do outro cônjuge, a presunção de esforço comum.

Claro está, todavia, que, se parcelas do contrato forem adimplidas ao longo do casamento, o outro consorte, neste caso, dada a presunção de esforço comum, terá, sim, direito proporcional à metade do valor adimplido na constância da sociedade conjugal, como decorrência lógica da aplicação das regras gerais do regime.

Nesse sentido, já decidiu o STJ:

> "DIVÓRCIO. PARTILHA DE IMÓVEL ADQUIRIDO PELO VARÃO ANTES DO CASAMENTO PELO SISTEMA FINANCEIRO DA HABITAÇÃO. PRESTAÇÕES CONCERNENTES AO FINANCIAMENTO SOLVIDAS COM O ESFORÇO COMUM DO CASAL. ADEQUADA SOLUÇÃO ENCONTRADA PELO ACÓRDÃO RECORRIDO: A MULHER FICA COM O DIREITO À METADE DAS PRESTAÇÕES PAGAS NA CONSTÂNCIA DA UNIÃO, MAIS AS BENFEITORIAS REALIZADAS.
>
> — Reconhecido pelo V. Acórdão que a aquisição do imóvel se dera com a contribuição, direta ou indireta, de ambos os cônjuges, justo e razoável que a mulher fique com o direito à metade dos valores pagos na constância da sociedade conjugal, acrescido das benfeitorias realizadas nesse período, respeitado o direito de propriedade do varão.
>
> — Pretensão do recorrente de modificar a base fática da lide, ao sustentar que a unidade habitacional tivera sido comprada com recursos exclusivamente seus. Incidência do verbete sumular n. 07-STJ.
>
> — Inocorrência de contrariedade à lei federal e não demonstração do dissídio pretoriano.
>
> Recurso especial não conhecido" (REsp 108.140/BA, Rel. Min. Barros Monteiro, 4.ª Turma, j. 8-2-2000, *DJ*, 2-5-2000 p. 142).

Parece-nos, sem dúvida, a melhor diretriz a disciplinar a matéria.

Pois bem.

O legislador também considerou razoável, dada a abrangência e importância do tema, explicitar a natureza dos bens que necessariamente devem ser considerados parte da comunhão:

> "Art. 1.660. Entram na comunhão:
>
> I — os bens adquiridos na constância do casamento por título oneroso, ainda que só em nome de um dos cônjuges;
>
> II — os bens adquiridos por fato eventual, com ou sem o concurso de trabalho ou despesa anterior;
>
> III — os bens adquiridos por doação, herança ou legado, em favor de ambos os cônjuges;

IV — as benfeitorias em bens particulares de cada cônjuge;

V — os frutos dos bens comuns, ou dos particulares de cada cônjuge, percebidos na constância do casamento, ou pendentes ao tempo de cessar a comunhão".

Por fim, vale salientar que, à luz do art. 1.664 (sem correspondência na codificação anterior), de fácil intelecção, os bens da comunhão respondem pelas obrigações contraídas pelo marido ou pela mulher para atender aos encargos da família, às despesas de administração e às decorrentes de imposição legal.

3.2. Comunhão universal de bens

O regime de comunhão universal de bens tende à unicidade patrimonial.

Até a entrada em vigor da Lei do Divórcio (Lei n. 6.515, de 26 de dezembro de 1977), era o regime legal supletivo, em nosso sistema.

O seu princípio básico determina, salvo as exceções legais, uma fusão do patrimônio anterior dos cônjuges, e, bem assim, a comunicabilidade dos bens havidos a título gratuito ou oneroso, no curso do casamento, incluindo-se as obrigações assumidas:

"Art. 1.667. O regime de comunhão universal importa a comunicação de todos os bens presentes e futuros dos cônjuges e suas dívidas passivas, com as exceções do artigo seguinte".

Com efeito, há determinados bens que a própria lei estabelece devam ser considerados *excluídos da comunhão.*

O art. 1.668 do Código Civil brasileiro aponta tais bens, nos seguintes termos:

"Art. 1.668. São excluídos da comunhão:

I — os bens doados ou herdados com a cláusula de incomunicabilidade e os sub-rogados em seu lugar;

II — os bens gravados de fideicomisso e o direito do herdeiro fideicomissário, antes de realizada a condição suspensiva;

III — as dívidas anteriores ao casamento, salvo se provierem de despesas com seus aprestos, ou reverterem em proveito comum;

IV — as doações antenupciais feitas por um dos cônjuges ao outro com a cláusula de incomunicabilidade;

V — os bens referidos nos incisos V a VII do art. 1.659".

Trata-se de um regime, nos dias de hoje, pouco frequente, por apresentar possíveis inconveniências em caso de dissolução do vínculo matrimonial.

3.3. Participação final nos aquestos

Trata-se de uma inovação do Código Civil brasileiro de 2002.

Com efeito, o codificador não mais cuidou do antigo regime dotal, que já estava em desuso, substituindo-o pelo novo *regime de participação final nos aquestos.*

Cuida-se, porém, de um modelo complexo, que não tem encontrado muita aceitação na prática.

Sobre isso, nosso amigo SÍLVIO VENOSA já profetizava:

> "É muito provável que esse regime não se adapte ao gosto de nossa sociedade. Por si só verifica-se que se trata de estrutura complexa, disciplinada por nada menos do que 15 artigos, com inúmeras particularidades. Não se destina, evidentemente, à maioria da população brasileira, de baixa renda e de pouca cultura. Não bastasse isso, embora não seja dado ao jurista raciocinar sobre fraudes, esse regime ficará sujeito a vicissitudes e abrirá vasto campo ao cônjuge de má-fé"[7].

Na mesma linha de raciocínio, observou a querida MARIA BERENICE DIAS:

> "O regramento é exaustivo (arts. 1.672 a 1.686) e tem normas de difícil entendimento, gerando insegurança e incerteza. Além disso, é também de execução complicada, sendo necessária a mantença de uma minuciosa contabilidade, mesmo durante o casamento, para possibilitar a divisão do patrimônio na eventualidade de sua dissolução, havendo, em determinados casos, a necessidade de realização de perícia. Ao certo, será raramente usado, até porque se destina a casais que possuem patrimônio próprio e desempenhem ambos atividades econômicas, realidades de poucas famílias brasileiras, infelizmente"[8].

De fato, o regime de participação final, a par de ser dotado de intrínseca complexidade, acarreta, ainda, a inconveniência manifesta da vulnerabilidade à fraude patrimonial, indesejável aspecto que, por si só, já serviria como desincentivo à sua adoção.

Afinal, quem pretenderá se casar adotando um regime que, em vez de tutelar o seu interesse jurídico, pudesse servir como instrumento facilitador de dano?

Para entender a essência desse regime patrimonial de bens, as suas inconveniências e possíveis vantagens, convidamos você, amigo leitor, a seguir conosco neste tópico.

Não obstante seja dotado de autonomia jurídica, podemos reconhecer a *participação final nos aquestos* como um regime híbrido — com características de separação e de comunhão parcial de bens.

---

[7] Sílvio de Salvo Venosa, *Direito Civil — Direito de Família*, 3. ed., São Paulo: Atlas, 2003, p. 360.

[8] Maria Berenice Dias, *Manual de Direito das Famílias*, Porto Alegre: Livraria do Advogado, 2005, p. 228.

Por esse regime, durante o casamento, cada cônjuge possui patrimônio próprio e administração exclusiva dos seus bens, cabendo-lhes, no entanto, à época da dissolução da sociedade conjugal, direito de meação sobre os bens aquestos onerosamente adquiridos pelo próprio casal.

Isso explica a própria denominação do regime, uma vez que, a título de compensação pelos esforços envidados em conjunto, partilham-se, ao final, os bens adquiridos com a participação onerosa de ambos os cônjuges.

Nesse diapasão, o art. 1.672 do Código Civil:

> "Art. 1.672. No regime de participação final nos aquestos, cada cônjuge possui patrimônio próprio, consoante disposto no artigo seguinte, e lhe cabe, à época da dissolução da sociedade conjugal, direito à metade dos bens adquiridos pelo casal, a título oneroso, na constância do casamento".

Uma leitura equivocada desse dispositivo poderia conduzir o intérprete a confundir o presente regime com o de comunhão parcial de bens.

Mas esse erro não deve ser cometido.

Na comunhão parcial, comunicam-se, em regra geral, os bens que sobrevierem ao casamento, *adquirido por um ou ambos os cônjuges*, a título oneroso; na participação final, outrossim, a comunicabilidade refere-se apenas ao patrimônio adquirido onerosamente *pelo próprio casal* (ex.: a casa de praia adquirida pelo esforço econômico conjunto do marido e da esposa).

Não é por outra razão, aliás, que o art. 1.673[9] dispõe que, na participação final, integram o patrimônio próprio os bens que cada cônjuge possuía ao casar e os por ele adquiridos, a qualquer título, na constância do casamento.

Fica claro, pois, que a comunicabilidade no regime ora estudado toca apenas ao patrimônio *adquirido em conjunto*[10] pelos próprios consortes.

Outra diferença consiste na incidência de regras próprias para cada regime: comunhão parcial — arts. 1.658 a 1.666, participação final nos aquestos — arts. 1.672 a 1.686. Por conta disso, não se pode fazer incidir regra de um regime em outro ou vice-versa. A título de exemplo, entram na comunhão parcial os bens adquiridos por fato eventual, com ou sem o concurso de trabalho ou despesa anterior do cônjuge (art. 1.660, II), não se podendo aplicar tal norma à participação final.

---

[9] "Art. 1.673. Integram o patrimônio próprio os bens que cada cônjuge possuía ao casar e os por ele adquiridos, a qualquer título, na constância do casamento. Parágrafo único. A administração desses bens é exclusiva de cada cônjuge, que os poderá livremente alienar, se forem móveis."

[10] E esse direito de meação (incidente no patrimônio comum onerosamente adquirido pelo casal) é tão importante que, a teor do art. 1.682, não é renunciável, cessível ou penhorável na vigência do regime matrimonial. Trata-se, inequivocamente, de uma norma de ordem pública, inalterável pela vontade das partes.

3.4. Separação de bens

O regime de separação convencional (total ou absoluta) de bens é de simples compreensão e guarda íntima conexão com o *princípio da autonomia privada*.

Em campo diametralmente oposto ao da comunhão universal de bens, com tal regime, os cônjuges pretendem, por meio da vontade manifestada no pacto antenupcial, resguardar a exclusividade e a administração do seu patrimônio pessoal, anterior ou posterior ao matrimônio.

O pensamento segundo o qual "amor não se confunde com patrimônio" encontra aqui o seu amparo jurídico.

É o exercício da autonomia da vontade que permite, no caso, haver total divisão dos bens de cada cônjuge, sem prejuízo do reconhecimento da formação de uma família.

Este regime tem como premissa a incomunicabilidade dos bens dos cônjuges, anteriores e posteriores ao casamento.

É a previsão do art. 1.687 do Código Civil:

> "Art. 1.687. Estipulada a separação de bens, estes permanecerão sob a administração exclusiva de cada um dos cônjuges, que os poderá livremente alienar ou gravar de ônus real".

Por outro lado, há situações em que a lei impõe o regime de separação de bens.

Trata-se do denominado *regime de separação legal ou separação obrigatória de bens*, instituído nos termos do art. 1.641 que, por traduzir restrição à autonomia privada, não comporta interpretação extensiva, ampliativa ou analógica.

Vejamos, pois, quais são as suas hipóteses de aplicação, nos termos do Código Civil:

> "Art. 1.641. É obrigatório o regime da separação de bens no casamento:
>
> I — das pessoas que o contraírem com inobservância das causas suspensivas da celebração do casamento;
>
> II — da pessoa maior de setenta anos;
>
> III — de todos os que dependerem, para casar, de suprimento judicial".

Este artigo, em nosso sentir, desafia o jurista a tentar realizar uma interpretação constitucional, especialmente na perspectiva do superior princípio da isonomia[11].

---

[11] Uma compreensão principiológica do instituto pode, inclusive, levar ao reconhecimento de sua eventual inconstitucionalidade. Sobre o tema, confira-se, neste volume, o Capítulo II ("Principiologia do Direito das Sucessões"), notadamente o subtópico 3.2

3.5. Implicações sucessórias do regime de bens adotado

É forçoso convir que o regime de bens repercutirá na divisão patrimonial, em caso de dissolução do casamento ou da união estável.

Vale dizer, refletirá, certamente, no âmbito do *direito de meação*:

> "Resumindo, e para o que é de nosso interesse, caberá a título de meação a seguinte parcela do patrimônio comum de um casal, a cada um dos cônjuges, em caso de divórcio ou morte: (i) casamento com comunhão universal de bens: 50% dos bens comuns (arts. 1.667 e s.); (ii) casamento com comunhão parcial de bens: 50% dos bens comuns (arts. 1.658 e s.); (iii) casamento com participação final nos aquestos: 50% dos bens adquiridos onerosamente durante o casamento (arts. 1.672 e s.); (iv) separação convencional de bens: não há meação (arts. 1.687 e s.); (v) separação obrigatória ou legal: 50% dos bens adquiridos pelo esforço comum (sociedade de fato), conforme a Súmula 377 do STF e o art. 1.641 do Código Civil"[12].

Sucede que *meação não é herança*, de maneira que, para um adequado planejamento patrimonial, também este segundo aspecto — o direito hereditário em si — deverá ser considerado.

E note-se que, conforme já vimos[13], o regime de bens escolhido poderá influir no Direito Sucessório do cônjuge sobrevivente, quando concorrendo com descendentes do falecido.

Conforme já estudado, o codificador de 2002 deferiu ao cônjuge sobrevivente, a depender do regime de bens adotado, direito de concorrer com o descendente na herança do falecido.

Em outras palavras, posto o descendente permaneça na primeira classe sucessória, a(o) viúva(o) sobrevivente poderá com ele concorrer, nos termos do (ainda polêmico) inciso I do art. 1.829 do Código Civil:

> "Art. 1.829. A sucessão legítima defere-se na ordem seguinte:

("Igualdade") e, ainda, em especial, o tópico 7 ("Regime Legal Obrigatório") do Capítulo XIII ("Regime de Bens do Casamento: Noções Introdutórias Fundamentais") do v. 6 ("Direito de Família") desta coleção.

[12] Roberta Nioac Prado, Fraude à Meação do Cônjuge, Dissolução Societária e Medidas Processuais (Priscila Maria Pereira Corrêa Fonseca, Roberta Nioac Prado, Deborah Kirschbaum e Karime Costalunga), in *Estratégias Societárias, Planejamento Tributário e Sucessório*, coord. Roberta Nioac Prado, Daniel Monteiro Peixoto e Eurico Marcos Diniz de Santi, 2. ed., São Paulo: Saraiva-FGV, 2011, p. 273. Trata-se de uma bela obra conjunta, que recomendamos para o estudo do planejamento sucessório.

[13] Complementa a proposta de estudo do planejamento sucessório, especialmente, o nosso Capítulo XI, dedicado à "Sucessão Legítima", para o qual remetemos o nosso estimado amigo leitor.

I — aos descendentes, em concorrência com o cônjuge sobrevivente, salvo se casado este com o falecido no regime da comunhão universal, ou no da separação obrigatória de bens (art. 1.640, parágrafo único); ou se, no regime da comunhão parcial, o autor da herança não houver deixado bens particulares".

Da sua leitura, podemos concluir o seguinte.

Falecido o autor da herança, esta será deferida ao(s) seu(s) descendente(s), 1.ª classe sucessória[14], respeitada a regra segundo a qual o parente mais próximo exclui o mais remoto[15].

A questão, porém, não é mais tão simples como outrora, pois é preciso verificar se haverá a concorrência do cônjuge em relação ao descendente, nos termos do referido inciso I do art. 1.829.

Nos termos desse dispositivo legal, havendo cônjuge sobrevivente (viúva ou viúvo), *este NÃO terá direito de concorrer com o descendente*, se o regime de bens adotado foi de:

a) comunhão universal;

b) separação obrigatória[16]; ou

c) comunhão parcial, se o autor da herança *não* deixou bens particulares.

Por outro lado, *haverá, SIM, direito de concorrer com o descendente*, se o regime de bens adotado foi de:

a) participação final nos aquestos;

b) separação convencional; ou

c) comunhão parcial, se o autor da herança deixou bens particulares.

---

[14] Ressalvada a hipótese de um testamento haver dado destinação diversa à metade disponível, toda a herança tocará o descendente.

[15] Código Civil, art. 1.833: "Entre os descendentes, os em grau mais próximo excluem os mais remotos, salvo o direito de representação" (dispositivo sem equivalente direto no CC/1916). Neste último caso, herdando por direito de representação, sucederão "por estirpe" (art. 1.835 do CC/2002), conforme foi visto no Capítulo XII ("Direito de Representação"), ao qual remetemos o amigo leitor. E, nesse contexto, vale observar ainda que os descendentes de uma mesma classe (filhos do falecido, por exemplo) têm, por óbvio, os mesmos direitos à sucessão do seu ascendente, na perspectiva do princípio da igualdade, e a teor do art. 1.834 do Código Civil de 2002 (que baniu a anacrônica regra — evidentemente não recepcionada pela ordem constitucional — do art. 1.610 do CC/1916, que estabelecia que "quando o descendente ilegítimo tiver direito à sucessão do ascendente, haverá direito o ascendente ilegítimo à sucessão do descendente").

[16] O legislador errou ao fazer remissão ao art. 1.640 (que trata da regra do regime legal supletivo), pois a referência correta deve ser ao art. 1.641, que trata das hipóteses de regime obrigatório de separação de bens.

A proibição da concorrência sucessória quando o regime de bens adotado houvesse sido o da comunhão universal ou da separação obrigatória é facilmente explicada.

No primeiro caso, entendeu o legislador que a opção pela comunhão total já conferiria ao sobrevivente o amparo material necessário, em virtude das regras atinentes ao próprio direito de meação[17]. No segundo caso, *a contrario sensu*, uma vez que a própria lei instituiu uma forçada separação patrimonial, sentido não haveria em se deferir uma comunhão de bens após a morte.

No caso da comunhão parcial, todavia, a compreensão da proibição concorrencial não é tão simples assim.

O legislador não poderia fazer uma inócua referência à expressão "bens particulares", se não pretendesse, em verdade, com isso, limitar o direito concorrencial do cônjuge a esta categoria de bens.

Trata-se de uma interpretação lógica e razoável.

Ademais, o direito próprio de meação em face do patrimônio comum já garantiria justo amparo à(ao) viúva(o) em face dos bens construídos ou havidos conjuntamente, ao longo do matrimônio.

Por isso, posicionamo-nos junto aos autores[18] que entendem haver direito concorrencial da(o) viúva(o) — que fora casada(o) em regime de co-

---

[17] "CIVIL. RECURSO ORDINÁRIO EM MANDADO DE SEGURANÇA. SUCESSÃO LEGÍTIMA. ART. 1.829, I, CC/02. CONCORRÊNCIA DO CÔNJUGE SOBREVIVENTE COM OS DESCENDENTES. CASAMENTO NO REGIME DA COMUNHÃO UNIVERSAL DE BENS. EXCLUSÃO DO CÔNJUGE DA CONDIÇÃO DE HERDEIRO CONCORRENTE. ATO DO JUIZ DETERMINANDO A JUNTADA AOS AUTOS DA HABILITAÇÃO E REPRESENTAÇÃO DOS HERDEIROS DESCENDENTES. NATUREZA. DESPACHO DE MERO EXPEDIENTE. FUNDAMENTAÇÃO. DESNECESSIDADE.

— A nova ordem de sucessão legítima estabelecida no CC/02 incluiu o cônjuge na condição de herdeiro necessário e, conforme o regime matrimonial de bens, concorrente com os descendentes.

— Quando casado no regime da comunhão universal de bens, considerando que metade do patrimônio já pertence ao cônjuge sobrevivente (meação), este não terá o direito de herança, posto que a exceção do art. 1.829, I, o exclui da condição de herdeiro concorrente com os descendentes.

— O ato do juiz que determina a juntada aos autos da habilitação e representação dos herdeiros descendentes tem natureza de despacho de mero expediente, dispensando fundamentação, visto que não se qualificam, em regra, como atos de conteúdo decisório. Precedentes.

Recurso ordinário em mandado de segurança a que se nega provimento" (STJ, RMS 22.684/RJ, Rel. Min. Nancy Andrighi, 3.ª Turma, j. 7-5-2007, *DJ*, 28-5-2007, p. 319).

[18] Nesse sentido, o próprio Zeno Veloso (*Direito Sucessório do Cônjuge e do Companheiro*, cit., p. 46). Posição peculiar é a da querida amiga e professora Maria Berenice Dias,

munhão parcial de bens —, somente quanto aos bens particulares deixados pelo falecido.

O Enunciado 270 da III Jornada de Direito Civil, postulado de doutrina, aponta na mesma direção, ao dispor que:

> "O art. 1.829, inc. I, só assegura ao cônjuge sobrevivente o direito de concorrência com os descendentes do autor da herança quando casados no regime da separação convencional de bens ou, se casados nos regimes da comunhão parcial ou participação final nos aquestos, o falecido possuísse bens particulares, *hipóteses em que a concorrência se restringe a tais bens, devendo os bens comuns (meação) ser partilhados exclusivamente entre os descendentes*" (grifamos).

A matéria, todavia, em nossa linha de intelecção, ainda pende de uniformização jurisprudencial no próprio Superior Tribunal de Justiça e, também, de eventual pronunciamento futuro do Supremo Tribunal Federal[19].

---

segundo a qual, *diante da pontuação do referido inciso*, a sucessão do cônjuge ficaria *excluída* na hipótese de o falecido ter deixado bens particulares. Trata-se de uma posição minoritária e que merece a nossa respeitosa referência. DIAS, Maria Berenice. "Ponto Final. Art. 1829, inciso I, do Novo Código Civil." *Jus Navigandi*, Teresina, ano 8, n. 168, 21 dez. 2003. Disponível em: <http://jus.com.br/revista/texto/4634>. Acesso em: 22 ago. 2012.

[19] O julgado abaixo, em nosso sentir, ainda não pacifica a polêmica matéria, razão por que é recomendável aguardar a consolidação do pensamento jurisprudencial:

"DIREITO CIVIL. RECURSO ESPECIAL. INVENTÁRIO. CÔNJUGE SUPÉRSTITE CASADO COM O *DE CUJUS* PELO REGIME DA COMUNHÃO PARCIAL DE BENS. HERANÇA COMPOSTA DE BENS PARTICULARES E BEM COMUM. HERDEIRO NECESSÁRIO. CONCORRÊNCIA COM OS DESCENDENTES. ARTS. ANALISADOS: 1.658, 1.659, 1.661 E 1.829, I, DO CC/02. 1. Inventário distribuído em 24/01/2006, do qual foi extraído o presente recurso especial, concluso ao Gabinete em 27/05/2013. 2. Cinge-se a controvérsia a definir se o cônjuge supérstite, casado com o falecido pelo regime da comunhão parcial de bens, concorre com os descendentes dele na partilha dos bens particulares. 3. No regime da comunhão parcial, os bens exclusivos de um cônjuge não são partilhados com o outro no divórcio e, pela mesma razão, não o devem ser após a sua morte, sob pena de infringir o que ficou acordado entre os nubentes no momento em que decidiram se unir em matrimônio. Acaso a vontade deles seja a de compartilhar todo o seu patrimônio, a partir do casamento, assim devem instituir em pacto antenupcial. 4. O fato de o cônjuge não concorrer com os descendentes na partilha dos bens particulares do *de cujus* não exclui a possibilidade de qualquer dos consortes, em vida, dispor desses bens por testamento, desde que respeitada a legítima, reservando-os ou parte deles ao sobrevivente, a fim de resguardá-lo acaso venha a antes dele falecer. 5. Se o espírito das mudanças operadas no CC/02 foi evitar que um cônjuge fique ao desamparo com a morte do outro, essa celeuma não se resolve simplesmente atribuindo-lhe participação na partilha apenas dos bens particulares, quando houver, porque podem eles ser insignificantes, se comparados aos bens comuns existentes e amealhados durante toda a vida conjugal. 6. Mais justo e consentâneo com a

Até que isso ocorra, portanto, *filiamo-nos à linha de pensamento segundo a qual o direito concorrencial do cônjuge sobrevivente (que fora casado em regime de comunhão parcial de bens) limita-se aos bens particulares deixados pelo autor da herança.*

No âmbito da união estável, não cuidou o legislador de condicionar o Direito Sucessório do(a) companheiro(a) viúvo(a) a um regime de bens específico, quando concorrendo com outra classe de sucessores.

E, em geral, como se sabe, o regime adotado é o da comunhão parcial, a teor do art. 1.725 do Código Civil[20].

Mas, por outro lado, consagrou um sistema confuso, retrógrado e flagrantemente inconstitucional, com base em seu art. 1.790[21], por colocar a(o) companheira(o) viúva(o) em situação pior do que a de um eventual parente colateral sucessível.

Sobre o referido artigo, aliás, nunca é demais lembrar o desabafo do colega ALDEMIRO REZENDE:

> "Pensamos que o artigo 1.790, do Código Civil, deve ser destinado à lata do lixo, sendo declarado inconstitucional e, a partir daí, simplesmente ignorado, a não ser para fins de estudo histórico da evolução do direito. Tal artigo, num futuro não muito distante, poderá ser apontado como exemplo dos estertores de uma época em que o legislador discriminava a família que se formava a partir da união estável, tratando-a como se fosse família de segunda categoria"[22].

Esse contexto caótico, pois, poderá surgir no âmbito do planejamento sucessório, de maneira que é recomendável a elaboração de um testamento — respeitadas, claro, as limitações da legítima — para permitir maior segurança jurídica em favor da companheira (ou companheiro) viúva(o).

---

preocupação do legislador é permitir que o sobrevivente herde, em concorrência com os descendentes, a parte do patrimônio que ele próprio construiu com o falecido, não lhe tocando qualquer fração daqueloutros bens que, no exercício da autonomia da vontade, optou — seja por não ter elegido regime diverso do legal, seja pela celebração do pacto antenupcial — por manter incomunicáveis, excluindo-os expressamente da comunhão. 7. Recurso especial conhecido em parte e parcialmente provido" (STJ, Rel. Min. Nancy Andrighi, 3.ª Turma, j. 8-10-2013).

[20] "Art. 1.725. Na união estável, salvo contrato escrito entre os companheiros, aplica-se às relações patrimoniais, no que couber, o regime da comunhão parcial de bens."

[21] Cf. o nosso citado capítulo 11.

[22] Aldemiro Rezende Dantas Jr., Concorrência sucessória do companheiro sobrevivo, *Revista Brasileira de Direito de Família*, Porto Alegre: Síntese, IBDFAM, ano VII, n. 29, p. 128-143, abr./maio 2005.

4. O DIREITO SOCIETÁRIO E O PLANEJAMENTO SUCESSÓRIO

Embora não sejam objeto desta obra digressões mais profundas no campo do Direito Empresarial, reveste-se de importância e utilidade, por ocasião do estudo do planejamento sucessório, tecermos algumas considerações acerca de determinadas figuras societárias.

Isso porque, desde que atendidas as prescrições legais, e não se configurando fraude ou abuso, afigura-se lícita a constituição de determinadas pessoas jurídicas, quer seja para assegurar interesses no âmbito sucessório, quer seja para obter benefícios fiscais permitidos.

É o caso da *sociedade holding.*

"Sociedade *Holding* é, em sentido lato", como preleciona ROBERTA NIOAC PRADO, "aquela que participa de outras sociedades como cotista ou acionista. Ou seja, é uma sociedade formalmente constituída, com personalidade jurídica, cujo capital social, ou ao menos parte dele, é subscrito e integralizado com participações societárias de outras pessoas jurídicas"[23].

A sua base normativa é o art. 2.º, § 3.º, da Lei n. 6.404, de 15 de dezembro de 1976 (Lei das Sociedades Anônimas)[24]:

> "Art. 2.º Pode ser objeto da companhia qualquer empresa de fim lucrativo, não contrário à lei, à ordem pública e aos bons costumes.
>
> (...)
>
> § 3.º A companhia pode ter por objeto participar de outras sociedades; ainda que não prevista no estatuto, a participação é facultada como meio de realizar o objeto social, ou para beneficiar-se de incentivos fiscais".

---

[23] Roberta Nioac Prado, Sucessão Familiar e Planejamento Societário II (PRADO, Roberta Nioac, KIRSCHBAUM, Deborah e COSTALUNGA, Karime), in *Estratégias Societárias, Planejamento Tributário e Sucessório.* Coords.: Roberta Nioac Prado, Daniel Monteiro Peixoto e Eurico Marcos Diniz de Santi. 2. ed., São Paulo: Saraiva-FGV, 2011, p. 189.

[24] "Em que pese a lei acima tratar das Sociedades Anônimas", observa TIAGO BARROS, "não existe nenhum impedimento para que a sociedade *holding* seja formalizada sob a égide das normas referentes às sociedades por quotas de responsabilidade limitada ou qualquer outra permitida pelo direito brasileiro, pois esta modalidade de empresa consiste mais em um objetivo da sociedade — controle e gerenciamento de outras empresas ou patrimônio — do que em um tipo societário específico. Em aspectos gerais, as *holdings* são classificadas como: a) *Holding* Pura: é a sociedade empresária que possui como objetivo social apenas a participação no capital de outras empresas, ou seja, sua atividade é a manutenção de ações/quotas de outras companhias, de modo a controlá-las sem distinção de local, podendo ter sua sede social transferida sem maiores problemas. b) *Holding* Mista: é a sociedade empresária que, além da participação e controle de outras empresas, explora alguma outra atividade empresarial, como prestação de serviços civis e/ou comerciais, sendo este tipo o mais utilizado no país por razões fiscais e administrativas" (Tiago Pereira Barros, Planejamento Sucessório e *Holding* Familiar/Patrimonial, *Jus Navigandi,* Teresina, ano 18, n. 3529, 28 fev. 2013. Disponível em: <http://jus.com.br/artigos/23837>. Acesso em: 4 dez. 2013).

A entidade assim constituída, portanto, direciona a sua atuação, ou parte dela, para a participação em outras pessoas jurídicas, como sócio ou acionista.

Desse simples, mas preciso, conceito, já se pode notar a possível vantagem proveniente de uma *holding* poder operar, atuar, e até mesmo controlar, diversas outras pessoas jurídicas, pertencente a um mesmo grupo familiar, evitando, com isso, que dissensões individuais internas, especialmente entre parentes, prejudiquem a atividade econômica de todo o conjunto.

Nesse sentido, observe-se a arguta preleção de ROBERTA PRADO:

> "Além disso, sendo tal sociedade uma pessoa jurídica distinta da(s) operacional(is), ela proporciona uma maior discrição e confidencialidade em relação a dissidências que podem surgir entre membros de uma família controladora de sociedade(s) operacional(is). Com isso, ao menos em tese, as decisões chegam na(s) sociedade(s) controlada(s) mais uniformes e consolidadas"[25].

Outra figura digna de nota é a *Holding Patrimonial.*

Esse tipo de sociedade é constituída com o objetivo de titularizar e administrar bens, especialmente imóveis. Vale dizer, é uma sociedade tipicamente de gestão patrimonial.

Preleciona, sobre o tema, FRED JOHN PRADO:

> "Nesses últimos anos, a criação da *holding* patrimonial tem, a nosso ver, uma posição primordial e relevante na passagem de uma geração a outra, sem traumas.
>
> Através de uma *Holding* Patrimonial, é possível realizar um planejamento sucessório bastante interessante e eficiente. Sucessão, em sentido comum, implica a ideia de transmissão de bens. Suceder é, no dizer de Sílvio Venosa, substituir, tomar o lugar de outrem, no campo dos fenômenos jurídicos.
>
> Assim, é possível distribuir os bens da pessoa física, que estarão incorporados à pessoa jurídica, antes mesmo que esta venha a falecer. Evitam-se, desta maneira, as ansiedades por parte da linha sucessória, posto que o quinhão de cada participante fica definido antes mesmo do falecimento do sócio.
>
> Outrossim, a transmissão fica facilitada por meio da sucessão de quotas da empresa, senão, vejamos. Consoante regra o artigo 1.845 do Código Civil Brasileiro, são herdeiros necessários os descendentes, os ascendentes e o cônjuge, sendo que estes concorrem na mesma proporção na meação prevista no artigo 1.846, que estabelece pertencer aos herdeiros necessários, de pleno direito, a metade dos bens da herança, constituindo a legítima"[26].

---

[25] Roberta Nioac Prado, ob. cit., p. 192.

[26] Fred John Santana Prado, A *Holding* como Modalidade de Planejamento Patrimonial da Pessoa Física no Brasil, *Jus Navigandi*, Teresina, ano 16, n. 2800, 2 mar. 2011. Disponível em: <http://jus.com.br/artigos/18605>. Acesso em: 4 dez. 2013.

Sem dúvida, esse tipo de *holding* afigura-se mais vantajosa do que um condomínio, na medida em que as regras desses últimos, naturalmente mais estáticas, podem se afigurar desvantajosas.

5. PLANEJAMENTO SUCESSÓRIO E PARTILHA EM VIDA

Nada impede, pois, que, em vida, o sujeito efetive a doação de seus bens — operando a denominada "partilha em vida" —, mantendo em seu próprio favor, ou não, a reserva do usufruto sobre esses bens.

E o que se entende sobre "partilha em vida"[27]?

Diferentemente do que ocorre no contrato de compra e venda, a doação feita de ascendente a descendente não exige consentimento dos outros herdeiros necessários.

O Código Civil de 2002 estabelece que:

> "Art. 496. É anulável a venda de ascendente a descendente, salvo se os outros descendentes e o cônjuge do alienante expressamente houverem consentido.
>
> Parágrafo único. Em ambos os casos, dispensa-se o consentimento do cônjuge se o regime de bens for o da separação obrigatória".

Observe-se, de logo, a referência feita ao cônjuge do alienante, o qual, quando não casado no regime da separação obrigatória de bens, também deverá anuir na venda.

Tal circunstância se justifica pelo fato de o novo Código haver erigido o cônjuge à condição de *herdeiro necessário*.

É de mencionar ainda que a expressão "em ambos os casos" decorreu de um erro na condução do projeto do Código Civil, consoante vem registrado no Enunciado n. 177 da III Jornada de Direito Civil, realizada entre 1.º e 3 de dezembro de 2004.

De fato, por erro de tramitação, que retirou a segunda hipótese de anulação de venda entre parentes (venda de descendente para ascendente), deve ser desconsiderada a expressão "em ambos os casos", no parágrafo único do art. 496.

Ressalte-se, ainda, que o novo Código, dirimindo qualquer controvérsia, é claro ao dizer que a compra e venda de ascendente a descendente (não apenas do pai ao filho, mas também do avô ao neto etc.) é *anulável*, e não simplesmente nula.

---

[27] Serviu de base a este ponto da nossa análise a obra de Pablo Stolze Gagliano, *Contrato de Doação*, 5. ed., São Paulo: Saraiva, 2021 (no prelo), onde se pode conferir, além de eventuais referências bibliográficas, outros aspectos de aprofundamento pertinentes a esta importante figura negocial (cf. item 6.5, capítulo 6).

Tecidas essas breves considerações, *podemos concluir que a restrição negocial sob comento não se aplica às doações*, já que, em se tratando de norma restritiva do direito de propriedade do alienante (art. 496), não poderá ser analisada de forma extensiva, nada impedindo que se possa eventualmente impugnar o ato, com fulcro em outros defeitos do negócio, previstos em lei.

Assim, o doador poderá, *independentemente de anuência expressa dos demais herdeiros*, alienar gratuitamente bens do seu patrimônio, podendo, inclusive, e desde que reserve uma renda mínima para a sua sobrevivência digna, *efetuar a denominada "partilha em vida"*, referida no art. 2.018 do Código Civil:

> "Art. 2.018. É válida a partilha feita por ascendente, por ato entre vivos ou de última vontade, contanto que não prejudique a legítima dos herdeiros necessários".

Referimo-nos à denominada *partilha-doação*, realizada por ato entre vivos, e não à *partilha-testamento*, figuras bem diferenciadas pelo espirituoso jurista ZENO VELOSO:

> "A partilha pode ser feita pelo próprio ascendente, por ato entre vivos ou de última vontade, daí chamar-se partilha-doação — *divisio parentum inter liberos* — e partilha-testamento — *testamentum parentum inter liberos*. Por esse meio, o ascendente distribui os bens entre os herdeiros necessários, preenchendo o quinhão deles. Exerce faculdade que é corolário do direito de propriedade. Quando realizada por ato entre vivos, a partilha deve obedecer aos requisitos de forma e de fundo das doações. A divisão entre os herdeiros tem efeito imediato, antecipando o que eles iriam receber somente com o passamento do ascendente"[28].

Tal partilha deve ser feita com cautela, pois, caso o ato de disposição ultrapasse a metade disponível, poderá resultar na invalidade mencionada linhas acima.

Já cuidamos também de observar que o valor dos bens deverá ser aferido no momento da doação, e não quando da morte do doador. Na realidade fática, contudo, alguns problemas poderão surgir, a exemplo da insegurança gerada para as partes, especialmente o donatário, por não ter certeza se o bem recebido violou a legítima.

E, de fato, essa preocupação só será definitivamente afastada no inventário, após terem sido realizadas a colação e a conferência dos bens doados.

Um especial cuidado, porém, pode ter o doador: *fazer constar do instrumento da doação a advertência de que o referido bem está saindo de sua parte disponível da herança.*

---

[28] Zeno Veloso, *Comentários ao Código Civil — Parte Especial — Do Direito das Sucessões, da Sucessão Testamentária, do Inventário e da Partilha (arts. 1.857 a 2.027)*, São Paulo: Saraiva, 2003, p. 437. v. 21.

Essa providência, a despeito de não evitar a colação para eventual reposição da legítima, poderá impedir que o bem transferido seja computado na parte conferida aos herdeiros legitimários.

Expliquemos, exemplificativamente: se o doador beneficiou um dos seus filhos com um apartamento, tendo registrado que este imóvel sai da sua parte disponível, caso existam outras doações sem a mesma ressalva, deverão estas servir para a recomposição do acervo reservado, mantendo-se o apartamento como integrante da parte disponível, desde que, é claro, não corresponda a mais de 50% de todo o patrimônio.

A partilha em vida, evidentemente, por configurar doação, tem *natureza contratual*, e os seus efeitos são *inter vivos* e imediatos, diferentemente do *testamento*, que somente produzirá efeitos após a morte do testador.

Observadas, portanto, as normas em vigor — especialmente sucessórias e tributárias — a partilha em vida é, por óbvio, figura bastante comum no âmbito do planejamento sucessório, com possível repercussão, até mesmo, no Direito Societário:

> "É comum, em planejamentos sucessórios em que os pais desejem fazer doação de participações societárias para seus filhos, porém sem perder o controle da empresa e tampouco a percepção de seus rendimentos, procederem à transferência da nua-propriedade das participações para os filhos, mantendo para si o usufruto e salvaguardando o poder político (direito de voto) e o poder econômico (recebimento de dividendos e juros sobre o capital)"[29].

Tudo a demonstrar que, quando se trata de planejamento sucessório, a criatividade e o talento do jurista parecem não ter fim...

Por isso, encerramos este capítulo com a visão poética do tema de um dos coautores da obra:

"Planejamento Sucessório

Quando, um dia, terminar
a minha jornada terrena,
quero apenas encontrar
a paz em minha pequena

estrada de férteis encontros,
alguns triunfos e acertos,
mas também de desencontros,
reencontros, derrotas e apertos...

[29] Henrique José Longo, Sucessão Familiar e Planejamento Tributário II, in *Estratégias Societárias, Planejamento Tributário e Sucessório*, p. 213.

Não quero que os que deixo
disputem os poucos bens
que, com muita luta, conquistei,

mas, sim, que encontrem o eixo
da concórdia e harmonia,
não chorando de barriga vazia,

nem tendo a amarga sensação
de desamparo e solidão,
sabendo que eu tive o cuidado
de deixar tudo organizado,

na consciência de minha finitude,
fazendo tudo que eu pude
para, seguindo minha verdade,
distribuir segundo a necessidade

e justiça de uma partilha em vida
de um patrimônio que perece e rui
pois o que é realmente importante

é herdar o orgulho e a saudade doída
somente de quem, em essência, fui,
não do que eu tive na estante"[30].

---

[30] Disponível em: <http://rodolfopamplonafilho.blogspot.com.br/2013/12/planejamento-sucessorio.html>. Acesso em: 22 dez. 2013.

Capítulo XXIII
Inventário

Sumário: 1. Introdução. 2. Delimitação conceitual e classificação do inventário. 3. Inventário e espólio. 4. Administração provisória da herança. 5. O Inventariante. 5.1. Legitimidade para a designação. 5.2. Atribuições. 5.3. Designação. 5.4. Remoção. 6. Início e prazo do inventário. 7. Liquidação da herança. 7.1. Sonegados. 7.2. Colações. 7.3. Pagamento das dívidas. 7.4. Avaliação e cálculo do imposto. 8. Inventário negativo. 9. Inventário administrativo. 10. Inventário judicial. 10.1. Procedimento judicial no inventário comum. 10.2. Arrolamento. 10.3. Alvará judicial. 10.4. Inventário e Pandemia da Covid-19.

1. INTRODUÇÃO

No presente capítulo, pretendemos expor a disciplina normativa do inventário em nosso Direito Positivo.

Nosso corte epistemológico é calcado na compreensão do instituto no campo do direito material, sem necessariamente aprofundar minúcias de questões procedimentais, já que isso ensejaria até mesmo a elaboração de uma obra específica.

Todavia, reconhecemos ser inevitável tecer algumas considerações, sim, de aspectos processuais, pelo fato de propugnarmos sempre por uma visão abrangente do Direito, acreditando sinceramente que toda divisão em ramos tem por finalidade apenas aspectos didáticos, sendo papel do jurista contemporâneo a luta por uma compreensão completa de cada tema por ele abordado.

Enfrentemos, pois, o desafio aqui proposto.

2. DELIMITAÇÃO CONCEITUAL E CLASSIFICAÇÃO DO INVENTÁRIO

O que é um inventário?

Vejamos o que diz o dicionarista:

"**Inventário** *s.m. (sXIV cf. FichIVPM)* **1** *DIR.SUC* descrição detalhada do patrimônio de pessoa falecida, para que se possa proceder à partilha dos bens **2** a ação intentada para a arrecadação e a posterior partilha desses bens (*o i. do meu tio ainda está correndo na justiça*) **3** *p.met.* o documento ou papel em que estão enumerados e descritos esses bens **4** *DIR.CIV DIR.PRC* no caso de separação judicial, descrição e avaliação dos bens do casal, quando estes não entram em acordo quanto à partilha dos bens **5** *DIR.COM* descrição e avaliação de todos os bens, ativos e passivos, de uma sociedade comercial **6** levantamento minucioso dos elementos de um todo; rol, lista, relação *(o i. das qualidades e defeitos de um político)* **7** qualquer descrição detalhada, minuciosa de algo ◈ **i. cultural** levantamento dos bens considerados como representativos de uma cultura com vistas a sua preservação • **i. de personalidade** *PSIC* método para determinar os traços de caráter e personalidade de uma pessoa, que consiste em um sistema de afirmações simples ou questões cujas respostas serão analisadas e avaliadas quantitativamente em função de categorias específicas ⊙ *ETIM* lat.imp. *inventarium, li'id'*, do rad. de *inventum*, supn. de *invenire* 'achar'; f.hist. sXIV *inventario*, sXIV *enuentario*, sXV *auentayro* ⊙ *PAR inventario* (fl.inventariar)"[1].

Do ponto de vista do Direito Sucessório, o inventário pode ser conceituado como uma *descrição detalhada do patrimônio do autor da herança*, atividade esta destinada à posterior partilha ou adjudicação dos bens.

Sob o prisma processual, outrossim, o inventário pode ser entendido como uma sequência ordenada de atos tendentes a um fim específico.

Não é mais, nos dias de hoje, porém, exclusivamente um procedimento judicial[2].

De fato, classifica-se, contemporaneamente, o inventário em *administrativo (extrajudicial)* ou *judicial*.

O inventário será extrajudicial, mediante lavratura de escritura pública em tabelionato de notas, quando não houver divergências entre as partes interessadas, sendo todas elas capazes, encontrando-se devidamente assistidas por advogado.

Se, porém, a sucessão envolver interesse de incapazes ou for hipótese de disposição de última vontade (testamento), o inventário terá de ser necessariamente judicial.

---

[1] Antônio Houaiss e Mauro de Salles Villar, *Dicionário Houaiss da Língua Portuguesa*, Rio de Janeiro: Objetiva, 2001, p. 1643.

[2] "Inventário, no sentido estrito, é a relação de bens existentes de uma pessoa, casal ou empresa; no direito das sucessões é o processo judicial de levantamento e apuração de bens pertencentes ao falecido, visando repartir o patrimônio entre seus herdeiros, realizando o ativo e o pagamento do passivo. O inventário era sempre judicial na redação original do art. 982 do Código de Processo Civil, ainda que todas as partes fossem capazes e concordes. A Lei n. 11.441, de 4 de janeiro de 2007, deu nova redação ao art. 982 do CPC e inovou ao admitir o inventário extrajudicial, lavrado por escritura pública, no tabelionato de notas, se todas as partes interessadas forem capazes, estiverem assistidas por advogado e concordes" (Dimas Messias de Carvalho e Dimas Daniel de Carvalho, *Direito das Sucessões — Inventário e Partilha*, 3. ed., Belo Horizonte: Del Rey, 2012, p. 215).

Além dessa classificação básica, teceremos considerações, em tópicos próprios e específicos, acerca de duas outras modalidades de inventário, classificadas sob outro viés metodológico, a saber, os institutos do "Inventário Negativo", do "Inventário Conjunto" e da "Adjudicação por Herdeiro Único", aos quais remetemos o amigo leitor[3].

3. INVENTÁRIO E ESPÓLIO

Somente se pode falar em inventário a partir do momento em que este é formalizado, seja pela via extrajudicial, seja por meio do procedimento judicial adequado.

E outra noção, nesse contexto, deve também ser ressaltada: a de *espólio*.

Observe-se que, tal qual a expressão "inventário", também o termo "espólio" é plurissignificativo[4].

O significado que interessa, no campo das Sucessões, é, efetivamente, o de um conjunto de bens deixado pelo *de cujus*, e que passa a ser considerado um ente desprovido de personalidade, mas com capacidade processual, representado pelo inventariante.

Logo, não há que se confundir "espólio" com "inventário".

O primeiro é simplesmente a massa patrimonial com capacidade processual.

O segundo é a descrição detalhada do patrimônio do autor da herança, expressão que identifica também, sob o aspecto dinâmico, o procedimento administrativo ou judicial tendente à partilha, previsto nos arts. 610 a 646 do Código de Processo Civil de 2015.

4. ADMINISTRAÇÃO PROVISÓRIA DA HERANÇA

Na forma do art. 1.991 do vigente Código Civil brasileiro, "desde a assinatura do compromisso até a homologação da partilha, a administração da herança será exercida pelo inventariante".

---

[3] Confiram-se os tópicos 8 ("Inventário Negativo"), 9 ("Inventário Conjunto") e 10 ("Herdeiro Único e Adjudicação") deste capítulo.

[4] "**Espólio** *s.m. (1508 CDP I 222)* **1** conjunto de coisas que são tomadas ao inimigo numa guerra; despojo **2** produto de um roubo, de uma pilhagem, de uma espoliação **3** conjunto dos bens que são deixados por alguém ao morrer **4** *JUR* conjunto de bens que formam o patrimônio do morto, a ser partilhado no inventário entre os herdeiros e os legatários; herança ⊙ *ETIM* lat. *spollium,u*; ´despojo (de um animal), pele, couro; despojo (tomado na guerra), despojos, presa, tomadia´, este último sentido de ´despojos de um inimigo´; ver *espoli-;* f.hist 1508 *espolio,* 1539 *espollio,* 1539 *espolyo SIN/VAR* ver sinonímia de presa ⊙ PAR *espolio* (fl.espoliar)" (Antônio Houaiss e Mauro de Salles Villar, ob. cit., p. 1235).

Se a administração da herança (e a realização do inventário) cabe ao inventariante, a pergunta que não quer calar é: quem será o responsável até que o inventariante seja formalmente designado?

O administrador provisório, nós respondemos!

Nesse sentido, os arts. 613 e 614 do CPC/2015 (equivalentes aos arts. 985 e 986 do Código de Processo Civil de 1973):

> "Art. 613. Até que o inventariante preste o compromisso, continuará o espólio na posse do administrador provisório.
>
> Art. 614. O administrador provisório representa ativa e passivamente o espólio, é obrigado a trazer ao acervo os frutos que desde a abertura da sucessão percebeu, tem direito ao reembolso das despesas necessárias e úteis que fez e responde pelo dano a que, por dolo ou culpa, der causa".

E quem poderá ser designado administrador provisório?

A resposta se encontra no art. 1.797 do vigente Código Civil brasileiro:

> "Art. 1.797. Até o compromisso do inventariante, a administração da herança caberá, sucessivamente:
>
> I — ao cônjuge ou companheiro, se com o outro convivia ao tempo da abertura da sucessão;
>
> II — ao herdeiro que estiver na posse e administração dos bens, e, se houver mais de um nessas condições, ao mais velho;
>
> III — ao testamenteiro;
>
> IV — a pessoa de confiança do juiz, na falta ou escusa das indicadas nos incisos antecedentes, ou quando tiverem de ser afastadas por motivo grave levado ao conhecimento do juiz".

Observe-se que o dispositivo legal estabelece uma ordem para o reconhecimento da legitimidade para atuar como administrador provisório da herança[5],

---

[5] "RECURSO ESPECIAL — AÇÃO DE COBRANÇA PROMOVIDA EM FACE DO ESPÓLIO DO *DE CUJUS* — EXTINÇÃO DO PROCESSO SEM JULGAMENTO DE MÉRITO, PELAS INSTÂNCIAS ORDINÁRIAS, EM FACE DA ILEGITIMIDADE PASSIVA *AD CAUSAM* — REFORMA — NECESSIDADE — ESPÓLIO — LEGITIMIDADE *AD CAUSAM* PARA DEMANDAR E SER DEMANDADO EM TODAS AQUELAS AÇÕES EM QUE O *DE CUJUS* INTEGRARIA O POLO ATIVO OU PASSIVO DA DEMANDA, SE VIVO FOSSE (SALVO EXPRESSA DISPOSIÇÃO LEGAL EM CONTRÁRIO — PRECEDENTE) — RECURSO ESPECIAL PROVIDO.

I — Em observância ao Princípio da *Saisine,* corolário da premissa de que inexiste direito sem o respectivo titular, a herança, compreendida como sendo o acervo de bens, obrigações e direitos, transmite-se, como um todo, imediata e indistintamente aos herdeiros. Ressalte-se, contudo, que os herdeiros, neste primeiro momento, imiscuir-se-ão apenas na posse indireta dos bens transmitidos. A posse direta, conforme se demons-

figura das mais importantes, pelo menos até o advento da assunção do compromisso do inventariante.

5. O INVENTARIANTE

O inventariante é o representante oficial do espólio, na forma do art. 75, VII, do Código de Processo Civil de 2015.

Com efeito, o espólio é representado em juízo, ativa e passivamente, pelo inventariante (sucedendo o administrador provisório, que, como o próprio nome infere, é um sujeito com uma função potencialmente temporária), cabendo-lhe a zelosa administração dos bens e a prudente condução do inventário[6].

---

trará, ficará a cargo de quem detém a posse de fato dos bens deixados pelo *de cujus* ou do inventariante, a depender da existência ou não de inventário aberto;

II — De todo modo, enquanto não há individualização da quota pertencente a cada herdeiro, o que se efetivará somente com a consecução da partilha, é a herança, nos termos do artigo supracitado, que responde por eventual obrigação deixada pelo *de cujus*. Nessa perspectiva, o espólio, que também pode ser conceituado como a universalidade de bens deixada pelo *de cujus*, assume, por expressa determinação legal, o viés jurídico-formal, que lhe confere legitimidade *ad causam* para demandar e ser demandado em todas aquelas ações em que o *de cujus* integraria o polo ativo ou passivo da demanda, se vivo fosse;

III — Pode-se concluir que o fato de inexistir, até o momento da prolação do acórdão recorrido, inventário aberto (e, portanto, inventariante nomeado), não faz dos herdeiros, individualmente considerados, partes legítimas para responder pela obrigação, objeto da ação de cobrança, pois, como assinalado, enquanto não há partilha, é a herança que responde por eventual obrigação deixada pelo *de cujus* e é o espólio, como parte formal, que detém legitimidade passiva *ad causam* para integrar a lide;

IV — Na espécie, por tudo o que se expôs, revela-se absolutamente correta a promoção da ação de cobrança em face do espólio, representado pela cônjuge supérstite, que, nessa qualidade, detém, preferencialmente, a administração, de fato, dos bens do *de cujus*, conforme dispõe o artigo 1.797 do Código Civil;

V — Recurso Especial provido" (STJ, REsp 1.125.510 — RS (2009/0131588-0), Rel. Min. Massami Uyeda, j. 6-10-2011).

[6] Dentre outras obrigações legais, o inventariante deverá providenciar as declarações do espólio à Receita Federal do Brasil, para efeito de cumprimento das normas referentes ao Imposto de Renda:

"DECLARAÇÕES DE ESPÓLIO — APRESENTAÇÃO

098 — Quem deve apresentar as declarações de espólio?

As declarações de espólio devem ser apresentadas em nome da pessoa falecida, com a indicação de seu número de inscrição no CPF, utilizando o código de natureza de ocupação relativo a espólio (81) deixando em branco o código de ocupação principal, devendo ser assinadas pelo inventariante, que indicará seu nome, o número de inscrição no CPF e o endereço.

E tal atuação processual do inventariante (em nome do espólio) é relevantíssima, uma vez que o espólio pode ser, inclusive, autor ou réu em ações próprias, mesmo não tendo personalidade jurídica[7].

Registre-se, inclusive, que, na forma do art. 110 do Código de Processo Civil de 2015, ocorrendo a morte de qualquer das partes, dar-se-á a substituição pelo seu espólio ou pelos seus sucessores, observado o disposto no art. 313 do mesmo diploma legal.

O inventariante deve cumprir a sua função com cautela, evitando excessos e violação de direitos dos outros herdeiros, que não perdem a prerrogativa de também defenderem os bens do espólio, uns contra os outros ou em face de terceiros, na medida em que, como sabemos, são titulares de uma fração ideal do acervo, até que se ultime a respectiva partilha[8].

5.1. Legitimidade para a designação

O texto legal estabelece uma ordem prioritária para designação do inventariante[9].

Enquanto não houver iniciado o inventário, as declarações são apresentadas e assinadas pelo cônjuge meeiro, sucessor a qualquer título ou por representante do *de cujus*.

(IN SRF n. 81, de 2001, art. 4.º)" (Disponível em: <http://www.receita.fazenda.gov.br/pessoafisica/irpf/2007/perguntas/espolio.htm>. Acesso em: 3 jan. 2014).

[7] Sobre a competência territorial nas ações em que o espólio for réu, estabelece o art. 48 do Código de Processo Civil de 2015:

"Art. 48. O foro de domicílio do autor da herança, no Brasil, é o competente para o inventário, a partilha, a arrecadação, o cumprimento de disposições de última vontade, a impugnação ou anulação de partilha extrajudicial e para todas as ações em que o espólio for réu, ainda que o óbito tenha ocorrido no estrangeiro.

Parágrafo único. Se o autor da herança não possuía domicílio certo, é competente:

I — o foro de situação dos bens imóveis;

II — havendo bens imóveis em foros diferentes, qualquer destes;

III — não havendo bens imóveis, o foro do local de qualquer dos bens do espólio".

[8] "Direito civil. Recurso especial. Cobrança de aluguel. Herdeiros. Utilização exclusiva do imóvel. Oposição necessária. Termo inicial.

— Aquele que ocupa exclusivamente imóvel deixado pelo falecido deverá pagar aos demais herdeiros valores a título de aluguel proporcional, quando demonstrada oposição à sua ocupação exclusiva.

— Nesta hipótese, o termo inicial para o pagamento dos valores deve coincidir com a efetiva oposição, judicial ou extrajudicial, dos demais herdeiros.

Recurso especial parcialmente conhecido e provido" (REsp 570.723/RJ, Rel. Min. Nancy Andrighi, 3.ª Turma, j. 27-3-2007, *DJ*, 20-8-2007, p. 268).

[9] "PROCESSO CIVIL. RECURSO ESPECIAL. INVENTÁRIO. TESTAMENTO. NOMEAÇÃO DE INVENTARIANTE. ORDEM LEGAL. ART. 990 DO CPC. NOMEAÇÃO DE

Confira-se o art. 617 do Código de Processo Civil de 2015:

"Art. 617. O juiz nomeará inventariante na seguinte ordem:

I — o cônjuge ou companheiro sobrevivente, desde que estivesse convivendo com o outro ao tempo da morte deste;

II — o herdeiro que se achar na posse e na administração do espólio, se não houver cônjuge ou companheiro sobrevivente ou se estes não puderem ser nomeados;

III — qualquer herdeiro, quando nenhum deles estiver na posse e na administração do espólio;

IV — o herdeiro menor, por seu representante legal;

V — o testamenteiro, se lhe tiver sido confiada a administração do espólio ou se toda a herança estiver distribuída em legados;

VI — o cessionário do herdeiro ou do legatário;

VII — o inventariante judicial, se houver;

VIII — pessoa estranha idônea, quando não houver inventariante judicial.

Parágrafo único. O inventariante, intimado da nomeação, prestará, dentro de 5 (cinco) dias, o compromisso de bem e fielmente desempenhar a função".

Trata-se de uma ordem de designação não vinculativa ou absoluta, a depender das circunstâncias do caso concreto.

5.2. Atribuições

O direito positivo contempla diversas atribuições ao inventariante.

De fato, estabelecem os arts. 618 e 619 do Código de Processo Civil de 2015:

TESTAMENTEIRO. IMPOSSIBILIDADE. HERDEIROS TESTAMENTÁRIOS, MAIORES E CAPAZES. PREFERÊNCIA.

— Para efeitos de nomeação de inventariante, os herdeiros testamentários são equiparados aos herdeiros necessários e legítimos.

— Herdeiro menor ou incapaz não pode ser nomeado inventariante, pois é impossibilitado de praticar ou receber diretamente atos processuais; sendo que para os quais não é possível o suprimento da incapacidade, uma vez que a função de inventariante é personalíssima.

— Os herdeiros testamentários, maiores e capazes, preferem ao testamenteiro na ordem para nomeação de inventariante.

— Existindo herdeiros maiores e capazes, viola o inciso III, do art. 990, do CPC, a nomeação de testamenteiro como inventariante. Recurso especial conhecido e provido" (STJ, REsp 658.831/RS, Recurso Especial 2004/0095197-0, Rel. Min. Nancy Andrighi, 3.ª Turma, j. 15-12-2005, *DJ*, 1.º-2-2006, p. 537).

"Art. 618. Incumbe ao inventariante:

I — representar o espólio ativa e passivamente, em juízo ou fora dele, observando-se, quanto ao dativo, o disposto no art. 75, § 1.º;

II — administrar o espólio, velando-lhe os bens com a mesma diligência que teria se seus fossem;

III — prestar as primeiras e as últimas declarações pessoalmente ou por procurador com poderes especiais;

IV — exibir em cartório, a qualquer tempo, para exame das partes, os documentos relativos ao espólio;

V — juntar aos autos certidão do testamento, se houver;

VI — trazer à colação os bens recebidos pelo herdeiro ausente, renunciante ou excluído;

VII — prestar contas de sua gestão ao deixar o cargo ou sempre que o juiz lhe determinar;

VIII — requerer a declaração de insolvência.

Art. 619. Incumbe ainda ao inventariante, ouvidos os interessados e com autorização do juiz:

I — alienar bens de qualquer espécie;

II — transigir em juízo ou fora dele;

III — pagar dívidas do espólio;

IV — fazer as despesas necessárias para a conservação e o melhoramento dos bens do espólio".

5.3. Designação

A designação do inventariante gera um compromisso legal de cumprir bem e fielmente as suas atribuições.

Há todo um *iter* procedimental nesta fase inicial pós-compromisso, afigurando-se relevante a lavratura de um termo circunstanciado e a indicação dos bens, em sede de "primeiras declarações".

Nesse sentido é a previsão dos arts. 620 e 621 do Código de Processo Civil de 2015:

"Art. 620. Dentro de 20 (vinte) dias contados da data em que prestou o compromisso, o inventariante fará as primeiras declarações, das quais se lavrará termo circunstanciado, assinado pelo juiz, pelo escrivão e pelo inventariante, no qual serão exarados:

I — o nome, o estado, a idade e o domicílio do autor da herança, o dia e o lugar em que faleceu e se deixou testamento;

II — o nome, o estado, a idade, o endereço eletrônico e a residência dos herdeiros e, havendo cônjuge ou companheiro supérstite, além dos respectivos dados pessoais, o regime de bens do casamento ou da união estável;

III — a qualidade dos herdeiros e o grau de parentesco com o inventariado;

IV — a relação completa e individualizada de todos os bens do espólio, inclusive aqueles que devem ser conferidos à colação, e dos bens alheios que nele forem encontrados, descrevendo-se:

a) os imóveis, com as suas especificações, nomeadamente local em que se encontram, extensão da área, limites, confrontações, benfeitorias, origem dos títulos, números das matrículas e ônus que os gravam;

b) os móveis, com os sinais característicos;

c) os semoventes, seu número, suas espécies, suas marcas e seus sinais distintivos;

d) o dinheiro, as joias, os objetos de ouro e prata e as pedras preciosas, declarando-se-lhes especificadamente a qualidade, o peso e a importância;

e) os títulos da dívida pública, bem como as ações, as quotas e os títulos de sociedade, mencionando-se-lhes o número, o valor e a data;

f) as dívidas ativas e passivas, indicando-se-lhes as datas, os títulos, a origem da obrigação e os nomes dos credores e dos devedores;

g) direitos e ações;

h) o valor corrente de cada um dos bens do espólio.

§ 1.º O juiz determinará que se proceda:

I — ao balanço do estabelecimento, se o autor da herança era empresário individual;

II — à apuração de haveres, se o autor da herança era sócio de sociedade que não anônima.

§ 2.º As declarações podem ser prestadas mediante petição, firmada por procurador com poderes especiais, à qual o termo se reportará.

Art. 621. Só se pode arguir sonegação ao inventariante depois de encerrada a descrição dos bens, com a declaração, por ele feita, de não existirem outros por inventariar".

E se o inventariante descumprir suas atribuições?

Pode ele ser removido, sem prejuízo da responsabilidade patrimonial correspondente.

É o que veremos no próximo subtópico.

5.4. Remoção

De fato, estabelece o art. 622 do Código de Processo Civil de 2015:

"Art. 622. O inventariante será removido de ofício ou a requerimento:

I — se não prestar, no prazo legal, as primeiras ou as últimas declarações;

II — se não der ao inventário andamento regular, se suscitar dúvidas infundadas ou se praticar atos meramente protelatórios;

III — se, por culpa sua, bens do espólio se deteriorarem, forem dilapidados ou sofrerem dano;

IV — se não defender o espólio nas ações em que for citado, se deixar de cobrar dívidas ativas ou se não promover as medidas necessárias para evitar o perecimento de direitos;

V — se não prestar contas ou se as que prestar não forem julgadas boas;

VI — se sonegar, ocultar ou desviar bens do espólio".

Obviamente, é garantido o contraditório e a ampla defesa para tais acusações:

"Art. 623. Requerida a remoção com fundamento em qualquer dos incisos do art. 622, será intimado o inventariante para, no prazo de 15 (quinze) dias, defender-se e produzir provas.

Parágrafo único. O incidente da remoção correrá em apenso aos autos do inventário.

Art. 624. Decorrido o prazo, com a defesa do inventariante ou sem ela, o juiz decidirá.

Parágrafo único. Se remover o inventariante, o juiz nomeará outro, observada a ordem estabelecida no art. 617".

Decidida a remoção, o inventariante removido deve entregar imediatamente ao substituto os bens do espólio.

Caso se omita em tal mister, será compelido mediante mandado de busca e apreensão, ou de imissão na posse, sem prejuízo de ser sancionado pecuniariamente, conforme se tratar de bem móvel ou imóvel, tudo conforme preceitua o art. 625 do Código de Processo Civil de 2015[10].

Tudo isso para preservar os interesses dos herdeiros e o respeito à vontade do autor da herança, razão e sentido de todo o labor do inventariante.

6. INÍCIO E PRAZO DO INVENTÁRIO

Dispõe o art. 1.796 do Código Civil brasileiro:

"Art. 1.796. No prazo de trinta dias, a contar da abertura da sucessão, instaurar-se-á inventário do patrimônio hereditário, perante o juízo competente no lugar da sucessão, para fins de liquidação e, quando for o caso, de partilha da herança".

---

[10] "Art. 625. O inventariante removido entregará imediatamente ao substituto os bens do espólio e, caso deixe de fazê-lo, será compelido mediante mandado de busca e apreensão ou de imissão na posse, conforme se tratar de bem móvel ou imóvel, sem prejuízo da multa a ser fixada pelo juiz em montante não superior a três por cento do valor dos bens inventariados."

O prazo de trinta dias, previsto na legislação de direito material, foi derrogado por norma posterior, a saber, a Lei n. 11.441, de 2007, que, ao tratar do inventário administrativo (extrajudicial), também modificou regras do Código de Processo Civil referentes à modalidade judicial, estabelecendo um prazo de 60 (sessenta) dias[11].

Todavia, com a entrada em vigor do Código de Processo Civil de 2015, o prazo passou a ser de 2 (dois) meses, conforme estabelecido em seu art. 611, *in verbis*:

> "Art. 611. O processo de inventário e de partilha deve ser instaurado dentro de 2 (dois) meses, a contar da abertura da sucessão, ultimando-se nos 12 (doze) meses subsequentes, podendo o juiz prorrogar esses prazos, de ofício ou a requerimento de parte."

O início do inventário inaugura uma espécie de juízo universal, em que se pretende resolver, em um único processo (entendido como um conjunto de atos tendentes a um fim), todas as questões atinentes à formalização da transferência da herança, salvo quando absolutamente inviável.

É a regra do art. 612 do Código de Processo Civil de 2015, que preceitua literalmente:

> "Art. 612. O juiz decidirá todas as questões de direito desde que os fatos relevantes estejam provados por documento, só remetendo para as vias ordinárias as questões que dependerem de outras provas".

O art. 1.771 do Código Civil brasileiro de 1916 expressamente previa que, "no inventário, serão descritos com individuação e clareza todos os bens da herança, assim como os alheios nela encontrados".

A vigente codificação não trouxe um dispositivo equivalente, mas, até mesmo pela compreensão do que seja o instituto do inventário, tal providência

---

[11] Sobre tal prazo, ensina PAULO LÔBO:

O art. 611 do CPC estipula o prazo máximo de dois meses, a contar da abertura da sucessão, para que seja instaurado o processo judicial de inventário do patrimônio hereditário, prazo esse que se estende até o compromisso do inventariante.

Também se entende que esse prazo deva ser observado para o início da lavratura da escritura pública de inventário e partilha amigável, quando os herdeiros e legatários forem capazes. O prazo total da administração da herança, na realidade da vida, é frequentemente alongado, porque os herdeiros retardam a instauração do inventário, às vezes por vários anos, ou quando a instauração tem a iniciativa de credores, inclusive tributários. Por tais razões, o art. 31 da Resolução n. 35/2007 do Conselho Nacional de Justiça estabelece que a escritura pública de inventário e partilha pode ser lavrada a qualquer tempo, cabendo ao notário fiscalizar o recolhimento de eventual multa, conforme previsão da legislação estadual específica (Paulo Lôbo, *Direito Civil — Sucessões*. 6. ed. São Paulo: Saraiva, 2020, v. 6, p. 300).

deverá ser tomada pelo inventariante para poder cumprir bem e fielmente os seus misteres.

7. LIQUIDAÇÃO DA HERANÇA

O trabalho fundamental durante o processo de inventário é, sem dúvida, fazer a devida apuração dos haveres da herança, com o conhecimento do patrimônio bruto e líquido, verificando os ativos e os passivos.

Para isso, será necessária uma efetiva constatação de cada um dos bens constantes do patrimônio do falecido, o que muitas vezes pode não encontrar a devida colaboração de todos os envolvidos...

E o que se deve fazer nessa situação?

7.1. Sonegados

A lógica do inventário é, definitivamente, a elaboração de uma relação completa dos bens do falecido.

Assim, qualquer ato atentatório a tal finalidade deve ser juridicamente rechaçado.

É o caso da *sonegação* de informações sobre bens.

E isso não passou *in albis* no texto codificado.

Com efeito, na forma do art. 1.992 do Código Civil, o herdeiro que sonegar bens da herança, não os descrevendo no inventário quando estejam em seu poder, ou, com o seu conhecimento, no de outra pessoa, ou que os omitir na colação[12], a que os deva levar, ou que deixar de restituí-los, deverá perder o direito que sobre eles lhe cabia.

A ideia é lógica: quem não foi fiel com a verdade, violando o dever de informar que deriva do superior princípio da boa-fé objetiva, não pode passar incólume.

E isso se aplica, inclusive, ao inventariante.

Com efeito, se o sonegador for o inventariante, além de tal sanção, deve ele ser removido, conforme preceitua o art. 1.993 do vigente Código Civil, sempre com a garantia do contraditório e da ampla defesa.

Vale destacar que só se pode acusar o inventariante de sonegação, depois de encerrada a descrição dos bens, com a declaração, por ele feita, de não existirem outros por inventariar e partir, bem como só se pode imputar tal conduta ao herdeiro, depois de declarar-se no inventário que não os possui, tudo como determinado pelo vigente art. 1.996 da codificação civil brasileira.

---

[12] Confira-se o próximo item, a saber, o tópico 7.2 ("Colações").

E como se apura tal alegação de sonegação?

Estabelece o art. 1.994 do Código Civil:

> "Art. 1.994. A pena de sonegados só se pode requerer e impor em ação movida pelos herdeiros ou pelos credores da herança.
>
> Parágrafo único. A sentença que se proferir na ação de sonegados, movida por qualquer dos herdeiros ou credores, aproveita aos demais interessados".

E, caso os bens já não estejam em poder do sonegador, a teor do art. 1.995, deverá pagar o equivalente, além das perdas e danos correspondentes.

Todavia, ousando ir além do texto codificado, neste ponto, consideramos plenamente razoável a busca e apreensão dos bens, caso ainda existentes e em posse de terceiro de má-fé.

7.2. Colações

A colação é temática fascinante.

Por premissa, todos os descendentes devem ser igualmente tratados[13].

Por isso, estabelece o art. 2.002 do Código Civil brasileiro que os descendentes que concorrerem à sucessão do ascendente comum são obrigados, justamente para igualar as legítimas, a conferir o valor das doações que dele em vida receberam, sob pena de sonegação.

O prazo para tal informação é comum de quinze dias, contado da conclusão das citações, por aplicação combinada dos arts. 627 e 639 do Código de Processo Civil de 2015.

Claro que, para cálculo da legítima, o valor dos bens conferidos será computado na parte indisponível, sem aumentar a disponível, na forma do parágrafo único do mencionado dispositivo do Código Civil (art. 2002).

A tal processo de conferência de valores, para igualação da legítima, é dado o nome de *colação*.

Sobre sua finalidade, estabelece o art. 2.003 do vigente Código Civil:

> "Art. 2.003. A colação tem por fim igualar, na proporção estabelecida neste Código, as legítimas dos descendentes e do cônjuge sobrevivente, obrigando também os donatários que, ao tempo do falecimento do doador, já não possuírem os bens doados.
>
> Parágrafo único. Se, computados os valores das doações feitas em adiantamento de legítima, não houver no acervo bens suficientes para igualar as

---

[13] Reveja-se, a propósito, o subtópico 3.2 ("Igualdade") do Capítulo II ("Principiologia do Direito das Sucessões").

legítimas dos descendentes e do cônjuge, os bens assim doados serão conferidos em espécie, ou, quando deles já não disponha o donatário, pelo seu valor ao tempo da liberalidade".

Sobre o valor de colação dos bens doados, estabelece o art. 2.004 do vigente Código Civil:

"Art. 2.004. O valor de colação dos bens doados será aquele, certo ou estimativo, que lhes atribuir o ato de liberalidade.

§ 1.º Se do ato de doação não constar valor certo, nem houver estimação feita naquela época, os bens serão conferidos na partilha pelo que então se calcular valessem ao tempo da liberalidade.

§ 2.º Só o valor dos bens doados entrará em colação; não assim o das benfeitorias acrescidas, as quais pertencerão ao herdeiro donatário, correndo também à conta deste os rendimentos ou lucros, assim como os danos e perdas que eles sofrerem"[14].

---

[14] Sobre o tema, muito polêmico, o Enunciado 644 da VIII Jornada de Direito Civil da Justiça Federal fixou o seguinte postulado doutrinário:

"ENUNCIADO 644 — Art. 2.003:

- Os arts. 2.003 e 2.004 do Código Civil e o art. 639 do CPC devem ser interpretados de modo a garantir a igualdade das legítimas e a coerência do ordenamento.
- O bem doado, em adiantamento de legítima, será colacionado de acordo com seu valor atual na data da abertura da sucessão, se ainda integrar o patrimônio do donatário.
- Se o donatário já não possuir o bem doado, este será colacionado pelo valor do tempo de sua alienação, atualizado monetariamente".

A matéria comporta reflexão:

"RECURSO ESPECIAL. SUCESSÃO. BENS À COLAÇÃO. VALOR DOS BENS DOADOS.

APLICAÇÃO DA LEI VIGENTE À ÉPOCA DA ABERTURA DA SUCESSÃO. APLICAÇÃO DA REGRA DO ART. 2.004 DO CC/2002. VALOR ATRIBUÍDO NO ATO DE LIBERALIDADE COM CORREÇÃO MONETÁRIA ATÉ A DATA DA SUCESSÃO. RECURSO ESPECIAL IMPROVIDO.

1. Tendo sido aberta a sucessão na vigência do Código Civil de 2002, deve-se observar o critério estabelecido no art. 2.004 do referido diploma, que modificou o art. 1.014, parágrafo único, do Código de Processo Civil de 1973, pois a contradição presente nos diplomas legais, quanto ao valor dos bens doados a serem trazidos à colação, deve ser solucionada com observância do princípio de direito intertemporal *tempus regit actum*.

2. O valor de colação dos bens deverá ser aquele atribuído ao tempo da liberalidade, corrigido monetariamente até a data da abertura da sucessão.

3. Existindo divergência quanto ao valor atribuído aos bens no ato de liberalidade, poderá o julgador determinar a avaliação por perícia técnica para aferir o valor que efetivamente possuíam à época da doação.

4. Recurso especial não provido.

Refletindo acerca do dispositivo acima e do controvertido tema da colação, escreve PABLO STOLZE GAGLIANO[15]:

> Ao mencionar valor "certo ou estimativo", o legislador está tentando alcançar situações em que o doador, por desconhecimento ou omissão, não cuidou de determinar, no ato da doação, o *quantum* líquido e certo do bem que doa, mas, apenas, fez-lhe mera referência indicativa ou estimativa.
>
> Ainda segundo a regra sucessória supra, o valor dos bens doados a ser considerado, na colação, é **aquele do tempo da liberalidade**.
>
> Nesse ponto, algumas importantes reflexões devem ser feitas.
>
> O Direito não é uma ciência exata.
>
> Longe disso.
>
> Há controvérsia acerca do valor que deve ser considerado na colação, para se aferir se houve ou não violação da legítima. E tal polêmica ganhou novos matizes após a vigência do CPC-15.
>
> Descrevendo o confuso contexto fático acerca do critério a ser utilizado na aferição do valor da liberalidade, escrevem, com aguçada precisão, ANDRÉ LUIZ ARNT RAMOS e ROBERTO ALTHEIM:
>
> Nota-se que os textos dos Códigos Civis de 1916 e 2002 fixavam a data da liberalidade como marco temporal para aferição do valor do bem a ser colacionado. E os Códigos de Processo Civil, tanto na redação de 1973 como na de 2015, fixam a data do falecimento do *de cujus* (data da abertura da sucessão). São mandamentos legais diferentes, e que podem acarretar grande discrepância no cálculo do valor a ser trazido à colação pelo beneficiário de liberalidade realizada por parte do *de cujus*.
>
> Antes da promulgação do Código de Processo Civil de 2015 houve a divulgação de um entendimento "intermediário" expresso pelo enunciado n. 119 da Jornada de Direito Civil do Centro de Estudos Judiciários do Conselho da Justiça Federal realizada entre 11 e 13 de fevereiro de 2002: Para evitar o enriquecimento sem causa, a colação será efetuada com base no valor da época da doação, nos termos do *caput* do art. 2.004, exclusivamente na hipótese em que o bem doado não mais pertença ao donatário; se, ao contrário, o bem ainda integrar seu patrimônio, a colação se fará com base no valor do bem na época da abertura da sucessão, nos termos do art. 1.014 do CPC, de modo a preservar a quantia que efetivamente integrará a legítima quando esta se constituiu, ou seja, na data do óbito (resultado da interpretação sistemática do art. 2.004 e seus parágrafos, juntamente com os arts. 1.832 e 884 do Código Civil).

(REsp 1.166.568/SP, Rel. Min. Lázaro Guimarães (Desembargador convocado do TRF 5.ª Região), 4.ª Turma, julgado em 12-12-2017, *DJe* 15-12-2017).

[15] Pablo Stolze Gagliano, *Contrato de Doação*, 5. ed., São Paulo: Saraiva, 2021.

Ocorre que os textos legais não trazem a variável ligada à manutenção da propriedade do bem com o donatário/herdeiro referida no enunciado acima transcrito. E, embora tenha sido, em grande medida, esta a contribuição enunciada por Villela, por certo está longe do desejável à vista das peculiaridades da sociedade contemporânea, cuja crescente complexidade perpassa, é sabido, por uma renovada percepção do tempo.

Esta sucessão errante de enunciados incoerentes entre si traz consigo notável prejuízo às mais comezinhas noções de segurança jurídica, tanto em dimensão subjetiva (sobretudo no que tem com o tempo e o valor considerados na realização da conferência), quanto objetiva e substancial (em que o cariz moderno, fundado na imagética certeza da Lei, cede espaço ao contemporâneo prestígio às razões que sustentam soluções ofertadas a problemas jurídicos concretos)[16].

Nesse complexo mosaico, parece que a resposta tende a ser dada pelo Direito Intertemporal, segundo se pode observar neste julgado do Superior Tribunal de Justiça:

CIVIL. PROCESSUAL CIVIL. AÇÃO DE INVENTÁRIO. COINCIDÊNCIA DE QUESTÕES DECIDIDAS EM DOIS DIFERENTES ACÓRDÃOS. MATÉRIAS DISTINTAS.

INOCORRÊNCIA DE PRECLUSÃO. COLAÇÃO DE BENS. VALOR DO BEM AO TEMPO DA LIBERALIDADE OU AO TEMPO DA ABERTURA DA SUCESSÃO. ANTINOMIA ENTRE O CÓDIGO CIVIL E O CÓDIGO DE PROCESSO CIVIL. INDISCUTIBILIDADE ACERCA DAS SUCESSIVAS REVOGAÇÕES PROMOVIDAS PELA LEGISLAÇÃO. COLAÇÃO QUE É TEMA DE DIREITO MATERIAL E DE DIREITO PROCESSUAL. SOLUÇÃO DA ANTINOMIA EXCLUSIVAMENTE PELO CRITÉRIO DA TEMPORALIDADE.

IMPOSSIBILIDADE DE APLICAÇÃO DO CRITÉRIO DA ESPECIALIDADE. AUTOR DA HERANÇA FALECIDO ANTES DA ENTRADA EM VIGOR DO CC/2002. APLICAÇÃO DO CPC/73.

1- Ação distribuída em 24/01/2002. Recurso especial interposto em 26/03/2015 e atribuído à Relatora em 25/08/2016.

2- Os propósitos recursais consistem em definir se há coincidência entre as questões decididas em dois diferentes acórdãos apta a gerar preclusão sobre a matéria e se, para fins de partilha, a colação do bem deve se dar pelo valor da doação ao tempo da liberalidade ou pelo valor ao tempo da abertura da sucessão.

3- Inexiste questão decidida e, consequentemente, preclusão, quando o acórdão antecedente somente tangencia a matéria objeto de efetivo enfrentamen-

[16] André Luiz Arnt Ramos e Roberto Altheim, Colação Hereditária e Legislação Irresponsável: Descaminhos da Segurança Jurídica no Âmbito Sucessório, *Revista Eletrônica Direito e Sociedade (REDES)*, Canoas, v. 6, n. 1, 2018.

to no acórdão posterior, referindo-se ao tema de *obiter dictum* e nos limites da matéria devolvida pela parte que é distinta da anteriormente examinada.

4- É indiscutível a existência de antinomia entre as disposições do Código Civil (arts. 1.792, *caput*, do CC/1916 e 2.004, *caput*, do CC/2002), que determinam que a colação se dê pelo valor do bem ao tempo da liberalidade, e as disposições do Código de Processo Civil (arts. 1.014, parágrafo único, do CPC/73 e 639, parágrafo único, do CPC/15), que determinam que a colação se dê pelo valor do bem ao tempo da abertura da sucessão, de modo que, em se tratando de questão que se relaciona, com igual intensidade, com o direito material e com o direito processual, essa contradição normativa somente é resolúvel pelo critério da temporalidade e não pelo critério de especialidade. Precedentes.

5- Na hipótese, tendo o autor da herança falecido antes da entrada em vigor do CC/2002, aplica-se a regra do art. 1.014, parágrafo único, do CPC/73, devendo a colação se dê pelo valor do bem ao tempo da abertura da sucessão.

6- Recurso especial conhecido e desprovido.

(REsp 1.698.638/RS, Rel. Ministra NANCY ANDRIGHI, TERCEIRA TURMA, julgado em 14/05/2019, DJe 16/05/2019)

De acordo com o entendimento supra, **a regra a ser aplicada dependerá do aferição do direito intertemporal**[17].

Portanto, caso o falecimento do autor da herança ocorra após a entrada em vigor do CPC-15 (18 de março de 2016), parece-nos que tenderia a ser a aplicada a norma deste diploma processual (art. 639) e **o cálculo, por conseguinte, deverá ser feito pelo valor que o bem tiver ao tempo da abertura da sucessão.**

---

[17] "Parece não restar muita dúvida a respeito de ter o novo CPC derrogado, ou revogado tacitamente, o Código Civil de 2002, no que respeita ao modo de se proceder à colação e ao valor a ser levado em conta nos casos de colação por estimação. Ainda que os civilistas não concordem com esta alteração, julgando ser ela um verdadeiro retrocesso legislativo – dado que a lei processual deveria disciplinar apenas o procedimento da colação e não o seu modo –, a verdade é que o sistema de aplicação das normas sobre a vigência e a revogação das Leis (LINDB – Lei de Introdução às Normas do Direito Brasileiro – Decreto n. 4.657/1942) determina esta derrogação, para se aplicar, então, a nova regra contida no CPC/2015. Acompanhamos um importante seguimento doutrinário, neste momento, que registra que as alterações assim promovidas só se aplicam às sucessões abertas após a entrada em vigor do novo diploma processual civil. Mesmo porque, sempre é bom relembrar, as regras aplicáveis à sucessão hereditária são aquelas vigentes à época da abertura da sucessão e não à época da abertura do inventário judicial ou extrajudicial" (Giselda Maria Fernandes Novaes Hironaka e João Ricardo Brandão Aguirre, Quais os Parâmetros Vigentes para a Realização das Colações das Doações Realizadas em Adiantamento da Legítima?, *Revista de Direito Civil Contemporâneo*, v. 17, p. 219 e ss., gentilmente cedido pelo coautor Prof. João Aguirre).

Em nosso sentir, data venia, o valor a ser considerado, para efeito de preservação da legítima, **deveria sempre ser o do tempo da liberalidade**, nos termos do Código Civil, pois é neste momento que o doador se põe diante de um quadro patrimonial concreto em face do que pode ou não ser objeto de doação.

Pensamento diverso **resultaria em se submeter um ato jurídico perfeito a um crivo futuro de validade**, o que, por certo, a par de traduzir atecnia, gera insegurança jurídica.

O fato de se atualizar a expressão econômica do monte mor nas primeiras declarações (art. 620, IV, h, CPC) — segundo o valor do(s) bem(ns) ao tempo da abertura da sucessão (art. 639, CPC) — não significa que o juiz não deva, quando da conferência para a aferição de eventual violação da legítima, levar em conta o valor do bem doado quando da liberalidade (art. 1.202).

Deve prevalecer, pois, em nossa visão acadêmica, e por imperativo de bom senso, pelas razões supra, a norma do Código Civil (art. 2.004, CC).

E quais são os bens submetidos à colação?

Respondendo a tal questão, determina o art. 2.007:

"Art. 2.007. São sujeitas à redução as doações em que se apurar excesso quanto ao que o doador poderia dispor, no momento da liberalidade.

§ 1.º O excesso será apurado com base no valor que os bens doados tinham, no momento da liberalidade.

§ 2.º A redução da liberalidade far-se-á pela restituição ao monte do excesso assim apurado; a restituição será em espécie, ou, se não mais existir o bem em poder do donatário, em dinheiro, segundo o seu valor ao tempo da abertura da sucessão, observadas, no que forem aplicáveis, as regras deste Código sobre a redução das disposições testamentárias.

§ 3.º Sujeita-se a redução, nos termos do parágrafo antecedente, a parte da doação feita a herdeiros necessários que exceder a legítima e mais a quota disponível.

§ 4.º Sendo várias as doações a herdeiros necessários, feitas em diferentes datas, serão elas reduzidas a partir da última, até a eliminação do excesso".

E há bens dispensados da colação?

Sim!

O texto codificado traz diversas (lógicas) exceções de bens que não se submetem à colação[18].

[18] Não se trata de uma regra absoluta, na medida em que poderá haver dúvida fundada acerca da preservação da legítima: "Já cuidamos também de observar que o valor dos bens deverá ser aferido no momento da doação, e não quando da morte do doador. Na

Todas as hipóteses, porém, se fundamentam em situações fáticas em que a legítima é preservada.

É o caso, por exemplo, da previsão do art. 2.005:

> "Art. 2.005. São dispensadas da colação as doações que o doador determinar saiam da parte disponível, contanto que não a excedam, computado o seu valor ao tempo da doação.
>
> Parágrafo único. Presume-se imputada na parte disponível a liberalidade feita a descendente que, ao tempo do ato, não seria chamado à sucessão na qualidade de herdeiro necessário".

Obviamente, também dentro da parte disponível, pode o próprio doador (autor da herança) dispensar a colação no respectivo título em que realizou a doação ou mesmo em testamento[19].

Da mesma forma, o instituto não se presta a estimular a falta de cuidado dos pais com os filhos, motivo pelo qual, na forma do art. 2.010, não virão à colação os gastos ordinários do ascendente com o descendente, enquanto menor, na sua educação, estudos, sustento, vestuário, tratamento nas enfermidades, enxoval, assim como as despesas de casamento, ou as feitas no interesse de sua defesa em processo-crime.

Por fim, ainda quanto a bens excluídos da colação, registre-se que as "doações remuneratórias de serviços feitos ao ascendente também não estão sujeitas a colação" (art. 2.011), o que é perfeitamente aceitável, já que não há um caráter necessário de liberalidade pura[20].

Regra interessante é estabelecida no art. 2.008:

---

realidade fática, contudo, alguns problemas poderão surgir, a exemplo da insegurança gerada para as partes, especialmente o donatário, por não ter certeza se o bem recebido violou a legítima. E, de fato, essa preocupação só será definitivamente afastada no inventário, após terem sido realizadas a colação e a conferência dos bens doados. Um especial cuidado, porém, pode ter o doador: *fazer constar do instrumento da doação a advertência de que o referido bem está saindo de sua parte disponível da herança.* Tal providência, a despeito de não evitar a colação para eventual reposição da legítima, poderá evitar que o bem transferido seja computado na parte conferida aos herdeiros legitimários. Expliquemos exemplificativamente: se o doador beneficiou um dos seus filhos com um apartamento, tendo registrado que este imóvel sai da sua parte disponível, caso existam outras doações sem a mesma ressalva, deverão estas servir para a recomposição do acervo reservado, mantendo-se o apartamento como integrante da parte disponível, desde que, é claro, não corresponda a mais de 50% de todo o patrimônio" (Pablo Stolze Gagliano, *O Contrato de Doação,* cit., p. 75).

[19] "Art. 2.006. A dispensa da colação pode ser outorgada pelo doador em testamento, ou no próprio título de liberalidade."

[20] No REsp 1.722.691/SP (Rel. Min. Paulo de Tarso Sanseverino, por unanimidade, julgado em 12-3-2019, *DJe* 15-3-2019), o STJ firmou entendimento no sentido de que também é dispensável "que herdeiro necessário traga à colação o valor correspondente à ocupação e ao uso a título gratuito de imóvel que pertencia ao autor da herança".

"Art. 2.008. Aquele que renunciou a herança ou dela foi excluído, deve, não obstante, conferir as doações recebidas, para o fim de repor o que exceder o disponível.

A obrigação de efetivar a conferência para colação, inclusive, não é personalíssima, transferindo-se aos netos, na forma do art. 2.009:

"Art. 2.009. Quando os netos, representando os seus pais, sucederem aos avós, serão obrigados a trazer à colação, ainda que não o hajam herdado, o que os pais teriam de conferir".

Parece-nos, inclusive, que a melhor técnica recomendaria a utilização da expressão "descendentes" em vez de "netos", pois não faz sentido limitar a obrigação ao segundo grau descendente, podendo haver situação de representação com bisnetos, tataranetos etc.

No caso de doação feita por ambos os cônjuges, no inventário de cada um se conferirá por metade, conforme estabelece o art. 2.012 do Código Civil.

E se o herdeiro negar a ocorrência do recebimento dos bens ou mesmo o ato de conferência?

Neste caso, estabelece o art. 641 do Código de Processo Civil de 2015 um procedimento incidental para verificação do fato, nos seguintes termos:

"Art. 641. Se o herdeiro negar o recebimento dos bens ou a obrigação de os conferir, o juiz, ouvidas as partes no prazo comum de 15 (quinze) dias, decidirá à vista das alegações e das provas produzidas.

§ 1.º Declarada improcedente a oposição, se o herdeiro, no prazo improrrogável de 15 (quinze) dias, não proceder à conferência, o juiz mandará sequestrar-lhe, para serem inventariados e partilhados, os bens sujeitos à colação ou imputar ao seu quinhão hereditário o valor deles, se já não os possuir.

§ 2.º Se a matéria exigir dilação probatória diversa da documental, o juiz remeterá as partes às vias ordinárias, não podendo o herdeiro receber o seu quinhão hereditário, enquanto pender a demanda, sem prestar caução correspondente ao valor dos bens sobre os quais versar a conferência".

Trata-se de medida salutar de nítida natureza acautelatória.

7.3. Pagamento das dívidas

O inventário somente conduzirá a uma eventual partilha (ou adjudicação) dos bens se as dívidas do falecido houverem sido pagas.

Nesse sentido, dispõe o art. 642 do Código de Processo Civil de 2015:

"Art. 642. Antes da partilha, poderão os credores do espólio requerer ao juízo do inventário o pagamento das dívidas vencidas e exigíveis.

§ 1.º A petição, acompanhada de prova literal da dívida, será distribuída por dependência e autuada em apenso aos autos do processo de inventário.

§ 2.º Concordando as partes com o pedido, o juiz, ao declarar habilitado o credor, mandará que se faça a separação de dinheiro ou, em sua falta, de bens suficientes para o pagamento.

§ 3.º Separados os bens, tantos quantos forem necessários para o pagamento dos credores habilitados, o juiz mandará aliená-los, observando-se as disposições deste Código relativas à expropriação.

§ 4.º Se o credor requerer que, em vez de dinheiro, lhe sejam adjudicados, para o seu pagamento, os bens já reservados, o juiz deferir-lhe-á o pedido, concordando todas as partes.

§ 5.º Os donatários serão chamados a pronunciar-se sobre a aprovação das dívidas, sempre que haja possibilidade de resultar delas a redução das liberalidades".

É importantíssimo destacar que o § 1.º do art. 1.997 do vigente Código Civil brasileiro estabelece que, tendo sido requerido no inventário, antes da partilha, o pagamento de dívidas constantes de documentos, revestidos de formalidades legais, constituindo prova bastante da obrigação, e houver impugnação, que não se funde na alegação de pagamento, acompanhada de prova valiosa, o juiz mandará reservar, em poder do inventariante, bens suficientes para solução do débito, sobre os quais venha a recair oportunamente a execução.

Nesta mesma linha, aliás, estabelece o art. 643 do Código de Processo Civil de 2015:

"Art. 643. Não havendo concordância de todas as partes sobre o pedido de pagamento feito pelo credor, será o pedido remetido às vias ordinárias.

Parágrafo único. O juiz mandará, porém, reservar, em poder do inventariante, bens suficientes para pagar o credor quando a dívida constar de documento que comprove suficientemente a obrigação e a impugnação não se fundar em quitação".

Trata-se de uma solução bastante razoável para preservar os interesses dos credores e dos herdeiros, mas sem descurar da duração razoável do processo, já que se trata de questão a ser discutida em juízo próprio e autônomo em relação ao inventário.

Neste caso, porém, é estabelecido o prazo de trinta dias, no § 2.º do referido art. 1.997, para que o credor dê início à ação de cobrança, sob pena de se tornar de nenhum efeito a providência indicada.

Perceba-se que tal prazo não impede o ajuizamento da ação de cobrança, tornando sem efeito apenas a garantia propugnada pelo texto legal.

Vale destacar, por fim, o que dispõe o art. 644 do CPC/2015:

"Art. 644. O credor de dívida líquida e certa, ainda não vencida, pode requerer habilitação no inventário.

Parágrafo único. Concordando as partes com o pedido referido no *caput*, o juiz, ao julgar habilitado o crédito, mandará que se faça separação de bens para o futuro pagamento".

Observe-se a peculiaridade da situação mencionada.

A referida dívida (obrigação transmissível), embora líquida e certa, *ainda não está vencida*, mesmo tendo ocorrido o falecimento do devedor, razão por que há expressa menção à "concordância das partes".

Vale ainda acrescentar que, se o herdeiro for devedor ao espólio, sua dívida será partilhada igualmente entre todos, salvo se a maioria consentir que o débito seja imputado inteiramente no quinhão do devedor, como preceitua o art. 2.001.

Na mesma linha, permite o art. 646 do Código de Processo Civil brasileiro de 2015 (sem prejuízo do disposto no art. 860 do mesmo diploma) que os herdeiros, ao separarem bens para o pagamento de dívidas, autorizem que o inventariante os nomeie à penhora no processo em que o espólio for executado.

Isso facilita o pagamento das dívidas e diminui as disputas quando da partilha dos bens, na perspectiva do princípio da autonomia privada.

Observe-se que, na linha do art. 1.998 da codificação civil, as despesas funerárias, haja ou não herdeiros legítimos, sairão sempre do monte da herança; mas as de sufrágios por alma do falecido só obrigarão a herança quando ordenadas em testamento ou codicilo, *locus* ideal para tal determinação do autor da herança[21].

Na hipótese de haver ações regressivas entre os herdeiros, caso um deles seja insolvente, sua cota será dividida proporcionalmente entre os demais, observando-se o seu quinhão hereditário[22].

E não se tratando de questões de alta indagação, o juízo do inventário deve atrair o julgamento das questões pecuniárias entre os herdeiros[23].

---

[21] Reveja-se o Capítulo XVI ("Codicilo") deste volume.

[22] "Art. 1.999. Sempre que houver ação regressiva de uns contra outros herdeiros, a parte do coerdeiro insolvente dividir-se-á em proporção entre os demais."

[23] "CIVIL E PROCESSUAL CIVIL. INVENTÁRIO. JUÍZO UNIVERSAL. ART. 984, CPC. AJUIZAMENTO DE AÇÃO DE COBRANÇA DE ALUGUEL POR UM HERDEIRO CONTRA OUTRO. FALTA DE INTERESSE PROCESSUAL. INVENTÁRIO EM TRAMITAÇÃO. RECURSO DESACOLHIDO.

I — As questões de fato e de direito atinentes à herança devem ser resolvidas pelo juízo do inventário, salvo as exceções previstas em lei, como as matérias de 'alta indagação' referidas no art. 984, CPC, e as ações reais imobiliárias ou as em que o espólio for autor. Com essas ressalvas, o foro sucessório assume caráter universal, tal como o juízo falimentar, devendo nele ser solucionadas as pendências entre os herdeiros.

II — O ajuizamento de ação de rito ordinário, por um herdeiro contra o outro, co-

E se, como é muito comum, o herdeiro for devedor de terceiros?

Podem os credores desse herdeiro se habilitar na herança?

Sobre o tema, disciplina o art. 2.000 do texto codificado:

"Art. 2.000. Os legatários e credores da herança podem exigir que do patrimônio do falecido se discrimine o do herdeiro, e, em concurso com os credores deste, ser-lhes-ão preferidos no pagamento".

Ainda em relação às dívidas do espólio, registre-se que o legatário também pode ser considerado parte legítima para se manifestar sobre elas.

É a previsão do art. 645 do Código de Processo Civil de 2015, *in verbis*:

"Art. 645. O legatário é parte legítima para manifestar-se sobre as dívidas do espólio:

I — quando toda a herança for dividida em legados;

II — quando o reconhecimento das dívidas importar redução dos legados".

O dispositivo é lógico: quando o interesse do legatário puder ser atingido, deve ele se manifestar a respeito da questão que lhe toca.

7.4. Avaliação e cálculo do imposto

O Código de Processo Civil de 2015 reserva a Seção V ("Da Avaliação e do Cálculo do Imposto") somente para tal fase[24].

---

brando o aluguel pelo tempo de ocupação de um dos bens deixados em testamento pelo falecido, contraria o princípio da universalidade do juízo do inventário, afirmada no art. 984 do Código de Processo Civil, uma vez não se tratar de questão a demandar 'alta indagação' ou a depender de 'outras provas', mas de matéria típica do inventário, que, como cediço, é o procedimento apropriado para proceder — se à relação, descrição e avaliação dos bens deixados pelo falecido.

III — Eventual crédito da herdeira pelo uso privativo da propriedade comum deve ser aventado nos autos do inventário, para compensar-se na posterior partilha do patrimônio líquido do espólio. O ajuizamento de ação autônoma para esse fim não tem necessidade para o autor, que se vê, assim, sem interesse de agir, uma das condições da ação, que se perfaz com a conjugação da utilidade e da necessidade.

IV — Sem prequestionamento, não se instaura a via do recurso especial" (STJ, REsp 190436/SP, Recurso Especial 1998/0072841-4, Rel. Min. Sálvio de Figueiredo Teixeira, 4.ª Turma, j. 21-6-2001, *DJ*, 10-9-2001, p. 392; *RDR*, v. 22, p. 318; *RSTJ*, v. 169, p. 378).

[24] Sem prejuízo de obrigações tributárias de natureza diversa, a exemplo da incidência do imposto de transmissão *inter vivos* em caso de cessão onerosa de direito hereditário, ou da exigibilidade do imposto de renda, quando configurado o seu respectivo fato gerador, o tributo mais peculiar ao procedimento sucessório é o imposto *causa mortis* (preferimos dizer "*mortis causa*", pois ele deriva do fato do óbito), de competência estadual, conhecido pela sigla ITCMD, por se aplicar também às doações: "O imposto *causa mortis*", afirmam os cultos Sebastião Amorim e Euclides de Oliveira, "tem essa

Como se trata de um *iter* detalhadamente descrito em lei, caracterizado por normas de dicção objetiva e eminentemente procedimentais, cuidamos de transcrever os novos dispositivos inaugurados a partir da Lei Processual de 2015:

"Art. 630. Findo o prazo previsto no art. 627 sem impugnação ou decidida a impugnação que houver sido oposta, o juiz nomeará, se for o caso, perito para avaliar os bens do espólio, se não houver na comarca avaliador judicial.

Parágrafo único. Na hipótese prevista no art. 620, § 1.º, o juiz nomeará perito para avaliação das quotas sociais ou apuração dos haveres.

Art. 631. Ao avaliar os bens do espólio, o perito observará, no que for aplicável, o disposto nos arts. 872 e 873.

Art. 632. Não se expedirá carta precatória para a avaliação de bens situados fora da comarca onde corre o inventário se eles forem de pequeno valor ou perfeitamente conhecidos do perito nomeado.

Art. 633. Sendo capazes todas as partes, não se procederá à avaliação se a Fazenda Pública, intimada pessoalmente, concordar de forma expressa com o valor atribuído, nas primeiras declarações, aos bens do espólio.

Art. 634. Se os herdeiros concordarem com o valor dos bens declarados pela Fazenda Pública, a avaliação cingir-se-á aos demais.

Art. 635. Entregue o laudo de avaliação, o juiz mandará que as partes se manifestem no prazo de 15 (quinze) dias, que correrá em cartório.

§ 1.º Versando a impugnação sobre o valor dado pelo perito, o juiz a decidirá de plano, à vista do que constar dos autos.

§ 2.º Julgando procedente a impugnação, o juiz determinará que o perito retifique a avaliação, observando os fundamentos da decisão.

Art. 636. Aceito o laudo ou resolvidas as impugnações suscitadas a seu respeito, lavrar-se-á em seguida o termo de últimas declarações, no qual o inventariante poderá emendar, aditar ou completar as primeiras.

Art. 637. Ouvidas as partes sobre as últimas declarações no prazo comum de 15 (quinze) dias, proceder-se-á ao cálculo do tributo.

Art. 638. Feito o cálculo, sobre ele serão ouvidas todas as partes no prazo

---

denominação por incidir sobre a transmissão do domínio e da posse dos bens 'em razão da morte', ou seja, pela abertura da sucessão aos herdeiros legítimos e testamentários. Dá-se, pois, como o óbito do autor da herança, aplicando-se o imposto pela alíquota vigente e conforme o valor atribuído aos bens nessa ocasião. Antigo 'selo de herança' (Alvará de 1809), depois chamado de 'imposto de herança e legados', tem aplicação específica ao Direito Sucessório, com previsão de cálculo e recolhimento no processo de inventário (arts. 1.012 e 1.013 do CPC)" (*Inventários e Partilhas — Direito das Sucessões — Teoria e Prática*, 21. ed. São Paulo: Leud, 2008, p. 416). Os autores se referem ao CPC de 1973.

comum de 5 (cinco) dias, que correrá em cartório, e, em seguida, a Fazenda Pública.

§ 1.º Se acolher eventual impugnação, o juiz ordenará nova remessa dos autos ao contabilista, determinando as alterações que devam ser feitas no cálculo.

§ 2.º Cumprido o despacho, o juiz julgará o cálculo do tributo".

Tudo isso parte do pressuposto de que há, efetivamente, haveres a partilhar.

E se nada existir para partilhar?

É o tema do "inventário negativo", a ser abordado no próximo tópico.

8. INVENTÁRIO NEGATIVO

Não havendo bens a partilhar, o consequente pensamento é no sentido da desnecessidade do inventário.

Parece uma conclusão lógica.

Mas não é tão simples assim.

No âmbito jurídico, muitas vezes, a necessidade de estabilidade e segurança faz com que o reconhecimento oficial de uma situação de inexistência seja exigida.

Na precisa lição de MARIA HELENA DINIZ:

"Segundo Itabaiana de Oliveira, 'o inventário negativo é o modo judicial de se provar, para determinado fim, a inexistência de bens do extinto casal'. Deveras, conforme o Código Civil, art. 1.641, I, combinado com o art. 1.523, I, é obrigatório o regime de separação de bens no casamento do viúvo ou da viúva que tenha filhos do cônjuge falecido, exceto se fez inventário e deu partilha aos herdeiros. Se o extinto casal não possuía haveres, nada impede a comunhão pretendida, que vigorará nas segundas núpcias, a não ser que haja pacto antenupcial em contrário. Apesar de a lei não exigir a realização do inventário negativo, promovido pelo viúvo ou viúva, para evidenciar a inexistência de bens do casal por inventariar e partilhar aos herdeiros, a doutrina e a jurisprudência o consideram necessário (RF 74:31, 130:303, 102:292; RT, 268:300, 488:97), para que o cônjuge viúvo fique isento da penalidade e do impedimento acima mencionado.

Assim, o consorte viúvo, segundo a praxe, apresentará ao magistrado um requerimento dentro do prazo legal do art. 1.796 do Código Civil; porém, se ultrapassar de muito esse prazo, qualquer interessado poderá exigir que prove suas alegações por meio de testemunhas, instruído com a certidão de óbito, mencionado o nome do inventariado, dia e lugar do falecimento, os nomes, as idades, o estado civil e a residência dos herdeiros, declarando a inexistência de bens por inventariar e partilhar. O magistrado mandará o viúvo afirmar a verdade do conteúdo de sua petição, mediante o respectivo termo, e dar vista dos autos, em curto prazo, aos herdeiros, aos representantes da Fazenda Pública e aos curadores e órfãos e ausentes, se houver herdeiro menor, interdito ou ausente. Ouvidos os interessados, estando todos de acordo, o juiz proferirá sentença, proclamando a negatividade de inventário. Essa decisão será trasladada, mediante certidão, aos autos de habilitação matrimonial"[25].

Trata-se, portanto, de uma forma útil e recomendável de resguardo de eventuais direitos do interessado.

9. INVENTÁRIO ADMINISTRATIVO

A Lei n. 11.441, de 4 de janeiro de 2007, deu nova redação ao art. 982 do Código de Processo Civil de 1973 e inovou ao admitir o inventário extrajudicial, lavrado por escritura pública, consensualmente, no tabelionato de notas, se todas as partes interessadas forem capazes, estiverem assistidas por advogado e concordes, e não houver testamento[26].

Confira-se o mencionado dispositivo legal da codificação anterior:

> "Art. 982. Havendo testamento ou interessado incapaz, proceder-se-á ao inventário judicial; se todos forem capazes e concordes, poderá fazer-se o inventário e a partilha por escritura pública, a qual constituirá título hábil para o registro imobiliário.
>
> § 1.º O tabelião somente lavrará a escritura pública se todas as partes interessadas estiverem assistidas por advogado comum ou advogados de cada uma delas ou por defensor público, cuja qualificação e assinatura constarão do ato notarial *(Renumerado do parágrafo único com nova redação, pela Lei n. 11.965, de 2009).*
>
> § 2.º A escritura e demais atos notariais serão gratuitos àqueles que se declararem pobres sob as penas da lei *(Incluído pela Lei n. 11.965, de 2009)*".

Não apenas o inventário tradicional, mas também o arrolamento ou, até mesmo, a adjudicação poderão se dar pela forma administrativa, desde que atendidas as exigências legais.

---

[25] Maria Helena Diniz, *Curso de Direito Civil Brasileiro — Direito das Sucessões*, 34. ed., São Paulo: Saraiva, 2020, v. 6, p. 444.

[26] Merece, aqui, menção, o noticiário STJ, de 17-10-2019, referente ao REsp 1.808.767, cujos seguintes trechos destacamos: "Para a Quarta Turma do Superior Tribunal de Justiça, é possível o processamento do inventário extrajudicial **quando houver testamento do falecido** e os interessados forem maiores, capazes e concordes, devidamente acompanhados de seus advogados" (...) Para Salomão, o processo deve ser um meio, e não um entrave à realização do direito: "Se a via judicial é prescindível, não há razoabilidade em se proibir, na ausência de conflito de interesses, que herdeiros, maiores e capazes, se socorram da via administrativa para dar efetividade a um testamento já tido como válido pela Justiça. O ministro apontou que esse posicionamento tem sido amplamente aceito pela doutrina especializada e pela jurisprudência, como se observa em diversos enunciados e provimentos de corregedoria dos tribunais brasileiros" (grifo nosso). Disponível em: <http://www.stj.jus.br/sites/portalp/Paginas/Comunicacao/Noticias/Para-Quarta-Turma-existencia-de-testamento-nao-inviabiliza-inventario-extrajudicial.aspx>. Acesso em: 20 out. 2019. Recomendamos, pois, ao nosso estimado leitor, que acompanhe esta dinâmica jurisprudencial.

Sobre o tema, remetemos o leitor à Resolução n. 35[27], de 24 de abril de 2007, do CNJ (alterada pelas Resoluções n. 120, 179, 220 e 326 de 2010, 2013, 2016 e 2020, respectivamente).

A matéria passou a ser tratada pelo CPC de 2015, que, em seu art. 610, dispõe:

> "Art. 610. Havendo testamento ou interessado incapaz, proceder-se-á ao inventário judicial.
>
> § 1.º Se todos forem capazes e concordes, o inventário e a partilha poderão ser feitos por escritura pública, a qual constituirá documento hábil para qualquer ato de registro, bem como para levantamento de importância depositada em instituições financeiras.
>
> § 2.º O tabelião somente lavrará a escritura pública se todas as partes interessadas estiverem assistidas por advogado ou por defensor público, cuja qualificação e assinatura constarão do ato notarial".

10. INVENTÁRIO JUDICIAL

O modelo tradicional (e, até 2007, único) de inventário é o judicial.

Como observam DIMAS MESSIAS DE CARVALHO e DIMAS DANIEL DE CARVALHO, referindo-se ao CPC de 1973:

> "O inventário judicial possibilita *três ritos distintos*, em razão da presença dos interessados, acordo entre eles, valor dos bens ou incapacidade das partes. O *inventário comum ou tradicional* (arts. 982 a 1.013, CPC), com fase distinta de partilha; o *inventário na forma de arrolamento sumário* (arts. 1.031 a 1.035, CPC), quando todas as partes forem capazes e concordes, qualquer que seja o valor dos bens; e o *inventário na forma de arrolamento comum* (art. 1.036, CPC), quando, mesmo existindo partes incapazes, o valor dos bens for de pequeno valor (2.000 ORTNs).
>
> O inventário comum ou tradicional é utilizado quando incabível as outras formas, em razão de suas diversas fases e morosidade.
>
> O requerimento para abertura do processo de inventário deve ocorrer no prazo de sessenta dias a contar da morte, no último domicílio do autor da herança (arts. 96 e 983, CPC), por quem se encontre na posse e administração do espólio, cônjuge sobrevivente, herdeiro, legatário, testamenteiro, cessionário do herdeiro ou do legatário, credor, síndico da falência de qualquer interessado, pelo Ministério Público, se houver incapazes, Fazenda Pública, ou de ofício pelo Juiz (arts. 987 a 989, CPC), instruindo-o com a certidão de óbito (art. 987, parágrafo único, CPC).
>
> O inventário judicial deve ser concluído no prazo de doze meses subsequentes à sua abertura, podendo o prazo ser prorrogado pelo juiz de ofício ou a requerimento das partes"[28].

Compreendamos o procedimento.

---

[27] Disponível para consulta em: <https://atos.cnj.jus.br/atos/detalhar/179>. Acesso em: 09 set. 2020.

[28] Dimas Messias de Carvalho e Dimas Daniel de Carvalho, ob. cit., p. 216.

10.1. Procedimento judicial no inventário comum

O inventário é tratado, em nosso Código de Processo Civil, juntamente com a partilha, no Capítulo VI ("Do Inventário e da Partilha").

Observe-se que, havendo testamento ou herdeiro incapaz, a depender do valor da herança, o inventário judicial tradicional será a única forma autorizada de se formalizar e regularizar a transferência patrimonial dos bens do *de cujus*.

Sobre a legitimidade para requerer o inventário, estabelecem os arts. 615 e 616 do Código de Processo Civil de 2015:

> "Art. 615. O requerimento de inventário e de partilha incumbe a quem estiver na posse e na administração do espólio, no prazo estabelecido no art. 611.
>
> Parágrafo único. O requerimento será instruído com a certidão de óbito do autor da herança.
>
> Art. 616. Têm, contudo, legitimidade concorrente:
>
> I — o cônjuge ou companheiro supérstite;
>
> II — o herdeiro;
>
> III — o legatário;
>
> IV — o testamenteiro;
>
> V — o cessionário do herdeiro ou do legatário;
>
> VI — o credor do herdeiro, do legatário ou do autor da herança;
>
> VII — o Ministério Público, havendo herdeiros incapazes;
>
> VIII — a Fazenda Pública, quando tiver interesse;
>
> IX — o administrador judicial da falência do herdeiro, do legatário, do autor da herança ou do cônjuge ou companheiro supérstite".

Vale registrar que a antiga previsão constante no art. 989, CPC-1973, no sentido de o juiz poder iniciar o procedimento de inventário de ofício, se nenhuma das pessoas legitimadas o requeresse, não tem correspondente no CPC-2015.

Iniciado o processo, passa-se para a fase de citações e impugnações, como determinado pelo art. 626 do Código de Processo Civil de 2015.

A finalidade da citação é assegurar o direito de todos os interessados de apresentar eventuais impugnações ao inventário[29]:

---

[29] "Processo civil. Recurso especial. Inventário. Falta de citação do testamenteiro. Ausência de nulidade. Finalidade atingida.

— Tendo o falecido deixado testamento, é necessária a citação do testamenteiro no processo de inventário para que fiscalize o efetivo cumprimento das disposições testamentárias.

"Art. 627. Concluídas as citações, abrir-se-á vista às partes, em cartório e pelo prazo comum de 15 (quinze) dias, para que se manifestem sobre as primeiras declarações, incumbindo às partes:

I — arguir erros, omissões e sonegação de bens;

II — reclamar contra a nomeação de inventariante;

III — contestar a qualidade de quem foi incluído no título de herdeiro.

§ 1.º Julgando procedente a impugnação referida no inciso I, o juiz mandará retificar as primeiras declarações.

§ 2.º Se acolher o pedido de que trata o inciso II, o juiz nomeará outro inventariante, observada a preferência legal.

§ 3.º Verificando que a disputa sobre a qualidade de herdeiro a que alude o inciso III demanda produção de provas que não a documental, o juiz remeterá a parte às vias ordinárias e sobrestará, até o julgamento da ação, a entrega do quinhão que na partilha couber ao herdeiro admitido".

Concluída essa etapa, os arts. 628 e 629, respectivamente, preveem a possibilidade de o sujeito preterido poder demandar a sua admissão no inventário, bem como a manifestação da Fazenda Pública acerca do valor dos imóveis descritos nas primeiras declarações.

10.2. Arrolamento

O arrolamento é, em essência, um procedimento simplificado de inventário.

A partir da entrada em vigor do CPC de 2015, o arrolamento passou a ser disciplinado a partir do art. 659:

"Art. 659. A partilha amigável, celebrada entre partes capazes, nos termos da lei, será homologada de plano pelo juiz, com observância dos arts. 660 a 663.

§ 1.º O disposto neste artigo aplica-se, também, ao pedido de adjudicação, quando houver herdeiro único.

§ 2.º Transitada em julgado a sentença de homologação de partilha ou de adjudicação, será lavrado o formal de partilha ou elaborada a carta de adjudicação e, em seguida, serão expedidos os alvarás referentes aos bens e às rendas por ele abrangidos, intimando-se o fisco para lançamento administrativo do imposto de transmissão e de outros tributos porventura incidentes,

---

— Entretanto, tendo o testamenteiro tomado ciência da tramitação do inventário, prescindível sua citação, não havendo nulidade, pois a finalidade da norma já teria sido atingida.

— A falta de impugnação às primeiras declarações pelo testamenteiro implica em sua concordância tácita. Recurso especial não conhecido" (STJ, REsp 277.932/RJ, Recurso Especial 2000/0094184-0, Rel. Min. Nancy Andrighi, 3.ª Turma, j. 7-12-2004, *DJ*, 17-12-2004, p. 514, *LexSTJ*, v. 186, p. 105).

conforme dispuser a legislação tributária, nos termos do § 2.º do art. 662.

Art. 660. Na petição de inventário, que se processará na forma de arrolamento sumário, independentemente da lavratura de termos de qualquer espécie, os herdeiros:

I — requererão ao juiz a nomeação do inventariante que designarem;

II — declararão os títulos dos herdeiros e os bens do espólio, observado o disposto no art. 630;

III — atribuirão valor aos bens do espólio, para fins de partilha.

Art. 661. Ressalvada a hipótese prevista no parágrafo único do art. 663, não se procederá à avaliação dos bens do espólio para nenhuma finalidade.

Art. 662. No arrolamento, não serão conhecidas ou apreciadas questões relativas ao lançamento, ao pagamento ou à quitação de taxas judiciárias e de tributos incidentes sobre a transmissão da propriedade dos bens do espólio.

§ 1.º A taxa judiciária, se devida, será calculada com base no valor atribuído pelos herdeiros, cabendo ao fisco, se apurar em processo administrativo valor diverso do estimado, exigir a eventual diferença pelos meios adequados ao lançamento de créditos tributários em geral.

§ 2.º O imposto de transmissão será objeto de lançamento administrativo, conforme dispuser a legislação tributária, não ficando as autoridades fazendárias adstritas aos valores dos bens do espólio atribuídos pelos herdeiros.

Art. 663. A existência de credores do espólio não impedirá a homologação da partilha ou da adjudicação, se forem reservados bens suficientes para o pagamento da dívida.

Parágrafo único. A reserva de bens será realizada pelo valor estimado pelas partes, salvo se o credor, regularmente notificado, impugnar a estimativa, caso em que se promoverá a avaliação dos bens a serem reservados.

Art. 664. Quando o valor dos bens do espólio for igual ou inferior a 1.000 (mil) salários mínimos, o inventário processar-se-á na forma de arrolamento, cabendo ao inventariante nomeado, independentemente de assinatura de termo de compromisso, apresentar, com suas declarações, a atribuição de valor aos bens do espólio e o plano da partilha.

§ 1.º Se qualquer das partes ou o Ministério Público impugnar a estimativa, o juiz nomeará avaliador, que oferecerá laudo em 10 (dez) dias.

§ 2.º Apresentado o laudo, o juiz, em audiência que designar, deliberará sobre a partilha, decidindo de plano todas as reclamações e mandando pagar as dívidas não impugnadas.

§ 3.º Lavrar-se-á de tudo um só termo, assinado pelo juiz, pelo inventariante e pelas partes presentes ou por seus advogados.

§ 4.º Aplicam-se a essa espécie de arrolamento, no que couber, as disposições do art. 672, relativamente ao lançamento, ao pagamento e à quitação da taxa judiciária e do imposto sobre a transmissão da propriedade dos bens do espólio.

§ 5.º Provada a quitação dos tributos relativos aos bens do espólio e às suas rendas, o juiz julgará a partilha.

Art. 665. O inventário processar-se-á também na forma do art. 664, ainda que haja interessado incapaz, desde que concordem todas as partes e o Ministério Público.

Art. 666. Independerá de inventário ou de arrolamento o pagamento dos valores previstos na Lei n. 6.858, de 24 de novembro de 1980.

Art. 667. Aplicam-se subsidiariamente a esta Seção as disposições das Seções VII e VIII deste Capítulo".

Destacamos a previsão constante no art. 664 que prevê uma forma de arrolamento comum, quando o valor do espólio for igual ou inferior a 1.000 (mil) salários mínimos.

Note-se que a antiga previsão em OTN (Obrigações do Tesouro Nacional) foi substituída pela referência ao salário mínimo.

10.3. Alvará judicial

A expedição de alvará judicial é uma técnica bastante difundida no campo das sucessões, conforme trataremos no derradeiro capítulo deste livro[30].

Sua utilização não se limita aos resíduos sucessórios, mas também se destina à concessão de autorização judicial para a prática de atos que o inventariante não pode realizar de forma autônoma, como, por exemplo, alienar bens do espólio ou efetivar transações e pagamentos de dívidas e despesas para conservação e manutenção dos bens (art. 619 do CPC/2015).

Sobre espécies de alvarás, observam DIMAS MESSIAS DE CARVALHO e DIMAS DANIEL DE CARVALHO:

> "Lecionam Sebastião Amorim e Euclides de Oliveira que, no campo dos inventários e arrolamentos, várias são as espécies de alvarás, classificáveis em incidentais.
>
> O *alvará incidental* é o requerido pelo inventariante, herdeiro ou sucessor, no curso do inventário e juntado nos autos, independentemente de distribuição, ensejando decisão interlocutória. Efetuado o pedido, deve ser aberta oportunidade para manifestação das partes, do fisco e do Ministério Público, quando obrigatória a intervenção. As hipóteses mais comuns são o levantamento de depósitos para pagamento de dívidas, despesas de funerais, custas processuais, impostos de transmissão e honorários de advogado; alienação de bens que não interessam a manutenção, para pagamento de dívidas e despesas do espólio; para recebimento ou permuta de bens; para emissão de recibos de veículos vendidos pelo falecido; para outorga de escrituras; para aplicação de numerários; para o recebimento de verbas trabalhistas e saques do FGTS e PIS-PASEP, quando existem outros bens a inventariar. Nesses casos, a prestação de contas é efetuada normalmente nos autos do inventário e no prazo de trinta dias.

[30] Confira-se o Capítulo XXV ("Resíduos Sucessórios") deste volume.

O *alvará em apenso* é o requerido por terceiros, desde que apresente matéria conexa com o processo principal. O pedido deve ser devidamente instruído como documentos e procuração e será autuado separadamente, sujeitando-se às custas, e apensado aos autos principais, intimando-se para manifestar os interessados, a Fazenda e o Ministério Público, se necessário a sua intervenção. O juiz pode ordenar diligências antes de decidir e decidirá observando os interesses do espólio, se concorde o inventariante e a providência for necessária, observando as normas da conveniência e oportunidade, ainda que nem todos os herdeiros tenham aquiescido. Existem julgados, entretanto, indeferindo o alvará judicial para a outorga de escritura, quando há recusa à sua concessão pelos herdeiros, posto que, enquanto mero procedimento de jurisdição voluntária, não se destina ao suprimento de vontade privada, cabendo ao interessado valer-se dos meios próprios, como a adjudicação compulsória. A hipótese mais comum é o alvará para autorizar a outorga de escritura referente a imóvel compromissado à venda pelo falecido e já quitado.

O *alvará independente* é o que dá efetividade à Lei n. 6.858/1980, que dispõe sobre os bens dispensados de arrolamento e inventário, como os valores devidos pelo contrato de trabalho, FGTS, PIS-PASEP, restituições do imposto de renda, saldos bancários e de cadernetas de poupança e fundos de investimentos, já abordados. Existindo outros bens, deve ser requerido alvará nos próprios autos do inventário, sendo incabível alvará autônomo.

O levantamento dos valores só depende de alvará judicial, se não houver dependentes habilitados perante a Previdência Social, entretanto, a histórica resistência dos estabelecimentos bancários em não efetuar o pagamento, sem determinação da justiça, acaba por obrigar os interessados, mesmo que habilitados, a requerer o alvará judicial"[31].

Compreendidas todas as principais questões acerca do tormentoso tema do inventário, enfrentemos, no próximo capítulo, *a partilha.*

10.4. Inventário e Pandemia da Covid-19

Merece referência o dispositivo da Lei n. 14.010 de 2020, que instituiu o Regime Jurídico Emergencial e Transitório de Direito Privado, também conhecida como "Lei da Pandemia", acerca do inventário:

> Art. 16. O prazo do art. 611 do Código de Processo Civil para sucessões abertas a partir de 1º de fevereiro de 2020 terá seu termo inicial dilatado para 30 de outubro de 2020.
>
> Parágrafo único. O prazo de 12 (doze) meses do art. 611 do Código de Processo Civil, para que seja ultimado o processo de inventário e de partilha, caso iniciado antes de 1º de fevereiro de 2020, ficará suspenso a partir da entrada em vigor desta Lei até 30 de outubro de 2020.

[31] Dimas Messias de Carvalho e Dimas Daniel de Carvalho, ob. cit., p. 277-278.

Escreveram, sobre o tema, PABLO STOLZE GAGLIANO e CARLOS ELIAS DE OLIVEIRA[32]:

> Para a adequada compreensão do dispositivo, é necessário passarmos em revista o art. 611 do CPC:
>
> Art. 611. O processo de inventário e de partilha deve ser instaurado dentro de 2 (dois) meses, a contar da abertura da sucessão, ultimando-se nos 12 (doze) meses subsequentes, podendo o juiz prorrogar esses prazos, de ofício ou a requerimento de parte.
>
> Por abertura da sucessão entenda-se a morte do autor da herança.
>
> Nesse diapasão, caso a morte haja ocorrido a partir de 1º de fevereiro de 2020, o termo inicial do prazo de dois meses previsto no referido art. 611 será postergado para 30 de outubro de 2020.
>
> E a norma vai além, ao estabelecer que o prazo de 12 meses para se ultimar o inventário, caso iniciado antes de 1.º de fevereiro de 2020, ficará suspenso a partir da vigência da Lei que instituiu o Regime Emergencial até 30 de outubro de 2020.
>
> Exemplo: a abertura do inventário foi requerida em 20 de novembro de 2019. Segundo a redação do CPC, o prazo ultimar-se-ia em 20 de novembro de 2020. Com o advento da Lei do RJET, opera-se a suspensão do curso do prazo, que somente voltará a correr após 30 de outubro de 2020, abatendo-se o período já decorrido[33].
>
> Tal previsão se justifica pela provável dificuldade, diante do cenário turbulento causado pela pandemia, para o levantamento de dados, reunião de documentos e formalização do pedido judicial, mormente levando em consideração a elevada quantidade de informações que deve ser fornecida por ocasião da prestação das primeiras declarações ou para realização do inventário pela via extrajudicial.

Tratou-se, como se pode claramente perceber, de norma excepcional, com eficácia limitada no tempo.

---

[32] Pablo Stolze Gagliano e Carlos Eduardo Elias de Oliveira, Comentários à Lei da Pandemia (Lei n. 14.010, de 10 de junho de 2020 – RJET). Análise detalhada das questões de Direito Civil e Direito Processual Civil, *Revista Jus Navigandi*, ISSN 1518-4862, Teresina, ano 25, n. 6190, 12 jun. 2020. Disponível em: <https://jus.com.br/artigos/46412>. Acesso em: 5 set. 2020.

[33] Quanto à contagem em meses, cf. o art. 2.º da Lei n. 810, de 06 de setembro de 1949.

Capítulo XXIV
Partilha

Sumário: 1. Finalidade do capítulo. 2. Noções conceituais fundamentais. 3. Espécies de partilha. 4. Legitimidade para requerimento da partilha. 5. Partilha em vida. 6. Isonomia na partilha. 7. Alienação judicial. 8. Homologação da partilha. 9. Da garantia dos quinhões hereditários. 10. Da invalidade de partilha: ação anulatória (anulação da partilha) e ação rescisória. 11. Sobrepartilha.

1. FINALIDADE DO CAPÍTULO

O presente capítulo tem por finalidade apresentar uma visão geral sobre a "partilha", complementando as considerações, feitas no capítulo anterior, sobre o instituto do "inventário".

Para isso, passaremos em revista todos os dispositivos normativos específicos do vigente Código Civil sobre o tema, de forma a garantir uma compreensão efetivamente abrangente da matéria.

Vamos a ela!

2. NOÇÕES CONCEITUAIS FUNDAMENTAIS

O que é uma partilha?

Tal qual fizemos no capítulo anterior, comecemos com a definição proposta pelo dicionarista:

> "**Partilha** *s.m. (1188-1230 cf* JM*)* **1** operação que consiste em dividir em partes; repartição *(p. dos lucros) (p. de uma colheita)* **2** *p.met.* qualquer quota individual, nesta operação; quinhão, lote **3** *p.met.* característica própria de algo ou de alguém; apanágio, atributo *(a fama é a p. do sucesso)* **4** *EST* ato de repartir os elementos de uma amostra estratificada de modo que cada parte contenha elementos provenientes de um único extrato **5** *JUR* ato pelo qual o partidor procede à divisão de um patrimônio entre os interessados, ger. em inventário de pessoa morta, e a ser homologado pelo juiz **6** *p.ext. JUR* ato escrito pelo partidor para efeito de partilha, nos inventários, conforme a decisão do juiz, homologatória do acordo entre as partes ou que resolve sobre a formação dos quinhões respectivos ⊙ *ETIM* lat. *particúla,ae*'parte pequena', dim. de *pars,tis*'parte', f.divg. vulg. de *partícula*; ver *part-*; f. hist. 1188-1230

partilla, sXV *partilha* ⊙ *SIN/VAR ver sinonímia de quinhão* ⊙ HOM *partilha* (fl.partilhar)"[1].

Partilha, portanto, importa na ideia de divisão de bens e direitos, atribuindo a cada um dos interessados uma fração ideal.

O termo, além de plurissignificativo, não é privativo do Direito das Sucessões.

Com efeito, pode-se falar também em partilha de bens quando há a extinção de um núcleo familiar (por meio do divórcio ou da dissolução de união estável, por exemplo). Da mesma forma, não estaria equivocada a utilização do termo em uma extinção de pessoa jurídica, com a atribuição de seus bens remanescentes a cada um dos seus (ex-)sócios.

No Direito Sucessório, porém, a partilha é a divisão do patrimônio líquido do autor da herança entre os seus sucessores.

Esse patrimônio é denominado "monte partilhável" ou "monte partível".

A teor dos arts. 647 a 658 do Código de Processo Civil de 2015, trata-se da fase final do inventário (caso não se trate de um arrolamento ou de uma adjudicação, caso em que há herdeiro único).

3. ESPÉCIES DE PARTILHA

Tal qual o inventário, também a partilha pode se apresentar nas modalidades *administrativa* (extrajudicial) e *judicial*.

A partilha *extrajudicial* é aquela realizada em cartório, por instrumento público, no bojo de um inventário administrativo.

Vale destacar que, na forma do art. 610 do Código de Processo Civil, o tabelião somente lavrará a escritura pública se todas as partes interessadas estiverem assistidas por advogado ou por defensor público, cuja qualificação e assinatura constarão do ato notarial.

Observe-se ainda que a expressão "partilha amigável" não é privativa da modalidade extrajudicial, mas, sim, de toda forma de partilha em que não haja controvérsia.

Com efeito, dispõe o art. 2.015 do Código Civil:

> "Art. 2.015. Se os herdeiros forem capazes, poderão fazer partilha amigável, por escritura pública, termo nos autos do inventário, ou escrito particular, homologado pelo juiz".

---

[1] Antônio Houaiss e Mauro de Salles Villar, *Dicionário Houaiss da Língua Portuguesa*, Rio de Janeiro: Objetiva, 2001, p. 2.140.

Note-se, pois, que pode haver uma partilha amigável judicial, ou seja, *ocorrida, consensualmente, no curso de um processo (por isso "judicial").*

Já a "partilha por ato judicial" é aquela realizada quando os herdeiros divergirem ou se qualquer deles for incapaz, na forma do art. 2.016 do Código Civil[2], pois, neste caso, existe um pronunciamento decisório do juiz a respeito da divisão dos bens.

4. LEGITIMIDADE PARA REQUERIMENTO DA PARTILHA

Qualquer sujeito, com *interesse jurídico* no patrimônio do autor da herança, tem legitimidade para requerer a partilha.

Note-se que se trata de uma prerrogativa que não pode ser negada nem pelo autor da herança em disposição de última vontade.

Tal afirmação se extrai da literalidade do art. 2.013 do Código Civil brasileiro:

> "Art. 2.013. O herdeiro pode sempre requerer a partilha, ainda que o testador o proíba, cabendo igual faculdade aos seus cessionários e credores".

Isto não quer dizer que o testador não possa influir na partilha.

Ao contrário.

A restrição é apenas quanto a uma eventual tentativa de limitação do requerimento.

Isto porque é possível, sim, que o autor da herança, por meio de testamento, indique quais bens e valores comporão os quinhões hereditários, obviamente sempre respeitando a legítima.

É o que se infere do art. 2.014 da vigente codificação civil:

> "Art. 2.014. Pode o testador indicar os bens e valores que devem compor os quinhões hereditários, deliberando ele próprio a partilha, que prevalecerá, salvo se o valor dos bens não corresponder às quotas estabelecidas".

A divisão prévia, em testamento, pode facilitar muito a operação de partilha, observando-se o multilembrado *Princípio do Respeito à Vontade Manifestada* do autor da herança[3].

A vontade manifestada do autor da herança é naturalmente tão relevante que o ordenamento jurídico positivo admite, inclusive, a chamada "partilha em vida", da qual já tratamos em capítulo anterior.

---

[2] "Art. 2.016. Será sempre judicial a partilha, se os herdeiros divergirem, assim como se algum deles for incapaz."

[3] Mais uma vez, confira-se o tópico 4.6 ("Princípio do Respeito à Vontade Manifestada") do Capítulo II ("Principiologia do Direito das Sucessões") deste volume.

5. PARTILHA EM VIDA

Excepcionalmente, a partilha pode ser realizada em vida, conforme já vimos[4]. É a previsão do art. 2.018 do vigente Código Civil brasileiro:

> "Art. 2.018. É válida a partilha feita por ascendente, por ato entre vivos ou de última vontade, contanto que não prejudique a legítima dos herdeiros necessários".

A questão é lógica!

Em vida, pode o proprietário dispor de seu patrimônio, desde que não abra mão do seu mínimo existencial[5].

Todavia, tratando-se de um planejamento sucessório, não pode o autor deixar de observar as regras da Sucessão Legítima, de caráter imperativo.

6. ISONOMIA NA PARTILHA

Para que a partilha seja efetivamente equânime é fundamental que todos os bens, inclusive acessórios, do falecido sejam inventariados, com a informação correspondente da sua existência ao juiz da causa.

Nesta linha, dispõe o art. 2.020:

> "Art. 2.020. Os herdeiros em posse dos bens da herança, o cônjuge sobrevivente e o inventariante são obrigados a trazer ao acervo os frutos que perceberam, desde a abertura da sucessão; têm direito ao reembolso das despesas necessárias e úteis que fizeram, e respondem pelo dano a que, por dolo ou culpa, deram causa".

No partilhar os bens, observar-se-á, quanto ao seu valor, natureza e qualidade a maior igualdade possível, conforme preceitua o art. 2.017 do Código Civil brasileiro.

A ideia é buscar garantir quotas equivalentes a todos os herdeiros, o que, naturalmente, nem sempre é fácil, principalmente quando se trata de patrimônio composto de bens com valores diferentes.

7. ALIENAÇÃO JUDICIAL

Se não for possível acomodar cada bem do espólio nas cotas atribuíveis à meação do eventual cônjuge (ou companheiro) sobrevivente e ao quinhão de cada herdeiro, será necessário aliená-lo judicialmente.

---

[4] Reveja-se o tópico 5 ("Planejamento Sucessório e Partilha em Vida") do Capítulo XXII ("Planejamento Sucessório") deste volume.

[5] Sobre o tema, confira-se o sensacional livro de Luiz Edson Fachin, *Estatuto Jurídico do Patrimônio Mínimo* (Rio de Janeiro: Renovar, 2001).

É o que determina o art. 2.019:

> "Art. 2.019. Os bens insuscetíveis de divisão cômoda, que não couberem na meação do cônjuge sobrevivente ou no quinhão de um só herdeiro, serão vendidos judicialmente, partilhando-se o valor apurado, a não ser que haja acordo para serem adjudicados a todos.
>
> § 1.º Não se fará a venda judicial se o cônjuge sobrevivente ou um ou mais herdeiros requererem lhes seja adjudicado o bem, repondo aos outros, em dinheiro, a diferença, após avaliação atualizada.
>
> § 2.º Se a adjudicação for requerida por mais de um herdeiro, observar-se-á o processo da licitação".

A lógica é a da conversão em pecúnia do bem que não se consegue partilhar.

Dá-se preferência, obviamente, que o bem fique no patrimônio de um dos herdeiros, observando-se, sempre, a preservação dos interesses de todos os envolvidos.

8. HOMOLOGAÇÃO DA PARTILHA

Na fase final do procedimento, as partes deverão, a teor do art. 647 do Código de Processo Civil, formular os respectivos pedidos de quinhão.

Verificados os pedidos das partes, deve o juiz proferir decisão de deliberação da partilha, que consistirá na apreciação das postulações das partes, acolhendo-as ou não, para individualizar o quinhão de cada herdeiro e legatário.

Há, porém, uma ordem legal de pagamentos a serem realizados quando da partilha.

É a previsão do art. 651 do Código de Processo Civil:

> "Art. 651. O partidor organizará o esboço da partilha de acordo com a decisão judicial, observando nos pagamentos a seguinte ordem:
>
> I — dívidas atendidas;
>
> II — meação do cônjuge;
>
> III — meação disponível;
>
> IV — quinhões hereditários, a começar pelo coerdeiro mais velho".

Registre-se que a menção do inciso IV ao "coerdeiro mais velho" significa apenas um critério de ordem de pagamento, nunca de tratamento diferenciado, inclusive quanto às cotas, entre irmãos ou herdeiros de mesmo grau.

Feito o esboço, terão as partes o prazo comum de quinze dias para se manifestar.

Decididas as eventuais impugnações, poderá a partilha ser lançada nos autos.

O Código de Processo Civil estabelece, em seu art. 653, os requisitos formais da partilha, nos seguintes termos:

> "Art. 653. A partilha constará:
>
> I — de auto de orçamento, que mencionará:
>
> a) os nomes do autor da herança, do inventariante, do cônjuge ou companheiro supérstite, dos herdeiros, dos legatários e dos credores admitidos;
>
> b) o ativo, o passivo e o líquido partível, com as necessárias especificações;
>
> c) o valor de cada quinhão;
>
> II — de folha de pagamento para cada parte, declarando a quota a pagar-lhe, a razão do pagamento e a relação dos bens que lhe compõem o quinhão, as características que os individualizam e os ônus que os gravam.
>
> Parágrafo único. O auto e cada uma das folhas serão assinados pelo juiz e pelo escrivão".

Pago o imposto de transmissão *mortis causa*, juntando-se aos autos certidão ou informação negativa de dívida para com a Fazenda Pública, o juiz julgará por sentença a partilha, nos termos do art. 654 do CPC/2015.

Tal sentença gerará um documento, que é o título hábil da efetivação formal da partilha.

Confira-se, a propósito, o art. 655 do Código de Processo Civil:

> "Art. 655. Transitada em julgado a sentença mencionada no art. 654, receberá o herdeiro os bens que lhe tocarem e um formal de partilha, do qual constarão as seguintes peças:
>
> I — termo de inventariante e título de herdeiros;
>
> II — avaliação dos bens que constituíram o quinhão do herdeiro;
>
> III — pagamento do quinhão hereditário;
>
> IV — quitação dos impostos;
>
> V — sentença.
>
> Parágrafo único. O formal de partilha poderá ser substituído por certidão de pagamento do quinhão hereditário quando esse não exceder a 5 (cinco) vezes o salário mínimo, caso em que se transcreverá nela a sentença de partilha transitada em julgado".

Por fim, vale registrar que, na forma do art. 656 do Código de Processo Civil de 2015, mesmo após o trânsito em julgado da sentença correspondente, pode a partilha ser emendada nos mesmos autos do inventário, convindo todas as partes, quando tenha havido erro de fato na descrição dos bens.

Além disso, o magistrado, de ofício ou a requerimento da parte, poderá, a qualquer tempo, corrigir inexatidões meramente materiais.

9. DA GARANTIA DOS QUINHÕES HEREDITÁRIOS

Julgada a partilha, consumada estará a divisão patrimonial da herança, motivo pelo qual o direito de cada um dos herdeiros circunscrever-se-á aos bens do seu quinhão.

Todavia, na forma dos arts. 2.024 e 2.025 do Código Civil, os coerdeiros continuarão reciprocamente obrigados a indenizar-se no caso de evicção[6] dos bens aquinhoados, cessando tal obrigação pela autonomia da vontade (convenção em sentido contrário) ou no caso da evicção ter se dado por culpa do evicto, ou por fato posterior à partilha.

Por fim, destaque-se a regra do art. 2.026:

> "Art. 2.026. O evicto será indenizado pelos coerdeiros na proporção de suas quotas hereditárias, mas, se algum deles se achar insolvente, responderão os demais na mesma proporção, pela parte desse, menos a quota que corresponderia ao indenizado".

Trata-se de uma regra que resguarda aquele (evicto) que fora privado do seu direito pelo reconhecimento do direito anterior de outrem (evictor).

10. DA INVALIDADE DE PARTILHA: AÇÃO ANULATÓRIA (ANULAÇÃO DA PARTILHA) E AÇÃO RESCISÓRIA

Transitada em julgado a sentença homologatória de partilha (amigável), admite, a legislação codificada, o possível reconhecimento de sua invalidade.

Isso porque a partilha amigável tem natureza essencialmente negocial:

> "Art. 2.027. A partilha, uma vez feita e julgada, só é anulável pelos vícios e defeitos que invalidam, em geral, os negócios jurídicos".

Interessante destacar, outrossim, que foi estabelecido um prazo decadencial diferenciado para tal anulação da partilha (um ano), na forma do parágrafo único do referido dispositivo.

Tal prazo já era existente no ordenamento jurídico brasileiro anterior à atual codificação civil, conforme se verifica do art. 1.029 do Código de Processo Civil de 1973, *in verbis*:

> "Art. 1.029. A partilha amigável, lavrada em instrumento público, reduzida a termo nos autos do inventário ou constante de escrito particular homologado pelo juiz, pode ser anulada, por dolo, coação, erro essencial ou intervenção de incapaz. *(Redação dada pela Lei n. 5.925, de 1.º-10-1973)*

[6] A evicção traduz a perda do bem em virtude do reconhecimento, judicial ou administrativo, do direito anterior de outrem (sobre o tema, ver o item 1, Capítulo "Evicção" do nosso volume IV, dedicado ao estudo dos Contratos).

Parágrafo único. O direito de propor ação anulatória de partilha amigável prescreve em 1 (um) ano, contado este prazo: *(Redação dada pela Lei n. 5.925, de 1.º-10-1973)*

I — no caso de coação, do dia em que ela cessou; *(Redação dada pela Lei n. 5.925, de 1.º-10-1973)*

II — no de erro ou dolo, do dia em que se realizou o ato; *(Redação dada pela Lei n. 5.925, de 1.º-10-1973)*

III — quanto ao incapaz, do dia em que cessar a incapacidade. *(Redação dada pela Lei n. 5.925, de 1.º-10-1973)*".

Não se podia deixar de observar, contudo, a atecnia da legislação processual, que utilizou a expressão "prescreve" para um prazo visivelmente decadencial, uma vez que se trata de postulação de natureza constitutiva negativa[7].

O CPC/2015 corrigiu essa distorção, a teor do seu art. 657, parágrafo único, que, mais adequadamente, refere que o direito à anulação extinguir-se-ia no prazo de um ano, evitando, com isso, a menção indevida à prescrição.

Se não, vejamos:

"Art. 657. A partilha amigável, lavrada em instrumento público, reduzida a termo nos autos do inventário ou constante de escrito particular homologado pelo juiz, pode ser anulada por dolo, coação, erro essencial ou intervenção de incapaz, observado o disposto no § 4.º do art. 966.

Parágrafo único. O direito à anulação de partilha amigável extingue-se em 1 (um) ano, contado esse prazo:

I — no caso de coação, do dia em que ela cessou;

II — no caso de erro ou dolo, do dia em que se realizou o ato;

III — quanto ao incapaz, do dia em que cessar a incapacidade".

Não sendo hipótese de partilha amigável, mas sim judicialmente estabelecida por sentença, esta, como provimento jurisdicional definitivo, pode ser objeto de ação rescisória, conforme estabelece o art. 658 do Código de Processo Civil de 2015.

11. SOBREPARTILHA

Como último tema deste capítulo, faz-se mister tecer algumas considerações acerca da *sobrepartilha*.

Trata-se, em verdade, de uma partilha fracionada e posterior, como decorrência de situações fáticas específicas que impossibilitaram a sua realização oportuna.

---

[7] Sobre o tema, confira-se o Capítulo XVIII ("Prescrição e Decadência") do v. I ("Parte Geral") desta coleção.

Sobre o tema, estabelecem os arts. 2.021 e 2.022 do Código Civil:

"Art. 2.021. Quando parte da herança consistir em bens remotos do lugar do inventário, litigiosos, ou de liquidação morosa ou difícil, poderá proceder-se, no prazo legal, à partilha dos outros, reservando-se aqueles para uma ou mais sobrepartilhas, sob a guarda e a administração do mesmo ou diverso inventariante, e consentimento da maioria dos herdeiros.

Art. 2.022. Ficam sujeitos a sobrepartilha os bens sonegados e quaisquer outros bens da herança de que se tiver ciência após a partilha".

Na mesma linha, preveem os arts. 669 e 670 do Código de Processo Civil:

"Art. 669. São sujeitos à sobrepartilha os bens:

I — sonegados;

II — da herança descobertos após a partilha;

III — litigiosos, assim como os de liquidação difícil ou morosa;

IV — situados em lugar remoto da sede do juízo onde se processa o inventário.

Parágrafo único. Os bens mencionados nos incisos III e IV serão reservados à sobrepartilha sob a guarda e a administração do mesmo ou de diverso inventariante, a consentimento da maioria dos herdeiros.

Art. 670. Na sobrepartilha dos bens, observar-se-á o processo de inventário e de partilha.

Parágrafo único. A sobrepartilha correrá nos autos do inventário do autor da herança".

Como ensina o amigo CARLOS ROBERTO GONÇALVES:

"A existência de bens nas situações descritas pode comprometer o bom andamento e finalização da partilha. Procede-se, então, no prazo legal, à partilha dos outros bens, reservando-se aqueles para uma ou mais partilhas, adiando-se a divisão dos bens que, por diversos motivos, apresentam liquidação complicada, ficando estes sob a guarda e administração do mesmo ou diverso inventariante, conforme o aprazamento da maioria dos herdeiros"[8].

Preservam-se, com isso, de um lado, os interesses dos herdeiros, e, de outro, o princípio da duração razoável do processo.

---

[8] Carlos Roberto Gonçalves, *Direito Civil Brasileiro — Direito das Sucessões*, 14. ed., São Paulo: Saraiva, 2020, v. 7, p. 569.

Capítulo XXV
Resíduos Sucessórios

Sumário: 1. Finalidade do capítulo. 2. Delimitação conceitual. 3. Tratamento jurídico. 4. Resíduos sucessórios e relações trabalhistas. 5. A título de arremate.

1. FINALIDADE DO CAPÍTULO

Como último capítulo da presente obra, parece-nos relevante tecer algumas considerações sobre aquilo que se convencionou chamar de "resíduos sucessórios".

Trata-se de matéria não codificada, mas com tamanha importância do ponto de vista social, que não poderíamos deixar de apreciar nesta obra, dada a nossa preocupação com um Direito Civil mais sensível e justo.

O nosso Código dedica mais de 130 artigos à Sucessão Testamentária, conferindo uma suprema importância ao testamento.

Tal importância jurídica formal não se harmoniza com a nossa realidade social, em que, matematicamente, a esmagadora maioria dos brasileiros falece sem deixar declaração de última vontade, quer seja por nunca haver sequer se preocupado com a ideia de deixar este plano, quer seja pelo simples — e mais provável — fato de não ter patrimônio que mereça uma prévia manifestação volitiva.

Com isso, não estamos pretendendo passar a ideia de que a codificação devesse pecar pela omissão ou pela falta de apuro, ignorando a figura do testamento.

Não é isso.

O que lamentamos é a ausência de atenção a aspectos muito mais significativos na vida do cidadão comum, que, ao falecer, simplesmente deixa em favor da esposa ou companheira e dos filhos um mero crédito salarial, de PIS, PASEP ou FGTS em conta corrente.

Sobre o tema, já advertia o grande LUIZ ROLDÃO DE FREITAS:

> "ao largo da grande maioria de nosso povo, destituído de bens, não se levando em conta direitos originários da morte, que não sejam objeto de transmissão hereditária, posto não lhe guardem a natureza: levantamento de alvarás de FGTS, PIS-PASEP, saldos de contas correntes, pecúlios etc. Por aí passa a sucessão da maioria do povo brasileiro. Ainda que não se cuide de

Livro tecnicamente apropriado não custava referência a esse propósito, em sua homenagem e para a sua segurança"[1].

Para esses milhares — ou milhões — de brasileiros, o Código Civil, infelizmente, não olhou, relegando, pois, os seus sucessores ou dependentes, ao amparo normativo de uma lei editada na década de 1980, a qual, a par de relevante, já experimenta os poderosos efeitos da ação do tempo.

E é sobre este tema, socialmente tão relevante, que nos debruçaremos no presente capítulo: *os resíduos sucessórios.*

2. DELIMITAÇÃO CONCEITUAL

Em inúmeras situações fáticas, o cidadão, quando morre, não deixa, em regra, um patrimônio substancial, mas, sim, na melhor das hipóteses, créditos a receber de algumas instituições.

Trata-se, por exemplo, do saldo remanescente de PIS ou PASEP, de FGTS, crédito salarial, enfim, meros *resíduos sucessórios*, que desafiam, conforme veremos ainda, um procedimento mais simples para o seu levantamento.

Os *resíduos sucessórios*, portanto, consistem em valores de certa expressão econômica, deixados pelo falecido, limitados por lei, cuja transmissibilidade tocará aos seus dependentes ou sucessores, mediante expedição de alvará judicial, independentemente de inventário ou arrolamento[2].

---

[1] Citado por Cristiano Chaves Farias, in "Achegas para (além da) Reforma do Código Civil". Disponível em: <http://www.unifacs.br/revistajuridica/arquivo/edicao_abril2001/corpodocente/achegas.htm>. Acesso em: 2 maio 2013.

[2] E não deve se fazer incidir necessariamente o mesmo regramento tributário, como se de inventário ou arrolamento se tratasse: "Em julgamento realizado pela 3.ª Câmara Cível, por unanimidade, foi negado provimento ao recurso do Estado de Mato Grosso do Sul contra decisão proferida pelo juiz da Vara de Sucessões da Comarca de Campo Grande, nos autos da Ação de Alvará Judicial movida por M.H.C. A sentença de 1.º Grau determinou que valores do Fundo de Garantia do Tempo de Serviço e do Fundo de Participação (FGTS e PIS-PASEP) de pessoa falecida deve ser pago aos dependentes ou sucessores, por meio de simples pedido de alvará, não sendo necessária a abertura de inventário ou arrolamento, que são as condições necessárias para a incidência de imposto de transmissão *causa mortis*. Imposto este reivindicado pelo apelante. O cerne da demanda resumiu-se na hipótese de incidência do Imposto de Transmissão *Causa Mortis* sobre o levantamento de PIS-PASEP e FGTS. No entanto, segundo o art. 1.º da Lei 6.858/80, está previsto que o PIS-PASEP e FGTS podem ser pagos aos beneficiários por meio de simples pedido de alvará, conforme havia decidido o juiz singular. Em regra, com o falecimento de uma pessoa, faz-se necessária a abertura de inventário a fim de relacionarem-se todos os bens pertencentes ao falecido. Todavia, o artigo 1.037 do Código de Processo Civil estabeleceu a possibilidade de não ser necessária a abertura de inventário ou arrolamento de bens quando tratar-se de pagamento, aos sucessores,

Mas qual é, afinal, o tratamento que se dá ao tema no ordenamento jurídico brasileiro?

É o que estudaremos no próximo tópico.

3. TRATAMENTO JURÍDICO

A respeito do tratamento jurídico dos resíduos sucessórios, dispõe o art. 1.º da Lei n. 6.858, de 24 de novembro de 1980:

> "Art. 1.º Os valores devidos pelos empregadores aos empregados e os montantes das contas individuais do Fundo de Garantia do Tempo de Serviço e do Fundo de Participação PIS-PASEP, não recebidos em vida pelos respectivos titulares, serão pagos, em quotas iguais, aos dependentes habilitados perante a Previdência Social ou na forma da legislação específica dos servidores civis e militares, e, na sua falta, aos sucessores previstos na lei civil, indicados em alvará judicial, independentemente de inventário ou arrolamento".

Note-se que o levantamento de tais valores se dá por meio da expedição de uma autorização judicial (alvará), no bojo de um procedimento de jurisdição voluntária (arts. 719 e seguintes do CPC-2015), que poderá, logicamente, converter-se em contencioso, caso haja resistência ao pedido (art. 721 do CPC).

As quotas atribuídas a menores, nos termos do § 1.º do mesmo dispositivo, ficarão depositadas em caderneta de poupança, rendendo juros e correção monetária, e só serão disponíveis após o menor completar 18 (dezoito) anos, salvo autorização do juiz para aquisição de imóvel destinado à residência do menor e de sua família ou para dispêndio necessário à subsistência e educação do menor.

Pensamos que este depósito em conta bloqueada também se justifica em se tratando de incapazes em geral, ainda que não sejam menores, caso em que os seus respectivos curadores deverão justificar o levantamento do valor, sem prejuízo da correspondente prestação de contas.

Um aspecto, todavia, é digno de nota.

---

de valores previstos na Lei n. 6.858/80, não recebidos em vida pelo falecido. Já o pagamento direto dos valores contidos nos fundos é estabelecido pelo Decreto n. 85.845/81. Além disso, a Lei n. 8.036/90, que dispõe sobre o FGTS, estabelece em seu artigo 20, inciso IV, que a conta vinculada do trabalhador no FGTS poderá ser movimentada pelos que farão jus, em caso de falecimento do trabalhador. Sendo assim, o relator da apelação, Des. Fernando Mauro Moreira Marinho, verificou que não há qualquer irregularidade a ser apontada e negou provimento ao recurso. Processo n. 0050357-25.2010.8.12.0001" (Fonte: JusBrasil. Disponível em: <http://tj-ms.jusbrasil.com.br/noticias/100369836/pis-pasep-e-fgts-de-pessoa-falecida-pode-ser-sacado-sem-inventario>. Acesso em: 2 maio 2013).

O mencionado art. 1.º da Lei n. 6.858/80 expressamente prevê a preferência dos "dependentes habilitados perante a Previdência Social ou na forma da legislação específica dos servidores civis e militares", e, somente em sua falta, o direito tocará "aos sucessores previstos na lei civil".

Vale dizer, os dependentes habilitados na previdência social preferem aos sucessores em geral.

O problema é que pode ter havido a inscrição de um determinado dependente, uma companheira, por exemplo, com a preterição dos filhos (sucessores legítimos), ou, ainda, a inscrição de determinado sucessor e a ausência de cadastramento de outro, da mesma classe ou categoria sucessória, o que resultaria em absurda injustiça.

Por isso, sustentamos que os créditos depositados em conta (resíduos sucessórios) devem, por imperativo de justiça, e em respeito ao próprio princípio da isonomia, ser igualmente repartidos entre todos os sucessores da mesma classe, estejam inscritos na previdência ou não[3].

Somente esta linha interpretativa se harmoniza com o art. 5.º, XXX, da Constituição Federal, que prevê o direito à herança como direito constitucional fundamental.

Inexistindo dependentes ou sucessores, os valores de que trata o art. 1.º da Lei n. 6.858/80 reverterão em favor, respectivamente, do Fundo de Previdência e Assistência Social, do Fundo de Garantia do Tempo de Serviço ou do Fundo de Participação PIS-PASEP, conforme se tratar de quantias devidas pelo empregador ou de contas de FGTS e do Fundo PIS-PASEP.

Finalmente, a teor do art. 2.º, o disposto na Lei se aplica às restituições relativas ao Imposto de Renda e outros tributos, recolhidos por pessoa física, e, não existindo outros bens sujeitos a inventário, aos saldos bancários e de contas de cadernetas de poupança e fundos de investimento de valor até "500 (quinhentas) Obrigações do Tesouro Nacional" (espécie de título da dívida pública)[4].

Também aqui somente será possível o simples procedimento para concessão de alvará, caso não haja outros bens a inventariar, conforme lembra o erudito Des. EDER GRAF:

---

[3] Reconhecemos não se tratar de posição pacífica (CC 36.332/SP), mas que contorna, em nosso sentir, a injustiça de um dependente ter mais direito do que um sucessor, situado na mesma linha parental ou categoria familiar.

[4] Com a extinção deste indexador, deve-se fazer, contabilmente, a conversão para o índice correspondente. De qualquer maneira, entendemos que, a depender das circunstâncias do caso concreto, não havendo outros bens a inventariar, o juiz poderá relativizar esta limitação, em respeito ao princípio da economia processual e da duração razoável do processo.

"ALVARÁ PARA LEVANTAMENTO DE DEPÓSITOS EM CADERNETA DE POUPANÇA — APLICAÇÃO DO DISPOSTO NO ART. 2.º DA LEI N. 6.858/80 — IMPOSSIBILIDADE — EXISTÊNCIA DE BENS DE RAIZ A INVENTARIAR. O disposto no art. 2.º, da Lei n. 6.858/80, que permite aos herdeiros o levantamento de saldos existentes em cadernetas de poupança em nome do *de cujus*, exsurge inaplicável nos casos em que haja outros bens a ser inventariados. Em tais situações, e em sendo os sucessores maiores e capazes, proceder-se-á o arrolamento, no qual será viável a expedição de alvará judicial para resgate do valor depositado" (Ap. Cív. 45.373, Laguna, 720653 SC 1988.072065-3, Rel. Eder Graf, j. 31-5-1994, 1.ª Câmara de Direito Comercial).

Na hipótese de inexistirem dependentes ou sucessores do titular, os valores referidos reverterão em favor do Fundo de Previdência e Assistência Social (parágrafo único do art. 2.º).

Por vezes o pedido de levantamento é feito apenas por um ou alguns dos legitimados, o que não impede o seu processamento, devendo permanecer, em conta, as quotas cabíveis aos demais interessados.

Nesse sentido, o TRF da 4.ª Região:

"PROCESSUAL CIVIL. EXECUÇÃO DE SENTENÇA. CERTIDÃO DA HABILITAÇÃO DE HERDEIROS PERANTE A PREVIDÊNCIA SOCIAL. DISPENSA EM FACE DO DISPOSTO NOS ARTS. 1.º E 2.º, DA LEI 6.858/80. 1. Diante do disposto nos arts. 1.º e 2.º da Lei 6.858/80, o pagamento dos valores a que se refere pode, inequivocamente, ser feito, em um segundo grau de comprovação, aos sucessores previstos na lei civil, indicados em alvará judicial, independentemente de inventário ou arrolamento, se, no primeiro grau de comprovação, não houver evidência de dependentes habilitados perante a Previdência Social ou, em se tratando de servidores públicos civis e militares, na forma da legislação específica que lhes for pertinente (AC 200270000422471/PR, Relator(a) Des. Federal VALDEMAR CAPELETTI, DJU 31/03/2004). 2. No que tange à possibilidade de apenas alguns herdeiros promoverem a execução, independentemente da manifestação de todos, não há impedimento, uma vez mantida a proporcionalidade do que toca a cada um. Não é razoável que fique prejudicado o recebimento dos créditos individuais pelos sucessores interessados por inércia dos demais sucessores, os quais podem até mesmo recusar seus créditos, visto que são disponíveis" (AG 5831 PR 2005.04.01.005831-8, Rel. Vânia Hack de Almeida, j. 7-12-2005, 3.ª Turma, *DJ*, 22-2-2006, p. 584).

Parece-nos, sem dúvida, a melhor diretriz sobre a matéria.

4. RESÍDUOS SUCESSÓRIOS E RELAÇÕES TRABALHISTAS

Os resíduos sucessórios são extremamente comuns na área trabalhista, inclusive em sede de processos judiciais em curso, em que o autor — normalmente um ex-empregado — vem a falecer sem ter recebido os seus créditos.

Nesta situação, a primeira disciplina jurídica aplicável é, sem dúvida, a habilitação incidental, prevista nos arts. 687 a 692 do Código de Processo Civil de 2015.

Todavia, nada impede que a Lei n. 6.858, de 1980, tantas vezes aqui referida, possa ser invocada, de forma analógica, para facilitar e viabilizar o acesso a tais créditos aos sucessores do empregado falecido.

Nesse sentido, há entendimento jurisprudencial, o que conta com o nosso veemente aplauso[5].

5. A TÍTULO DE ARREMATE

---

[5] Segue noticiário do site JusBrasil, nesse sentido (mantivemos o título e as referências): "Extraído de: *Associação dos Advogados de São Paulo* — 5 de Março de 2012

Herdeiro necessário não precisa comprovar abertura de inventário para cobrar crédito trabalhista

Com base no artigo 1.º, da Lei n. 6.858/80, aplicada ao processo por analogia, a 5.ª Turma do TRT-MG decidiu que, no processo do trabalho, não é necessário apresentar certidão de abertura de inventário para demonstrar a legitimidade do herdeiro necessário (descendente, ascendente e o cônjuge) para cobrar crédito trabalhista do empregado morto. Principalmente, se o reclamante estiver habilitado como dependente do falecido. Os julgadores analisaram o recurso de dois reclamantes que se diziam herdeiros do empregado falecido e não se conformaram com a extinção do processo movido contra a ex-empregadora, pedindo o pagamento de verbas trabalhistas. O juiz de 1.º Grau entendeu que os autores deveriam ter anexado à reclamação carta de nomeação de inventariante e encerrou o processo sem entrar no mérito, por ilegitimidade ativa. Examinando o processo, o desembargador José Murilo de Morais lembrou o teor do artigo 1.º da Lei 6.858/80, segundo o qual os valores devidos pelo empregador ao empregado, bem como o montante de FGTS e do PIS/PASEP, não recebidos em vida pelo titular, deverão ser pagos em partes iguais aos dependentes habilitados perante a Previdência Social e, na falta destes, aos sucessores previstos na lei civil, independente de inventário. No caso, as certidões de óbito e a previdência deixam claro que os reclamantes, mãe e filho menor de idade, são herdeiros necessários do empregado falecido, devidamente inscritos na Previdência Social como seus dependentes. Além disso, a reclamante foi quem recebeu as verbas rescisórias do trabalhador e também requereu a abertura do inventário, conforme documento de andamento processual. Na visão do relator, isso tudo leva à conclusão de que ela é a representante legal do espólio. Com esses fundamentos, o desembargador concluiu pela legitimidade dos reclamantes, observando que, estando o menor assistido pela mãe, não há necessidade de atuação do Ministério Público do Trabalho. Foi determinado o retorno do processo à Vara do Trabalho de origem, para julgamento dos pedidos. A Turma, por unanimidade, acompanhou o voto do relator. Processo n.: 01242-2012-055-03-00-2. Autor: Tribunal Regional do Trabalho da 3.ª Região" (Disponível em: <http://aasp.jusbrasil.com.br/noticias/3069879/herdeiro-necessario-nao-precisa-comprovar-abertura-de-inventario-para-cobrar-credito-trabalhista>. Acesso em: 22 jun. 2013).

Com este capítulo, encerramos o último volume da nossa coleção.

Vislumbramos o sistema positivado do moderno Direito Civil brasileiro, iniciando com a análise dos seus pressupostos teóricos, passando pela disciplina jurídica da vida privada do cidadão desde antes de nascer (quando, no v. I, reservado à "Parte Geral", tratamos do nascituro), para chegar, após longa e deslumbrante viagem, até depois do seu falecimento, com o estudo do Direito das Sucessões, na presente obra.

Para nós, foi uma grande honra e prazer ter tido sua companhia nesta maravilhosa jornada.

Desejamos que ela tenha sido muito proveitosa.

E que outras venham!

Torceremos para que tenhamos novamente o distinto carinho do nosso amigo leitor.

Ao futuro!

Com Deus, sempre!

Referências

AGUIAR, Mônica. *Direito à filiação e bioética*. Rio de Janeiro: Forense, 2005.

ALVARENGA, Robson de. "Fideicomisso." Disponível em: <http://www.irib.org.br/html/boletim/boletim-iframe.php?be=1194>. Acesso em: 30 jul. 2013.

AMARAL, Francisco. *Direito Civil — Introdução*. 10. ed. São Paulo: Saraiva, 2018.

AMORIM, Sebastião; OLIVEIRA, Euclides. *Inventários e Partilhas — Direito das Sucessões — Teoria e Prática*. 21. ed. São Paulo: Leud, 2008.

AULETE, Caldas. *Dicionário Contemporâneo da Língua Portuguesa*. Rio de Janeiro: Delta, 1958. v. III.

BARBOSA, Mário Figueiredo. *Ainda Questões Jurídicas*. Salvador: Quarteto, 2009.

BARROS, Tiago Pereira. Planejamento Sucessório e *Holding* Familiar/Patrimonial. *Jus Navigandi*, Teresina, ano 18, n. 3529, 28 fev. 2013. Disponível em: <http://jus.com.br/artigos/23837>. Acesso em: 4 dez. 2013.

BEVILÁQUA, Clóvis. *Código Civil dos Estados Unidos do Brasil*. Rio de Janeiro: Ed. Rio, 1975.

————. *Direito das Sucessões*. 4. ed. Rio de Janeiro-São Paulo: Freitas Bastos, 1945.

BITTAR, Carlos Alberto. *Curso de Direito Civil*. Rio de Janeiro: Forense Universitária, 1999. v. 1.

————. *Reparação Civil por Danos Morais*. São Paulo: Revista dos Tribunais, 1993.

CABRILLAC, Rémy (direction). *Dictionnaire du Vocabulaire Juridique*. Paris: Éditions du Juris-Classeur, 2002.

CAHALI, Francisco; HIRONAKA, Giselda Maria Fernandes Novaes. *Curso Avançado de Direito Civil — Direito das Sucessões*. 2. ed. São Paulo: Revista dos Tribunais, 2003. v. 6.

CANOTILHO, J. J. Gomes. *Direito Constitucional e Teoria da Constituição*. Coimbra: Almedina, 1998.

CARVALHO, Dimas Messias de; CARVALHO, Dimas Daniel de. *Direito das Sucessões — Inventário e Partilha*. 3. ed. Belo Horizonte: Del Rey, 2012.

CARVALHO, Luís Camargo Pinto de. "*Saisine* e astreinte". Disponível em: <http://www.irineupedrotti.com.br/acordaos/modules/news/article.php?storyid= 3171>. Acesso em: 15 abr. 2011.

CASTRO, Lincoln Antônio de. *O Ministério Público e as Fundações de Direito Privado*. Rio de Janeiro: Freitas Bastos, 1995.

COIMBRA, Armando de Freitas Ribeiro Gonçalves. *O Direito de Acrescer no Novo Código Civil*. Coimbra: Almedina, 1974.

DANTAS JR., Aldemiro Rezende. Concorrência Sucessória do Companheiro Sobrevivo. *Revista Brasileira de Direito de Família*. Porto Alegre: Síntese, IBDFAM, ano VII, n. 29, p. 128-143, abr./maio 2005.

DAUZAT, Albert; DUBOIS, Jean; MITTERAND, Henri. *Nouveau Dictionnaire Étimologique et Historique*. Larousse, 1971.

DEL NERO, João Alberto Schützer. *Conversão Substancial do Negócio Jurídico*. São Paulo: Renovar, 2001.

DIAS, Edna Cardozo. "Os Animais como Sujeitos de Direito". *Jus Navigandi*, Teresina, ano 10, n. 897, 17 dez. 2005. Disponível em: <http://jus.com.br/revista/texto/7667>. Acesso em: 25 abr. 2012.

DIAS, João Álvaro. *Procriação Assistida e Responsabilidade Médica*. Coimbra: Coimbra Ed., 1996.

DIAS, Maria Berenice. *Manual de Direito das Famílias*. Porto Alegre: Livraria do Advogado, 2005.

———. *Manual das Sucessões.* São Paulo: Revista dos Tribunais, 2008.

———. "Ponto Final. Art. 1829, Inciso I, do Novo Código Civil". *Jus Navigandi*, Teresina, ano 8, n. 168, 21 dez. 2003. Disponível em: <http://jus.com.br/revista/texto/4634>. Acesso em: 22 ago. 2012.

DINIZ, Maria Helena. *Curso de Direito Civil Brasileiro — Direito das Sucessões.* 34. ed. São Paulo: Saraiva, 2020. v. 6.

———. *O Estado Atual do Biodireito.* 3. ed. São Paulo: Saraiva, 2006.

ESTÉFANI, Rafael Junquera de. *Reproducción Asistida, Filosofía Ética y Filosofía Jurídica.* Madrid: Tecnos, 1998.

FACHIN, Luiz Edson; PIANOVSKI, Carlos Eduardo. Uma Contribuição Crítica que se Traz à Colação. In: *Questões Controvertidas — No Direito de Família e das Sucessões.* São Paulo: Método, 2005. v. 3.

FARIAS, Cristiano Chaves. "Achegas para (além da) Reforma do Código Civil". Disponível em: <http://www.unifacs.br/revistajuridica/arquivo/edicao_abril2001/corpodocente/achegas.htm>. Acesso em: 2 maio 2013.

FERREIRA, Aurélio Buarque de Holanda. *Novo Dicionário Aurélio da Língua Portuguesa.* 2. ed. Rio de Janeiro: Nova Fronteira, 1986.

GAGLIANO, Pablo Stolze. *Código Civil Comentado — Direito das Coisas, Superfície, Servidões, Usufruto, Uso, Habitação, Direito do Promitente Comprador. Artigos 1.369 a 1.418.* Coord. Álvaro Villaça Azevedo. Obra escrita em homenagem ao Prof. Dr. José Manoel de Arruda Alvim Netto. São Paulo: Atlas, 2004. v. XIII.

———. *O Contrato de Doação: Análise Crítica do Atual Sistema Jurídico e os seus Efeitos no Direito de Família e das Sucessões.* 3. ed. São Paulo: Saraiva, 2010.

———. In: MELO, Henrique Ferraz Corrêa; PRADO, Maria Isabel do; GAGLIANO, Pablo Stolze. *Comentários ao Código Civil Brasileiro — Do Direito das Sucessões.* Coords. Arruda Alvim e Thereza Alvim. Rio de Janeiro: Forense, 2008. v. 17.

———. "Der Tote erbt den Lebenden" e o estrangeirismo indesejável. *Jus Navigandi*, Teresina, ano 17, n. 3.274, 18 jun. 2012. Disponível em: <http//jus.com.br/artigos/22040>. Acesso em: 6 jun. 2014.

GAGLIANO, Pablo Stolze; PAMPLONA FILHO, Rodolfo. *Novo Curso de Direito Civil — Parte Geral*. 21. ed. São Paulo: Saraiva, 2020. v. 1.

———. *Novo Curso de Direito Civil — Obrigações*. 21. ed. São Paulo: Saraiva, 2020. v. 2.

———. *Novo Curso de Direito Civil — Responsabilidade Civil*. 18. ed. São Paulo: Saraiva, 2020. v. 3.

———. *Novo Curso de Direito Civil — Contratos*. 3. ed. São Paulo: Saraiva, 2020. v. 4.

———. *Novo Curso de Direito Civil — Direito de Família*. 10. ed. São Paulo: Saraiva, 2020. v. 6.

———. *O Divórcio na atualidade*. 4. ed. São Paulo: Saraiva, 2018.

GOMES, Orlando. *Introdução ao Direito Civil*. Rio de Janeiro: Forense, 2004.

———. *Sucessões*. 12. ed. Rio de Janeiro: Forense, 2004.

GONÇALVES, Carlos Roberto. *Direito Civil Brasileiro — Direito das Sucessões*. 14. ed. São Paulo: Saraiva, 2020. v. 7.

GRANDE JÚNIOR, Cláudio. "A Inconstitucional Discriminação entre Irmãos Germanos e Unilaterais na Sucessão dos Colaterais". *Jus Navigandi*, Teresina, ano 9, n. 194, 16 jan. 2004. Disponível em: <http://jus.com.br/revista/texto/4757>. Acesso em: 15 out. 2012.

HAUSMANN, Rainer; HOHLOCH, Gerhard. *Handbuch des Erbrechts*. 2. ed. Berlin: Erich Schmidt Verlag, 2010.

HIRONAKA, Giselda Maria Fernandes Novaes. *Comentários ao Código Civil — Parte Especial — Do Direito das Sucessões (Arts. 1.784 a 1.856)*. Coord. Antônio Junqueira de Azevedo. 2. ed. rev., São Paulo: Saraiva, 2007. v. 20.

————. Direito das Sucessões brasileiro: disposições gerais e sucessão legítima. Destaque para dois pontos de irrealização da experiência jurídica à face da previsão contida no novo Código Civil. *Jus Navigandi*, Teresina, ano 8, n. 65, 1.º maio 2003. Disponível em: <http://jus.com.br/revista/texto/4093>. Acesso em: 13 ago. 2012.

HOUAISS, Antônio; VILLAR, Mauro de Salles. *Dicionário Houaiss da Língua Portuguesa.* Rio de Janeiro: Objetiva, 2001.

JESUS, Damásio de. "Crime Impossível e Imputação Objetiva". Disponível em: <http://jusvi.com/artigos/1308>. Acesso em: 15 jan. 2012.

KASER, Max. *Direito Privado Romano (Römisches Privatrecht).* Lisboa: Fundação Calouste Gulbenkian, 1999.

LARENZ, Karl. *Derecho Civil — Parte General.* Madrid: Revista de Derecho Privado, 1978.

LEWICKI, Bruno. Panorama da Boa-Fé Objetiva. In: *Problemas de Direito Civil Constitucional.* Coord. Gustavo Tepedino. Rio de Janeiro: Renovar, 2000.

LÔBO, Paulo. *Comentários ao Código Civil — Parte Especial — Das Várias Espécies de Contrato.* Coord. Antonio Junqueira de Azevedo. São Paulo: Saraiva, 2003. v. 6.

LÔBO, Paulo. *Direito Civil — Sucessões.* São Paulo: Saraiva, 2013.

————. *Direito Civil — Sucessões.* 6. ed. São Paulo: Saraiva, 2020. v. 6.

LONGO, Henrique José. Sucessão Familiar e Planejamento Tributário II. In: *Estratégias Societárias, Planejamento Tributário e Sucessório.*

MADALENO, Rolf. *O Novo Direito Sucessório Brasileiro.* Disponível em: <http://www.rolfmadaleno.com.br/rs/index.php?option=com_content&task=view&id=39>. Acesso em: 14 de setembro de 2012.

————. "Testamento, Testemunhas e Testamenteiro: uma brecha para a fraude." Disponível em: <http://www.rolfmadaleno.com.br/rs/index.php?option=com_content&task=view&id=44#_ftn32>. Acesso em: 15 fev.

2013.

MAFFIA, Jorge O. *Manual de Derecho Sucesorio.* 5. ed. Buenos Aires: Depalma, 2002.

MARTINS-COSTA, Judith. *A Boa-Fé no Direito Privado.* São Paulo: Revista dos Tribunais, 2000.

MATIELO, Fabrício Zamprogna. *Dano Moral, Dano Material e Reparação.* 2. ed. Porto Alegre: Sagra-Luzzatto, 1995.

MAXIMILIANO, Carlos. *Direito das Sucessões.* v. I, n. 411.

MELLO, Marcos Bernardes de. Achegas para uma Teoria das Capacidades em Direito. *Revista de Direito Privado,* São Paulo: Revista dos Tribunais, jul./set. 2000.

————. *Teoria do Fato Jurídico — Plano da Validade.* 2. ed. São Paulo: Saraiva, 1997.

MENGER, Anton. *El Derecho Civil y los Pobres.* Granada: Editorial Comares, 1998.

MEYER-PRITZL, Rudolf. *Staudinger BGB — Kommentar zum Bürgerlichen Gesetzbuch mit Einführungsgesezt und Nebengesezt — Eckpfeiler des Zivilrechts.* Berlin, 2008.

MIRANDA, F. C. Pontes de. *Tratado de Direito Privado.* Rio de Janeiro: Borsoi, 1955. t. LVIII.

MONTEIRO, Washington de Barros. *Curso de Direito Civil — Direito das Sucessões.* 38. ed. São Paulo: Saraiva, 2011. v. VI.

MOREIRA FILHO. José Roberto. "Os Novos Contornos da Filiação e dos Direitos Sucessórios em Face da Reprodução Humana Assistida." Disponível em: <http://www.abmp.org.br/textos/2556.htm>. Acesso em: 18 fev. 2012.

NALIN, Paulo Roberto. *Ética e Boa-Fé no Adimplemento Contratual.* Coord. Luiz Edson Fachin. Rio de Janeiro: Renovar, 1998.

OLIVEIRA, Arthur Vasco Itabaiana de. *Curso de Direito das Sucessões*. 2. ed. Rio de Janeiro: Andes, 1954.

OLIVEIRA, Jane Resina F. de. "A Importância do Planejamento Sucessório I". Disponível em: <http://www.portaltudoemfamilia.com.br/cms/?p=874>. Acesso em: 27 out. 2013.

OTERO, Marcelo Truzzi. *Justa Causa Testamentária — Inalienabilidade, Impenhorabilidade e Incomunicabilidade sobre a Legítima do Herdeiro Necessário*. Porto Alegre: Livraria do Advogado, 2012.

PAMPLONA FILHO, Rodolfo. *O Dano Moral na Relação de Emprego*. 3. ed. São Paulo, LTr, 2002.

PEIXOTO, Daniel Monteiro. Sucessão Familiar e Planejamento Tributário I. In: *Estratégias Societárias, Planejamento Tributário e Sucessório*. Coord.: Roberta Nioac Prado, Daniel Monteiro Peixoto e Eurico Marcos Diniz de Santi. 2. ed. São Paulo: Saraiva-FGV, 2011.

PEREIRA, Caio Mário da Silva. *Instituições de Direito Civil*. 19. ed. Rio de Janeiro: Forense, 2001. v. 1.

————. *Instituições de Direito Civil*. 17. ed. Rio de Janeiro: Forense, 2010. v. 6.

PRADO, Fred John Santana. "A *Holding* como Modalidade de Planejamento Patrimonial da Pessoa Física no Brasil". *Jus Navigandi*, Teresina, ano 16, n. 2800, 2 mar. 2011. Disponível em: <http://jus.com.br/artigos/18605>. Acesso em: 4 dez. 2013.

PRADO, Roberta Nioac. Fraude à Meação do Cônjuge, Dissolução Societária e Medidas Processuais (FONSECA, Priscila Maria Pereira Corrêa, PRADO, Roberta Nioac, KIRSCHBAUM, Deborah e COSTALUNGA, Karime). In: *Estratégias Societárias, Planejamento Tributário e Sucessório*. Coord. Roberta Nioac Prado, Daniel Monteiro Peixoto e Eurico Marcos Diniz de Santi. 2. ed. São Paulo: Saraiva-FGV, 2011.

————. Sucessão Familiar e Planejamento Societário II (PRADO, Roberta Nioac, KIRSCHBAUM, Deborah e COSTALUNGA, Karime). In: *Estratégias*

Societárias, Planejamento Tributário e Sucessório. Coords.: Roberta Nioac Prado, Daniel Monteiro Peixoto e Eurico Marcos Diniz de Santi. 2. ed. São Paulo: Saraiva-FGV, 2011.

REALE, Miguel. "Visão geral do novo Código Civil". *Jus Navigandi*, Teresina, ano 7, n. 54, 1.º fev. 2002. Disponível em: <http://jus.com.br/revista/texto/2718>. Acesso em: 20 jul. 2012.

RECASÉNS SICHES, Luis. *Introducción al Estudio del Derecho*. 7. ed. México: Porrúa, 1985.

REIS, Clayton. *Dano Moral*. 4. ed. Rio de Janeiro: Forense, 1995.

RIDEEL. *Grande Dicionário Enciclopédico RIDEEL*. Org. H. Maia de Oliveira. São Paulo: Rideel, 1978. v. 4.

RIPERT, Georges; BOULANGER, Jean. *Tratado de Derecho Civil (segun el Tratado de Planiol) — Sucesiones*. Buenos Aires: La Ley, 1987. v. 1, t. X.

RUGGIERO, Roberto de. *Instituições de Direito Civil — Direito das Obrigações e Direito Hereditário*. Campinas: Bookseller, 1999. v. 3.

RUSSI, Patrícia; FONTANELLA, Patrícia. "A Possibilidade da Adoção da Prole Eventual diante da Incidência dos Direitos Fundamentais nas Relações Privadas". Disponível em: <www.flaviotartuce.adv.br/artigosc/adocprole_font.doc>. Acesso em: 16 out. 2011.

SCURO, Vanessa. "Aceitação e Renúncia de Herança". Disponível em: <http://www.migalhas.com.br/mostra_noticia_articuladas.aspx?cod=110905>. Acesso em: 29 jun. 2011.

SEVERO, Sérgio. *Os Danos Extrapatrimoniais*. São Paulo, Saraiva, 1996.

SILVA, De Plácido e. *Vocabulário Jurídico*. 15. ed. Rio de Janeiro: Forense, 1998.

SILVA, Wilson Melo da. *O Dano Moral e sua Reparação*. 3. ed. Rio de Janeiro: Forense, 1983.

SIMÕES, Thiago Felipe Vargas. *A Filiação Socioafetiva e seus Reflexos no Direito Sucessório*. São Paulo: Fiuza, 2008.

TARTUCE, Flávio. Da sucessão do companheiro: o polêmico art. 1.790 do CC e suas controvérsias principais. *Jus Navigandi*, Teresina, ano 15, n. 2681, 3 nov. 2010. Disponível em: <http://jus.com.br/revista/texto/17751>. Acesso em: 17 out. 2012.

————. *Direito Civil — Direito das Sucessões*. 13. ed. São Paulo: Gen-Forense, 2020. v. 6.

————; SIMÃO, José Fernando. *Direito Civil*. 5. ed. Rio de Janeiro: Forense/São Paulo: Método, 2012. v. 6.

TEPEDINO, Gustavo. *A Parte Geral do Novo Código Civil — Estudos na Perspectiva Civil-Constitucional*. Rio de Janeiro: Renovar, 2002.

TOALDO, Adriane Medianeira; PEREIRA, Clênio Denardini. "A Possibilidade de Imprescritibilidade da Ação de Petição de Herança em Face da Ausência de Prazo Prescricional na Legislação Vigente". Disponível em: <http://www.ambito-juridico.com.br/site/index.php?n_link=revista_artigos_leitura&artigo_id=5904>. Acesso em: 20 fev. 2012.

VALLE, Christino Almeida do. *Dano Moral*. 1. ed. 2. tir. Rio de Janeiro: Aidê, 1994.

VELOSO, Zeno. *Comentários ao Código Civil — Parte Especial — Do Direito das Sucessões, da Sucessão Testamentária, do Inventário e da Partilha (arts. 1.857 a 2.027)*. São Paulo: Saraiva, 2003. v. 21.

————. *Direito Hereditário do Cônjuge e do Companheiro*. São Paulo: Saraiva, 2010.

————. Do Direito Sucessório dos Companheiros. In: *Direito de Família e o Novo Código Civil*. Coord. Maria Berenice Dias e Rodrigo da Cunha Pereira. Belo Horizonte: Del Rey, 2005.

————. *Novo Código Civil Comentado*. Coord. Ricardo Fiuza. São Paulo: Saraiva, 2002.

———. Testamentos — Noções Gerais; Formas Ordinárias; Codicilo; Formas Especiais. In: HIRONAKA, Giselda Maria Fernandes Novaes; PEREIRA, Rodrigo da Cunha (Coords.). *Direito das Sucessões e o Novo Código Civil.* Belo Horizonte: Del Rey, 2004.

VENOSA, Sílvio de Salvo. *Direito Civil — Parte Geral.* São Paulo: Atlas, 2003.

———. *Direito Civil — Direito de Família.* 3. ed. São Paulo: Atlas, 2003.

———. *Direito Civil. — Direito das Sucessões.* 3. ed. São Paulo: Atlas, 2003. v. 7.

———. "Capacidade de Testar e Capacidade de Adquirir por Testamento". Disponível em: <http://silviovenosa.com.br/artigo/capacidade-de-testar-e-capacidade-de-adquirir-por-testamento>. Acesso em: 19 out. 2011.

WILTGEN, Julia. "6 Formas de Transferir seus Bens aos Herdeiros ainda em Vida". Disponível em: <http://exame.abril.com.br/seu-dinheiro/aposentadoria/noticias/6-formas-de-transferir-seus-bens-aos-herdeiros-ainda-em-vida?page=4>. Acesso em: 27 out. 2013).

ZENUN, Augusto. *Dano Moral e sua Reparação.* 4. ed. Rio de Janeiro, Forense, 1996.